Zu diesem Buch

Dies ist der Roman der mächtigsten und geheimnisumwittertsten Verbrecherorganisation der Welt: der Mafia. Wer sich mit ihr anlegt, ist gut beraten, vorher sein Testament zu machen. Wie ein genialer und eiskalter Wirtschaftsprüfer beherrscht Don Vito Corleone sein amerikanisches Imperium der Cosa Nostra. Schmiergelder und Gewalt sind seine Waffen im Kampf um riesige illegale Geschäfte. Seine Macht reicht von den höchsten Regierungsbeamten Washingtons bis zu den kleinsten Ganoven der New Yorker Unterwelt. Keinem Sizilianer verweigert der allmächtige Pate seine Hilfe, aber unnachgiebig verlangt er dafür absolute Unterwerfung. Er bestimmt über Leben und Tod von Feinden und Freunden. Als er aufgefordert wird, in den Rauschgifthandel einzusteigen, weigert er sich. Und damit beginnt nun auch der mörderische Kampf gegen die anderen Mafiosi, ein entsetzliches Gemetzel, der «Krieg der Familien». Don Corleone erkennt nur sein eigenes Gesetz an. Und wie seinen verlorenen Untertanen, die unter dem Gesetz stehen, und wie seinen Söhnen, die einmal sein blutiges Erbe antreten sollen, so wird er auch den Frauen zum Schicksal, die einen der Corleones lieben. Mario Puzo, der weltberühmt gewordene Autor dieses ebenso schockierenden wie faszinierenden Romans, nimmt kein Blatt vor den Mund. Was er «zu erzählen hat, ist voller innerem Feuer, voller Spannung, Intelligenz, voller Freundschaft und Verrat, voller menschlicher Leidenschaft und Leidenskraft» («Weltbild»). «Sie werden nicht zu lesen aufhören – und Sie werden nicht aufhören, davon zu träumen» («New York Magazine»).

Ferner erschien als rororo Nr. 1528 «Mamma Lucia».

Mario Puzo, geb. 1920 in New York, wo er heute als Schriftsteller und Journalist arbeitet.

Nicolaus Schröder, geboren 1958, lebt als freier Journalist in Hamburg.

Mario Puzo

Der Pate

Roman

Das Buch zum Film

rororo

Rowohlt

Deutsch von Gisela Stege

Mit einem Nachwort
von Nicolaus Schröder

Einmalige Sonderausgabe, Februar 1995

Veröffentlicht im Rowohlt Taschenbuch Verlag GmbH,
Reinbek bei Hamburg, Oktober 1971

Deutsche Erstausgabe 1969
Titel der Originalausgabe «The Godfather»
Umschlaggestaltung Walter Hellmann
(Foto: Archiv Jauch/Scheikowski)
Gesamtherstellung Clausen & Bosse, Leck
Printed in Germany
1600-ISBN 3 499 12096 8

Hinter jedem großen Vermögen
steht ein Verbrechen. *Balzac*

Anthony Cleri
gewidmet

Erstes Buch

I

Amerigo Bonasera saß im Verhandlungsraum des New Yorker Strafgerichts Nummer 3 und wartete auf sein Recht; auf die Bestrafung jener Männer, die seine Tochter so brutal mißhandelt hatten.

Der Richter rollte die Ärmel seiner schwarzen Robe hoch, als wolle er die beiden jungen Männer, die vor dem Richtertisch standen, körperlich züchtigen. Seine Miene drückte kalte Verachtung aus. Doch irgend etwas stimmte hier nicht. Amerigo Bonasera spürte es, ohne es erklären zu können.

«Sie haben sich wie Barbaren aufgeführt», sagte der Richter schroff. Ja, ja, dachte Amerigo Bonasera. Tiere. Tiere. Die beiden jungen Männer, das glatte Haar zur gepflegten Bürste geschnitten, einen Ausdruck tiefster Zerknirschung auf den frischen, sauberen Gesichtern, senkten unterwürfig den Kopf.

Der Richter fuhr fort: «Sie haben sich wie wilde Tiere benommen. Sie haben Glück, daß Sie das arme Mädchen nicht sexuell mißbraucht haben, sonst hätte ich Sie für zwanzig Jahre hinter Gitter gebracht.» Der Richter hielt inne; unter den dichten Brauen hervor warf er einen kurzen, verschlagenen Blick auf den blassen Amerigo Bonasera, dann konzentrierte er sich auf einen Stapel Bewährungsberichte, der vor ihm lag. Er runzelte die Stirn und zuckte die Achseln, als sei er gegen sein besseres Wissen zu einer Überzeugung gelangt.

«Als mildernde Umstände gelten jedoch Ihre Jugend, Ihre bisherige gute Führung und daß Sie aus angesehener Familie kommen. Unser Gesetz will Gerechtigkeit und nicht Vergeltung. Ich verurteile Sie hiermit zu drei Jahren Erziehungsanstalt. Die Strafe wird zur Bewährung ausgesetzt.»

Bonasera empfand Haß und eine überwältigende Hoffnungslosigkeit. Daß sein Gesicht trotzdem unbeweglich blieb, verdankte er seiner vierzigjährigen Berufserfahrung als Bestattungsunternehmer. Seine schöne junge Tochter lag noch immer im Krankenhaus, ihr gebrochener Kiefer mit Draht zusammengehalten; und nun sollten diese beiden *animali* frei ausgehen? Es war alles nur Theater gewesen. Er sah die glückstrahlenden Eltern um ihre Lieblinge drängen. Ja, jetzt waren sie alle glücklich, jetzt lächelten sie alle.

Scharf stieg bittere schwarze Galle in seiner Kehle empor. Er zog sein weißes Taschentuch heraus und drückte es an die Lippen. So stand er da, als die beiden jungen Männer selbstbewußt lächelnd den Gang hinaufschritten, ohne ihn auch nur mit einem einzigen Blick zu beachten. Stumm, das frische Leinentuch an den Mund gepreßt, ließ er sie vorbei.

Jetzt kamen die Eltern dieser *animali*, zwei Männer, zwei Frauen, etwa ebenso alt wie er, nur amerikanischer gekleidet. Sie sahen ihn scheu an, aber in ihren Augen stand ein seltsamer, triumphierender Trotz.

Amerigo Bonasera verlor die Beherrschung. Er beugte sich weit in den Gang hinaus und brüllte heiser:

«Ihr werdet noch weinen, wie ich geweint habe – ich werde euch zum Weinen bringen, wie eure Kinder mich zum Weinen gebracht haben!» Er führte das Taschentuch an die Augen. Die Verteidiger, die die Nachhut bildeten, drängten ihre Klienten weiter, und die kleine, dichte Gruppe umringte die beiden jungen Männer, die wieder kehrtgemacht hatten, als wollten sie ihren Eltern zu Hilfe kommen. Ein hünenhafter Gerichtsdiener eilte herbei, um sich vor der Bankreihe aufzubauen, in der Bonasera stand. Aber das war nicht mehr nötig.

Seit vielen Jahren, solange er in Amerika war, hatte Amerigo Bonasera Vertrauen in Gesetz und Ordnung gehabt. Er war dadurch zu Wohlstand gelangt. Nun, obwohl wilde Visionen vom Kauf eines Revolvers und Mord an den beiden jungen Männern durch sein haßerfülltes Gehirn zuckten, wandte er sich an seine Frau, die die Vorgänge nicht begriffen hatte, und sagte: «Sie haben uns zum Narren gemacht.» Er hielt inne und faßte dann seinen Entschluß. Jetzt hatte er keine Angst mehr vor dem Preis. «Wenn wir Gerechtigkeit wollen, müssen wir zu Don Corleone gehen – auf unseren Knien.»

In seiner pompösen Hotelsuite in Los Angeles trank sich Johnny Fontane einen Rausch an, wie jeder andere eifersüchtige Ehemann. Er hatte sich auf einer roten Couch ausgestreckt, trank den Scotch direkt aus der Flasche und spülte mit einem Schluck Wasser aus dem Eisbehälter nach. Es war vier Uhr morgens. In seiner umnebelten Phantasie stellte er sich vor, wie er seine Frau, dieses Flittchen, kaltmachen würde, wenn sie nach Hause kam. Falls sie nach Hause kam. Es war zu spät, um bei seiner ersten Frau anzurufen und nach den Kindern zu fragen, und seine Freunde mochte er jetzt, da es mit seiner Karriere abwärts ging, auch nicht anrufen. Es gab eine Zeit, da wären sie entzückt und geschmeichelt gewesen, wenn er sie morgens um vier aus dem Schlaf geholt hätte. Heute ging er ihnen nur auf die Nerven. Er konnte sogar ein wenig lächeln, als er daran dachte, daß einmal die größten weiblichen Stars von Amerika voller Interesse Johnny Fontanes Probleme angehört hatten.

Er nahm einen Schluck aus der Flasche, und nun endlich hörte er, wie seine Frau den Schlüssel ins Schloß schob. Er trank weiter, bis sie hereinkam und vor ihm stehenblieb. Sie war so schön – das feine Gesicht, die tiefen dunkelblauen Augen, der zierliche, ebenmäßige Körper. Auf der Leinwand wirkte ihre Schönheit noch intensiver. Millionen von Männern auf der ganzen Welt waren in dieses Gesicht verliebt, in das Gesicht Margot Ashtons. Und zahlten, um es im Kino bewundern zu können.

«Wo zum Teufel warst du?» fragte Johnny Fontane.

«Aus. Vögeln», antwortete sie.

Sie hatte den Grad seiner Trunkenheit überschätzt. Mit einem Satz war er über den Cocktailtisch gesprungen und packte sie bei der Kehle. Als er aber dieses bezaubernde Gesicht so dicht vor sich sah, erlosch seine Wut, und er war wieder hilflos. Da beging sie den Fehler, ihn spöttisch anzulächeln, und er hob die Faust. «Nicht, Johnny!» schrie sie. «Nicht ins Gesicht! Ich filme!»

Sie lachte. Er schlug sie in den Magen, und sie fiel zu Boden. Er fiel über sie. Als sie nach Luft schnappte, roch er ihren duftenden

Atem. Er schlug sie auf ihre Arme und ihre seidig gebräunten Oberschenkel. Er verdrosch sie systematisch, so wie er vor langer Zeit in New Yorks Hell's Kitchen kleinere Buben verdroschen hatte. Schläge, die weh taten, die aber keine bleibende Entstellung, keine ausgeschlagenen Zähne oder gebrochene Nase hinterließen.

Aber er schlug nicht hart genug zu. Er brachte es nicht fertig. Und sie lachte ihn aus. Mit gespreizten Beinen daliegend, das lange Brokatkleid weit über die Schenkel hinaufgerutscht, höhnte sie lachend: «Los, Johnny, steck ihn doch rein! Steck ihn rein, Johnny, das willst du doch nur.»

Johnny Fontane stand auf. Er haßte die Frau auf dem Fußboden, aber ihre Schönheit beschützte sie wie ein Schild. Margot rollte auf die Seite und kam mit einem federnden Sprung auf die Füße. Sie begann wie ein Kind im Zimmer herumzutanzen und sang dazu: «Johnny tut mir gar nicht weh, Johnny tut mir gar nicht weh!» Dann sagte sie beinahe traurig, mit ernstem, schönem Gesicht: «Du armes, dummes Schwein, du benimmst dich wie ein Kind. Ach, Johnny, du wirst immer ein dummer, romantischer Trottel bleiben. Auch im Bett bist du wie ein Kind. Du glaubst immer noch, daß es beim Vögeln so zugeht wie in diesen Schnulzen, die du früher gesungen hast.» Sie schüttelte den Kopf. «Armer Johnny! Leb wohl, Johnny.» Sie ging ins Schlafzimmer, und dann hörte er, wie der Schlüssel herumgedreht wurde.

Johnny saß auf dem Fußboden, das Gesicht in den Händen vergraben. Er empfand lähmende, demütigende Verzweiflung. Doch Johnny war zähe. In der Gosse mußte man zähe sein. Diese Zähigkeit hatte ihm geholfen, im Dschungel von Hollywood zu überleben. Er nahm den Telefonhörer und bestellte ein Taxi, das ihn zum Flughafen bringen sollte. Einen Menschen gab es, der ihn retten konnte. Er würde nach New York zurückkehren, zu dem einzigen, der die Macht besaß, die Weisheit, die Johnny jetzt brauchte, und die Liebe, an die er immer noch glaubte. Sein Pate Don Corleone.

Nazorine, der Bäcker, dick und knusprig wie seine großen italienischen Brote, von seiner Arbeit noch mit Mehlstaub bedeckt, musterte grollend seine Frau, seine heiratsfähige Tochter Katherine und Enzo, seinen Bäckergesellen. Enzo trug wieder seine Kriegsgefangenenuniform mit dem grün bedruckten Ärmelstreifen und hatte entsetzliche Angst, daß er nun dieser Szene wegen zu spät nach Governor's Island zurückkommen werde. Als einer der vielen tausend italienischen Gefangenen, die tagsüber in amerikanischen Betrieben arbeiten durften, lebte er in ständiger Furcht, daß diese Erlaubnis widerrufen werden könnte. Und darum war die kleine Komödie, die eben stattfand, für ihn eine tiefernste Angelegenheit.

Nazorine fragte hitzig: «Hast du meine Familie entehrt? Hast du meiner Tochter ein kleines Andenken gegeben, damit sie dich nicht vergißt, jetzt, wo der Krieg aus ist und du weißt, daß Amerika dich mit einem Tritt in den Arsch in dein Scheißdorf Sizilien zurückbefördern wird?»

Enzo, ein kleiner, kräftig gebauter Junge, legte die Hand auf sein Herz und beteuerte fast unter Tränen, dabei aber sehr geschickt: «*Padrone*, ich schwöre Ihnen bei der Heiligen Jungfrau, daß ich Ihre Güte nicht ausgenutzt habe. Ich liebe Ihre Tochter und bitte Sie mit allem Respekt um ihre Hand. Ich weiß, daß ich kein Recht dazu habe, aber wenn man mich nach Italien zurückschickt, kann ich nie wieder nach Amerika kommen. Und dann kann ich meine Katherine nicht heiraten.»

Filomena, Nazorines Frau, kam zur Sache. «Schluß mit dem Unsinn!» befahl sie ihrem rundlichen Ehemann. «Du weißt genau, was du zu tun hast. Laß Enzo hierbleiben und schick ihn zu unseren Verwandten nach Long Island, damit er sich dort verstecken kann.»

Katherine weinte. Sie war schon jetzt plump, reizlos und hatte einen Anflug von Damenbart. Nie mehr würde sie einen so hübschen Ehemann finden wie Enzo, nie mehr einen Mann bekommen, der ihren Körper mit so viel respektvoller Liebe an seinen geheimsten Stellen streichelte. «Ich gehe nach Italien!» schrie sie ihren Vater an. «Ich laufe weg, wenn du Enzo nicht hierbleiben läßt!»

Nazorine warf ihr einen wissenden Blick zu. Sie war ein verdammt wildes Stück, seine Tochter! Er hatte genau gesehen, wie sie ihr rundliches Hinterteil gegen Enzo preßte, wenn sich der Geselle hinten an ihr vorbeischob, um die Körbe mit heißen Brotstangen frisch aus dem Ofen zu füllen. Wenn ich nicht bald etwas unternehme, dann dauert es nicht mehr lange, und dieser Lausebengel steckt *seine* heiße Stange in *ihren* Ofen, dachte Nazorine obszön.

Nein, Enzo mußte hier in Amerika bleiben und amerikanischer Staatsbürger werden. Und nur ein einziger Mensch konnte das arrangieren: der *padrino*, Don Corleone.

Alle diese Personen und außer ihnen noch viele andere erhielten gedruckte Einladungen zu Miss Constanzia Corleones Hochzeit, die am letzten Sonnabend des Monats August 1945 stattfinden sollte. Don Vito Corleone, der Vater der Braut, vergaß seine alten Freunde und Nachbarn nicht, auch wenn er selber jetzt in einem großen Haus auf Long Island wohnte. In diesem Haus fand auch der Empfang statt, und das Fest sollte den ganzen Tag dauern. Zweifellos war es ein denkwürdiges Ereignis. Der Krieg mit Japan war vor kurzem beendet worden, also stand nicht zu befürchten, daß die Angst um die Söhne das Fest überschattete. Eine Hochzeit war genau die richtige Gelegenheit für die Leute, um ihrer Freude Ausdruck zu geben.

Und so strömten an diesem Sonnabendmorgen die Freunde Don Corleones aus ganz New York City herbei, um ihm ihre Aufwartung zu machen. Als Brautgeschenk brachten sie Umschläge voll Bargeld mit, keine Schecks. In jedem Umschlag steckte eine Karte, die den Spender und das Maß seiner Wertschätzung für den *padrino* auswies. Einer wohlverdienten Wertschätzung.

Don Vito Corleone war ein Mensch, an den sich alle um Hilfe wandten, und noch nie hatte er einen Bittsteller enttäuscht. Er machte keine leeren Versprechungen, noch gebrauchte er die feige Ausrede, ihm wären von Stellen, die mehr Macht besäßen als er, die Hände gebunden. Es war nicht notwendig, daß er ein Freund des Bittstellers war, es war nicht einmal wichtig, daß man die Mittel besaß, um ihn für seine Mühe zu belohnen. Nur eines wurde verlangt: daß der Bittsteller selber ihm Freundschaft schwor. Dann nahm sich Don Corleone gerne der Angelegenheiten des Mannes an, wie arm oder wie unbedeutend dieser auch sein mochte. Und nichts konnte ihn daran hindern, die Probleme seiner Schützlinge zu lösen. Sein Lohn? Freundschaft, der ehrfürchtige Titel Don und manchmal die herzliche Anrede *padrino*. Und hie und da vielleicht ein bescheidenes Geschenk: eine Gallone selbstgekelterten Weins oder ein Korb gepfefferter, extra für seinen Weihnachtstisch gebackener

Kuchen – aber niemals wegen des Profits, sondern einzig als Zeichen des Respekts. Die Beteuerung, man stehe tief in seiner Schuld und er habe das Recht, jederzeit zu verlangen, man möge diese Schuld durch eine kleine Gefälligkeit abtragen, war eine reine Formsache.

Jetzt, an diesem großen Tag, dem Hochzeitstag seiner Tochter, stand Don Vito Corleone an der Tür seines Hauses in Long Beach und begrüßte seine Gäste – alles Bekannte, alles Zuverlässige. Viele unter ihnen verdankten dem Don ihr Glück und ihren Erfolg und nahmen sich bei dieser familiären Gelegenheit die Freiheit, ihn mit *padrino* anzusprechen. Der Barkeeper war ein alter Kamerad, dessen Hochzeitsgeschenk darin bestand, daß er den ganzen Alkohol spendierte und sich selbst mit seinen fachlichen Qualitäten für das Fest zur Verfügung stellte. Die Kellner waren Freunde von Don Corleones Söhnen. Die Speisen auf den Picknicktischen im Garten waren von der Ehefrau des Don und ihren Freundinnen zubereitet, der festlich geschmückte, einen Morgen große Garten von den jungen Gefährtinnen der Braut dekoriert worden.

Don Corleone begrüßte alle, ob arm oder reich, wichtig oder unbedeutend, mit der gleichen Herzlichkeit. Er überging niemanden. So war er immer. Und seine Gäste waren so wortreich in der Bewunderung, wie gut er in seinem Smoking aussehe, daß ein Uneingeweihter leicht glauben konnte, der Don selber sei der glückliche Bräutigam.

Neben ihm an der Tür standen zwei seiner drei Söhne. Der Älteste, Santino getauft, aber von allen außer seinem Vater Sonny gerufen, wurde von älteren italienischen Männern mit Mißtrauen, von den jüngeren mit Bewunderung betrachtet. Für einen Amerikaner der ersten Generation, einen Sohn italienischer Eltern, war Sonny Corleone sehr groß, beinahe ein Meter achtzig, und sein dichter Schopf krauser Haare ließ ihn noch größer erscheinen. Er hatte das Gesicht eines derben Putto; seine Züge waren gleichmäßig, aber die Lippen wirkten auffallend sinnlich und das Kinn mit dem tiefen Grübchen auf seltsame Weise obszön. Er war mächtig gebaut wie ein Stier, und es war allgemein bekannt, daß er von der Natur so reich ausgestattet war, daß seine bedauernswerte Gemahlin das Ehebett ebenso fürchtete wie einstmals die Ketzer die Folterbank. Man munkelte, daß zu der Zeit, da er als junger Mann anrüchige Häuser besuchte, sogar die hartgesottenste und furchtloseste *putain,* nach ehrfürchtiger Besichtigung seines ungeheuren Organs, den doppelten Preis verlangt habe.

Auch hier, auf dem Hochzeitsfest, wurde Sonny Corleone von einigen jungen, breithüftigen Frauen mit selbstbewußten Blicken gemustert. Doch heute verschwendeten sie nur ihre Zeit. Denn Sonny Corleone hatte trotz der Anwesenheit seiner Frau und seiner drei kleinen Kinder ein Auge auf Lucy Mancini, die Brautjungfer seiner Schwester, geworfen. Das junge Mädchen war sich dieser Tatsache durchaus bewußt. Sie saß in langem rosafarbenem Kleid, einen Blumenkranz auf den glänzenden schwarzen Haaren, an einem Gartentisch. Sie hatte während der Proben in der vergangenen Woche mit Sonny geflirtet und ihm heute morgen am Altar die Hand gedrückt. Mehr konnte ein junges Mädchen nicht tun.

Es war ihr gleichgültig, daß er niemals ein so großer Mann werden würde wie sein Vater. Sonny Corleone hatte Kraft, er hatte Mut. Er war freigebig, und es hieß, sein Herz sei nicht weniger groß als sein Glied. Aber ihm fehlte die Demut seines Vaters, und er besaß ein jähzorniges, hitziges Temperament, das ihn zu häufigen Fehlurteilen verleitete. Obwohl er seinem Vater eine große Hilfe war, zweifelten viele daran, daß er das Familienunternehmen einmal erben würde.

Der zweite, Frederico, genannt Fred oder Fredo, war ein Sohn, wie ihn sich jeder Italiener von den Heiligen erflehte. Pflichtbewußt, treu, stets seinem Vater zu Diensten, lebte er mit seinen dreißig Jahren noch immer im Haus seiner Eltern. Er war klein und stämmig, nicht hübsch, hatte aber den in der Familie erblichen Puttenkopf mit dem Helm krauser Haare über dem runden Gesicht und dem sinnlichen Amorbogen der Lippen. Nur war Freds Mund nicht sinnlich-weich, sondern von granitener Härte. Er neigte zur Verdrossenheit, war aber eine gute Stütze für seinen Vater, widersprach ihm nie und brachte ihn nicht durch skandalöse Affären mit Frauen in Verlegenheit. Doch trotz all dieser Vorzüge besaß er nicht jene persönliche Anziehungskraft, jene animalische Macht, die für einen Mann, der Menschen führen soll, einfach notwendig ist. Man war allgemein der Ansicht, daß auch er als Erbe nicht in Betracht kam.

Der dritte Sohn, Michael Corleone, stand nicht bei seinem Vater und seinen Brüdern, sondern saß in der hintersten Ecke des Gartens an einem Tisch. Und sogar da gelang es ihm nicht, der Neugier der Familienfreunde zu entgehen.

Michael Corleone war der jüngste Sohn des Don und das einzige seiner Kinder, das sich geweigert hatte, dem großen Mann zu gehorchen. Er hatte nicht das derbe Puttengesicht seiner Geschwister, und sein tiefschwarzes Haar war eher glatt als gelockt. Seine Haut war von einem klaren Olivbraun. Seine feinen Züge verliehen ihm fast etwas Mädchenhaftes. Eine Zeitlang hatte sich der Don sogar Sorgen wegen der Männlichkeit seines Jüngsten gemacht. Eine Sorge, die sich als unnütz herausstellte, als Michael siebzehn wurde.

Und nun saß dieser jüngste Sohn an einem Tisch im hintersten Winkel des Gartens, um seine selbstgewählte Entfremdung von Vater und Familie zu demonstrieren. An seiner Seite das amerikanische Mädchen, von dem zwar alle gehört, das aber bis heute noch niemand gesehen hatte. Michael war selbstverständlich so höflich gewesen, sie allen Hochzeitsgästen einschließlich seiner Familie vorzustellen, aber sie hatte keinen großen Eindruck gemacht. Sie war zu dünn, ihre Haare zu blond, ihre Züge für eine Frau zu scharf, zu intelligent, ihr Benehmen für ein junges Mädchen zu frei. Und auch ihr Name klang fremd in ihren Ohren: Sie hieß Kay Adams. Wenn sie ihnen erzählt hätte, daß ihre Familie seit zweihundert Jahren in Amerika ansässig und daß ihr Name ein durchaus bekannter sei, so hätten sie nur mit den Achseln gezuckt.

Jeder der Gäste bemerkte, daß der Don seinem dritten Sohn keine besondere Aufmerksamkeit schenkte. Vor dem Krieg war Michael sein Liebling gewesen und offensichtlich dazu bestimmt, das Familienunternehmen zu erben. Er besaß die gleiche ruhige Kraft und Intelligenz wie sein Vater, den angeborenen Instinkt, so zu handeln, daß ihn die Menschen respektieren mußten. Doch als der Zweite Weltkrieg ausbrach, meldete sich Michael freiwillig zu den Marines und handelte damit gegen den ausdrücklichen Befehl seines Vaters.

Es entsprach nicht Don Corleones Plänen, seinen jüngsten Sohn im Dienst einer Macht, die ihm selbst fremd war, sterben zu lassen. Ärzte wurden bestochen, heimliche Absprachen getroffen. Er gab viel Geld aus für die entsprechenden Vorsichtsmaßregeln. Aber Michael war einundzwanzig, und daher war ohne sein Einverständnis nichts zu machen. Er meldete sich freiwillig und kämpfte im Pazifik. Er wurde Captain und bekam mehrere Auszeichnungen. Im Jahre 1944 brachte *Life* sein Foto und einen Bildbericht von seinen Heldentaten. Ein Freund zeigte Don Corleone die Zeitschrift (die Familie wagte es nicht), aber der Don knurrte nur geringschätzig und sagte: «Er vollbringt diese Wunder für Fremde.»

Als Michael Corleone Anfang 1945 entlassen wurde, um sich von einer Verwundung zu erholen, die ihn kampfunfähig gemacht hatte, ahnte er nicht, daß der Don für seine Entlassung verantwortlich war. Er blieb ein paar Wochen zu Hause, dann, ohne einen Menschen zu fragen, schrieb er sich beim Dartmouth College in Hannover, New Hampshire, ein und verließ das Haus seines Vaters. Er kam erst zur Hochzeit seiner Schwester zurück und stellte der Familie diese farblose Amerikanerin als seine zukünftige Frau vor.

Michael Corleone unterhielt Kay Adams mit kleinen Anekdoten über die Interessanteren unter den Hochzeitsgästen. Er amüsierte sich darüber, daß sie diese Leute exotisch fand, und war, wie stets, von ihrem lebhaften Interesse an allem Neuen und Fremden bezaubert. Schließlich wurde ihre Aufmerksamkeit von einer kleinen Gruppe Männer gefesselt, die sich um ein Holzfaß mit selbstgekeltertem Wein versammelt hatten. Es waren Amerigo Bonasera, Nazorine, der Bäcker, Anthony Coppola und Luca Brasi. Mit ihrer wachen Beobachtungsgabe hatte sie schnell erfaßt, daß diese Männer keinen besonders glücklichen Eindruck machten, und erwähnte dies Michael gegenüber. Er lächelte. «Das sind sie auch nicht», bestätigte er. «Sie wollen mit meinem Vater sprechen. Sie wollen ihn um eine Gefälligkeit bitten.» In der Tat war nicht zu übersehen, daß die vier Männer den Don keinen Moment aus den Augen ließen.

Während Don Corleone noch seine Gäste begrüßte, hielt ein schwarzer, geschlossener Chevrolet auf der anderen Seite der gepflasterten Promenade. Die beiden Männer auf dem Vordersitz zogen Notizbücher aus ihrer Jacke und notierten sich die Zulassungsnummern der geparkten Wagen. Sie machten nicht den geringsten Versuch, ihr Tun zu verbergen. Sonny wandte sich an seinen Vater. «Die Burschen da draußen, das sind Cops», sagte er.

Don Corleone zuckte die Achseln. «Ich habe die Straße nicht gepachtet. Sie können machen, was sie wollen.»

Sonnys derbes Puttengesicht rötete sich vor Wut. «Diese verdammten Schweine, denen ist gar nichts heilig!» Er verließ die Vortreppe und ging quer über die Promenade auf den schwarzen Wagen zu. Wütend schob er dem Fahrer seine Nase ins Gesicht. Der öffnete gelassen seine Brieftasche und zeigte seinen grünen Ausweis vor. Stumm trat Sonny zurück. Er spie aus, daß der Speichel die hintere Wagentür traf, und ging davon. Er hoffte, der Fahrer würde aussteigen und ihm auf die Promenade folgen, aber es rührte sich nichts. Als er die Vortreppe erreichte, sagte er zu seinem Vater: «Die Kerle da sind vom FBI. Schreiben sich alle Zulassungsnummern auf. Eingebildete Affen!»

Don Corleone wußte längst, wer sie waren. Seine engsten, intimsten Freunde hatten von ihm den Rat erhalten, nicht im eigenen Wagen zur Hochzeit zu kommen. Und wenn er auch mit dem törichten Wutausbruch seines Sohnes nicht einverstanden war, so erfüllte der Auftritt doch einen nützlichen Zweck: Er zeigte den Eindringlingen, daß man auf ihr Erscheinen nicht vorbereitet gewesen war.

Don Corleone war nicht verärgert. Er hatte schon vor langer Zeit gelernt, daß man gewisse Beleidigungen der Gesellschaft hinnehmen mußte, daß aber der Zeitpunkt kommt, da auch der kleinste Mann, wenn er die Augen offenhält, sich am Mächtigsten rächen kann. Dieses Bewußtsein war es, das den Don davor bewahrte, die Demut zu verlieren, die seine Freunde an ihm so bewunderten.

Im Garten hinter dem Haus begann eine vierköpfige Band zu spielen. Alle Gäste waren versammelt. Don Corleone verscheuchte die Eindringlinge aus seinen Gedanken und ging seinen beiden Söhnen voraus zur Hochzeitstafel.

Hunderte von Gästen drängten sich jetzt in dem riesigen Garten; einige tanzten auf der mit Blumen geschmückten hölzernen Plattform, andere saßen an langen Tischen, die mit scharf gewürzten Speisen und großen Krügen mit schwarzem, selbstgekeltertem Wein beladen waren. Connie Corleone, die Braut, saß in ihrem Feststaat mit Bräutigam, Brautjungfern und Brautführern an einem separaten, etwas erhöhten Tisch. Es war eine rustikale Szene im traditionellen italienischen Stil. Zwar nicht ganz nach dem Geschmack der Braut, doch ihrem Vater zuliebe hatte sich Connie, da sie ihn schon mit der Wahl ihres Mannes so sehr enttäuscht hatte, mit einer «Makkaroni»-Hochzeit einverstanden erklärt.

Carlo Rizzi, der Bräutigam, war ein Mischling, der Sohn eines sizilianischen Vaters und einer norditalienischen Mutter, von der er das blonde Haar und die blauen Augen geerbt hatte. Seine Eltern lebten im Staate Nevada, den Carlo verlassen hatte, weil er mit dem Gesetz in Konflikt geraten war. In New York hatte er zuerst Sonny Corleone und durch diesen dann Connie kennengelernt. Selbstverständlich hatte Don Corleone zuverlässige Freunde nach Nevada geschickt und von ihnen die Auskunft erhalten, daß Carlos Ärger mit der Polizei in jugendlich-unbesonnenem Umgang mit einer Schußwaffe bestanden hatte – nichts Ernstes also, sondern eine Angelegenheit, die sich leicht in den Akten entfernen ließ, damit der Junge eine saubere Weste bekam. Außerdem brachten sie detaillierte Informationen über das legale Glücksspiel in Nevada mit, die der Don sehr interessant fand und über die er seither unablässig nachgedacht hatte. Es zeugte von der Größe des Don, daß er es verstand, aus allem und jedem Profit zu schlagen.

Connie Corleone war kein besonders hübsches Mädchen: Sie war mager und nervös und würde im späteren Leben bestimmt zänkisch werden. Doch heute, verwandelt vom weißen Brautkleid und ihrer jungfräulichen Ungeduld, strahlte sie so sehr, daß sie beinahe schön wirkte. Ihre Hand ruhte unter der hölzernen Tischplatte auf dem muskulösen Schenkel ihres Bräutigams. Sie spitzte den Amorbogen ihres Mundes zu einem angedeuteten Kuß für ihn.

Sie hielt ihn für unglaublich hübsch. Als sehr junger Mann hatte Carlo Rizzi unter freiem Himmel in der Wüste gearbeitet – körperliche Schwerarbeit verrichtet. Seine enormen Oberarme und Schultern sprengten beinahe den Smoking. Er sonnte sich in den bewundernden Blicken seiner Braut und füllte ihr das Glas mit Wein. Er war ausgesucht höflich zu ihr, fast so, als seien sie beide Schauspieler in einem Theaterstück. Aber immer wieder huschte sein Blick zu der geräumigen Seidentasche, die die Braut über der rechten Schulter trug und die jetzt prall mit Briefumschlägen voll Bargeld gefüllt war. Wieviel sie wohl enthielt? Zehntausend? Zwanzigtausend? Carlo Rizzi lächelte. Und das war erst der Anfang. Schließlich hatte er in eine königliche Familie geheiratet. Sie würden schon für ihn aufkommen müssen.

Aus der Menge der Gäste betrachtete ein adretter junger Mann mit dem schmalen Kopf eines Frettchens ebenfalls die seidene Geldtasche. Aus purer Gewohnheit überlegte sich Paulie Gatto, wie er es anfangen würde, die fette Beute an sich zu bringen. Dieser Gedanke belustigte ihn. Aber es war ihm gleichzeitig klar, daß es weiter nichts als ein unschuldiger Traum sein konnte, wie viele kleine Kinder wohl davon träumen, mit einem Spielzeuggewehr Tanks abzuschießen. Er beobachtete seinen Boss, einen dicken Mann mittleren Alters namens Peter Clemenza, der auf der Tanzfläche die jungen Mädchen in einer ausgelassenen Tarantella schwenkte. Clemenza, überdurchschnittlich groß, überdurchschnittlich massig, so daß sein fester Bauch immer wieder gegen die Brüste seiner jüngeren, kleineren Partnerin stieß, tanzte mit so großem Geschick, mit so großer Hingabe, daß alle Gäste ihm applaudierten. Ältere Frauen packten ihn bittend am Arm, damit er auch mit ihnen tanze. Die jüngeren Männer machten respektvoll die Tanzfläche frei und klatschten im Rhythmus der wilden Mandolinenakkorde in die Hände. Als Clemenza endlich auf einen Stuhl sank, brachte ihm Paulie Gatto ein Glas eiskalten schwarzen Wein und trocknete ihm die schweißtriefende Jupiterstirn mit seinem seidenen Taschentuch. Clemenza prustete wie ein Wal, als er den Wein hinuntergoß. Statt sich bei Paulie zu bedanken, sagte er barsch: «Du brauchst hier nicht den Schiedsrichter beim Tanzen zu spielen, geh lieber an deine Arbeit! Du kontrollierst jetzt die gesamte Umgebung und siehst nach, ob alles in Ordnung ist.» Paulie glitt durch das Gedränge davon.

Die Kapelle machte eine Erholungspause. Ein junger Mann namens Nino Valenti nahm die beiseite gelegte Mandoline zur Hand, setzte den linken Fuß auf einen Stuhl und begann mit einem derben sizilianischen Liebeslied. Nino Valenti hatte ein hübsches Gesicht, das aber von ständigem Trinken gedunsen war. Auch jetzt hatte er schon einen leichten Rausch. Er rollte die Augen, während sein Mund zärtlich den obszönen Text artikulierte. Die Frauen kreischten vor Vergnügen, und die Männer brüllten gemeinsam mit dem Sänger das letzte Wort jeder Strophe im Chor.

Don Corleones rundliche Frau sang fröhlich mit. Don Corleone selbst, bekanntermaßen prüde in derartigen Dingen, zog sich taktvoll ins Haus zurück. Sonny, der das sah, drängte sich durch die Gäste zum Hochzeitstisch und setzte sich neben eine der Brautjungfern, die junge Lucy Mancini. Sie hatten jetzt nichts zu befürchten: Sonnys Frau legte in der Küche letzte Hand an den Hochzeitskuchen. Er flüsterte dem Mädchen rasch ein paar Worte ins Ohr, und sie stand auf. Er wartete ein paar Minuten, dann folgte er ihr unauffällig ins Haus, während er unterwegs immer wieder stehenblieb, um sich mit dem einen oder dem anderen Gast zu unterhalten.

Aller Augen blickten ihm nach. Die Ehrendame, nach drei Jahren College durch und durch amerikanisiert, war ein kräftig entwickeltes Mädchen, das sich bereits einen gewissen «Ruf» erworben hatte. Während aller Trauungsproben hatte sie mit Sonny Corleone geflirtet – in einer scherzhaften, ironischen Art, die sie für erlaubt hielt, da er der Brautführer und sie seine Dame war. Nun ging Lucy Mancini, das rosafarbene Kleid leicht gerafft, mit angestrengt unschuldigem Lächeln ins Haus und lief leichtfüßig die Treppe zum Badezimmer hinauf. Dort verweilte sie einige Minuten. Als sie herauskam, stand Sonny Corleone am nächsten Treppenabsatz und winkte sie zu sich herauf.

Hinter dem geschlossenen Fenster von Don Corleones «Büro», einem etwas erhöhten Eckzimmer des Hauses, stand Thomas Hagen und beobachtete das Treiben der Hochzeitsgesellschaft im Garten. Die Wände hinter ihm waren mit juristischen Büchern bedeckt. Hagen war der Anwalt des Don sowie der stellvertretende *consigliori* oder Berater und hatte als solcher die wichtigste Position des ganzen Familiengeschäftes inne. In diesem Zimmer hatte er mit dem Don schon so manches kniffiige Problem gelöst, und als er nun sah, daß der *padrino* das Fest verließ, um ins Haus zu gehen, wußte er, daß es auch heute, ob Hochzeitstag oder nicht, Arbeit geben würde. Der Don würde zweifellos zu ihm kommen. Gleich darauf sah Hagen, wie Sonny Corleone Lucy Mancini etwas ins Ohr flüsterte, und beobachtete die kleine Komödie, die er inszenierte um ihr unauffällig ins Haus folgen zu können. Hagen verzog das Gesicht und kämpfte mit sich, ob er nicht lieber den Don informieren sollte, aber er entschied sich dagegen. Er trat an den Schreibtisch und nahm die Liste der Leute auf, denen eine Audienz bei Don Corleone gewährt worden war. Als dieser das Zimmer betrat, überreichte ihm Hagen die Liste. Don Corleone nickte. «Bonasera lassen wir bis zuletzt», sagte er.

Durch die hohen Fenstertüren ging Hagen direkt in den Garten hinaus, wo sich die Bittsteller um das Weinfaß geschart hatten. Er deutete auf Nazorine, den rundlichen Bäcker.

Don Corleone begrüßte den Bäcker mit einer herzlichen Umarmung. Sie hatten als Kinder in Italien zusammen gespielt und waren als enge Freunde aufgewachsen. Jedes Jahr zu Ostern trafen frische Weizenkuchen, groß wie ein Wagenrad, bei Don Corleone ein. Zu Weihnachten und an Familienfeiertagen kündeten schwere, sahnige Torten von Nazorines Hochachtung für den Don. Und während all dieser Jahre, ob mager oder fett, hatte Nazorine pflichtgetreu der vom Don in dessen Anfangsjahren gegründeten Bäckergewerkschaft Beiträge gezahlt. Und nie um etwas gebeten, nur einmal, während des Krieges, um die Gelegenheit, auf dem Schwarzmarkt Zuckermarken zu kaufen. Nun war für den Bäcker der Augenblick gekommen, die Rechte geltend zu machen, die ihm als treuem Freund zustanden, und Don Corleone freute sich, ihm eine Gefälligkeit erweisen zu können.

Er versorgte den Bäcker mit einer Di-Nobili-Zigarre und einem Glas gelbem Strega und legte ihm beruhigend die Hand auf die Schulter. Die Geste war ein Beweis seiner Menschlichkeit: Er wußte aus eigener bitterer Erfahrung, wieviel Mut dazugehört, einen Mitmenschen um etwas zu bitten.

Der Bäcker berichtete ihm von seiner Tochter und Enzo, seinem Gesellen. Ein netter junger Sizilianer, als Kriegsgefangener der amerikanischen Armee nach den Vereinigten Staaten transportiert, durch Sondergenehmigung zur Mithilfe in der amerikanischen Kriegsindustrie abgestellt. Eine reine und anständige Liebe war zwischen dem ehrlichen Enzo und seiner behüteten Katherine erblüht, doch nun, da der Krieg zu Ende war, würde der arme Kerl nach Italien zurückgeschickt werden und Nazorines Tochter würde mit Sicherheit an gebrochenem Herzen sterben. Nur der *padrino*, nur Don Corleone konnte diesem unglücklichen Pärchen helfen. Er war ihre letzte Hoffnung.

Der Don schritt mit Nazorine im Zimmer auf und ab; er hatte dem Bäcker die Hand auf den Rücken gelegt und nickte immer wieder verständnisvoll, um dem besorgten Vater den Mut zu stärken. Als Nazorine endete, lächelte Don Corleone ihm freundlich zu und sagte: «Mein lieber Freund, jetzt sind deine Sorgen vorbei!» Und dann erklärte er ihm genau, was jetzt zu geschehen habe. Zunächst mußte beim Congressman des Bezirks ein Gesuch eingereicht werden. Dieser Abgeordnete würde sodann ein Sondergesetz beantragen, das Enzo die Einbürgerung gestattete. Der Antrag würde mit Sicherheit vom Kongreß befürwortet werden, eine Gefälligkeit, die sich all diese Halunken stets gegenseitig zu gewähren pflegten. Don Corleone erklärte, das alles würde natürlich eine Menge Geld kosten, der augenblickliche Preis liege bei zweitausend Dollar. Er, Don Corleone, würde für die Erledigung bürgen und auch das Geld in Empfang nehmen. Ob sein Freund damit einverstanden sei?

Der Bäcker nickte erfreut. Selbstverständlich erwartete er nicht, daß ihm eine so große Bitte kostenlos erfüllt wurde. Ein Sondergesetz des Kongresses war niemals billig. Nazorine dankte dem *padrino* unter Tränen. Don Corleone begleitete ihn zur Tür und versicherte ihm, daß ihn erfahrene Leute aufsuchen und alle Einzelheiten regeln, alle notwendigen Dokumente ausfüllen würden. Der Bäcker umarmte ihn dankbar und kehrte in den Garten zurück.

Hagen lächelte Don Corleone zu. «Das ist eine gute Geldanlage für Nazorine. Ein Mann für die Tochter und eine lebenslängliche billige Hilfskraft für die Bäckerei – alles für ganze zweitausend Dollar!» Er machte eine Pause. «Wen soll ich damit beauftragen?»

Don Corleone runzelte nachdenklich die Stirn. «Nicht unseren *paesano*. Nimm lieber den Juden im Nachbarbezirk. Laß die Adresse entsprechend ändern. Ich glaube, jetzt, wo der Krieg aus ist, wird es noch mehr solche Fälle geben; wir sollten zusätzliche Leute in Washington haben, die den Andrang auffangen und trotzdem den Preis nicht in die Höhe treiben.» Hagen machte sich eine Notiz. «Also nicht Congressman Luteco. Versuchen wir es mit Fischer.»

Der nächste, den Hagen hereinholte, war ein recht einfacher Fall. Er hieß Anthony Coppola und war der Sohn eines Mannes, mit dem Don Corleone in seiner Jugend bei der Eisenbahn gearbeitet hatte. Coppola brauchte fünfhundert Dollar, weil er eine Pizzeria eröffnen wollte; er benötigte sie für eine Anzahlung auf die Einrichtung und einen Spezialofen. Aus nicht näher erläuterten Gründen konnte er keinen Kredit bekommen. Der Don griff in seine Tasche und zog eine Rolle Geldscheine hervor. Es war nicht ganz genug. Er schnitt eine Grimasse und bat Tom Hagen: «Leih mir hundert Dollar, Tom. Montag, wenn ich zur Bank gehe, bekommst du sie wieder.» Der Bittsteller wandte ein, vierhundert Dollar seien genug, aber der Don schlug ihm beruhigend auf die Schulter und sagte entschuldigend: «Durch diese aufwendige Hochzeit bin ich etwas knapp an Bargeld.» Er nahm die Scheine, die Hagen ihm reichte, und gab sie, zusammen mit seiner eigenen Banknotenrolle, an Anthony Coppola weiter.

Hagen sah ihm mit stummer Bewunderung zu. Der Don hatte ihm eingeschärft, wenn ein Mann großzügig sei, müsse er zeigen, daß seine Großzügigkeit persönlich gemeint sei. Wie schmeichelhaft für Anthony Coppola, daß sich ein Mann wie der Don herbeiließ, sich selber Geld zu borgen, um *ihm* etwas leihen zu können! Zwar wußte Coppola genau, daß der Don Millionen besaß, aber wie viele Millionäre nahmen für einen armen Freund auch nur die kleinste Ungelegenheit auf sich?

Der Don hob fragend den Kopf. Hagen sagte: «Er steht zwar nicht auf der Liste, aber Luca Brasi möchte Sie gerne sprechen. Er weiß, daß es vor den Augen der Öffentlichkeit nicht geht, möchte Ihnen aber wenigstens unter vier Augen gratulieren.»

Zum erstenmal schien der Don unangenehm berührt. Seine Antwort klang ausweichend. «Ist es unbedingt nötig?»

Hagen zuckte die Achseln. «Sie kennen ihn besser als ich. Aber er war sehr dankbar, daß Sie ihn zur Hochzeit geladen haben. Er hatte es nicht erwartet. Ich glaube, er will Ihnen seine Dankbarkeit beweisen.»

Don Corleone nickte und deutete mit einer Handbewegung an, daß Luca Brasi hereinkommen möge.

Kay Adams, im Garten, war betroffen von dem wilden Fanatismus, der das Gesicht Luca Brasis zeichnete. Sie erkundigte sich nach ihm. Michael hatte Kay zu dieser Hochzeit mitgebracht, damit sie langsam und möglichst ohne allzu großen Schock die Wahrheit über seinen Vater begriff. Bis jetzt jedoch schien sie den Don lediglich für einen etwas unmoralischen Geschäftsmann zu halten. Michael beschloß, ihr einen Teil der Wahrheit in indirekter Form beizubringen. Er erklärte ihr, daß Luca Brasi einer der gefürchtetsten Männer der Unterwelt im Osten Amerikas sei. Sein großes Talent, so heiße es, bestehe darin, einen Mordauftrag ganz allein, ohne Komplicen, auszuführen und dadurch Entdeckung und Verurteilung durch das Gesetz automatisch auszuschließen. Michael zog ein Gesicht und sagte: «Ich weiß nicht, ob das alles stimmt. Aber ich weiß, daß er sozusagen ein Freund meines Vaters ist.»

Zum erstenmal begann Kay zu begreifen. Ein wenig ungläubig fragte sie: «Willst du etwa behaupten, daß so ein Mann für deinen Vater arbeitet?»

Ach was, verdammt! dachte er. Dann sagte er rundheraus: «Vor fast fünfzehn Jahren wollten ein paar Leute meinen Vater aus dem Ölimport hinausdrängen. Sie wollten ihn umbringen und hätten es auch beinahe geschafft. Luca Brasi setzte sich auf ihre Spur. Es heißt, daß er in zwei Wochen sechs Männer umgebracht und so dem berühmten Ölkrieg ein Ende gemacht hat.» Er lächelte, als habe er einen guten Witz erzählt.

Kay schauderte. «Du meinst, daß dein Vater von Gangstern angeschossen wurde?»

«Vor fünfzehn Jahren», beruhigte Michael sie. «Seither ist alles friedlich geblieben.» Er fürchtete, zu weit gegangen zu sein.

«Du willst mir angst machen!» sagte Kay. «Du willst nicht, daß ich dich heirate.» Sie lächelte und versetzte ihm einen Rippenstoß. «Kluger Knabe.»

Michael lächelte zurück. «Ich möchte, daß du ein bißchen darüber nachdenkst.»

«Hat er denn wirklich sechs Männer umgebracht?» fragte Kay.

«Die Zeitungen behaupten es», sagte Michael. «Bewiesen hat es bisher noch niemand. Aber es existiert noch eine andere Geschichte von ihm, über die keiner spricht. Sie soll so furchtbar sein, daß sogar mein Vater sie niemals erwähnt. Tom Hagen kennt sie, aber auch er will sie mir nicht erzählen. Einmal habe ich im Spaß zu ihm gesagt: ‹Wann bin ich endlich alt genug für die Geschichte über Luca?› Und Tom hat geantwortet: ‹Wenn du hundert bist.›» Michael trank von seinem Wein. «Das muß eine wilde Geschichte sein. Und dieser Luca ist ein wilder Knabe.»

In der Tat war Luca Brasi ein Mann, der sogar dem Teufel Angst eingejagt hätte. Klein, untersetzt, mit wuchtigem Schädel, brachte schon seine bloße Anwesenheit Alarmklingeln zum Schrillen. Sein Gesicht war nichts als eine wütende Maske. Seine Augen waren von einem kalten, tödlichen Lohgelb. Sein schmaler Mund wirkte leblos und hatte die bläßliche Farbe rohen Fleisches.

Brasi hatte einen erschreckenden Ruf der Grausamkeit, doch seine Ergebenheit für Don Corleone war legendär. Er war eine der stärksten Säulen, auf denen das Machtgefüge Don Corleones ruhte. Er selbst war eine Rarität.

Luca Brasi fürchtete nicht die Polizei, er fürchtete nicht die Gesellschaft, er fürchtete nicht Gott, er fürchtete nicht die Hölle, er fürchtete nicht seine Mitmenschen und liebte sie auch nicht. Zum einzigen Gegenstand seiner Furcht und seiner Liebe hatte er Don Corleone erwählt. Als er nun vor den Don geführt wurde, nahm der schreckliche Brasi eine steife, respektvolle Haltung an. Er stotterte ein paar blumige Gratulationen und gab der Hoffnung Ausdruck, das erste Enkelkind möge ein Junge sein. Dann reichte er dem Don als Geschenk für das Brautpaar einen Umschlag voll Geld.

Das also hatte er gewollt! Hagen bemerkte die Veränderung an Don Corleone. Der Don empfing Brasi wie ein König seinen Untertan, der ihm einen großen Dienst geleistet hat: nicht vertraulich, aber mit würdevollem Respekt. Mit jeder Geste, mit jedem Wort gab Don Corleone Luca Brasi zu verstehen, wie sehr er ihn schätzte. Nicht einen Augenblick war er erstaunt, daß ihm das Hochzeitsgeschenk persönlich überreicht wurde. Er hatte Verständnis dafür.

Die Summe in diesem Umschlag war zweifellos höher als in jedem einzelnen der anderen Kuverts. Viele Stunden lang hatte Brasi darüber nachgedacht, hatte überlegt, wieviel wohl die anderen Gäste bringen mochten. Er wollte der Großzügigste sein, er wollte zeigen, daß seine Hochachtung vor dem Don die allergrößte war. Darum hatte er dem Don seinen Umschlag persönlich gegeben – ein Formfehler, den der Don bei seinen eigenen, nicht minder blumigen Dankesworten taktvoll überging. Hagen sah, daß Brasis Gesicht die wütende Starre verlor und es vor Stolz und Freude zu strahlen begann. Ehe er dann zur Tür hinausging, die Hagen ihm öffnete, küßte er dem Don voll Ehrfurcht die Hand. Hagen schenkte ihm ein freundliches Lächeln, das der gedrungene Mann mit einem höflichen Verziehen der schmalen Lippen quittierte.

Als sich die Tür hinter ihm schloß, stieß Don Corleone einen kleinen, erleichterten Seufzer aus. Brasi war der einzige Mensch auf der Welt, der ihn nervös machen konnte. Dieser Mann war wie eine Naturgewalt, über die man keine Kontrolle hatte. Man mußte mit ihm so vorsichtig umgehen wie mit Dynamit. Der Don zuckte die Achseln. Selbst Dynamit konnte man unbeschadet sprengen, sofern es notwendig war. Er sah Hagen fragend an. «Nur noch Bonasera?»

Hagen nickte. Don Corleone runzelte nachdenklich die Stirn, dann sagte er: «Bevor du ihn herbringst, hol mir Santino. Es wird langsam Zeit, daß er etwas lernt.»

Draußen im Garten suchte Hagen vergeblich nach Sonny. Er riet dem wartenden Bonasera, sich noch ein wenig zu gedulden, und trat dann zu Michael und seiner Freundin. «Habt ihr Sonny gesehen?» erkundigte er sich. Michael schüttelte den Kopf. Verdammt! dachte Hagen. Wenn Sonny immer noch diese Brautjungfer bimst, dann gibt es einen ganz schönen Krach. Sonnys Frau, die Familie des Mädchens – es konnte eine Katastrophe geben. Eilig ging er zur Tür, durch die er vor fast einer halben Stunde Sonny hatte verschwinden sehen.

Während Hagen ins Haus ging, erkundigte sich Kay Adams bei Michael: «Wer ist denn das? Du hast ihn als deinen Bruder vorgestellt, aber er trägt einen anderen Namen, und außerdem sieht er überhaupt nicht italienisch aus.»

«Tom ist seit seinem dreizehnten Lebensjahr bei uns», erklärte Michael. «Seine Eltern waren beide tot, und er trieb sich auf der Straße herum. Eines Abends brachte ihn Sonny mit, und er blieb da. Er wußte nicht, wo er hin sollte. Und dann ist er bei uns geblieben, bis er geheiratet hat.»

Kay Adams war begeistert. «Mein Gott, ist das romantisch!» sagte sie. «Dein Vater muß ein sehr guter Mensch sein. Einfach einen Jungen zu adoptieren, wo er doch so viele eigene Kinder hat!»

Michael machte sich nicht die Mühe, ihr zu erklären, daß vier Kinder bei italienischen Einwanderern als eine sehr kleine Familie galten. Er sagte nur: «Tom wurde nicht adoptiert. Er hat nur bei uns gelebt.»

«Ach!» sagte Kay. Dann fragte sie neugierig: «Und warum habt ihr ihn nicht adoptiert?»

Michael lachte. «Weil Vater sagte, es wäre respektlos von Tom, seinen Namen zu ändern. Respektlos seinen Eltern gegenüber.»

Sie sahen, wie Hagen Sonny durch die Fenstertüren ins Büro scheuchte und dann Amerigo Bonasera heranwinkte. «Warum läßt sich dein Vater an so einem Tag mit geschäftlichen Dingen belästigen?» fragte Kay.

Abermals lachte Michael. «Weil alle wissen, daß ein Sizilianer traditionsgemäß am Hochzeitstag seiner Tochter niemandem eine Bitte abschlagen darf. Und eine solche Chance wird sich kein Sizilianer entgehen lassen.»

Lucy Mancini raffte den Saum ihres rosafarbenen Kleides und lief die Treppe hinauf. Sonny Corleones derbes, sinnlich gerötetes Gesicht machte ihr angst, aber eben das hatte sie ja die ganze vergangene Woche hindurch gewollt. Bei ihren beiden Liebesaffären im College hatte sie nicht viel empfunden, und keine von beiden hatte länger gedauert als eine Woche. Ärgerlich hatte ihr zweiter Liebhaber etwas davon gemurmelt, daß sie «da unten zu groß» sei. Lucy hatte begriffen und ging für den Rest ihrer Schulzeit mit niemandem mehr aus.

Im Laufe des Sommers, während sie bei den Vorbereitungen für die Hochzeit ihrer besten Freundin Connie Corleone half, hörte Lucy viel heimlichen Klatsch über Sonny. Und eines Sonntagnachmittags hatte Sonnys Frau Sandra in der Corleone-Küche freimütig aus der Schule geplaudert. Sandra war eine derbe, gutmütige Frau, die in Italien geboren, aber als kleines Kind schon nach Amerika gebracht worden war. Sie war kräftig gebaut, mit schweren Brüsten, und hatte in ihrer fünfjährigen Ehe bereits drei Kinder geboren. Sandra und die anderen Frauen zogen Connie mit den Schrecken des ehelichen Beilagers auf. «Mein Gott», hatte Sandra gekichert, «als ich zum erstenmal sah, was Sonny da für einen Ständer hatte, und merkte, daß er den in mich reinstecken wollte, da habe ich Zetermordio geschrien. Nach einem Jahr hat sich mein Bauch innen angefühlt wie Makkaroni, die mindestens eine Stunde gekocht haben. Als ich dann hörte, daß er es auch mit anderen Mädchen treibt, bin ich zur Kirche gegangen und hab keine Kerze gestiftet.»

Alle hatten gelacht, nur Lucy hatte gespürt, wie ihr zwischen den Beinen heiß wurde.

Als sie jetzt die Treppe emporeilte, durchfuhr die Begierde ihren Körper wie ein gewaltiger Blitz. Oben nahm Sonny sie bei der Hand und zog sie über den Flur bis zu einem leeren Schlafzimmer. Als sich die Tür hinter ihnen schloß, wurden ihr die Knie weich. Sie fühlte Sonnys Mund auf dem ihren, den bitteren Geschmack nach verbranntem Tabak auf den Lippen. Sie öffnete ihren Mund. In diesem Augenblick merkte sie, wie seine Hand unter ihrem langen Kleid nach oben glitt, hörte das Rascheln des Stoffes, fühlte, wie seine große, warme Hand zwischen ihren Beinen das Seidenhöschen beiseite schob und sie streichelte. Sie legte ihm die Arme um den Hals und hängte sich an ihn, während er seine Hose öffnete. Dann legte er ihr beide Hände unter das nackte Hinterteil und hob sie hoch. Sie machte einen kleinen Hopser, so daß ihre Beine sich um seine Oberschenkel schlingen konnten. Seine Zunge war in ihrem Mund, und sie saugte an ihr. Er stieß mit wilder Begierde zu, so kräftig, daß ihr Kopf gegen die Türfüllung schlug. Sie spürte etwas brennend Heißes zwischen den Schenkeln, löste die rechte Hand von seinem Hals und griff hinunter, um ihn zu führen. Ihre Hand schloß sich um eine ungeheure, blutgeschwollene Muskelmasse, die in ihren Fingern pulste wie ein Tier. Fast weinend vor dankbarer Ekstase lenkte sie ihn in ihr feuchtes, geschwollenes Fleisch. Der Schock des Eindringens, das unglaubliche Lustgefühl ließ sie keuchen, ließ sie die Beine fast bis hinauf an seinen Hals schieben, und dann empfing ihr Körper wie ein Köcher die wilden Pfeile seiner blitzschnellen Stöße; zahllos, quälend. Höher und höher bog sie ihr Becken, bis sie zum erstenmal in ihrem Leben eine erschütternde Klimax erreichte, bis sie spürte, wie seine Härte zerbrach, und dann die langsame Flut seines Spermas sich auf ihre Schenkel ergoß. Langsam lösten sich ihre Beine von seinem Körper, glitten herab, und ihre Füße erreichten den Boden. Außer Atem lehnten sie aneinander.

Es mochte schon eine geraume Zeit geklopft haben, aber sie hörten es jetzt erst. Hastig knöpfte sich Sonny die Hose zu und stellte sich dabei so vor die Tür, daß sie von außen nicht geöffnet werden konnte. In hektischer Eile strich Lucy sich das rosafarbene Abendkleid glatt und schielte dabei zu Sonny hinüber. Aber das Ding, das ihr so großes Vergnügen bereitet hatte, war wieder hinter nüchternem schwarzem Tuch verschwunden. Dann hörten sie Tom Hagens leise Stimme: «Sonny, bist du da?»

Sonny seufzte auf vor Erleichterung. Er zwinkerte Lucy zu. «Ja, Tom. Was ist denn?»

Hagens Stimme sagte, noch immer sehr leise: «Du sollst zum Don ins Büro kommen. Sofort.» Sie hörten, wie sich seine Schritte wieder entfernten. Sonny wartete ein Weilchen, dann drückte er Lucy einen kräftigen Kuß auf den Mund und ging hinaus, um Hagen zu folgen.

Lucy ordnete ihr Haar. Sie prüfte den Sitz ihres Kleides und zog ihre Strumpfhalter zurecht. Sie fühlte sich wie zerschlagen. Ihre Lippen waren geschwollen und schmerzten. Sie verließ das Zimmer. Obwohl sie zwischen ihren Schenkeln eine klebrige Feuchtigkeit spürte, ging sie nicht ins Bad, um sich zu waschen, sondern lief gleich die Treppe zum Garten hinunter. Am Brauttisch nahm sie ihren Platz neben Connie ein, die schmollend fragte: «Wo bist du gewesen, Lucy? Du siehst betrunken aus. Bleib doch bei mir.»

Der blonde Bräutigam schenkte Lucy ein Glas Wein ein und lächelte verständnisvoll. Lucy war es egal. Sie hob den dunkelroten Wein an ihre trockenen Lippen und trank. Sie spürte die klebrige Feuchte zwischen ihren Schenkeln und preßte die Beine zusammen. Ihr Körper bebte. Über den Glasrand hinweg suchten ihre Augen beim Trinken sehnsüchtig nach Sonny. Sie wollte keinen anderen Menschen mehr sehen. Verstohlen flüsterte sie Connie ins Ohr: «Nur wenige Stunden noch, dann weißt du Bescheid.» Connie kicherte. Sittsam legte Lucy die gefalteten Hände auf den Tisch. Sie empfand einen hinterhältigen Triumph, als habe sie der Braut einen kostbaren Schatz gestohlen.

Amerigo Bonasera folgte Hagen ins Eckzimmer des Hauses und sah Don Corleone an einem wuchtigen Schreibtisch sitzen. Am Fenster stand Sonny und sah in den Garten hinaus. Zum erstenmal an diesem Nachmittag war das Verhalten des Don merklich kühl. Er umarmte den Besucher nicht, schüttelte ihm auch nicht die Hand. Der blasse Bestattungsunternehmer verdankte seine Einladung nur der Tatsache, daß seine Frau die beste Freundin Signora Corleones war. Amerigo Bonasera selber stand bei dem Don in Ungnade.

Bonasera begann seine Bitte auf Umwegen und fädelte sie sehr geschickt ein. «Meine Tochter, das Patenkind Ihrer Frau, müssen Sie bitte entschuldigen, Don Corleone. Sie kann Ihrer Familie heute leider nicht die Aufwartung machen, denn sie liegt noch immer im Krankenhaus.» Er sah zu Hagen und Sonny hinüber, um anzudeuten, daß er nicht sprechen wolle, solange sie anwesend waren. Aber der Don blieb hart.

«Wir alle haben von dem bedauerlichen Unglück deiner Tochter gehört», sagte er. «Wenn ich ihr irgendwie helfen kann, so brauchst du es mir nur zu sagen. Schließlich ist meine Frau ihre Patin. Ich habe diese ehrenvolle Tatsache niemals vergessen.» Das war eine Zurechtweisung: Obwohl es der Brauch so verlangte, hatte der Bestattungsunternehmer den Don niemals *padrino* genannt.

Mit aschgrauem Gesicht bat Bonasera nunmehr direkt: «Dürfte ich wohl einen Augenblick mit Ihnen allein sprechen?»

Don Corleone schüttelte den Kopf. «Diese beiden Männer besitzen mein vollstes Vertrauen. Sie sind meine beiden rechten Hände. Ich kann sie unmöglich fortschicken, das würde sie kränken.»

Sekundenlang schloß Bonasera die Augen, dann begann er zu sprechen. Sein Ton war ruhig, es war der Ton, den er beim Trösten trauernder Hinterbliebener anschlug. «Ich habe meine Tochter amerikanisch erzogen. Ich glaube an Amerika. Amerika hat mich reich gemacht. Ich ließ meiner Tochter jede Freiheit, aber ich habe sie gelehrt, keine Schande über ihre Familie zu bringen. Sie fand einen Freund, aber er war kein Italiener. Sie ging mit ihm aus, ins Kino. Sie kam oft erst spät nach Hause. Aber er kam nicht ein einziges Mal zu uns, um sich ihren Eltern vorzustellen. Ich nahm das alles ohne Widerspruch hin, das war mein Fehler. Vor zwei Monaten unternahm er mit ihr einen Autoausflug. Er hatte einen Freund bei sich. Sie zwangen sie, Whisky zu trinken, und dann versuchten sie, sie zu mißbrauchen. Sie wehrte sich. Sie verteidigte ihre Ehre. Sie schlugen sie. Wie ein Tier. Als ich sie im Krankenhaus besuchte, hatte sie verquollene Augen. Ihr Nasenbein war gebrochen. Ihr

Kinn zerschmettert. Man mußte es mit Draht zusammenflicken. Trotz ihrer Schmerzen weinte sie. ‹Vater, Vater, warum haben sie das getan? Warum haben sie mir das angetan?› Und ich weinte mit ihr.» Bonasera konnte nicht weitersprechen: Er weinte, obwohl seiner Stimme nichts anzumerken war.

Don Corleone machte unwillkürlich eine mitfühlende Geste, und Bonasera fuhr fort. Kummer und Leid verliehen seiner Stimme echte Töne. «Warum ich geweint habe? Sie war das Licht meines Lebens. Ein schönes Mädchen. Sie hatte Vertrauen zu den Menschen, aber sie wird nie wieder Vertrauen haben. Sie wird nie wieder so schön werden, wie sie war.» Er zitterte, sein fahles Gesicht hatte eine häßliche dunkelrote Farbe.

«Ich ging zur Polizei, wie es sich für einen guten Amerikaner gehört. Die beiden Burschen wurden verhaftet. Sie wurden vor Gericht gestellt. Die Beweise waren überwältigend, und sie bekannten sich schuldig. Der Richter verurteilte sie zu drei Jahren Gefängnis und setzte die Strafe zur Bewährung aus. Am selben Tag noch konnten sie ungehindert nach Hause gehen. Ich stand im Gerichtssaal wie ein Narr, und diese Schweine lächelten noch über mich. Da sagte ich zu meiner Frau: ‹Wenn wir Gerechtigkeit wollen, müssen wir zu Don Corleone gehen.›»

Aus Achtung vor dem Leid des Mannes hatte der Don den Kopf gesenkt. Doch als er nun sprach, klang kalte, gekränkte Würde in seinen Worten. «Warum bist du zur Polizei gegangen? Warum bist du nicht gleich zu mir gekommen?»

Fast unhörbar murmelte Bonasera: «Was verlangen Sie von mir? Sagen Sie, was Sie von mir verlangen, aber tun Sie, worum ich Sie bitte!» Es lag beinahe etwas Anmaßendes in seinen Worten.

Don Corleone fragte ernst: «Und was soll ich tun?»

Mit einem Blick auf Hagen und Sonny schüttelte Bonasera den Kopf. Der Don, der noch immer an Hagens Schreibtisch saß, beugte sich zu ihm vor. Bonasera zögerte sekundenlang, dann beugte er sich herunter und brachte die Lippen so nahe an das haarige Ohr des Don, daß sie es berührten. Don Corleone lauschte ihm wie ein Priester im Beichtstuhl, den Blick unbeteiligt in die Ferne gerichtet. So blieben sie eine ganze Weile, bis Bonasera endlich aufhörte zu flüstern und sich wieder aufrichtete. Der Don sah Bonasera mit ernstem Blick an. Bonasera erwiderte unerschrocken den Blick. Sein Gesicht war immer noch gerötet.

Endlich sagte der Don: «Das kann ich nicht. Du vergißt dich.»

Laut entgegnete Bonasera: «Ich bin bereit, Ihnen jede Summe zu geben, die Sie verlangen.» Als Hagen dies hörte, fuhr er mit einem nervösen Kopfzucken zusammen. Sonny grinste ironisch, während er sich vom Fenster abwandte und seine Aufmerksamkeit zum erstenmal auf die Szene im Zimmer richtete.

Don Corleone erhob sich hinter dem Schreibtisch. Seine Miene war immer noch ausdruckslos, aber seine Stimme klang kalt wie der Tod. «Du und ich, wir kennen uns nun schon seit vielen Jahren», sagte er, «aber bis heute hast du mich niemals um Rat oder Hilfe gebeten. Ich erinnere mich nicht, wann du mich das letzte Mal zum Kaffee in dein Haus geladen hast, obwohl meine Frau die Patin deines einzigen Kindes ist. Wir wollen offen sein: Du hast meine Freundschaft zurückgewiesen. Du hast Angst gehabt, in meiner Schuld zu stehen.»

Bonasera murmelte: «Ich wollte nur keinen Ärger haben.»

Der Don hob die Hand. «Nein. Sag lieber nichts. Du hast in Amerika das Paradies gefunden. Du hast ein gutgehendes Geschäft, du verdienst nicht schlecht. Du hast geglaubt, die Welt sei ein ungefährlicher Ort, wo du nach Belieben deinem Vergnügen nachgehen kannst. Du hast versäumt, dir den Schutz wahrer Freunde zu sichern. Schließlich war ja die Polizei zu deinem Schutz da, es gab Gerichte, dir und den Deinen konnte kein Leid geschehen. Du brauchtest Don Corleone nicht. Nun gut. Du hast mich gekränkt, aber ich bin nicht der Mann, der jemandem seine Freundschaft aufdrängt, der sie nicht zu schätzen weiß – jemandem, der mich für unwichtig hält.» Der Don machte eine Pause und schenkte Bonasera ein höfliches, ironisches Lächeln. «Jetzt aber kommst du zu mir und sagst: ‹Don Corleone, schaffe mir Gerechtigkeit.› Du zeigst nicht einmal Respekt. Bietest mir nicht deine Freundschaft an. Du kommst am Hochzeitstag meiner Tochter zu mir, du bittest mich, einen Mord zu begehen und sagst...» Jetzt wurde die Stimme des Don zur spöttischen Imitation. «‹Ich zahle, was du willst.› Nein, nein, ich bin dir nicht böse, aber was habe ich dir jemals getan, daß du mich so respektlos behandelst?»

Bonasera in seiner Not und Angst rief laut: «Amerika ist gut zu mir gewesen. Ich wollte ein guter Bürger sein. Ich wollte, daß meine Tochter eine richtige Amerikanerin wird.»

Der Don schlug mißbilligend die Hände zusammen. «Gut gesprochen! Sehr schön. Dann brauchst du dich ja über nichts zu beklagen. Der Richter hat das Urteil gesprochen. Bring deiner Tochter Blumen und eine Schachtel Pralinen, wenn du sie im Krankenhaus besuchst. Das wird sie trösten. Gib dich zufrieden. Schließlich ist dies keine schwerwiegende Angelegenheit, die Burschen waren jung, übermütig, und einer von ihnen ist der Sohn eines einflußreichen Politikers. Nein, mein lieber Amerigo, du bist immer aufrichtig gewesen. Obwohl du meine Freundschaft zurückgewiesen hast, muß ich zugeben, daß ich mich auf das Wort des Amerigo Bonasera eher verlassen würde als auf das eines Fremden. Darum verlange ich jetzt dein Wort, daß du diesen Wahnsinn vergißt. Es ist unamerikanisch. Vergib. Vergiß. Das Leben bringt manches Unglück.»

Unter der grausamen, verächtlichen Ironie dieser Worte schrumpfte Bonasera zu einem zitternden Häufchen Elend zusammen, aber noch einmal sagte er mutig: «Ich bitte Sie um Gerechtigkeit.»

Don Corleone erwiderte scharf: «Das Gericht hat dir Gerechtigkeit gegeben.»

Bonasera schüttelte trotzig den Kopf. «Nein. Es hat den Jungen Gerechtigkeit gegeben. Mir hat es keine Gerechtigkeit gegeben.»

Der Don akzeptierte diesen feinen Unterschied mit beifälligem Nicken. Dann fragte er: «Und wie sieht deine Gerechtigkeit aus?»

«Auge um Auge», erwiderte Bonasera.

«Du hast aber mehr verlangt», sagte der Don. «Deine Tochter lebt.»

Zögernd gab Bonasera nach. «Sie sollen leiden, wie sie leidet.»

Der Don wartete ab, ob er noch etwas sagen wollte.

Bonasera nahm seinen letzten Mut zusammen und fragte: «Wieviel verlangen Sie?» Es klang wie ein verzweifeltes Stöhnen.

Don Corleone kehrte ihm abrupt den Rücken, ein deutlicher Wink, daß er das Gespräch als beendet ansah. Bonasera rührte sich nicht.

Endlich, mit dem Seufzer eines gutmütigen Mannes, der seinem irregeleiteten Freund nicht böse sein kann, wandte sich Don Corleone wieder zu Bonasera, der nun so bleich war wie eine seiner Leichen. Don Corleone war sanft und geduldig. «Warum fürchtest du dich davor, mir Treue zu schwören?» fragte er. «Du gehst zu Gericht und wartest monatelang. Du gibst viel Geld für Anwälte aus, die ganz genau wissen, daß du zum Narren gehalten werden sollst. Du nimmst das Urteil eines Richters hin, der sich verkauft wie die übelste Straßendirne. Vor vielen Jahren, als du Geld brauchtest, bist du zu den Banken gegangen, hast enorme Zinsen gezahlt, hast mit dem Hut in der Hand wie ein Bettler gewartet, während sie herumgeschnüffelt haben, um sich nur ja zu vergewissern, daß du das Darlehen zurückzahlen kannst.» Der Don machte eine Pause, sein Ton wurde strenger.

«Wenn du aber zu mir gekommen wärst – mein Geldbeutel hätte dir gehört. Wenn du zu mir um Gerechtigkeit gekommen wärst – dieser Abschaum, der deine Tochter ruiniert hat, würde jetzt bittere Tränen weinen. Wenn sich ein ehrlicher Mann wie du durch einen unglücklichen Zufall Feinde gemacht hätte – sie wären auch meine Feinde, und dann würden sie, das kannst du mir glauben», der Don hob den Arm, sein Finger richtete sich auf Amerigo Bonasera, «dann würden sie sich jetzt vor *dir* fürchten.»

Mit gesenktem Kopf und erstickter Stimme murmelte Bonasera: «Bitte, nehmen Sie meine Freundschaft an. Ich bin einverstanden.»

Don Corleone legte ihm die Hand auf die Schulter. «Gut», sagte er. «Du sollst Gerechtigkeit haben. Eines Tages, und dieser Tag wird vielleicht niemals kommen, werde ich dich bitten, mir dafür einen Gefallen zu tun. Bis dahin betrachte diese Gerechtigkeit als ein Geschenk meiner Frau, der Patin deiner Tochter.»

Als sich die Tür hinter dem dankbaren Bestattungsunternehmer schloß, wandte sich Don Corleone an Hagen und sagte: «Übergib Clemenza die Angelegenheit und richte ihm aus, er soll unter allen Umständen zuverlässige Leute nehmen, Leute, denen der Blutgeruch nicht so zu Kopf steigt, daß sie die Beherrschung verlieren. Schließlich sind wir keine Mörder, auch wenn dieser Leichenfledderer sich das so vorstellt.» Er sah, daß sein erstgeborener Sohn vom Fenster aus die Gartengesellschaft beobachtete. Es ist hoffnungslos, dachte Don Corleone. Wenn er nichts lernen will, kann Santino niemals die Geschäfte der Familie führen, kann niemals ein Don werden. Er mußte sich nach einem anderen umsehen. Und zwar bald. Schließlich war auch er nicht unsterblich.

Im Garten ertönte lautes, fröhliches Geschrei. Alle drei Männer im Zimmer fuhren zusammen. Sonny beugte sich dicht an die Fensterscheibe. Was er sah, veranlaßte ihn, mit freudigem Lächeln eilig zur Tür zu gehen. «Es ist Johnny, er ist zur Hochzeit gekommen! Was habe ich dir gesagt?» Auch Hagen drehte sich um zum Fenster. «Tatsächlich, es ist Ihr Patensohn», sagte er dem Don. «Soll ich ihn holen?»

«Nein», entschied Don Corleone. «Zuerst sollen die Gäste ihren Spaß an ihm haben. Zu mir kann er kommen, wann er will.» Lächelnd sah er Hagen an. «Siehst du? Er ist doch ein guter Patensohn.»

Hagen verspürte einen leisen Stich der Eifersucht. Trocken erwiderte er: «Seit zwei Jahren zum erstenmal. Vermutlich steckt er in der Tinte, und nun braucht er Ihre Hilfe.»

«Und zu wem sollte er da wohl kommen, wenn nicht zu seinem *padrino*?» sagte Don Corleone.

Die erste, die Johnny Fontane in den Garten kommen sah, war Connie. Sie vergaß ihre bräutliche Würde und schrie aus vollem Hals: «Johnniiiii!» Dann stürzte sie sich in seine Arme. Er drückte sie fest an sich, küßte sie auf den Mund und ließ, während die anderen kamen, um ihn zu begrüßen, seinen Arm auf ihren Schultern liegen. Alte Freunde drängten sich um ihn, Leute, mit denen er auf der West Side aufgewachsen war. Dann schleppte ihn Connie zu ihrem frischgebackenen Ehemann. Belustigt sah Johnny, daß der blonde junge Mann ein langes Gesicht zog, weil er auf einmal nicht mehr der Star des Tages war. Er ließ all seinen Charme spielen, schüttelte ihm herzlich die Hand und trank ihm mit einem Glas Wein seine Glückwünsche zu.

Vom Musikpodium her rief eine vertraute Stimme: «Na, wie wär's denn mit einem Lied, Johnny?» Er blickte auf und sah Nino Valenti zu ihm herablächeln. Johnny sprang auf das Podium und schloß Nino in seine Arme. Sie waren einmal unzertrennlich gewesen, hatten zusammen gesungen, waren zusammen mit Mädchen ausgegangen, bis Johnny dann allmählich berühmt wurde und anfing, im Rundfunk zu singen. Als er nach Hollywood ging, hatte er Nino noch hin und wieder angerufen und fest versprochen, ihm in einem Klub ein Engagement als Sänger zu vermitteln, aber gehalten hatte er sein Versprechen nicht. Doch als er Nino jetzt wiedersah, sein fröhliches, spöttisches, trunkenes Grinsen, war seine alte Zuneigung wieder erwacht.

Nino begann auf der Mandoline zu zupfen. Johnny legte Nino die Hand auf die Schulter. «Für die Braut!» rief er. Dann stampfte er mit dem Fuß den Takt und sang ein obszönes sizilianisches Liebeslied. Während er sang, vollführte Nino mit seinem Körper recht eindeutige Bewegungen. Die Braut errötete voll Stolz, die dichtgedrängten Gäste brüllten vor Vergnügen. Gegen den Schluß des Liedes stampften sie alle mit den Füßen und schrien den lustigen, zweideutigen Refrain im Chor. Der Beifall wollte nicht enden, und Johnny räusperte sich, um ein anderes Lied zu beginnen.

Sie waren alle sehr stolz auf ihn. Er war einer von ihnen, und er war ein berühmter Sänger geworden, ein Filmstar, der mit den begehrtesten Frauen der Welt schlafen konnte. Und trotzdem hatte er seinem Paten die ihm gebührende Achtung erwiesen und war dreitausend Meilen weit gereist, um an dieser Hochzeit teilnehmen zu können. Er liebte seine alten Freunde noch immer. Zum Beispiel Nino. Viele der Anwesenden hatten Johnny und Nino zusammen singen sehen, als sie noch Jungen waren, als niemand im Traum daran dachte, daß Johnny Fontane als erwachsener Mann die Herzen von fünfzig Millionen Frauen höherschlagen lassen würde.

Johnny Fontane langte hinab und zog die Braut aufs Musikpodium herauf, daß sie zwischen ihm und Nino stand. Beide Männer gingen, einander zugewandt, in die Knie. Nino zupfte ein paar harte Akkorde auf der Mandoline. Dies war eine ihrer ganz alten Nummern, ein spielerisches Kämpfen und Werben, bei dem sie abwechselnd den Kehrreim sangen. Feinfühlend ließ Johnny zu, daß Ninos Stimme über seine Stimme siegte, daß Nino ihm die Braut aus dem Arm nahm, daß Nino sich in die letzte, triumphierende Strophe stürzte, während seine eigene Stimme langsam erstarb. Die ganze Hochzeitsgesellschaft brach in tosenden Beifall aus, während die drei einander zum Schluß umarmten. Die Gäste bettelten um mehr.

Nur Don Corleone, der an den Fenstertüren des Eckzimmers stand, spürte, daß etwas fehlte. Fröhlich, mit gespielter Heiterkeit, und behutsam, um seine Gäste nicht zu kränken, rief er: «Mein Patensohn ist dreitausend Meilen weit gereist, um uns seine Aufwartung zu machen, und niemand denkt daran, ihm etwas anzubieten, damit er seine Kehle befeuchten kann?» Sofort wurden Johnny ein Dutzend Weingläser entgegengestreckt. Er trank aus jedem einen Schluck und eilte zu seinem Paten, um ihn zu begrüßen. Dabei flüsterte er dem Alten etwas ins Ohr. Gemeinsam gingen die beiden ins Haus.

Als Johnny hereinkam, reichte Tom Hagen ihm die Hand. Johnny ergriff sie. «Wie geht es dir, Tom?» fragte er, doch ohne seinen gewohnten Charme, der einem echten Gefühl der Herzlichkeit entsprang. Hagen fühlte sich durch diese kühle Haltung ein wenig gekränkt, schüttelte den Unmut aber schnell wieder ab. Das war eben einer der Nachteile, wenn man den Helfershelfer des Don spielen mußte.

Johnny wandte sich an seinen Paten. «Als ich die Hochzeitseinladung bekam, dachte ich mir: Ah, mein *padrino* ist mir nicht mehr böse! Ich habe dich nach meiner Scheidung mindestens fünfmal angerufen, und jedesmal hat Tom mir gesagt, du wärest nicht da. Ich wußte, daß du verärgert warst.»

Aus einer Flasche füllte der Don zwei Gläser mit gelbem Strega. «Das ist vergessen. Aber nun: Kann ich noch immer etwas für dich tun? Bist du nicht zu berühmt, zu reich für meine Hilfe?»

Johnny trank die gelbe, brennende Flüssigkeit und streckte dem Don sein Glas zum Nachfüllen hin. Er versuchte sich munter zu geben. «Ich bin nicht reich, *padrino*, mit mir geht es bergab. Du hattest recht, ich hätte meine Frau und die Kinder wegen diesem Luder, das ich geheiratet habe, nie verlassen dürfen. Ich kann es dir nicht verdenken, daß du mir böse warst.»

Der Don zuckte die Achseln. «Ich habe mir Sorgen um dich gemacht. Du bist mein Patensohn. Das ist alles.»

Johnny wanderte im Zimmer auf und ab. «Ich war total verrückt nach dem Biest. Der größte Star von Hollywood. Sieht aus wie ein Engel. Und weißt du, was sie tut, wenn ein Film abgedreht ist? Wenn der Maskenbildner gute Arbeit mit ihrem Gesicht geleistet hat? Sie läßt sich von ihm vögeln. Wenn der Kameramann sie besonders gut herausgebracht hat? Sie holt ihn in ihre Garderobe und schläft mit ihm. Mit allen. Sie gibt ihren Körper als Trinkgeld. Die Hure.»

Der Don unterbrach ihn. «Wie geht es deiner Familie?»

Johnny seufzte. «Ich habe gut für sie gesorgt. Nach der Scheidung habe ich Ginny und den Kindern mehr gegeben, als vom Gericht festgesetzt worden war. Ich besuche sie einmal in der Woche. Sie fehlen mir. Manchmal denke ich, ich werde verrückt.» Er holte sich noch einen Drink. «Und jetzt lacht meine zweite Frau mich aus. Sie kann nicht verstehen, daß ich eifersüchtig bin. Sie nennt mich einen altmodischen Makkaroni, sie macht sich über meine Singerei lustig. Bevor ich abreiste, habe ich sie verprügelt, aber nicht im Gesicht, weil sie an einem Film arbeitet. Ich habe ihr weh getan, ich habe sie an Armen und Beinen geschlagen wie ein Kind, und sie hat mich ausgelacht.» Er steckte sich eine Zigarette an. «Darum, *padrino*, finde ich das Leben im Augenblick nicht lebenswert.»

Don Corleone sagte kurz: «Das sind Probleme, die ich dir nicht abnehmen kann.» Er schwieg einen Moment; dann fragte er: «Was ist eigentlich mit deiner Stimme los?»

Der selbstbewußte Charme, die Selbstironie verschwanden aus Johnny Fontanes Gesicht. Gebrochen sagte er: «Ich kann nicht mehr singen *padrino*. Irgend etwas ist mit meiner Kehle los, die Ärzte wissen nicht, was.» Verblüfft sahen ihn Hagen und Don Corleone an. Johnny war doch immer so zäh gewesen. Fontane fuhr fort: «Meine beiden Filme haben eine Menge Geld eingebracht. Ich war ein ganz großer Star. Jetzt haben sie mich rausgeschmissen. Der Chef der Filmgesellschaft hat mich nie leiden können, und jetzt will er sich an mir rächen.»

Don Corleone blieb vor seinem Patensohn stehen und fragte grimmig: «Und warum kann dich dieser Mann nicht leiden?»

«Ich habe damals für die liberalen Organisationen gesungen, weißt du, was du nicht gemocht hast. Na ja, Jack Woltz mochte es auch nicht. Er behauptete, ich sei ein Kommunist, aber er konnte es nicht beweisen. Dann habe ich ihm ein Mädchen weggeschnappt, das er sich persönlich reserviert hatte. Für mich war es nur eine Affäre für eine Nacht, aber sie fing an, mir nachzulaufen. Verdammt noch mal, was sollte ich tun? Und dann wirft mich dieses Flittchen raus, meine zweite Frau. Und Ginny und die Kinder wollen mich nicht wieder bei sich aufnehmen, wenn ich nicht auf Händen und Knien gekrochen komme. Und nun kann ich auch nicht mehr singen. Verdammt, *padrino*, was soll ich bloß tun?»

Don Corleones Miene war kalt und streng geworden, ohne die leiseste Spur von Mitgefühl. Verächtlich sagte er: «Du könntest endlich einmal anfangen, dich wie ein Mann zu benehmen.» Plötzlich verzerrte sich sein Gesicht vor Wut. «Wie ein Mann!» schrie er. Dann langte er über den Schreibtisch und packte Johnny Fontane beim Haar, mit einer Geste voll wütender Liebe. «Herrgott im Himmel, wie ist es möglich, daß du so lange in meiner Nähe gewesen bist und daß nichts Besseres aus dir geworden ist? Ein Hollywood-*finocchio*, der jammernd um Mitleid bettelt. Und wie ein Waschweib heult: ‹Was soll ich tun? O Gott, was soll ich bloß tun?›»

Die Parodie, die der Don bot, war so ungewohnt, so unerwartet, daß Hagen und Johnny verblüfft in lautes Gelächter ausbrachen. Don Corleone war zufrieden. Einen Augenblick mußte er daran denken, wie sehr er diesen Patensohn doch liebte. Wie hätten seine eigenen drei Söhne auf diesen Zornausbruch reagiert? Santino hätte geschmollt und sich noch wochenlang schlecht benommen. Fredo hätte sich einschüchtern lassen. Michael hätte ihn kalt lächelnd angesehen, das Haus verlassen und sich monatelang nicht mehr gezeigt. Aber Johnny... Oh, was war dieser Johnny doch für ein prachtvoller Kerl! Jetzt lächelte er schon. Er ahnte bereits, wo sein Pate hinauswollte. Don Corleone fuhr fort: «Du spannst deinem Boss das Mädchen aus, einem Mann, der sehr viel mehr Macht besitzt als du, und dann beschwerst du dich, daß er dir nicht mehr helfen will. Was für ein Unsinn! Du hast deine Familie verlassen, deinen Kindern den Vater genommen, eine Hure geheiratet, und nun weinst du, weil sie dich nicht mit offenen Armen wieder bei sich aufnehmen wollen. Die Hure, die schlägst du nicht ins Gesicht, weil sie einen Film dreht, und dann wunderst du dich, daß sie dich auslacht. Du bist ein Narr und hast nur bekommen, was du verdienst.»

Don Corleone machte eine Pause, um dann in geduldigem Ton zu fragen: «Bist du jetzt bereit, meinen Rat anzunehmen?»

Johnny Fontane zuckte die Achseln. «Ginny kann ich nicht wieder heiraten – nicht unter den Bedingungen, die sie stellt. Ich *muß* spielen, ich *muß* trinken, ich *muß* mit meinen Freunden ausgehen. Die schönen Mädchen laufen mir nach, und denen habe ich noch nie widerstehen können. Sooft ich zu Ginny zurückkehrte, kam ich mir immer vor wie ein Lump. Mein Gott, ich *kann* diesen ganzen Dreck nicht noch mal mitmachen!»

Es kam selten vor, daß Don Corleone seinen Ärger zeigte. «Ich habe nicht gesagt, daß du wieder heiraten sollst. Mach, was du willst. Es ist gut, daß du deinen Kindern ein Vater sein möchtest. Ein Mann, der seinen Kindern kein Vater ist, kann niemals ein richtiger Mann werden. Aber um das zu erreichen, mußt du dafür sorgen, daß ihre Mutter dich akzeptiert. Wer sagt denn, daß du sie nicht jeden Tag sehen kannst? Wer sagt, daß du nicht im selben Haus leben kannst? Wer sagt, daß du nicht genau das Leben führen kannst, das du führen möchtest?»

Johnny Fontane lachte. «*Padrino*, nicht alle Frauen sind wie die alten italienischen Ehefrauen. Ginny würde das bestimmt nicht mitmachen.»

Der Don sagte spöttisch: «Weil du dich wie ein *finocchio* benommen hast. Du hast ihr *mehr* gegeben, als das Gericht festgesetzt hat. Du hast die andere nicht ins Gesicht geschlagen, weil sie einen Film dreht. Immer richtest du dich nach den Frauen, und die sind in dieser Welt nicht zuständig, auch wenn sie einmal als Heilige in den Himmel kommen, während wir Männer in der Hölle schmoren. Ich habe dich all die Jahre hindurch beobachtet.» Die Stimme des Don wurde ernst. «Du bist ein guter Patensohn, du hast die nötige Achtung vor mir. Aber was ist mit deinen alten Freunden? Heute läufst du mit diesem Menschen herum, morgen mit jenem. Der junge Italiener, der in den Filmen so komisch war, der hatte Pech, und du bist nie wieder mit ihm zusammengekommen, weil du berühmter warst als er. Und was ist mit deinem alten Kumpan, mit dem du zur Schule gegangen bist, mit dem du gesungen hast? Mit Nino? Er leistet Schwerarbeit, fährt den Kieswagen, und am Wochenende singt er für ein paar Dollar. Nie sagt er etwas Nachteiliges über dich. Konntest du ihm denn nicht wenigstens ein bißchen helfen? Warum denn nicht? Er singt doch gut.»

Mit müder Geduld sagte Johnny Fontane: «Er hat einfach nicht genügend Talent, *padrino*. Er ist schon in Ordnung, aber zu den ganz Großen gehört er nicht.»

Don Corleone senkte die Lider über die Augen bis sie fast ganz geschlossen waren. Dann sagte er: «Und du, Patensohn, du hast jetzt auch nicht mehr genügend Talent. Soll ich dir einen Job beim Kiesfahren mit Nino besorgen?» Als Johnny nicht antwortete, fuhr der Don fort: «Freundschaft ist alles. Freundschaft ist mehr als Talent. Sie ist mehr als die Regierung. Sie ist fast ebensoviel wie die Familie. Vergiß das nicht. Wenn du dir einen Schutzwall von Freundschaften gebaut hättest, dann brauchtest du mich nicht um Hilfe zu bitten. Und jetzt sag mir, warum du nicht singen kannst. Im Garten hast du doch gut gesungen. Ebensogut wie Nino.»

Hagen und Johnny mußten über diesen geschickten Stich lächeln. Jetzt war die Reihe an Johnny, herablassend geduldig zu sein. «Meine Stimme ist schwach. Ich singe ein oder zwei Lieder, und dann kann ich stunden- oder sogar tagelang nicht mehr singen. Ich kann weder die Proben noch die Wiederholungen durchstehen. Meine Stimme ist schwach, sie muß irgendwie krank sein.»

«Du hast also Schwierigkeiten mit den Frauen. Deine Stimme ist krank. So. Und nun erzähl mir von deinem Ärger mit diesem Hollywood-*pezzonovanta*, der dich nicht arbeiten lassen will.» Der Don kam zum Geschäft.

«Er ist mächtiger als deine *pezzinovanta*», erklärte Johnny. «Ihm gehört das Studio. Er berät den Präsidenten bei den Propagandakriegsfilmen. Erst vor einem Monat hat er die Filmrechte an dem größten Romanerfolg dieses Jahres gekauft. Einem Bestseller. Und die Hauptperson ist ein Mann genau wie ich. Ich würde nicht einmal zu spielen brauchen, ich könnte einfach ich selber sein. Und singen muß ich ebenfalls nicht. Ich könnte den Oscar gewinnen. Alle wissen, daß mir die Rolle auf den Leib geschrieben ist und daß ich wieder ganz oben sein würde. Als Schauspieler. Aber Jack Woltz, dieses Schwein, will sich an mir rächen, er weigert sich, mir die Rolle zu geben. Ich habe ihm angeboten, ohne Gage zu spielen, zu einem Minimumpreis, und er sagt immer noch nein. Er hat mir ausrichten lassen, nur wenn ich ihm im Studiobüro den Hintern küßte, würde er sich's vielleicht noch mal überlegen.»

Don Corleone tat diesen emotionsgeladenen Unsinn mit einer Handbewegung ab. Unter vernünftigen Männern konnte jedes geschäftliche Problem geregelt werden. Er klopfte seinem Patensohn tröstend auf die Schulter. «Du bist deprimiert. Du glaubst, niemand macht sich etwas aus dir. Und du hast sehr abgenommen. Du trinkst wohl sehr viel, eh? Du schläfst nicht und schluckst Tabletten?» Er schüttelte mißbilligend den Kopf.

«Also, ich möchte, daß du jetzt meine Anordnungen befolgst», fuhr er fort. «Ich wünsche, daß du einen Monat lang in meinem Haus bleibst. Ich wünsche, daß du gut ißt, dich ausruhst und viel schläfst. Ich wünsche, daß du mir Gesellschaft leistest, ich habe deine Gesellschaft gern, und vielleicht kannst du von deinem Paten noch etwas über die Welt lernen, was dir im großen Hollywood weiterhilft. Aber kein Singen, kein Trinken, keine Frauen. Nach einem Monat kannst du nach Hollywood zurückkehren, und dieser *pezzonovanta* wird dir den Job geben, den du willst. Abgemacht?»

Johnny Fontane konnte nicht recht daran glauben, daß der Don so mächtig war. Aber noch nie hatte sein Pate gesagt, dies oder jenes könnte getan werden, ohne es dann auch wirklich zu tun. «Der Mann ist ein persönlicher Freund von J. Edgar Hoover», wandte Johnny ein. «Du kommst nicht mal auf Rufweite an ihn heran.»

«Er ist Geschäftsmann», entgegnete der Don in nüchternem Ton. «Ich werde ihm ein Angebot machen, das er nicht ausschlagen kann.»

«Es ist zu spät», sagte Johnny. «Die Verträge sind alle schon unterzeichnet, in einer Woche wird mit den Dreharbeiten begonnen. Nein, ausgeschlossen.»

Don Corleone sagte: «Geh du nur wieder zur Feier zurück. Deine Freunde warten auf dich. Alles andere überlaß ruhig mir.» Er schob Johnny Fontane hinaus.

Hagen saß am Schreibtisch und machte sich Notizen. Der Don stieß einen tiefen Seufzer aus. «Sonst noch etwas?»

«Wir können Sollozzo nicht länger warten lassen. Sie werden in dieser Woche noch mit ihm sprechen müssen.» Hagens Federhalter schwebte über dem Terminkalender.

Der Don zuckte die Achseln. «Jetzt, wo die Hochzeit vorüber ist, von mir aus jederzeit.»

Hagen entnahm dieser Antwort zweierlei: vor allem, daß des Don Antwort an Virgil Sollozzo ein Nein sein würde. Zum anderen, daß Don Corleone mit seiner Antwort bis nach der Hochzeit seiner Tochter warten wollte, weil er erwartete, daß er mit seinem Nein Ärger heraufbeschwor. Vorsichtig fragte er: «Soll ich Clemenza sagen, daß er ein paar Männer hierher ins Haus schickt?»

Der Don antwortete voll Ungeduld: «Wozu? Ich wollte meine Antwort nicht vor der Hochzeit geben, weil ein so wichtiger Tag von keiner Wolke getrübt werden darf, nicht einmal aus der Ferne. Außerdem wollte ich vorher wissen, um was es eigentlich geht. Das wissen wir jetzt. Was er uns vorschlagen will, ist eine *infamita*.»

Hagen fragte: «Dann werden Sie also ablehnen?» Als der Don nickte, fuhr Hagen fort: «Ich denke, wir sollten mit allen darüber sprechen, bevor Sie endgültig antworten – mit der ganzen Familie.»

Der Don lächelte. «So, denkst du das? Gut, wir werden darüber sprechen. Wenn du aus Kalifornien zurückkommst. Morgen wirst du hinunterfliegen und diese Angelegenheit für Johnny regeln. Unterhalte dich mit diesem Film-*pezzonovanta*. Und sag Sollozzo, daß ich mit ihm sprechen werde, sobald du aus Kalifornien zurück bist. Sonst noch etwas?»

Formell sagte Hagen: «Das Krankenhaus hat angerufen. *Consigliori* Abbandando liegt im Sterben; er wird die Nacht nicht mehr überleben. Seine Familie wurde gebeten, zu ihm zu kommen und dort zu bleiben.»

Während des letzten Jahres, seit Genco Abbandando mit Krebs im Krankenhaus lag, hatte Hagen das Amt des *consigliori* übernommen. Nun wartete er darauf, daß Don Corleone ihm sagte, der Posten gehöre endgültig ihm. Große Chancen hatte er allerdings nicht. Eine so hohe Position wurde traditionsgemäß nur einem Mann übertragen, dessen beide Eltern Italiener waren. Sogar seine provisorische Amtstätigkeit hatte schon Ärgernis erregt. Außerdem war er erst fünfunddreißig, angeblich also nicht alt genug, um sich die Erfahrung und Schlauheit erworben zu haben, die für den Erfolg eines *consigliori* erforderlich waren.

Aber der Don gab seiner Hoffnung keine Nahrung. Er fragte: «Wann wird meine Tochter mit ihrem Bräutigam aufbrechen?»

Hagen sah auf die Armbanduhr. «In wenigen Minuten wird der

Hochzeitskuchen angeschnitten, eine halbe Stunde später werden sie abfahren.» Dabei fiel ihm etwas anderes ein. «Ihr neuer Schwiegersohn. Bekommt er einen wichtigen Posten in der Familie?»

Er war überrascht von der Heftigkeit, mit der Don Corleone auf seine Frage reagierte. «Niemals!» Der Don schlug mit der flachen Hand auf den Tisch. «Niemals! Sieh zu, daß er Gelegenheit bekommt, Geld zu verdienen, viel Geld zu verdienen. Aber über das Familiengeschäft darf er niemals etwas erfahren. Und sag das auch den anderen, Sonny, Fredo, Clemenza.»

Der Don schwieg einen Augenblick. «Benachrichtige meine Söhne, daß sie mich alle drei ins Krankenhaus begleiten werden, den armen Genco besuchen. Ich wünsche, daß sie ihm zum letztenmal ihre Aufwartung machen. Sag Freddie, er soll den großen Wagen nehmen, und frag Johnny, ob er auch mitkommen will – mir zuliebe.» Er sah, daß Hagen ihn fragend anschaute. «Nein, du fliegst heute abend noch nach Kalifornien. Du wirst keine Zeit mehr haben, mit uns zu Genco zu kommen. Aber fahr nicht, bevor ich aus dem Krankenhaus wieder zurück bin und noch einmal mit dir gesprochen habe. Verstanden?»

«Verstanden», sagte Hagen. «Um wieviel Uhr soll Fred den Wagen bereithalten?»

«Sobald die Gäste fort sind», entschied Don Corleone. «Genco wird auf mich warten.»

«Der Senator hat angerufen», sagte Hagen. «Er hat sich entschuldigt, daß er nicht persönlich gekommen ist, aber Sie würden schon verstehen. Er meint vermutlich die beiden FBI-Männer, die auf der anderen Straßenseite die Zulassungsnummern notiert haben. Aber er hat ein Geschenk geschickt.»

Der Don nickte. Er hielt es für unnötig, zu erwähnen, daß er persönlich dem Senator geraten hatte, lieber nicht zu kommen. «Ein schönes Geschenk?»

Hagens Miene drückte bewundernde Anerkennung aus, was sich auf seinen deutsch-irischen Zügen seltsam italienisch ausnahm. «Antikes Silber, sehr wertvoll. Die Kinder können es für mindestens einen Tausender verkaufen. Der Senator hat viel Zeit und Mühe darauf verwendet, etwas Richtiges zu finden. Für diese Sorte Leute ist das wichtiger als der Preis des Geschenkes.»

Don Corleone verbarg nicht seine Genugtuung darüber, daß ein so großer Mann wie der Senator ihm solche Hochachtung erwies. Der Senator war, wie Luca Brasi, eine der stärksten Säulen im Machtgebäude des Don, und mit seinem Geschenk hatte er aufs neue seine Loyalität bewiesen.

Als Johnny Fontane im Garten erschien, erkannte Kay Adams ihn sofort. Sie war sehr erstaunt. «Aber du hast mir ja nie erzählt, daß deine Familie Johnny Fontane kennt!» beschwerte sie sich. «Jetzt heirate ich dich bestimmt.»

«Möchtest du ihn kennenlernen?» fragte Michael.

«Noch nicht», antwortete Kay. Sie seufzte. «Drei Jahre war ich in ihn verliebt. Jedesmal wenn er im Capitol auftrat, bin ich nach New York gefahren und hab mir die Lunge aus dem Hals geschrien. Er war phantastisch!»

«Wir werden ihn später begrüßen», sagte Michael.

Als Johnny zu singen aufhörte und mit Don Corleone im Haus verschwand, sagte Kay ironisch zu Michael: «Nun erzähl mir bloß nicht, daß ein so berühmter Filmstar wie Johnny Fontane deinen Vater um eine Gefälligkeit bitten muß.»

«Er ist der Patensohn meines Vaters», erklärte Michael. «Ohne meinen Vater wäre er heute vielleicht kein großer Star.»

Kay Adams lachte entzückt. «Das hört sich an wie eine hochinteressante Geschichte!»

Michael schüttelte den Kopf. «Die kann ich dir leider nicht erzählen.»

«Probier's», sagte sie.

Und er erzählte. Erzählte ihr alles, ohne eine Spur von Humor. Erzählte es ihr ohne Stolz. Erzählte es ohne nähere Erklärungen, außer der, daß sein Vater vor acht Jahren noch impulsiver gewesen sei und daß der Don das Ganze, weil es seinen Patensohn betraf, als seine persönliche Ehrensache betrachtet hatte.

Die Geschichte war rasch erzählt: Vor acht Jahren hatte Johnny Fontane einen außergewöhnlichen Erfolg als Sänger bei einer beliebten Tanzkapelle. Er war zu einer Spitzenattraktion des Rundfunks geworden. Leider stand Johnny beim Bandleader, einem sehr bekannten Mann namens Les Halley, unter einem Fünfjahresvertrag. Das war so üblich in der Branche. So war Les Halley in der Lage, Johnny «auszuleihen» und den Löwenanteil von Johnnys Gage in seine eigene Tasche zu stecken.

Nun griff Don Corleone persönlich in die Verhandlungen ein. Er bot Les Halley zwanzigtausend Dollar, wenn er Johnny Fontane aus dem Vertrag entließ. Halley erbot sich, nur fünfzig Prozent von Johnnys Einkünften zu beanspruchen. Don Corleone lächelte. Er ging mit seinem Angebot von zwanzigtausend auf zehntausend Dollar herunter. Der Bandleader, offenbar kein sehr intelligenter Mann, begriff die Bedeutung dieses niedrigen Angebotes nicht. Er lehnte ab.

Am nächsten Tag suchte Don Corleone den Bandleader persönlich auf. Er nahm seine beiden besten Freunde mit: den *consigliori* Genco Abbandando und Luca Brasi. In Abwesenheit weiterer Zeugen überredete Don Corleone Les Halley, ein Dokument zu unterschreiben, in dem er gegen Aushändigung eines bestätigten Schecks über den Betrag von zehntausend Dollar auf alle Rechte an Johnny Fontane verzichtete. Erreicht hatte der Don diese Einigung, indem er dem Bandleader eine Pistole an die Stirn setzte und ihm in ernstem Ton versicherte, daß in genau einer Minute das Dokument entweder mit seiner Unterschrift oder mit seinem Gehirn geziert sein werde. Les Halley unterschrieb. Don Corleone steckte seine Pistole ein und überreichte ihm den bestätigten Scheck.

Der Rest war Geschichte. Johnny Fontane wurde die größte singende Sensation von Amerika. Er machte Hollywood-Musicals, die seinem Studio ein Vermögen einbrachten. Seine Schallplatten erzielten Millionen. Dann ließ er sich von seiner Frau, einer Jugendliebe, scheiden und verließ auch seine beiden Kinder, um den berühmtesten blonden Star der gesamten Filmbranche zu heiraten. Bald entdeckte er, daß sie eine «Hure» war. Er trank, er spielte, er lief anderen Frauen nach. Er verlor seine Stimme. Seine Schallplatten ließen sich nicht mehr verkaufen. Das Studio weigerte sich, seinen Vertrag zu erneuern. Und so war er zu seinem Paten zurückgekehrt.

Kay sagte nachdenklich: «Bist du sicher, daß du nicht eifersüchtig auf deinen Vater bist? Alles, was du mir bis jetzt über ihn erzählt hast, beweist doch nur, daß er ständig etwas für andere tut.

Er muß ein sehr gutes Herz haben.» Sie lächelte trocken. «Auch wenn seine Methoden oft ein wenig unorthodox sind.»

Michael seufzte. «Ja, es sieht so aus. Aber ich will dir was sagen: Du weißt doch, daß die Polarforscher sich überall auf dem Weg zum Nordpol Vorratslager anlegen? Nur für den Fall, daß sie sie eines Tages brauchen könnten? So ist es auch mit den Gefälligkeiten meines Vaters. Eines Tages steht er bei all diesen Leuten vor der Tür, und dann gnade Gott, wenn sie nicht spuren.»

Es dämmerte schon fast, als der Hochzeitskuchen präsentiert, bewundert und gegessen wurde. Nazorine hatte ihn mit besonderer Sorgfalt gebacken und mit so unwiderstehlich leckeren Buttercrememuscheln verziert, daß die Braut nicht widerstehen konnte, sie genäschig herunterzupflücken, ehe sie mit ihrem blonden Bräutigam die Hochzeitsreise antrat. Der Don drängte seine Gäste behutsam zum Aufbruch und stellte dabei fest, daß die schwarze Limousine mit den FBI-Männern nicht mehr zu sehen war.

Schließlich stand nur noch ein Wagen in der Einfahrt: der lange schwarze Cadillac mit Freddie am Steuer. Der Don nahm auf dem Vordersitz Platz; er hatte für sein Alter und seine Körperfülle noch sehr geschmeidige Bewegungen. Sonny, Michael und Johnny Fontane stiegen hinten ein. Don Corleone wandte sich an seinen Sohn Michael. «Deine Freundin, kann sie allein in die Stadt zurückfahren?»

Michael nickte. «Tom hat versprochen, daß er sich um sie kümmert.» Voller Genugtuung über die Umsicht Hagens nickte der Don.

Wegen der noch immer herrschenden Benzinrationierung war auf dem Belt Parkway bis nach Manhattan nur wenig Verkehr. Nach einer knappen Stunde erreichte der Wagen die Straße, an der das French Hospital lag. Während der Fahrt erkundigte sich Don Corleone bei seinem jüngsten Sohn nach dem Studium. Ob alles gutgehe? Michael nickte. Dann fragte Sonny vom Rücksitz aus seinen Vater: «Johnny sagt, daß du für ihn diese Hollywoodsache regeln willst. Soll ich vielleicht mitfahren und helfen?»

Don Corleones Antwort war knapp. «Tom fliegt noch heute abend. Er braucht keine Hilfe, die Sache ist einfach.»

Sonny lachte. «Johnny glaubt nicht, daß du es schaffen wirst. Darum dachte ich, du wolltest vielleicht, daß ich mitfahre.»

Don Corleone wandte den Kopf. «Warum zweifelst du an mir?» fragte er Johnny. «Hat dein *padrino* nicht immer gehalten, was er verspricht? Hat mich jemals einer zum Narren halten können?»

Johnny brachte nervös eine Entschuldigung vor. «*Padrino,* der Mann, mit dem wir es hier zu tun haben, ist ein richtiger *pezzonovanta.* Es ist unmöglich, ihn umzustimmen, sogar mit Geld. Er hat ausgezeichnete Verbindungen. Und er haßt mich. Ich weiß nicht, wie du das anfangen willst.»

Der Don sagte gutmütig vergnügt: «Ich versichere dir, du wirst die Rolle bekommen.» Er stieß Michael in die Seite. «Wir werden meinen Patensohn nicht enttäuschen, eh, Michael?»

Michael, der niemals an seinem Vater zweifelte, schüttelte den Kopf.

Als sie auf das Portal des Krankenhauses zugingen, legte der Don Michael die Hand auf den Arm und hielt ihn hinter den anderen zurück. «Wenn du mit dem College fertig bist, dann komm und sprich mit mir», sagte er. «Ich habe einige Pläne, die dir gefallen werden.»

Michael erwiderte nichts. Der Don knurrte gereizt. «Ich weiß, wie du bist. Ich werde nichts von dir verlangen, was dir gegen den Strich geht. Aber hier handelt es sich um etwas Besonderes. Geh jetzt deinen eigenen Weg, schließlich bist du ein erwachsener Mann. Aber wenn du mit deinem Studium fertig bist, komm zu mir, wie es sich für einen Sohn gehört.»

Die Familie Genco Abbandandos, Frau und drei Töchter, alle in Schwarz, drängte sich wie ein Schwarm plumper Krähen auf dem weißen Kachelfußboden des Krankenhausflures. Als die Frauen Don Corleone aus dem Lift kommen sahen, flatterten sie, von einem gemeinsamen Impuls getrieben, schutzsuchend auf ihn zu. Die Mutter wirkte in ihrer schwarzen Kleidung majestätisch, die Töchter dick und unscheinbar. Mrs. Abbandando drückte Don Corleone schluchzend einen Kuß auf die Wange und rief mit klagender Stimme: «Oh, Sie sind ein Heiliger, daß Sie am Hochzeitstag Ihrer Tochter hierher kommen!»

Don Corleone winkte ab. «Schulde ich einem solchen Freund nicht Respekt, einem Freund, der zwanzig Jahre lang mein rechter Arm gewesen ist?» Er hatte sofort erkannt, daß diese Frau, die bald Witwe werden würde, gar nicht begriff, daß ihr Mann noch in dieser Nacht sterben mußte. Seit nahezu einem Jahr lag Genco Abbandando nun schon in diesem Krankenhaus und starb an Krebs, eine so lange Zeit, daß seine tödliche Krankheit für seine Frau zu einem fast normalen Teil ihres Lebens geworden war. Und heute gab es eben wieder einmal eine der häufigen Krisen. Sie plapperte eifrig weiter. «Gehen Sie nur hinein und besuchen Sie meinen armen Mann», drängte sie. «Er hat schon nach Ihnen gefragt. Der Arme – er wäre so gern zur Hochzeit gekommen, um Ihnen seine Aufwartung zu machen, aber der Doktor wollte es nicht erlauben. Dann sagte er, Sie würden an diesem großen Tag bestimmt zu ihm kommen und ihn besuchen, aber ich habe es nicht glauben wollen. Ah, Männer verstehen viel mehr von der Freundschaft als wir Frauen! Gehen Sie nur hinein, es wird ihn glücklich machen.»

Aus Genco Abbandandos Zimmer auf der Privatstation kamen ein Arzt und eine Schwester. Der Arzt war ein junger Mann mit ernstem Gesicht und dem Auftreten eines Menschen, der sein Leben lang keine Sorgen gehabt hatte. Eine der Töchter fragte schüchtern: «Können wir ihn jetzt sehen, Doktor?»

Dr. Kennedy musterte die kleine Gruppe mit verzweifeltem Blick. Begriffen diese Leute denn nicht, daß der Mann da drinnen im Sterben lag und furchtbare Schmerzen litt? Es wäre viel besser für ihn, wenn sie ihn in Frieden sterben ließen. «Aber bitte nur die engste Familie!» verlangte er höflich. Und sah erstaunt, daß sich die Frau und die Töchter des Kranken an einen kleinen älteren Mann in schlechtsitzendem Smoking wandten, als wollten sie seine Entscheidung einholen.

Der würdevolle ältere Mann begann zu sprechen. In seiner Stimme klang nur die leiseste Andeutung eines italienischen Akzents. «Mein lieber Doktor», fragte Don Corleone, «stimmt es, daß er im Sterben liegt?»

«Ja», antwortete Dr. Kennedy.

«Dann können Sie nichts mehr für ihn tun», entschied der Don. «Wir werden Ihnen die Last abnehmen. Wir werden ihn trösten.

Wir werden ihm die Augen schließen. Wir werden ihn begraben und bei seiner Beerdigung weinen, und anschließend werden wir für seine Frau und seine Töchter sorgen.» Mrs. Abbandando, durch diese deutlichen Worte endlich gezwungen, der Wahrheit ins Auge zu sehen, begann zu weinen.

Dr. Kennedy zuckte die Achseln. Sinnlos, diesen Bauerntölpeln etwas erklären zu wollen! Gleichzeitig aber begriff er die grausame Wahrheit in den Worten des Alten. Ja, seine Rolle war jetzt zu Ende. Noch immer ausgesucht höflich, sagte er: «Bitte warten Sie, bis die Schwester Sie einläßt. Sie hat noch ein paar notwendige Verrichtungen bei dem Kranken vorzunehmen.» Dann schritt er mit wehendem weißen Kittel über den Korridor davon.

Die Schwester kehrte ins Krankenzimmer zurück, während sie draußen warteten. Endlich kam sie wieder heraus und hielt ihnen die Tür auf. Flüsternd mahnte sie. «Er ist vor Schmerzen und Fieber nicht ganz klar. Versuchen Sie, ihn nicht aufzuregen. Bis auf seine Frau dürfen Sie alle nur wenige Minuten bleiben.» Als Johnny Fontane an ihr vorüberkam, erkannte sie ihn sofort, und ihre Augen wurden groß. Er erwiderte ihren Blick mit einem leichten Lächeln, und sie starrte ihn mit unverhohlener Herausforderung an. Er merkte sie sich für spätere Gelegenheiten vor und folgte den anderen ins Krankenzimmer.

Genco Abbandando hatte einen langen Wettlauf mit dem Tod hinter sich; nun lag er, besiegt und erschöpft, in seinem erhöhten Bett. Er war zum Skelett abgemagert, und von seinem ehemals kräftigen schwarzen Haar waren nur häßliche, dünne Strähnen übriggeblieben. Don Corleone sagte munter: «Genco, lieber Freund, ich habe meine Söhne mitgebracht, damit sie dir ihre Aufwartung machen, und sieh nur, sogar Johnny ist den langen Weg von Hollywood hergekommen!»

Der Sterbende hob den fiebrigen Blick und sah den Don voll Dankbarkeit an. Er duldete, daß ihm die jungen Männer mit ihren kräftigen Händen die knochige Linke drückten. Seine Frau und die Töchter gruppierten sich an seinem Bett, küßten ihn auf die Wange und hielten abwechselnd seine andere Hand.

Auch der Don drückte dem alten Freund die Hand. Tröstend sagte er: «Nun werde aber schnell wieder gesund, damit wir endlich zusammen nach Italien fahren können, in unser altes Dorf. Wir wollen doch vor dem Weingeschäft Boccia spielen wie unsere Väter.»

Der Sterbende schüttelte den Kopf. Mit einem Wink schickte er die jungen Männer und seine Familie ein paar Schritte fort; mit der anderen Knochenhand klammerte er sich fest an den Don. Er wollte etwas sagen. Der Don neigte den Kopf und setzte sich auf einen Stuhl am Bett. Genco Abbandando murmelte etwas von seiner Kindheit. Dann wurde der Blick seiner tiefschwarzen Augen verschlagen. Er fing an zu flüstern. Der Don beugte sich tiefer zu ihm herab. Die anderen sahen staunend, daß dem Don Tränen über die Wangen rannen, während er verneinend den Kopf schüttelte. Die unsichere Stimme wurde lauter, füllte das Zimmer. Mit qualvoller, übermenschlicher Anstrengung hob Abbandando, den Blick ins Leere gerichtet, den Kopf vom Kissen und deutete mit fleischlosem Zeigefinger auf den Don. *«Padrino, padrino»*, rief er wild, «rette mich vor dem Tode, ich bitte dich! Mein Fleisch brennt mir von den Knochen, und ich spüre, wie mir die Würmer das Gehirn wegnagen. *Padrino,* heile mich, du hast die Kraft, trockne die Tränen meiner armen Frau! In Corleone haben wir zusammen als Kinder gespielt. Willst du mich nun sterben lassen, da ich die Hölle fürchte für meine Sünden?»

Der Don blieb stumm. Abbandando sagte: «Es ist der Hochzeitstag deiner Tochter. Du kannst mir die Bitte nicht abschlagen!»

Der Don sprach ruhig, ernst. «Alter Freund», sagte er, «eine solche Macht ist mir nicht gegeben. Wenn ich sie hätte, wäre ich gnädiger als Gott, das kannst du mir glauben. Aber fürchte dich nicht vor dem Tod und fürchte dich nicht vor der Hölle. Ich werde jeden Abend und jeden Morgen eine Messe für deine Seele lesen lassen. Deine Frau und deine Kinder werden für dich beten. Wie kann Gott dich strafen, wenn so viele Menschen für dich um Gnade bitten?»

Das Totenkopfgesicht nahm einen verschlagenen Ausdruck an. Abbandando fragte listig: «Dann ist es also arrangiert?»

Als der Don jetzt antwortete, klang seine Stimme kalt, ohne tröstliche Wärme. «Du lästerst. Ergib dich in dein Schicksal.»

Abbandando fiel in die Kissen zurück. Sein Blick verlor den wilden Hoffnungsglanz. Die Schwester kam wieder und begann sie in ihrer nüchternen Art hinauszuscheuchen. Der Don stand auf, doch

Abbandando streckte bittend die Hand aus. «*Padrino*», flehte er, «bleib bei mir und hilf mir, den Tod zu erwarten! Wenn er dich bei mir findet, hat er vielleicht Angst und läßt mich in Ruhe. Oder vielleicht kannst du ein paar Worte sagen, kannst ein paar Drähte ziehen, eh?» Der Sterbende kniff ein Auge zu, als mache er sich über den Don lustig und meine es jetzt nicht mehr ganz ernst. «Ihr seid doch schließlich Blutsbrüder, ihr beiden.» Dann, als fürchte er, der Don könne gekränkt sein, griff er nach dessen Hand. «Bleib bei mir, laß mich deine Hand halten! Wir werden den Schweinehund schon überlisten, wie wir die anderen überlistet haben, nicht wahr? *Padrino*, laß mich jetzt nicht im Stich!»

Der Don winkte den anderen, sie möchten das Zimmer verlassen. Sie gingen. Er nahm die verfallene Hand Genco Abbandandos in seine breiten Pranken. Sanft, beruhigend tröstete er den Freund, während er gemeinsam mit ihm auf den Tod wartete. Als sei es dem Don wirklich gegeben, diesem bösesten und verbrecherischsten aller Verräter am Menschen das Leben des Genco Abbandando wieder zu entreißen.

Für Connie Corleone endete ihr Hochzeitstag sehr schön. Carlo Rizzi entledigte sich seiner Pflichten als Bräutigam mit Kraft und Geschick, angespornt vom Inhalt der bräutlichen Geldtasche, der sich auf mehr als zwanzigtausend Dollar belief. Die Braut jedoch gab ihre Geldtasche mit weit geringerer Bereitwilligkeit auf als ihre Jungfräulichkeit – nämlich erst, nachdem er ihr ein blaues Auge geschlagen hatte.

Lucy Mancini wartete zu Hause auf einen Anruf von Sonny Corleone; sie war fest überzeugt, daß er sie um ein Rendezvous bitten würde. Sie versuchte ihn anzurufen, doch als sich eine Frauenstimme meldete, legte sie auf. Sie hatte keine Ahnung, daß beinahe jeder Gast auf der Hochzeit ihre und Sonnys Abwesenheit während der verhängnisvollen halben Stunde bemerkt hatte und sich das Gerücht mit Windeseile verbreitete, Santino Corleone habe wieder ein Opfer gefunden, er habe die Brautjungfer seiner eigenen Schwester beschlafen.

Amerigo Bonasera hatte einen entsetzlichen Alptraum. Don Corleone in spitzem Hut, Overall und dicken Handschuhen lud vor seinem Beerdigungsinstitut von Kugeln durchsiebte Leichen ab und rief: «Vergiß nicht, Amerigo, kein Wort zu einem Menschen, und begrabe sie schnell!» Er stöhnte so laut und so lange im Schlaf, daß seine Frau ihn wachrütteln mußte. «Was bist du doch für ein Mensch!» knurrte sie. «Nach einer Hochzeit, da kriegst du Alpträume.»

Kay Adams wurde von Paulie Gatto und Clemenza zu ihrem Hotel in New York City gebracht. Der Wagen war groß, luxuriös und wurde von Gatto gesteuert. Clemenza nahm auf dem Rücksitz Platz, während Kay den Sitz neben dem Fahrer zugewiesen erhielt. Beide Männer kamen ihr ungeheuer exotisch vor. Sie sprachen einen Brooklynslang, wie sie ihn nur aus Filmen kannte, und behandelten sie mit ausgesuchter Höflichkeit. Während der Fahrt begann sie unbefangen mit ihnen zu plaudern und war überrascht, daß sie mit unverkennbarer Zuneigung und Respekt von Michael sprachen. Er hatte ihr gegenüber den Eindruck erweckt, daß er in der Welt seines Vaters ein Fremder war. Und nun versicherte ihr Clemenza mit seiner pfeifenden, gutturalen Stimme, daß der «Alte» Mike für den besten seiner drei Söhne hielt und daß Mike einmal mit Sicherheit das Familienunternehmen übernehmen würde.

«Und was ist das für ein Unternehmen?» erkundigte sich Kay so unbekümmert wie möglich.

Paulie Gatto warf ihr beim Fahren einen kurzen Blick zu. Clemenza fragte überrascht: «Ja, hat Mike Ihnen das denn nicht gesagt? Mr. Corleone ist der größte Importeur von italienischem Olivenöl in den Staaten. Jetzt, wo der Krieg vorbei ist, wird das Geschäft wirklich florieren. Er wird einen cleveren Burschen wie Mike gut gebrauchen können.»

Vor dem Hotel angekommen, bestand Clemenza darauf, sie bis zum Empfang zu begleiten. Als sie protestierte, erklärte er schlicht: «Der Boss hat gesagt, ich soll dafür sorgen, daß Sie gut nach Hause kommen. Und das werde ich tun.» Als sie ihren Zimmerschlüssel bekommen hatte, begleitete er sie zum Lift und wartete, bis sie eingestiegen war. Sie winkte ihm lächelnd zu und war erstaunt über das ehrlich erfreute Lächeln, mit dem er ihr antwortete. Nur gut, daß sie nicht mehr sah, wie er noch einmal an den Empfangstisch trat und fragte: «Unter welchem Namen ist sie eingetragen?»

Der Hotelangestellte maß Clemenza mit kaltem Blick. Clemenza rollte das kleine grüne Papierkügelchen, das er in der Hand hielt, zu ihm hinüber. Der Angestellte nahm es vom Tisch und antwortete prompt: «Mr. und Mrs. Michael Corleone.»

Wieder im Wagen, meine Paulie Gatto: «Tolle Frau.»

Clemenza knurrte. «Mike macht es mit ihr.» Falls sie nicht tatsächlich verheiratet sind, dachte er. «Morgen früh holst du mich zeitig ab», befahl er Paulie. «Hagen hat einen Job für uns, den wir sofort erledigen müssen.»

Es war schon spät, als Tom Hagen am Sonnabend sich endlich von seiner Frau verabschieden und zum Flughafen hinausfahren konnte. Er hatte Vorzugsbehandlung auf allen Fluggesellschaften (die Dankesgabe eines Generalstabsoffiziers im Pentagon), so daß er ohne Schwierigkeiten einen Platz in der Maschine nach Los Angeles bekam.

Es war ein arbeitsreicher, aber befriedigender Tag für Tom Hagen gewesen. Genco Abbandando war um drei Uhr morgens gestorben, und als Don Corleone vom Krankenhaus zurückkam, hatte er Hagen mitgeteilt, daß er von nun an offiziell der neue Familien-*consigliori* sei. Das hieß, daß Hagen mit Sicherheit ein sehr reicher Mann werden würde, von seiner Macht ganz zu schweigen.

Dadurch hatte der Don mit einer alten Tradition gebrochen. *Consigliori* durfte nur ein Vollblutsizilianer sein, und die Tatsache, daß Hagen als Familienmitglied des Don aufgewachsen war, spielte im Sinne der Tradition keine Rolle. Es war eine Frage des Blutes. Nur einem in der *omerta*, dem Gesetz des Schweigens erzogenen Sizilianer konnte die Schlüsselstellung des *consigliori* anvertraut werden.

Zwischen dem Oberhaupt der Familie, Don Corleone, der die Politik bestimmte, und den Männern, die die Befehle des Don zur Ausführung brachten, lagen drei Rangstufen oder Puffer. So konnte eine Spur niemals bis zur Führungsspitze verfolgt werden, es sei denn, der *consigliori* wurde zum Verräter. An diesem Sonntagmorgen erteilte Don Corleone ausführliche Instruktionen bezüglich der beiden jungen Männer, die Amerigo Bonaseras Tochter zusammengeschlagen hatten. Aber er gab diese Befehle nur an Tom Hagen, unter vier Augen. Später am selben Tag gab dann Hagen, ebenfalls unter vier Augen, die Instruktionen an Clemenza weiter. Clemenza wiederum beauftragte mit der Ausführung der Befehle Paulie Gatto. Dieser würde sich nun die Männer holen, die er dafür brauchte, und dann mit ihnen den Job ausführen. Und Paulie Gatto wie seine Männer würden weder den Grund für diese Aktion erfahren noch hören, von wem der Befehl ursprünglich kam. Auf diese Weise mußte erst jedes einzelne Glied der Kette zum Verräter werden, bevor der Don selber hineingezogen wurde, und das war noch niemals vorgekommen. Allerdings lag es durchaus im Bereich der Möglichkeit. Doch die Maßnahmen zur Verhinderung dieser Möglichkeit waren ebenfalls wohlbekannt: Man brauchte lediglich ein Glied der Kette verschwinden zu lassen.

Außerdem war der *consigliori* noch das, was sein Name eigentlich besagte: ein Berater des Don, seine rechte Hand, sein Aushilfsgehirn. Er war sein engster Gefährte und bester Freund. Auf wichtigen Fahrten steuerte er den Wagen des Don, bei Konferenzen versorgte er den Don mit Erfrischungen, mit Kaffee, Sandwiches, Zigarren. Er wußte alles, oder nahezu alles, was auch dem Don bekannt war, hatte Einsicht in alle die einzelnen Zellen seiner Macht. Er war der einzige Mensch auf der Welt, der den Don zu Fall bringen konnte. Aber noch nie hatte ein *consigliori* seinen Don verraten, noch nie, solange die mächtigen sizilianischen Familien, die sich in Amerika niedergelassen hatten, zurückdenken konnten. Es lohnte sich nicht. Denn jeder *consigliori* wußte genau, daß er reich werden würde, wenn er loyal blieb, daß er Macht erlangen und Achtung gewinnen würde. Und wenn ihm etwas zustoßen sollte, so würde für seine Familie gesorgt, würden Frau und Kinder beschützt werden, als ob er selbst noch am Leben oder in Freiheit wäre. *Wenn er loyal blieb.*

Manchmal war es erforderlich, daß der *consigliori* offiziell als Stellvertreter des Don auftrat und seinen Chef trotzdem nicht kompromittierte. In einem solchen Auftrag war Hagen jetzt nach Kalifornien unterwegs. Er wußte genau, daß Mißerfolg oder Erfolg dieser Mission seine Karriere als *consigliori* entscheidend beeinflussen würden. Vom geschäftlichen Standpunkt aus war die Frage, ob Johnny Fontane seine ersehnte Rolle in diesem Kriegsfilm erhielt oder nicht, für die Familie ohne Belang. Für sie war die Zusammenkunft mit Virgil Sollozzo, die Hagen für den folgenden Freitag arrangiert hatte, weit wichtiger. Doch Hagen wußte, daß seinem Don beide Angelegenheiten gleich stark am Herzen lagen, und das mußte für einen guten *consigliori* den Ausschlag geben.

Die Propellermaschine schüttelte Tom Hagens ohnehin nervösen Magen kräftig durch; zur Beruhigung bat er die Stewardeß um einen Martini. Beide, der Don und Johnny hatten ihm den Charakter des Filmproduzenten Jack Woltz beschrieben. Aus allem, was Johnny sagte, war es Hagen klar, daß es ihm niemals gelingen würde, Jack Woltz umzustimmen. Andererseits hatte er nicht den leisesten Zweifel daran, daß der Don sein Versprechen Johnny gegenüber einhalten würde. Er selbst hatte lediglich als Unterhändler und Kontaktmann zu fungieren.

Weit in den Sitz zurückgelehnt, überdachte Hagen noch einmal alle Informationen, die er erhalten hatte. Jack Woltz war einer der drei bedeutendsten Filmproduzenten von Hollywood. Er besaß ein eigenes Studio und hatte Dutzende von Stars unter Vertrag. Er war der Präsident der Filmabteilung des Kriegspropagandaministeriums. Er wurde im Weißen Haus zum Dinner eingeladen. Er hatte J. Edgar Hoover in seinem Haus in Hollywood bewirtet. Aber all das war in Wirklichkeit längst nicht so eindrucksvoll, wie es klang. Es waren reine Geschäftsverbindungen. Persönlichen politischen Einfluß besaß Woltz überhaupt nicht, denn er hatte extrem reaktionäre Ansichten und litt außerdem an Größenwahn – er liebte es, seine Macht auszuspielen, ohne Rücksicht darauf, daß er sich damit ein ganzes Heer von Feinden schuf.

Hagen seufzte. Er sah keinen Weg, Jack Woltz umzustimmen. Er öffnete seine Aktentasche und versuchte ein wenig zu arbeiten, aber er war zu müde. Er bestellte noch einen Martini und dachte über sein Leben nach. Er bedauerte nichts. Im Gegenteil, er fand, daß er außerordentliches Glück gehabt hatte. Der Weg, den er – aus welchen Gründen immer – vor zehn Jahren eingeschlagen hatte, war der richtige gewesen. Er war erfolgreich, er war so glücklich, wie es ein erwachsener Mann vernünftigerweise nur sein konnte, und er fand das Leben interessant.

Tom Hagen war fünfunddreißig Jahre alt, ein großgewachsener Mann mit Bürstenhaarschnitt, sehr schlank, sehr unauffällig. Er war Jurist, bearbeitete aber trotzdem nicht die laufenden geschäftlichen

Rechtsangelegenheiten der Corleone-Familie im einzelnen, obwohl er nach seinem Staatsexamen drei Jahre in einer Anwaltspraxis gearbeitet hatte.

Mit elf Jahren war er der Spielgefährte des ebenfalls elfjährigen Sonny Corleone gewesen. Hagens Mutter war ein Jahr zuvor erblindet und starb dann bald darauf. Hagens Vater, schon immer ein starker Trinker, wurde zum hoffnungslosen Säufer. Er war Tischler, hatte in seinem Leben schwer gearbeitet und nie etwas Unehrenhaftes getan. Doch sein Trinken zerstörte seine Familie und brachte ihm selber schließlich den Tod. Tom Hagen war nun Vollwaise, er trieb sich auf der Straße herum und schlief meistens in Hausfluren. Seine jüngere Schwester kam in ein Pflegeheim, doch damals, in den zwanziger Jahren, kümmerten sich die Sozialbehörden nicht lange um einen elfjährigen Jungen, der so undankbar war, vor ihrer Wohltätigkeit einfach davonzulaufen. Auch Hagen hatte eine Augeninfektion. Die Nachbarn tuschelten, er habe sich bei seiner Mutter angesteckt und darum könnte man sich nun auch bei ihm anstecken. Er wurde zum Ausgestoßenen. Sonny Corleone, ein warmherziger, tatkräftiger Elfjähriger, nahm seinen Freund kurzentschlossen mit nach Hause und verlangte, daß man ihn dort behielt. Tom Hagen bekam zum Essen einen Teller voll heißer Spaghetti mit dicker, öliger Tomatensauce – ein Geschmack, den er niemals vergaß – und zum Schlafen ein eisernes Klappbett.

Ganz selbstverständlich, ohne ein Wort darüber zu verlieren, hatte der Don dem Jungen erlaubt, in seinem Haus zu bleiben. Don Corleone ging sogar persönlich mit ihm zum Spezialisten, der ihn von seiner Augeninfektion heilte. Er schickte ihn aufs College und ließ ihn Jura studieren. Der Don behandelte ihn eher wie ein Vormund als wie ein Vater. Er zeigte keine Zuneigung, doch seltsamerweise behandelte er Hagen mit weit größerer Höflichkeit als seine Söhne und zwang ihm niemals seinen väterlichen Willen auf. Es war der freie Entschluß des Jungen gewesen, nach Absolvierung des Colleges Jura zu studieren. Er hatte Don Corleone einmal sagen hören: «Ein Anwalt mit seiner Aktentasche kann mehr stehlen als hundert Männer mit Pistolen.» Inzwischen hatten Sonny und Freddie sehr zum Ärger ihres Vaters darauf bestanden, direkt nach der Mittelschule dem Familiengeschäft beizutreten. Nur Michael war zum College gegangen und hatte sich am Tag nach Pearl Harbor freiwillig zu den Marines gemeldet.

Gleich nach dem Staatsexamen heiratete Hagen. Die Braut war eine junge Italienerin aus New Jersey, die – damals eine Seltenheit – das College absolviert hatte. Nach der Hochzeit, die selbstverständlich im Haus des Don gefeiert wurde, machte Don Corleone Tom Hagen das Angebot, ihm bei seinen beruflichen Plänen behilflich zu sein: ihm ein Büro einzurichten, ihm Klienten in die Kanzlei zu schicken oder ihn als Grundstückmakler zu etablieren.

Tom senkte den Kopf und sagte: «Ich würde am liebsten für Sie arbeiten.»

Der Don war überrascht und erfreut. «Du weißt, wer ich bin?» fragte er ihn.

Hagen nickte. Den ganzen Umfang der Macht, die der Don besaß, hatte er natürlich nicht gewußt, damals noch nicht. Und er lernte ihn auch in den folgenden zehn Jahren nicht kennen, bis er, als Genco Abbandando erkrankte, zum stellvertretenden *consigliori* ernannt wurde. Aber er nickte und hielt dem forschenden Blick des Alten stand. «Ich würde für Sie arbeiten wie Ihr eigener Sohn», sagte er und meinte damit absolute Loyalität, absolute Anerkennung der väterlichen Macht Don Corleones. Mit jenem Verständnis, das damals schon den Grundstein zu der Legende seiner Größe bildete, gab der Don nun dem jungen Mann das erste Zeichen väterlicher Zuneigung, seit dieser in seinen Haushalt gekommen war: Er umarmte Hagen und behandelte ihn von nun an wie einen Sohn. Manchmal sagte er zwar zu ihm: «Tom, vergiß deine Eltern nicht», aber das klang, als wolle er eher sich selber daran erinnern als Hagen.

Es bestand keine Gefahr, daß Hagen seine Eltern vergaß. Seine Mutter war beinahe schwachsinnig gewesen, schlampig und so krank, daß sie keine Zuneigung für ihre Kinder empfinden und auch keine vortäuschen konnte. Seinen Vater hatte Hagen gehaßt. Die Blindheit seiner Mutter vor ihrem Tode hatte ihn entsetzt, und seine eigene Augenkrankheit war ein schrecklicher Schlag gewesen. Er war damals überzeugt, daß er blind werden würde. Als sein Vater starb, ging in dem kleinen, elfjährigen Gehirn eine merkwürdige Veränderung vor sich. Tom war durch die Straßen gestreunt wie ein Tier, das auf den Tod wartet, bis Sonny ihn an jenem schicksalsschweren Tag schlafend in einem Hausflur gefunden und ihn nach Hause mitgenommen hatte. Was anschließend geschah, war für ihn wie ein Wunder. Aber noch jahrelang wurde Hagen von Alpträumen geplagt; als Blinder tappte er mit einem weißen Stock herum, hinter sich die Schar seiner blinden Kinder und das Klopfen ihrer kleinen weißen Stöcke auf dem Pflaster, wie sie um Almosen bettelten. Manchmal, wenn er morgens aufwachte, sah er im ersten bewußten Augenblick das Gesicht Don Corleones vor sich und war plötzlich ruhig.

Der Don hatte darauf bestanden, daß er neben seinen Aufgaben im Familienunternehmen noch drei Jahre in einer allgemeinen Anwaltspraxis absolvierte. Diese Erfahrung hatte sich später als unendlich wertvoll erwiesen und in Hagen den Wunsch bekräftigt, für den Don zu arbeiten. Dann wurde er zwei Jahre lang in einer berühmten Anwaltskanzlei, bei der der Don einigen Einfluß besaß, als Strafverteidiger ausgebildet. Alle erkannten sofort, daß er für diesen Rechtszweig eine besondere Begabung besaß. Er hatte Erfolg, und als er dann ganz ins Familiengeschäft überwechselte, brauchte ihm Don Corleone in den sechs folgenden Jahren nicht ein einziges Mal Vorwürfe zu machen.

Als er zum stellvertretenden *consigliori* ernannt wurde, hatten die anderen mächtigen sizilianischen Familien der Corleone-Familie verächtlich den Spitznamen «Irische Bande» gegeben. Das hatte Hagen belustigt. Außerdem hatte es ihn gelehrt, daß er nicht darauf hoffen konnte, jemals als Nachfolger des Don Oberhaupt des Familienunternehmens zu werden. Aber er war zufrieden, denn das hatte er sich nie zum Ziel gesetzt. Ein solcher Ehrgeiz wäre seinem Wohltäter und den Blutsverwandten seines Wohltäters gegenüber respektlos gewesen.

Es war noch dunkel, als die Maschine in Los Angeles landete. Hagen fuhr in sein Hotel, duschte, rasierte sich und sah zu, wie die Morgendämmerung über der Stadt heraufzog. Er bestellte sich Frühstück und Tageszeitungen aufs Zimmer und ruhte sich aus. Seine Besprechung mit Jack Woltz war für zehn Uhr vormittags angesetzt. Es war überraschend einfach gewesen, diese Zusammenkunft zu vereinbaren.

Am Tag zuvor hatte Hagen Billy Goff angerufen, den mächtigsten Mann der Filmgewerkschaften. Gemäß der Anweisung Don Corleones hatte er Goff beauftragt, am nächsten Tag für ihn einen Besuch bei Jack Woltz zu arrangieren und Woltz zu sagen, daß die Arbeiter des Filmstudios streiken würden, falls Hagen nicht mit dem Ergebnis der Besprechung zufrieden sei. Eine Stunde darauf hatte Hagen einen Anruf von Goff erhalten: Die Besprechung sollte um zehn Uhr vormittags stattfinden. Woltz hatte den Hinweis auf einen eventuellen Streik verstanden, schien aber nicht allzu beeindruckt davon, berichtete Goff. Er fügte hinzu: «Wenn es wirklich dazu kommt, muß ich selber mit dem Don sprechen.»

«Wenn es dazu kommt, wird er selber mit Ihnen sprechen», entgegnete Hagen. Auf diese Weise vermied er es, bindende Zusagen zu machen. Er wunderte sich nicht, daß Goff so schnell mit den Wünschen des Don einverstanden war. Technisch gesehen reichte das Familienimperium zwar nicht über die Grenzen New Yorks hinaus, aber Don Corleone hatte seine Macht damit begründet, daß er die Gewerkschaftsführer unterstützte, und viele von ihnen schuldeten ihm noch heute einen Freundschaftsdienst.

Doch der Zeitpunkt, zehn Uhr vormittags, war ein schlechtes Zeichen. Es bedeutete, daß man ihn nicht zum Lunch einladen würde. Es bedeutete, daß Woltz ihm wenig Bedeutung beimaß. Goff war mit seinen Drohungen offenbar nicht nachdrücklich gewesen, vermutlich weil er auf der Schmierliste von Woltz stand. Don Corleones Erfolg, sich außerhalb des Scheinwerferlichtes zu halten, wirkte sich manchmal nachteilig auf das Familiengeschäft aus: Sein Name besaß außerhalb seiner eigenen Kreise keine Durchschlagskraft.

Seine Überlegungen erwiesen sich als richtig. Woltz ließ ihn eine halbe Stunde über die verabredete Zeit hinaus warten. Hagen ließ sich dadurch nicht stören. Das Empfangszimmer war sehr elegant, sehr bequem, und auf einer pflaumenfarbenen Couch saß ihm das hübscheste Kind gegenüber, das Hagen jemals gesehen hatte. Sie konnte kaum älter sein als elf oder zwölf Jahre, war sehr teuer und sehr schlicht gekleidet, wie eine Erwachsene. Sie hatte unglaublich goldenes Haar, riesige, tiefblaue Augen und einen frischen, erdbeerroten Mund. Begleitet war sie von einer Frau, offenbar ihre Mutter, die Hagen mit einem so arroganten Blick anstarrte, daß er sie am liebsten geohrfeigt hätte. Die Prinzessin und der Drache, dachte er, während er den Blick der Mutter erwiderte.

Endlich kam eine elegante, rundliche Dame mittleren Alters und führte ihn durch eine Flucht von Büros zu der Suite des Produzenten. Tom Hagen war beeindruckt von der Schönheit der Räume und von der Schönheit der Menschen, die in ihnen arbeiteten. Er mußte lächeln. Es waren die ganz Schlauen, die durch Bürojobs in der Filmbranche Fuß fassen wollten; doch die meisten würden bis an ihr Lebensende in diesem Büro sitzen bleiben, oder so lange, bis sie ihre Niederlage einsahen und nach Hause zurückkehrten.

Jack Woltz war ein großer, kräftiger Mann mit einem beachtlichen Bauch, der von seinem perfekt geschnittenen Anzug vorbildlich kaschiert wurde. Seine Vorgeschichte war Hagen bekannt. Als Zehnjähriger hatte Woltz auf der East Side mit leeren Bierfässern und Schubkarren gehandelt. Mit zwanzig half er seinem Vater, die Arbeiter im Bekleidungsviertel auszubluten. Mit dreißig hatte er New York verlassen und war in den Westen gezogen, hatte sein Geld in Fünf-Cent-Kinos investiert und war Pionier der Filmbranche geworden. Mit achtundvierzig war er der mächtigste Filmmagnat Hollywoods, grobklotzig, sexbesessen, ein reißender Wolf in einer Herde hilfloser junger Starlets. Mit fünfzig veränderte er sein Image. Er nahm Sprachunterricht, ließ sich von einem englischen Kammerdiener beibringen, wie man sich kleidet, und von einem englischen Butler, wie man sich benimmt.

Als seine erste Frau starb, heiratete er eine weltberühmte schöne Schauspielerin, die ihren Beruf nicht mehr ausüben wollte. Jetzt, mit sechzig, sammelte er alte Meister, war Mitglied des Beratungsausschusses des Präsidenten und hatte unter seinem Namen eine Multimillionenstiftung gegründet, die dem Zweck dienen sollte, die Kunst im Film zu fördern. Seine Tochter hatte einen englischen Lord geheiratet, sein Sohn eine italienische Prinzessin.

Seine jüngste Leidenschaft war, wie jeder Filmkolumnist Amerikas pflichtschuldigst zu berichten wußte, ein eigener Rennstall, für den er im vergangenen Jahr zehn Millionen Dollar aufgewendet hatte. Er machte Schlagzeilen, als er das berühmte englische Rennpferd Khartoum zu dem unglaublichen Preis von sechshunderttausend Dollar gekauft und dann verkündet hatte, daß sich der ungeschlagene Sieger auf seinen Lorbeeren ausruhen und nur noch für das Woltzsche Gestüt Nachkommen zeugen sollte.

Er empfing Hagen höflich, das gleichmäßig gebräunte, peinlich sauber rasierte Gesicht zu einer Grimasse verzogen, die ein Lächeln darstellen sollte. Trotz all des aufgewendeten Geldes, trotz der Bemühungen erfahrenster Fachleute merkte man ihm sein Alter an. Die einzelnen Partien seines Gesichts wirkten, als seien sie grob zusammengenäht. In seinen Bewegungen aber lag eine außerordentliche Vitalität, und er hatte etwas, was auch Don Corleone besaß: das Auftreten eines Mannes, der in seiner Welt ein absoluter Herrscher ist.

Hagen kam unmittelbar zur Sache. Er sei von einem Freund Johnny Fontanes geschickt. Dieser Freund sei ein sehr mächtiger Mann, der Mr. Woltz seiner Dankbarkeit und ewigen Freundschaft versichere, falls Mr. Woltz ihm eine kleine Gefälligkeit erweisen wolle. Diese kleine Gefälligkeit bestehe darin, Johnny Fontane eine Rolle in dem neuen Kriegsfilm zu geben, den das Studio in der kommenden Woche zu drehen beginne.

Das zerfurchte Gesicht blieb ausdruckslos höflich. «Und was kann Ihr Freund für mich tun?» fragte Woltz. Seine Stimme enthielt eine winzige Spur von Herablassung.

Hagen ignorierte diese Herablassung. Er erklärte: «Sie werden Ärger mit der Gewerkschaft haben. Mein Freund kann Ihnen die absolute Garantie bieten, daß diese Schwierigkeiten beigelegt werden. Sie haben einen männlichen Spitzenstar, der Ihrem Studio viel Geld einbringt, der aber soeben von Marihuana zu Heroin übergewechselt ist. Mein Freund wird Ihnen garantieren, daß Ihr Star kein Heroin mehr bekommt. Und sollten im Laufe der Zeit noch weitere kleine Probleme auftauchen, so würden sie durch ein Telefongespräch mit mir aus der Welt geschafft werden.»

Jack Woltz hörte ihm zu wie einem prahlenden Kind. Dann sagte er grob und kehrte bewußt die East Side hervor: «Ihr wollt mir wohl Feuer unterm Arsch machen?»

Hagen erwiderte kühl: «Durchaus nicht. Ich bin gekommen, um Sie für einen Freund um eine Gefälligkeit zu bitten. Ich habe versucht zu erklären, daß Ihnen dadurch keine Nachteile erwachsen werden.»

Woltz legte über sein Gesicht eine Maske der Wut. Es schien, als müßte er sich dazu zwingen. Seine Mundwinkel bogen sich, die schweren, schwarz gefärbten Brauen zogen sich über den funkelnden Augen zu einem dicken Strich zusammen. Über den Schreibtisch hinweg beugte er sich zu Hagen vor. «Also gut, Sie aalglattes Schwein. Jetzt will ich Ihnen mal was sagen, Ihnen und Ihrem Boss, wer immer das ist: Johnny Fontane wird nicht in diesem Film mitspielen. Und es kümmert mich einen Dreck, wie viele Mafiaaffen aus dem Urwald angelaufen kommen.»

Er lehnte sich wieder zurück. «Ich gebe Ihnen einen guten Rat, mein Freund, J. Edgar Hoover, von dem Sie vermutlich schon gehört haben», Woltz lächelte ironisch, «ist mein persönlicher Freund. Wenn er hört, daß ich erpreßt werde, werdet ihr Burschen euer blaues Wunder erleben.»

Hagen hörte geduldig zu. Er hatte Besseres erwartet von einem Mann in Woltzens Position. Wie war es möglich, daß ein Mann, der sich so unklug verhielt, zum Chef einer Firma aufsteigen konnte, die mehrere hundert Millionen wert war? Es würde sich lohnen, darüber nachzudenken, denn der Don suchte nach neuen Investitionsmöglichkeiten, und wenn die Spitzen dieser Industrie so dumm waren, dann wäre die Filmbranche womöglich genau das Richtige für ihn. Die Beleidigung selber störte ihn überhaupt nicht. Hagen hatte die Kunst des Verhandelns vom Don persönlich gelernt. «Niemals wütend werden», hatte ihm der Don eingeschärft. «Niemals drohen. Vernünftig zureden.» Das Wort «zureden» klang auf sizilianisch viel besser: *rajuna*, wieder zusammenkommen. Die Kunst bestand darin, alle Beleidigungen, alle Drohungen zu ignorieren, die andere Backe hinzuhalten. Hagen hatte schon erlebt, daß der Don acht Stunden lang am Verhandlungstisch saß, Beleidigungen einsteckte und einen notorischen, größenwahnsinnigen Schläger zu überreden versuchte, seine Methoden zu ändern. Nach acht Stunden hatte Don Corleone mit einer hilflosen Geste die Hände gehoben und zu den anderen Männern am Tisch gesagt: «Aber mit diesem Burschen kann man ja nicht vernünftig reden!» Damit hatte er den Verhandlungstisch verlassen. Der Schläger war vor Angst schneeweiß geworden. Boten wurden ausgesandt, die den Don zurückholen sollten. Eine Einigung wurde erzielt, doch zwei Monate später wurde der Schläger im Laden seines Stammfriseurs erschossen.

Also begann Hagen mit ruhiger Stimme noch einmal von vorn. «Sehen Sie sich meine Karte an», sagte er. «Ich bin Anwalt. Würde ich mich exponieren? Habe ich ein einziges drohendes Wort geäußert? Ich möchte Ihnen nur sagen, daß ich bereit bin, auf jede Bedingung einzugehen, die Sie stellen, um Johnny Fontane in diesen Film zu bringen. Ich habe Ihnen bereits sehr viel für eine so kleine Gefälligkeit geboten. Eine Gefälligkeit, deren Erfüllung, wie ich höre, auch Ihrem eigenen Interesse dient. Wie Johnny mir sagte, geben Sie zu, daß er die perfekte Besetzung für diese Rolle ist. Und lassen Sie mich hinzufügen, daß wir Sie niemals um diese Gefälligkeit gebeten hätten, wenn das nicht der Fall wäre. Im Gegenteil, sollten Sie um Ihr Geld fürchten, würde mein Klient den Film selber finanzieren. Ich möchte, daß wir einander genau verstehen. Niemand kann Sie zwingen oder macht den Versuch dazu. Wir wissen von Ihrer Freundschaft mit Mr. Hoover, möchte ich außerdem noch hinzufügen, und mein Chef respektiert sie deswegen. Er respektiert diese Verbindung sogar sehr.»

Woltz hatte mit einem riesigen, rotgefiederten Federhalter Männchen gemalt. Bei dem Wort Geld merkte er auf und hörte auf zu malen. Herablassend erklärte er: «Die Kosten des Filmes sind auf fünf Millionen angesetzt.»

Hagen pfiff durch die Zähne, um zu beweisen, wie tief beeindruckt er war. Dann sagte er gelassen: «Mein Boss hat eine Menge Freunde, die sich auf sein Urteil verlassen.»

Zum erstenmal schien Woltz das Ganze ernst zu nehmen. Er studierte Hagens Karte. «Noch nie von Ihnen gehört», sagte er dann. «Ich kenne fast alle großen Anwälte von New York, aber wer zum Teufel sind Sie?»

«Ich bin einer von diesen besonders vornehmen Wirtschaftsanwälten», sagte Hagen trocken. «Ich arbeite nur für einen Klienten.» Er erhob sich. «Ich möchte Sie nicht länger aufhalten.» Er streckte die Hand aus, Woltz schüttelte sie. Hagen tat ein paar Schritte zur Tür, dann drehte er sich noch einmal um. «Wie ich hörte, haben Sie mit einer Menge Leute zu tun, die bedeutender wirken möchten, als sie es tatsächlich sind. In meinem Fall trifft das Gegenteil zu. Warum erkundigen Sie sich nicht bei unserem gemeinsamen Freund? Wenn Sie es sich anders überlegen sollten, können Sie mich in meinem Hotel anrufen.» Er legte eine Pause ein. «Dies mag in Ihren Ohren wie ein Sakrileg klingen, aber mein Klient kann für Sie Dinge tun, die selbst Mr. Hoover nicht möglich sind.» Er sah, daß sich die Augen des Filmproduzenten verengten: Woltz schien endlich zu begreifen. «Übrigens, ich bin ein großer Bewunderer Ihrer Filme», sagte Hagen mit der einschmeichelndsten Stimme, deren er fähig war. «Ich hoffe, daß Sie auch weiterhin so gute Arbeit leisten wie bisher. Unser Land braucht Leute wie Sie.»

Später am Nachmittag erhielt Hagen einen Anruf von Woltzens Sekretärin, die ihm mitteilte, er werde in einer Stunde von einem Wagen abgeholt – zum Dinner in Mr. Woltzens Landhaus. Sie erklärte, die Fahrt dauere drei Stunden, aber der Wagen sei mit einer Bar und Hors'doeuvres ausgerüstet. Hagen wußte, daß Woltz die Strecke in seinem Privatflugzeug zurückgelegt hatte, und wunderte sich, daß er nicht zum Mitfliegen aufgefordert worden war. Die Sekretärin fügte mit höflicher Stimme hinzu: «Mr. Woltz läßt Sie bitten, einen Wochenendkoffer mitzubringen. Morgen früh wird er Sie dann zum Flugzeug fahren lassen.»

«Aber gern», antwortete Hagen. Wieder wunderte er sich. Woher wußte Woltz, daß er die Morgenmaschine nach New York nehmen wollte? Er dachte einen Augenblick darüber nach. Die logische Erklärung dafür war, daß Woltz Privatdetektive auf ihn angesetzt hatte. Dann wußte Woltz aber bestimmt auch schon, daß er den Don vertrat, und das bedeutete, daß er über den Don etwas wußte, und das wiederum hieß, daß er nunmehr bereit war, ernsthaft über die Angelegenheit zu diskutieren. Vielleicht läßt sich doch noch etwas machen, dachte Hagen. Und vielleicht war Woltz doch gerissener, als er sich am Morgen gegeben hatte.

Jack Woltzens Landsitz glich einer unwirklichen Filmdekoration. Eine Villa im Kolonialstil, ein weitläufiger Park, gesäumt von einem weichen, mit schwarzer Erde bedeckten Reitweg, Ställe und Weiden für eine ganze Koppel von Pferden, und Hecken, Blumenbeete und Rasenflächen, so sorgfältig gepflegt wie die Fingernägel eines Filmstars.

Woltz empfing Hagen auf der verglasten, luftgekühlten Veranda. Der Produzent war salopp gekleidet: Er trug ein am Hals offenes blaues Seidenhemd, senffarbene Hosen und weiche Ledersandalen. Zu all diesen fröhlichen Farben und luxuriösen Stoffen bot sein hartes, zerfurchtes Gesicht einen bestürzenden Gegensatz. Woltz reichte Hagen ein überdimensionales Martiniglas und nahm auch sich selber eines von einem vorbereiteten Tablett. Er gab sich freundlicher als am Morgen. Er legte Hagen den Arm um die Schultern und schlug vor: «Wir haben noch ein bißchen Zeit vor dem Essen. Schauen wir doch mal nach den Pferden!» Während sie zu den Ställen gingen, sagte er: «Ich habe Informationen über Sie eingeholt, Tom; Sie hätten mir sagen sollen, daß Sie für Corleone arbeiten. Ich dachte, Sie wären irgendein drittklassiger Wichtigtuer, mit dem Johnny mich bluffen wollte. Und ich lasse mich nicht bluffen. Ich will mir keine Feinde machen, das war immer eines meiner Prinzipien. Aber hören wir jetzt auf, von Geschäften zu reden. Dazu haben wir nach dem Essen noch Zeit.»

Erstaunlicherweise erwies sich Woltz als ein sehr aufmerksamer Gastgeber. Er erklärte Hagen seine neuen Methoden, Verbesserungen, die, wie er hoffte, aus seinem Stall das erfolgreichste Gestüt der Vereinigten Staaten machen würden. Die Ställe waren alle feuersicher, im höchsten Grad hygienisch und von einer speziell dafür eingesetzten Gruppe von Privatdetektiven bewacht. Zuletzt führte ihn Woltz zu einer Box, an deren Außenwand eine riesige Bronzeplakette befestigt war. Der Name darauf lautete «Khartoum».

Das Pferd in dieser Box war sogar für Hagens unerfahrenes Auge ein schönes Tier. Khartoums Fell war bis auf eine brillantförmige Blesse auf der hohen Stirn pechschwarz. Die großen braunen Augen glänzten wie goldene Äpfel, das schwarze Fell spannte sich seidig über den glatten Körper. Mit kindlichem Stolz erklärte Woltz: «Das beste Rennpferd der Welt. Ich habe es im vergangenen Jahr in England gekauft, für sechshunderttausend! Ich wette, sogar der russische Zar hat nicht mehr für ein einzelnes Pferd bezahlt. Aber ich werde ihn nicht laufen lassen, ich werde ihn nur zur Zucht verwenden. Ich will den größten Reitstall aufbauen, den es in diesem Lande jemals gegeben hat.» Er streichelte die Mähne des Pferdes und lockte leise: «Khartoum, Khartoum!» Aus seiner Stimme sprach echte

Liebe, und das Tier reagierte darauf. Woltz sagte zu Hagen: «Ich bin ein guter Pferdekenner, wissen Sie, obwohl ich erst mit fünfzig Jahren zum erstenmal auf einem Pferd gesessen habe.» Er lachte. «Vielleicht ist eine meiner Großmütter in Rußland von einem Kosaken vergewaltigt worden, und ich habe sein Blut geerbt.» Er kraulte Khartoum am Bauch und sagte mit aufrichtiger Ehrfurcht: «Nun sehen Sie sich sein Ding an! So ein Ding müßte man haben!»

Zum Dinner kehrten sie ins Haus zurück. Es wurde unter der Oberaufsicht eines Butlers von drei Dienern serviert. Tischwäsche, Geschirr und Bestecke blitzten von Gold und Silber, die Speisen aber fand Hagen nur mittelmäßig. Woltz lebte offensichtlich allein und war ebenso offensichtlich kein Mensch, der auf gutes Essen Wert legte. Hagen wartete, bis sie sich beide dicke Zigarren angezündet hatten, dann fragte er Woltz: «Bekommt nun Johnny die Rolle oder nicht?»

«Es geht nicht», sagte Woltz. «Ich kann Johnny nicht mehr in diesen Film hineinnehmen, selbst wenn ich es wollte. Alle Verträge sind perfekt, und in der kommenden Woche laufen die Kameras an. Ich sehe keine Möglichkeit, noch etwas zu ändern.»

Ungeduldig sagte Hagen: «Mr. Woltz, der große Vorteil, mit einem Mann an der Spitze zu verhandeln, besteht darin, daß es für ihn eine solche Entschuldigung nicht gibt. Sie können alles einrichten, Sie brauchen nur zu wollen.» Er paffte an seiner Zigarre. «Glauben Sie etwa, daß mein Klient seine Versprechungen nicht einhalten kann?»

Woltz sagte trocken: «Ich glaube, daß ich Ärger mit den Gewerkschaften bekomme. Goff hat mich deswegen angerufen, dieser Scheißkerl. So wie der redet, sollte man es kaum für möglich halten, daß ich ihm unter der Hand hunderttausend pro Jahr bezahle. Und ich glaube es Ihnen, daß Sie diesen schwulen Muskelprotz, den ich da habe, vom Heroin abbringen können. Aber das ist mir vollkommen egal, und außerdem kann ich meine Filme selber finanzieren. Weil ich dieses Schwein von Fontane hasse. Sagen Sie Ihrem Boss, daß ich ihm diese Bitte leider abschlagen muß, daß er aber jederzeit von mir eine andere Gefälligkeit verlangen kann, was immer es ist.»

Du heimtückisches Schwein, dachte Hagen, warum zum Teufel hast du mich dann hier herauskommen lassen? Der Produzent mußte etwas im Schilde führen. Kalt sagte er: «Ich glaube, Sie verkennen die Situation. Mr. Corleone ist Johnny Fontanes Taufpate. Das ist eine sehr enge, sehr heilige Verbindung.» Woltz senkte ehrfürchtig den Kopf. Hagen fuhr fort: «Die Italiener haben ein scherzhaftes Sprichwort. Das Leben ist so schwer, sagen Sie, daß jeder Mann zwei Väter braucht, die für ihn sorgen, und darum gibt es die Taufpaten. Seit Johnnys Vater tot ist, fühlt sich Mr. Corleone doppelt verantwortlich für ihn. Und was Ihren Vorschlag angeht, Sie um etwas anderes zu bitten – da ist Mr. Corleone viel zu empfindlich. Er bittet niemals um eine zweite Gefälligkeit, wenn ihm die erste abgeschlagen wurde.»

Woltz zuckte die Achseln. «Tut mir leid. Meine Antwort lautet immer noch nein. Aber da Sie nun einmal hier sind: Was würde es kosten, diesen Ärger mit der Gewerkschaft vom Hals zu bekommen? Bar auf die Hand. Auf der Stelle.»

Damit war ein Rätsel gelöst, namlich die Frage, warum Woltz auf ihn, Hagen, so viel kostbare Zeit verschwendete, wenn er doch schon beschlossen hatte, Johnny die Filmrolle nicht zu geben. An diesem Entschluß ließ sich bei dieser Besprechung bestimmt nichts mehr ändern. Woltz wiegte sich in Sicherheit; er fürchtete die Macht Don Corleones nicht. Und ganz gewiß fühlte sich Woltz auf Grund seiner innenpolitischen Verbindungen, seiner Bekanntschaft mit dem Chef des FBI, seines riesigen Privatvermögens und seiner absoluten Macht in der Filmindustrie von Don Corleone durchaus nicht bedroht. Jedem intelligenten Mann, auch Hagen, mußte es scheinen, als habe Woltz seine Position richtig eingeschätzt. Er blieb für den Don unangreifbar, solange er willens war, die Verluste hinzunehmen, die das Gewerkschaftsproblem ihm einbringen würde. Nur eines stimmte an dieser Rechnung nicht: Corleone hatte seinem Patensohn versprochen, daß er ihm die Rolle verschaffen würde, und soweit Hagen wußte, hatte Don Corleone in diesen Dingen noch niemals sein Wort gebrochen.

Ruhig sagte Hagen: «Sie wollen mich nicht verstehen, Sie versuchen mich zum Komplicen einer Erpressung zu stempeln. Mr. Corleone verspricht Ihnen aus rein freundschaftlichen Gründen, bei diesem Gewerkschaftsproblem ein Wort für Sie einzulegen – als Gegenleistung dafür, daß Sie ein Wort für seinen Schützling einlegen.

Ein freundschaftlicher Austausch der beiderseitigen Möglichkeiten, Einfluß zu nehmen, weiter nichts. Aber wie ich sehe, nehmen Sie mich nicht ernst. Ich persönlich bin der Ansicht, daß dies ein Fehler ist.»

Als hätte er nur auf diese Gelegenheit gewartet, ließ Woltz seiner Wut freien Lauf. «Ich habe Sie sehr gut verstanden», sagte er. «Das ist Mafiastil, nicht wahr? Olivenöl und süße Reden, während ihr in Wirklichkeit massive Drohungen ausstoßt. Dann will ich euch jetzt mal was sagen: Johnny Fontane wird diese Rolle nicht bekommen, und er ist die perfekte Besetzung dafür. Sie würde ihn zum ganz großen Star machen. Aber dazu wird es nicht kommen, weil ich diesen Papagallo hasse und ihn aus dem Filmgeschäft rausjagen werde. Und ich will Ihnen auch sagen warum: Er hat eines meiner vielversprechendsten Starlets ruiniert. Fünf Jahre lang habe ich dieses Mädchen ausbilden lassen. Gesangsunterricht, Tanzunterricht, Schauspielunterricht. Hunderttausende von Dollars habe ich dafür ausgegeben. Ich wollte einen Star aus ihr machen. Ich werde sogar noch offener sein, um Ihnen zu zeigen, daß ich kein hartherziger Mensch bin, daß es bei mir nicht nur um Dollars und Cents geht: Das Mädchen war schön, und sie war das beste Stück Frau, das ich jemals im Bett gehabt habe, und ich habe schon viele im Bett gehabt. Sie konnte einen aussaugen wie eine Wasserpumpe. Und dann kommt unser Johnny daher, mit seiner Olivenölstimme und seinem Makkaronicharme, und sie geht auf und davon. Alles hat sie hingeworfen, nur um einen Popanz aus mir zu machen. Ein Mann in meiner Position, Mr. Hagen, kann es sich nicht leisten, daß man ihn lächerlich macht. Ich muß es Johnny heimzahlen.»

Zum erstenmal gelang es Woltz, Hagen zu überraschen. Für ihn war es einfach unfaßbar, daß ein erwachsener, vermögender Mann sein Urteil in geschäftlichen Dingen von derartigen Trivialitäten beeinflussen ließ, und noch dazu in einer so wichtigen Angelegenheit. In Hagens Welt, der Welt der Corleones, spielte die physische Schönheit, die sexuelle Anziehungskraft der Frauen bei solchen Entscheidungen nicht die geringste Rolle. Sie waren Privatsache, außer natürlich in Angelegenheiten der Ehe und der Familienehre. Hagen beschloß, einen letzten Versuch zu machen.

«Sie haben durchaus recht, Mr. Woltz», sagte er. «Aber sind Ihre

Beschwerden wirklich so wichtig? Sie scheinen nicht ganz verstanden zu haben, wie wichtig diese kleine Gefälligkeit für meinen Klienten ist. Mr. Corleone hat Johnny als Säugling bei der Taufe auf seinen Armen gehalten. Als Johnnys Vater starb, übernahm Mr. Corleone die elterlichen Pflichten. Mr. Corleone wird auch von vielen anderen Leuten ‹Pate› genannt, wenn sie ihm ihre Achtung und ihre Dankbarkeit für die Hilfe beweisen wollen, die er ihnen gewährt hat. Mr. Corleone läßt seine Freunde niemals im Stich.»

Unvermittelt erhob sich Woltz. «Ich habe Ihnen jetzt lange genug zugehört. Von Gangstern lasse ich mir nichts befehlen, ich erteile ihnen höchstens Befehle. Wenn ich dieses Telefon abnehme, werden Sie die Nacht im Gefängnis verbringen. Und wenn dieser Mafiaaffe mir unverschämt kommt, wird er erfahren, daß ich kein Bandleader bin. Jawohl, auch diese Geschichte ist mir bekannt. Hören Sie, Ihr Mr. Corleone wird gar nicht wissen, wie ihm geschieht, so schnell wird er seine blauen Wunder erleben. Und wenn ich meinen Einfluß beim Weißen Haus geltend machen muß.»

Dieser dumme, dumme Kerl! Wie zum Teufel ist er nur ein *pezzonovanta* geworden, fragte sich Hagen. Berater des Präsidenten, Chef des größten Filmstudios der Welt! Unter allen Umständen mußte der Don in die Filmbranche einsteigen. Und dieser Idiot nahm alles wortwörtlich. Er hatte wohl immer noch nicht kapiert.

«Ich danke Ihnen für das Dinner und den angenehmen Abend», sagte Hagen. «Könnten Sie mich zum Flugplatz bringen lassen? Ich glaube kaum, daß ich hier übernachten werde.» Er schenkte Woltz ein kühles Lächeln. «Mr. Corleone besteht darauf, schlechte Nachrichten immer sofort zu erhalten.»

Während er unter dem lichtüberfluteten Säulenvordach der Villa auf seinen Wagen wartete, sah Hagen zwei Frauen, die eben in eine lange, schon in der Einfahrt bereitstehende Limousine einsteigen wollten. Es war das schöne, zwölfjährige blonde Mädchen, das er am Morgen in Woltzens Büro gesehen hatte, und seine Mutter. Jetzt aber war der schön geschnittene Mund der Kleinen zu einer aufgequollenen Fleischmasse verformt. Die meerblauen Augen blickten stumpf, und als sie die Stufen zu dem wartenden Wagen hinunterschritt, schwankten ihre langen Beine so unsicher wie die eines verkrüppelten Fohlens. Die Mutter stützte das Kind, half ihm in den Wagen und zischte ihm dabei leise Befehle ins Ohr. Ganz kurz wandte sie den Kopf, um Hagen einen verstohlenen Blick zuzuwerfen, und dabei entdeckte er in ihren Augen einen brennenden, gierigen Triumph. Gleich darauf waren beide in der Limousine verschwunden.

Darum also durfte ich nicht in der Maschine von Los Angeles mitfliegen, dachte Hagen. Die Kleine und ihre Mutter hatten den Filmproduzenten begleitet. So war Woltz genügend Zeit geblieben, sich vor dem Dinner auszuruhen und es mit der Kleinen zu machen. Und in dieser Welt wollte Johnny leben? Viel Glück dann, für Johnny, und viel Glück für Woltz!

Paulie Gatto haßte eilige Jobs, vor allem wenn sie noch mit Gewaltanwendung verbunden waren. Er hatte es lieber, wenn er rechtzeitig vorausplanen konnte. Und so etwas wie heute abend konnte sehr schnell zu einer sehr üblen Angelegenheit werden, auch wenn es sich um einen Anfängerjob handelte. Jetzt sah er sich, während er sein Bier austrank, sorgfältig um und beobachtete, was die beiden grünen Jungens da an der Theke bei den zwei kleinen Flittchen erreichten.

Paulie Gatto wußte alles, was es über diese Bengels zu wissen gab. Sie hießen Jerry Wagner und Kevin Moonan. Sie waren beide ungefähr zwanzig Jahre alt, sahen gut aus, hatten braunes Haar, waren groß und gut gewachsen. Beide mußten in vierzehn Tagen auf ihr College zurückkehren, beide hatten einen einflußreichen Vater, und diese Tatsache hatte sie, außer ihrem Status als Student, bis jetzt vor der Einberufung bewahrt. Überdies waren beide wegen tätlichen Angriffs auf die Tochter Amerigo Bonaseras verurteilt, ihre Strafe aber war zur Bewährung ausgesetzt worden. Diese lausigen Schweine, dachte Paulie. Sich drücken vor der Einberufung, dann aber die Bewährung aufs Spiel setzen und nach Mitternacht noch in einer Bar Bier trinken und hinter den Flittchen herlaufen! Grüne Rotzjungen! Paulie Gatto war selber von der Einberufung zurückgestellt worden, weil sein Arzt der Einberufungskommission Dokumente vorgelegt hatte, die eindeutig bewiesen, daß sein Patient, männlich, weiß, sechsundzwanzig, ledig, wegen einer geistigen Störung mit Elektroschocks behandelt worden war. Die Dokumente waren natürlich gefälscht, verliehen Paulie aber das Gefühl, die Zurückstellung mit Recht verdient zu haben. Sie war von Clemenza arrangiert worden, nachdem sich Gatto im Familienunternehmen seine Sporen verdient hatte.

Und Clemenza war es auch gewesen, der ihm erklärt hatte, dieser Auftrag müsse sofort durchgeführt werden, noch ehe die Jungens ins College zurückkehrten. Verdammt, warum muß es unbedingt hier in New York sein, dachte Gatto. Clemenza mußte immer Sonderbefehle austeilen, statt einfach den Auftrag zu geben und damit Schluß. Wenn diese beiden kleinen Flittchen jetzt mit den beiden Bengels fortgingen, war wieder einmal eine Nacht vertan.

Er hörte eines der Mädchen lachen und sagen: «Bist du verrückt, Jerry? Ich denke nicht daran, mich mit dir in einen Wagen zu setzen! Ich habe keine Lust, im Krankenhaus zu landen, wie dieses andere arme Mädchen.» Ihre Stimme strotzte vor gehässiger Genugtuung. Das genügte Gatto. Er trank sein Bier und trat auf die dunkle Straße hinaus. Ausgezeichnet! Es war nach Mitternacht. Nur noch eine weitere Bar hatte Licht. Die übrigen Läden waren geschlossen. Um den Streifenwagen des Reviers kümmerte sich inzwischen Clemenza. Der würde erst hier aufkreuzen, wenn er eine Funknachricht bekommen hatte, und dann auch in aller Ruhe.

Er lehnte sich an die viertürige Chevy-Limousine. Auf dem Rücksitz saßen, fast unsichtbar, obwohl sie sehr groß waren, zwei Männer. Paulie sagte zu ihnen: «Nehmt sie an, sobald sie herauskommen.»

Er war noch immer der Ansicht, daß alles viel zu hastig geplant worden war. Clemenza hatte ihm Abzüge der Polizeifotos gegeben, die von den beiden Bengels gemacht worden waren, und ihm gesagt, wo sie nachts immer hockten, tranken und sich Barmädchen anlachten. Paulie hatte sich zwei von den Schlägern der Familie geholt und ihnen die beiden Burschen gezeigt. Außerdem hatte er ihnen genaue Instruktionen gegeben: Keine Schläge oben und hinter den Kopf, es durfte auf keinen Fall einen ungewollten tödlichen Ausgang geben. Abgesehen davon jedoch konnten sie mit ihnen machen, was sie wollten. Nur eine Warnung hatte er ihnen noch mit auf den Weg gegeben: «Wenn diese Grünschnäbel in weniger als einem Monat aus dem Krankenhaus kommen, könnt ihr wieder Lastwagen fahren.»

Die großen Männer stiegen aus. Sie waren beide ehemalige Boxer, die es nicht geschafft hatten, über die kleinen Klubs hinauszukommen, und denen Sonny Corleone ein kleines Geldverleihergeschäft übertragen hatte, damit sie anständig leben konnten. Sie waren natürlich begierig darauf, ihm ihre Dankbarkeit zu beweisen.

Als Jerry Wagner und Kevin Moonan aus der Bar kamen, waren sie für die Angreifer als Opfer geradezu prädestiniert. Die Sticheleien der Barmädchen hatten sie in ihrer jugendlichen Eitelkeit gekränkt. Paulie Gatto, der jetzt am Kotflügel seines Wagens lehnte, rief ihnen spöttisch zu: «He, ihr Casanovas, die beiden Weiber da drin haben euch aber schön abblitzen lassen!»

Die Jungens ließen sich diese Gelegenheit nicht entgehen und gingen begeistert auf ihn los. Paulie sah aus wie ein willkommenes Ventil für die erlittene Demütigung: klein, leicht, mit einem Frettchengesicht, und dazu noch vorlaut! Begierig stürzten sie sich auf ihn, und im selben Augenblick wurden ihnen von zwei Männern, die sie von hinten anfielen, die Arme auf den Rücken gedreht. Paulie Gatto streifte sich einen Spezialschlagring mit einzölligen Eisenspitzen über die rechte Hand. Seine Reaktionen waren hervorragend, dreimal pro Woche trainierte er in einem Club. Er traf den Bengel, der Wagner hieß, mitten auf die Nase. Der Mann, der Wagner festhielt, hob ihn vom Boden hoch, Paulie holte aus und traf ihn mit einem Uppercut in den als perfekte Zielscheibe dargebotenen Unterleib. Wie ein Taschenmesser klappte Wagner zusammen, während der Große ihn fallen ließ. Das ganze hatte nicht länger als sechs Sekunden gedauert.

Nun konzentrierten die beiden ihre Aufmerksamkeit auf Kevin Moonan, der Anstalten machte, laut zu schreien. Der Mann, der ihn von hinten gepackt hatte, hielt ihn mühelos mit einem riesigen, muskelbepackten Arm an sich gepreßt. Den anderen Arm legte er um Moonans Hals und würgte jeden Laut ab.

Gatto sprang in den Wagen und startete den Motor. Die beiden Großen schlugen Moonan zu Brei. Sie taten es mit erschreckender Gründlichkeit, als hätten sie unbegrenzt Zeit dazu. Ihre Schläge fielen nicht in nervöser Hast, sondern in gut überlegten Zeitlupenserien, hinter denen das ganze Gewicht der massigen Körper lag. Jeder Schlag landete mit dem Geräusch platzender Haut. Ganz kurz sah Gatto Moonans Gesicht: Es war nicht mehr zu erkennen. Die beiden Männer ließen Moonan auf dem Gehsteig liegen und wandten sich Wagner zu. Wagner versuchte, auf die Beine zu kommen, und schrie um Hilfe. Irgend jemand kam aus der Bar gestürzt, und nun mußten die beiden Großen schneller arbeiten. Sie rissen Wagner auf die Knie. Einer nahm seinen Arm, verdrehte ihn und trat ihn dann in den Rücken. Es gab ein krachendes Geräusch, und dann wurden auf Wagners Schmerzensschrei hin alle Fenster der Straße aufgerissen. Die beiden Männer arbeiteten sehr schnell. Einer von ihnen hielt Wagner aufrecht, beide Hände wie einen Schraubstock um seinen Kopf gelegt. Der andere grub seine riesige Faust in das bequem dargebotene Ziel. Mehr Leute kamen aus der Bar, aber niemand mischte sich ein. Paulie Gatto schrie: «Los, kommt – es reicht!» Die beiden Großen sprangen in den Wagen und Paulie jagte mit ihnen davon. Irgend jemand würde den Wagen beschreiben und auch die Zulassungsnummer angeben können, aber das war nicht weiter tragisch: Es handelte sich um ein gestohlenes Nummernschild aus Kalifornien, und schwarze Chevy-Limousinen gab es in New York City wie Sand am Meer.

2

Am Donnerstagmorgen ging Tom Hagen zu seinem Anwaltsbüro in der City. Er wollte alle Papiere aufarbeiten, um für die Zusammenkunft mit Virgil Sollozzo am Freitag reinen Tisch zu machen. Diese Zusammenkunft war von so großer Bedeutung, daß er den Don um einen ganzen Abend für ein Gespräch gebeten hatte; er wollte sich mit ihm auf die Vorschläge vorbereiten, die Virgil Sollozzo, wie sie schon wußten, den Corleones unterbreiten würde. Auch die kleinste Einzelheit wollte Hagen aus dem Weg schaffen, damit er vollkommen unbelastet und mit klarem Kopf an die vorbereitende Besprechung gehen konnte.

Der Don war durchaus nicht erstaunt gewesen, als Hagen am späten Dienstagabend aus Kalifornien heimgekommen war und ihm das Ergebnis seiner Verhandlungen mit Woltz berichtete. Er hatte Hagen nach jeder Einzelheit ausgefragt und voller Abscheu das Gesicht verzogen, als Hagen ihm von dem schönen kleinen Mädchen und dessen Mutter erzählte. «*Infamita!*» hatte er gemurmelt – der schärfste Ausdruck seiner Mißbilligung. Dann hatte er Hagen eine abschließende Frage gestellt: «Hat dieser Mann auch Mumm?»

Hagen überlegte, was der Don mit dieser Frage meinte. Im Laufe der Jahre hatte er erfahren, daß die Wertbegriffe des Don sich so grundlegend von denjenigen der meisten anderen Menschen unterschieden, daß seine Worte eine völlig andere Bedeutung besitzen konnten. Hatte Woltz Charakter? Hatte er Willenskraft? Die hatte er zweifellos, aber das war es nicht, was der Don meinte. Hatte der Filmproduzent den Mut, sich nicht bluffen zu lassen? War er bereit, die schweren finanziellen Verluste hinzunehmen, die eine Verzögerung der Dreharbeiten an seinen Filmen zur Folge hatte, den Skandal, wenn sein großer Star als heroinsüchtig entlarvt wurde? Wieder lautete die Antwort ja. Und wieder war es nicht das, was der Don meinte. Endlich interpretierte Hagen in Gedanken die Frage richtig: Hatte Jack Woltz den Mumm, alles aufs Spiel zu setzen, das Risiko einzugehen, für eine Grundsatzfrage *alles* zu verlieren – für seine Rache?

Hagen lächelte. Er tat es zwar selten, doch jetzt konnte er es nicht unterlassen, einen kleinen Scherz zu machen. «Sie wollen wissen, ob er Sizilianer ist.» Der Don nickte anerkennend und quittierte lächelnd die geistreiche Schmeichelei und die Wahrheit, die sie enthielt. «Nein», antwortete Hagen.

Das war alles gewesen. Bis zum folgenden Tag hatte der Don über die Angelegenheit nachgedacht. Am Mittwochnachmittag hatte er Hagen zu sich ins Haus kommen lassen und ihm seine Weisungen erteilt. Die Ausführung dieser Anordnungen hatte den Rest von Hagens Arbeitstag ausgefüllt und ihn mit Bewunderung erfüllt. Er zweifelte nicht im geringsten daran, daß der Don das Problem gelöst hatte, daß Woltz ihn noch am selben Morgen anrufen und ihm die Mitteilung machen würde, Johnny Fontane bekomme die Starrolle in seinem Kriegsfilm.

In diesem Augenblick läutete das Telefon, aber es war Amerigo

Bonasera. Die Stimme des Beerdigungsunternehmers bebte vor Dankbarkeit. Er bat Hagen, den Don seiner ewigen Freundschaft zu versichern. Der Don brauche ihn nur anzurufen. Er, Amerigo Bonasera, würde für den gesegneten *padrino* sein Leben hingeben. Hagen versicherte ihm, daß er es dem Don ausrichten werde.

Die *Daily News* hatte auf der Innenseite Fotos von Jerry Wagner und Kevin Moonan gebracht, die wie leblos auf dem Pflaster lagen. Die Bilder waren gekonnt grausige Darstellungen, die beiden Jungens wirkten darauf wie eine undefinierbare Masse Fleisch. Es sei ein Wunder, behauptete die *News*, daß beide überhaupt noch am Leben seien, aber sie müßten mit Sicherheit monatelang im Krankenhaus liegen und sich einer plastischen Gesichtsoperation unterziehen. Hagen machte sich eine Notiz: Er wollte Clemenza sagen, man müsse etwas für Paulie Gatto tun. Der Junge verstand anscheinend sein Metier.

Während der nächsten drei Stunden arbeitete Hagen rasch und gründlich. Er prüfte die Ertragsberichte der Grundstücksagentur, des Olivenölimports und der Baufirma des Don. Keines dieser Unternehmen ging besonders gut, aber nun, da der Krieg vorüber war, mußten sie eigentlich alle bessere Einnahmen verzeichnen können.

Er hatte die Angelegenheit Johnny Fontane schon beinahe wieder vergessen, da meldete ihm die Sekretärin, Kalifornien sei am Apparat. Gespannte Erwartung stieg in ihm auf, als er den Hörer nahm und sich meldete.

Die Stimme, die über den Draht kam, war unkenntlich vor Haß und Leidenschaft. «Sie Scheißkerl!» schrie Woltz. «Ich lasse euch alle auf hundert Jahre ins Kittchen sperren. Ich werde meinen letzten Penny dransetzen, um Sie in die Hände zu bekommen. Und diesem Johnny Fontane laß ich die Eier abschneiden, hören Sie mich, Sie Makkaronischeißer?»

Hagen sagte freundlich: «Ich bin Deutsch-Ire.» Dann trat eine lange Pause ein. Dann klickte es, und die Leitung war tot. Hagen lächelte. Nicht eine einzige Drohung hatte Woltz gegen Don Corleone persönlich ausgesprochen. Genialität lohnte sich.

Jack Woltz schlief immer allein. Er hatte ein Bett, in dem zehn Personen Platz gehabt hätten, und ein Schlafzimmer, groß genug für eine Ballszene im Film, doch seit vor zehn Jahren seine Frau gestorben war, schlief er allein. Das bedeutete keineswegs, daß er keine Frauen mehr brauchte. Physisch war er, trotz seines Alters, ein durchaus vitaler Mann, aber nur sehr junge Mädchen konnten ihn noch in Erregung versetzen, und er hatte aus Erfahrung gelernt, daß ein paar Stunden Jugend am Tag das Äußerste waren, was sein Körper und seine Geduld noch verkraften konnten.

An diesem Donnerstagmorgen erwachte er aus irgendeinem Grund schon sehr früh. Das Licht des Tagesanbruchs machte sein riesiges Schlafzimmer so dunstig wie eine neblige Wiesenlandschaft. Ganz unten, am Fuße seines Bettes, entdeckte er eine vertraute Silhouette. Woltz richtete sich auf die Ellbogen hoch, um besser sehen zu können. Der Umriß hatte die Form eines Pferdekopfes. Noch immer benommen, streckte Woltz die Hand aus und knipste die Nachttischlampe an.

Von dem Schock des Anblickes wurde ihm übel. Es war, als hätte ihn ein schwerer Vorschlaghammer vor die Brust getroffen. Sein Herz zuckte in unregelmäßigen Stößen, und ihm wurde schlecht. Klatschend erbrach er sich auf den dicken Teppich.

Vor ihm stand, vom Körper getrennt, der schwarze, seidige Kopf des großen Pferdes Khartoum, festgeklebt in einer dicken Lache Blut. Weiße, dünne Sehnen hingen heraus. Schaum bedeckte die Schnauze, und die apfelgroßen Augen, die immer wie Gold geglänzt hatten, waren wie faulende, eklige Früchte, fleckig von totem, ausgelaufenem Blut. Woltz wurde von animalischem Entsetzen ergriffen. Aus diesem Entsetzen heraus brüllte er nach seinen Bediensteten, und aus diesem Entsetzen heraus rief er Hagen an und stieß jene unkontrollierten Drohungen gegen ihn aus. Sein wahnsinniges Toben beunruhigte den Butler, der Woltzens Arzt und seinen Stellvertreter im Studio anrief. Doch ehe die beiden eintrafen, hatte Woltz schon die Beherrschung wiedergefunden.

Er war zutiefst schockiert. Was für ein Mann war das, der es fertigbrachte, ein Tier im Wert von sechshunderttausend Dollar umzubringen? Ohne vorherige Warnung? Ohne Verhandlungen, bei denen die Tat, der Befehl zu dieser Tat hätte zurückgezogen werden können? Diese Skrupellosigkeit, diese totale Mißachtung jeglicher Werte deuteten auf einen Mann hin, dem nur der eigene Wille Gesetz war, für den es nur einen einzigen Gott gab: sich selbst. Ein Mann, der seinen Willen mit so viel Macht und Klugheit durchsetzte, daß davor seine, Woltzens, Stallwache zur reinen Farce wurde. Denn Woltz hatte inzwischen erfahren, daß das Pferd offenbar eine starke Dosis Schlafmittel erhalten hatte, bevor ihm jemand in aller Ruhe mit einer Axt das riesige Haupt vom Hals trennte. Die Männer, die während der Nacht wachen sollten, behaupteten, nichts gehört zu haben. Woltz hielt das für ausgeschlossen. Man würde sie schon zum Sprechen bringen. Sie waren gekauft worden, und man konnte sie zwingen zu sagen, wer der Käufer gewesen war.

Woltz war nicht dumm, er war nur überaus egoistisch. Er hatte irrtümlicherweise seine Macht für größer gehalten als die Macht Don Corleones. Ein einziger Beweis dafür, daß er sich irrte, genügte ihm. Nun begriff er. Begriff, daß er trotz all seines Reichtums, trotz seiner Verbindung zum Präsidenten der Vereinigten Staaten, trotz seiner Behauptung, mit dem Leiter des FBI befreundet zu sein, von einem obskuren Importeur italienischen Olivenöls umgebracht werden würde! Tatsächlich umgebracht werden würde! Weil er Johnny Fontane nicht die Filmrolle geben wollte, die er sich wünschte. Es war unglaublich. Kein Mensch hatte ein Recht, so etwas zu tun. Es war Wahnsinn. Es bedeutete, daß man mit seinem eigenen Geld, mit den Unternehmen, die man besaß, mit der Macht, Befehle zu erteilen – daß man mit alldem nicht tun konnte, was man wollte. Das war zehnmal schlimmer als Kommunismus. Dem mußte ein Ende gemacht werden. So etwas konnte man nicht dulden.

Woltz ließ sich von seinem Arzt ein sehr mildes Beruhigungsmittel geben, das ihm dabei half, sich wieder zu fassen und klar zu denken. Was ihn zutiefst erschütterte, war die Indifferenz, mit der dieser Mann Corleone die Beseitigung eines weltberühmten Pferdes im Wert von sechshunderttausend Dollar befohlen hatte. Sechshunderttausend Dollar! Und das war erst der Anfang. Woltz schauderte. Er dachte an das Leben, das er sich aufgebaut hatte. Er war reich. Er brauchte nur einen Finger zu heben, von einem Filmvertrag zu sprechen, und schon lagen ihm die schönsten Frauen der Welt zu Füßen. Er wurde von Königinnen und Königen empfangen. Soweit Macht und Geld dazu beitragen konnten, hatte er alles erreicht, was das Leben ihm bieten konnte. Es war Wahnsinn, das alles aufs Spiel zu setzen, nur einer Marotte wegen. Vielleicht konnte er Corleone doch an den Kragen. Was war die gesetzliche Strafe für Mord an einem Rennpferd? Er lachte wild; Arzt und Bediente musterten ihn nervös und besorgt. Ein anderer Gedanke schoß ihm durch den Kopf: Ganz Kalifornien würde über ihn lachen, und nur, weil sich jemand so verächtlich und so arrogant über seine Macht hinweggesetzt hatte. Das gab den Ausschlag. Das und der Gedanke, daß sie ihn vielleicht – vielleicht – doch nicht umbringen würden. Daß sie etwas weit Raffinierteres, für ihn weit Schmerzlicheres auf Lager hatten.

Woltz gab die entsprechenden Befehle. Der Kreis seiner engsten Mitarbeiter trat in Aktion. Arzt und Personal wurden zum Schweigen verpflichtet, falls sie sich nicht die ewige Feindschaft von Woltz und dem Studio zuziehen wollten. Der Presse wurde mitgeteilt, das Rennpferd Khartoum sei an einer Krankheit eingegangen, die es sich während der Schiffsreise von England nach Amerika zugezogen hatte. Auf Woltzens Befehl wurde der Kadaver an einem geheimgehaltenen Platz auf dem Grundstück vergraben.

Sechs Stunden später erhielt Johnny Fontane den Anruf des stellvertretenden Studioleiters, der ihm mitteilte, er könne am folgenden Montag zur Arbeit erscheinen.

Am selben Abend besuchte Hagen den Don zu Hause, um ihn auf die wichtige Besprechung mit Virgil Sollozzo am folgenden Tag vorzubereiten. Der Don hatte seinen ältesten Sohn dazugerufen, der nun, das derbe Puttengesicht von Erschöpfung gezeichnet, fortwährend aus einem Glas Wasser trank. Der scheint noch immer die Brautjungfer zu bumsen, dachte Hagen. Noch ein Grund mehr zur Beunruhigung.

Don Corleone ließ sich in einem Armsessel nieder und rauchte eine Di-Nobili-Zigarre. Hagen hatte immer eine Kiste davon in seinem Büro. Er hatte versucht, den Don zu Havannas zu bekehren, aber der Don behauptete, sie kratzten ihn in der Kehle.

«Wissen wir alles, was wir wissen müssen?» fragte der Don.

Hagen schlug die Mappe mit seinen Notizen auf. Diese Notizen waren in keiner Weise belastend, es handelte sich lediglich um zusammenhanglose Anmerkungen, damit er nicht eine der wichtigen Einzelheiten vergaß. «Sollozzo will uns um Hilfe bitten», begann er. «Er möchte, daß ihm die Familie mindestens eine Million Dollar zur Verfügung stellt und ihm eine Art gesetzliche Immunität zusichert. Als Gegenleistung erhalten wir einen Anteil am Unternehmen – wieviel, weiß man nicht. Für Sollozzo bürgt die Tattaglia-Familie, und möglicherweise bekommen sie auch einen Anteil am Unternehmen. Das Unternehmen heißt Rauschgift. Sollozzo hat Kontakte in der Türkei, wo der Mohn angepflanzt wird. Von da aus verschifft er nach Sizilien. Keine Schwierigkeit. In Sizilien verfügt er über eine Anlage, wo das Rohopium zu Heroin verarbeitet wird. Zur Sicherheit hat er noch außerdem die Möglichkeit, es zunächst zu Morphium und dann, falls nötig, zu Heroin zu verarbeiten. Aber es scheint, daß seine Verarbeitungsanlage in Sizilien in jeder Hinsicht gesichert ist. Der einzige Haken ist die Einfuhr nach hier und dann die Verteilung. Außerdem das Anfangskapital. Eine Million Dollar in bar wächst nicht auf den Bäumen.» Hagen bemerkte Don Corleones Grimasse. Der Alte haßte unnötige Randbemerkungen.

«Sollozzo wird ‹der Türke› genannt. Aus zwei Gründen: Er ist lange in der Türkei gewesen und soll Frau und Kinder dort haben. Zweitens ist er angeblich sehr schnell mit dem Messer, oder er war es wenigstens als junger Mann. Aber nur rein geschäftlich und immer mit einer gewissen Berechtigung. Ein sehr tüchtiger Mann. Arbeitet allein. Er hat eine Vorstrafenliste, zweimal Gefängnis, einmal in Italien, einmal in den Vereinigten Staaten, außerdem ist er den Behörden als Rauschgifthändler bekannt. Das könnte ein Plus für uns sein. Es bedeutet, daß er nie als Kronzeuge auftreten kann, wenn er aussagen will, weil sie wissen, daß er einer der ganz Großen ist, und dann natürlich wegen seiner Vorstrafen. Außerdem hat er eine amerikanische Frau und drei Kinder und ist ein guter Familienvater. Er wird jede Strafe riskieren, so lange er weiß, daß gut für sie gesorgt werden wird.»

Der Don paffte an seiner Zigarre. «Santino, was hältst du davon?» fragte er.

Hagen wußte, was Sonny sagen würde. Der Junge ärgerte sich, weil ihn der Don nicht von der Leine ließ. Er hätte zu gern einmal ein großes Ding ganz für sich allein gemacht. So etwas wie dieses hier wäre für ihn gerade das richtige.

Sonny trank einen großen Schluck Scotch. «In diesem weißen Pulver steckt 'ne Menge Geld», meinte er. «Aber es kann auch gefährlich sein. Möglich, daß ein paar Leute auf zwanzig Jahre im Knast landen werden. Ich würde sagen, wenn wir uns aus der operativen Seite heraushalten und uns auf Deckung und Finanzierung beschränken, wäre die Idee gar nicht so schlecht.»

Hagen warf Sonny einen anerkennenden Blick zu. Er hatte seine Karten gut ausgespielt. Er hatte die einleuchtendste Argumentation gewählt – das Beste, was er überhaupt tun konnte.

Der Don paffte an seiner Zigarre. «Und du, Tom, was meinst du?»

Hagen beschloß, aufrichtig zu sein. Er war bereits zu dem Schluß gekommen, daß der Don den Vorschlag Sollozzos ablehnen würde. Was aber schlimmer war: Hagen war überzeugt, daß es sich hier um einen der wenigen Fälle handelte, bei denen der Don die Dinge nicht gründlich genug durchdacht hatte. Er blickte nicht weit genug voraus.

«Na los, Tom!» ermunterte ihn der Don. «Nicht einmal ein sizilianischer *consigliori* ist immer einer Meinung mit seinem Boss.» Alle drei lachten.

«Ich meine, Sie sollten zusagen», sagte Hagen. «Die augenfälligen Gründe dafür sind Ihnen bekannt. Der wichtigste ist jedoch folgender: Im Rauschgift stecken mehr Geldmöglichkeiten als in jedem anderen Geschäft. Wenn wir nicht einsteigen, steigt jemand anders ein, vielleicht die Tattaglia-Familie. Mit dem Profit, den sie erzielen, können sie immer mehr politische und polizeiliche Macht erwerben. Ihre Familie wird stärker werden als unsere. Schließlich werden sie über uns herfallen. Es ist wie in der Politik: Wenn ein anderes Land rüstet, müssen wir auch rüsten. Sobald sie ökonomisch stärker werden, bilden sie eine Gefahr für uns. Im Augenblick haben wir das Glücksspiel und die Gewerkschaften, und das ist zur Zeit das beste, was man überhaupt haben kann. Aber ich bin der Ansicht, daß Rauschgift ganz groß im Kommen ist. Ich finde, wir sollten uns einen Anteil daran sichern, sonst setzen wir alles aufs Spiel, was wir haben. Nicht sofort, aber in zehn Jahren vielleicht.»

Der Don schien tief beeindruckt. Er paffte an seiner Zigarre und murmelte: «Das ist natürlich ein sehr wesentlicher Punkt.» Er seufzte und richtete sich auf. «Um wieviel Uhr muß ich morgen mit diesem Ungläubigen sprechen?»

Hagen sagte hoffnungsvoll: «Er will um zehn Uhr vormittags hier sein.» Vielleicht würde sich der Don doch entschließen.

«Ich möchte euch beide dabeihaben», sagte der Don. Er erhob sich und ergriff seinen Sohn beim Arm. «Santino, du solltest heute nacht ein bißchen schlafen, du siehst aus wie der leibhaftige Tod. Achte auf dich, mein Sohn, du bleibst nicht ewig jung.»

Sonny, ermutigt von diesem Zeugnis väterlicher Fürsorge, stellte die Frage, die Hagen nicht zu stellen gewagt hatte. «Pop, was wirst du ihm antworten?»

Don Corleone lächelte. «Wie kann ich das wissen, bevor ich die Prozentsätze und alle anderen Einzelheiten kenne? Außerdem brauche ich Zeit, um über die Ratschläge nachzudenken, die ich heute abend bekommen habe. Schließlich bin ich kein Mensch, der übereilte Entschlüsse faßt.» Im Hinausgehen wandte er sich noch einmal beiläufig an Hagen. «Steht in deinen Notizen auch, daß sich der Türke seinen Lebensunterhalt vor dem Krieg mit Zuhälterei verdient hat? So wie die Tattaglias jetzt? Schreib das auf, damit du es nicht vergißt.» Es lag eine winzige Spur von Spott in der Stimme des Don, und Hagen errötete. Er hatte diese Tatsache absichtlich nicht erwähnt, und das mit Recht, denn sie spielte wirklich keine Rolle. Aber er hatte gefürchtet, sie könne die Entscheidung des Don beeinflussen. Sein Puritanismus in sexuellen Dingen war allgemein bekannt.

Virgil Sollozzo, «der Türke», war ein kräftiger, mittelgroßer Mann mit dunkler Haut. Man hätte ihn leicht für einen echten Türken halten können. Er hatte eine Nase wie ein Krummsäbel und grausame schwarze Augen. Er trat mit imponierender Würde auf.

Sonny Corleone empfing ihn an der Haustür und führte ihn ins Büro, wo Hagen und der Don schon auf ihn warteten. Hagen dachte, er habe noch nie einen so gefährlichen Mann gesehen, außer Luca Brasi.

Man schüttelte sich höflich die Hand. Wenn mich der Don jemals fragt, ob dieser Mann Mumm hat, muß ich mit Ja antworten, dachte Hagen. Noch nie hatte er bei einem Mann so viel geballte Kraft gespürt, nicht einmal bei seinem Don. In der Tat schien der Don heute einen sehr schlechten Tag zu haben. Bei der Begrüßung gab er sich ein bißchen zu simpel, ein bißchen zu bäuerlich.

Sollozzo kam unmittelbar zur Sache. Bei dem Geschäft handelte es sich um Rauschgift. Alles war vorbereitet. Von bestimmten Mohnfeldern in der Türkei war ihm pro Jahr ein bestimmter Anteil versprochen worden. In Frankreich besaß er eine gut gesicherte Anlage zur Herstellung von Morphium. In Sizilien besaß er eine perfekt gesicherte Anlage, in der es zu Heroin verarbeitet wurde. Das Einschleusen in diese beiden Länder war ein Kinderspiel. Beim Einschleusen in die Vereinigten Staaten allerdings mußte mit einem Verlust von ungefähr fünf Prozent gerechnet werden, denn wie sie beide ja wußten, war das FBI unbestechlich. Aber der Profit war enorm, ein Risiko gab es nicht.

«Und warum kommen Sie dann zu mir?» fragte höflich der Don. «Womit habe ich diese Großzügigkeit verdient?»

Sollozzos dunkles Gesicht blieb ausdruckslos. «Ich brauche zwei Millionen Dollar in bar», sagte er. «Und ebenso wichtig: Ich brauche einen Mann, der bei den wichtigen Stellen einflußreiche Freunde hat. Im Laufe der Jahre werden einige meiner Kuriere erwischt werden. Das ist unvermeidlich. Keiner von ihnen wird eine Vorstrafenliste haben, dafür verbürge ich mich. Logischerweise dürften die Richter also nur leichte Strafen verhängen. Ich brauche nun einen Freund, der mir garantiert, daß meine Leute, falls sie in Schwierigkeiten geraten, auf höchstens ein bis zwei Jahre verurteilt werden. Dann werden sie nichts verraten. Sollten sie aber zehn oder zwanzig Jahre bekommen – wer weiß? Es gibt viele schwache Menschen auf dieser Welt. Sie könnten reden, sie könnten wichtige Leute in Gefahr bringen. Gesetzliche Deckung ist unerläßlich. Wie ich höre, haben Sie, Don Corleone, so viele Richter in der Tasche wie ein Schuhputzer Silberstücke.»

Don Corleone machte sich nicht die Mühe, das Kompliment zur Kenntnis zu nehmen. «Wie hoch wäre der Prozentsatz für meine Familie?» fragte er.

Sollozzos Augen glänzten. «Fünfzig Prozent.» Er schwieg, dann fuhr er mit sanfter, einschmeichelnder Stimme fort: «Im ersten Jahr käme Ihr Anteil auf drei bis vier Millionen. Dann würde er steigen.»

«Und wie hoch ist der Anteil der Tattaglias?»

Zum erstenmal wirkte Sollozzo nervös. «Sie werden einen Prozentsatz von meinem Anteil erhalten. Ich brauche ihre Hilfe auf dem Operationssektor.»

«Also», sagte Don Corleone, «ich bekomme fünfzig Prozent – lediglich für die Finanzierung und die gesetzliche Deckung. Um den Operationssektor brauche ich mich nicht zu kümmern. Wollen Sie das damit sagen?»

Sollozzo nickte. «Wenn zwei Millionen in bar für Sie ‹lediglich Finanzierung› sind, dann beglückwünsche ich Sie, Don Corleone.»

Ruhig sagte der Don: «Ich habe mich entschlossen, mit Ihnen zu sprechen, weil ich die Tattaglias achte und weil ich hörte, daß Sie ein seriöser Mann sind, der ebenfalls Achtung verdient hat. Ihren Vorschlag muß ich ablehnen, aber ich will Ihnen meine Gründe dafür erklären. Der Profit bei Ihrem Geschäft ist groß, aber das Risiko auch. Ihre Operationsabteilung könnte, wenn ich mich daran beteiligte, meine anderen Interessen gefährden. Es stimmt zwar, daß ich in der Politik viele Freunde habe, aber die wären mir sicher nicht mehr so freundlich gesonnen, wenn ich mit meinem Geschäft vom Glücksspiel auf Rauschgift umsatteln würde. Sie halten das Glücksspiel, ähnlich wie Alkohol, für ein harmloses Laster, Rauschgift ist aber für sie ein schmutziges Geschäft. Nein, protestieren Sie nicht! Ich lege Ihnen die Gedankengänge meiner Freunde dar, nicht meine eigenen. Mir ist es gleichgültig, womit sich ein Mann seinen Lebensunterhalt verdient. Aber ich sage Ihnen, dieses Geschäft birgt ein viel zu großes Risiko. In den letzten zehn Jahren haben alle Angehörigen meiner Familie sehr gut gelebt, ohne Gefahr, ohne Schaden. Ich will ihr Leben und ihr Einkommen nicht aus Habsucht gefährden.»

Der einzige Hinweis auf Sollozzos Enttäuschung war sein hastig herumschweifender Blick, als hoffe er, daß Hagen oder Sonny ihm zu Hilfe kommen würden. Dann sagte er: «Machen Sie sich Gedanken wegen der Bürgschaft für Ihre zwei Millionen?»

Der Don lächelte kalt. «Nein», sagte er.

Sollozzo versuchte es wieder. «Die Tattaglia-Familie wird auch für die Sicherheit Ihrer Einlage bürgen.»

In diesem Augenblick beging Sonny Corleone einen unverzeihlichen Fehler. Eifrig sagte er: «Die Tattaglia-Familie garantiert uns also die Rückzahlung unserer Finanzierung, ohne einen Prozentsatz von unserem Anteil zu beanspruchen?»

Hagen war entsetzt über diese Unterbrechung. Er sah, wie der Don seinen ältesten Sohn mit eiskaltem, bösem Blick musterte. Sonny erstarrte in verständnislosem Schreck. Sollozzos Augen begannen wieder zu funkeln, jetzt aber vor Genugtuung. Er hatte die schwache Stelle im Panzer des Don entdeckt. Der Don sprach nun mit dem Ton der Unwiderruflichkeit: «Junge Leute sind habgierig», sagte er, «und haben heutzutage keine Manieren mehr. Sie unterbrechen ältere Menschen. Sie mischen sich ein. Aber ich habe nun einmal eine sentimentale Schwäche für meine Kinder. Ich habe sie verzogen, wie Sie sehen. Signor Sollozzo, mein Nein ist endgültig. Ich persönlich möchte Ihnen viel Glück für Ihr Geschäft wünschen. Es wird meine Geschäfte nicht stören. Ich bedaure, daß ich Sie enttäuschen mußte.»

Sollozzo verbeugte sich, schüttelte dem Don die Hand und ließ sich von Hagen zu seinem Wagen begleiten. Sein Gesicht war ausdruckslos, als er sich von Hagen verabschiedete.

Sobald Hagen ins Zimmer zurückgekehrt war, fragte ihn Don Corleone: «Was hältst du von diesem Mann?»

«Er ist ein Sizilianer», sagte Hagen trocken.

Der Don nickte nachdenklich. Dann wandte er sich an seinen Sohn und sagte freundlich: «Santino, du darfst niemals einen Menschen, der nicht zur Familie gehört, merken lassen, was du denkst. Du darfst niemanden in deine Karten blicken lassen. Ich glaube, der Unsinn, den du mit diesem jungen Mädchen treibst, hat dein Gehirn weich gemacht. Hör auf damit und kümmere dich mehr ums Geschäft. Und jetzt geh mir aus den Augen!»

Hagen sah die Überraschung auf Sonnys Gesicht, dann Wut über die Vorwürfe des Vaters. Hat er denn wirklich geglaubt, der Don wisse nichts von seiner Affäre, fragte sich Hagen. Und weiß er wirklich nicht, was für einen gefährlichen Fehler er eben gemacht hat? Wenn er das nicht wußte, dann hatte Hagen keine Lust, jemals der *consigliori* des Don Santino Corleone zu werden.

Don Corleone wartete, bis Sonny gegangen war. Dann ließ er sich in seinen Ledersessel zurücksinken und winkte schroff nach einem Drink. Hagen schenkte ihm ein Glas Anisette ein. Der Don sah zu ihm auf. «Schick Luca Brasi zu mir», sagte er.

Drei Monate später saß Hagen in seinem Büro und überflog den Papierstoß auf seinem Schreibtisch. Er hoffte, früh genug fertig zu werden, um noch ein paar Weihnachtsgeschenke für seine Frau und seine Kinder besorgen zu können. Er wurde von einem Telefonanruf unterbrochen: Es war Johnny Fontane, sprudelnd vor guter Laune. Der Film war abgedreht, die Eilpositive – was immer das ist, dachte Hagen – waren fabelhaft geworden. Er schickte dem Don ein Weihnachtsgeschenk, bei dem ihm die Augen übergehen würden, er hätte es selber bringen wollen, aber es gab bei dem Film noch ein paar Kleinigkeiten zu erledigen, und er mußte an der Westküste bleiben. Hagen versuchte seine Ungeduld zu verbergen. Johnny Fontanes Charme hatte nie bei ihm verfangen. Aber sein Interesse war geweckt. «Was ist es denn?» erkundigte er sich. Johnny kicherte. «Kann ich nicht sagen, das ist ja das beste an einem Weihnachtsgeschenk.» Sofort erlosch Hagens Interesse, und schließlich gelang es ihm, das Gespräch zu beenden, ohne unhöflich zu sein.

Zehn Minuten später berichtete ihm seine Sekretärin, daß Connie Corleone am Telefon sei und ihn zu sprechen wünsche. Hagen seufzte. Als junges Mädchen war Connie reizend gewesen, als Ehefrau war sie lästig. Sie beschwerte sich ständig über ihren Mann. Immer wieder kam sie auf zwei bis drei Tage zu ihrer Mutter. Und Carlo Rizzi hatte sich als ein echter Versager erwiesen. Man hatte ihm ein nettes kleines Geschäft verschafft, und er war auf dem besten Weg, es zu ruinieren. Außerdem trank er, hurte, spielte und schlug gelegentlich seine Frau. Connie hatte ihrer Familie nicht davon erzählt, nur Hagen. Er überlegte, was für ein Klagelied sie wohl heute anstimmen würde.

Aber die Feststimmung schien auch sie angesteckt zu haben. Sie wollte nur fragen, was sich ihr Vater zu Weihnachten wünschte. Und Sonny und Fred und Mike. Was sie ihrer Mutter schenken wollte, wußte sie schon. Hagen machte ein paar Vorschläge, die alle als lächerlich abgetan wurden. Schließlich ließ sie ihm seine Ruhe.

Als dann das Telefon wieder läutete, warf Hagen seine Papiere in den Ablagekorb. Zum Teufel damit! Er würde jetzt gehen. Es wäre ihm aber nie eingefallen, den Anruf zu ignorieren. Als seine Sekretärin ihm sagte, daß Michael Corleone am Apparat sei, nahm er erfreut den Hörer auf. Mike hatte er schon immer gemocht.

«Tom», sagte Michael Corleone, «ich komme morgen mit Kay in die Stadt. Wir müssen dem Alten noch vor Weihnachten etwas Wichtiges mitteilen. Weißt du, ob er morgen abend zu Hause ist?»

«Natürlich», antwortete Hagen. «Er bleibt bis nach Weihnachten in der Stadt. Kann ich etwas für dich tun?»

Doch Michael konnte ebenso gut schweigen wie sein Vater. «Nein», sagte er. «Ich nehme an, wir sehen uns zu Weihnachten. Da fährt doch alles nach Long Beach hinaus, nicht wahr?»

«Richtig», sagte Hagen. Es belustigte ihn, daß Mike das Gespräch ohne die üblichen Höflichkeitsfloskeln beendete.

Er bat seine Sekretärin, bei seiner Frau anzurufen und ihr zu sagen, daß er etwas später nach Hause kommen würde, daß sie aber das Abendessen für ihn bereithalten möchte. Draußen auf der Straße ging er kräftig ausschreitend zum Kaufhaus Macy hinüber. Jemand vertrat ihm den Weg. Zu seiner Überraschung sah er, daß es Sollozzo war.

Sollozzo ergriff ihn beim Arm und sagte ruhig: «Keine Angst, ich möchte nur mit Ihnen sprechen.» Ein Wagen, der am Bordstein parkte, wurde plötzlich geöffnet. «Steigen Sie ein», drängte Sollozzo. «Ich muß mit Ihnen sprechen.»

Hagen machte sich los. Er war immer noch nicht beunruhigt, nur verärgert. «Ich habe keine Zeit», sagte er. In diesem Augenblick traten von hinten zwei Männer an ihn heran. Jetzt wurden Hagens Knie weich. Leise wiederholte Sollozzo: «Steigen Sie ein. Wenn ich Sie umbringen wollte, wären Sie schon lange ein toter Mann. Sie können Vertrauen zu mir haben.»

Ohne eine Spur von Vertrauen stieg Hagen ein.

Michael Corleone hatte Hagen belogen: Er war bereits in New York, er hatte aus seinem Zimmer im Hotel Pennsylvania angerufen, keine zehn Blocks von Hagens Büro entfernt. Als er den Hörer auflegte, drückte Kay Adams ihre Zigarette aus und sagte: «Wie gut du schwindeln kannst, Mike!»

Michael setzte sich neben sie auf das Bett. «Alles nur deinetwegen, Schatz. Wenn ich meiner Familie gesagt hätte, daß wir in der Stadt sind, hätten wir sofort hinfahren müssen. Dann könnten wir jetzt nicht zum Essen ausgehen, wir könnten nicht ins Theater gehen, und heute nacht könnten wir nicht miteinander schlafen. Nicht im Haus meines Vaters, solange wir noch nicht verheiratet sind.» Er nahm sie in seine Arme und küßte sie sanft auf den Mund. Ihre Lippen schmeckten süß. Behutsam drückte er sie nach hinten. In Erwartung seiner Liebkosungen schloß sie die Augen, und Michael empfand ein überwältigendes Glücksgefühl. Er hatte während der Kriegsjahre im Pazifik gekämpft und dort, auf den blutgetränkten Inseln, von einem Mädchen genau wie Kay Adams geträumt. Von einem Mädchen, das schön war wie sie. Von einem hellen, zerbrechlichen Körper, mit milchweißer Haut, von Leidenschaft durchpulst. Sie öffnete die Augen und zog seinen Kopf zu sich herab, um ihn zu küssen. Sie liebten sich, bis es Zeit wurde zum Essen und für das Theater.

Nach dem Essen schlenderten sie an den hellerleuchteten Kaufhäusern vorbei, in denen sich die Weihnachtseinkäufer drängten, und Michael fragte: «Was wünschst du dir von mir zu Weihnachten?»

Sie schmiegte sich an ihn. «Nur dich», antwortete sie. «Glaubst du, daß dein Vater mit mir einverstanden ist?»

Liebevoll sagte Michael: «Das ist nicht die große Frage. Werden deine Eltern mit mir einverstanden sein?»

Kay zuckte die Achseln. «Das ist mir egal.»

Michael sagte: «Ich habe sogar schon daran gedacht, offiziell meinen Namen zu ändern, aber wenn wirklich etwas passiert, würde auch das nicht viel nützen. Willst du denn wirklich eine Corleone werden?» Er fragte es nur halb im Scherz.

«Ja», antwortete sie ernst. Sie schmiegten sich eng aneinander. Sie hatten beschlossen, in der Weihnachtswoche zu heiraten, eine stille, standesamtliche Feier in der City Hall mit höchstens zwei Freunden als Trauzeugen. Aber Michael bestand darauf, es seinem Vater zu sagen. Er hatte erklärt, sein Vater würde keine Einwände erheben, solange sie es nicht heimlich taten. Kay hatte jedoch ihre Zweifel. Sie meinte, sie könnte es ihren Eltern erst nach der Trauung sagen. «Sie werden natürlich glauben, daß ich ein Kind erwarte», sagte sie. Michael grinste. «Das werden meine Eltern auch.»

Unausgesprochen blieb, daß Michael seine engen Bande zu seiner Familie werde lösen müssen. Zwar hatte Michael dies bis zu einem gewissen Grad bereits getan, doch der Gedanke erfüllte beide mit schlechtem Gewissen. Sie wollten das College beenden, sich nur an den Wochenenden sehen und während der Sommerferien zusammen sein. Es würde ein glückliches Leben werden.

Im Theater sahen sie das Musical *Carousel*, und sie lächelten beide, amüsiert über die sentimentale Geschichte aus dem Gaunermilieu. Als sie das Theater verließen, war es kalt geworden. Kay kuschelte sich eng an Michael und sagte: «Wenn wir verheiratet sind, wirst du mich dann auch erst verprügeln und mir anschließend die Sterne vom Himmel stehlen?»

Michael lachte. «Ich möchte Mathematikprofessor werden.» Dann fragte er: «Möchtest du noch etwas essen, bevor wir ins Hotel zurückgehen?»

Kay schüttelte den Kopf. Bedeutungsvoll sah sie zu ihm auf. Immer wieder war Michael gerührt von ihrer Vorfreude. Er lächelte zu ihr hinab, und dann gaben sie sich mitten auf der kalten Straße einen Kuß. Michael hatte Hunger und beschloß, Sandwiches aufs Zimmer kommen zu lassen.

In der Hotelhalle schob Michael Kay auf den Zeitungsstand zu und bat: «Besorg du Zeitungen, ich hole inzwischen den Schlüssel.» Er mußte eine Weile warten: Obwohl der Krieg längst zu Ende war, hatte das Hotel nicht genug Personal. Endlich bekam er seinen Schlüssel und sah sich ungeduldig um. Kay stand am Zeitungskiosk und starrte auf das Blatt, das sie in der Hand hielt. Er ging auf sie zu. Sie sah zu ihm auf. In ihren Augen standen Tränen. «Mike!» sagte sie. «O Mike!» Er nahm ihr die Zeitung aus der Hand. Das erste, worauf sein Blick fiel, war ein Foto von seinem Vater: Er lag auf der Straße in einer dunklen Blutlache. Daneben saß ein Mann auf dem Bordstein und weinte wie ein Kind. Sein Bruder Freddie. Michael Corleone fühlte seinen Körper zu Eis erstarren. Er empfand weder Schmerz noch Furcht – nur kalte Wut. Er sagte zu Kay: «Geh in unser Zimmer hinauf.» Aber er mußte sie am Arm nehmen und sie in den Lift begleiten. Zusammen fuhren sie schweigend hinauf. Im

Zimmer setzte sich Michael aufs Bett und schlug die Zeitung auf. Die Schlagzeile lautete: FEUERÜBERFALL AUF VITO CORLEONE. ANGEBLICHER GANGSTERCHEF SCHWER VERLETZT, OPERATION UNTER STARKEM POLIZEISCHUTZ. BLUTIGER BANDENKRIEG ZU BEFÜRCHTEN.

Michael spürte, wie seine Beine schwach wurden. Er sagte zu Kay: «Er ist nicht tot, diese Schweine haben ihn nicht getötet.» Er las den Bericht noch einmal von vorn. Sein Vater war um fünf Uhr nachmittags niedergeschossen worden. Während er selber mit Kay geschlafen, gegessen, das Theater besucht hatte, war sein Vater dem Tod nahe gewesen. Er fühlte sich krank vor Schuld.

Kay fragte: «Wollen wir jetzt sofort zum Krankenhaus fahren?»

Michael schüttelte den Kopf. «Zuerst muß ich zu Hause anrufen. Die Leute, die das getan haben, sind wahnsinnig, und jetzt, wo der Alte noch lebt, werden sie ganz durchdrehen. Der Teufel weiß, was sie als nächstes anstellen werden.»

Beide Leitungen des Hauses in Long Beach waren besetzt, und es dauerte fast zwanzig Minuten, bis Michael durchkam. Sonny meldete sich: «Ja?»

«Sonny, ich bin's», sagte Michael.

Er hörte die Erleichterung in Sonnys Stimme. «Himmel, Kleiner, wir haben uns Sorgen um dich gemacht! Verdammt, wo steckst du? Ich habe schon Leute in dein Provinznest geschickt, um zu sehen, was mit dir los ist.»

«Wie geht's dem Alten?» fragte Michael. «Ist er schwer verletzt?»

«Ziemlich», sagte Sonny. «Sie haben ihn fünfmal erwischt. Aber er ist zäh.» In Sonnys Stimme klang Stolz. «Die Ärzte sagen, er wird es schaffen. Hör zu, Kleiner, ich hab's eilig. Ich kann nicht so lange reden. Wo bist du jetzt?»

«In New York», sagte Michael. «Hat Tom dir nicht gesagt, daß ich kommen wollte?»

Sonnys Stimme wurde leise. «Tom haben sie geschnappt. Darum hab ich mir ja solche Sorgen um dich gemacht. Seine Frau ist hier. Sie weiß es noch nicht, und die Cops wissen es auch noch nicht. Ich will nicht, daß sie es erfahren. Die Schweine, die das getan haben, müssen wahnsinnig sein. Bitte, komm sofort hier heraus und halt den Mund. Okay?»

«Okay», antwortete Mike. «Wißt ihr schon, wer es war?»

«Natürlich», sagte Sonny. «Sobald Luca Brasi sich meldet, sind die so gut wie tot. Wir haben noch alle Pferde im Stall.»

«In einer Stunde bin ich draußen», sagte Mike. «Mit dem Taxi.» Er legte auf. Die Zeitungen waren vor drei Stunden erschienen. Auch das Radio mußte die Meldung gebracht haben. Es war unmöglich, daß Luca sie nicht gehört hatte. Nachdenklich erwog Michael das Problem. Wo war Luca Brasi? Dieselbe Frage stellte sich im selben Augenblick auch Tom Hagen. Und es war dieselbe Frage, die in Long Beach auch Sonny Corleone Sorgen machte.

Um Viertel vor vier an diesem Nachmittag hatte Don Corleone alle Papiere geprüft, die der Büroleiter seiner Olivenölfirma für ihn vorbereitet hatte. Er zog seine Jacke an und gab seinem Sohn Freddie, der seine Nase in die Nachmittagszeitung vergraben hatte, einen Stoß. «Sag Gatto, er soll den Wagen vom Parkplatz holen», sagte er. «Ich bin in ein paar Minuten fertig.»

Freddie knurrte. «Den muß ich selber holen. Paulie hat sich heute morgen krankgemeldet. Scheint wieder mal eine Erkältung zu haben.»

Don Corleone machte ein nachdenkliches Gesicht. «Das ist schon das dritte Mal in diesem Monat. Ich glaube, du solltest einen gesünderen Mann für diesen Job suchen. Sag Tom Bescheid.»

Fred protestierte. «Paulie ist ein anständiger Kerl. Wenn er sagt, daß er krank ist, dann ist er auch krank. Mir macht es nichts aus, den Wagen zu holen.» Er verließ das Büro. Don Corleone stand am Fenster und sah zu, wie sein Sohn die Ninth Avenue überquerte und zum Parkplatz ging. Dann rief er in Hagens Büro an, aber es meldete sich niemand. Ärgerlich blickte er wieder aus dem Fenster. Sein Wagen parkte schon vor dem Hause. Freddie lehnte am Kotflügel, die Arme verschränkt, und beobachtete den weihnachtlichen Käuferstrom. Der Büroleiter half Don Corleone in den Mantel. Don Corleone knurrte ein Dankeschön, ging hinaus und stieg die beiden Treppen hinab.

Draußen auf der Straße war das Licht des frühen Wintertages

schon im Schwinden. Freddie lehnte lässig am Kotflügel des schweren Buick. Als er seinen Vater kommen sah, trat er um den Wagen herum auf die Fahrerseite und stieg ein. Gerade wollte Don Corleone auf der Gehsteigseite einsteigen, da zögerte er noch einmal und ging zu dem langen, offenen Obstkarren an der Straßenecke hinüber. Das hatte er sich seit einiger Zeit zur Gewohnheit gemacht: Er liebte die großen Treibhausfrüchte, die gelben Pfirsiche und roten Orangen, die aus ihren grünen Verpackungen leuchteten. Der Besitzer eilte herbei, um ihn zu bedienen. Don Corleone berührte die Früchte nicht, er deutete nur auf sie. Der Obstverkäufer kritisierte seine Wahl nur einmal und zeigte ihm, daß eine der Früchte eine faulige Unterseite hatte. Don Corleone nahm die Obsttüte in die Linke und bezahlte den Mann mit einem Fünf-Dollar-Schein. Er nahm sein Wechselgeld, und als er sich wieder dem wartenden Wagen zuwandte, bogen zwei Männer um die Ecke. Don Corleone wußte sofort, was das zu bedeuten hatte.

Die beiden Männer trugen schwarze Mäntel und schwarze Hüte, die sie tief ins Gesicht gezogen hatten. Sie waren nicht auf Don Corleones schnelle Reaktion gefaßt. Er ließ die Obsttüte fallen und lief mit einer für seine Leibesfülle erstaunlichen Flinkheit auf den geparkten Wagen zu. Er schrie: «Fredo! Fredo!» Erst jetzt zogen die beiden Männer ihre Revolver und begannen zu schießen.

Die erste Kugel traf Don Corleone in den Rücken. Er spürte den Schuß wie einen Hammerschlag, zwang seinen Körper aber weiter auf den Wagen zu. Die nächsten beiden trafen ihn ins Gesäß und schleuderten ihn auf die Mitte der Fahrbahn hinaus. Vorsichtig, um nicht über die rollenden Früchte zu fallen, liefen ihm die beiden nach, um ihn zu erledigen. Jetzt, kaum fünf Sekunden nachdem der Don zum erstenmal nach ihm gerufen hatte, tauchte Frederico Corleone aus dem Wagen auf. Die Männer feuerten hastig zwei weitere Schüsse auf den Don, der reglos auf der Straße lag. Einer traf ihn in den fleischigen Teil des Armes, der zweite in den rechten Unterschenkel. Diese Wunden waren die ungefährlichsten, bluteten aber so stark, daß sich um seinen Körper große Blutlachen bildeten. Inzwischen hatte der Don das Bewußtsein verloren.

Freddie hörte seinen Vater schreien, hörte sich bei seinem Kindernamen gerufen, und dann hörte er den ersten und den zweiten

Knall. Schon als er aus dem Wagen stürzte, war er in einem tiefen Schockzustand: Er hatte nicht einmal seine Waffe gezogen. Die beiden Mörder hätten ihn mühelos abknallen können. Aber auch sie wurden von Panik erfaßt. Sie mußten gewußt haben, daß Freddie bewaffnet war, und außerdem war schon viel zuviel Zeit verstrichen. Sie verschwanden um die Ecke und ließen Freddie allein mit seinem blutenden Vater. Viele Passanten hatten sich in Haustüren geflüchtet oder zu Boden geworfen, andere standen zu kleinen Gruppen zusammengedrängt.

Freddie hatte seinen Revolver noch immer nicht gezogen. Er starrte auf seinen Vater hinab, der mit dem Gesicht nach unten auf der geteerten Straße in einem schwärzlichen See von Blut lag. Nun fiel Freddie zusammen. Die Leute wagten sich wieder auf die Straße heraus, und irgend jemand, der sah, daß er zusammenbrach, führte ihn zum Bordstein und half ihm, sich hinzusetzen. Um Don Corleone sammelte sich eine dichte Menschenmenge, die sich sofort wieder zerstreute, als sich der erste Streifenwagen mit seiner Sirene einen Weg durch die Leute bahnte. Unmittelbar hinter ihm sprang aus einem noch fahrenden Wagen ein Reporter der *Daily News* heraus und machte Aufnahmen von dem blutenden Don. Wenige Sekunden später traf der Krankenwagen ein. Der Reporter wandte seine Aufmerksamkeit auf Freddie Corleone, der jetzt ungehemmt weinte; das derbe Puttengesicht mit der dicken Nase und dem wulstigen, schleimverschmierten Mund bot einen sonderbar lächerlichen Anblick. Kriminalbeamte verteilten sich in der Menge, weitere Polizeiautos rasten heran. Einer der Kriminalbeamten kniete sich neben Freddie hin und stellte ihm Fragen, aber Freddies Schock war zu groß, als daß er antworten hätte können.

Der Kriminalbeamte langte in Freddies Mantel, holte die Brieftasche heraus. Er warf einen Blick in den Personalausweis und pfiff seinen Partner herbei. In einigen Sekunden war Freddie durch eine Gruppe von Detektiven vor den Neugierigen abgeschirmt. Der erste Kriminalbeamte entdeckte Freddies Revolver im Schulterhalfter und nahm ihn heraus. Dann halfen sie Freddie auf die Beine und schoben ihn in einen Wagen. Als dieser abfuhr, folgte ihm unmittelbar der Wagen der *Daily News*. Der Reporter knipste immer noch, was ihm vor die Linse kam.

In der halben Stunde nach dem Überfall auf seinen Vater erhielt Sonny Corleone in schneller Folge fünf Anrufe. Der erste kam vom Kriminalbeamten John Phillips, der auf der Lohnliste der Familie stand und mit dem ersten Polizeiwagen am Schauplatz gewesen war. Das erste, was er Sonny fragte, war: «Erkennen Sie meine Stimme?»

«Ja», sagte Sonny. Er war von seiner Frau mitten aus seinem Nachmittagsschlaf ans Telefon gerufen worden.

Phillips sagte rasch: «Ihr Vater ist vor seinem Büro niedergeschossen worden. Vor fünfzehn Minuten. Er lebt, aber er ist schwer verletzt. Man hat ihn ins French Hospital geschafft. Ihr Bruder Freddie befindet sich auf dem Revier Chelsea. Sobald man ihn gehen läßt, sollten Sie ihn zu einem Arzt bringen. Ich fahre jetzt ins Krankenhaus, um bei der Vernehmung Ihres Vaters dabeizusein. Falls er sprechen kann. Ich werde Sie auf dem laufenden halten.»

Sonnys Frau, Sandra, die auf der anderen Tischseite stand, sah, daß ihrem Mann das Blut ins Gesicht stieg. Seine Augen waren glasig geworden. Flüsternd fragte sie ihn: «Was ist passiert?» Ungeduldig wandte er sich von ihr ab. Dann fragte er in den Hörer: «Sind Sie ganz sicher, daß er lebt?»

«Ja, ich bin sicher», sagte der Kriminalbeamte. «Er hat viel Blut verloren, aber ich glaube, es ist nicht so schlimm, wie es aussieht.»

«Danke», sagte Sonny. «Seien Sie morgen früh um Punkt acht zu Hause. Sie bekommen einen Tausender.»

Sonny legte den Hörer auf. Er zwang sich stillzusitzen. Er wußte, daß der Jähzorn seine größte Schwäche war, und dies war eine Situation, in der sich Jähzorn tödlich auswirken konnte. Das wichtigste war jetzt, Tom Hagen zu erreichen. Doch ehe er zum Telefon greifen konnte, läutete es. Der Anruf kam von dem Buchmacher, dem die Familie Genehmigung erteilt hatte, in dem Bezirk zu arbeiten, in dem die Büros des Don lagen. Der Buchmacher wollte ihm mitteilen, der Don sei ermordet worden, auf der Straße erschossen. Durch ein paar kurze Fragen fand Sonny heraus, daß sich der Informant des Buchmachers nicht in der Nähe des Opfers befunden hatte, und wußte, daß die Mitteilung falsch war. Phillips' Bericht war zweifellos zuverlässiger. Fast unmittelbar darauf klingelte das Telefon zum drittenmal. Diesmal war es ein Reporter der *Daily News*. Sobald er sich zu erkennen gab, legte Sonny wieder auf.

Er wählte Hagens Privatnummer und fragte dessen Frau: «Ist Tom schon zu Hause?» Sie verneinte, er werde wohl erst in zwanzig Minuten kommen, spätestens aber zum Abendessen. «Er soll mich anrufen», sagte Sonny.

Er versuchte die Sachlage zu durchdenken. Er versuchte sich vorzustellen, wie sich sein Vater in einer solchen Situation verhalten würde. Er hatte sofort gewußt, daß der Überfall nur von Sollozzo kommen konnte, aber Sollozzo hätte es nie gewagt, einen so wichtigen Mann wie den Don zu eliminieren, wenn er nicht von anderen mächtigen Männern gedeckt wurde. Das Telefon läutete zum viertenmal und riß ihn aus seinen Gedanken. Die Stimme am anderen Ende war leise und sehr ruhig. «Santino Corleone?» fragte die Stimme.

«Ja», sagte Sonny.

«Wir haben Tom Hagen», sagte die Stimme. «In ungefähr drei Stunden wird er mit unseren Vorschlägen entlassen. Unternehmen Sie keine voreiligen Schritte, bis Sie hören, was er zu sagen hat. Sie würden sich nur eine Menge Ärger bereiten. Was geschehen ist, ist geschehen. Wir müssen jetzt alle vernünftig sein. Verlieren Sie nicht den Kopf.» Die Stimme klang leicht ironisch. Ganz sicher war Sonny nicht, aber es hörte sich an wie Sollozzo. Er verstellte seine eigene Stimme, gedämpft, deprimiert sagte er: «Ich werde warten.» Dann hörte er es am anderen Ende klicken. Er blickte auf seine schwere goldene Uhr, stellte den genauen Zeitpunkt des Anrufes fest und notierte ihn auf der Tischdecke.

Stirnrunzelnd saß er am Küchentisch. Seine Frau fragte: «Sonny, was ist denn?»

«Sie haben den Alten niedergeschossen», sagte er ruhig. Als er das Entsetzen auf ihrem Gesicht sah, sagte er schroff: «Keine Angst, er ist nicht tot. Und es wird auch nichts weiter passieren.» Von Hagen sagte er nichts. Und dann läutete das Telefon zum fünftenmal.

Es war Clemenza. Die schnaufende Stimme des Dicken drang knarrend aus dem Hörer. «Hast du von deinem Vater gehört?» fragte er.

«Ja», sagte Sonny. «Aber er ist nicht tot.» Es folgte eine lange Pause, und dann kam Clemenzas Stimme, erstickt vor Bewegung.

«Gott sei Dank! Gott sei Dank!» Dann ängstlich: «Bist du ganz sicher? Ich habe gehört, daß er tot ist.»

«Er lebt», sagte Sonny. Er lauschte gespannt auf jede Nuance in Clemenzas Ton. Seine Gefühle schienen echt zu sein, aber es gehörte zu dem Beruf des Dicken, ein guter Schauspieler zu sein.

«Jetzt mußt du weitermachen, Sonny», sagte Clemenza.

«Komm rüber ins Haus meines Vaters», sagte Sonny. «Und bring Paulie Gatto mit.»

«Ist das alles? Soll ich nicht auch einige unserer Leute ins Krankenhaus schicken? Und in deine Wohnung?»

«Nein, ich brauche nur dich und Paulie Gatto», sagte Sonny. Ein langes Schweigen folgte. Clemenza hatte begriffen. Um es ein bißchen natürlich klingen zu lassen, fragte Sonny jetzt: «Zum Teufel noch mal, wo hat dieser Paulie eigentlich gesteckt? Was hat er gemacht?»

Am anderen Ende der Leitung war das Keuchen verstummt. Clemenzas Stimme klang sehr behutsam. «Paulie war krank, er hatte eine Erkältung, darum ist er zu Hause geblieben. Er hat sich den ganzen Winter nicht wohl gefühlt.»

Sofort war Sonnys Mißtrauen geweckt. «Wie oft ist er in den letzten beiden Monaten zu Hause geblieben?»

«Vielleicht drei- oder viermal. Ich habe Freddie immer wieder gefragt, ob er nicht jemand anders haben wollte, aber er sagte nein. Es bestand kein Grund dafür, du weißt ja, die letzten zehn Jahre waren ruhig gewesen.»

«Ja», sagte Sonny. «Also bis nachher, drüben im Haus meines Vaters. Aber bring auf jeden Fall Paulie mit. Hol ihn ab, wenn du kommst. Egal, wie krank er ist. Verstanden?» Er warf den Hörer auf die Gabel, ohne auf eine Antwort zu warten.

Seine Frau weinte leise vor sich hin. Er starrte sie einen Augenblick an, dann sagte er barsch: «Wenn jemand von unseren Leuten anruft, sag ihnen, sie sollen mich bei Vater drüben auf seinem Sonderanschluß anrufen. Wenn jemand anders anruft, dann weißt du von nichts. Wenn Toms Frau anruft, sag ihr, daß Tom vorerst noch nicht nach Hause kommt, daß er noch etwas erledigen muß.»

Er überlegte einen Augenblick. «Ein paar von unseren Leuten werden herkommen.» Er sah ihren angstvollen Blick und sagte ungeduldig: «Du brauchst keine Angst zu haben. Ich will nur, daß sie für alle Fälle hier sind. Tu alles, was sie dir sagen. Wenn du mich selber sprechen willst, ruf mich über Papas Sonderanschluß an, aber nur, wenn es tatsächlich wichtig ist. Und mach dir keine Sorgen.» Er ging aus dem Haus.

Die Dunkelheit war hereingebrochen, und der Dezemberwind pfiff durch die Promenade. Sonny hatte keine Bedenken, allein in die Nacht hinauszugehen. Alle acht Häuser hier gehörten Don Corleone. Die beiden am Eingang der Promenade waren an Freunde der Familie und deren Verwandte vermietet; die beiden Souterrainappartements bewohnten zwei alleinstehende Männer. Von den übrigen sechs Häusern, die einen Halbkreis bildeten, bewohnte eines Tom Hagen mit seiner Familie, ein anderes Sonny und das kleinste und unscheinbarste der Don. In den letzten drei Häusern lebten kostenlos ein paar alte Freunde des Don, unter der Voraussetzung, daß sie die Häuser räumen würden, sobald man sie anderweitig benötigte. Die harmlos aussehende Promenade war eine uneinnehmbare Festung.

Alle acht Häuser waren mit Scheinwerfern versehen, die die Umgebung in gleißende Helle tauchten und es einem Fremden unmöglich machten, sich hier herumzutreiben. Sonny ging über die Straße zum Haus seines Vaters und öffnete mit seinem eigenen Schlüssel die Tür. «Ma, wo bist du?» rief er. Die Mutter kam aus der Küche, gefolgt vom Duft schmorender Paprikaschoten. Noch ehe sie etwas sagen konnte, nahm Sonny ihren Arm und drückte sie auf einen Sessel. «Ich habe gerade einen Anruf bekommen», sagte er. «Du brauchst dir keine Sorgen zu machen, aber Papa liegt im Krankenhaus, er ist verletzt. Zieh dich an und mach dich fertig, hinzufahren. Wagen und Fahrer werden sofort hier sein. Okay?»

Seine Mutter sah ihn einen Augenblick ruhig an und fragte ihn dann auf italienisch: «Haben sie ihn niedergeschossen?»

Sonny nickte. Ganz kurz neigte die Mutter den Kopf; dann ging sie in die Küche zurück. Sonny folgte ihr. Er sah ihr zu, wie sie das Gas unter der Pfanne ausdrehte, hinausging und zu ihrem Schlafzimmer hinaufstieg. Er nahm die Paprika aus der Pfanne, holte sich aus dem Korb auf dem Tisch ein Stück Brot und machte sich ein Sandwich zurecht, wobei ihm das heiße Olivenöl von den Fingern tropfte. Er ging in das große Eckzimmer, das seinem Vater als Büro diente, und holte aus einem verschlossenen Schrankfach das Spezialtelefon. Der Apparat hatte einen Sonderanschluß und stand unter falschem Namen und falscher Adresse im Telefonbuch. Der erste, bei dem er anrief, war Luca Brasi. Er meldete sich nicht. Dann rief er den Stellvertreter des *caporegime* in Brooklyn an, einen Mann, dessen Treue zum Don unzweifelhaft war. Er hieß Tessio. Sonny sagte ihm, was geschehen war und was er von ihm erwartete. Tessio sollte fünfzig absolut zuverlässige Männer zusammentrommeln. Er sollte Wachen ins Krankenhaus schicken und ein paar Männer nach Long Beach beordern. Tessio fragte: «Haben sie denn Clemenza auch erwischt?» Sonny sagte: «Clemenzas Leute möchte ich im Augenblick nicht verwenden.» Tessio verstand sofort. Er machte eine kurze Pause, dann sagte er: «Entschuldige, Sonny, ich sage dir es, wie es dein Vater sagen würde: Mach keine voreiligen Schritte! Ich kann mir nicht vorstellen, daß uns Clemenza verraten hat.»

«Danke», sagte Sonny. «Ich glaube es auch nicht, aber ich muß sehr vorsichtig sein. Stimmt's?»

«Stimmt», bestätigte Tessio.

«Noch etwas», fuhr Sonny fort. «Mein kleiner Bruder Mike ist in Hannover, New Hampshire, im College. Schick doch ein paar von den Leuten in Boston hin. Sie sollen ihn abholen und hierherbringen, bis alles vorbei ist. Ich werde ihn anrufen, er wird sie also erwarten. Auch das ist nur eine Vorsichtsmaßnahme. Ich möchte ganz sichergehen.»

«Okay», sagte Tessio. «Ich komme, sobald ich alles ins Rollen gebracht habe. Du kennst meine Jungens doch, nicht?»

«Ja», sagte Sonny. Er legte auf. Er trat an einen kleinen Wandsafe und schloß ihn auf. Aus dem Fach nahm er ein in blaues Leder gebundenes Buch mit alphabetischem Inhaltsverzeichnis. Er schlug es bei F auf und suchte, bis er den entsprechenden Eintrag gefunden hatte. Er lautete: «Ray Farrell, 5000 Dollar, Weihnachten.» Dann folgte eine Telefonnummer. Sonny wählte und fragte: «Farrell?» Der Mann am anderen Ende antwortete: «Ja.» Sonny sagte: «Hier ist Santino Corleone. Ich möchte, daß Sie mir einen Gefallen tun, und ich möchte, daß Sie es jetzt gleich tun. Bitte, überprüfen Sie zwei Telefonnummern und melden Sie mir alle Anrufe, die in den letzten drei Monaten dort geführt wurden.» Er nannte Farrell die Privatnummern von Paulie Gatto und Clemenza. Dann sagte er: «Es ist sehr wichtig für mich. Informieren Sie mich noch vor Mitternacht, und Sie werden ein besonders fröhliches Fest feiern können.»

Bevor er sich hinsetzte, um über alles nachzudenken, wählte er noch einmal die Nummer von Luca Brasi. Wieder meldete sich niemand. Er machte sich deswegen Sorgen, aber er schob sie von sich. Luca würde kommen, sobald er die Nachricht erhielt. Sonny lehnte sich im Drehsessel zurück. In einer Stunde etwa würde das Haus von den Angehörigen der Familie wimmeln, und er mußte ihnen sagen, was sie zu tun hatten. Jetzt, da er endlich Zeit zum Nachdenken hatte, wurde ihm plötzlich der Ernst der Lage klar. Es war seit zehn Jahren das erste Mal, daß die Corleone-Familie und ihre Macht herausgefordert wurden. Ganz zweifellos steckte Sollozzo dahinter, aber nie hätte er einen solchen Handstreich gewagt, wenn er nicht von mindestens einer der fünf großen New Yorker Familien unterstützt worden wäre. Und diese Unterstützung mußte von den Tattaglias kommen. Was wiederum bedeutete, daß es entweder zum Krieg oder zu einer schnellen Einigung unter Sollozzos Bedingungen kam. Sonny lächelte grimmig. Der listige Türke hatte die Sache geschickt eingefädelt, aber er hatte kein Glück gehabt. Der Alte lebte, darum hieß die Parole Krieg. Mit Hilfe Luca Brasis und der anderen Machtmittel der Corleone-Familie stand es außer Frage, wie dieser Krieg ausgehen würde. Und wieder empfand er die quälende Sorge: Wo war Luca Brasi?

3

Im Wagen saßen drei Männer und der Fahrer. Hagen wurde auf einen Hintersitz verfrachtet, zwischen den beiden, die auf der Straße hinter ihn getreten waren. Sollozzo nahm vorne Platz. Der Mann rechts von Hagen langte herüber und zog ihm den Hut ins Gesicht, so daß er nichts sehen konnte.

«Keine Bewegung!» sagte er.

Es war eine kurze Fahrt, höchstens zwanzig Minuten. Als sie ausstiegen, war es schon dunkel geworden und Hagen konnte von der Umgebung nichts mehr sehen. Sie führten ihn in eine Wohnung im Souterrain und setzten ihn auf einen Küchenstuhl. Sollozzo hockte sich ihm gegenüber auf den Küchentisch.

«Sie brauchen keine Angst zu haben», sagte er. «Ich weiß, daß Sie nicht zu den Schlägern der Familie gehören. Ich möchte, daß Sie was für die Corleones tun und auch was für mich.»

Als Hagen sich eine Zigarette ansteckte, zitterten seine Hände. Einer der Männer brachte eine Flasche Whisky an den Tisch, goß etwas davon in eine Kaffeetasse und reichte sie ihm. Dankbar trank Hagen das scharfe Zeug. Es machte seine Hände ruhig und seine Knie wieder fest.

«Ihr Boss ist tot», sagte Sollozzo. Dann hielt er inne, verblüfft über die Tränen, die Hagen in die Augen schossen. Er fuhr fort: «Wir haben ihn auf der Straße erwischt, vor seinem Büro. Sobald ich die Nachricht erhielt, habe ich Sie geholt. Sie müssen zwischen Sonny und mir Frieden machen.»

Hagen antwortete nicht. Er wunderte sich über seinen Schmerz und über das Gefühl der Verlassenheit, das sich mit seiner Todesfurcht mischte. Sollozzo sprach wieder. «Sonny war scharf auf meinen Vorschlag, nicht wahr? Und auch Sie wissen, daß es klug wäre, ihn anzunehmen. Rauschgift ist das kommende Geschäft. Da steckt so viel Geld drin, daß wir alle in wenigen Jahren reich werden können. Der Don war ein alter Schnurrbartpeter, seine Zeit war um, er hat es nur nicht gemerkt. Jetzt ist er tot, und nichts kann ihn wieder lebendig machen. Ich bin bereit, einen neuen Vorschlag zu unterbreiten, und ich möchte, daß Sie Sonny raten, ihn anzunehmen.»

Hagen sagte: «Sie haben nicht die geringste Chance. Sonny wird keine Ruhe geben, bis er Sie nicht erledigt hat.»

Ungeduldig sagte Sollozzo: «Ja, das wird sein erster Gedanke sein. Aber Sie müssen ihn zur Vernunft bringen. Hinter mir steht die Tattaglia-Familie mit ihren Leuten. Und die anderen New Yorker Familien werden uns bei jeder Maßnahme unterstützen, die einen totalen Krieg zwischen uns verhindert. Unser Krieg würde ihren Geschäften schaden. Wenn Sonny mit meinem Vorschlag einverstanden ist, werden sich die anderen Familien nicht mehr um diese Angelegenheit kümmern. Sogar die ältesten Freunde des Don nicht.»

Hagen antwortete nicht. Er starrte auf seine Hände. Sollozzo redete eindringlich weiter: «Mit dem Don ging es bergab. Früher hätte er sich niemals erwischen lassen. Die anderen Familien mißtrauen ihm, weil er Sie zu seinem *consigliori* gemacht hat, und Sie sind doch nicht einmal Italiener, geschweige denn Sizilianer. Wenn es zum totalen Krieg kommen sollte, wird die Corleone-Familie erledigt, und wir zahlen alle drauf, mich eingeschlossen. Ich brauche die politischen Kontakte der Familie, viel mehr noch als das Geld. Also sprechen Sie mit Sonny, sprechen Sie mit den *capiregime*; Sie können viel Blutvergießen vermeiden.»

Hagen hielt seine Tasse zum Nachfüllen hin. «Ich will's versuchen», sagte er. «Aber Sonny ist dickköpfig. Und sogar er wird Luca nicht zurückpfeifen können. Luca wird Ihnen Sorgen machen. Und mir auch, wenn ich auf Ihren Vorschlag eingehe.»

Sollozzo sagte ruhig: «Um Luca werde ich mich schon kümmern. Kümmern Sie sich um Sonny und die beiden anderen Jungen. Hören Sie, Sie können ihnen sagen, daß Freddy heute zusammen mit seinem Alten erledigt worden wäre, wenn meine Leute nicht strikten Befehl gehabt hätten, nicht auf ihn zu schießen. Ich wollte nicht mehr böses Blut machen als unbedingt notwendig. Sie können ihnen bestellen, daß Freddie sein Leben nur mir zu verdanken hat.»

Endlich begann Hagens Verstand wieder zu arbeiten. Zum erstenmal glaubte er daran, daß Sollozzo ihn nicht umbringen oder als Geisel festhalten wollte. Die plötzliche Erlösung von der lähmenden Angst ließ ihn vor Scham erröten. Sollozzo beobachtete ihn mit einem stillen, verständnisvollen Lächeln. Hagen begann die Sachlage zu überdenken. Wenn er nicht zusagte, für Sollozzo Partei zu ergreifen, konnte er umgebracht werden. Aber dann wurde ihm klar, daß Sollozzo von ihm nur erwartete, seinen Vorschlag zu überbringen, und zwar in der richtigen Form, so wie es die Pflicht eines verantwortlichen *consigliori* war. Und nun, als er darüber nachdachte, wurde ihm auch klar, daß Sollozzo recht hatte. Ein totaler Krieg zwischen den Tattaglias und den Corleones mußte unter allen Umständen vermieden werden. Die Corleones mußten ihre Toten begraben und sie vergessen. Sie mußten zu einer Verständigung kommen. Später dann, wenn der richtige Zeitpunkt gekommen war, konnten sie gegen Sollozzo zu Felde ziehen.

Als er aufblickte, sah er, daß Sollozzo seine Gedanken erriet. Der Türke lächelte. Und dann fiel es Hagen wie Schuppen von den Augen: Was war Luca Brasi zugestoßen, daß Sollozzo so unbekümmert war? Hatte Luca einen Handel gemacht? Er erinnerte sich, daß Luca an jenem Abend, als Don Corleone Sollozzo abgewiesen hatte, vom Don zu einem Gespräch unter vier Augen ins Büro gerufen worden war. Doch jetzt war nicht der richtige Moment, sich wegen solcher Details Gedanken zu machen. Er mußte vor allem zurück in den Schutz der Corleone-Festung in Long Beach. «Ich werde mein Bestes tun», sagte er zu Sollozzo. «Ich glaube, Sie haben recht. Ich glaube, sogar der Don würde es für das Beste halten.»

Sollozzo nickte ernst. «Schön», sagte er. «Ich mag kein Blutvergießen, ich bin Geschäftsmann, und Blut kostet mir zuviel Geld.» In diesem Augenblick klingelte das Telefon. Einer der Männer, die hinter Hagen saßen, stand auf und nahm den Hörer ab. Er lauschte, dann sagte er kurz: «Okay, ich werd's ihm ausrichten.» Er legte auf, trat zu Sollozzo und flüsterte ihm etwas ins Ohr. Hagen sah, daß Sollozzo blaß wurde, daß seine Augen vor Zorn glitzerten. Angst stieg in ihm auf. Sollozzo musterte ihn abschätzend, und plötzlich wußte Hagen, daß er nun nicht mehr freigelassen werden würde. Daß etwas geschehen war, was ihm den Tod bringen konnte. Sollozzo sagte: «Der Alte lebt. Fünf Kugeln in seinem sizilianischen Balg, und er lebt immer noch!» Resignierend zuckte er die Achseln. «Pech», sagte er dann zu Hagen. «Pech für mich. Pech für Sie.»

4

Als Michael Corleone im Haus seines Vaters in Long Beach eintraf, fand er den schmalen Eingang zur Promenade mit einer Kette versperrt. Die Promenade selber lag strahlend hell im Flutlicht aller acht Häuser. Entlang dem gewundenen, zementierten Gehweg parkten mindestens zehn Wagen.

An der Sperrkette lehnten zwei Männer, die er nicht kannte. Einer von ihnen fragte mit Brooklynakzent: «Wer sind Sie?»

Er sagte es ihnen. Ein anderer Mann kam aus dem nächst gelegenen Haus und sah ihm aufmerksam ins Gesicht. «Das ist der Sohn des Don», bestätigte er. «Ich werde ihn reinbringen.» Mike folgte dem Mann bis zum Haus seines Vaters, wo zwei Türwächter ihn und seinen Begleiter einließen.

Das Haus schien voller Männer zu sein, die er nicht kannte, bis er ins Wohnzimmer kam. Dort saß Theresa, Tom Hagens Frau, steif auf dem Sofa und rauchte eine Zigarette. Auf dem Teetisch vor ihr stand ein Glas Whisky. In der anderen Sofaecke hockte der dicke Clemenza. Das Gesicht des *caporegime* war ausdruckslos, aber er schwitzte, und die Zigarre in seiner Hand glänzte schwärzlich von seinem Speichel.

Clemenza stand auf, kam auf ihn zu und drückte ihm tröstend die Hand. «Deine Mutter ist bei deinem Vater im Krankenhaus», murmelte er. «Er wird bestimmt durchkommen.» Paulie Gatto erhob sich ebenfalls, um ihm die Hand zu schütteln. Michael musterte ihn neugierig. Er wußte, daß Paulie der Leibwächter seines Vaters war, aber er wußte nicht, daß Paulie an diesem Tage krank gewesen und zu Hause geblieben war. Er spürte jedoch die Spannung in diesem schmalen, dunklen Gesicht. Er kannte Gattos Ruf als kommenden Mann, als einen geschickten Mann, der weiß, wie man knifflige Jobs ohne Komplikationen erledigte; und nun hatte dieser Mann versagt. Er bemerkte, daß in den Zimmerecken noch andere Männer saßen, die er nicht kannte. Sie gehörten nicht zu Clemenzas Leuten. Michael zählte im stillen zwei und zwei zusammen, und plötzlich begriff er: Clemenza und Gatto waren verdächtig. In der Annahme, daß Paulie am Schauplatz gewesen war, fragte er den jungen Mann mit dem Frettchengesicht: «Wie geht es Freddie? Ist er okay?»

«Der Arzt hat ihm eine Spritze gegeben», antwortete Clemenza an Paulies Stelle. «Er schläft jetzt.»

Michael ging zu Hagens Frau hinüber und beugte sich nieder, um ihr die Wangen zu küssen. Sie hatten sich immer gemocht. Er flüsterte: «Keine Angst, Tom ist bestimmt nichts zugestoßen. Hast du schon mit Sonny gesprochen?»

Theresa klammerte sich einen Augenblick an ihn und schüttelte den Kopf. Sie war eine zarte, sehr hübsche Frau, die eher amerikanisch als italienisch aussah. Sie war völlig durcheinander. Michael ergriff ihre Hand und zog sie vom Sofa hoch. Dann führte er sie hinüber in das Büro seines Vaters im Eckzimmer.

Sonny lag breit in seinem Sessel hinter dem Schreibtisch, in der einen Hand einen gelben Block, in der anderen einen Bleistift. Der einzige andere Mann im Raum war *caporegime* Tessio, den Michael kannte. Sofort zog er daraus den Schluß, daß die Männer im Hause, die neue Palastwache, zu Tessios Mannschaft gehörten. Auch er hielt Block und Bleistift in der Hand.

Als Sonny sie erblickte, kam er hinter dem Schreibtisch hervor und schloß Hagens Frau in die Arme. «Keine Angst, Theresa», sagte er. «Tom ist nichts passiert. Sie wollen ihm nur einen Vorschlag machen. Sie haben versprochen, ihn freizulassen. Er hat ja mit der Operationsabteilung nicht das geringste zu tun, er ist nur unser Anwalt. Es besteht also gar kein Grund, ihm etwas anzutun.»

Er ließ Theresa los, und dann bekam auch Michael zu seiner größten Überraschung eine Umarmung und einen Kuß auf die Wange. Er schob Sonny von sich und sagte grinsend: «Jetzt habe ich mich endlich daran gewöhnt, daß du mich verprügelst. Muß ich mir nun auch das noch gefallen lassen?» Als Kinder hatten sie sich häufig geschlagen.

Sonny zuckte die Achseln. «Hör mal, Kleiner, ich machte mir Sorgen um dich, als wir dich in diesem Provinznest nicht finden konnten. Mir ist es gleich, ob sie dich umlegen, aber ich muß es dann der alten Dame beibringen. Es ist schon genug, daß ich ihr das von Papa erzählen mußte.»

«Wie hat sie's aufgenommen?» fragte Michael.

«Gut», sagte Sonny. «Sie hat so was schon öfter mitgemacht. Ich auch. Du warst noch zu klein damals, darum weißt du das nicht mehr; und später, als du größer warst, ist immer alles friedlich verlaufen.» Er hielt inne, dann setzte er noch hinzu: «Sie ist beim Alten im Krankenhaus. Er wird es schaffen.»

«Wollen wir nicht auch hinfahren?» fragte Michael.

Sonny schüttelte den Kopf. «Ich kann dieses Haus erst verlassen, wenn alles vorbei ist.» Das Telefon klingelte. Sonny nahm den Hörer und lauschte gespannt. Während er zuhörte, schlenderte Michael an den Schreibtisch und warf einen Blick auf den gelben Block, auf dem Sonny geschrieben hatte. Er enthielt eine Liste von sieben Namen. Die ersten drei waren Sollozzo, Phillip Tattaglia und John Tattaglia. Jäh wurde Michael klar, daß er Sonny und Tessio beim Aufstellen einer Liste von Todeskandidaten gestört hatte.

Als Sonny den Hörer auflegte, wandte er sich an Theresa Hagen und Michael. «Könntet ihr beiden nicht draußen warten? Ich hab mit Tessio noch etwas zu besprechen.»

Hagens Frau fragte: «Hat dieser Anruf etwas mit Tom zu tun?» Ihre Stimme war trotzig, aber sie weinte dabei vor Angst. Sonny legte ihr den Arm um die Schultern und führte sie zur Tür. «Ich schwöre dir, daß ihm nichts zustoßen wird», sagte er. «Warte im Wohnzimmer. Ich komme sofort, wenn ich was höre.» Er drückte die Tür hinter ihr ins Schloß. Michael hatte sich in einen der breiten Ledersessel gesetzt. Sonny warf ihm einen raschen eindringlichen Blick zu, dann ging er wieder an seinen Platz hinter dem Schreibtisch zurück.

«Wenn du hierbleibst, Mike», sagte er, «wirst du Dinge hören, die dir nicht gefallen werden.»

Michael steckte sich eine Zigarette an. «Ich kann helfen», schlug er vor.

«Nein, kannst du nicht», sagte Sonny. «Der Alte wird sauer wie 'ne Zitrone, wenn ich zulasse, daß du dich einmischst.»

Michael sprang auf und schrie: «Du Schwein, er ist mein Vater! Und ich soll ihm nicht helfen dürfen? Ich brauche ja nicht hinzugehen und Leute umzubringen, aber ich kann helfen. Hör auf, mich wie deinen kleinen Bruder zu behandeln! Ich war im Krieg. Ich bin verwundet worden, kapiert? Ich habe Japse getötet. Verdammt noch mal, was glaubst du eigentlich, was ich tun werde, wenn du einen umlegst? In Ohnmacht fallen?»

Sonny grinste ihn an. «Gleich willst du noch, daß ich die Flossen hochnehme. Okay, bleib hier, du kannst das Telefon bedienen.» Er wandte sich an Tessio. «Der Anruf eben war die Information, die wir haben wollten.» Er drehte sich wieder zu Michael um. «Irgend jemand muß unseren Alten verraten haben. Es konnte Clemenza gewesen sein oder Paulie Gatto, der heute, gerade im richtigen Augenblick, krank wurde. Ich weiß jetzt, wer es war, aber sehen wir mal, wie schlau du bist, Mike. Du bist der Collegeboy. Wer hat ihn an Sollozzo verkauft?»

Michael nahm wieder Platz und lehnte sich bequem zurück. Er überdachte alles sehr sorgfältig. Clemenza war ein *caporegime* der Corleone-Familie. Don Corleone hatte ihn zum Millionär gemacht, die beiden waren seit über zwanzig Jahren befreundet. Er hatte die wichtigste Machtstellung in der Organisation. Was konnte Clemenza gewinnen, wenn er den Don verriet? Mehr Geld? Er war reich genug, aber die Menschen konnten ja nie den Hals voll kriegen. Mehr Macht? Rache für eine eingebildete Kränkung oder Zurückweisung? Weil Hagen *consigliori* geworden war? Oder vielleicht die Überzeugung als Geschäftsmann, daß der Türke ja doch gewinnen würde? Nein, ausgeschlossen. Clemenza war kein Verräter. Und dann sagte sich Michael, daß er es nur deshalb für unmöglich hielt, weil er nicht wollte, daß Clemenza starb. Als er noch klein war, hatte ihm der Dicke immer ein Geschenk mitgebracht und war mit ihm spazierengegangen, wenn der Don keine Zeit für ihn hatte. Nein, er konnte sich einfach nicht vorstellen, daß Clemenza zu einem Verrat fähig war.

Andererseits würde Sollozzo weit schärfer darauf aus sein, Clemenza auf seine Seite zu bringen als irgendeinen anderen Mann der Corleone-Familie.

Dann dachte Michael über Paulie Gatto nach. Paulie war bis jetzt noch kein reicher Mann geworden. Zwar hielt man viel von ihm, sein Aufstieg in der Organisation war gesichert, aber er würde seine Zeit abdienen müssen wie jeder andere. Außerdem träumte er bestimmt von Macht, wie alle Jungen. Ja, es konnte nur Paulie sein. Doch dann fiel ihm ein, daß er und Paulie im sechsten Schuljahr dieselbe Klasse besucht hatten, und er wünschte sich, daß es nicht Paulie gewesen war.

Er schüttelte den Kopf. «Keiner von beiden.» Aber er sagte es nur, weil Sonny versichert hatte, er kenne die Antwort. Wenn es zu einer Abstimmung gekommen wäre, dann hätte er für Paulie als den Schuldigen gestimmt.

Sonny sah ihn lächelnd an. «Keine Angst», sagte er. «Clemenza ist in Ordnung. Es war Paulie.»

Michael sah, daß Tessio erleichtert aufatmete. Als *caporegime* galt seine Sympathie natürlich seinem Kollegen Clemenza. Außerdem war die gegenwärtige Situation weniger ernst, wenn der Verrat nicht so hoch hinauf reichte. Tessio sagte vorsichtig: «Dann kann ich meine Leute also morgen nach Hause schicken?»

«Übermorgen», sagte Sonny. «Ich möchte, daß vorerst noch niemand davon erfährt. Hör mal, ich möchte ein paar Familienangelegenheiten mit meinem Bruder besprechen. Warte so lange draußen im Wohnzimmer. Die Liste können wir später fertig machen. Du kannst mit Clemenza zusammen dran arbeiten.»

«Natürlich», sagte Tessio und ging hinaus.

«Woher weißt du so genau, daß es Paulie ist?» fragte Michael.

«Wir haben Leute bei der Telefongesellschaft, die haben alle Gespräche, die Paulie geführt hat, kontrolliert. Und übrigens auch Clemenzas. An den drei Tagen, die Paulie in diesem Monat krank war, hat er jedesmal einen Anruf aus einer Telefonzelle gegenüber von Papas Büro bekommen. Heute auch. Sie wollten sich vergewissern, ob Paulie Dienst machte oder ob ihn jemand vertrat. Oder vielleicht wollten sie etwas anderes. Ist ja auch gleich.» Sonny zuckte die Achseln. «Ich bin froh, daß es Paulie war. Clemenza können wir nicht entbehren.»

Zögernd fragte Michael: «Wird es ein totaler Krieg?»

Sonnys Blick wurde hart. «Ja. Sobald Tom zurück ist. Bis der Alte mir andere Befehle gibt.»

Michael fragte: «Und warum wartest du nicht, bis der Alte dir sagen kann, was du tun sollst?»

Sonny sah ihn neugierig an. «Verdammt, wie hast du dir eigentlich deine Orden verdient? Wir sind unter Beschuß, Mann, wir müssen kämpfen! Ich fürchte nur, daß sie Tom nicht laufenlassen.»

Michael war erstaunt. «Warum sollten sie nicht?»

Sonny sagte geduldig: «Sie haben Tom gekidnappt, weil sie glaubten, der Alte sei fertig, sie könnten mit mir ins Geschäft kommen, und Tom würde ihre Vorschläge befürworten. Jetzt aber, wo der Alte noch lebt, wissen sie, daß ich kein Geschäft machen kann, also besitzt Tom keinen Wert mehr für sie. Sie können ihn freigeben oder verschwinden lassen, ganz wie es Sollozzo beliebt. Wenn sie ihn verschwinden lassen, dann nur, um uns zu zeigen, daß sie es ernst meinen.»

Michael fragte still: «Wieso glaubte Sollozzo, daß er mit dir ins Geschäft kommen könnte?»

Sonny errötete und antwortete nicht gleich. Dann sagte er: «Wir hatten vor einigen Monaten eine Besprechung. Sollozzo kam mit einem Vorschlag zu uns. Es handelte sich um Rauschgift. Der Alte ließ ihn kalt ablaufen, aber ich hab mir bei der Gelegenheit ein bißchen die Zunge verbrannt. Ich habe ihn merken lassen, daß ich für seinen Vorschlag war. Und das ist so falsch, wie es nur sein kann; wenn mir der Alte eins eingebleut hat, dann die Ermahnung, niemals einen Fremden merken zu lassen, daß die Familie nicht einer Meinung ist. Daher hat sich Sollozzo gedacht, wenn er den Alten aus dem Weg räumt, werde ich mit in das Rauschgiftgeschäft einsteigen. Wenn der Alte nicht mehr da wäre, würde die Macht der Familie sehr abnehmen. Ich müßte mich außerdem abrackern, um alle Geschäfte, die der Alte hat, zusammenzuhalten. Rauschgift ist ganz groß im Kommen, wir sollten mitmachen. Und daß er den Alten umgelegt hat, war eine rein geschäftliche Angelegenheit, keine persönliche. Und aus geschäftlichen Gründen würde ich auch bei ihm einsteigen. Natürlich würde er mich niemals zu nahe an sich rankommen lassen, er würde dafür sorgen, daß er mir nie eine Zielscheibe bietet – vorsichtshalber. Aber er weiß, wenn ich erst einmal seinen Vorschlag angenommen habe, würden die anderen Familien nicht dulden, daß ich, nur aus Rache, ein paar Jahre später einen Krieg vom Zaun breche. Außerdem hat er die Tattaglia-Familie hinter sich.»

«Wenn sie den Alten umgebracht hätten, was hättest du dann getan?» fragte Michael.

Sonny sagte schlicht und einfach: «Sollozzo ist ein toter Mann. Und mir ist es gleich, was mich das kostet. Es ist mir gleich, ob wir gegen alle fünf New Yorker Familien kämpfen müssen. Die Tattaglia-Familie muß ausgelöscht werden. Es ist mir gleich, ob wir dabei alle gemeinsam untergehen.»

Michael sagte leise: «So hätte Papa es bestimmt nicht gemacht.»

Sonny machte eine heftige Handbewegung. «Ich weiß, daß ich kein Mann bin wie er. Aber ich werde dir etwas sagen, und er wird dir dasselbe sagen: Wenn es zum wirklichen Kampf kommt, bin ich ebenso gut wie die anderen. Das weiß Sollozzo, und das wissen Clemenza und Tessio auch. Ich habe mir meine Sporen verdient, als ich erst neunzehn war, damals, als die Familie zum letztenmal in einen Krieg verwickelt wurde, und ich war unserem Alten eine große Hilfe. Also mache ich mir auch jetzt keine Sorgen. Bei einer Sache wie dieser hier hat unsere Familie die Zügel fest in der Hand. Ich wünschte nur, daß ich Luca erreichen könnte!»

Neugierig fragte Michael: «Ist Luca wirklich so ein harter Knabe, wie man sagt? Ist er wirklich so gut?»

Sonny nickte. «Er ist eine Klasse für sich. Ich werde ihn auf die drei Tattaglias ansetzen. Sollozzo übernehme ich selber.»

Michael rutschte unruhig auf seinem Sessel hin und her. Er sah seinen älteren Bruder an. Er wußte, daß Sonny manchmal unerwartet brutal sein konnte, im Grunde aber sehr warmherzig war. Ein netter Kerl. Es kam ihm unnatürlich vor, ihn so reden zu hören, es war schauerlich, die Namenliste zu sehen, die er aufgestellt hatte – von Männern, die ermordet werden sollten, als wäre er ein neu gekrönter römischer Kaiser. Er war froh, daß er nicht wirklich an alldem beteiligt war, daß er nun, da sein Vater noch lebte, nicht bei den Racheaktionen mitmachen mußte. Er würde helfen, so gut es ging: das Telefon bedienen, Botengänge erledigen. Sonny und der Alte konnten sich selber helfen, vor allem, solange sie Luca Brasi hatten.

In diesem Augenblick hörten sie im Wohnzimmer eine Frau aufschreien. Großer Gott, dachte Michael, das klingt wie Theresa! Er eilte zur Tür und riß sie auf. Die Menschen im Wohnzimmer waren alle aufgesprungen. Beim Sofa stand Tom Hagen und hielt mit verlegener Miene seine Frau im Arm. Theresa schluchzte. Tom Hagen löste sich von seiner Frau und ließ sie behutsam aufs Sofa zurückgleiten. Er lächelte Michael ingrimmig an. «Ich freue mich, daß du auch da bist, Mike, ich freue mich wirklich.» Dann ging er, ohne einen weiteren Blick auf seine immer noch schluchzende Frau, ins Büro. Er hat nicht umsonst zehn Jahre lang bei den Corleones gelebt, dachte Michael mit einem Anflug von Stolz. Etwas vom Alten hat auf ihn abgefärbt. Genau wie auf Sonny und, stellte er mit Erstaunen fest, auf mich selbst.

5

Kurz vor vier Uhr früh saßen sie alle im Eckzimmerbüro: Sonny, Michael, Tom Hagen, Clemenza und Tessio. Theresa Hagen hatten sie nach Hause geschickt. Paulie Gatto wartete noch immer im Wohnzimmer, ohne zu wissen, daß Tessios Männer strengen Befehl hatten, ihn nicht aus dem Haus und nicht aus den Augen zu lassen.

Tom Hagen berichtete von dem Vorschlag, den ihm Sollozzo gemacht hatte. Er erzählte, wie Sollozzo ihn ganz offensichtlich habe umbringen wollen, als man ihm mitteilte, der Don lebe noch. Hagen grinste. «Wenn ich jemals vor dem Obersten Gerichtshof ein Plädoyer halten sollte, dann werde ich es auch nicht besser machen als heute vor diesem verdammten Türken. Ich versicherte ihm, ich würde die Familie zu diesem Geschäft überreden, auch wenn der Don noch am Leben sei. Ich sagte ihm, ich könnte dich, Sonny, um meinen Finger wickeln. Wir wären als Kinder schon dicke Freunde gewesen. Und bitte, sei mir nicht böse, aber ich habe durchblicken lassen, daß du möglicherweise gar nicht so traurig darüber wärst, den Job deines Alten zu kriegen. Gott möge es mir verzeihen!» Er lächelte Sonny entschuldigend an. Sonny antwortete mit einer Geste, er verstehe es, es sei nicht so wichtig.

Michael, das Telefon zu seiner Rechten, saß tief in seinen Sessel zurückgelehnt und beobachtete die beiden. Als Hagen das Zimmer betreten hatte, war Sonny ihm entgegengeeilt, um ihn in die Arme zu schließen. Mit einem kleinen Stich von Eifersucht wurde es Michael klar, daß Tom Hagen Sonny in mancher Beziehung viel näherstand als er, obwohl Sonny sein leiblicher Bruder war.

«Kommen wir zum Geschäft», sagte Sonny. «Wir müssen Pläne ausarbeiten. Sieh dir diese Liste durch: Tessio und ich haben sie aufgestellt. Tessio, gib Clemenza dein Exemplar.» – «Wenn wir Pläne ausarbeiten», warf Michael ein, «sollte Freddie dabeisein.»

Sonny antwortete grimmig: «Freddie kann uns nicht helfen. Der Arzt sagt, er hat einen so tiefen Schock, daß er absolute Ruhe haben muß. Ich verstehe das nicht. Freddie war immer ein verdammt harter Bursche. Vielleicht hat es ihn so fertiggemacht, daß der Alte vor seinen Augen abgeknallt wurde. Für ihn war der Don immer der liebe Gott. Er ist anders als du und ich, Mike.»

Rasch sagte Hagen: «Na schön, lassen wir Freddie aus dem Spiel. Lassen wir ihn aus allem heraus. Also, Sonny, ich glaube, du solltest hier im Haus bleiben, bis alles vorbei ist. Hier bist du in Sicherheit. Unterschätze Sollozzo nicht, er muß ein *pezzonovanta* sein, stärkstes Kaliber. Wird das Krankenhaus bewacht?»

Sonny nickte. «Die Cops haben es abgeriegelt, und ich habe unsere Leute da, die Papa keinen Moment aus den Augen lassen. Was hältst du von unserer Liste, Tom?»

Stirnrunzelnd betrachtete Hagen das Blatt. «Du lieber Gott, Sonny, du nimmst die Geschichte aber wirklich persönlich! Der Don würde es als eine rein geschäftliche Auseinandersetzung betrachten. Sollozzo ist die Schlüsselfigur. Schaff ihn beiseite, und alles regelt sich von allein. Die Tattaglias brauchst du bestimmt nicht aufs Korn zu nehmen.»

Sonny sah seine beiden *capiregime* an. Tessio zuckte die Achseln. «Es ist riskant», sagte er. Clemenza antwortete überhaupt nicht.

Sonny wandte sich an Clemenza: «Ein Problem können wir erledigen, ohne darüber zu diskutieren: Ich will Gatto nicht mehr sehen. Stell ihn auf deiner Liste obenan.» Der dicke *caporegime* nickte.

Hagen fragte: «Was ist mit Luca? Sollozzo schien sich seinetwegen überhaupt keine Sorgen zu machen. Und das macht *mir* Sorgen. Wenn Luca uns verraten hat, sitzen wir wirklich in der Tinte. Das müssen wir als erstes klären. Hat irgend jemand ihn erreichen können?»

«Nein», sagte Sonny. «Ich habe ihn die ganze Nacht anzurufen versucht. Vielleicht ist er bei einem Mädchen.»

«Nein», sagte Hagen. «Er bleibt nie über Nacht bei einem Mädchen. Er geht immer nach Hause, wenn er fertig ist. Mike, versuch du es weiter auf seiner Nummer, bis er sich meldet.» Gehorsam nahm Michael das Telefon und wählte. Er hörte das Rufzeichen am anderen Ende, aber niemand nahm ab. Schließlich legte er auf. «Am besten versuchst du es alle fünfzehn Minuten», riet Hagen.

Sonny sagte ungeduldig: «Okay, Tom, du bist der *consigliori*. Wie wär's mit einem guten Rat? Verdammt noch mal, was sollen wir tun?»

Hagen bediente sich aus der Whiskyflasche, die auf dem Schreibtisch stand. «Wir werden mit Sollozzo verhandeln, bis dein Vater in der Lage ist, den Befehl zu übernehmen. Falls nötig, werden wir jeden Vorschlag akzeptieren. Sobald dein Vater aufstehen darf, kann er die ganze Angelegenheit ohne Aufsehen bereinigen, und die Familien werden sich alle hinter ihn stellen.»

Ärgerlich sagte Sonny: «Glaubst du etwa, daß ich mit diesem Sollozzo nicht fertig werde?»

Tom Hagen sah ihn offen an. «Natürlich kannst du ihn in einem Kampf schlagen, Sonny. Die Corleone-Familie hat Macht genug. Du hast Clemenza und Tessio, und diese beiden können, wenn es zum Krieg kommt, zusammen tausend Mann auf die Beine stellen. Aber am Ende wird an der ganzen Ostküste alles in Trümmern liegen, und alle anderen Familien werden den Corleones die Schuld daran geben. Wir werden uns eine Menge Feinde machen. Und das ist etwas, was dein Vater noch nie für richtig gehalten hat.»

Michael beobachtete Sonny und fand, daß er die Zurechtweisung gelassen hinnahm. Dann aber sagte Sonny zu Hagen: «Und was, wenn der Alte stirbt? Welchen Rat gibst du uns dann, *consigliori*?»

Hagen antwortete rasch: «Ich weiß, daß du es doch nicht tun wirst, aber ich würde dir raten, dich mit Sollozzo über das Rauschgiftgeschäft zu einigen. Ohne die politischen Verbindungen und den persönlichen Einfluß deines Vaters verliert die Corleone-Familie mindestens die Hälfte ihrer Macht. Ohne deinen Vater kann es passieren, daß die anderen New Yorker Familien die Tattaglias und Sollozzo unterstützen, nur um sicherzugehen, daß es nicht zu einem langen, verheerenden Krieg kommt. Wenn dein Vater stirbt, nimm Sollozzos Vorschlag an. Dann warte ab.»

Sonnys Gesicht war weiß vor Wut. «Du hast leicht reden, es ist ja nicht dein Vater, den sie umgebracht haben!»

Stolz entgegnete Hagen: «Ich war wie ein Sohn für ihn, nicht anders als du oder Mike, vielleicht besser. Ich habe dir meine Meinung als Fachmann gesagt. Ich persönlich möchte diesen Schweinen am liebsten den Hals umdrehen.» Die Bewegung in seiner Stimme besänftigte Sonny. Er sagte: «Himmel, Tom, so habe ich es doch nicht gemeint!» Aber er hatte es doch so gemeint. Blut blieb Blut.

Sonny brütete einen Augenblick vor sich hin, während die anderen in verlegenem Schweigen warteten. Dann seufzte er auf und sagte ruhig: «Okay, wir werden nichts unternehmen, bis uns der

Alte den Kurs angeben kann. Aber Tom, auch du solltest lieber hier im Haus bleiben. Besser, du gehst kein Risiko ein. Und du, Mike, sei vorsichtig, obwohl ich glaube, daß nicht einmal Sollozzo die Familienmitglieder in den Krieg hineinziehen wird. Dann hätte er alle gegen sich. Aber paß gut auf. Tessio, du hältst deine Leute in Reserve, läßt sie aber in der Stadt rumhorchen. Clemenza, wenn du die Sache mit Paulie geregelt hast, übernehmen deine Männer von Tessio die Bewachung des Hauses und der Promenade. Die Bewachung des Krankenhauses bleibt weiterhin bei deinen Männern, Tessio. Tom, du beginnst gleich morgen früh die Verhandlung mit Sollozzo und den Tattaglias. Ruf sie an oder schick einen Boten hin. Mike, du holst dir morgen ein paar von Clemenzas Leuten, gehst zu Lucas Wohnung und wartest, bis er auftaucht, oder versuchst festzustellen, wo er verdammt noch mal steckt. Dieser Irre knöpft sich womöglich gleich Sollozzo vor, wenn ihm das zu Ohren kommt. Ich kann es nicht glauben, daß er zu den anderen übergegangen ist, und wenn ihm der Türke noch so viel geboten hat.»

Hagen sagte zögernd: «Vielleicht sollte Mike nicht so direkt in diese Sache hineingezogen werden.»

«Stimmt», sagte Sonny. «Also lassen wir das, Mike. Außerdem brauche ich dich hier im Haus am Telefon, das ist viel wichtiger.»

Michael sagte gar nichts. Er fühlte sich unbehaglich, fast beschämt. Er sah Clemenzas und Tessios ausdruckslose Gesichter und war sicher, daß sich dahinter Geringschätzung verbarg. Er nahm das Telefon, wählte Luca Brasis Nummer und preßte den Hörer fest an sein Ohr, während die Glocke am anderen Ende schrillte und schrillte.

6

In dieser Nacht schlief Peter Clemenza sehr schlecht. Am Morgen stand er zeitig auf und machte sich sein Frühstück: ein Glas Grappa, eine dicke Scheibe Genueser Salami und ein Stück des frischen italienischen Brotes, das immer noch, wie zu früheren Zeiten, ins Haus geliefert wurde. Dann trank er eine große Tasse heißen Kaffee mit

Anisett. Doch während er in seinem alten Bademantel und den roten Filzpantoffeln im Haus herumschlurfte, dachte er schon an die Arbeit des Tages, der vor ihm lag. Gestern abend hatte Sonny Corleone sehr deutlich darauf hingewiesen, daß Paulie Gatto sofort zu erledigen sei. Es mußte also heute geschehen.

Clemenza war beunruhigt. Nicht weil Gatto, sein Protegé, zum Verräter geworden war. Dadurch war die Menschenkenntnis des *caporegime* noch nicht in Frage gestellt. Paulies Vorgeschichte war einwandfrei. Er kam aus einer sizilianischen Familie, war in derselben Gegend wie die Corleone-Kinder aufgewachsen, er war sogar mit einem der Söhne zur Schule gegangen. Er war, wie es sich gehörte, von ganz unten die Stufenleiter emporgestiegen. Er war geprüft und ohne Fehl befunden worden. Und dann, nachdem er sich seine Sporen verdient hatte, bekam er von der Familie eine gute Verdienstmöglichkeit, einen Anteil an einem Buchmachergeschäft auf der East Side und einen Platz auf der Schmierliste der Gewerkschaften. Es entging Clemenza nicht, daß Paulie Gatto die Vorschriften der Familie übertrat und sein Einkommen auf eigene Faust durch kleine Raubüberfälle aufbesserte, aber selbst das war ein gutes Zeichen. Es bewies Schneid – genau wie bei einem guten Rennpferd, das sich gegen die Zügel sträubt.

Und Paulie hatte mit seinen Raubzügen niemals Ärger verursacht. Sie waren immer sorgfältig geplant und mit einem Minimum an Aufsehen und Mühe durchgeführt worden, ohne daß jemand dabei zu körperlichem Schaden kam: einmal dreitausend Dollar Lohngelder im Bekleidungsviertel von Manhattan, ein anderes Mal die Lohngelder einer kleinen Porzellanfabrik in den Slums von Brooklyn. Ein junger Mann hatte schließlich immer Verwendung für ein bißchen Taschengeld. Paulie Gatto war in Ordnung. Wer hätte voraussehen können, daß er zum Verräter wurde?

Was Peter Clemenza an diesem Morgen beunruhigte, war ein administratives Problem. Die Hinrichtung Gattos war eine reine Routinesache. Das Problem war nur, wen der *caporegime* aus den Reihen der unteren Ränge auf Gattos Platz in der Familie befördern sollte? Es handelte sich um eine sehr wichtige Beförderung, um die Ernennung zum *button-man*, die nicht ohne weiteres gewährt wurde. Der Kandidat mußte ein harter Mann sein, ein kluger Mann.

Er mußte vertrauenswürdig sein, und zuverlässig. Jemand, der bei der Polizei unter keinen Umständen redete, wenn er einmal in Schwierigkeiten geriet, der ganz nach dem sizilianischen Gesetz der *omerta*, dem Gesetz des Schweigens, lebte. Und sein Lohn? Clemenza hatte schon oft mit dem Don über eine bessere Bezahlung für den wichtigen Posten des *button-man* gesprochen, der, wenn es zu Komplikationen kam, stets in der vordersten Linie stand, aber der Don hatte ihn immer wieder vertröstet. Hätte Paulie mehr Geld verdient, so hätte er vielleicht den Lockungen des Türken Sollozzo widerstanden.

Endlich hatte Clemenza die Liste der Kandidaten auf drei zusammengestrichen. Der erste war ein Geldeintreiber, der mit den farbigen Lottounternehmern in Harlem zusammenarbeitete, ein großer, muskulöser Kerl, der eine ungeheure Körperkraft und sehr viel Charme besaß, ein Mann, der mit Menschen gut umzugehen wußte und ihnen auch, falls nötig, Angst einjagen konnte. Nachdem Clemenza aber eine halbe Stunde lang über ihn nachgedacht hatte, strich er ihn wieder von seiner Liste. Dieser Mann vertrug sich allzu gut mit den Schwarzen, und das wies auf einen Mangel an Charakter hin. Außerdem wäre für ihn in seinem jetzigen Arbeitsrevier nur sehr schwer Ersatz zu finden gewesen.

Der zweite Mann, den Clemenza in Betracht zog und für den er sich beinahe entschied, war ein hart arbeitender Bursche, der der Organisation treue Dienste leistete. Er trieb für die von der Familie lizensierten Geldverleiher Schulden ein. Doch für eine so wichtige Beförderung hatte er wahrscheinlich noch nicht genug Erfahrung.

Schließlich fiel seine Wahl auf Rocco Lampone. Lampone hatte eine kurze, aber eindrucksvolle Lehrzeit in der Familie absolviert. Während des Krieges war er in Afrika verwundet und 1943 entlassen worden. Da Mangel an jungen Männern bestand, hatte Clemenza ihn aufgenommen, obwohl er durch seine Verwundung behindert war und auffallend hinkte. Er verwendete ihn zunächst als Schwarzmarktkontaktmann in der Bekleidungsindustrie und bei den Regierungsbeamten, die die Lebensmittelmarken kontrollierten. Von da aus war Rocco dann zum Mädchen für alles bei der gesamten Operationsabteilung aufgestiegen. Was Clemenza an ihm schätzte, war sein gutes Urteilsvermögen. Er wußte genau, daß es sich nicht lohnte, den harten Mann zu spielen, wenn es um eine Sache ging, die höchstens eine gesalzene Geldstrafe oder sechs Monate Gefängnis kostete – Lappalien im Verhältnis zu dem Profit, der dabei heraussprang. Er wußte, wann man nicht mit massiven, sondern mit leichten Drohungen arbeiten mußte. Er sorgte dafür, daß die Operationsabteilung sanftere Töne anschlug, und das war jetzt genau das richtige.

Clemenza war erleichtert, wie jeder gewissenhafte Verwalter, der ein kniffliges Personalproblem gelöst hat. Ja, Rocco Lampone sollte ihm assistieren. Denn Clemenza beabsichtigte, diesen Auftrag persönlich zu übernehmen; nicht nur, um einem neuen, noch unerfahrenen Mann zu helfen, sondern um seine persönliche Rechnung mit Paulie Gatto zu begleichen. Paulie war sein Schützling gewesen, er hatte Paulie über die Köpfe verdienterer und treuerer Männer hinweg befördert, er hatte Paulie geholfen, sich seine Sporen zu verdienen und seinen Aufstieg in jeder erdenklichen Form beschleunigt. Paulie hatte nicht nur die Familie verraten, er hatte auch Peter Clemenza, seinen *padrone*, verraten. Diese Respektlosigkeit mußte ihm heimgezahlt werden.

Alles andere war bereits arrangiert. Paulie Gatto hatte Befehl erhalten, ihn um drei Uhr nachmittags abzuholen, und zwar mit seinem eigenen Wagen. Jetzt nahm Clemenza das Telefon und wählte Rocco Lampones Nummer. Er meldete sich nicht mit Namen. Er sagte nur: «Komm zu mir nach Hause, ich habe einen Auftrag für dich.» Zufrieden stellte er fest, daß Lampones Stimme trotz der frühen Stunde weder überrascht noch schlaftrunken klang und daß er nichts weiter sagte als: «Okay.» Guter Mann! Clemenza fügte hinzu: «Es hat keine Eile. Du kannst noch frühstücken und zu Mittag essen, bevor du herkommst. Aber nicht später als zwei Uhr nachmittags.»

Vom anderen Ende der Leitung kam wieder ein lakonisches Okay, und dann legte Clemenza den Hörer auf. Er hatte seinen Leuten bereits Befehl erteilt, Tessios Männer in der Corleone-Promenade abzulösen, also war auch das erledigt. Er hatte tüchtige Untergebene und mischte sich nie in die technischen Details einer Aktion ein.

Er beschloß, seinen Cadillac zu waschen. Er liebte den Wagen, die sanfte, gleichmäßige Stimme des Motors und die weiche Polsterung, die so bequem war, daß er bei gutem Wetter manchmal lieber eine Stunde im Wagen saß als im Haus. Und außerdem konnte er besser nachdenken, wenn er den Wagen wusch. Er erinnerte sich, daß es seinem Vater in Italien ähnlich mit seinen Eseln ergangen war.

Clemenza arbeitete in der geheizten Garage: Er haßte die Kälte. Er überdachte seine Pläne. Mit Paulie mußte man vorsichtig sein, der Mann war wie eine Ratte, er konnte Gefahr schon von weitem wittern. Paulie war zwar ein harter Knabe, jetzt würde er aber vor Angst die Hosen voll haben, weil der Alte noch lebte. Er würde nervös sein wie ein Esel, dem Ameisen in den Hintern gekrochen sind. Aber das waren Umstände, an die Clemenza in seinem Beruf gewöhnt war. Erstens mußte er sich eine gute Ausrede zurechtlegen, daß Rocco Lampone sie begleitete. Zweitens mußte er sich einen plausiblen Grund für die Fahrt ausdenken.

Strenggenommen war das natürlich nicht notwendig. Paulie Gatto konnte auch ohne diese Mätzchen umgebracht werden. Er saß in der Falle, er konnte nicht entkommen. Aber Clemenza war der Überzeugung, daß es für die Arbeitsmoral wichtig sei, niemals auch nur den Bruchteil eines Vorteils zu verschenken. Man konnte nie wissen, was geschah, und bei diesen Dingen ging es ja schließlich um Leben und Tod.

Während er seinen hellblauen Cadillac wusch, entwarf und probte Peter Clemenza seine Rolle. Er wird mit Paulie kurz angebunden sein, als sei er von ihm enttäuscht. Einen so sensiblen und mißtrauischen Mann wie Gatto wird das aus dem Konzept bringen, ihn zumindest unsicher machen. Unangebrachte Freundlichkeit würde sein Mißtrauen erregen. Natürlich durfte er bei aller Barschheit nicht zu bösartig werden. Es mußte vielmehr eine Art geistesabwesender Ärger sein. Und warum Lampone? Seine Anwesenheit wird Paulie alarmieren, vor allem, wenn Lampone hinten einsteigt. Es wird Paulie ganz und gar nicht passen, hilflos am Lenkrad sitzen zu müssen, Lampone im Rücken. Wütend rieb und polierte Clemenza auf dem Lack seines Wagens herum. Es wird eine kitzlige Angelegenheit werden. Sehr kitzlig. Einen Augenblick überlegte er, ob er noch einen weiteren Mann hinzuziehen sollte, aber er entschied sich dagegen. Eines Tages konnte es sich für einen seiner

Partner lohnen, gegen ihn auszusagen. Wenn er nur einen Komplicen hatte, dann stand dessen Wort gegen das seine. Die Aussage eines zweiten Komplicen würde dann ausschlaggebend sein. Nein, sie würden sich an die übliche Prozedur halten.

Es ärgerte Clemenza, daß es eine «öffentliche» Exekution werden sollte. Das hieß, der Tote mußte gefunden werden. Er hätte es bei weitem vorgezogen, ihn ganz verschwinden zu lassen. (Gebräuchliche Abladeplätze waren das nahe Meer, die Sümpfe New Jerseys auf einem Grundstück, das Freunden der Familie gehörte; es gab auch andere, kompliziertere Methoden.) Aber nein, es mußte öffentlich sein. Zur Abschreckung anderer potentieller Verräter und als warnender Hinweis an die Feinde, daß die Corleone-Familie keineswegs dumm oder weich geworden war. Die schnelle Entlarvung seines Spitzels würde auch Sollozzo zur Vorsicht mahnen. Und die Corleone-Familie, die nach dem Überfall auf den Alten ziemlich dumm dagestanden war, würde einen Teil ihres Prestiges zurückgewinnen.

Clemenza seufzte. Der Cadillac glänzte wie ein riesiges blaues Stahlei, und immer noch hatte er das Problem nicht gelöst. Doch dann fiel es ihm wie Schuppen von den Augen – eine logische, hieb- und stichfeste Lösung: Die Erklärung dafür, warum Rocco Lampone mit ihm und Paulie mitfahren mußte, war ein streng geheimer und wichtiger Auftrag.

Er würde Paulie erklären, sie hätten Befehl, noch heute eine Wohnung zu finden, für den Fall, daß die Familie beschloß, «auf die Matratzen zu gehen».

Immer wenn sich ein Krieg zwischen den Familien anbahnte, errichteten die Gegner ihr Hauptquartier in geheimen Wohnungen, wo die «Soldaten» auf den in den Zimmern verteilten Matratzen schliefen. Das geschah nicht so sehr, um ihre Familien, die Frauen und Kinder, vor Gefahren zu schützen; ein Angriff auf Nichtkombattanten war undenkbar, weil alle Parteien entsprechenden Vergeltungsaktionen hilflos ausgesetzt waren. Aber es war immer klüger, an einem Ort zu leben, wo nicht alles, was man unternahm, von den Gegnern oder von einem übereifrigen Polizisten registriert wurde, der dann möglicherweise beschloß, auf eigene Faust einzugreifen.

Und so wurde gewöhnlich ein zuverlässiger *caporegime* losgeschickt, eine geheime Wohnung zu mieten und sie mit Matratzen auszustatten. Diese Wohnung wurde, sobald eine Offensive begann, zur Ausfallpforte. Es war nur logisch, daß Clemenza mit einem solchen Auftrag betraut wurde. Und es war logisch, daß er Lampone und Gatto mitnahm, wenn er die Einzelheiten arrangierte, zu denen auch die Versorgung der Wohnung mit Vorräten gehörte. Außerdem, dachte Clemenza grinsend, hatte Paulie bewiesen, daß er habgierig war, und der erste Gedanke, der ihm durch den Kopf schießen würde, war sicher der, wieviel er Sollozzo für diese wertvolle Information wohl abknöpfen könnte.

Rocco Lampone kam pünktlich. Clemenza erklärte ihm, was er plante, und wie ihre Rollen verteilt werden sollten. Lampone strahlte vor dankbarer Überraschung und bedankte sich ehrerbietig bei Clemenza für die Beförderung, die ihm die Möglichkeit gab, der Familie noch treuer zu dienen. Clemenza war überzeugt, daß er eine gute Wahl getroffen hatte. Er klopfte Lampone auf die Schulter und sagte: «Von heute an wirst du mehr verdienen, doch darüber werden wir später sprechen. Du mußt verstehen, daß die Familie im Augenblick Wichtigeres zu tun hat.» Lampones Handbewegung besagte, er werde geduldig sein, da er wüßte, daß ihm die Belohnung sicher sei.

Clemenza trat an den Safe in seinem Arbeitszimmer und öffnete ihn. Er holte einen Revolver heraus, den er Lampone gab. «Nimm!» sagte er. «Den können sie nicht identifizieren. Laß ihn in Paulies Wagen liegen. Und wenn wir den Auftrag erledigt haben, möchte ich, daß du mit deiner Frau und deinen Kindern auf Urlaub nach Florida fährst. Bezahlen kannst du vorerst mit deinem eigenen Geld, ich gebe es dir dann später zurück. Entspann dich, genieße die Sonne. Wohnen kannst du in unserem Familienhotel in Miami Beach, damit ich weiß, wo ich dich erreichen kann, falls es nötig sein sollte.»

Clemenzas Frau klopfte an die Tür des Arbeitszimmers und meldete, daß Paulie Gatto gekommen sei. Er stand mit seinem Wagen in der Einfahrt. Clemenza ging durch die Garage hinaus, Lampone folgte ihm. Als sich Clemenza neben Gatto auf den Vordersitz setzte, knurrte er eine Begrüßung und machte ein gereiztes Gesicht. Er sah auf die Armbanduhr, als wäre Gatto zu spät gekommen.

Der frettchengesichtige *button-man* beobachtete ihn gespannt. Er suchte nach einem Anhaltspunkt. Als Lampone auf den Rücksitz kletterte, zuckte er ein wenig zusammen und sagte: «Rocco, rutsch auf die andere Seite hinüber. Du bist so breit, daß ich im Rückspiegel nichts sehen kann.» Gehorsam, als sei eine solche Bitte ganz natürlich, rückte Lampone ein Stück, so daß er jetzt hinter Clemenza saß.

Säuerlich sagte Clemenza zu Gatto: «Dieser verdammte Sonny hat die Hosen voll. Er überlegt jetzt schon, ob wir auf die Matratzen gehen sollen. Wir müssen eine Wohnung auf der West Side suchen. Du, Paulie, und Rocco, ihr werdet sie einrichten und Vorräte beschaffen, bis die anderen Befehl erhalten, sie zu benutzen. Weißt du vielleicht was Passendes, Paulie?»

Wie erwartet, leuchteten Gattos Augen gierig auf. Paulie hatte den Köder geschluckt, und da er jetzt darüber nachdachte, wieviel diese Information für Sollozzo wohl wert sein würde, vergaß er, darüber nachzudenken, ob er sich nicht in Gefahr befand. Lampone spielte seine Rolle ausgezeichnet und starrte mit gleichgültigem, uninteressiertem Gesicht aus dem Fenster. Clemenza beglückwünschte sich zu seiner Wahl.

Gatto zuckte die Achseln. «Ich werde drüber nachdenken.»

Clemenza knurrte: «Fahr aber weiter, während du nachdenkst. Ich möchte heute noch in New York ankommen.»

Paulie war ein geschickter Fahrer, und der Verkehr war zu dieser Nachmittagszeit gering. Erst als sie die Stadt erreichten, begann es dunkel zu werden. Im Wagen wurde kein überflüssiges Wort gesprochen. Clemenza wies Paulie an, zum Washington-Heights-Viertel zu fahren. Dort besichtigte er ein paar Appartementhäuser und befahl ihm dann, in der Nähe der Arthur Avenue zu halten und auf ihn zu warten. Rocco Lampone ließ er ebenfalls im Wagen sitzen. Er betrat das Vera-Mario-Restaurant, bestellte sich ein leichtes Dinner aus Kalbfleisch und Salat und nickte grüßend ein paar Bekannten zu. Nach einer Stunde ging er die wenigen Blocks zum Wagen zurück und stieg ein. Gatto und Lampone warteten immer noch. «Scheiße!» sagte Clemenza. «Jetzt sollen wir wieder nach Long Beach rausfahren. Sie haben was anderes für uns zu tun. Sonny sagt, das hier hat Zeit. Rocco, du wohnst hier in der Stadt. Können wir dich irgendwo absetzen?»

Rocco antwortete ruhig: «Ich habe meinen Wagen bei dir draußen stehen, und meine Alte braucht ihn gleich morgen früh.»

«Dann mußt du mit uns zurückkommen», sagte Clemenza.

Auch auf der Heimfahrt nach Long Beach fiel kaum ein Wort. Auf der Straße, die in die Stadt führte, sagte Clemenza auf einmal: «Paulie, fahr rechts ran, ich muß mal pinkeln.» Sie arbeiteten schon lange zusammen, daher wußte Gatto, daß der dicke *caporegime* eine schwache Blase hatte. Seine Bitte war nicht ungewöhnlich. Gatto lenkte den Wagen von der Straße auf den weichen Erdboden hinüber, wo der Sumpf begann. Clemenza stieg aus und ging ein paar Schritte weit in die Büsche. Er ließ tatsächlich Wasser. Dann, als er die Tür öffnete, um wieder einzusteigen, warf er rasch einen Blick nach rechts und links. Er sah kein Scheinwerferlicht, die Straße war vollkommen dunkel. «Los!» sagte Clemenza. Eine Sekunde später dröhnte das Wageninnere vom Knall des Schusses. Paulie Gatto schien einen Satz vorwärts zu machen, sein Körper schlug gegen das Lenkrad und sackte dann auf dem Sitz zusammen. Clemenza trat hastig zurück, um nicht von Schädelsplittern und Blutspritzern getroffen zu werden.

Rocco Lampone stieg aus. Er hielt den Revolver noch in der Hand, schleuderte ihn aber jetzt weit in den Sumpf hinein. Rasch ging er mit Clemenza hinüber zu einem Wagen, der in der Nähe parkte. Sie stiegen ein. Lampone griff unter den Sitz und holte den Schlüssel heraus, der dort für sie hinterlegt worden war. Er startete den Motor und fuhr Clemenza nach Hause. Dann nahm er, statt auf demselben Weg zurückzukehren, den Jones Beach Causeway, durchquerte Merrick und folgte dem Meadowbrook Parkway, bis er den Northern State Parkway erreichte. An der Abzweigung bog er auf die Long Island-Schnellstraße ein und fuhr dann weiter über die Whitestone-Brücke und durch die Bronx zu seiner Wohnung in Manhattan.

7

Am Abend vor dem Überfall auf Don Corleone machte sich sein stärkster, getreuester und gefürchtetster Gefolgsmann für eine Zusammenkunft mit dem Feind bereit. Luca Brasi hatte schon vor mehreren Monaten mit Sollozzos Streitkräften Kontakt aufgenommen, und zwar auf persönlichen Befehl Don Corleones. Erreicht hatte er dieses Ziel durch häufige Besuche in den Nightclubs, die der Familie Tattaglia unterstanden, und einen Flirt mit einem ihrer Star-Callgirls. Im Bett dieses Mädchens hatte er darüber geschimpft, daß die Corleone-Familie ihn ständig unter Druck halte und seine Leistungen nicht anerkenne. Als sich die Affäre mit dem Callgirl über eine Woche hingezogen hatte, trat Bruno Tattaglia, der Manager des Nightclubs, an Luca heran. Bruno war der jüngste Tattaglia-Sohn und hatte angeblich mit dem Prostitutionsgeschäft der Familie nichts zu tun. Trotzdem war sein berühmter Nightclub mit seinen vielen schönen, langbeinigen Tanzmädchen das Betätigungsfeld für zahlreiche Prostituierte der Stadt.

Bei dieser ersten Zusammenkunft gaben sich beide Seiten offen und ehrlich. Tattaglia bot Luca einen Job als Geldeintreiber bei seiner Familie an. Der Flirt zog sich fast über einen ganzen Monat hin. Luca spielte die Rolle eines Mannes, der einem schönen Mädchen verfallen ist, und Bruno Tattaglia die eines Geschäftsmannes, der der Konkurrenz einen leitenden Angestellten abzuwerben versucht. Bei einer dieser Zusammenkünfte tat Luca unentschlossen und sagte: «Aber eines merken Sie sich: Ich werde nie etwas gegen den *padrino* unternehmen. Ich achte Don Corleone und verstehe, daß er im Familiengeschäft seinen Söhnen den Vorzug geben muß.»

Bruno Tattaglia gehörte einer neuen Generation an und hatte für alte Schnurrbartpeter wie Luca Brasi, Don Corleone oder sogar seinen eigenen Vater nur eine kaum verhüllte Verachtung übrig. Er gab sich ein wenig zu respektvoll, als er jetzt sagte: «Mein Vater würde niemals verlangen, daß Sie gegen die Corleones arbeiten. Wozu auch? Heutzutage vertragen sich doch alle miteinander, es ist nicht mehr so wie früher. Aber wenn Sie wirklich einen neuen Job suchen, dann kann ich die Nachricht an meinen Vater weiterleiten. Einen Mann wie Sie können wir in unserem Geschäft gut gebrauchen. Es ist ein hartes Geschäft, und man braucht harte Männer, um es in Schuß zu halten. Wenn Sie sich entschlossen haben, lassen Sie es mich wissen.»

Luca zuckte die Achseln. «So schlecht ist es nun auch wieder nicht, wo ich jetzt bin.» Und dabei ließ er es bewenden.

Mit diesem Manöver wollte Brasi die Tattaglias wissen lassen, daß er von dem Rauschgiftunternehmen Wind bekommen hatte und sich nun auf eigene Faust daran beteiligen wollte. So konnte es ihm vielleicht gelingen, etwas über die Pläne des Türken zu erfahren, falls dieser überhaupt Pläne hatte; vor allem, ob Sollozzo beabsichtigte, dem Don auf die Zehen zu treten. Als er zwei Monate abgewartet hatte und in der Zwischenzeit immer noch nichts geschehen war, berichtete Luca dem Don, Sollozzo nehme seine Niederlage offenbar mit Anstand hin. Der Don wies ihn daraufhin an, es weiter zu versuchen, aber nur ganz behutsam und ohne Druck dahinterzusetzen.

Am Abend vor dem Überfall auf Don Corleone ging Luca in den Nightclub. Fast augenblicklich kam Bruno Tattaglia an seinen Tisch und setzte sich zu ihm.

«Ein Freund von mir möchte Sie sprechen.»

«Bringen Sie ihn her», sagte Luca. «Ihre Freunde sind meine Freunde.»

«Nein», sagte Bruno. «Er möchte Sie unter vier Augen sprechen.»

«Wer ist es denn?»

«Ach, einfach ein Freund von mir», erklärte Bruno. «Er möchte Ihnen einen Vorschlag machen. Ginge es nicht heute abend etwas später?»

«Natürlich», sagte Luca. «Wann und wo?»

Leise sagte Tattaglia: «Der Klub schließt um vier Uhr. Sie könnten sich hier mit ihm treffen, während die Kellner aufräumen.»

Sie kennen meine Gewohnheiten, dachte Luca, sie müssen mir nachspioniert haben. Gewöhnlich stand er um drei oder vier Uhr nachmittags auf, frühstückte und vertrieb sich dann die Zeit beim Glücksspiel mit seinen Freunden aus der Familie oder besuchte ein Mädchen. Manchmal sah er sich eine Nachtvorstellung im Kino an oder ging auf ein Glas Whisky in einen Klub. Er legte sich niemals vor Morgengrauen zu Bett. Der Vorschlag einer Zusammenkunft um vier Uhr früh war nicht so abwegig, wie es klang.

«Also gut», sagte er. «Pünktlich um vier werde ich da sein.» Damit verließ er den Klub und nahm sich ein Taxi, das ihn zu seinem möblierten Zimmer an der Tenth Avenue brachte. Er wohnte bei einer italienischen Familie, mit der er entfernt verwandt war. Seine beiden Zimmer waren durch eine eigene Tür von der übrigen Wohnung getrennt. Diese Anordnung gefiel ihm sehr gut, denn so hatte er die Vorteile des Familienlebens und war zugleich vor unangenehmen Überraschungen geschützt.

Der schlaue türkische Fuchs zeigt seinen buschigen Schwanz, dachte Luca. Wenn alles glattging, wenn sich Sollozzo heute abend noch festlegte, dann konnte er dem Don die Sache vielleicht als fix und fertiges Präsent auf den Weihnachtstisch legen. In seinem Zimmer holte Luca den großen Koffer unter dem Bett hervor, schloß ihn auf und entnahm ihm eine kugelsichere Weste. Sie war ziemlich schwer. Er kleidete sich aus, legte sie über dem wollenen Unterhemd an und zog Hemd und Jacke darüber. Ganz kurz erwog er, ob er den Don in Long Beach anrufen und ihm von den jüngsten Entwicklungen berichten sollte; aber er wußte, daß sich der Don niemals am Telefon unterhielt, und außerdem hatte ihm der Don diesen Auftrag heimlich gegeben, er wollte also nicht, daß ein anderer davon erfahre, nicht einmal Hagen oder Sonny.

Luca trug immer einen Revolver bei sich. Er besaß einen Waffenschein, wahrscheinlich den teuersten, der jemals irgendwo ausgestellt worden war. Er hatte zehntausend Dollar gekostet, aber er verhinderte, daß er ins Gefängnis kam, wenn er von einem Cop gefilzt wurde. Als einer der Leiter der Operationsabteilung der Familie wußte er den Waffenschein sehr zu schätzen. Heute aber, nur für den Fall, daß er den Job zu Ende führen konnte, brauchte er eine «sichere» Waffe. Eine, die nicht zu identifizieren war. Doch dann überlegte er alles noch einmal und beschloß, heute abend nicht aktiv zu werden. Er würde sich nur den Vorschlag anhören und dem *padrino* anschließend Bericht erstatten.

Er machte sich wieder auf den Weg zum Klub, wollte aber nichts mehr trinken. Statt dessen wanderte er zur 48th Street hinüber, wo er bei Patsy, seinem italienischen Lieblingsrestaurant, ein spätes

Abendessen einnahm. Als es dann Zeit für seine Verabredung war, kehrte er in den Klub zurück. Der Portier stand nicht mehr draußen, als er eintrat. Die Garderobenfrau war ebenfalls fort. Nur Bruno Tattaglia wartete auf ihn und führte ihn zu der verlassenen Bartheke an der Seite des Lokals. Vor ihm erstreckte sich die Öde der kleinen Tische mit der glänzend polierten Tanzfläche aus gelbem Holz in der Mitte. Das leere Musikpodium lag im Schatten, nur der skelettartige Metallständer des Mikrophons ragte heraus.

Luca setzte sich an die Bar, Bruno Tattaglia trat hinter die Theke. Luca lehnte den angebotenen Drink ab und zündete sich eine Zigarette an. Möglich, daß es sich um etwas ganz anderes handelte und nicht um den Türken. Aber da sah er Sollozzo schon aus dem Schatten am anderen Ende des Raumes auftauchen.

Sollozzo schüttelte ihm die Hand und setzte sich neben ihn an die Bar. Tattaglia stellte ein Glas vor den Türken hin. Der nickte dankend. «Wissen Sie, wer ich bin?» wandte Sollozzo sich an Luca.

Luca nickte. Er lächelte grimmig. Die Ratten wurden aus ihren Löchern geschwemmt. Es würde ihm ein Vergnügen sein, diesen sizilianischen Renegaten zu erledigen.

«Wissen Sie, um was ich Sie bitten will?» fragte Sollozzo.

Luca schüttelte den Kopf.

«Hier geht es um ein sehr großes Geschäft», sagte Sollozzo. «Um Millionen für alle, die an der Spitze stehen. Auf die erste Ladung kann ich Ihnen fünfzigtausend Dollar garantieren. Ich spreche von Rauschgift. Es ist groß im Kommen.»

Luca sagte: «Warum kommen Sie zu mir? Soll ich mit dem Don sprechen?»

Sollozzo zog eine Grimasse. «Mit dem Don habe ich schon gesprochen. Er will nichts damit zu tun haben. Na schön, ich kann auch ohne ihn arbeiten. Aber ich brauche einen starken Mann, der die reibungslose Abwicklung garantiert. Wie ich höre, sind Sie mit Ihrer Familie nicht mehr zufrieden. Vielleicht könnten Sie wechseln.»

Luca zuckte die Achseln. «Wenn das Angebot gut ist...»

Sollozzo hatte ihn eingehend beobachtet und schien zu einem Entschluß zu kommen. «Denken Sie ein paar Tage über mein Angebot nach, dann sehen wir weiter», sagte er. Er streckte die Hand aus, aber Luca tat, als sähe er sie nicht, und konzentrierte sich darauf, eine Zigarette aus seinem Päckchen zu holen und sie sich zwischen die Lippen zu schieben. Bruno Tattaglia hinter der Bar zauberte ein Feuerzeug hervor und gab Luca Feuer. Und dann tat er etwas sehr Merkwürdiges: Er ließ das Feuerzeug auf die Theke fallen, packte Lucas rechte Hand und hielt sie fest.

Luca reagierte sofort. Er rutschte vom Barhocker und versuchte sich loszuwinden. Aber schon hatte Sollozzo seinen anderen Arm am Handgelenk gepackt. Trotzdem war Luca noch immer zu stark für die beiden und hätte sich losreißen können, wenn nicht aus dem Schatten hinter ihm ein Mann getreten wäre, der ihm eine Schnur um den Hals warf. Die Schnur wurde fest angezogen und nahm Luca den Atem. Sein Gesicht wurde dunkelrot, die Kraft seiner Arme erlahmte. Tattaglia und Sollozzo hielten seine Hände jetzt mühelos fest, und so standen sie fast da wie Kinder beim Ringelreihen, während der Mann hinter Brasi die Schnur um Lucas Hals immer enger zog. Auf einmal wurde der Fußboden naß und glitschig. Luca hatte die Kontrolle über seinen Körper verloren. Seine Schließmuskeln erschlafften, und er entleerte sich. Es war kein Funken Kraft mehr in ihm; seine Knie gaben nach, sein Körper sackte zusammen. Sollozzo und Tattaglia ließen seine Hände los, und nur der Würger blieb bei seinem Opfer, sank, Lucas fallendem Körper folgend, auf die Knie und zog die Schnur so fest an, daß sie ins Fleisch seines Halses schnitt, bis sie darin verschwand. Lucas Augen traten aus ihren Höhlen, als sei er erstaunt, und dieser Ausdruck des Staunens war der letzte menschliche Zug an ihm: Luca Brasi war tot.

«Ich will nicht, daß er gefunden wird», sagte Sollozzo. «Er darf vorläufig nicht gefunden werden.» Dann drehte er sich um, ging davon und war gleich darauf wieder im Schatten verschwunden.

8

Am Tag nach dem Überfall auf Don Corleone hatte die Familie viel zu tun. Michael blieb am Telefon und gab die eintreffenden Meldungen an Sonny weiter. Tom Hagen war damit beschäftigt, einen Mittelsmann zu finden, der beiden Parteien genehm war, so daß mit

Sollozzo eine Konferenz verabredet werden konnte. Der Türke war plötzlich vorsichtig geworden: Vielleicht wußte er, daß Tessio und Clemenza die *button-men* der Familie über die ganze Stadt verteilt hatten, damit sie seine Spur aufnahmen. Aber Sollozzo dachte ebensowenig wie die Mitglieder der Tattaglia-Familie daran, sich aus seinem Versteck zu wagen. Das hatte Sonny auch nicht anders erwartet, es gehörte zu den elementaren Vorsichtsmaßnahmen, die der Feind jetzt anwenden mußte.

Clemenza hatte mit Paulie Gatto zu tun. Tessio war beauftragt worden, Luca Brasi aufzutreiben. Luca war seit dem Abend vor dem Überfall nicht mehr zu Hause gewesen – ein sehr schlechtes Zeichen. Aber Sonny konnte sich nicht vorstellen, daß Brasi zum Verräter geworden oder in eine Falle geraten war.

Mama Corleone hielt sich bei Freunden in der Stadt auf, weil sie in der Nähe des Krankenhauses sein wollte. Carlo Rizzi, der Schwiegersohn, hatte ebenfalls seine Dienste angeboten, aber die Anweisung erhalten, sich lieber um sein Geschäft zu kümmern, ein lukratives Buchmacherrevier im italienischen Viertel von Manhattan. Connie war bei ihrer Mutter in der Stadt, um in der Nähe des Vaters zu sein.

Freddie lag in seinem Zimmer im Haus seiner Eltern und stand noch immer unter Beruhigungsmitteln. Sonny und Michael hatten ihm einen Besuch gemacht und waren über seinen elenden Zustand erstaunt. «Himmel!» sagte Sonny zu Michael, als sie Freddies Zimmer verließen. «Der sieht ja aus, als hätten sie mehr Blei in ihn reingepumpt als in den Alten.»

Michael zuckte die Achseln. Im Krieg hatte er bei vielen Soldaten den gleichen Zustand erlebt, nur hatte er nicht gedacht, daß Freddie so etwas zustoßen könnte. Schon als Kind war Freddie von den drei Brüdern der körperlich stärkste gewesen. Er war aber auch der gehorsamste Sohn Don Corleones. Und trotzdem wußten alle, daß Don Corleone die Hoffnung, sein zweitgeborener Sohn könne im Unternehmen jemals eine verantwortliche Rolle übernehmen, aufgegeben hatte. Er hatte nicht genug Grips dazu, und ohne genug Grips ist man auch nicht skrupellos genug. Er war viel zu zurückhaltend und besaß nicht genug Willenskraft.

Später am Nachmittag bekam Michael einen Anruf aus Hollywood: Johnny Fontane. Sonny übernahm den Hörer. «Nein, Johnny, es hat keinen Zweck, daß du den Alten besuchst. Es geht ihm zu mies, außerdem wär's für dich schlechte Publicity, und das wäre dem Alten bestimmt nicht recht. Warte lieber, bis es ihm bessergeht und wir ihn nach Hause holen können, dann kannst du ihn besuchen. Okay, ich werde ihn grüßen.» Sonny legte den Hörer auf. Zu Michael gewandt, sagte er: «Darüber wird sich Papa freuen, daß Johnny von Kalifornien herfliegen wollte, um ihn zu besuchen.»

Später am Nachmittag wurde Michael von einem von Clemenzas Männern an das Telefon in der Küche gerufen, das keine Geheimnummer hatte. Kay war am Apparat.

«Wie geht es deinem Vater?» fragte sie. Ihre Stimme klang ein wenig verkrampft, ein wenig unnatürlich. Michael wußte, daß sie noch nicht ganz begreifen konnte, was da geschehen war, daß sein Vater wirklich das war, was die Zeitungen einen Gangster nannten.

«Er wird durchkommen», sagte Michael.

«Darf ich mitgehen, wenn du ihn im Krankenhaus besuchst?» fragte Kay.

Michael lachte. Er hatte ihr einmal erklärt, wie wichtig derartige Dinge seien, wenn man mit altmodischen Italienern auskommen wollte. «Dies ist ein Sonderfall», sagte er. «Wenn die Zeitungsleute deinen Namen erfahren, findest du dich auf einmal auf der dritten Seite der *Daily News*. Tochter aus alter Yankeefamilie mit Sohn des großen Mafiachefs liiert. Wie würde das deinen Eltern gefallen?»

Kay sagte trocken: «Meine Eltern lesen die *Daily News* nicht.» Wieder entstand eine verlegene Pause. Dann sagte sie: «Dir geht es doch gut, Mike, nicht wahr? Du bist doch nicht in Gefahr?»

Mike mußte wieder lachen. «Weißt du nicht, ich bin doch der Weichling der Corleone-Familie! Für die bin ich keine Gefahr. Darum machen sie sich auch nicht die Mühe, mich aufs Korn zu nehmen. Nein, Kay, es ist alles vorbei, es wird keinen weiteren Zwischenfall geben. Es ist ohnehin eher ein Unfall gewesen. Ich werde es dir erklären, wenn wir uns sehen.»

«Und wann wird das sein?»

Michael überlegte. «Wie wär's mit heute abend? Wir könnten in deinem Hotel etwas trinken und essen, und dann fahre ich zum Krankenhaus und besuche meinen Alten. Allmählich habe ich es satt, hier herumzusitzen und das Telefon zu bedienen. Okay? Aber sag niemandem etwas davon. Ich möchte nicht, daß die Zeitungsfritzen von uns Aufnahmen machen. Im Ernst, Kay, es wäre verdammt peinlich, vor allem für deine Eltern.»

«Na schön», sagte Kay. «Ich warte auf dich. Kann ich inzwischen Weihnachtseinkäufe für dich erledigen? Oder sonst etwas tun?»

«Nein», sagte Michael. «Sei nur bereit.»

Sie stieß ein kleines, erregtes Lachen aus. «Ich werde bereit sein. Bin ich es nicht immer?»

«Stimmt», sagte er. «Du bist ja auch meine Beste.»

«Ich liebe dich», sagte sie. «Kannst du es auch sagen?»

Michael sah zu den vier Männern hinüber, die in der Küche herumsaßen. «Nein», sagte er. «Heute abend, okay?»

«Okay», antwortete sie. Er legte auf.

Clemenza war endlich von seiner Tagesarbeit zurückgekehrt und machte sich in der Küche zu schaffen: Er kochte einen riesigen Topf Tomatensauce. Michael nickte ihm zu und ging ins Eckzimmer, wo Hagen und Sonny ihn bereits ungeduldig erwarteten. «Ist Clemenza draußen?» fragte Sonny.

Michael grinste. «Kocht Spaghetti für die Truppe, genau wie in der Armee.»

Sonny war ungeduldig. «Sag ihm, er soll den Unsinn lassen und reinkommen. Ich habe wichtigere Aufträge für ihn. Auch Tessio soll rüberkommen.»

Innerhalb von wenigen Minuten waren sie alle im Büro versammelt. Sonny fragte Clemenza kurz: «Alles erledigt?»

Clemenza nickte. «Du wirst ihn nicht wiedersehen.»

Mit einem kleinen Schock wurde Michael klar, daß sie von Paulie Gatto sprachen und daß der kleine Paulie jetzt tot war, umgebracht von Clemenza, dem ausgelassenen Hochzeitstänzer.

Sonny wandte sich an Hagen. «Hattest du Glück mit Sollozzo?»

Hagen schüttelte den Kopf. «Seine Begeisterung fürs Verhandeln scheint sich gelegt zu haben. Jedenfalls macht er keinen allzu eifrigen Eindruck mehr. Oder vielleicht ist er einfach nur sehr vorsichtig, damit unsere *button-men* ihn nicht erwischen. Außerdem ist es mir noch nicht gelungen, einen guten Mittelsmann zu finden, dem er vertraut. Aber er muß wissen, daß ihm nichts anderes übrigbleibt, als zu verhandeln. Er hat seine Chance verspielt, als er den Alten entkommen ließ.»

Sonny sagte: «Er ist ein gerissener Bursche, der gerissenste, mit dem es unsere Familie jemals zu tun gehabt hat. Vielleicht denkt er sich, daß wir nur Zeit gewinnen wollen, bis es dem Alten bessergeht oder wir etwas gegen ihn in die Hand bekommen.»

Hagen zuckte die Achseln. «Natürlich denkt er sich das. Aber er muß trotzdem verhandeln. Ihm bleibt keine Wahl. Ich werde es morgen arrangieren.»

Einer von Clemenzas Männern klopfte an die Tür und trat dann ein. Er sagte zu Clemenza: «Es ist eben durchs Radio gekommen. Die Cops haben Paulie gefunden. Tot. In seinem Wagen.»

Clemenza nickte und sagte dann dem Mann: «Macht ihr euch deswegen keine Sorgen.» Der *button-man* warf seinem *caporegime* zuerst einen erstaunten, dann einen verstehenden Blick zu und kehrte in die Küche zurück.

Die Konferenz ging weiter, als habe es keine Unterbrechung gegeben. Sonny fragte Hagen: «Irgendeine Veränderung im Zustand meines Vaters?»

Hagen schüttelte den Kopf. «Es geht ihm nicht schlecht, aber er wird noch einige Tage nicht sprechen können. Er ist sehr schwach, er hat sich noch immer nicht von der Operation erholt. Deine Mutter sitzt fast den ganzen Tag bei ihm, und Connie auch. Das ganze Krankenhaus wimmelt von Cops, und außerdem stehen vorsichtshalber überall Tessios Männer herum. In einigen Tagen wird er sich besser fühlen, und dann werden wir sehen, welche Anweisungen er für uns hat. Inzwischen müssen wir verhindern, daß Sollozzo etwas Voreiliges unternimmt. Darum will ich, daß du anfängst, mit ihm über eine Einigung zu verhandeln.»

Sonny knurrte. «Ich lasse ihn durch Clemenza und Tessio suchen. Vielleicht haben wir Glück und können die ganze Sache einfacher lösen.»

«Damit wirst du kein Glück haben», sagte Hagen. «Sollozzo ist viel zu gerissen.» Hagen hielt inne. «Er weiß, wenn er sich einmal mit uns an den Tisch setzt, wird er in fast allen Punkten nachgeben müssen. Darum die Verzögerungstaktik. Wahrscheinlich versucht er jetzt, die anderen New Yorker Familien für sich zu gewinnen, damit wir nicht auf ihn losgehen, wenn der Alte uns den Befehl dazu geben sollte.»

Sonny runzelte die Stirn. «Warum zum Teufel sollten die ihn denn unterstützen?»

Geduldig erklärte ihm Hagen: «Um einen großen Krieg zu vermeiden, der allen schadet und die Zeitungen und die Regierung mobilisiert. Außerdem wird ihnen Sollozzo einen Anteil des Unternehmens abgeben. Und du weißt, wieviel Zaster im Rauschgift steckt. Die Corleone-Familie braucht ihn nicht, wir haben das Glücksspiel, das beste Geschäft, das es gibt. Aber die anderen Familien sind geldhungrig. Sollozzo hat sich bewährt, sie wissen, daß er eine Operation großen Umfangs organisieren kann. Ein lebendiger Sollozzo bedeutet für sie bares Geld, ein toter Sollozzo Unannehmlichkeiten.»

Sonnys Gesicht, der Amorbogen seines Mundes und die bronzene Haut wirkten grau. «Ich schere mich einen Scheißdreck darum, was die wollen! Die sollen sich nicht hineinmischen.»

Clemenza und Tessio rutschten unruhig auf ihren Stühlen herum; Infanterieoffiziere, deren General gerade darüber phantasierte, eine uneinnehmbare Höhe zu erstürmen, ohne Rücksicht auf Verluste. Ein wenig ungeduldig sagte Hagen: «Hör doch auf, Sonny! Dein Vater wäre mit deinen Plänen bestimmt nicht einverstanden. Du weißt, was er immer sagt: ‹Das lohnt sich nicht.› Sicher, wenn uns der Alte befiehlt, daß wir uns Sollozzo schnappen, dann lassen wir uns durch nichts daran hindern. Aber hier handelt es sich nicht um eine persönliche Angelegenheit, hier handelt es sich ums Geschäft. Wenn wir den Türken angreifen und die Familien mischen sich ein, werden wir mit ihnen darüber verhandeln. Sobald die Familien sehen, daß wir entschlossen sind, uns Sollozzo zu holen, werden sie uns nicht mehr daran hindern. Zum Ausgleich dafür wird ihnen der Don auf anderen Gebieten Konzessionen machen. Aber du darfst jetzt nicht rot sehen. Dies ist alles rein geschäftlich. Sogar der Überfall auf deinen Vater war eine geschäftliche, keine persönliche Angelegenheit. Das solltest du inzwischen begriffen haben.»

Sonnys Blick war immer noch hart. «Okay, das alles verstehe ich ja. Aber du mußt verstehen, daß, wenn wir uns Sollozzo holen wollen, niemand uns daran hindern kann.»

Sonny wandte sich an Tessio. «Etwas Neues über Luca?»

Tessio schüttelte den Kopf. «Nein. Sollozzo muß ihn erwischt haben.»

Hagen sagte ruhig: «Sollozzo hat sich wegen Luca keine Sorgen gemacht, und das ist mir sehr merkwürdig vorgekommen. Er ist zu schlau, sich wegen eines Mannes wie Luca keine Gedanken zu machen. Ich nehme an, er hat ihn aus dem Verkehr gezogen – so oder so.»

Sonny murmelte: «Himmel, hoffentlich kämpft Luca nicht gegen uns! Das ist das einzige, wovor ich Angst habe. Clemenza, Tessio, was meint ihr?»

Clemenza sagte langsam: «Jeder kann mal auf die schiefe Bahn kommen, denk an Paulie. Aber Luca, das war ein Mann, für den es nur einen einzigen Weg gab. Das einzige, woran der geglaubt hat, das war der *padrino,* und der war auch der einzige Mensch, den er fürchtete. Aber nicht nur das, Sonny, er hat deinen Vater außerdem so hoch geachtet wie kein anderer von uns, und vor dem *padrino* haben wir alle Respekt. Nein, Luca würde uns niemals verraten. Und ich kann mir nicht vorstellen, daß ein Mann wie Sollozzo Luca in eine Falle locken kann, wie schlau er sich auch dabei anstellen mag. Luca war gegen alle und alles mißtrauisch. Er war immer auf das Schlimmste gefaßt. Ich glaube, er ist einfach für ein paar Tage weggefahren. Wir werden bestimmt jeden Augenblick von ihm hören.»

Sonny wandte sich an Tessio. Der *caporegime* von Brooklyn zuckte die Achseln. «Jeder Mensch kann zum Verräter werden. Luca war sehr empfindlich. Vielleicht hat ihn der Don irgendwie gekränkt. Möglich wäre es. Ich glaube aber eher, daß ihm Sollozzo eine kleine Überraschung bereitet hat. Das paßt zu dem, was der *consigliori* sagt. Wir sollten auf das Schlimmste vorbereitet sein.»

Sonny sagte ihnen allen: «Sollozzo wird bald von Paulie Gatto erfahren. Wie wird er reagieren?»

Clemenza antwortete grimmig: «Es wird ihn nachdenklich stimmen. Er wird einsehen, daß die Corleone-Familie nicht aus Dummköpfen besteht. Es wird ihm klarwerden, daß er gestern sehr großes Glück gehabt hat.»

Sonny sagte scharf: «Das war kein Glück. Sollozzo hat alles wochenlang vorbereitet. Sie haben den Alten jeden Tag beschattet und seine Gewohnheiten genau studiert. Dann haben sie Paulie gekauft und vielleicht auch Luca. Sie haben sich Tom genau zum richtigen Zeitpunkt geschnappt. Sie haben alles haargenau so ausgeführt, wie es geplant war. Sie hatten Pech, nicht Glück. Diese *button-men*, die sie gedungen hatten, waren nicht gut genug, und der Alte war zu schnell. Wenn sie ihn umgebracht hätten, dann hätte ich das Geschäft abschließen müssen, und Sollozzo hätte gewonnen. Vorläufig. Ich hätte vielleicht gewartet und ihn in fünf oder zehn Jahren gekriegt. Aber sag nicht, daß er Glück gehabt hat, Pete. Du unterschätzt ihn. Und das haben wir in letzter Zeit schon zu oft getan.»

Einer der *button-men* brachte eine Schüssel Spaghetti herein und gleich darauf Teller, Gabeln und Wein. Beim Essen diskutierten sie weiter. Michael sah ihnen verblüfft zu. Er aß nichts und Tom auch nicht, aber Sonny, Clemenza und Tessio hieben kräftig ein und tunkten die Sauce mit Brotkrusten auf. Es war beinahe komisch. Dabei setzten sie ihre Diskussion fort.

Tessio glaubte nicht, daß sich Sollozzo über den Ausfall von Paulie Gatto ärgern würde. Seiner Ansicht nach war der Türke darauf vorbereitet gewesen und hatte es möglicherweise sogar begrüßt. Ein unnützer Name weniger auf der Lohnliste. Und Angst haben würde er deswegen auch nicht. Schließlich hätten sie an seiner Stelle auch keine Angst.

Vorsichtig äußerte Michael: «Ich weiß, daß ich auf diesem Gebiet kein Fachmann bin, aber aus allem, was ihr über Sollozzo gesagt habt, und aus der Tatsache, daß er mit Tom plötzlich keinen Kontakt mehr aufnimmt, schließe ich, daß er einen Trumpf in der Hand hat. Vielleicht hat er vor, ein großes Ding zu drehen, etwas, was ihn wieder nach ganz oben bringt. Wenn wir erraten könnten, was das ist, hätten wir das Steuer wieder fest in der Hand.»

«Ja, daran habe ich auch schon gedacht», gab Sonny zögernd zu. «Und das einzige, was mir dazu einfällt, ist Luca. Ich habe schon Bescheid gegeben, daß er hierhergebracht werden soll, ehe er seine alten Rechte in der Familie ausüben darf. Davon abgesehen, kann ich mir nur noch vorstellen, daß Sollozzo einen Handel mit den Familien von New York abgeschlossen hat und daß wir morgen die Nachricht erhalten, sie würden gegen uns Krieg führen, und wir müßten uns mit dem Türken einigen. Stimmt's, Tom?»

Hagen nickte. «So sehe ich die Sache auch. Und ohne deinen Vater können wir gegen einen so starken Gegner nicht antreten. Er ist der einzige, der den Familien die Stirn bieten kann. Er hat die politischen Verbindungen, die sie immer wieder brauchen, und kann sie eventuell zu einem Tauschhandel verwenden. Wenn ihm die Sache wichtig genug erscheint.»

Clemenza sagte, ein wenig zu arrogant für einen Mann, dessen bester *button-man* ihn erst vor kurzem verraten hat: «An dieses Haus wird Sollozzo niemals herankommen, Boss. Deswegen brauchst du dir keine Sorgen zu machen.»

Sonny sah ihn einen Augenblick nachdenklich an. Dann sagte er zu Tessio: «Was ist mit dem Krankenhaus? Ist es von deinen Leuten gut bewacht?»

Zum erstenmal während dieser Besprechung schien Tessio sich auf sicherem Boden zu bewegen. «Vom Keller bis zum Dach», sagte er. «Vierundzwanzig Stunden am Tag. Die Cops sind auch da. An der Schlafzimmertür stehen Kriminalbeamte und warten darauf, daß sie den Alten ausfragen können. Lächerlich! Der Don kriegt noch immer das Zeug aus den Flaschen, statt was zu essen, also brauchen wir uns um die Küche gar nicht zu kümmern, und das wäre ein verdammt kritischer Punkt bei diesen Türken, die haben 'ne Schwäche für Giftmischerei. Nein, an den Don kommt keiner ran, auf gar keinen Fall.»

Sonny lehnte sich im Sessel zurück. «Mich werden sie nicht wollen, mit mir müssen sie das Geschäft machen, sie brauchen einen Verhandlungspartner in der Familie.» Grinsend sah er Michael an. «Ich frage mich, ob sie dich nehmen würden. Vielleicht will Sollozzo dich kidnappen und als Geisel benutzen, um sich abzusichern.»

Aus mit dem Abendessen mit Kay, dachte Michael enttäuscht. Sonny würde ihn nicht aus dem Haus lassen. Doch Hagen sagte ungeduldig: «Nein, wenn er eine Garantie brauchte, hätte er sich Mike schon längst geholt. Aber alle wissen, daß Mike mit dem Familiengeschäft nichts zu tun hat. Er ist ein Zivilist, und wenn sich Sollozzo an ihn heranmacht, verliert er die anderen New Yorker Familien. Sogar die Tattaglias würden bei der Jagd auf ihn mitmachen. Nein, es ist viel einfacher. Morgen wird ein Vertreter sämtlicher Familien kommen und uns erklären, wir müßten das Geschäft mit dem Türken machen. Das ist es, worauf er wartet. Das ist der Trumpf, den er im Ärmel hat.»

Michael stieß einen erleichterten Seufzer aus. «Gut», sagte er. «Ich muß nämlich heute abend noch in die Stadt.»

«Warum?» fragte Sonny scharf.

Michael grinste. «Ich glaube, ich werde mal kurz ins Krankenhaus fahren, unseren Alten besuchen und mit Mama und Connie sprechen. Außerdem habe ich noch ein paar andere Sachen zu erledigen.» Genau wie der Don sprach Michael nie über das, was er wirklich vorhatte, und dachte auch jetzt nicht daran, Sonny zu sagen, daß er mit Kay verabredet war. Er hatte keinen besonderen Grund dafür, es war einfach eine Angewohnheit.

In der Küche erhob sich lautes Stimmengewirr. Clemenza ging hinaus, um nachzusehen. Als er zurückkam, hielt er Lucas kugelsichere Weste in der Hand. Eingewickelt darin war ein großer toter Fisch.

Clemenza sagte trocken: «Der Türke hat die Sache mit Paulie Gatto erfahren.»

Tessio fügte ebenso trocken hinzu: «Und wir wissen jetzt über Luca Brasi Bescheid.»

Sonny steckte sich eine Zigarre an und schenkte sich ein Glas Whisky ein. Michael fragte verständnislos: «Was zum Teufel soll dieser Fisch?»

Es war Hagen, der Ire, der *consigliori*, der ihm die Antwort gab. «Der Fisch bedeutet, daß Luca Brasi auf dem Grund des Meeres liegt», sagte er. «Es ist eine alte sizilianische Botschaft.»

9

Als Michael Corleone an jenem Abend in die Stadt fuhr, war er deprimiert. Er hatte das Gefühl, gegen seinen Willen in die Geschäfte der Familie verwickelt zu werden, ja er verübelte es Sonny sogar, daß er ihn zum Bedienen des Telefons heranzog. Es war ihm unangenehm, bei Familienbesprechungen anwesend zu sein, ganz so, als könne man ihm auch die geheimsten Probleme wie etwa

Mord bedenkenlos anvertrauen. Und nun, während er zu Kay fuhr, hatte er auch ihr gegenüber Schuldgefühle. Er war, was seine Familie betraf, nie vollkommen aufrichtig mit ihr gewesen. Er hatte ihr zwar von seinen Verwandten erzählt, aber immer nur kleine, lustige Geschichten, Anekdoten, in denen sie eher wie Abenteurer aus einem Technicolorfilm wirkten denn als reale Menschen. Und nun war sein Vater auf der Straße niedergeschossen worden, und sein ältester Bruder plante einen Mord. Das war die Lage der Dinge, klipp und klar ausgedrückt, wie er sie Kay gegenüber niemals formulieren würde. Er hatte ihr schon erklärt, die Schüsse auf seinen Vater wären eher ein «Unfall» gewesen, und alle Schwierigkeiten seien nun vorbei. Aber verdammt, es sah aus, als würden sie jetzt erst beginnen! Sonny und Tom beurteilten Sollozzo falsch, sie unterschätzten ihn noch immer, obwohl Sonny klug genug war, die Gefahr zu erkennen. Michael versuchte zu erraten, welchen Trumpf der Türke in der Hand hatte. Er war offensichtlich ein verwegener Mann, gerissen, von außergewöhnlicher Durchschlagskraft. Man mußte bei ihm auf Überraschungen gefaßt sein. Doch Sonny, Tom, Clemenza und Tessio waren sich alle einig darin, daß nichts Unvorhergesehenes geschehen könne, und sie hatten alle mehr Erfahrung als er. Ich bin der «Zivilist» in diesem Krieg, dachte Michael ironisch. Und sie würden ihm verdammt bessere Orden anbieten müssen, als er im Zweiten Weltkrieg bekommen hatte, um ihn zum Eintritt in diesen Krieg zu bewegen.

Er hatte ein schlechtes Gewissen, weil er nicht mehr Mitgefühl für seinen Vater aufbrachte. Sein eigener Vater von Kugeln durchlöchert – doch Michael hatte seltsamerweise mehr Verständnis dafür gehabt als alle anderen, als Tom ihnen erklärte, es sei aus geschäftlichen Gründen geschehen und nicht aus persönlichen. Sein Vater habe für die Macht bezahlt, die er sein Leben lang ausgeübt, für den Respekt, den er von seiner ganzen Umgebung verlangt und bekommen hatte.

Michael wollte raus, weit weg von all diesen Dingen. Er wollte sein eigenes Leben leben. Aber er konnte sich nicht von der Familie lösen, nicht bevor diese Krise vorüber war. Er mußte helfen, auch als Zivilist. Auf einmal wurde ihm klar, daß er über die ihm zugeteilte Rolle verärgert war: die Rolle des privilegierten Zivilisten, des

Kriegsdienstverweigerers. Das war der Grund, warum sich das Wort «Zivilist» immer wieder auf so irritierende Weise in seine Gedanken schlich.

Als er das Hotel erreichte, wartete Kay in der Halle auf ihn. (Zwei von Clemenzas Männern hatten ihn in die Stadt gefahren und ihn an einer nahen Straßenecke abgesetzt, nachdem sie sich vergewissert hatten, daß ihnen niemand folgte.)

Sie aßen zu Abend und tranken dann noch etwas. «Um wieviel Uhr willst du deinen Vater besuchen?» fragte Kay.

Michael sah auf seine Uhr. «Die Besuchszeit ist um halb neun vorbei. Ich glaube, ich gehe lieber erst, wenn die anderen Leute fort sind. Ich werde schon reinkommen. Er liegt in einem Einzelzimmer und hat seine eigenen Schwestern, da kann ich mich eine Weile zu ihm setzen. Ich glaube nicht, daß er schon sprechen kann, vielleicht merkt er nicht einmal, daß ich da bin. Aber ich muß ihm meine Aufwartung machen.»

Kay sagte ruhig: «Dein Vater tut mir so leid! Bei der Hochzeit hatte ich den Eindruck, daß er ein sehr reizender Mensch ist. Ich kann das, was die Presse über ihn schreibt, einfach nicht glauben. Ich bin überzeugt, daß das meiste davon nicht wahr ist.»

Höflich stimmte Michael ihr zu: «Ich glaube es auch nicht.» Er wunderte sich selber, daß er Kay gegenüber so verschlossen war. Er liebte sie, er vertraute ihr, aber er würde ihr niemals etwas von seinem Vater oder der Familie erzählen. Sie war ein Außenseiter.

«Was ist nun mit dir?» fragte Kay. «Wirst du auch in diesen Bandenkrieg hineingezogen, über den die Zeitungen sich so freuen?»

Michael grinste, knöpfte seine Jacke auf und hielt sie weit auseinander. «Da, siehst du? Keine Kanone.» Kay lachte.

Es wurde spät, und sie gingen hinauf in ihr Zimmer. Sie mixte einen Drink und saß auf seinem Schoß, während sie tranken. Unter ihrem Kleid war alles aus Seide, bis seine Hand die heiße Haut ihres Schenkels spürte. Gemeinsam sanken sie auf das Bett und liebten sich vollkommen angekleidet, die Lippen fest aufeinandergepreßt. Hinterher blieben sie ganz still liegen und spürten die Glut ihrer Körper durch ihre Kleidung brennen. Kay murmelte: «Ist das, was die Soldaten ‹auf die schnelle› nennen?»

«Ja», bestätigte Michael.

«Nicht schlecht», sagte Kay anerkennend.

Sie schliefen ein, bis Michael plötzlich erschrocken hochfuhr und auf die Uhr sah. «Verdammt!» fluchte er. «Kurz vor zehn. Ich muß ins Krankenhaus!» Er ging ins Bad, um sich zu waschen und zu frisieren. Kay lief hinter ihm her und legte ihm von hinten die Arme um die Taille. «Wann wollen wir heiraten?» fragte sie ihn.

«Wann immer du willst», sagte Michael. «Sobald dieser Familienaufruhr sich ein bißchen gelegt hat und es meinem Alten bessergeht. Ich glaube aber, du solltest deinen Eltern die Sachlage lieber erklären.»

«Und was soll ich sagen?»

Michael fuhr sich mit dem Kamm durchs Haar. «Sag einfach, du hast einen braven, hübschen jungen Mann italienischer Abstammung kennengelernt. Beste Zensuren in Dartmouth. *Distinguished Service Cross* plus *Purple Heart* während des Krieges. Ehrlich. Fleißig. Doch leider ist sein Vater ein Mafiachef, der böse Menschen umbringen muß, gelegentlich hohe Regierungsbeamte besticht und sich in Ausübung seines Berufs das Fell voll Löcher schießen läßt. Aber damit hat sein ehrlicher, fleißiger Sohn nicht das geringste zu tun. Glaubst du, daß du das alles behalten kannst?»

Kay ließ seine Taille los und lehnte sich an die Badezimmertür. «Ist er das wirklich?» fragte sie. «Tut er das wirklich?» Pause. «Menschen umbringen?»

Michael hörte auf, sich zu kämmen. «Ich weiß es nicht genau», sagte er. «Niemand weiß es genau. Aber würde es dich überraschen?»

Bevor er hinausging, fragte sie: «Wann sehen wir uns wieder?»

Michael gab ihr einen Kuß. «Es wäre mir lieb, wenn du jetzt nach Hause fahren und in deinem Kleinstadtnest einmal über alles nachdenken würdest. Ich möchte nicht, daß du in irgendeiner Form in diese Sache hineingezogen wirst. Nach den Weihnachtsferien gehe ich wieder auf die Universität, und wir sehen uns dann in Hannover. Okay?»

«Okay», sagte sie. Sie sah ihm nach, wie er zur Tür hinausging und ihr noch einmal zuwinkte, ehe er in den Aufzug trat. Sie hatte sich ihm noch niemals so nahe gefühlt, war noch nie so in ihn verliebt gewesen, und wenn ihr jemand gesagt hätte, sie würde Michael erst nach drei Jahren wiedersehen, hätte sie den Schmerz nicht ertragen können.

Als Michael vor dem French Hospital aus dem Taxi stieg, sah er erstaunt, daß die Straße verlassen lag. Er betrat das Krankenhaus und war noch mehr erstaunt, als er auch die Halle leer fand. Verdammt, was dachten sich Tessio und Clemenza eigentlich? Gewiß, sie waren nicht in West Point gewesen, aber so viel wußten sie doch über Taktik, daß sie nicht vergaßen, Außenposten aufzustellen. Mindestens zwei Männer hätten in der Halle sein müssen.

Es war beinahe halb elf, und auch die letzten Besucher waren schon gegangen. Michael war jetzt alarmiert. Am Informationsschalter machte er gar nicht erst halt, er kannte die Nummer des Zimmers im dritten Stock, in dem sein Vater lag. Er nahm den Paternoster. Merkwürdigerweise hielt ihn niemand auf, bis er den Tisch der Nachtschwester im dritten Stock erreichte. Ohne ihre Frage zu beachten, ging er auf das Zimmer des Vaters zu. Der Platz vor der Tür war leer. Verdammt noch mal, wo steckten die beiden Kriminalbeamten, die angeblich hier warteten, um den Alten zu schützen und zu befragen? Wo steckten Clemenzas und Tessios Leute? Ob überhaupt jemand im Zimmer war? Aber die Tür stand offen. Michael trat ein. Im Bett lag eine Gestalt. Im Licht des Dezembermondes, das durch das Fenster fiel, erkannte Michael das Gesicht seines Vaters. Selbst jetzt war es ausdruckslos. Die Brust hob sich nur flach unter dem unregelmäßigen Atem. Von Stahlgestellen am Bett hingen Schläuche herab und führten in seine Nase. Auf dem Fußboden stand ein Glaskrug zur Aufnahme der Giftstoffe, die andere Schläuche aus seinem Magen ableiteten. Michael blieb sekundenlang stehen, um sich zu vergewissern, daß mit seinem Vater alles in Ordnung war, dann verließ er das Zimmer wieder.

Er ging zur Nachtschwester und stellte sich vor. «Mein Name ist Michael Corleone, ich möchte eine Weile bei meinem Vater sitzen. Was ist mit den Kriminalbeamten, die ihn bewachen sollten?»

Die Schwester war ein hübsches junges Ding mit sehr viel Vertrauen in die Macht ihres Amtes. «Oh, Ihr Vater hat nur zuviel Besuch gehabt, das hat die Krankenhausroutine gestört», sagte sie. «Vor zehn Minuten war die Polizei hier und hat alle weggeschickt.

Und dann, vor fünf Minuten, mußte ich die Kriminalbeamten ans Telefon holen, weil vom Polizeipräsidium aus Alarm gegeben worden war, und dann sind auch sie gegangen. Aber keine Angst, ich sehe schon nach Ihrem Vater. Ich höre jedes Geräusch in seinem Zimmer. Darum lassen wir ja die Tür offenstehen.»

«Vielen Dank», sagte Michael. «Ich werde mich jetzt zu ihm setzen, okay?»

Sie lächelte zu ihm auf. «Aber bitte nicht lange, dann müssen Sie leider wieder gehen. Das ist so Vorschrift, wissen Sie.»

Michael kehrte zu seinem Vater zurück. Er nahm das Telefon und bat die Vermittlung des Krankenhauses, ihn mit dem Haus in Long Beach zu verbinden. Sonny meldete sich. Michael flüsterte: «Ich bin hier im Krankenhaus, Sonny, ich konnte erst ziemlich spät kommen. Sonny, es ist kein Mensch hier. Nicht ein einziger von Tessios Leuten. Kein Kriminalbeamter vor der Tür. Der Alte war vollkommen ungeschützt.» Seine Stimme zitterte.

Nach einer langen Pause kam leise Sonnys Stimme. «Das ist Sollozzos Trumpf, von dem du gesprochen hast.»

«Das hab ich mir auch gedacht», sagte Michael. «Aber wie hat er die Cops dazu gebracht, alle rauszuholen, und wo sind sie hin? Was ist mit Tessios Leuten passiert? Lieber Gott, hat dieses Schwein Sollozzo etwa auch die Polizei von New York in der Tasche?»

«Nur mit der Ruhe, Kleiner!» Sonnys Ton war besänftigend. «Wir haben wieder Glück gehabt, daß du so spät ins Krankenhaus gekommen bist. Bleib jetzt bei dem Alten im Zimmer. Schließ von innen ab. Ich sorge dafür, daß in spätestens fünfzehn Minuten ein paar Männer da sind, ich muß bloß einige Anrufe machen. Also verhalt dich still und werd nicht hysterisch. Okay, Kleiner?»

«Ich werde nicht hysterisch», sagte Michael. Zum erstenmal, seit alles angefangen hatte, merkte er, wie eine zornige Wut in ihm aufstieg, ein kalter Haß auf seines Vaters Feinde.

Er legte den Hörer auf und klingelte nach der Schwester. Er beschloß, selbständig zu handeln und Sonnys Befehle zu ignorieren. Als die Schwester kam, sagte er: «Bitte, haben Sie keine Angst, aber wir müssen meinen Vater sofort verlegen. In ein anderes Zimmer auf einer anderen Etage. Können Sie diese Schläuche losmachen, damit wir das Bett hinausrollen können?»

«Aber das ist doch lächerlich!» protestierte die Schwester. «Wir müssen die Erlaubnis vom Arzt einholen.»

Michael sprach sehr rasch: «Sie haben in der Zeitung von meinem Vater gelesen. Sie haben gesehen, daß heute nacht niemand hier ist, der ihn beschützt. Wir haben soeben die Information erhalten, daß ein paar Männer ins Krankenhaus kommen werden, um ihn zu töten. Bitte, glauben Sie mir und helfen Sie!» Wenn er wollte, konnte er ungeheuer überzeugend sein.

Die Schwester sagte: «Wir brauchen die Schläuche nicht abzunehmen. Wir können das Gestell mit dem Bett zusammen hinausrollen.»

«Haben Sie ein freies Zimmer?» flüsterte Michael.

«Am Ende des Ganges», sagte die Schwester.

In wenigen Augenblicken war alles erledigt, sehr rasch, sehr geschickt. Dann sagte Michael: «Bleiben Sie hier bei ihm, bis Hilfe kommt. Wenn Sie ihren Platz verlassen, könnten Sie in Gefahr geraten.»

In diesem Augenblick hörte er vom Bett her die Stimme seines Vaters, heiser, aber voll Kraft. «Michael, bist du da? Was ist passiert? Was ist denn los?»

Michael beugte sich über das Bett. Mit beiden Händen ergriff er die Hand seines Vaters. «Ja, ich bin's, Mike», sagte er. «Keine Angst. Aber hör zu, mach kein Geräusch, überhaupt keines, vor allem, wenn jemand deinen Namen ruft. Einige Leute wollen dich umbringen, verstehst du? Aber ich bin jetzt hier, du brauchst also keine Angst zu haben.»

Don Corleone, dem das, was ihm am Tag zuvor geschehen war, noch nicht ganz zum Bewußtsein gekommen war, lächelte unter furchtbaren Schmerzen gütig zu seinem Jüngsten empor; er wollte ihm sagen – nur war die Anstrengung viel zu groß –: Warum sollte ich jetzt Angst haben? Mich hat man umbringen wollen, seitdem ich zwölf Jahre alt war.

10

Das Krankenhaus war klein, eine Privatklinik mit nur einem Eingang. Michael blickte aus dem Fenster auf die Straße hinab. Er sah einen halbkreisförmigen Vorhof, von dem aus Stufen zum Gehsteig führten. Auf der Straße befanden sich zur Zeit keine Fahrzeuge. Aber wer immer ins Krankenhaus wollte, mußte diesen Eingang benutzen. Er wußte, daß ihm nicht mehr viel Zeit blieb, darum verließ er das Zimmer, lief die drei Treppen hinunter und eilte durch die breiten Türflügel des ebenerdigen Eingangs ins Freie. Seitlich des Hauses lag der Abstellplatz für die Ambulanzen, aber auch dort sah er weder einen Privat- noch einen Krankenwagen.

Michael blieb auf dem Gehsteig stehen und zündete sich eine Zigarette an. Er knöpfte seinen Mantel auf und stellte sich unter eine Laterne, damit sein Gesicht deutlich zu sehen war. Von der Ninth Avenue her kam eiligen Schrittes ein junger Mann mit einem Päckchen unter dem Arm. Er trug eine kurze Militärjacke und hatte einen dichten Schopf schwarzer Haare. Als er den Lichtkreis der Laterne erreichte, glaubte Michael sein Gesicht zu erkennen, wußte aber nicht, wo er ihn unterbringen sollte. Der junge Mann blieb vor ihm stehen, reichte ihm die Hand und sagte mit starkem italienischem Akzent: «Don Michael, kennen Sie mich nicht mehr? Enzo, der Bäckergeselle von Nazorine, sein Schwiegersohn. Ihr Vater hat mir das Leben gerettet, er hat die Regierung dazu gebracht, daß sie mich hier in Amerika bleiben lassen.»

Michael schüttelte ihm die Hand. Jetzt erinnerte er sich.

Enzo fuhr fort: «Ich bin gekommen, um Ihrem Vater meine Aufwartung zu machen. Wird man mich so spät noch zu ihm lassen?»

Michael schüttelte lächelnd den Kopf. «Nein, aber trotzdem vielen Dank. Ich werde dem Don berichten, daß du da warst.» Ein Wagen kam die Straße entlang, und Michael war sofort auf der Hut. Er sagte zu Enzo: «Mach, daß du hier wegkommst, rasch! Kann sein, daß es Ärger gibt. Du willst doch sicher nichts mit der Polizei zu tun haben.»

Er sah die Angst im Gesicht des jungen Italieners. Ärger mit der Polizei, das konnte die Deportation oder Verweigerung der Einbürgerung bedeuten. Aber der junge Mann blieb. Er flüsterte auf italienisch: «Wenn es Krach gibt, bleibe ich hier und helfe. Das bin ich dem *padrino* schuldig.»

Michael war gerührt. Zunächst wollte er dem jungen Mann wieder befehlen zu gehen, aber dann dachte er: warum nicht? Zwei Männer vor dem Krankenhaus können Sollozzos Ganoven vielleicht abschrecken. Ein Mann allein kann das auf keinen Fall. Er gab Enzo eine Zigarette und Feuer. Gemeinsam standen die beiden in der kalten Dezembernacht unter der Laterne. Die gelben Rechtecke der Klinikfenster blinzelten auf sie herab. Sie hatten ihre Zigaretten fast zu Ende geraucht, als ein langer, niedriger schwarzer Wagen von der Ninth Avenue in die 30th Street einbog und dicht am Bordstein entlang auf sie zuglitt. Er fuhr sehr langsam. Michael versuchte, die Gesichter der Insassen zu erkennen, während er unwillkürlich zurückwich. Der Wagen schien halten zu wollen, schoß dann aber mit einem mächtigen Satz davon. Man hatte ihn erkannt. Michael gab Enzo noch eine Zigarette und sah, daß die Hände des Bäckers zitterten. Zu seiner Überraschung waren seine eigenen jedoch völlig ruhig.

Sie blieben noch etwas länger als zehn Minuten auf der Straße stehen und rauchten, und dann wurde plötzlich die Nachtruhe von einer Polizeisirene zerrissen. Kreischend bog ein Streifenwagen von der Ninth Avenue her um die Ecke und hielt vor dem Krankenhauseingang. Zwei weitere Funkwagen folgten. Plötzlich wimmelte die Einfahrt von uniformierten Polizisten und Kriminalbeamten in Zivil. Michael stieß einen erleichterten Seufzer aus. Der gute alte Sonny! Seine Anrufe mußten sofort Erfolg gehabt haben. Michael trat vor, um den Polizisten entgegenzugehen.

Zwei riesige, stämmige Beamte packten ihn bei den Armen. Ein dritter durchsuchte ihn. Die Stufen herab kam ein dicker Polizeicaptain mit Goldlitze an der Mütze, und seine Männer wichen respektvoll zur Seite. Er war für seinen Umfang und trotz der weißen Haare, die unter seiner Mütze hervorschauten, äußerst beweglich. Sein Gesicht war dunkelrot. Er trat dicht an Michael heran und sagte barsch: «Verdammt, ich dachte, ich hätte euch Makkaronigesindel alle im Kittchen. Wer bist du, und was hast du hier zu suchen?»

Einer der Cops, die Michael festgehalten hatten, sagte: «Er ist sauber, Captain.»

Michael selber antwortete nicht. Er maß den Polizeicaptain mit kaltem Blick, betrachtete das Gesicht und die metallischblauen Augen. Ein Kriminalbeamter in Zivil sagte: «Das ist Michael Corleone, der Sohn des Don.»

Jetzt sagte Michael gelassen: «Wo sind die Kriminalbeamten, die meinen Vater bewachen sollten? Wer hat sie von ihrem Posten abgerufen?»

Der Polizeicaptain tobte vor Wut. «Du Scheißkerl, willst du mir etwa vorschreiben, was ich zu tun habe? Ich habe sie abgerufen. Es kümmert mich einen Dreck, wie viele von euch Gangstern sich gegenseitig umlegen. Wenn es nach mir ginge, würde ich keinen Finger rühren, um zu verhindern, daß euer Alter umgelegt wird. Und jetzt, verdammt noch mal, mach, daß du wegkommst, du Rotzkerl, scher dich runter von der Straße und laß dich hier ja nicht noch mal blikken, wenn keine Besuchszeit ist!»

Michael musterte den Mann noch immer voller Interesse. Er ärgerte sich nicht über das, was der Polizeicaptain sagte. Seine Gedanken rasten. War es möglich, daß in jenem ersten Wagen Sollozzo gesessen und ihn vor dem Krankenhaus gesehen hatte? War es möglich, daß der Türke daraufhin diesen Captain angerufen und ihn gefragt hatte: «Wie kommt es, daß Corleones Männer noch vor dem Krankenhaus stehen, wo ich Sie doch bezahlt habe, damit Sie die Kerle einsperren?» War es möglich, daß Sonny recht gehabt hatte, als er sagte, es wäre alles sorgfältig vorausgeplant? Ja, es paßte zusammen. Kühl sagte er zu dem Captain: «Ich gehe nicht, bevor Sie nicht Wachen vor das Zimmer meines Vaters gestellt haben.»

Der Captain machte sich gar nicht die Mühe, darauf zu antworten. Er wandte sich an den neben ihm stehenden Kriminalbeamten und befahl: «Phil, sperren Sie diesen Rotzlümmel ein.»

Der Kriminalbeamte antwortete zögernd: «Der Junge ist sauber, Captain. Er hat sich im Krieg ein paar Orden verdient, und er hat nie etwas mit dem Geschäft zu tun gehabt. Die Zeitungen könnten Krawall machen.»

Dunkelrot vor Wut drehte sich der Captain zu dem Beamten um und schrie: «Gottverdammt noch mal, ich habe gesagt, du sollst ihn einsperren!»

Michael, noch immer kühl, noch immer nicht wütend, sagte mit wohlberechneter Bösartigkeit: «Und wieviel bezahlt Ihnen der Türke dafür, daß Sie meinen Vater ungeschützt lassen, Captain?»

Der Polizeicaptain fuhr herum. Er befahl den beiden stämmigen Streifenbeamten: «Haltet ihn fest.» Michael merkte, wie ihm die Arme auf den Rücken gedreht wurden. Er sah die schwere Faust des Captain auf sein Gesicht zuschwingen. Er versuchte noch auszuweichen, aber die Faust traf ihn oben am Wangenknochen. Eine Granate explodierte in seinem Schädel. Sein Mund füllte sich mit Blut und kleinen, harten Knochenstückchen, die er als seine Zähne identifizierte. Er spürte, wie seine linke Kopfseite anschwoll, als werde sie aufgepumpt. Er spürte seine Beine nicht mehr und wäre gefallen, hätten die beiden Polizisten ihn nicht gehalten. Doch das Bewußtsein hatte er nicht verloren. Der Kriminalbeamte stellte sich vor ihn, um seinen Captain an einem zweiten Schlag zu hindern, und sagte: «Jesus, Captain, Sie haben ihm ja wirklich weh getan!»

Der Captain sagte laut: «Ich habe ihn nicht angefaßt. Er hat mich angegriffen und ist gestürzt. Verstanden? Er hat Widerstand gegen seine Verhaftung geleistet.»

Durch einen roten Nebel sah Michael weitere Wagen am Bordstein halten. Männer stiegen heraus. Den einen kannte er: Es war Clemenzas Anwalt, der jetzt verbindlich und selbstbewußt auf den Captain einredete. «Die Corleone-Familie hat einer privaten Detektivagentur den Auftrag erteilt, Mr. Corleone zu beschützen. Diese Männer hier, die mich begleiten, besitzen Waffenscheine, Captain. Wenn Sie sie verhaften, werden Sie sich morgen früh vor einem Richter dafür zu verantworten haben.»

Der Anwalt sah Michael an. «Wollen Sie Strafantrag gegen den stellen, der Ihnen diese Verletzung beigebracht hat?» fragte er.

Michael konnte nur mühsam sprechen; seine Kiefer wollten nicht aufeinanderpassen. Er murmelte: «Ich bin gestolpert. Ich bin gestolpert und gefallen.» Er sah den triumphierenden Blick des Captain und versuchte zu lächeln. Um keinen Preis durfte er das herrliche Gefühl eiskalter Berechnung verraten, das sein Denken beherrschte, die Welle von Haß, die seinen Körper überschwemmte. Niemand sollte wissen, was er in diesem Augenblick empfand. Er war der Sohn seines Vaters. Er merkte noch, wie er ins Krankenhaus getragen wurde, und verlor das Bewußtsein.

Als er am Morgen erwachte, stellte er fest, daß sein Kiefer mit Draht zusammengeflickt war und auf der linken Seite vier Zähne fehlten. An seinem Bett saß Hagen.

«Haben sie mir eine Narkose gegeben?» fragte Michael.

«Ja», sagte Hagen. «Sie mußten dir ein paar Knochensplitter aus dem Kiefer entfernen und meinten, das wäre zu schmerzhaft. Außerdem warst du ohnehin praktisch bewußtlos.»

«Fehlt mir sonst noch was?»

«Nein», beruhigte ihn Hagen. «Sonny möchte dich rausholen, ins Haus nach Long Beach. Glaubst du, daß du es schaffen kannst?»

«Natürlich», sagte Michael. «Ist mit dem Don alles in Ordnung?»

Hagen kam in Fahrt. «Ich glaube, das Problem haben wir jetzt gelöst. Wir haben eine private Detektivagentur beauftragt und die ganze Umgebung besetzt. Alles Weitere werde ich dir im Wagen erzählen.»

Clemenza chauffierte, Michael und Hagen saßen hinten. Michaels Kopf schmerzte. Er fragte: «Sagt mal, habt ihr eigentlich rausgekriegt, was gestern abend wirklich passiert ist?»

Hagen sagte gelassen: «Sonny hat einen Informanten bei der Polizei. Phillips, der Kriminalbeamte, der dich beschützen wollte, der hat uns alles erzählt. Dieser Captain McCluskey hat sich, seitdem er beim Streifendienst ist, immer fest die Taschen gefüllt. Auch unsere Familie hat ihm einen ziemlichen Batzen bezahlt. Er ist habgierig und in geschäftlichen Dingen unverläßlich. Also muß ihm Sollozzo wohl einen sehr hohen Preis geboten haben. Captain McCluskey hat Tessios Männer gleich nach der Besuchszeit kassieren lassen. Daß ein paar von ihnen Kanonen hatten, half ihnen nichts. Dann hat McCluskey die offiziellen Wachbeamten von der Tür des Don abgezogen. Er hat behauptet, er brauche sie, es wären schon andere Polizisten dafür abgestellt, aber sie hätten wohl ihre Befehle durcheinandergebracht. Alles Quatsch! Er ist bezahlt worden, damit er den Don exponiert. Und Phillips sagt, daß er ein Mensch ist, der es bestimmt noch einmal versucht. Sollozzo muß ihm ein ganzes Vermögen als Vorschuß gegeben haben und hat ihm für nachher die Sterne vom Himmel herunterversprochen.»

«Steht in den Zeitungen etwas von meiner Verletzung?»

«Nein», sagte Hagen. «Wir haben es geheimgehalten. Niemand will, daß es bekannt wird. Wir nicht, die Polizei nicht.»

«Gut», sagte Michael. «Hat dieser Junge, dieser Enzo, entwischen können?»

«Ja. Der war schlauer als du. Als die Cops kamen, hat er sich schnellstens verdrückt. Er behauptet, er wäre bei dir gewesen, als Sollozzos Auto vorbeikam. Stimmt das?»

«Es stimmt. Er ist ein anständiger Kerl.»

«Wir werden uns um ihn kümmern», sagte Hagen. «Fühlst du dich okay?» Sein Gesicht war besorgt. «Du siehst miserabel aus.»

«Ich bin okay», sagte Michael. «Wie hieß doch dieser Polizeicaptain?»

«McCluskey. Übrigens, es wird dich freuen, zu hören, daß die Corleone-Familie endlich das Konto ausgeglichen hat. Heute morgen um vier. Bruno Tattaglia.»

Michael richtete sich auf. «Wieso? Ich dachte, wir sollten nichts unternehmen?»

Hagen zuckte die Achseln. «Nach dem, was sich im Krankenhaus abgespielt hat, ist Sonny hart geworden. Er hat die *button-men* über ganz New York und New Jersey ausschwärmen lassen. Gestern abend haben wir die Liste aufgestellt. Ich bemühe mich sehr, Sonny zurückzuhalten, Mike. Vielleicht könntest du einmal mit ihm sprechen. Diese ganze Angelegenheit kann immer noch ohne Krieg beigelegt werden.»

«Ich spreche mit ihm», sagte Michael. «Wird es heute morgen noch eine Konferenz geben?»

«Ja», sagte Hagen. «Sollozzo hat endlich Kontakt aufgenommen und will sich mit uns zusammensetzen. Die Einzelheiten werden von einem Mittelsmann arrangiert. Das bedeutet, daß wir gewinnen. Sollozzo weiß, daß er verloren hat, und will mit dem Leben davonkommen.» Hagen machte eine Pause. «Vielleicht hat er gedacht, wir wären weich, weil wir nicht zurückgeschlagen haben. Aber jetzt ist einer der Tattaglia-Söhne tot, und Sollozzo weiß, daß wir es ernst meinen. Er hat ein gewagtes Spiel gespielt, als er den Don abknallte. Übrigens, wir haben jetzt die Bestätigung über Luca: Sie haben ihn in der Nacht umgebracht, bevor sie euren Vater niedergeschossen haben. In Brunos Nightclub. Stell dir das vor.»

Michael sagte: «Kein Wunder, daß er nicht auf der Hut war.»

In Long Beach war der Eingang zur Promenade von einem langen schwarzen Wagen blockiert, der quer über die Straße gestellt worden war. Am Kühler lehnten zwei Männer. Michael stellte fest, daß die oberen Fenster der beiden Häuser zu jeder Seite offenstanden. Sonny meinte es offenbar wirklich ernst.

Clemenza ließ seinen Wagen draußen vor der Promenade stehen, und sie gingen zu Fuß weiter. Die beiden Wachen gehörten zu Clemenzas Leuten. Er bedachte sie im Vorbeigehen mit einem Stirnrunzeln. Die Männer nickten. Kein Lächeln, kein Gruß. Clemenza begleitete Hagen und Michael ins Haus.

Noch ehe sie klingeln konnten, wurde ihnen von einem weiteren Posten die Tür geöffnet. Im Eckbüro warteten Sonny und Tessio. Sonny kam auf Michael zu, nahm seinen Kopf in beide Hände und sagte mit unterdrücktem Lachen in der Stimme: «Hübsch siehst du aus.» Michael stieß seine Hände fort, ging zum Schreibtisch und schenkte sich einen Scotch ein. Er hoffte, der Alkohol würde den dumpfen Schmerz in seinem zusammengeflickten Kiefer betäuben.

Die fünf saßen im Zimmer herum, doch es herrschte eine andere Atmosphäre als bei ihren früheren Zusammenkünften. Sonny war fröhlicher, munterer, und Michael wußte, was diese Munterkeit zu bedeuten hatte. Sein älterer Bruder hatte keine Zweifel mehr. Sein Entschluß stand fest, und nichts konnte ihn von seinem Weg abbringen. Sollozzos Mordversuch gestern abend hatte den Ausschlag gegeben. Ein Waffenstillstand kam jetzt nicht mehr in Frage.

«Unser Mittelsmann hat angerufen, während du weg warst», wandte sich Sonny an Hagen. «Der Türke will so bald wie möglich verhandeln.» Er lachte. «Dieser ausgekochte Hurensohn!» sagte er bewundernd. «Gestern ist ihm was schiefgegangen, und nun verlangt er für heute oder morgen eine Zusammenkunft. Und wir sollen stillhalten und alles einstecken, was er uns austeilt. Der hat Nerven.»

«Und was hast du ihm geantwortet?» fragte Hagen vorsichtig.

Sonny grinste. «Ich habe gesagt, klar, warum nicht? Wann immer er will, ich hab's nicht so eilig. Ich habe vierundzwanzig Stunden am

Tag hundert *button-men* auf der Straße. Sobald Sollozzo auch nur ein Haar an seinem Hintern zeigt, ist er tot. Sie sollen sich Zeit lassen, soviel sie wollen.»

Hagen fragte: «Hat er einen definitiven Vorschlag gemacht?»

«Ja. Er will, daß wir Mike schicken, damit er sich seinen Vorschlag anhört. Der Mittelsmann garantiert für Mikes Sicherheit. Sollozzo selber verlangt von uns nicht, daß wir für seine Sicherheit garantieren. Er weiß, das wäre zwecklos. Darum will er selbst das Treffen arrangieren. Seine Leute sollen Mike abholen und ihn zum Treffpunkt bringen. Mike soll sich anhören, was Sollozzo zu sagen hat, und dann werden sie ihn wieder laufenlassen. Aber der Treffpunkt bleibt geheim. Sie versprechen, der Vorschlag würde so gut sein, daß wir ihn nicht ablehnen können.»

Hagen fragte: «Und was ist mit den Tattaglias? Was werden die wegen Bruno unternehmen?»

«Das gehört mit zum Abkommen. Der Mittelsmann sagt, daß die Tattaglia-Familie sich bereit erklärt, alle Vorschläge Sollozzos zu akzeptieren. Sie werden Bruno Tattaglia vergessen. Er bezahlt, was sie meinem Vater angetan haben. Auge um Auge.» Sonny lachte wieder. «Unverschämte Bande!»

Hagen sagte vorsichtig: «Wir sollten uns ihre Vorschläge zumindest anhören.»

Sonny schüttelte heftig den Kopf. «Nein, nein, *consigliori*. Diesmal nicht.» Er sprach plötzlich mit leichtem italienischem Akzent, wie sein Vater. «Keine Konferenzen mehr. Keine Diskussionen. Keine Tricks mehr von Sollozzo. Wenn dieser Mittelsmann sich wieder meldet, dann gibst du ihm unsere Antwort: Ich verlange Sollozzo. Wenn nicht, so heißt es Krieg. Wir werden auf die Matratzen gehen und alle *button-men* auf die Straße schicken. Das Geschäft wird eben darunter leiden müssen.»

«Die anderen Familien werden keinen Krieg wollen», warnte Hagen. «Es bringt zu viele Scherereien für jeden.»

Sonny zuckte die Achseln. «Es gibt eine sehr einfache Lösung: Gebt mir Sollozzo. Oder ihr müßt gegen die Corleones kämpfen.» Sonny hielt inne, dann sagte er grob: «Tom, keine Ratschläge mehr, wie man die Sache friedlich lösen könnte: Die Sache ist beschlossen. Dein Job ist, mir zu helfen, den Krieg zu gewinnen. Verstanden?»

Hagen neigte den Kopf. Einen Augenblick lang versank er tief in seine Gedanken. Dann sagte er: «Ich habe mit deinem Verbindungsmann bei der Polizei gesprochen. Er sagt, daß McCluskey jetzt endgültig auf der Schmierliste Sollozzos steht, und zwar für ganz großes Geld. Und nicht nur das, sondern McCluskey wird auch einen Anteil am Rauschgiftgeschäft erhalten. McCluskey hat sich einverstanden erklärt, Sollozzos Leibwächter zu spielen. Der Türke steckt ohne McCluskey nicht mal die Nase aus seinem Bau. Wenn er sich mit Mike trifft, sitzt McCluskey neben ihm. In Zivil, aber bewaffnet. Sonny, du mußt endlich begreifen, daß du an Sollozzo nicht herankommst, solange er so gut bewacht wird. Niemand hat bisher einen New Yorker Polizeicaptain erschossen und ist ungeschoren davongekommen. Wir hätten unbeschreibliche Schwierigkeiten. Denke an die Presse, an den ganzen Polizeiapparat, an die Kirchen. Es wäre eine Katastrophe für uns. Die Familien wären alle hinter dir her. Die Corleone-Familie wäre ausgestoßen. Sogar die politischen Stützen unseres Alten würden sich in Deckung begeben. Überlege es dir einmal.»

Sonny zuckte die Achseln. «Von mir aus kann McCluskey ewig beim Türken hocken. Wir können warten.»

Tessio und Clemenza pafften nervös an ihren Zigarren. Sie wagten kein Wort zu sagen, aber es fiel ihnen nicht leicht. Sie schwitzten. Es war ihre Haut, die zu Markte getragen wurde, wenn jetzt ein falscher Entschluß gefaßt wurde.

Doch nun meldete sich Michael zum erstenmal zu Wort. Er fragte Hagen: «Wäre es möglich, den Alten aus dem Krankenhaus hierherzutransportieren?»

Hagen schüttelte den Kopf. «Danach habe ich auch sofort gefragt. Unmöglich. Sein Zustand ist sehr ernst. Er wird durchkommen, aber er braucht die bestmögliche Pflege, vielleicht sogar weitere Operationen. Ausgeschlossen.»

«Dann muß Sollozzo sofort erledigt werden», sagte Michael. «Wir dürfen nicht länger warten, der Mann ist zu gefährlich. Der kommt bald wieder mit einer neuen Idee. Vergeßt nicht, der Schlüssel zu allem ist immer noch die Voraussetzung, daß er den Alten beiseite schafft. Das weiß er. Okay, er weiß, daß es ihm jetzt sehr schwer gemacht wird, darum ist er bereit, eine Niederlage einzustecken, nur um am Leben zu bleiben. Aber wenn er ohnehin umgebracht werden soll, dann wird er es noch mal beim Don versuchen. Und wenn dieser Polizeicaptain ihm hilft, dann weiß der Himmel, was alles passieren kann. Wir dürfen dieses Risiko einfach nicht eingehen. Wir müssen uns Sollozzo sofort holen.»

Sonny kratzte sich nachdenklich das Kinn. «Du hast recht, Kleiner», sagte er. «Du hast den Nagel auf den Kopf getroffen. Wir dürfen nicht zulassen, daß Sollozzo noch einen Versuch bei dem Alten macht.»

Hagen fragte ruhig: «Und was ist mit Captain McCluskey?»

Sonny wandte sich mit einem merkwürdigen kleinen Lächeln an Michael. «Ja, Kleiner, was ist mit diesem harten Polizeicaptain?»

Michael sagte langsam: «Es gibt Zeiten, da sind die extremsten Maßnahmen gerechtfertigt. Wir wollen jetzt mal voraussetzen, daß wir McCluskey umbringen müssen. Dann müssen wir es so einrichten, daß er selber schwer belastet wird. Er darf nicht als der ehrliche Polizeicaptain dastehen, der nur seine Pflicht getan hat, sondern als ein korrupter Polizist, der in ungesetzliche Machenschaften verwikkelt ist und nun, wie jeder andere Gauner, seine gerechte Strafe erhält. Wir haben doch Zeitungsleute auf unserer Lohnliste, denen können wir die Geschichte mit allen Beweisen servieren. Das würde den Dampf ein bißchen ablassen. Na, wie hört sich das an?» Michael blickte ehrerbietig in die Runde. Tessio und Clemenza machten finstere Gesichter und schwiegen. Sonny sagte mit demselben merkwürdigen Lächeln: «Los, weiter, Kleiner, du machst es gut. Aus dem Mund von Kindern, wie der Don immer sagt... Weiter, Mike, erzähl uns mehr.»

Auch Hagen lächelte ein wenig und wandte den Kopf ab. Michael errötete. «Nun, sie wollen, daß ich mich mit Sollozzo treffe. Wir werden ganz allein sein, ich, Sollozzo und McCluskey. Setzt die Besprechung auf heute in zwei Tagen an, und seht zu, ob ihr feststellen könnt, wo sie stattfinden soll. Besteht darauf, daß es an einem öffentlichen Ort sein muß, daß ich nicht daran denke, mich in eine Wohnung oder ein Haus verschleppen zu lassen. Es muß in einem Restaurant oder in einer Bar sein, bei Hochbetrieb, sagen wir, um die Dinnerzeit, damit ich mich sicher fühle. Auch sie werden sich sicher fühlen. Sogar Sollozzo wird nicht auf die Idee kommen, daß wir es wagen, den Captain abzuknallen. Sie werden mich durchsuchen, wenn sie mich abholen, also muß ich zu dem Zeitpunkt sauber sein. Denkt euch eine Möglichkeit aus, mir eine Waffe zuzuspielen, während ich mit ihnen zusammen bin. Dann werde ich sie beide auf einmal erledigen.»

Alle vier Köpfe wandten sich ihm zu. Clemenza und Tessio waren zutiefst verwundert. Hagen sah ein wenig traurig aus, aber nicht überrascht. Er wollte etwas sagen, überlegte es sich aber anders. Nur Sonnys derbes Puttengesicht zuckte vor Heiterkeit, und dann brach er plötzlich in lautes Gelächter aus. Er bog sich förmlich vor Lachen. Er deutete mit dem Finger auf Michael und versuchte zwischen den Lachanfällen zu Atem zu kommen. «Das ist der Collegeboy, der nie was mit dem Familiengeschäft zu tun haben wollte? Jetzt willst du einen Polizeicaptain und den Türken umlegen, nur weil McCluskey dir deine Visage poliert hat. Du willst diese Burschen umlegen, nur weil du 'ne Ohrfeige gekriegt hast. Das alles war Quatsch, die ganzen Jahre war alles nichts weiter als ein einziger Haufen Quatsch!»

Clemenza und Tessio mißverstanden die Situation und dachten, Sonny lache über die Tollkühnheit seines jüngeren Bruders. Sie schauten mit breitem und ein wenig väterlichem Lächeln zu Michael herüber. Nur Hagens wachsames Gesicht blieb ausdruckslos.

Michael sah alle der Reihe nach an und heftete dann seinen Blick auf Sonny, der noch immer nicht aufhören konnte zu lachen. «*Du* willst die beiden umlegen?» fragte Sonny. «Kleiner, dafür kriegst du aber keinen Orden, dafür kommst du auf den elektrischen Stuhl. Weißt du das? So etwas ist kein Job für Helden, Kleiner, da kann man nicht aus einer Meile Entfernung auf die Leute schießen. Da mußt du direkt vor ihnen stehen und ihnen die Köpfe wegpusten, daß dir das Hirn über den hübschen, eleganten Anzug spritzt. Na, wie ist dir, Kleiner, willst du das wirklich tun, nur weil dir so ein dämlicher Cop eine geklebt hat?» Er lachte immer noch.

Michael stand auf. «Ich würde lieber nicht lachen», sagte er. Die Veränderung war so erstaunlich, daß das Lächeln auf Clemenzas und Tessios Gesicht erstarb. Michael war weder groß noch stark gebaut, und doch hatten plötzlich alle Angst vor ihm. Da stand Don Corleone vor ihnen. Michaels Augen waren blaßbraun geworden, sein Gesicht hatte alle Farbe verloren. Er sah aus, als wolle er sich jeden Moment auf seinen älteren, stärkeren Bruder stürzen. Wenn er jetzt eine Waffe gehabt hätte, wäre Sonny zweifellos in Gefahr gewesen. Sonny hörte auf zu lachen. Michael sagte mit eiskalter Stimme zu ihm: «Du glaubst nicht, daß ich das kann, du Schwein?»

«Ich weiß, daß du es kannst», sagte Sonny. «Ich habe auch nicht über das gelacht, was du gesagt hast. Ich habe nur darüber gelacht, wie komisch sich die Dinge doch manchmal entwickeln. Ich habe schon immer gesagt, daß du der Härteste in der Familie bist, härter sogar als der Don. Du warst der einzige, der sich gegen den Alten auflehnen konnte. Ich erinnere mich an deine Wutanfälle, als du noch klein warst. Du hast dich sogar mit mir geschlagen, und ich war ein ganzes Stück älter als du. Und Freddie mußte dich windelweich prügeln, mindestens einmal in der Woche. Und jetzt hält dich Sollozzo für den schwachen Punkt der Familie, weil du dich von McCluskey hast schlagen lassen, ohne zurückzuschlagen, und weil du dich nicht in die Kämpfe der Familie einmischen wolltest. Er glaubt, wenn er es nur mit dir zu tun hat, braucht er sich keine Sorgen zu machen. Und auch McCluskey hält dich für einen feigen Makkaroni.» Sonny hielt inne. Dann sagte er weich: «Aber du bist trotz allem ein Corleone, du Hurensohn! Und ich bin der einzige, der es gewußt hat. Seit drei Tagen, seit der Alte angeschossen worden ist, sitze ich hier und warte darauf, daß du endlich aufhörst, den Collegeklugscheißer und Kriegshelden zu spielen. Ich habe darauf gewartet, daß du meine rechte Hand wirst, damit wir diese Schweine, die unseren Vater und unsere Familie kaputtmachen wollen, umlegen können. Und alles, was dazu nötig war, war ein Volltreffer ins Gesicht. Was sagt man dazu?» Sonny machte eine komische Handbewegung, als teile er einen Boxhieb aus. «Was sagt man dazu?»

Die Spannung im Raum hatte sich gelöst. Mike schüttelte den Kopf. «Sonny, mein Plan ist der einzige Ausweg. Ich kann nicht zulassen, daß Sollozzo noch mal an den Alten herankommt. Und anscheinend bin ich der einzige, dem es möglich sein wird, in seine Nähe zu kommen. Ich habe mir alles genau überlegt. Ich glaube kaum, daß ihr jemand anderen findet, der den Polizeicaptain umlegen kann. Vielleicht würdest du es tun, Sonny, aber du hast Frau und Kinder, und du mußt das Familiengeschäft weiterführen, bis der Alte wieder in Form ist. Bleiben also Freddie und ich. Freddie steht noch immer unter dem Schock und ist außer Gefecht. Bleibe also nur ich. Es ist ganz logisch. Der Schlag ins Gesicht hat überhaupt nichts damit zu tun.»

Sonny kam auf ihn zu und umarmte ihn. «Es ist mir scheißegal, was du für Gründe hast, solange du mitmachst. Und ich werde dir noch was sagen: Du hast vollkommen recht. Tom, was meinst du dazu?»

Hagen zuckte die Achseln. «Die Logik ist nicht abzustreiten. Außerdem glaube ich nicht, daß der Einigungsvorschlag des Türken ernst gemeint ist. Ich glaube, er versucht immer noch, an den Don heranzukommen. Zumindest deutet alles, was er bisher unternommen hat, darauf hin. Also müssen wir Sollozzo kassieren, selbst wenn wir den Polizeicaptain dabei mit umlegen müssen. Aber wer auch immer diesen Job ausführt, wird eine Menge Unannehmlichkeiten haben. Muß es denn unbedingt Mike sein?»

Leise sagte Sonny: «Ich könnte es ja auch machen.»

Ungeduldig schüttelte Hagen den Kopf. «Dich würde Sollozzo nicht auf eine Meile an sich herankommen lassen, und wenn er zehn Polizeicaptains bei sich hätte. Außerdem bist du der führende Mann der Familie. Du darfst kein Risiko eingehen.» Hagen wandte sich an Clemenza und Tessio: «Hat einer von euch einen erstklassigen *button-man*, der diesen Job übernehmen würde? Der Mann hätte bis an sein Lebensende ausgesorgt.»

Clemenza meldete sich als erster. «Keiner, den Sollozzo nicht kennt. Er würde sofort Lunte riechen. Auch, wenn ich oder Tessio gingen.»

Hagen sagte: «Wie wär's mit einem, der sich noch keinen Namen gemacht hat, einem vielversprechenden Anfänger?»

Beide *caporegimes* schüttelten den Kopf. Tessio lächelte, um seinen Worten die Schärfe zu nehmen: «Das wäre so, als würde man ein Kind in der Baseball-Liga mitspielen lassen.»

Sonny unterbrach in schroff. «Nein, es muß Mike sein. Aus tausend verschiedenen Gründen. Vor allem, weil sie ihn für einen Weichling halten. Er wird es schaffen, das kann ich euch garantieren, und das ist schließlich das wichtigste, weil es unsere einzige Gelegenheit ist, diesen Scheißkerl zu erwischen. Wir müssen uns jetzt überlegen, wie wir Mike am besten helfen können. Tom, Clemenza, Tessio, ihr versucht rauszufinden, wo sich Sollozzo mit ihm treffen will. Geld spielt keine Rolle. Wenn wir das wissen, müssen wir uns überlegen, wie wir ihm eine Waffe zuschieben können. Clemenza, du besorgst ihm aus deinen Beständen eine Kanone, die man auf keinen Fall identifizieren kann. Am besten eine mit kurzem Lauf und starker Ladung. Ganz genau braucht sie nicht zu sein, er wird ihnen ja praktisch auf den Zehen stehen, wenn er sie benutzt. Mike, sobald du das Schießeisen benutzt hast, wirfst du es zu Boden. Laß dich nicht damit erwischen! Clemenza, du präparierst den Lauf und den Abzug mit diesem Spezialzeug, damit es keine Fingerabdrücke gibt. Vergiß nicht, Mike, wir können alles regeln, Zeugen und so weiter, aber wenn sie dich mit der Kanone erwischen, können wir nichts machen. Wir werden für deinen Transport sorgen, für deinen Schutz, und dann werden wir dich auf einen schönen, langen Urlaub schicken, bis sich die Lage wieder beruhigt hat. Du wirst ziemlich lange fortbleiben müssen, Mike, aber ich möchte nicht, daß du dich von deiner Freundin verabschiedest, nicht einmal, daß du sie anrufst. Wenn alles vorbei ist und du außer Landes bist, werde ich ihr sagen, daß es dir gutgeht. Das ist ein Befehl.» Sonny lächelte seinem Bruder zu. «Und jetzt halt dich an Clemenza und trainiere mit der Waffe, die er für dich aussucht. Gewöhn dich an sie. Um alles andere werden wir uns kümmern. Okay, Kleiner?»

Da war wieder dieses herrliche Gefühl eiskalten Berechnens. Michael sagte zu seinem Bruder: «Du brauchst mir nicht diesen Quatsch mit meiner Freundin zu erzählen. Glaubst du vielleicht, ich hätte sie angerufen, um ihr auf Wiedersehen zu sagen?»

Sonny sagte rasch: «Okay, aber du bist noch ein Anfänger, darum erkläre ich dir alles so genau. Vergiß es.»

Grinsend sagte Michael: «Was meinst du damit, daß ich ein Anfänger bin? Ich habe dem Alten genauso gut zugehört wie du. Wie sonst wäre ich so schlau geworden?» Sie lachten beide.

Hagen schenkte Drinks für alle ein. Er machte ein etwas verdrießliches Gesicht. Ein Staatsmann, der sich zum Krieg gezwungen sieht. «Nun ja, jetzt wissen wir wenigstens, was wir tun sollen», sagte er schließlich.

11

Captain Mark McCluskey saß in seinem Büro und befingerte drei dick mit Wettabschnitten gefüllte Umschläge. Er runzelte die Stirn und wünschte sich, die Notierungen auf den Abschnitten entziffern zu können. Das war sehr wichtig für ihn. Die Umschläge enthielten jene Wettabschnitte, die seine Männer bei einer Razzia auf einen Buchmacher der Corleone-Familie am Abend zuvor erbeutet hatten. Jetzt mußte der Buchmacher die Abschnitte zurückkaufen, sonst konnten die Spieler Anspruch auf falsche Gewinne erheben und ihn damit ruinieren.

Es war wichtig für Captain McCluskey, die Abschnitte zu entziffern, weil er nicht übers Ohr gehauen werden wollte, wenn er dem Buchmacher die Abschnitte zum Rückkauf anbot. Wenn es Wetten im Werte von fünfzigtausend waren, konnte er sie vielleicht für fünftausend verkaufen. Waren viele dicke Wetten dabei und die Gesamtsumme hundert- oder vielleicht sogar zweihunderttausend, so ließen sie sich weit teurer verkaufen. McCluskey spielte mit dem Umschlag und beschloß, den Buchmacher ein bißchen zappeln zu lassen und abzuwarten, bis er zuerst sein Angebot machte. Das gab ihm vielleicht einen Hinweis auf den wirklichen Wert.

McCluskey sah auf die Wanduhr seines Revierbüros. Er wurde Zeit für ihn, diesen öligen Türken Sollozzo abzuholen und ihn zum Treffen mit den Corleones zu begleiten. McCluskey ging an seinen Schrank und vertauschte die Uniform gegen einen Zivilanzug. Als er fertig war, rief er seine Frau an und sagte ihr, daß er am Abend nicht zum Essen nach Hause kommen würde, weil er noch etwas zu erledigen hätte. Er vertraute seiner Frau niemals etwas an. Sie glaubte, sie lebten von seinem Gehalt als Polizist. McCluskey grunzte vor Vergnügen. Seine Mutter hatte das auch gedacht, er selbst aber kam schon frühzeitig dahinter. Sein Vater hatte ihm alle Kniffe gezeigt.

Sein Vater war Polizei-Sergeant gewesen, und Woche für Woche waren Vater und Sohn gemeinsam durch das Revier gezogen, wobei McCluskey senior allen Ladenbesitzern seinen sechsjährigen Sohn vorgestellt hatte. «Und das ist mein kleiner Junge.»

Die Ladenbesitzer hatten ihm die Hand geschüttelt, ihm übertriebene Komplimente gemacht und klingelnd die Ladenkassen aufspringen lassen, um dem Kleinen fünf oder zehn Dollar zu schenken. Am Ende des Tages waren dann sämtliche Taschen des kleinen Mark mit Geldscheinen vollgestopft. Er platzte fast vor Stolz, daß ihn die Freunde seines Vaters so gern hatten, daß sie ihm jeden Monat, wenn sie ihn sahen, ein Geldgeschenk überreichten. Selbstverständlich trug sein Vater das Geld für ihn auf die Bank, es war für seine Collegeausbildung bestimmt. Der kleine Mark durfte höchstens ein Fünfzig-Cent-Stück behalten.

Wenn Mark dann nach Hause kam und die Freunde seines Vaters ihn fragten, was er einmal werden wolle, dann lispelte er «Polizist», und sie brachen in brüllendes Lachen aus. Obwohl sein Vater wünschte, daß er zuerst noch das College besuche, ging er direkt von der High-School auf die Polizeischule.

Er war ein guter, ein mutiger Cop. Die harten Jungens, die die Straßen terrorisierten, nahmen Reißaus, wenn er auftauchte, und verschwanden dann ganz aus seinem Revier. Er war ein harter Polizist, aber er war fair. Er nahm seinen Sohn niemals mit auf die Runde zu den Ladenbesitzern, wenn er seine Schmiergelder einkassieren ging – dafür, daß er Verletzungen der Müllvorschrift und des Parkverbots übersah. Er kassierte das Geld persönlich, weil er glaubte, es sich verdient zu haben. Wenn er auf Fußstreife war, verdrückte er sich nie in ein Kino und machte nie in einer Kneipe Pause, wie einige seiner Kollegen, besonders an kalten Winterabenden. Er drehte stets pflichtgetreu seine Runden. Er beschützte seine Ladenbesitzer zuverlässig, er bediente seine Kundschaft gut. Wenn Saufbrüder und Betrunkene von der Bowery herüberkamen, um in seinem Revier zu betteln, schaffte er sie sich mit solcher Härte vom Hals, daß sie sich nie wieder hertrauten. Dafür waren ihm die Kaufleute in seinem Revier sehr dankbar. Und sie bewiesen ihm ihre Dankbarkeit.

Außerdem respektierte er das System. Die Buchmacher in seinem Revier wußten genau, daß er ihnen keine Schwierigkeiten machen würde, um sich ein zusätzliches Stück Geld einzuhandeln, daß er mit seinem Anteil aus dem Reviersäckel zufrieden war. Sein Name stand mit den anderen zusammen auf der Liste, und er versuchte nie, sich Extras zu verschaffen. Er war ein fairer Cop, der nur ehrliches Schmiergeld nahm, und sein Aufstieg bei der Polizei ging zwar langsam, aber unaufhaltsam vonstatten.

Während all dieser Jahre wuchs seine Familie immer mehr: vier Söhne, von denen keiner Polizeibeamter wurde. Sie gingen alle auf die Fordham University; da Mark McCluskey inzwischen vom Sergeant zum Lieutenant und schließlich zum Captain befördert worden war, fehlte es ihnen an nichts. Um diese Zeit etwa geriet McCluskey in den Ruf, rücksichtslos auf seinen Vorteil bedacht zu sein. Die Buchmacher in seinem Revier bezahlten höhere Schutzgelder als die in den anderen Vierteln der Stadt, aber das kam wohl von den hohen Kosten, die vier studierende Söhne verursachen.

McCluskey selber fand nichts Unrechtes an ehrlichem Schmiergeld. Verdammt, sollte er seine Jungens etwa auf irgendein billiges College in den Südstaaten schicken, nur weil die Polizei ihren Beamten Gehälter zahlte, von denen man nicht anständig leben und seine Familie nicht ordentlich versorgen konnte? Er beschützte diese Menschen mit Einsatz seines Lebens, und sein Führungsblatt wies Belobigungen auf wegen Schießereien mit Räubern, mit Schlägern, mit Zuhältern. Er hatte sie alle ungespitzt in den Boden geschlagen. Er sorgte in seinem kleinen Winkel der Stadt dafür, daß die anständigen Bürger in Sicherheit leben konnten, und darum hatte er ein Recht auf mehr als diesen lausigen einen Hunderter pro Woche. Aber er war nicht empört über sein unzureichendes Gehalt, er hatte Verständnis dafür, daß jeder sich selber der Nächste ist.

Bruno Tattaglia war für ihn ein alter Bekannter. Bruno war mit einem seiner Söhne auf die Fordham University gegangen. Später hatte er dann seinen Nightclub eröffnet, und wenn die Familie McCluskey einmal, was selten vorkam, abends ausging, landeten sie stets in seinem Lokal und unterhielten sich bei Cabaret, Drinks und gutem Essen – auf Kosten des Hauses. Zu Silvester wurden sie regelmäßig durch eine gedruckte Einladungskarte aufgefordert, sich als Gäste der Direktion zu betrachten, und stets wurde ihnen einer der besten Tische reserviert. Immer sorgte Bruno dafür, daß sie den Stars, die in seinem Klub auftraten, darunter berühmte Sänger und Hollywood-Schauspieler, vorgestellt wurden. Dafür erbat er sich bei Gelegenheit natürlich mal eine kleine Gefälligkeit, zum Beispiel die Nightclublizenz für eine Angestellte, bei der es sich fast immer um ein sehr hübsches Mädchen handelte, das wegen

Prostitution oder Diebstahl vorbestraft war. McCluskey erfüllte ihm diese Bitten jedesmal mit großem Vergnügen.

McCluskey machte es sich zum Prinzip, niemals durchblicken zu lassen, daß er ahnte, was andere Leute vorhatten. Als daher Sollozzo mit dem Vorschlag an ihn herantrat, den alten Corleone im Krankenhaus ohne Bewachung zu lassen, fragte McCluskey nicht nach dem Grund. Er fragte nach dem Preis. Als Sollozzo zehntausend sagte, wußte McCluskey alles. Er zögerte nicht. Corleone war einer der größten Mafiosi im Land, mit mehr politischen Verbindungen als selbst Al Capone jemals aufweisen konnte. Wer ihn umlegte, würde dem Land einen großen Gefallen erweisen. McCluskey verlangte das Geld im voraus und erledigte den Job. Als ihn Sollozzo dann anrief und sagte, es trieben sich immer noch zwei Männer der Corleones vor dem Krankenhaus herum, hatte er einen Tobsuchtsanfall bekommen. Er hatte Tessios Männer ohne Ausnahme eingesperrt, er hatte die Kriminalbeamten von Corleones Tür abgezogen. Und nun würde er, da er ja ein Mann mit Grundsätzen war, die zehntausend wieder zurückgeben müssen – eine Summe, die er bereits für die Ausbildung seiner Enkelkinder bestimmt hatte. In dieser Stimmung war er zum Krankenhaus gefahren und hatte Michael zusammengeschlagen.

Aber es wandte sich alles zum Besten. Er hatte sich im Tattaglia-Nightclub mit Sollozzo getroffen und einen noch besseren Handel abgeschlossen. Wieder stellte McCluskey keine Fragen, denn die Antworten waren ihm schon bekannt. Er erkundigte sich nur nach dem Preis. Keinen Augenblick kam ihm der Gedanke, er könnte sich in Gefahr befinden. Die Vorstellung, jemand könne auch nur im entferntesten daran denken, einen Polizeicaptain von New York City umzubringen, war zu absurd. Der härteste Mafiagangster mußte stillhalten, wenn der kleinste Streifenbeamte auf ihm herumtrampelte. Mord an einem Polizisten brachte nur Nachteile mit sich. Denn dann wurden plötzlich erstaunlich viele Gauner wegen Widerstandes gegen die Staatsgewalt oder auf der Flucht vom Schauplatz der Tat erschossen, und wer zum Teufel wollte dagegen etwas tun?

McCluskey seufzte und schickte sich an, das Revier zu verlassen. Sorgen, immer wieder Sorgen! Seine Schwägerin in Irland war nach langen Jahren des Siechtums an Krebs gestorben, und dieser Krebs hatte ihn einen ganz schönen Batzen gekostet. Dazu kamen nun noch die Beerdigungskosten. Seine Onkel und Tanten in der alten Heimat brauchten auch hier und da eine Beihilfe für ihre Farm, und er schickte ihnen das Geld. Es tat ihm nicht leid darum. Wenn er mit seiner Frau die alte Heimat besuchte, wurden sie immer behandelt wie Könige. Vielleicht würde er jetzt, da der Krieg vorbei war und er dieses Extrageld hatte, im Sommer wieder mal hinfahren.

McCluskey teilte dem wachhabenden Beamten mit, wo er im Notfall zu erreichen war. Vorsichtsmaßregeln zu treffen, hielt er nicht für notwendig. Er konnte jederzeit behaupten, Sollozzo sei ein Informant, mit dem er sprechen mußte. Draußen ging er ein paar Blocks zu Fuß, dann ließ er sich von einem Taxi zu dem Ort fahren, an dem er mit Sollozzo verabredet war.

Tom Hagen bereitete alles für Michaels Flucht ins Ausland vor. Er besorgte ihm einen falschen Paß, ein Seefahrtbuch, eine Koje auf einem italienischen Frachter, der einen sizilianischen Hafen anlief. Am selben Tag wurden per Flugzeug Geheimkuriere nach Sizilien geschickt, um bei dem Mafiachef in den Bergen ein Versteck zu organisieren.

Sonny ordnete an, daß ein Wagen mit einem absolut verläßlichen Fahrer vor dem Stelldichein für Michael bereitzustehen habe. Der Fahrer würde Tessio selbst sein, er hatte sich freiwillig dafür gemeldet. Der Wagen, ein heruntergekommener Schlitten, aber mit erstklassigem Motor und gefälschten Nummernschildern, würde nicht zu identifizieren sein. Man hatte ihn sich für ein Sonderunternehmen vorbehalten, für welches das Beste gerade gut genug war.

Michael verbrachte den ganzen Tag mit Clemenza und trainierte unter seiner Aufsicht mit dem kleinen Revolver, einem .22er, dessen Kugeln beim Einschuß nadelfeine Löcher machten, beim Austritt aus dem menschlichen Körper jedoch klaffende Wunden rissen. Er stellte fest, daß die Waffe bis zu einer Entfernung von fünf Schritten zielgenau war. Der Abzug war etwas hart, aber Clemenza arbeitete mit seinen Werkzeugen daran herum, bis er sich leicht bewegen ließ. Sie beschlossen, keinen Schalldämpfer zu benutzen. Sie wollten vermeiden, daß ein Unbeteiligter die Situation verkannte und sich aus dem Mut des Unwissenden heraus womöglich einmischte. Der Knall des Schusses würde Michael die Leute vom Hals halten.

Clemenza sparte während des Trainings nicht mit guten Ratschlägen. «Laß den Revolver fallen, sobald du ihn benutzt hast. Laß einfach den Arm am Körper herabhängen und die Waffe aus deiner Hand gleiten. Kein Mensch wird etwas merken. Alle werden glauben, du wärst noch bewaffnet. Sie werden nur auf dein Gesicht sehen. Verlaß das Lokal rasch, aber fang nicht an zu laufen. Schau niemanden an, aber dreh auch nicht den Kopf weg. Vergiß nicht, daß sie Angst vor dir haben. Es wird sich niemand einmischen. Draußen wartet Tessio im Wagen. Du steigst ein und überläßt alles Weitere ihm. Und nur keine Angst vor Zwischenfällen. Du wärst überrascht, wenn du wüßtest, wie glatt solche Dinge ablaufen. Jetzt setz diesen Hut da auf und laß dich anschauen.» Er drückte Michael einen weichen grauen Filz auf den Kopf. Michael, der niemals Hüte trug, zog ein Gesicht. Clemenza beruhigte ihn. «Nur eine Vorsichtsmaßnahme. Meist gibt so ein Hut den Zeugen einen guten Vorwand, ihre Identifizierung zurückzuziehen, nachdem wir ihnen ein Licht aufgesteckt haben. Um Fingerabdrücke brauchst du dir keine Sorgen zu machen. Schaft und Abzug sind mit einer Speziallösung behandelt. Aber denk dran, du darfst den Revolver an keiner anderen Stelle berühren!»

«Hat Sonny feststellen können, wohin Sollozzo mich bringen läßt?» fragte Michael.

Clemenza zuckte die Achseln. «Noch nicht. Sollozzo ist vorsichtig. Aber keine Angst, er wird dir nichts tun. Wir halten den Mittelsmann fest, bis du heil und gesund wieder bei uns bist. Wenn dir etwas zustößt, muß der Mittelsmann dafür bezahlen.»

«Und warum sollte er seinen Kopf hinhalten?»

«Weil er viel Geld dafür bekommt», sagte Clemenza. «Ein kleines Vermögen. Außerdem ist er ein wichtiger Mann für die Familien. Er weiß, Sollozzo kann nicht riskieren, daß ihm etwas passiert. Dein Leben ist für Sollozzo längst nicht so wertvoll wie das dieses Mittelsmannes. Du bist also nicht in Gefahr. Wir sind es, denen nachher die Hölle heiß gemacht wird.»

«Wie schlimm wird es werden?»

«Sehr schlimm», sagte Clemenza. «Es wird ein totaler Krieg ausbrechen zwischen den Tattaglias und den Corleones. Die meisten anderen Familien werden sich den Tattaglias anschließen. Die Müllabfuhr wird in diesem Winter eine Menge Leichen wegräumen müssen.» Er zuckte mit den Achseln. «So was passiert alle zehn Jahre. Ein Aderlaß. Außerdem, wenn wir uns schon in kleinen Dingen von ihnen rumschubsen lassen, werden sie uns bald zu groß werden. Man muß ihnen gleich am Anfang eins auf den Kopf geben. Genau wie man es mit Hitler in München hätte tun müssen. Die hätten ihm das nie durchgehen lassen dürfen.»

Michael hatte seinen Vater häufig das gleiche sagen hören, schon vor dem Krieg, im Jahre 1939. Wenn damals die Familien im State Department gesessen wären, hätte es nie einen Zweiten Weltkrieg gegeben, dachte er grinsend.

Sie fuhren zur Promenade zurück, wo Sonny noch immer im Haus des Don sein Hauptquartier hatte. Michael fragte sich, wie lange Sonny sich noch auf dem sicheren Gelände der Promenade versteckt halten würde. Einmal mußte er sich doch wieder hinauswagen. Sie fanden ihn auf der Couch, wo er ein Schläfchen hielt. Auf dem Teetisch standen die Überbleibsel einer späten Mittagsmahlzeit: Reste eines Steaks, Brot und eine halbleere Whiskyflasche.

Das sonst so saubere Büro seines Vaters sah allmählich aus wie ein unaufgeräumtes Untermieterzimmer. Michael rüttelte seinen Bruder wach.

«Du haust hier wie ein Gammler. Kannst du dieses Zimmer nicht putzen lassen?»

Sonny gähnte. «Der Spieß inspiziert die Kasernenstube. Mike, wir haben noch immer nicht herausbekommen, wohin dich Sollozzo und McCluskey, diese Schweine, bringen wollen. Wenn wir es nicht rauskriegen, wie sollen wir dir dann die Kanone zuschieben, verdammt noch mal?»

«Kann ich sie denn nicht bei mir tragen?» fragte Michael. «Vielleicht durchsuchen sie mich gar nicht, und selbst wenn sie es tun, brauchen sie sie nicht unbedingt zu finden. Wir müssen es nur geschickt genug anstellen. Und selbst wenn sie sie finden – was macht das schon? Sie werden sie mir wegnehmen, das ist alles.»

Sonny schüttelte den Kopf. «Nein», sagte er. «Wir müssen sichergehen, daß wir Sollozzo kriegen. Vergiß nicht, du mußt ihn als ersten erledigen, wenn es geht. McCluskey ist langsamer und dämlicher. Für ihn wirst du reichlich Zeit haben. Hat Clemenza dir gesagt, daß du unter allen Umständen die Kanone fallen lassen mußt?»

«Etwa zweihundertmal», sagte Michael.

Sonny erhob sich vom Sofa und reckte sich. «Was macht dein Kiefer, Kleiner?»

«Tut weh», sagte Michael. Die ganze linke Hälfte seines Gesichtes schmerzte. Er nahm die Whiskyflasche vom Tisch und trank. Der Schmerz ließ nach.

Sonny warnte: «Langsam, Mike! Du darfst keinen Alkohol trinken, der hemmt deine Reaktionen.»

«Mein Gott, hör doch auf, Sonny!» sagte Michael. «Spiel doch nicht den großen Bruder! Im Krieg habe ich es mit härteren Burschen zu tun gehabt, als diesem Sollozzo, und unter weniger günstigen Umständen. Wo sind seine Granatwerfer? Hat er vielleicht Luftdeckung? Schwere Artillerie? Landminen? Der ist doch nichts weiter als ein naseweiser Scheißkerl mit einem großmäuligen Cop als Partner. Wenn man sich erst mal entschlossen hat, die beiden umzulegen, gibt es keine Probleme mehr. Das ist der schwierigste Teil – den Entschluß zu fassen. Die beiden werden kaum wissen, wie ihnen geschieht.»

Tom Hagen kam. Er begrüßte sie mit einem Nicken und ging sofort an das Telefon mit der Geheimnummer. Er führte ein paar Gespräche, dann schüttelte er den Kopf. «Nichts», sagte er zu Sonny. «Sollozzo hält es so lange wie möglich geheim.»

Das Telefon klingelte. Sonny meldete sich und hob, obwohl niemand gesprochen hatte, die Hand, als wolle er den anderen Schweigen gebieten. Er warf ein paar Worte auf einen Block, dann sagte er: «Okay, ich komme», und legte auf.

Er lachte. «Dieses Schwein! Also hier haben wir's: Um acht Uhr wollen er und Captain McCluskey Mike vor Jack Dempseys Bar am Broadway abholen. Sie wollen irgendwo hinfahren, wo sie alles besprechen können, und hört euch das an: Mike und Sollozzo sollen sich auf italienisch unterhalten, damit der irische Cop nicht weiß, um was es geht. Er hat mir sogar versichert, ich brauchte keine Angst zu haben, weil McCluskey außer ‹soldi› kein Wort

Italienisch kann. Und er hat sich erkundigt, Mike, und weiß, daß du sizilianischen Dialekt verstehst.»

Michael sagte trocken: «Meine Kenntnisse sind zwar ziemlich eingerostet, aber wir werden ja nicht sehr lange reden.»

«Wir werden Mike erst gehen lassen, wenn wir den Mittelsmann haben», sagte Tom Hagen. «Ist das arrangiert?»

Clemenza nickte. «Der Mittelsmann sitzt bei mir zu Hause und spielt Karten mit drei von meinen Leuten. Erst wenn sie einen Anruf bekommen, lassen sie ihn laufen.»

Sonny lehnte sich in den Ledersessel zurück. «Aber wie zum Teufel erfahren wir jetzt, wo die Besprechung stattfinden soll? Tom, wir haben doch Informanten bei den Tattaglias. Wieso können die uns nicht helfen?»

Hagen zuckte mit den Achseln. «Sollozzo ist wirklich verdammt gerissen. Er läßt sich von niemandem in die Karten sehen, er ist so vorsichtig, daß er nicht einen einzigen Mann als Bedeckung mitnimmt. Er glaubt, der Captain würde genügen und daß Vorsicht wichtiger ist als Kanonen. Und er hat recht damit. Wir werden uns wohl an Mike anhängen müssen und auf das Beste hoffen.»

Sonny schüttelte den Kopf. «Nein, einen Verfolger kann jeder abschütteln, wenn er es wirklich will. Das ist das erste, was sie machen werden.»

Es war inzwischen fünf Uhr nachmittags geworden. Mit besorgter Miene sagte Sonny: «Vielleicht sollte Mike einfach alle umlegen, die in dem Wagen sind, wenn sie ihn abholen kommen.»

Hagen schüttelte den Kopf. «Und was, wenn Sollozzo nicht mit im Wagen ist? Dann haben wir uns umsonst exponiert. Nein, wir müssen um jeden Preis herausfinden, wohin ihn Sollozzo bringen will.»

Clemenza warf ein: «Vielleicht sollten wir darüber nachdenken, warum er ein so großes Geheimnis daraus macht.»

Ungeduldig sagte Michael: «Wegen des Risikos. Warum sollte er zulassen, daß wir es erfahren, wenn er es verhindern kann? Außerdem wittert er die Gefahr. Er muß verdammt mißtrauisch sein, sogar wenn er von diesem Polizeicaptain beschützt wird.»

Hagen schnippte mit den Fingern. «Der Kriminalbeamte, dieser Phillips! Warum rufst du ihn nicht an, Sonny? Vielleicht kriegt er heraus, wo der Captain zu erreichen ist. Versuchen kann man's ja mal. McCluskey schert sich bestimmt einen Dreck darum, ob jemand erfährt, wo er ist.»

Sonny nahm das Telefon und wählte. Er sprach leise in den Apparat, dann legte er auf. «Er ruft zurück», sagte er.

Sie mußten noch fast eine halbe Stunde warten, dann klingelte das Telefon wieder. Es war Phillips. Sonny notierte sich etwas auf seinem Block, dann legte er auf. Sein Gesicht war angespannt. «Ich glaube, wir haben's», sagte er. «Captain McCluskey muß immer hinterlassen, wo er zu erreichen ist. Von acht bis zehn Uhr heute abend ist er im ‹Luna Azure› oben in der Bronx. Kennt jemand das Lokal?»

«Ich», sagte Tessio. «Ideal für uns. Eine kleine Familienkneipe mit tiefen Nischen, wo die Leute sich ungestört unterhalten können. Gute Küche. Keiner kümmert sich eben um den anderen. Perfekt!» Er beugte sich über Sonnys Schreibtisch und ordnete die Zigarettenstummel zu einem Grundriß. «Das ist der Eingang. Mike, wenn du herauskommst, wendest du dich nach links, dann um die Ecke. Sowie ich dich sehe, schalte ich meine Scheinwerfer ein und lasse dich dann im Fahren einsteigen. Wenn du Schwierigkeiten hast, schrei los. Dann komme ich und hole dich raus. Clemenza, du mußt dich beeilen. Schick jemand hin, der die Kanone versteckt. Es gibt da eine altmodische Toilette mit einem Spalt zwischen Wasserbehälter und Wand. Da soll dein Mann die Waffe mit Klebstreifen befestigen. Mike, wenn sie dich im Auto durchsucht und gesehen haben, daß du unbewaffnet bist, werden sie sich keine Sorgen mehr machen. Drinnen im Restaurant wartest du eine Zeitlang, bevor du hinausgehst. Nein, noch besser, frag sie, ob du rausgehen darfst. Tu erst ein bißchen unsicher, sei ganz natürlich. Sie werden sich nichts dabei denken. Aber wenn du wieder rauskommst, verlier keine Zeit. Setz dich gar nicht erst wieder an den Tisch, sondern schieß gleich los. Und geh auf Nummer Sicher: In den Kopf, zwei Schuß pro Mann, und dann nichts wie raus!»

Sonny hatte mit ernstem Gesicht zugehört. «Ich brauche einen verläßlichen Mann, der das Kanonenrohr dort deponiert», wandte er sich an Clemenza. «Ich möchte nicht haben, daß mein Bruder nur mit dem Schwanz in der Hand aus dem Klo herauskommt.»

Nachdrücklich sagte Clemenza: «Die Waffe wird da sein.»

«Okay», sagte Sonny. «Dann los, alle Mann.»

Tessio und Clemenza gingen. Tom Hagen sagte: «Sonny, soll ich Mike nach New York hineinfahren?»

«Nein», entschied Sonny. «Dich brauche ich hier. Die richtige Arbeit beginnt erst, wenn Mike seinen Job erledigt hat. Hast du die Zeitungsleute benachrichtigt?»

Hagen nickte. «Ich werde ihnen die Information geben, sobald die Bombe geplatzt ist.»

Sonny stand auf und blieb vor Michael stehen. Er schüttelte ihm die Hand. «Okay, Kleiner», sagte er, «jetzt bist du dran. Ich werde Mama beibringen, daß du dich nicht mehr von ihr verabschieden konntest, bevor du abgereist bist. Und deiner Freundin werde ich auch Nachricht schicken, sobald ich es für richtig halte. Okay?»

«Okay», sagte Michael. «Was glaubst du, wann ich zurückkommen kann?»

«Frühestens in einem Jahr.»

Tom Hagen warf ein: «Der Don schafft es vielleicht noch schneller, Mike, aber ich würde nicht damit rechnen. Die Zeitspanne hängt von einer Menge verschiedener Dinge ab. Wie gut wir bei den Zeitungsleuten die Story anbringen können. Wieviel die Polizei geheimhalten will. Wie heftig die anderen Familien reagieren. Es wird eine Menge Druck und Ärger geben. Das ist das einzige, was wir wissen.»

Michael schüttelte Hagen die Hand. «Tut euer Bestes», sagte er. «Ich möchte nicht noch einmal drei Jahre lang von zu Hause fort sein.»

Hagen sagte freundlich: «Es ist noch nicht zu spät, Mike. Noch können wir jemand anderen für diesen Job suchen, oder es fällt uns irgendeine neue Lösung ein. Vielleicht ist es gar nicht nötig, Sollozzo aus dem Weg zu räumen.»

Michael lachte. «Wir können uns alles mögliche einreden», sagte er. «Aber unser erster Entschluß war schon richtig. Ich habe mein Leben lang die bequeme Tour geritten, es wird langsam Zeit, daß ich meine Schulden bezahle.»

«Du solltest dich nicht von deinem gebrochenen Kiefer beeinflussen lassen», warnte ihn Hagen. «McCluskey ist ein einfältiger

Mann, und es wird eine geschäftliche Angelegenheit, keine persönliche.»

Zum zweitenmal sah er, wie Michael Corleones Gesicht zu einer Maske erstarrte, die auf fast unheimliche Weise den Zügen des Alten glich. «Tom, mach dir doch nichts vor. Alles ist eine persönliche Angelegenheit, jedes Geschäft. Jedes Stück Scheiße, das ein Mann Tag für Tag fressen muß, ist eine persönliche Angelegenheit. Sie nennen es Geschäft. Okay. Aber es ist so persönlich wie ein Zahnschmerz. Weißt du, von wem ich das gelernt habe? Vom Don. Von meinem Alten. Dem *padrino*. Wenn ein Blitz einen seiner Freunde trifft, würde der Alte das persönlich nehmen. Er hat es auch persönlich genommen, daß ich zu den Marines gegangen bin. Das ist es ja, was ihn so groß gemacht hat. Er nimmt alles persönlich. Wie Gott. Er kennt jede Feder, die ein Spatz verliert, oder wie immer auch dieser Spruch lautet, und weiß auch, wohin sie fällt. Stimmt's? Und weißt du was? Leuten, die Unfälle als persönliche Beleidigung empfinden, denen passiert kein Unfall. Ich bin spät dran, okay, aber jetzt bin ich dran, und zwar voll und ganz. Du hast verdammt recht, ich nehme diesen gebrochenen Kiefer persönlich; du hast verdammt recht, ich nehme Sollozzos Mordversuch an meinem Vater persönlich.» Er lachte. «Sag dem Alten, daß ich das alles von ihm gelernt habe und daß ich froh bin, Gelegenheit zu haben, ihm alles zu vergelten, was er für mich getan hat. Er war ein guter Vater.» Er hielt inne. Dann sagte er nachdenklich zu Hagen: «Weißt du, ich kann mich nicht erinnern, daß er mich jemals geschlagen hat. Oder Sonny. Oder Freddie. Und Connie hätte er natürlich nicht einmal angebrüllt. Und sei mal ehrlich, Tom: Wie viele Männer hat der Don deiner Ansicht nach umgebracht oder umbringen lassen, hm?»

Tom Hagen wandte sich ab. «Ich werde dir eines sagen, was du nicht von ihm gelernt hast: so zu reden, wie du es jetzt tust. Es gibt Dinge, die getan werden müssen, und man tut sie, aber man spricht nicht davon. Man versucht nicht, sie zu rechtfertigen. Man kann sie nicht rechtfertigen. Man tut sie einfach. Und dann vergißt man sie.»

Michael Corleone runzelte die Stirn. Er sagte ruhig: «Bist du als *consigliori* mit mir einer Meinung, daß es für den Don und unsere Familie gefährlich ist, Sollozzo am Leben zu lassen?»

«Ja», antwortete Hagen.

«Gut», sagte Michael. «Dann muß ich ihn töten.»

Michael Corleone stand vor Jack Dempseys Bar am Broadway und wartete auf den Wagen, der ihn abholen sollte. Er sah auf seine Uhr. Es war fünf Minuten vor acht. Sollozzo würde pünktlich sein. Michael hatte es so eingerichtet, daß er schon sehr frühzeitig da war. Er wartete seit fünfzehn Minuten.

Auf der ganzen Fahrt von Long Beach bis in die Stadt hatte er versucht zu vergessen, was er zu Hagen gesagt hatte. Denn wenn er an das glaubte, was er gesagt hatte, dann hatte er seinem Leben eine unwiderrufliche Wendung gegeben. Aber konnte es denn anders sein, nach heute abend? Wenn ich mit diesem Blödsinn nicht aufhöre, bin ich heute abend wahrscheinlich schon tot, dachte Michael grimmig. Er mußte sich auf seine Aufgabe konzentrieren. Sollozzo war nicht aus Pappe und McCluskey ein ziemlich zäher Bursche. Er spürte den Schmerz in seinem verdrahteten Kiefer und war dankbar dafür, denn er würde dafür sorgen, daß er wachsam blieb.

Der Broadway war an diesem kalten Winterabend verhältnismäßig menschenleer, obwohl die Theater bald begannen. Michael zuckte zusammen, denn jetzt hielt ein langer schwarzer Wagen neben ihm am Bordstein. Der Fahrer beugte sich herüber, öffnete den vorderen Schlag und sagte: «Steigen Sie ein, Mike!» Er kannte den Fahrer nicht, es war ein junger Grünschnabel mit glattem schwarzem Haar und offenem Hemd. Er stieg ein. Im Fond saßen McCluskey und Sollozzo.

Sollozzo reichte ihm die Hand nach vorn, und Michael schüttelte sie. Die Hand war fest, warm und trocken. Sollozzo sagte: «Ich freue mich, daß Sie gekommen sind, Mike. Ich hoffe, daß wir alles klären können. Die ganze Sache ist schrecklich, so habe ich es wirklich nicht gewollt. Es hätte niemals passieren dürfen.»

Ruhig entgegnete Michael: «Ich hoffe auch, daß wir heute abend alles regeln können. Ich möchte nicht, daß mein Vater noch einmal belästigt wird.»

«Das wird er bestimmt nicht», sagte Sollozzo in aufrichtigem Ton. «Das schwöre ich Ihnen bei meinen Kindern. Nur seien Sie bitte nicht voreingenommen, wenn wir alles besprechen. Ich hoffe,

Sie sind nicht so ein Hitzkopf wie Ihr Bruder Sonny. Mit dem kann man ja nicht vernünftig reden.»

Captain McCluskey knurrte: «Er ist kein übler Kerl, er ist schon in Ordnung.» Er beugte sich vor und klopfte Michael freundschaftlich auf die Schulter. «Tut mir leid, das von neulich, Mike. Ich glaube, ich werde ein wenig zu alt für meinen Job, zu reizbar. Ich werde mich wohl bald in den Ruhestand versetzen lassen. Kann diesen ewigen Ärger nicht mehr vertragen, den ganzen Tag nichts als Ärger. Sie wissen ja, wie das so geht!» Er seufzte traurig, und dann durchsuchte er Michael gründlich nach Waffen.

Der Wagen fuhr in Richtung Westen. Der Fahrer machte keinen Versuch, eventuelle Verfolger abzuschütteln. Er bog auf die West Side-Schnellstraße ab und wand sich in vollem Tempo durch den Verkehr. Jeder, der ihm folgte, hätte das gleiche tun müssen. Dann schlug er zu Michaels Enttäuschung die Auffahrt zur George Washington-Brücke ein. Sie fuhren also nach New Jersey hinüber. Wer immer Sonny die Information über den Ort der Zusammenkunft gegeben hatte, mußte ihm etwas Falsches gesagt haben.

Der Wagen näherte sich der Brücke, erreichte sie und ließ die strahlend erleuchtete City hinter sich. Michael machte ein ausdrucksloses Gesicht. Wollten sie ihn in die Sümpfe werfen, oder hatte der schlaue Türke in letzter Minute den Ort des Treffens geändert? Doch als sie fast auf der anderen Seite waren, riß der Fahrer auf einmal das Steuer herum. Der schwere Wagen machte einen Satz, als er auf den Mittelstreifen traf, holperte hinüber und fuhr auf der Gegenfahrbahn nach New York City zurück. McCluskey und Sollozzo drehten sich beide um, ob jemand wohl das gleiche Manöver versuchte.

Der Fahrer trat das Gaspedal durch, die Brücke lag wieder hinter ihnen, und sie fuhren zur East Bronx hinüber. Sie jagten durch Nebenstraßen. Kein Wagen folgte ihnen. Es war schon fast neun Uhr. Sollozzo steckte sich eine Zigarette an, er bot auch McCluskey und Michael das Päckchen an, doch beide lehnten ab. Zum Fahrer sagte Sollozzo: «Gute Arbeit! Ich werd's mir merken.»

Zehn Minuten darauf hielt der Wagen vor einem Lokal. Es war kein Mensch auf der Straße. Auch im Restaurant saßen nur noch wenige Leute beim Essen. Michael hatte gefürchtet, der Fahrer würde mit hineinkommen, aber er blieb draußen bei seinem Wagen. Der Mittelsmann hatte nichts über einen Fahrer gesagt, niemand hatte ihn erwähnt. Genaugenommen hatte Sollozzo damit die Vereinbarung gebrochen. Aber Michael beschloß, nichts zu sagen. Sie würden annehmen, er wage es nicht, davon zu sprechen, weil er Angst habe, die Erfolgschancen der Verhandlung aufs Spiel zu setzen.

Da Sollozzo nicht in einer Nische sitzen wollte, nahmen die drei an dem einzigen runden Tisch des Restaurants Platz. Außer ihnen waren nur zwei Personen anwesend. Michael überlegte, ob es Sollozzos Spitzel waren. Aber das spielte eigentlich keine Rolle. Bevor sie eingreifen konnten, würde alles vorüber sein.

McCluskey fragte interessiert: «Ist die Italienische Küche hier gut?»

Sollozzo beruhigte ihn. «Versuchen Sie mal das Kalbfleisch, was Besseres kriegen Sie in ganz New York nicht.» Der einzige Kellner hatte eine Flasche Wein gebracht und entkorkt. Er schenkte drei Gläser voll. Erstaunlicherweise lehnte McCluskey ab. «Ich muß wohl der einzige Ire sein, der keinen Alkohol anrührt», sagte er. «Ich habe zu oft erlebt, daß anständige Menschen wegen des Trinkens Ärger bekommen.»

Sollozzo sagte entschuldigend dem Captain: «Ich werde mit Mike italienisch sprechen – nicht weil ich Ihnen nicht vertraue, sondern weil ich mich auf englisch nicht so gut ausdrücken kann. Ich muß Mike überzeugen, daß ich es gut meine, daß es für uns alle am besten ist, heute abend zu einer Einigung zu kommen. Also seien Sie nicht böse, es ist bestimmt nicht, weil ich Ihnen mißtraue.»

Captain McCluskey sah beide mit ironischem Grinsen an. «Na klar, legt nur los, ihr zwei!» sagte er. «Ich werde mich mit dem Kalbfleisch und den Spaghetti beschäftigen.»

In eiligem Sizilianisch wandte sich Sollozzo nun an Michael. «Sie müssen verzeihen, daß alles, was zwischen mir und Ihrem Vater passiert ist, aus rein geschäftlichen Gründen geschah. Ich habe große Achtung vor Don Corleone und würde ihn gern um den Vorzug bitten, in seine Dienste treten zu dürfen. Aber Sie müssen verstehen, daß Ihr Vater ein altmodisch denkender Mann ist. Er steht dem Fortschritt im Wege. Das Geschäft, in dem ich bin, ist ganz groß im Kommen, es hat Zukunft, da stecken für alle unzählige Millionen Dollar drin. Aber Ihr Vater steht uns im Weg mit seinen unrealistischen Skrupeln, und er zwingt Männer wie mir seinen Willen auf. Er sagt zu mir: ‹Nur los, machen Sie, was Sie wollen, es ist Ihre eigene Angelegenheit›, aber wir beide wissen doch, daß das unrealistisch ist. Wir müssen uns ja gegenseitig auf die Hühneraugen treten. Was er mir eigentlich sagen will, ist, daß ich mein Geschäft nicht machen darf. Ich bin ein Mann mit Selbstachtung und kann es nicht dulden, daß mir ein anderer seinen Willen aufzwingt, und nur darum ist geschehen, was geschehen ist. Ich möchte Ihnen sagen, daß ich die stillschweigende Unterstützung aller New Yorker Familien hatte. Und die Familie Tattaglia ist mein Teilhaber geworden. Wenn dieser Streit weitergeht, dann stehen die Corleones ganz allein gegen die anderen. Wenn Ihr Vater gesund wäre, könnte es vielleicht gutgehen. Aber der älteste Sohn ist kein Mann wie der *padrino* – ohne ihn kränken zu wollen. Und Hagen, der irische *consigliori,* ist kein Mann wie Genco Abbandando, Gott hab ihn selig. Darum schlage ich vor, daß wir Frieden schließen, einen Waffenstillstand, bis Ihr Vater gesund ist und an den Verhandlungen teilnehmen kann. Die Tattaglias sind einverstanden, keine Vergeltung für ihren Sohn Bruno zu verlangen. Ich habe sie dazu überredet. Wir werden also Frieden haben. Doch ich muß von etwas auch leben können und will in meiner Branche ein bißchen Handel treiben. Ich bitte Sie nicht um Ihre Mitarbeit, aber ich bitte Sie, die Familie Corleone, mich nicht daran zu hindern. Das wäre mein Vorschlag. Ich nehme an, Sie sind ermächtigt, zuzusagen, ein Abkommen zu schließen?»

Michael antwortete auf sizilianisch: «Erklären Sie mir, wie Sie Ihre Geschäfte abwickeln wollen, welche Rolle meine Familie dabei zu spielen hat und welchen Profit wir aus diesem Geschäft erwarten können.»

«Sie wollen alle Einzelheiten wissen?»

Michael sagte ernst: «Vor allem muß ich sichere Garantien dafür haben, daß auf das Leben meines Vaters kein Anschlag mehr verübt wird.»

Sollozzo hob mit sprechender Geste die Hand. «Welche Garantien könnte ich Ihnen geben? Ich bin es doch, der gejagt wird! Ich habe meine Chance verspielt. Sie überschätzen mich, mein Freund. So geschickt bin ich nicht.»

Jetzt wußte Michael mit Sicherheit, daß diese Konferenz nur dazu diente, einige Tage Zeit zu gewinnen. Er wußte, daß Sollozzo wieder versuchen würde, den Don umzubringen. Der Türke hielt ihn für einen grünen Anfänger. Michael machte ein bedrücktes Gesicht. Sollozzo fragte scharf: «Was ist?»

Verlegen sagte Michael: «Der Wein drückt auf meine Blase. Kann ich mal schnell in den Waschraum gehen?»

Prüfend sah ihn Sollozzo mit seinen dunklen Augen an. Er langte herüber und tastete mit groben Bewegungen Michael zwischen den Füßen nach einer Waffe ab. Michael machte ein gekränktes Gesicht. McCluskey sagte schroff: «Ich habe ihn durchsucht. Ich habe schon Tausende von grünen Jungens durchsucht. Er ist sauber.»

Irgend etwas war Sollozzo nicht geheuer. Er wußte nicht warum, doch da war etwas. Er warf dem Mann, der gegenüber an einem der Tische saß, einen Blick zu und nickte mit hochgezogenen Brauen fragend zur Waschraumtür. Der Mann nickte ebenfalls kurz, er habe nachgesehen, es sei niemand drinnen. Zögernd gab Sollozzo nach. «Aber bleiben Sie nicht zu lange.» Er hatte eine ausgezeichnete Antenne; er war nervös.

Michael stand auf und ging in den Waschraum. Das Becken enthielt ein von einem Drahtnetz gehaltenes Stück rosa Seife. Er trat in die Kabine. Nun regten sich seine Gedärme wirklich. Er erledigte es eilig, dann griff er hinter den emaillierten Wasserbehälter, bis seine Hand auf den mit Klebstreifen befestigten kleinen, kurzläufigen Revolver stieß. Er riß ihn los. Er erinnerte sich, daß Clemenza gesagt hatte, er brauche sich um die Fingerabdrücke keine Sorgen zu machen. Er schob den Revolver in seinen Hosenbund und knöpfte seine Jacke darüber. Er wusch sich die Hände und kämmte sich die Haare mit Wasser. Mit dem Taschentuch wischte er seine Fingerabdrücke vom Wasserhahn. Dann verließ er die Toilette.

Sollozzo saß mit dem Gesicht zur Waschraumtür; seine dunklen Augen funkelten wachsam. Michael lächelte. «Jetzt kann ich in Ruhe reden», sagte er mit einem erleichterten Seufzer.

Captain McCluskey war in sein Kalbfleisch und seine Spaghetti vertieft, die inzwischen serviert worden waren. Der Mann an der Wand gegenüber, der vor Erregung steif aufgerichtet gesessen hatte, entspannte sich sichtbar.

Michael nahm wieder Platz. Er hatte zwar nicht vergessen, daß ihm Clemenza geraten hatte, sofort zu schießen, wenn er aus dem Waschraum kam. Aber Instinkt oder schiere Angst hielten ihn zurück. Er hatte das Gefühl, daß er bei der ersten unmotivierten Bewegung niedergeschossen worden wäre. Jetzt fühlte er sich bei weitem sicherer, und er mußte tatsächlich Angst gehabt haben, denn er war froh, daß er nicht mehr auf den Beinen stand. Sie zitterten vor Schwäche.

Sollozzo beugte sich zu ihm herüber. Im Schutz der Tischplatte knöpfte Michael seine Jacke auf und hörte dabei aufmerksam zu. Er begriff kein Wort von dem, was der Mann sagte, so sehr hämmerte ihm das Blut im Kopf. Seine Rechte tastete unter dem Tisch nach dem Revolver im Hosenbund und zog ihn heraus. Im selben Augenblick kam der Kellner, um ihre Bestellung entgegenzunehmen, und Sollozzo wandte den Kopf, um ihm etwas zu sagen. Mit der Linken stieß Michael den Tisch von sich ab, und mit der Rechten schob er den Revolver fast bis an Sollozzos Kopf. Das Reaktionsvermögen des Türken war so ausgezeichnet, daß er schon bei Michaels erster Bewegung begonnen hatte, sich auf die Seite zu werfen. Doch Michaels Reflexe arbeiteten noch rascher. Er drückte ab. Die Kugel traf Sollozzo mitten in die Schläfe und spritzte, als sie auf der anderen Seite austrat, einen riesigen Klumpen Blut und Knochensplitter über die Jacke des versteinerten Kellners. Instinktiv wußte Michael, daß diese eine Kugel genügte. Sollozzo hatte im letzten Moment den Kopf so gedreht, daß Michael den Lebensfunken in seinen Augen wie eine Kerze verlöschen sah.

Nur eine Sekunde war vergangen, als Michael herumfuhr und seinen Revolver auf McCluskey richtete. Der Polizeicaptain starrte mit phlegmatischer Überraschung auf Sollozzo, als habe dieser überhaupt nichts mit ihm zu tun. Er schien sich der eigenen Gefahr nicht bewußt zu sein. Seine Hand mit der Gabel voll Fleisch war mitten in der Luft stehengeblieben, und jetzt erst wanderte sein Blick zu Michael hinüber. Der Ausdruck auf seinem Gesicht, in seinen Augen verriet eine so felsenfeste zornige Überzeugung, Michael werde sich jetzt augenblicklich ergeben oder davonlaufen, daß dieser beinahe lächeln mußte, während er abdrückte. Es war ein schlechter Schuß, er traf McCluskey in den dicken, stiergleichen Hals. Der Polizeicaptain gab erstickte Laute von sich, als habe er ein zu großes Stück Fleisch verschluckt. Und dann war die Luft von einem feinen, blutigen Nebel erfüllt, den er aus seinen zerrissenen Lungen heraufhustete. Sehr kühl, sehr gelassen jagte ihm Michael den zweiten Schuß mitten in den weißhaarigen Schädel.

In der Luft schien ein rosa Schleier zu schweben. Michael fuhr herum zu dem Mann an der gegenüberliegenden Wand. Der schien wie gelähmt. Jetzt legte er vorsichtig beide Hände auf den Tisch und wandte sich ab. Der Kellner wankte rückwärts auf die Küchentür zu. Das Gesicht zu einer entsetzten Fratze verzogen, starrte er Michael ungläubig an. Sollozzo hing noch, seitlich gegen den Tisch gelehnt, auf seinem Stuhl, während McCluskeys schwerer Körper vom Stuhl auf den Boden gerutscht war. Michael ließ den Revolver aus seiner Hand gleiten, so daß er auf die Leiche fiel und kein Geräusch machte. Er sah, daß weder der Mann an der Wand noch der Kellner gemerkt hatten, wie er die Waffe fallen ließ. Mit wenigen Schritten war er an der Tür und stieß sie auf. Sollozzos Wagen stand noch am Bordstein, aber vom Fahrer war nichts zu sehen. Michael wandte sich nach links und ging um die Ecke. Scheinwerfer blendeten auf, eine verbeulte Limousine kam auf ihn zu. Der Schlag wurde geöffnet. Er sprang hinein, und der Wagen jagte mit aufheulendem Motor davon. Am Steuer saß Tessio, das schmale Gesicht hart wie Marmor.

«Hast du Sollozzo erledigt?» fragte er.

«Beide», antwortete Michael.

«Sicher?»

«Ich habe ihr Gehirn gesehen.»

Im Wagen lagen Kleider zum Wechseln. Zwanzig Minuten darauf war Michael auf dem italienischen Frachter. Zwei Stunden später war das Schiff auf dem Weg nach Sizilien, und Michael konnte von seiner Kabine aus die Lichter von New York City sehen; sie brannten wie die Feuer der Hölle. Er empfand eine ungeheure Erleichterung. Jetzt hatte er es hinter sich. Die Hölle mochte losbrechen, aber er war nicht mehr dabei.

Am Tag nach dem Mord an Sollozzo und Captain McCluskey erließen die Polizeioffiziere in jedem Polizeirevier von New York den

Befehl: Kein Glücksspiel mehr, keine Prostitution, keine illegalen Geschäfte irgendwelcher Art, bis der Mörder von Captain McCluskey gefaßt ist. In der ganzen Stadt begannen massive Razzien. Alle ungesetzlichen Geschäftsunternehmen kamen zum Stillstand.

Später am selben Tag fragten Boten der Familien bei der Familie Corleone an, ob sie bereit sei, den Mörder auszuliefern. Man erklärte ihnen, dies ginge sie nichts an. In der Nacht explodierte in der Promenade der Familie Corleone in Long Beach eine Bombe; sie wurde aus einem Wagen geworfen, der bis an die Sperrkette heranfuhr und dann davonjagte. Außerdem wurden in derselben Nacht zwei *button-men* der Corleones getötet, während sie in einem kleinen italienischen Restaurant in Greenwich Village saßen und friedlich ihre Abendmahlzeit einnahmen. Der Fünf-Familien-Krieg von 1946 hatte begonnen.

Zweites Buch

12

Mit lässiger Gebärde entließ Johnny Fontane seinen Diener: «Bis morgen früh, Billy.» Der farbige Butler verbeugte sich stumm und ging. Seine Verbeugung war mehr freundschaftlich als servil und erfolgte auch nur, weil Johnny Besuch zum Dinner hatte.

Von dem riesigen Speise- und Wohnzimmer ging der Blick weit hinaus auf den Pazifik. Johnnys Gast war ein junges Mädchen namens Sharon Moore aus Greenwich Village in New York City. Sie wollte sich in Hollywood um eine Nebenrolle in dem von einem früheren Verehrer produzierten Film bewerben. Als sie im Studio auftauchte, war Johnny gerade bei Dreharbeiten für den Woltz-Film. Er fand sie jung, frisch, reizvoll und amüsant und bat sie für den Abend zu sich zum Essen. Seine Dinnereinladungen waren berühmt und begehrt; natürlich hatte sie zugesagt.

Offenbar erwartete Sharon jetzt, daß sich Johnny seinem Ruf entsprechend ins Zeug legen würde, aber er haßte diese Hollywood-Gewohnheit, in einer Frau nur ein Stück Fleisch zu sehen. Er schlief mit einem Mädchen nur, wenn ihm irgend etwas an ihr wirklich gefiel. Natürlich mit Ausnahme jener Fälle, wo er einen Vollrausch hatte und dann im Bett neben einem Mädchen aufwachte, an das er sich überhaupt nicht erinnern konnte. Außerdem war er jetzt, mit fünfunddreißig Jahren, nach einer Scheidung, nach der Trennung von seiner zweiten Frau und nach ungezählten Abenteuern einfach nicht mehr so scharf darauf. Doch Sharon Moore schien etwas zu haben, was sein Interesse erweckte, und deshalb hatte er sie eingeladen.

Er selber aß niemals viel, aber er wußte, daß hübsche junge Mädchen sich ihre schicken Kleider vom Mund abhungern mußten und daher bei einer Einladung kräftig zulangten; der Tisch war also reichlich gedeckt. Auch Alkohol gab es genug: Auf einer Anrichte standen Champagner im Eiskübel, Scotch, Whiskey, Brandy und verschiedene Liköre. Johnny servierte die Drinks und die Platten mit den vorbereiteten Speisen. Nach dem Essen führte er Sharon in den riesigen Wohnraum hinüber. Er legte einen Stapel Ella Fitzgerald-Platten auf und machte es sich mit Sharon auf der Couch bequem. Sie plauderten ein bißchen, und er versuchte herauszufinden, wie sie als Kind gewesen war: wild oder kokett, hübsch oder häßlich, scheu oder unbekümmert. Solche Einzelheiten waren für ihn sehr wichtig, denn nur sie konnten in ihm die Zärtlichkeit erwecken, die er zur körperlichen Liebe brauchte.

Sie saßen eng beieinander, vertraut wie alte Freunde. Er gab ihr einen Kuß auf den Mund, einen kühlen und freundschaftlichen Kuß, und als sie nicht weiter darauf reagierte, ließ er es dabei bleiben. Durchs riesige Fenster sah er die dunkelblaue Fläche des Pazifik im Mondlicht.

«Warum spielen Sie nicht ein paar von Ihren eigenen Schallplatten?» fragte Sharon. Ihr Ton war spöttisch, Johnny sah sie lächelnd an. Daß sie ihn aufziehen wollte, belustigte ihn. «So sehr hat Hollywood noch nicht auf mich abgefärbt», antwortete er.

«Tun Sie's doch», sagte sie. «Oder singen Sie etwas für mich. Wissen Sie, wie im Kino. Damit heizen Sie mir so richtig ein, und ich schmelze dahin und sinke in Ihre Arme. Genau wie die Mädchen im Film.»

Johnny lachte laut heraus. Früher, als er noch jünger war, hatte er es tatsächlich so gemacht. Das Ergebnis war jedesmal bühnenreif: Die Mädchen hatten versucht, für eine imaginäre Kamera sexy und hingebungsvoll zu sein und ihren Augen einen sehnsüchtigen Ausdruck zu geben. Heute dachte er nicht mehr im Traum daran, für ein Mädchen zu singen. Denn erstens hatte er seit Monaten nicht gesungen und kein Vertrauen mehr zu seiner Stimme, und zweitens hatte ein Laie ja gar keine Ahnung, wie sehr die Professionals auf technische Hilfsmittel angewiesen waren, um so perfekt zu klingen, wie man es gewohnt war. Natürlich hätte er seine Platten auflegen können, aber er scheute sich, seine junge, feurige Stimme zu hören, so wie sich ein alternder, glatzköpfiger Mann scheuen würde, Fotografien von sich aus dem besten Mannesalter zu zeigen.

«Meine Stimme ist nicht in Ordnung», entschuldigte er sich. «Und ehrlich gesagt, ich habe es satt, mich selber singen zu hören.»

Sie tranken beide. «Sie sollen in diesem Film ganz großartig sein», sagte sie. «Stimmt das wirklich, daß Sie umsonst gearbeitet haben?»

«Für eine symbolische Gage», sagte Johnny.

Dann stand er auf, um ihr Glas noch einmal mit Brandy zu füllen, reichte ihr eine Zigarette mit seinem Goldmonogramm und gab ihr Feuer. Sie rauchte und trank einen Schluck. Er setzte sich wieder neben sie. Sein Glas enthielt viel mehr Brandy als ihres, denn er mußte sich aufwärmen, mußte in Erregung kommen. Bei ihm war es gerade umgekehrt wie bei einem normalen Liebhaber: Er mußte sich selbst betrunken machen, anstatt das Mädchen. Die Mädchen waren fast immer nur allzu bereit, er aber nicht. Die letzten zwei Jahre hatten seinem Selbstbewußtsein gar nicht gut getan, und um dieses wiederaufzurichten, wandte er eine einfache Methode an: Er schlief eine Nacht mit einem jungen, frischen Mädchen, lud sie ein paarmal ins Restaurant zum Essen ein, machte ihr ein teures Geschenk und gab ihr dann in möglichst schonender Form den Laufpaß. Später konnte sie dann zu Recht behaupten, sie hätte mit dem berühmten Johnny Fontane eine Affäre gehabt. Das war natürlich nicht die wahre Liebe, aber es war trotzdem nicht zu verachten, wenn das Mädchen hübsch und nett war. Was er haßte, waren diese gefühllosen, gewissenlosen Dinger, die sich von ihm beschlafen ließen, nur um danach sofort loszulaufen und den Freundinnen zu erzählen, der berühmte Johnny Fontane habe sie gevögelt. Und stets hinzufügten, sie hätten schon bessere gehabt. Was ihn aber am meisten verblüffte, das waren die verständnisvollen Ehemänner, die ihm fast ins Gesicht hinein sagten, sie hätten ihrer Frau verziehen; denn nicht einmal der tugendhaftesten Matrone wurde es jemals verübelt, wenn sie mit einem so großen Sänger und Filmstar wie Johnny Fontane die Ehe brach. Da ging er wirklich zu Boden.

Er liebte die Platten von Ella Fitzgerald. Er liebte diese saubere Art des Singens, diese saubere Art des Improvisierens. Das war das einzige auf der Welt, was er wirklich verstand, und er wußte auch, daß er es besser verstand als jeder andere. Jetzt, während er tief in die Couch gelehnt saß, während der Brandy seine Kehle wärmte, verspürte er auf einmal den Wunsch zu singen – nicht zu musizieren, sondern zur Begleitung der Schallplatten zu improvisieren. Doch das war in Anwesenheit eines Fremden unmöglich. So hob er sein Glas an den Mund und legte die andere Hand auf Sharons Schoß. Ohne Arglist, aber mit der Sinnlichkeit eines Kindes, das Wärme sucht, zog seine Hand den Rock ihres seidenen Kleides hinauf, bis über dem zarten Goldton der Strümpfe die milchweiße Haut ihres Schenkels erschien. Und wie immer, trotz aller Frauen, nach all den Jahren, nach all der Routine, fühlte er bei diesem Anblick gleißende Wärme seinen Körper durchströmen. Das Wunder geschah immer noch. Was würde er tun, wenn ihn auch das noch im Stich ließ?

Er war jetzt soweit. Er stellte sein Glas nieder auf den Cocktailtisch und wandte sich ihr zu. Er war sehr sicher, sehr zielbewußt und doch ganz sanft. Seine Zärtlichkeiten waren nicht verstohlen und nicht gierig. Er küßte sie auf den Mund, während seine Hände ihre Brüste berührten. Dann legte er eine Hand auf ihren warmen Schenkel. Ihre Haut war seidenweich. Sie erwiderte seinen Kuß, doch ohne Leidenschaft; aber das war ihm im Augenblick auch lieber. Er haßte die Mädchen, die plötzlich loslegten, als wäre ihr Körper ein Motor, der durch die Berührung eines behaarten Schalters zu erotischen Pumpbewegungen veranlaßt wurde.

Und dann tat er etwas, was noch niemals verfehlt hatte, ihn zu erregen: Behutsam und ganz leicht, so daß er es gerade noch spürte, strich er mit der Spitze seines Mittelfingers tief zwischen ihren Schenkeln hindurch. Manche Mädchen spürten diese Aufforderung zur Liebe überhaupt nicht. Andere wurden nur nervös, sie wußten nicht, ob sie eigentlich berührt wurden, denn gleichzeitig küßte er sie intensiv auf den Mund. Wieder andere schienen seinen Finger geradezu einzusaugen oder ihn mit einem kräftigen Stoß ihres Bekkens zu verschlingen. Vor seinem Aufstieg zum Ruhm hatten ihm natürlich einige auch Ohrfeigen versetzt. Jedenfalls bestand in diesem Trick seine ganze Technik, und meist erfüllte er seinen Zweck auch recht gut.

Sharons Reaktion war ungewöhnlich. Sie nahm alles hin: die Berührung, den Kuß. Dann aber zog sie den Mund zurück, rückte kaum merklich von ihm ab und ergriff ihr Glas. Es war eine kühle, aber entschiedene Absage. So etwas kam vor. Selten – aber doch. Jetzt nahm auch Johnny sein Glas. Dann steckte er sich eine Zigarette an.

Sehr lieb und ganz ruhig sagte sie: «Es ist nicht, weil ich dich nicht mag, Johnny; du bist viel netter, als ich mir vorgestellt hatte. Und es ist auch nicht, weil ich nicht ‹so eine› bin. Aber ich muß einfach in der richtigen Stimmung sein. Verstehst du, was ich meine?»

Johnny sah sie lächelnd an. Sie gefiel ihm immer noch. «Und ich bringe dich nicht in die richtige Stimmung?»

Sie war verlegen. «Ja weißt du, damals, als du so groß warst, mit dem Singen und so, da war ich noch ein Küken. Ich habe dich einfach verpaßt, ich gehöre zur nächsten Generation. Wenn du James Dean wärst oder sonst jemand, den ich schon mit der Muttermilch ständig vorgesetzt bekam, dann säßen meine Höschen bestimmt nicht so fest.»

Jetzt gefiel sie ihm schon nicht mehr so sehr. Zugegeben, sie war süß, sie war amüsant, sie war intelligent. Sie hatte sich nicht darum gerissen, von ihm gevögelt zu werden, sie hatte sich nicht prostituiert, weil er ihr mit seinen Verbindungen im Showgeschäft weiterhelfen konnte. Sie war wirklich ein anständiges Mädchen. Aber da war auch etwas anderes. Er hatte das schon ein paarmal erlebt: ein Mädchen, das sich mit ihm verabredete, dabei aber fest entschlossen war, auf keinen Fall mit ihm zu schlafen, auch wenn es noch so verknallt war in ihn – nur damit es dann vor Freunden und mehr noch vor sich selbst herumprahlen konnte, es hätte die Chance, sich von dem berühmten Johnny Fontane vögeln zu lassen, ausgeschlagen. Jetzt, da er älter war, verstand er sogar diese Haltung, und er war nicht einmal mehr böse darüber. Es ging nicht darum, sondern Sharon gefiel ihm einfach nicht mehr so sehr.

Jetzt konnte er sich endlich entspannen. Er trank seinen Brandy und sah auf den Pazifik hinaus. Sie sagte: «Hoffentlich bist du mir nicht böse, Johnny. Vielleicht bin ich ein Spießer, vielleicht erwartet man in Hollywood von einem Mädchen, daß sie sich genauso bedenkenlos hinlegt, wie sie ihrem Freund einen Gutenachtkuß gibt. Ich bin wohl noch nicht lang genug hier.»

Johnny sah sie lächelnd an und tätschelte ihr die Wange. Mit der anderen Hand zog er ihr diskret den Rock über die Knie. «Ich bin nicht böse», sagte er. «Es ist nett, auch einmal ein altmodisches Mädchen kennenzulernen.» Was er in Wahrheit empfand, verriet er ihr nicht: eine ungeheure Erleichterung, sich einmal nicht als großer Liebhaber beweisen zu müssen. Einmal nicht seinem göttergleichen Leinwandimage gerecht werden zu müssen. Einmal nicht mit ansehen zu müssen, wie sich das Mädchen mit Mühe so gab, als wäre er diesem Image tatsächlich gerecht geworden, wie sie versuchte, aus einer simplen, alltäglichen Sexübung mehr zu machen, als sie wirklich war.

Sie tranken noch ein Glas, tauschten noch ein paar leidenschaftslose Küsse, und dann entschloß sie sich zum Gehen. Höflich erkundigte sich Johnny: «Darf ich dich wieder einmal anrufen und zum Essen einladen?»

Sie blieb bis zuletzt offen und ehrlich. «Ich weiß, daß du keine Lust hast, Zeit zu verschwenden. Vielen Dank für diesen wunderschönen Abend. Eines Tages werde ich meinen Kindern erzählen, daß ich einmal ganz allein mit dem berühmten Johnny Fontane in seiner Wohnung zu Abend gegessen habe.»

Lächelnd sah er sie an. «Und daß du stark geblieben bist», ergänzte er. Beide lachten. «Das werden sie mir niemals glauben», sagte sie. Daraufhin fragte Johnny leicht ironisch: «Soll ich es dir schriftlich geben?» Sie schüttelte den Kopf. Er fuhr fort: «Wenn jemand daran zweifelt, ruf mich nur an. Ich werde alles bestätigen. Ich werde allen erzählen, daß ich dich durch die ganze Wohnung gejagt habe, daß du aber deine Ehre erfolgreich verteidigen konntest. Okay?»

Das war doch ein bißchen zu hart. Betroffen sah er ihre gekränkte Miene. Sie hatte begriffen, was er ihr andeuten wollte: daß er sich keine allzu große Mühe gegeben hatte. Er hatte ihr das süße Gefühl des Triumphes geraubt. Nun mochte sie glauben, sie habe den Sieg nur ihrem Mangel an Charme und Anziehungskraft zu verdanken. Ihrem Charakter entsprechend würde sie jedesmal, wenn sie die Geschichte ihres Widerstandes gegen den großen Johnny Fontane erzählte, mit einem kleinen, verzerrten Lächeln hinzufügen: «Er hat sich natürlich auch keine allzu große Mühe gegeben.» Sie tat ihm leid, und er sagte: «Wenn du einmal ganz deprimiert bist, ruf mich an, ja? Ich muß nämlich durchaus nicht mit jedem Mädchen, das ich kenne, schlafen.»

«Das werde ich tun», versprach sie. Dann ging sie.

Er hatte jetzt den ganzen Abend vor sich. Zwar hätte er auf das zurückgreifen können, was Jack Woltz als die «Fleischfabrik» bezeichnete, auf den großen Stall williger junger Starlets, aber er sehnte sich nach menschlicher Teilnahme. Er wollte sich unterhalten wie ein Mensch. Er dachte an Virginia, seine erste Frau. Jetzt, nach dem Ende der Dreharbeiten, hatte er wieder mehr Zeit für die Kinder. Er wollte wieder an ihrem Leben teilhaben. Und auch um Virginia sorgte er sich. Sie war nicht dazu geschaffen, sich auf die Dauer diese Hollywood-Löwen vom Hals zu halten, die sich vermutlich an sie heranmachten, um später behaupten zu können, sie hätten mit Johnny Fontanes erster Frau geschlafen. Soweit er wußte, hatte das bis jetzt ja noch keiner behaupten können. Aber von meiner zweiten Frau kann es jeder behaupten, dachte er bitter. Er griff zum Telefon.

Er erkannte ihre Stimme sofort, und das war nicht verwunderlich. Er hatte sie zum erstenmal gehört, als er zehn Jahre alt war und sie gemeinsam die Klasse 4 B besuchten. «Hallo, Ginny!» sagte er. «Hast du was vor, heute abend? Kann ich ein bißchen rüberkommen?»

«Von mir aus gern», antwortete sie. «Aber die Kinder schlafen, und ich will sie nicht aufwecken.»

«Macht nichts», sagte er. «Ich möchte mich nur ein bißchen mit dir unterhalten.»

Sie zögerte. Dann fragte sie, sehr darauf bedacht, ihre Besorgnis nicht merken zu lassen: «Ist es etwas Schlimmes? Oder was Wichtiges?»

Johnny verneinte. «Ich habe heute den Film abgedreht, und da dachte ich, daß ich vielleicht zu dir kommen und mit dir reden könnte. Vielleicht kann ich auch einen kurzen Blick auf die Kinder werfen, wenn du meinst, daß sie davon nicht wach werden.»

«Na gut», sagte sie. «Ich freue mich, daß du die Rolle bekommen hast, die du haben wolltest.»

«Danke. In einer halben Stunde bin ich bei dir.»

Als Johnny in Beverly Hills vor dem Haus anhielt, das einmal sein

Heim gewesen war, blieb er noch einen Augenblick still im Wagen sitzen und starrte es an. Er mußte an die Worte seines *padrino* denken, der einmal gesagt hatte, er könne sein Leben so einrichten, wie er es wolle. Wunderbar, wenn man wußte, was man wollte! Aber was wollte er?

Seine erste Frau erwartete ihn an der Haustür. Sie war hübsch, zierlich und schwarzhaarig, ein nettes italienisches Mädchen, ein Mädchen von nebenan, das sich niemals mit einem anderen Mann einlassen würde, und das war sehr wichtig für ihn gewesen. Begehre ich sie eigentlich immer noch? fragte er sich. Die Antwort lautete nein. Denn erstens konnte er sie körperlich nicht mehr lieben; dazu waren ihre Gefühle füreinander zu alt. Und dann gab es Dinge – Dinge, die nichts mit Sex zu tun hatten –, die sie ihm niemals verzeihen konnte. Aber Feinde waren sie jetzt nicht mehr.

Sie machte Kaffee und servierte im Wohnzimmer selbstgebackene Plätzchen. «Leg dich aufs Sofa», schlug sie vor. «Du siehst müde aus.» Gehorsam zog er Jacke und Schuhe aus und lockerte seinen Krawattenknoten, während sie sich ihm gegenüber in einen Sessel setzte und nachdenklich lächelte. «Seltsam», sagte sie dann.

«Was?» fragte er. Vorsichtig trank er von seinem Kaffee und schüttete ein paar Tropfen auf sein Hemd.

«Der große Johnny Fontane! Und ist am Abend allein.»

«Der große Johnny Fontane ist froh, wenn er ihn überhaupt noch hochkriegt.» Normalerweise war er nicht so direkt.

Ginny fragte: «Im Ernst, ist etwas nicht in Ordnung?»

Johnny grinste sie an. «Ich habe ein Mädchen bei mir in der Wohnung gehabt, und sie hat mir einen Korb gegeben. Und weißt du was? Ich war erleichtert!»

Zu seiner Überraschung stellte er fest, daß Ginny ein ärgerliches Gesicht machte. «Mach dir doch wegen so eines Flittchens keine Kopfschmerzen!» sagte sie. «Die hat bestimmt geglaubt, sie könnte sich dadurch interessanter machen.» Belustigt erkannte Johnny, daß Ginny ernstlich böse auf das Mädchen war, das ihm einen Korb gegeben hatte.

«Ach was, zum Teufel damit!» sagte er. «Ich habe den ganzen Krempel satt. Irgendwann muß ich ja doch einmal erwachsen werden. Außerdem werde ich es, wo ich nicht mehr singen kann, mit den Weibern schwerer haben. Mit meiner Schönheit hab ich noch nie Eindruck gemacht, wie du weißt.»

Sie widersprach. «Du hast in Wirklichkeit immer besser ausgesehen als auf den Fotos.»

Johnny schüttelte den Kopf. «Ich werde dick und kriege eine Glatze. Verdammt, wenn ich mit diesem Film nicht wieder nach oben komme, dann sollte ich wohl lieber lernen, wie man Pizza backt. Oder vielleicht können wir dich beim Film unterbringen. Du siehst großartig aus!»

Sie sah wie fünfunddreißig aus. Gut erhalten, aber eben doch fünfunddreißig. Und das war in Hollywood so gut wie hundert. Die schönen jungen Mädchen überschwemmten die Stadt wie die Lemminge; sie hielten ein Jahr durch, vielleicht zwei. Einige waren so schön, daß es den Männern den Atem verschlug – bis sie den Mund aufmachten, bis ihre Gier nach Erfolg die Schönheit ihrer Augen verdunkelte. Äußerlich konnte die Durchschnittsfrau nicht neben ihnen bestehen. Und wenn man noch soviel von Charme, Intelligenz, Eleganz und Haltung redete: Die primitive Schönheit dieser Mädchen stellte alles andere in den Schatten. Eine durchschnittlich hübsche Frau hätte vielleicht noch eine Chance gehabt, wenn es von den anderen nicht so unendlich viele gegeben hätte. Und da Johnny sie alle oder fast alle haben konnte, wußte Ginny, daß er ihr nur ein Kompliment machen wollte. Er war schon immer auf diese Art nett gewesen: stets höflich zu den Frauen, sogar auf dem Gipfel seines Ruhmes. Immer schon hatte er ihnen Komplimente gemacht, Feuer angeboten, Türen geöffnet. Und da diese Dinge sonst immer für *ihn* getan wurden, machte er damit um so größeren Eindruck auf die Mädchen. Und er tat es bei allen, sogar bei denen für eine Nacht, von denen er nicht einmal den Namen wußte. Freundlich lächelnd sah sie ihn an. «Du hast mich bereits erobert, Johnny, weißt du nicht mehr? Vor zwölf Jahren. Für mich brauchst du dich nicht mehr anzustrengen.»

Er seufzte und warf sich der Länge nach auf die Couch. «Im Ernst, Ginny, du siehst blendend aus. Ich möchte so gut aussehen wie du.»

Sie antwortete nicht. Sie sah, daß er deprimiert war. «Glaubst du, der Film ist okay? Meinst du, er wird dir helfen?» fragte sie nach einer Weile.

Johnny nickte. «Ja. Er könnte mich wieder ganz nach oben bringen. Wenn ich den Oscar kriege und meine Karten richtig ausspiele, kann ich wieder ganz groß werden, auch ohne Singen. Dann werde ich euch auch mehr Geld geben können.»

«Wir haben mehr, als wir brauchen», sagte Ginny.

«Außerdem möchte ich von jetzt an die Kinder häufiger sehen», fuhr Johnny fort. «Ich möchte ein bißchen seßhafter werden. Könnte ich nicht jeden Freitag zum Abendessen kommen? Ich schwöre dir, daß ich keinen Freitag versäumen werde, ganz gleich, wie weit ich weg bin oder wieviel ich zu tun habe. Und dann möchte ich möglichst jedes Wochenende mit ihnen verbringen, und vielleicht können sie auch für einen Teil der Ferien zu mir kommen.»

Ginny stellte ihm einen Aschenbecher auf die Brust. «Mir soll's recht sein», sagte sie. «Ich habe deshalb nicht wieder geheiratet, weil ich wollte, daß du ihr Vater bleibst.» Sie sagte es ohne Rührseligkeit, aber Johnny, der an die Decke starrte, wußte, daß ihre Worte als Entschädigung für jene anderen Dinge gedacht waren, als Trost für die grausamen Dinge, die sie ihm damals entgegengeschrien hatte, als ihre Ehe zerbrach, als es mit seiner Karriere bergab zu gehen begann.

«Übrigens, rate mal, wer mich angerufen hat», sagte sie.

Johnny hatte keine Lust, dieses Spiel mitzumachen, er hatte es nie gemocht. «Wer denn?» fragte er.

«Einmal wenigstens könntest du raten», sagte sie. Johnny antwortete nicht. Da sagte sie: «Dein *padrino*.»

Johnny war ehrlich erstaunt. «Aber der telefoniert doch nie! Was wollte er?»

«Er hat mich gebeten, dir zu helfen», sagte Ginny. «Er hat gesagt, du könntest wieder so groß werden wie früher, du wärst auf dem besten Wege dazu, aber du brauchtest Menschen, die an dich glauben. Ich habe gefragt, warum gerade ich das tun sollte? Und er hat gesagt, weil du der Vater meiner Kinder bist. Er ist ein reizender alter Herr, und dabei erzählt man sich so furchtbare Geschichten von ihm.»

Virginia haßte Telefone und hatte bis auf einen im Schlafzimmer und einen in der Küche alle Apparate entfernen lassen. Jetzt hörten sie den in der Küche läuten. Sie ging hinüber. Als sie ins Wohnzimmer zurückkam, war ihre Miene verblüfft. «Für dich, Johnny», sagte sie. «Tom Hagen. Er sagt, es ist wichtig.»

Tom Hagens Stimme klang kühl. «Johnny, der *padrino* schickt mich zu dir. Ich soll nach Hollywood kommen, um ein paar Dinge zu entrieren, die dir jetzt, nach der Fertigstellung des Films, weiterhelfen können. Ich nehme die Morgenmaschine. Kannst du mich in Los Angeles abholen? Ich muß am Abend noch nach New York zurück. Du brauchst dir also den Abend für mich nicht freizuhalten.»

«In Ordnung, Tom», sagte Johnny. «Und keine Angst, ich habe abends nichts vor. Du kannst ruhig dableiben und dich ein bißchen erholen. Ich werde eine Party geben und dir ein paar Filmleute vorstellen.» Dieses Angebot machte er immer; die alten Freunde sollten nicht glauben, er schäme sich für sie.

«Danke», sagte Hagen. «Aber ich muß wirklich noch in der Nacht zurück. Okay, du kommst also an die Maschine um elf Uhr dreißig aus New York?»

«In Ordnung», sagte Johnny.

«Du kannst im Wagen bleiben», sagte Hagen. «Aber schick einen von deinen Leuten ans Flugzeug.»

«Okay», sagte Johnny. Dann legte er auf.

Er kehrte ins Wohnzimmer zurück. Ginny blickte ihn fragend an. «Der *padrino* hat Pläne für mich; er will mir helfen», erklärte Johnny. «Er hat mir die Rolle beim Film verschafft – ich hab keine Ahnung wie. Aber jetzt sollte er besser die Finger raushalten.»

Er legte sich wieder aufs Sofa. Er war sehr müde. Ginny sagte: «Willst du nicht lieber im Fremdenzimmer schlafen, statt nach Hause zu fahren? Dann kannst du morgen mit den Kindern frühstücken und brauchst dich nicht so spät ans Steuer zu setzen. Ich mag es nicht, wenn du in deinem großen Haus ganz allein bist. Fühlst du dich eigentlich nicht einsam?»

«Ich bin ja nicht viel zu Hause», sagte Johnny.

Sie lachte. «Dann hast du dich nicht verändert.» Nach einer kleinen Pause fragte sie: «Soll ich dir also das andere Schlafzimmer fertig machen?»

«Könnte ich nicht bei dir schlafen?» schlug Johnny vor.

Sie errötete. «Nein», sagte sie und lächelte ihm zu, und er lächelte zurück. Sie waren immer noch gute Freunde.

Als Johnny am anderen Morgen erwachte, sah er am Sonnenlicht, daß es sehr spät sein mußte. So schien die Sonne nur, wenn es schon Nachmittag war. Er rief: «He, Ginny, kriege ich das versprochene Frühstück noch?» Von weither kam ihre Stimme: «Sofort!»

Es dauerte wirklich nur einen Augenblick. Sie mußte alles vorbereitet und im Ofen warm gehalten haben. Denn kaum hatte sich Johnny die erste Zigarette angezündet, ging die Schlafzimmertür auf, und seine Töchter rollten den Teewagen herein.

Die beiden Kleinen waren so süß, daß ihm das Herz weh tat. Ihre Augen strahlten, und in ihren klaren Gesichtern stand Neugier und der deutliche Wunsch, in seine Arme zu laufen. Ihr Haar war zu altmodischen Zöpfen geflochten, und sie trugen gerade, kurze Kleidchen und weiße Lackschuhe. Während er seine Zigarette ausdrückte, blieben sie neben dem Teewagen stehen und warteten darauf, daß er sie zu sich rief. Als er die Arme ausbreitete, stürzten sie sich an seine Brust. Er drückte die frisch duftenden Kinderwangen an sein Gesicht und kratzte sie mit seinem Bart, so daß sie laut kreischten. Nun kam auch Ginny herein und rollte den Teewagen ans Bett, damit er frühstücken konnte. Sie saß auf dem Bettrand, schenkte ihm Kaffee ein und bestrich die Toasts mit Butter. Die Kinder hockten nebeneinander auf der Schlafzimmercouch und sahen zu. Für Kissenschlachten und Tobereien waren sie inzwischen zu groß; sie strichen sich schon kokett die Haare zurück. Himmel! dachte er. Bald werden sie erwachsen, und die Hollywood-Löwen werden hinter ihnen her sein.

Er fütterte sie mit Schinken und Toast und ließ sie von seinem Kaffee trinken. Das war eine alte Gewohnheit aus der Zeit, als er noch mit der Band gesungen hatte und kaum einmal mit ihnen gemeinsam essen konnte. Da waren sie immer selig gewesen, wenn er bei seinen Mahlzeiten, die er zu den verrücktesten Tageszeiten einnahm, das Essen mit ihnen teilte. Die Umkehrung der alltäglichen Gepflogenheiten begeisterte sie; Steak und Pommes frites um sieben Uhr morgens, und dafür Eier und Schinken am späten Nachmittag.

Nur Ginny und einige seiner engsten Freunde wußten, wie sehr er an seinen Kindern hing. Das war für ihn bei der Scheidung das Schlimmste gewesen. Er hatte einzig um seine Rechte als Vater gekämpft. Auf sehr geschickte Art hatte er Ginny zu verstehen gegeben, daß er sie nicht gern wiederverheiratet sehen würde, nicht weil er ihretwegen eifersüchtig war, sondern weil er seine Kinder behalten wollte. Er hatte es sogar mit seinen Unterhaltszahlungen so eingerichtet, daß es für sie von ungeheurem finanziellen Vorteil war, wenn sie nicht wieder heiratete. Liebhaber konnte sie sich natürlich nehmen, so viele sie wollte – solange sie diese nicht in ihr Familienleben einbezog. Aber in dieser Beziehung hatte er zu ihr unbegrenztes Vertrauen. Auf sexuellem Gebiet war sie immer erstaunlich zurückhaltend und altmodisch gewesen. Die Hollywood-Gigolos stießen auf Granit, als sie begannen, sie zu umschwärmen und auf ihr Geld und die Gefälligkeiten zu spekulieren, die ihnen ihr berühmter Exehemann erweisen konnte.

Daß sie jetzt auf eine Versöhnung hoffte, nur weil er am Abend zuvor bei ihr hatte schlafen wollen, befürchtete er nicht. Sie legten beide keinen Wert darauf, ihre Ehe wiederaufzunehmen. Ginny hatte Verständnis für seinen Hunger nach Schönheit, für seine unwiderstehliche Neigung zu jungen Mädchen, die schöner waren als sie. Es war allgemein bekannt, daß er mit jeder seiner Filmpartnerinnen schlief, zumindest einmal. Sein jungenhafter Charme wirkte nicht weniger unwiderstehlich auf schöne Frauen wie schöne Frauen auf ihn.

«Du mußt dich jetzt anziehen», mahnte Ginny. «Toms Maschine kommt bald.» Sie scheuchte die Töchter aus dem Zimmer.

«Ja», sagte Johnny. «Übrigens, Ginny, weißt du, daß ich mich scheiden lasse? Bald bin ich wieder ein freier Mann.»

Sie sah ihm zu, wie er sich anzog. Seit sie nach Connie Corleones Hochzeit die neue Regelung getroffen hatten, waren stets frische Wäsche und Anzüge für ihn im Haus. «Es sind nur mehr zwei Wochen bis Weihnachten», sagte sie. «Soll ich mich darauf einrichten, daß du hier bist?»

Bis jetzt hatte er überhaupt noch nicht an die Feiertage gedacht. Als seine Stimme noch gut war, hatten Festtage für ihn lukrative Engagements bedeutet. Weihnachten aber war ihm selbst damals schon heilig gewesen. Wenn er das Fest in diesem Jahr versäumte, dann wäre es das zweite Mal. Im vergangenen Jahr hatte er gerade in Spanien seiner zweiten Frau den Hof gemacht und versucht, sie zu einer Heirat mit ihm zu bewegen.

«Ja», antwortete er. «Den Heiligen Abend und die Feiertage.» Silvester erwähnte er nicht. Da plante er wieder einmal eine der wilden Nächte, die er hin und wieder brauchte, um sich mit seinen Freunden nach Herzenslust zu betrinken, und dabei hatte seine Frau nichts zu suchen. Er machte sich deswegen keine Gewissensbisse.

Sie half ihm ins Jackett und bürstete es ab. Er war immer peinlich adrett. Sie sah, daß er die Stirn krauste: Das Hemd war offenbar nicht nach seinem Geschmack gebügelt, und die Manschettenknöpfe, die er schon lange nicht mehr getragen hatte, waren ein bißchen zu auffallend für den Stil, in dem er sich jetzt kleidete. Sie lachte leise. «Tom wird nichts merken», sagte sie.

Seine drei Damen brachten ihn an den Wagen. Die beiden Kinder hielten ihn an den Händen, seine Frau kam hinterher. Sie freute sich, daß er so glücklich aussah. Als er den Wagen erreichte, drehte er sich um, schwenkte die beiden Mädchen eins nach dem anderen hoch in die Luft und gab ihnen einen Kuß. Dann küßte er auch seine Frau und stieg ein. Er hielt nichts von langen Abschiedsszenen.

Johnnys Werbeagent hatte alles arrangiert. Mit einem Mietwagen holten sie Hagen vom Flugplatz ab. Als Tom in den Wagen stieg, schüttelten sie einander die Hand.

Schließlich war Johnny im Wohnzimmer allein mit Tom. Die Atmosphäre war kühl. Er hatte es Hagen niemals verziehen, daß er sich wie eine Mauer zwischen ihn und den Don gestellt hatte, damals, in jener schweren Zeit vor Connies Hochzeit, als ihm der Don böse gewesen war. Er konnte es nicht. Es gehörte zu seinen Aufgaben, als Blitzableiter für die Ressentiments zu dienen, die manche Leute dem Don gegenüber verspürten, ihm selbst aber nicht zu zeigen wagten.

«Dein Pate hat mich geschickt, damit ich dir ein bißchen unter die Arme greife», sagte Hagen. «Ich wollte es gern noch vor Weihnachten erledigen.»

Johnny zuckte die Achseln. «Der Film ist abgedreht. Der Regisseur war anständig und hat mich gut behandelt. Meine Szenen sind zu wichtig, um herausgeschnitten und in den Papierkorb geworfen zu werden, nur weil Jack Woltz es mir heimzahlen will. Er kann es sich nicht leisten, einen Zehn-Millionen-Dollar-Film zu ruinieren. Also hängt jetzt alles nur davon ab, was das Publikum von mir als Filmstar hält.»

Vorsichtig erkundigte sich Hagen: «Ist dieser Oscar denn wirklich so wichtig für die Karriere eines Schauspielers, oder gehört das auch nur wieder zu diesem Publicityrummel, der im Grunde überhaupt nichts zu bedeuten hat?» Er hielt inne und fügte dann eilig hinzu: «Außer natürlich die Ehre, die hat jeder gern.»

Johnny grinste. «Bis auf meinen *padrino*. Und dich. Nein, Tom, es ist kein Quatsch. Der Oscar kann einen Schauspieler für zehn Jahre groß machen. Er kann sich selbst die Rollen aussuchen. Das Publikum will ihn sehen. Der Oscar ist zwar nicht alles, aber für einen Schauspieler ist er eines der wichtigsten Dinge in seiner Karriere. Ich rechne fest damit, daß ich ihn gewinne. Nicht weil ich ein so großartiger Schauspieler bin, sondern weil ich bereits als Sänger bekannt bin und weil die Rolle narrensicher ist. Außerdem bin ich wirklich recht gut.»

Tom Hagen zuckte die Achseln. «Dein Pate sagt, daß du, so wie die Dinge jetzt stehen, nicht die geringste Chance hast, den Oscar zu gewinnen.»

Johnny fuhr auf. «Verdammt, was redest du da? Der Film ist noch nicht einmal geschnitten, geschweige denn in der Öffentlichkeit gezeigt! Und der Don hat keine Ahnung von der Branche. Bist du etwa dreitausend Meilen geflogen, nur um mir diesen Scheißdreck zu erzählen?» Er war so aufgeregt, daß ihm fast die Tränen kamen.

Beruhigend sagte Hagen: «Ich verstehe nichts vom Filmgeschäft, Johnny. Vergiß nicht, daß ich nur der Laufjunge deines *padrino* bin. Aber wir haben deinen Fall immer wieder diskutiert. Er macht sich Sorgen um dich, um deine Zukunft. Er hat das Gefühl, daß du noch immer seine Hilfe brauchst, und er möchte das ein für allemal regeln. Darum bin ich jetzt hergekommen. Um die Dinge ins Rollen zu bringen. Aber du mußt jetzt endlich erwachsen werden, Johnny. Hör doch endlich auf zu glauben, du bist ein Sänger oder Schauspieler. Zeig doch endlich einmal Initiative. Laß deine Muskeln spielen!»

Johnny lachte und füllte sich das Glas. «Wenn ich diesen Oscar nicht gewinne, werde ich mehr Muskeln haben als meine kleinen

Töchter. Meine Stimme ist hin; wenn ich die wieder hätte, ja, dann könnte ich Initiative beweisen! Ach, verdammt! Woher will der *padrino* wissen, daß ich ihn nicht gewinne? Schon gut, vermutlich weiß er, was er sagt. Er hat sich noch nie geirrt.»

Hagen zündete sich ein Zigarillo an. «Wir haben Nachricht erhalten, daß Jack Woltz kein studioeigenes Geld für deine Kandidatur ausgeben will. Im Gegenteil, er läßt sogar allen, die abstimmen werden, ausrichten, daß du auf keinen Fall gewinnen darfst. Ausschlaggebend wird aber sein, daß er das Geld und die Reklame verweigert. Außerdem versucht er, so viele Stimmen wie möglich für einen anderen Mann zu organisieren. Dazu bedient er sich der Bestechung in jeder Form: Jobs, Geld, Weiber, alles. Und dabei achtet er darauf, dem Film gar nicht oder so wenig wie möglich zu schaden.»

Johnny zuckte die Achseln. Er füllte sein Glas mit Whisky und trank es auf einen Zug leer. «Dann bin ich gestorben.»

Hagen beobachtete ihn mit verächtlicher Miene. «Der Alkohol macht deine Stimme auch nicht besser.»

«Ach was, ich scheiß auf dich!» sagte Johnny.

Hagens Gesicht wurde sofort glatt und nichtssagend. «Okay, von jetzt an werde ich mich auf das rein Geschäftliche beschränken.»

Johnny Fontane stellte sein Glas beiseite und ging zu Hagen hinüber. Er blieb vor ihm stehen. «Tut mir leid, daß ich das gesagt habe, Tom», sagte er. «Ich lasse meinen Ärger an dir aus, weil ich am liebsten dieses Schwein, diesen Woltz, umbringen möchte und weil ich zu feige bin, dem *padrino* das alles persönlich zu sagen. Darum bin ich unfair zu dir.» Er hatte tatsächlich Tränen in den Augen. Er schleuderte das leere Whiskyglas an die Wand, aber mit so wenig Kraft, daß das schwere Kristall nicht einmal zersprang, sondern über den Fußboden zu ihm zurückgerollt kam. Verblüfft starrte er es an. Dann lachte er. «Du meine Güte!» sagte er.

Er ließ sich in einen Sessel fallen. «Weißt du, es ist wohl alles zu lange nach meinem Willen gegangen. Dann habe ich mich von Ginny scheiden lassen, und dann lief auf einmal alles schief. Ich habe meine Stimme verloren. Meine Platten lassen sich nicht mehr verkaufen. Ich habe keine Arbeit beim Film mehr bekommen. Und dann war der *padrino* böse auf mich, ließ sich am Telefon verleugnen und wollte mich nicht einmal sehen, als ich zu ihm nach New York kam. Immer warst du da und hast dich mir in den Weg gestellt. Und ich habe dir deswegen Vorwürfe gemacht, obwohl ich wußte, daß du es nicht tun würdest, wenn es dir der Don nicht befohlen hätte. Aber ihm kann man unmöglich böse sein. Das wäre, als wollte man dem lieben Gott böse sein. Also habe ich auf dich geschimpft. Aber du hast die ganze Zeit recht gehabt. Und um dir zu beweisen, daß ich es ernst meine mit meiner Entschuldigung, werde ich deinen Rat befolgen: Keinen Alkohol mehr, bis ich meine Stimme wiederhabe. Okay?»

Seine Entschuldigung war aufrichtig gemeint. Hagen vergaß seinen Zorn. Es mußte tatsächlich etwas an diesem fünfunddreißigjährigen Jungen dran sein, sonst wäre der Don nicht so vernarrt in ihn. «Schon gut, Johnny», sagte er. Er spürte die Aufrichtigkeit in Johnnys Worten und war ein wenig verlegen. Er war aber auch verlegen, weil er argwöhnte, Johnny habe sich nur aus Angst entschuldigt – aus Angst, Hagen könne den Don gegen ihn beeinflussen. Aber der Don ließ sich natürlich von keinem Menschen und unter gar keinen Umständen für oder gegen jemanden beeinflussen. Über seine Gefühle bestimmte er ganz allein.

«So schlecht stehen die Dinge nun auch wieder nicht», beruhigte er Johnny. «Der Don sagt, er kann jeden Schlag, den Woltz gegen dich führt, parieren. Und du würdest mit Sicherheit den Oscar gewinnen. Aber er glaubt, daß damit deine Probleme noch nicht gelöst sind. Er möchte wissen, ob du genug Grips und Courage hast, um selber Filme zu produzieren.»

«Der Don will mir den Oscar verschaffen? Wie will er das anfangen?» fragte Johnny ungläubig.

Hagen erwiderte scharf: «Und wieso glaubst du, daß Woltz etwas erreichen kann und der *padrino* nicht? Na schön, da wir für den zweiten Teil unserer Pläne dein Vertrauen brauchen, werde ich es dir erklären. Aber behalte es bitte für dich. Dein Pate ist wesentlich mächtiger als Jack Woltz. Und zwar wesentlich mächtiger auf wesentlich wichtigeren Gebieten. Wie er das mit dem Oscar anstellen wird? Er kontrolliert sämtliche Leute, die sämtliche Gewerkschaften der Filmbranche kontrollieren: also alle oder nahezu alle, die abstimmen werden. Darüber hinaus mußt du natürlich auch gut sein; du mußt wegen deiner eigenen Verdienste aufgestellt werden.

Außerdem hat der *padrino* mehr Köpfchen als Jack Woltz. Er geht nicht zu den Leuten hin, setzt ihnen die Pistole an die Brust und befiehlt: ‹Ihr stimmt für Johnny Fontane, oder ihr verliert euren Job.› Er wendet niemals Gewalt an, wo er mit Gewalt nichts erreicht oder zuviel Ressentiments weckt. Er wird es zustande bringen, daß diese Leute für dich stimmen, weil sie für dich stimmen wollen. Aber sie werden es nur wollen, wenn er sich dafür einsetzt. Verlaß dich darauf, daß er dir den Oscar verschaffen wird. Und daß du ihn niemals bekommst, wenn er es nicht tut.»

«Okay», sagte Johnny. «Ich glaube dir. Und ich habe zwar Grips und Courage genug, Filme zu produzieren, aber leider nicht genug Geld. Keine Bank würde mich finanzieren. Für einen Film braucht man Millionen.»

Trocken sagte Hagen: «Sobald du den Oscar in der Tasche hast, bereitest du die Produktion von drei Filmen vor. Engagiere die besten Fachleute, die besten Techniker, die besten Stars, was immer du brauchst. Am besten rechnest du gleich mit drei bis fünf Filmen.»

«Du bist verrückt!» sagte Johnny. «Das sind mindestens zwanzig Millionen Dollar!»

«Sobald du das Geld brauchst», fuhr Hagen unbeirrt fort, «setzt du dich mit mir in Verbindung. Ich werde dir eine Bank in Kalifornien nennen, bei der du die Finanzierung beantragen kannst. Keine Angst, die haben schon viele Filme finanziert. Bitte sie einfach auf dem üblichen Weg um das Geld, mit den entsprechenden Begründungen. Genau wie bei einem normalen Geschäftsabschluß. Sie werden dir den Kredit geben. Aber zuerst mußt du zu mir kommen und mir die Zahlen und Pläne vorlegen. Okay?»

Johnny blieb eine Zeitlang stumm. Dann sagte er ruhig: «Ist da vielleicht sonst noch was?»

Hagen lächelte. «Du meinst, ob du für dieses Darlehen von zwanzig Millionen Dollar etwas tun mußt? Natürlich.» Er wartete ab, ob Johnny etwas sagen wollte. «Aber nichts, was du nicht ohnehin tun würdest, wenn dich der Don darum bäte.»

Johnny sagte: «Wenn es um etwas Ernstes geht, dann muß es mir der Don persönlich sagen, verstehst du? Auf dich oder Sonny werde ich nicht hören.»

Hagen war überrascht von dem gesunden Menschenverstand, der

aus diesen Worten sprach. Fontane war ja doch ganz intelligent! Er wußte, daß der Don ihn viel zu gern hatte und auch viel zu klug war, um von ihm irgendeine gefährliche Verrücktheit zu verlangen, während dies Sonny durchaus zuzutrauen war. Besänftigend sagte er: «Eines kann ich dir mit Bestimmtheit versichern: Dein Pate hat mir und Sonny strenge Anweisung erteilt, dich unter keinen Umständen in etwas hineinzuziehen, was dir eine schlechte Presse einbringen könnte. Und er selber würde das ohnehin nicht tun. Ich garantiere dir, daß du ihm jede Gefälligkeit, um die er dich bittet, aus freien Stücken erweisen wirst, noch ehe er dich darum fragt. Okay?»

Johnny lächelte. «Okay», sagte er.

Hagen fuhr fort: «Außerdem glaubt er an dich. Er meint, daß du Köpfchen hast, und darum ist er der Ansicht, daß die Bank an der Finanzierung verdienen wird. Was gleichzeitig bedeutet, daß auch er selbst daran verdient. Also es handelt sich um ein reines Geschäft, vergiß das nicht. Geh nicht herum und verplempere das ganze Geld. Du magst sein Liebling sein, aber zwanzig Millionen Dollar sind kein Pappenstiel. Er muß selber den Kopf hinhalten, nur damit du sie kriegst.»

«Sag ihm, er braucht sich keine Sorgen zu machen», erwiderte Johnny. «Wenn einer wie Jack Woltz gute Filme machen kann, dann kann ich das auch.»

«Das meint auch der Don», sagte Hagen. «Kannst du mich jetzt zum Flughafen zurückfahren lassen? Ich habe alles gesagt, was ich sagen mußte. Wenn es so weit ist, daß du die Verträge unterzeichnest, nimm dir deinen eigenen Anwalt. Ich halte mich raus. Trotzdem möchte ich alles sehen, bevor du es unterschreibst. Übrigens wirst du auf keinen Fall Schwierigkeiten mit den Gewerkschaften haben. Das setzt die Kosten deiner Filme um eine ganze Menge herab. Wenn also die Finanzberater das in ihre Voranschläge einkalkulieren, zieh diese Beträge wieder ab.»

Vorsichtig fragte Johnny: «Muß ich auch für das übrige erst deine Zustimmung einholen? Drehbücher, Stars und so weiter?»

Hagen schüttelte den Kopf. «Nein», sagte er. «Es könnte sein, daß der Don gegen irgend etwas Einwände erhebt, aber das wird er nur bei dir persönlich tun. Ich kann mir aber nicht vorstellen, was das sein könnte. Er interessiert sich nicht für den Film, darum ist es ihm gleich. Und außerdem hält er nichts von Einmischungen, das kann ich dir aus meiner eigenen Erfahrung versichern.»

«Gut», sagte Johnny. «Ich bringe dich selber zum Flughafen. Und sag dem *padrino*, daß ich ihm danke. Ich würde ihn anrufen und mich persönlich bei ihm bedanken, aber er geht ja nicht ans Telefon. Warum eigentlich nicht?»

Hagen zuckte die Achseln. «Er telefoniert fast nie. Er will nicht, daß seine Stimme auf Band aufgenommen wird, selbst dann nicht, wenn er etwas Harmloses sagt. Er fürchtet, daß man seine Worte so zusammenschneiden könnte, daß sie einen anderen Sinn ergeben. Ich glaube, das wird es sein. Seine einzige Sorge jedenfalls ist, daß er eines Tages von den Behörden reingelegt wird. Also will er ihnen keine Angriffsfläche bieten.»

Sie stiegen in Johnnys Wagen und fuhren zum Flughafen hinaus. Hagen fand, daß Johnny ein besserer Kerl war, als er gedacht hatte. Er schien bereits etwas gelernt zu haben. Daß er ihn selber zum Flughafen fuhr, war der Beweis: die persönliche Höflichkeit, eine Eigenschaft, die der Don schon immer hochgeschätzt hatte. Und dann die Entschuldigung. Die war ehrlich gemeint. Hagen kannte Johnny seit langem, er wußte, daß dieser eine derartige Entschuldigung niemals aus Angst aussprechen würde. Johnny war immer mutig gewesen. Darum war er ja auch stets in Schwierigkeiten geraten, ob es sich um die Filmbosse handelte oder um die Weiber. Außerdem war er einer der wenigen Menschen, die sich nicht vor dem Don fürchteten. Fontane und Michael waren vielleicht die einzigen Menschen, die Hagen kannte, auf die das zutraf. Und darum war die Entschuldigung sicher ernst gemeint, und er akzeptierte sie. Er und Johnny würden in den kommenden Jahren viel miteinander zu tun haben. Und Johnny würde noch einen weiteren Test bestehen müssen, der seinen Scharfsinn beweisen sollte. Er würde für den Don etwas tun müssen, worum ihn der Don niemals bitten und was er niemals von ihm als Teil dieser Abmachung verlangen würde. Hagen war neugierig, ob Johnny Fontane wirklich klug genug war, auf diesen Teil des Geschäfts von selbst zu kommen.

Als Johnny Tom Hagen am Flughafen abgesetzt hatte (Hagen bestand darauf, daß Johnny nicht bis zum Start der Maschine blieb), fuhr er zu Ginny zurück. Sie war erstaunt, daß er kam. Aber er wollte gern in ihrem Haus bleiben, weil er nur dort Zeit hatte, das Ganze gründlich zu überlegen und Pläne zu machen. Er wußte, daß alles von größter Tragweite war, daß sich jetzt sein Leben von Grund auf ändern würde. Er war einmal ein großer Star gewesen, aber jetzt, im jugendlichen Alter von fünfunddreißig Jahren, war er ruiniert. Er machte sich da nichts vor. Selbst wenn er den Oscar als bester Schauspieler gewann – was konnte das im günstigsten Fall für ihn bedeuten? Nichts, wenn er nicht seine Stimme zurückerhielt. Er würde immer zweitklassig bleiben, ohne wirkliche Kraft. Zum Beispiel dieses Mädchen, das ihm den Korb gegeben hatte: Sie war nett und gescheit und hatte sich gut aus der Affäre gezogen. Aber wäre sie auch so kühl gewesen, wenn er wirklich ganz oben gewesen wäre? Wenn ihm aber der Don mit Geld unter die Arme griff, dann konnte er den anderen Großen in Hollywood wieder das Wasser reichen. Konnte wieder ein König sein. Johnny lächelte. Verdammt. Sogar ein Don konnte er sein.

Es wäre nett, wieder einmal ein paar Wochen mit Ginny zu verbringen. Vielleicht auch länger. Jeden Tag würde er mit den Kindern spazierengehen oder auch einmal ein paar Freunde einladen. Er würde mit dem Trinken und Rauchen aufhören, er würde wirklich gesund leben. Vielleicht würde seine Stimme auch wieder besser werden. Wenn das gelang, und mit dem Geld vom Don dazu, würde er nicht mehr zu schlagen sein. Und vor allem war er dann nicht mehr darauf angewiesen, daß seine Stimme durchhielt oder daß ihn das Publikum als Schauspieler akzeptierte. Nein, sein Imperium würde auf Geld gebaut sein und auf Macht.

Ginny hatte ihm das Fremdenzimmer zurechtgemacht. Es verstand sich von selbst, daß er nicht in ihrem Zimmer schlief, daß sie nicht wieder als Mann und Frau zusammen lebten. Das würde sie nie wieder können. Und wenn auch die Klatschkolumnisten und Filmfans die Schuld am Zusammenbruch ihrer Ehe nur ihm anlasteten, so wußten sie selbst doch ganz genau, daß eigentlich Ginny die größere Schuld an der Scheidung trug.

Als Johnny beim Film der beliebteste Sänger und Musicalstar wurde, hätte er nicht einen Augenblick daran gedacht, seine Frau und die Kinder zu verlassen. Dazu war er viel zu italienisch, viel zu altmodisch erzogen. Natürlich hatte er sie betrogen. Das war in seinem Beruf und bei den Versuchungen, denen er ständig ausgesetzt war, unvermeidlich. Außerdem besaß er, obwohl er schlank und zierlich wirkte, die drahtige Vitalität des Romanen. Und er genoß die Überraschungen, die ihm die Frauen bereiteten: Es machte ihm Spaß, ein scheues Mädchen auszuführen, das den Zauber der Jungfräulichkeit ausstrahlte; und wenn er dann ihre Brüste entblößte, fand er sie voll und schwer wie reife Früchte, und ihr Hunger nach ihm stand in verblüffendem Gegensatz zu ihrem Engelsgesicht. Es machte ihm Spaß, an Mädchen, die nur aus Sex zu bestehen schienen und die so taten, als hätten sie mit mindestens hundert Männern geschlafen, auf einmal Zurückhaltung und Scheu zu entdekken, sie stundenlang bearbeiten zu müssen, bis er sie endlich soweit hatte – und es sich dann herausstellte, daß sie noch Jungfrauen waren.

Die Hollywood-Fritzen lachten sich alle tot über seine Vorliebe für Jungfrauen. Sie nannten das einen altmodischen, spießigen Makkaronigeschmack. Überleg doch einmal, sagten sie, wie lang es dauert, bis du eine Jungfrau dazu bringst, dir einen zu blasen, und all die Mühe, die das kostet, und dann merkst du schließlich, daß sie im Bett einfach nichts taugt. Aber er, Johnny, wußte, es kam nur darauf an, wie man es anstellte. Man mußte ein junges Mädchen nur richtig behandeln, dann hatte man sie, wo man sie haben wollte; und was konnte schöner sein als eine Frau, die zum erstenmal einen Schwanz erlebte und der es gefiel! Es war so wunderbar, sie in die Liebe einzuführen. Es war wunderbar, wenn sie einem die Beine um den Leib schlangen. Ihre Hüften waren alle verschieden geformt, ihre Hinterteile waren verschieden, ihre Haut besaß die verschiedensten Farbtönungen, von weiß über bräunlich zu dunkelbraun. Als er damals mit dieser jungen Negerin in Detroit geschlafen hatte – ein anständiges Mädchen, keine Prostituierte, sondern die Tochter eines Jazzsängers, der im selben Nightclubprogramm auftrat wie er –, da war sie eines der süßesten Dinger, die er je gehabt hatte. Ihre Lippen schmeckten wirklich wie warmer Honig mit Pfeffer, ihre dunkelbraune Haut war samtig und weich, und sie war so süß, wie Gott eine Frau nur erschaffen konnte. Und sie war noch Jungfrau.

Die anderen Männer redeten dauernd über «einen blasen» und andere Variationen, aber all das machte ihm gar nicht so viel Spaß. Wenn er es mit einer erst einmal so getrieben hatte, gefiel sie ihm schon nicht mehr so sehr. Es verschaffte ihm einfach nicht die richtige Befriedigung. Mit seiner zweiten Frau hatte es schließlich nicht mehr geklappt, weil sie auf die alte 69-Tour so versessen war, daß er einen richtigen Ringkampf aufführen mußte, wenn er ihn ihr reinstecken wollte. Daraufhin fing sie an, sich über ihn lustig zu machen und ihn einen Spießer zu nennen, und damals sprach man überall darüber, daß er sich in der Liebe wie ein Kind benehme. Vielleicht hatte ihm auch das Mädchen gestern deshalb einen Korb gegeben. Ach was, zum Teufel mit ihr! Sie wäre im Bett ohnehin nicht besonders gewesen. Man merkte es sofort, wenn ein Mädchen wirklich Spaß am Vögeln hatte; das waren immer die Besten. Vor allem wenn sie es noch nicht allzu lange trieben. Besonders aber verabscheute er diejenigen, die schon mit zwölf Jahren zu vögeln angefangen hatten und mit zwanzig dann so vervögelt waren, daß sie dabei nur noch automatisch die Bewegungen mitmachten. Und die waren dann die hübschesten und legten einen richtig herein.

Ginny kam mit Kaffee und Kuchen und stellte alles auf den langen Tisch in der Wohnecke. Mit kurzen Worten erzählte er ihr, daß Hagen ihm helfen wollte, Kredit für eine Filmproduktion zu beschaffen, und sie freute sich darüber. Er würde wieder ganz groß werden. Von der außergewöhnlichen Macht Don Corleones hatte sie natürlich keine Ahnung, darum begriff sie auch nicht, was es bedeutete, daß Hagen von New York herübergeflogen war. Johnny sagte ihr nur, daß Hagen ihm auch bei den rechtlichen Einzelheiten helfen wolle.

Als sie den Kaffee getrunken hatten, erklärte er ihr, daß er am Abend viel arbeiten und telefonieren und seine zukünftigen Pläne vorbereiten müsse. «Die Hälfte von allem lasse ich auf die Kinder überschreiben», sagte er zu ihr. Sie dankte ihm mit einem Lächeln und gab ihm einen Kuß. Dann ging sie hinaus.

Auf seinem Schreibtisch standen eine Glasschale mit seinen Lieblingszigaretten, die sein Monogramm trugen, und ein Behälter mit bleistiftdünnen Kuba-Zigarren. Johnny lehnte sich bequem zurück und begann zu telefonieren. Sein Verstand arbeitete auf Hochtouren. Er rief den Autor des Bestsellers an, nach dem sein neuer Film gedreht worden war. Der Mann war ebenso alt wie er, hatte hart arbeiten müssen, um ganz nach oben zu kommen, und galt jetzt als eine Berühmtheit der literarischen Welt. Er war nach Hollywood gekommen in der Erwartung, daß man ihn dort wie ein großes Tier feiern werde, und statt dessen war er, wie die meisten Autoren, wie ein Stück Dreck behandelt worden. Eines Abends war Johnny Fontane Zeuge einer solchen Demütigung geworden. Man hatte dem Schriftsteller für einen Stadtbummel mit anschließendem Bettvergnügen ein bekanntes, vollbusiges Starlet zugewiesen. Beim Dinner aber ließ das Starlet den berühmten Autor einfach stehen, nur weil ein ungepflegter, mieser Filmkomiker ihr mit dem kleinen Finger winkte. Das hatte dem Schriftsteller gezeigt, welchen Rang er wirklich in der Hollywood-Größenordnung einnahm. Es spielte keine Rolle, daß er durch sein Buch in der ganzen Welt berühmt geworden war. Ein Starlet zog ihm jederzeit die dreckigste, heruntergekommenste, windigste Filmratte vor.

Jetzt rief Johnny im Haus des Schriftstellers in New York an und bedankte sich für die großartige Rolle, die dieser für ihn in seinem Buch geschrieben hatte. Er schmeichelte dem Mann auf Teufel komm raus. Dann fragte er ganz nebenbei, wie weit er mit seinem nächsten Roman gekommen sei und um was es sich dabei handle. Während der andere von einem besonders interessanten Kapitel erzählte, steckte sich Johnny eine Zigarre an und sagte schließlich: «Donnerwetter, das würde ich gern einmal lesen, wenn Sie es fertig haben. Könnten Sie mir nicht ein Exemplar davon schicken? Vielleicht kann ich Ihnen ein gutes Angebot verschaffen, besser als der Vertrag, den Woltz Ihnen gegeben hat.»

Das eifrige Interesse in der Stimme des Autors bestätigte seinen Verdacht. Woltz hatte diesen Mann übers Ohr gehauen. Wahrscheinlich hatte er ihm kaum ein Butterbrot für sein Buch gegeben. Johnny sagte, daß er nach den Festtagen vielleicht in New York sein werde. Er fragte den Schriftsteller, ob er nicht Lust habe, mit ihm und ein paar Freunden zu Abend zu essen. «Ich kenne ein paar tolle Puppen», sagte er. Der Autor lachte und sagte zu.

Dann rief Johnny den Regisseur und den Kameramann des eben abgedrehten Films an, um ihnen für ihre Hilfe zu danken. Es sei ihm bekannt, sagte er vertraulich, daß Woltz gegen ihn gewesen sei, daher wisse er ihre Hilfe um so mehr zu schätzen, und wenn er ihnen jemals einen Gefallen tun könnte, dann sollten sie ihn ruhig anrufen.

Zuletzt stand ihm der schwerste Anruf bevor: das Gespräch mit Jack Woltz. Er dankte ihm für die Rolle in seinem Film und sagte, er werde sich glücklich schätzen, wieder für ihn arbeiten zu dürfen. Damit wollte er Woltz von der Spur abbringen. Johnny hatte den Ruf, immer sehr ehrlich und sehr offen zu sein. In wenigen Tagen würde Woltz das Manöver durchschauen und über die Hinterlist dieses Anrufs erschüttert sein. Und genau das wollte Johnny erreichen.

Anschließend saß er am Schreibtisch und rauchte in Ruhe seine Zigarre zu Ende. Am Tisch neben ihm stand Whisky, aber er hatte sich selbst und Hagen versprochen, nicht mehr zu trinken. Nicht einmal rauchen dürfte er. Eigentlich war es ja albern; was immer mit seiner Stimme los war, durch die Enthaltsamkeit im Rauchen und Trinken würde es sicher nicht besser werden. Zumindest nicht viel. Aber verdammt, vielleicht half es doch, und er wollte nun, da er wieder eine Chance hatte, kein Risiko eingehen.

Das Haus war still, Ginny und seine Töchter schliefen schon. Er mußte an die schreckliche Zeit zurückdenken, als er sie verlassen hatte. Verlassen wegen eines verhurten Flittchens, wegen seiner zweiten Frau. Aber selbst jetzt mußte er bei dem Gedanken an sie lächeln, denn sie war trotz allem in mancher Hinsicht einfach zauberhaft. Außerdem hatte er eines Tages beschlossen, niemals eine Frau zu hassen – das war an jenem Tag, als er erkannte, daß er es sich einfach nicht leisten konnte, seine erste Frau zu hassen, seine Töchter, seine Freundinnen, seine zweite Frau und die nachfolgenden Freundinnen bis zu Sharon Moore.

Zuerst war er als Sänger mit einer Band herumgezogen, dann war er Star im Rundfunk und auf kleinen Filmbühnen geworden, und schließlich hatte er es beim Film selbst geschafft. Während all dieser Zeit lebte er, wie es ihm paßte, schlief mit allen Frauen, die ihm gefielen, aber nie ließ er sein Familienleben darunter leiden. Dann hatte er sich in Margot Ashton, seine zukünftige zweite Frau, verliebt; er war vollkommen verrückt nach ihr. Seine Karriere ging zum Teufel, seine Stimme ging zum Teufel, sein Familienleben ging zum Teufel. Und dann kam der Tag, da er mit leeren Händen dastand.

Er war immer großzügig und fair gewesen. Er hatte seiner ersten Frau bei der Scheidung alles gegeben, was er besaß. Er hatte dafür gesorgt, daß seine beiden Töchter von allem einen Anteil erhielten, von jeder Schallplatte, von jedem Film, von jeder Gage. Und auch als er reich und berühmt wurde, schlug er seiner Frau keinen Wunsch ab. Er hatte allen geholfen, ihren Brüdern und Schwestern, ihrem Vater und ihrer Mutter und den Schulfreundinnen samt ihren ganzen Familien. Nie hatte er Starallüren gekannt. Er hatte auf den Hochzeiten der jüngeren Schwestern seiner Frau gesungen, etwas, was er immer gehaßt hatte. Er hatte ihr nichts verweigert, außer sich selbst völlig aufzugeben.

Und dann, als er ganz unten war, als er beim Film keine Arbeit mehr bekam, als er nicht mehr singen konnte, als seine zweite Frau ihn betrog, verbrachte er einige Tage mit Ginny und seinen Kindern. Er hatte eines Abends, als er sich besonders miserabel fühlte, an ihr Mitleid appelliert. An jenem Tag hatte er eine von seinen Schallplattenaufnahmen gehört, und die war so furchtbar gewesen, daß er die Tontechniker beschuldigte, die Aufnahme sabotiert zu haben. Bis er es endlich einsah, daß seine Stimme wirklich so klang. Er hatte die Plattenmatrize zerbrochen und sich geweigert, weiterzusingen. Er schämte sich so, daß er von da an nicht einen Ton mehr sang, außer mit Nino auf der Hochzeit von Connie Corleone.

Nie hatte er den Ausdruck auf Ginnys Gesicht vergessen, als sie von seinem Unglück hörte. Er war nur ganz flüchtig über ihr Gesicht gehuscht, aber doch lange genug, daß er es niemals vergaß: ein Ausdruck wilder, triumphierender Genugtuung. Ein Ausdruck, der ihn überzeugt hatte, sie habe ihn all diese Jahre hindurch leidenschaftlich gehaßt. Sie faßte sich schnell wieder und bekundete höfliches, kühles Mitgefühl. Während der folgenden Tage besuchte er drei Mädchen, die er gern hatte und mit denen er manchmal schlafen ging. Mädchen, für die er alles getan hatte, denen er den Gegenwert von Hunderttausenden von Dollars an Geschenken oder Jobs gegeben hatte. Auf ihren Gesichtern fand er den gleichen flüchtigen Ausdruck wilder Genugtuung wieder.

Damals war ihm klargeworden, daß er jetzt eine Entscheidung treffen mußte. Er konnte so werden wie viele andere Männer in Hollywood, erfolgreiche Produzenten, Schriftsteller, Regisseure, Schauspieler, die mit lustvollem Haß die Frauen ausbeuteten. Er konnte mit seiner Macht und mit seinem Geld Gefälligkeiten erkaufen, stets auf der Hut vor Verrat, stets überzeugt, daß ihn die Frauen hintergingen, daß sie ihn verlassen würden, daß sie seine Gegner seien, die er besiegen müsse. Oder er konnte sie weiterhin lieben und an sie glauben.

Er wußte, daß er es sich nicht leisten konnte, sie *nicht* zu lieben, daß ein Teil seines Wesens sterben würde, wenn er die Frauen nicht weiterhin liebte, ganz gleich wie unfair und treulos sie waren. Es spielte keine Rolle, daß die Frauen, die er am meisten liebte, insgeheim froh waren, ihn von einem launischen Schicksal zerschmettert und gedemütigt zu sehen; es spielte keine Rolle, daß sie ihn damit auf die übelste Art hintergingen. Ihm blieb keine Wahl: Er mußte sie akzeptieren. Und darum liebte er sie weiter, er gab ihnen Geschenke und verbarg seinen Schmerz. Er vergab ihnen, denn er wußte, sie rächten sich auf diese Weise dafür, daß er sich niemals an eine von ihnen gebunden hatte. Von nun an aber fühlte er sich nicht mehr schuldig, wenn er ihnen untreu war. Er fühlte sich auch nicht mehr schuldig, wenn er Ginny gegenüber darauf bestand, der einzige Vater seiner Kinder zu bleiben, obwohl er nicht daran dachte, sie wieder zu heiraten, und ihr das auch sagte. Diesen einzigen Vorteil hatte ihm der Sturz aus der Höhe gebracht: eine lederne Unempfindlichkeit gegenüber den Schmerzen, die er den Frauen zufügte.

Er war müde und wollte zu Bett gehen, doch eine Erinnerung ließ ihn nicht los: das Singen mit Nino Valenti. Und plötzlich wußte er, womit er dem Don die größte Freude machen konnte. Er griff zum Telefon und bat die Vermittlung, ihn mit New York zu verbinden. Er rief Sonny Corleone an und fragte ihn nach Ninos Nummer. Dann rief er Nino an. Nino schien, wie fast immer, betrunken zu sein.

«He, Nino! Wie wär's, hättest du Lust, hier herunterzukommen und für mich zu arbeiten?» fragte Johnny. «Ich brauche einen, dem ich vertrauen kann.»

Nino faßte den Anruf als Scherz auf und sagte: «Ach, Johnny, ich weiß nicht. Ich hab einen guten Job mit dem Lastwagen, kann unterwegs jede Menge Hausfrauen haben und bringe pro Woche einhundertfünfzig netto nach Hause. Was hättest du mir zu bieten?»

«Für den Anfang fünfhundert, und außerdem eine Menge Spaß mit den Filmstars. Na, was meinst du? Außerdem lasse ich dich vielleicht auf meinen Parties singen.»

«Okay, ich werd's mir überlegen», sagte Nino. «Ich werd mal mit meinem Anwalt, meinem Finanzberater und meinem Beifahrer sprechen.»

«Im Ernst, Nino», sagte Johnny. «Ich brauche dich hier. Ich möchte, daß du morgen früh mit dem Flugzeug kommst und einen Jahresvertrag über fünfhundert pro Woche unterschreibst. Wenn du mir dann eins von meinen Mädchen ausspannst und ich dich rausschmeiße, kriegst du mindestens ein Jahresgehalt. Okay?»

Nun kam eine lange Pause. Ninos Stimme war nüchtern. «Johnny, soll das ein Witz sein?»

Johnny sagte: «Ich meine es ernst. Geh in New York zu meinem Agenten. Du kriegst die Flugkarte und etwas Bargeld. Ich rufe ihn gleich morgen früh an. Dann kannst du am Nachmittag hier sein. Okay? Ich werde dich am Flughafen abholen lassen.»

Wieder kam eine lange Pause. Dann sagte Nino unsicher: «Okay, Johnny.» Er war überhaupt nicht mehr betrunken.

Johnny legte den Hörer auf und machte sich fertig zum Schlafen. Seitdem er die Plattenmatrize zerbrochen hatte, hatte er sich nie so wohl gefühlt wie jetzt.

13

Johnny Fontane saß in dem riesigen Aufnahmestudio und rechnete auf einem gelben Block die Unkosten aus. Musiker strömten herein, alles Freunde aus alter Zeit, als er mit der Band gesungen hatte. Der Dirigent, ein Spitzenmann auf dem Gebiet der Popmusik, der nett zu ihm gewesen war, als alles schiefging, gab jedem Musiker seine Noten und mündliche Anweisungen. Er hieß Eddie Neils. Er machte diese Aufnahme nur Johnny zuliebe, obwohl sein Terminkalender ausgebucht war.

Nino Valenti saß am Klavier und klimperte nervös auf den Tasten herum. Zwischendurch trank er immer wieder aus einem großen Glas Whisky. Johnny machte sich nichts daraus. Er wußte, daß Nino betrunken ebenso gut sang wie nüchtern, und was sie heute vorhatten, würde Nino keine große Leistung abfordern.

Eddie Neils hatte ein neues Arrangement alter italienischer und sizilianischer Volkslieder geschrieben und auch für das Gesangsduell, das Nino und Johnny auf Connies Hochzeit gesungen hatten. Johnny machte die Platte hauptsächlich, weil er wußte, daß der Don diese Lieder sehr liebte. Sie würde ein großartiges Weihnachtsgeschenk abgeben. Außerdem glaubte er, daß sich die Platte gut verkaufen ließ, wenn sie auch nicht gerade ein Bombengeschäft sein würde. Er hatte erkannt, daß seine Hilfe für Nino genau die Gegenleistung war, die der Don von ihm verlangte. Schließlich war auch Nino eines seiner Patenkinder.

Johnny legte die Schreibunterlage und den gelben Block auf den Klappstuhl, der neben ihm stand, und trat ans Klavier. «He, *paisan*!» sagte er. Nino sah auf und lächelte mühsam. Er war nervös. Johnny beugte sich vor und massierte ihm die Schulter. «Nur mit der Ruhe, Kleiner», sagte er. «Wenn du heute deine Sache gut machst, verschaffe ich dir das beste und berühmteste Stück Hintern von Hollywood.»

Nino trank einen Schluck Whisky. «Wer soll das sein – Lassie?»

Johnny lachte. «Nein, Deanna Dunn. Ich garantiere für die Qualität der Ware.» Nino war tief beeindruckt, konnte es sich aber doch nicht verkneifen, in gespielt sehnsüchtigem Ton zu fragen: «Und Lassie kannst du mir nicht verschaffen?»

Das Orchester spielte das Eröffnungslied des Potpourris. Johnny hörte aufmerksam zu. Eddie Neils wollte zunächst alle Lieder seines neuen Arrangements durchspielen. Dann sollte die erste Aufnahme erfolgen. Während des Zuhörens überlegte sich Johnny, wie er jedes Lied singen würde. Er wußte, daß seine Stimme nicht lange durchhalten würde, aber den Hauptpart würde ja Nino übernehmen, während er nur die Begleitung sang. Bis auf das Gesangsduell natürlich. Dafür mußte er seine Stimme schonen.

Er zog Nino hoch, und dann standen sie beide vor dem Mikrophon. Nino verpatzte den Einsatz, verpatzte ihn ein zweites Mal. Er wurde rot vor Verlegenheit. Johnny fragte ihn lachend: «Du willst wohl Überstunden rausschlagen, was?»

«Ich fühle mich einfach nicht wohl ohne meine Mandoline», jammerte Nino.

Johnny überlegte einen Moment. «Hier, nimm das Whiskyglas in die Hand», sagte er.

Das schien die Lösung zu sein. Nino trank zwar beim Singen immer wieder einen Schluck, aber er machte seine Sache gut. Johnny sang leicht, ohne sich anzustrengen; er ließ seine Stimme lediglich um Ninos Grundmelodie herumtanzen. Diese Art des Gesangs befriedigte ihn zwar nicht, aber er war selber erstaunt über sein technisches Können. In seinen zehn Jahren als Sänger hatte er wirklich etwas dazugelernt.

Als sie zum Gesangsduell kamen, das die Platte beenden sollte, ließ Johnny seiner Stimme freien Lauf; nachher taten ihm die Stimmbänder weh. Sogar die Musiker hatten sich von der letzten Nummer mitreißen lassen – bei diesen abgebrühten Veteranen etwas sehr Seltenes. Sie klopften an ihre Instrumente und trampelten anhaltend Beifall. Der Drummer ließ einen Wirbel los.

Mit Unterbrechungen und Diskussionen arbeiteten sie nahezu vier Stunden lang, ehe sie Schluß machten. Dann kam Eddie Neils zu Johnny herüber und sagte leise: «Du klingst recht gut, Kleiner. Vielleicht solltest du doch wieder eine Platte machen. Ich habe da einen neuen Song, der wäre gerade das Richtige für dich.»

Johnny schüttelte den Kopf. «Ach was, Eddie, mach mir nichts vor. Außerdem bin ich in zwei Stunden so heiser, daß ich kein Wort mehr rauskriegen kann. Glaubst du, werden wir an der heutigen Aufnahme viel herumtun müssen?»

Nachdenklich antwortete Eddie: «Nino muß morgen sicher noch einmal ins Studio kommen; er hat ein paar Fehler gemacht. Aber er ist viel besser, als ich gedacht hatte. Was deinen Part angeht, da werde ich einfach alles, was mir nicht gefällt, von den Tontechnikern hindrehen lassen. Okay?»

«Okay», sagte Johnny. «Wann kann ich die Platte hören?»

«Morgen abend. Bei dir?»

«Ja», sagte Johnny. «Danke, Eddie. Bis morgen dann.» Er nahm Nino beim Arm und ging mit ihm hinaus. Sie fuhren nicht zu Ginny, sondern zu Johnnys Haus.

Es war später Nachmittag geworden. Nino war ziemlich betrunken. Johnny schickte ihn unter die Dusche und anschließend ein bißchen schlafen. Um elf waren sie zu einer großen Party geladen.

Als Nino aufwachte, erklärte ihm Johnny die Einzelheiten. «Diese Party ist sozusagen der Klub der einsamen Herzen für Filmleute. Die Weiber dort hast du alle schon einmal als große Stars auf der Leinwand gesehen. Jeder Mann würde seine rechte Hand dafür hergeben, wenn er einmal mit ihnen schlafen dürfte. Und auf die Party heute abend kommen sie nur, um sich einen Kerl fürs Bett zu angeln. Und weißt du warum? Weil sie es nötig haben. Sie sind einfach ein bißchen zu alt. Und genau wie jede andere Frau hätten sie's gern mit ein bißchen Stil und Kultur.»

«Was ist denn mit deiner Stimme los?» erkundigte sich Nino.

Johnny hatte fast flüsternd gesprochen. «Das geht mir jedesmal so, wenn ich gesungen habe. Jetzt kann ich mindestens einen Monat nicht mehr singen. Aber die Heiserkeit bin ich in spätestens zwei Tagen los.»

Nachdenklich sagte Nino: «Gemein, was?»

Johnny zuckte die Achseln. «Hör zu, Nino, betrink dich nicht allzusehr heute abend. Du mußt diesen Hollywood-Hyänen beweisen, daß mein *paisan* und Kumpel nicht schwach auf der Brust ist. Du mußt mitmachen, verstehst du? Vergiß nicht, daß diese Mädchen beim Film eine Menge zu sagen haben; sie können dir einen Job verschaffen. Es tut ja nicht weh, ein bißchen nett zu ihnen zu sein, nachdem du deinen Spaß mit ihnen gehabt hast, nicht wahr?»

Nino schenkte sich schon wieder Whisky ein. «Ich bin immer nett», sagte er und trank sein Glas leer. Grinsend fragte er dann: «Im Ernst, kannst du mich wirklich an Deanna Dunn ranbringen?»

«Ja. Aber freu dich bloß nicht zu früh», warnte ihn Johnny. «Du wirst deine blauen Wunder erleben.»

Der Hollywood Movie Star Lonely Hearts Club kam jeden Freitagabend in der palastartigen Villa Roy McElroys zusammen. Roy war Presseagent, oder vielmehr Public-Relations-Berater der Woltz International Film Corporation, und wenn die Veranstaltungen auch als seine eigene Party galten, so kam die Idee dazu doch von Jack Woltz. Einige seiner gewinnbringenden Stars wurden alt. Ohne die Assistenz spezieller Beleuchtungseffekte und genialer Maskenbildner sah man ihnen ihr Alter an. Sie hatten Probleme. Außerdem waren sie körperlich und geistig abgestumpft. Sie konnten sich nicht mehr «verlieben». Sie konnten sich nicht mehr in die Rolle begehrter Frauen versetzen. Sie waren zu überlegen geworden: durch das Geld, durch den Ruhm, durch ihre einstige Schönheit. Woltz gab ihnen diese Parties, damit sie Gelegenheit hatten, sich einen Mann zu suchen, einen Liebhaber für eine Nacht, der unter Umständen zum ständigen Bettgenossen avancieren und sich auf diese Art den Weg nach oben erarbeiten konnte. Da diese Veranstaltungen gelegentlich zu Krawallen und sexuellen Exzessen ausarteten und die Polizei auf den Plan riefen, hatte sich Woltz entschieden, die Parties im Haus seines Public-Relations-Beraters abzuhalten. So war dieser wenigstens immer zur Hand, konnte alles regeln, Zeitungsleute und Polizisten schmieren und dafür sorgen, daß es nicht zu öffentlichen Skandalen kam.

Für gewisse junge Schauspieler des Studios, die es noch nicht zu Starruhm oder zu Hauptrollen gebracht hatten, war die Beteiligung an diesen Freitagabendparties eine nicht immer angenehme Pflicht. Es wurde nämlich bei jeder Party ein neuer Film gezeigt, den das Studio noch nicht freigegeben hatte. Eigentlich war diese Filmvorführung überhaupt die Rechtfertigung für die Parties. Man sagte dann: «Gehen wir einmal rüber und sehen wir uns das neue Machwerk von Soundso an.» Dadurch bekam alles einen mehr oder minder professionellen Anstrich.

Jungen weiblichen Sternchen war die Teilnahme an den Freitagabendparties untersagt. Oder sie wurden einfach abgeschreckt. Die meisten verstanden den Wink.

Die Vorführung der neuen Filme erfolgte jeweils um Mitternacht. Johnny und Nino erschienen um elf. Roy McElroy machte auf den ersten Blick einen überaus liebenswürdigen, gepflegten und eleganten Eindruck. Er begrüßte Johnny mit freudiger Überraschung: «Teufel, was führt dich denn her?» fragte er erstaunt.

Johnny schüttelte ihm die Hand. «Ich zeige meinem Vetter vom Land die Sehenswürdigkeiten der Großstadt. Das ist Nino.»

McElroy schüttelte auch Nino die Hand und musterte ihn anerkennend. «Den werden sie bei lebendigem Leib verschlingen», sagte er zu Johnny. Dann führte er sie in den hinteren Patio.

Dieser Teil des Hauses bestand aus einer Reihe riesiger Räume, deren Glastüren, jetzt weit geöffnet, zum Garten und zum Swimmingpool führten. Hier drängten sich schon beinahe hundert Personen, alle mit Gläsern in der Hand. Das Licht im Patio war sorgfältig arrangiert, damit es den Damen schmeichelte. Es waren Frauen, die Nino schon als Teenager auf der Leinwand gesehen hatte. Die meisten hatten in den erotischen Träumen seiner Pubertät eine Rolle gespielt. Jetzt aber, als er sie in Wirklichkeit sah, schienen sie ihm alle eine grauenhafte Maske zu tragen. Keine Schminke konnte die Schlaffheit ihres Fleisches verdecken. Sie bewegten sich zwar mit dem gleichen Charme, den er von früher an ihnen kannte, aber sie wirkten wie Wachsfiguren: Sie konnten ihn nicht erregen. Nino nahm sich zwei Drinks und schlenderte zu einem Tisch, der in der Nähe einer Flaschenbatterie stand. Johnny kam mit. Gemeinsam tranken sie, bis sie auf einmal die faszinierende Stimme Deanna Dunns hörten.

Die Stimme hatte sich tief in Ninos Gedächtnis geprägt, und ähnlich ging es wohl allen Männern. Deanna Dunn hatte zwei Oscars gewonnen und in dem größten Kassenfüller von Hollywood mitgewirkt. Auf der Leinwand besaß sie einen katzenhaften weiblichen Charme, der sie für jeden Mann unwiderstehlich machte. Doch das, was sie jetzt sagte, hatte noch niemand von der Kinoleinwand gehört. «Johnny, du Scheißkerl! Ich mußte schon wieder zum Psychiater, weil du nur eine Nacht bei mir warst. Warum hast du dir keinen Nachschlag geholt?»

Johnny küßte sie auf die dargebotene Wange. «Du hast mich für einen ganzen Monat fertiggemacht», sagte er. «Das hier ist übrigens mein Vetter Nino. Ein reizender, kräftiger Italiener. Vielleicht kann der bei dir mithalten.»

Deanna Dunn drehte sich um und maß Nino mit einem abschätzenden Blick. «Sieht er gern private Filmpremieren?»

Johnny lachte. «Ich glaube, dazu hat er noch keine Gelegenheit gehabt. Warum führst du ihn nicht ein?»

Als Nino mit Deanna Dunn allein war, mußte er zunächst einmal ein besonders großes Glas Whisky trinken. Er gab sich Mühe, gelassen zu sein, aber es fiel ihm schwer. Deanna Dunn hatte die gerade Nase, die klar geschnittenen klassischen Züge der schönen Angelsächsinnen. Außerdem kannte er sie so gut! Er hatte gesehen, wie sie, allein in ihrem Schlafzimmer, herzzerreißend um den gefallenen Fliegergatten weinte, der sie mit ihren vaterlosen Kindern allein zurückließ. Er hatte sie wütend gesehen, gedemütigt und doch voll Würde, als sie von einem niederträchtigen Clark Gable ausgenutzt und dann wegen einer Sexbombe verlassen worden war. (Deanna Dunn selbst spielte in ihren Filmen niemals Sexbomben.) Er hatte sie selig vor Liebe gesehen, hingegeben in der Umarmung eines Mannes, und er hatte sie mindestens ein Dutzendmal in Schönheit sterben sehen. Er hatte sie gesehen und sie gehört und von ihr geträumt. Doch auf Worte, wie er sie jetzt von ihr zu hören bekam, war er nicht vorbereitet.

«Johnny ist einer der wenigen Männer mit einem richtigen Schwanz in dieser Stadt», sagte sie. «Die anderen sind alle schwul oder krank und könnten ihn nicht einmal hochkriegen, wenn man ihnen eine Wagenladung von spanischen Fliegen in die Eier spritzt.» Sie ergriff Ninos Hand und zog ihn in eine entfernte, abgeschiedene Ecke.

Noch immer voll kühlem Charme, begann sie ihn auszufragen. Aber er durchschaute sie. Er merkte, daß sie die Rolle der reichen Dame spielte, die sich zu ihrem Stallburschen oder zu ihrem Chauffeur zwar freundlich gibt, die aber seine Avancen zurückweist (wenn dieser Stallbursche Spencer Tracy ist) oder in wahnsinnigem Begehren nach ihm alles hinwirft (wenn Clark Gable die Rolle spielt). Aber das störte ihn nicht. Er erzählte ihr, wie er mit Johnny zusammen in kleinen Klubs gesungen hatte. Er fand sie wunderbar mitfühlend und interessiert. Einmal fragte sie beiläufig: «Wissen Sie übrigens, wie Johnny den Woltz, dieses Schwein, dazu gebracht hat, ihm die Rolle zu geben?» Nino erstarrte und schüttelte den Kopf. Sie ging aber nicht näher auf dieses Thema ein.

Dann kam der Zeitpunkt für die Vorführung des neuesten Woltz-

Filmes. Deanna Dunn führte Nino an der Hand zu einem der inneren Räume der Villa. Der Raum hatte keine Fenster. Etwa fünfzig zweisitzige Couches standen herum, wie kleine, intime Inseln voneinander getrennt; neben jeder Couch ein Tisch mit Getränken, Eis und Zigaretten. Er reichte Deanna Dunn eine Zigarette, gab ihr Feuer und mixte sich und ihr einen Drink. Sie wechselten kein Wort. Nach wenigen Minuten ging das Licht aus.

Er war auf alles mögliche gefaßt gewesen. Schließlich hatte auch er die Geschichten von der Verderbtheit Hollywoods gehört. Aber das, was nun kam, überraschte ihn trotzdem: Gierig und ohne ein freundliches, vorbereitendes Wort stürzte sich Deanna Dunn auf sein Geschlechtsorgan. Er zwang sich, weiter aus seinem Glas zu trinken und den Film zu betrachten, aber er schmeckte nichts und hörte nichts. Er war erregt – auf eine Art, die ihm ganz neu war. Zum Teil wohl auch darum, weil diese Frau, die ihn hier im Dunkeln bearbeitete, ja einst das Ziel seiner Träume gewesen war.

Doch er fühlte sich in seiner Männlichkeit gekränkt. Als die berühmte Deanna Dunn gesättigt war und seine Kleider wieder in Ordnung gebracht hatte, mixte er ihr gelassen im Dunkeln einen frischen Drink, gab ihr Feuer für eine neue Zigarette und sagte trokken: «Der Film scheint recht gut zu sein.»

Er spürte, wie sie neben ihm auf der Couch erstarrte. Konnte es tatsächlich sein, daß sie Komplimente erwartete? Nino füllte sein Glas aus der erstbesten Flasche. Ach was, zum Teufel! Sie hatte ihn wie eine männliche Hure behandelt. Aus irgendeinem Grund verspürte er eine kalte Wut auf alle diese Weiber. Der Film lief noch fünfzehn Minuten. Er rückte von ihr ab, damit sich ihre Leiber nicht mehr berühren konnten.

Schließlich flüsterte sie: «Nun tu nicht so überheblich. Es hat dir gefallen. Du warst so groß wie ein Haus.»

Nino trank einen Schluck und sagte in seiner gewohnten, lässigen Art: «So ist er immer. Sie sollten ihn erst einmal sehen, wenn ich so richtig in Stimmung bin!»

Sie stieß ein kleines Lachen aus und schwieg bis zum Ende des Films. Das Licht ging an. Nino sah sich um. Er stellte fest, daß es im Dunkeln ein ganz hübsches Volksfest gegeben haben mußte, obwohl er seltsamerweise nicht einen einzigen Ton gehört hatte. Aber verschiedene Damen hatten jenen harten, glänzenden Blick, wie ihn nur Frauen haben, die gerade im Bett richtig drangenommen worden sind. Sie verließen den Vorführungsraum. Sofort ließ Deanna Dunn ihn stehen und ging auf einen älteren Mann zu, mit dem sie sich angeregt zu unterhalten begann. Nino erkannte einen berühmten Schauspieler. Jetzt, da er ihn aus der Nähe sah, wußte er, daß der Mann schwul war. Nachdenklich schlürfte er seinen Drink.

Johnny Fontane kam. «Hallo, Kumpel! Na, wie war's?»

Nino grinste. «Ich weiß nicht recht. Anders. Ich kann jetzt allen alten Kumpeln erzählen, daß Deanna Dunn mich gehabt hat.»

Johnny lachte. «Sie ist viel besser, wenn sie dich zu sich nach Hause einlädt. Hat sie das getan?»

Nino schüttelte den Kopf. «Ich habe mich zu sehr für den Film interessiert.» Diesmal lachte Johnny nicht.

«Sei nicht dumm», sagte er. «So eine Frau kann viel für dich tun. Und du hast sie doch sonst alle wahllos beschlafen. Mann, ich kriege ja heute noch Alpträume, wenn ich daran denke, was du für häßliche Weiber aufs Kreuz gelegt hast!»

Nino schwenkte sein Glas und erklärte laut: «Ja, häßlich waren sie schon, aber sie waren wenigstens *Weiber*.» Deanna Dunn in ihrer Ecke wandte den Kopf. Nino schwenkte ihr grüßend sein Glas entgegen.

Johnny seufzte. «Okay, du bist wirklich nichts weiter als ein Makkaronibauer.»

«Und das werde ich auch bleiben», sagte Nino mit seinem charmantesten Säuferlächeln.

Johnny verstand ihn sehr gut. Er wußte, daß Nino längst nicht so betrunken war, wie er vorgab. Daß Nino nur so tat, damit er Dinge aussprechen konnte, die er seiner Ansicht nach seinem neuen Hollywood-*padrone* in nüchternem Zustand nicht sagen konnte. Er legte Nino den Arm um die Schultern und sagte freundschaftlich: «Du Klugscheißer! Du weißt genau, daß du einen luftdichten Vertrag für ein ganzes Jahr hast. Daß du alles sagen und tun kannst, was dir paßt, weil ich dich nicht rausschmeißen kann.»

«Du kannst mich nicht rausschmeißen?» fragte Nino mit trunken-verschlagenem Blick.

«Nein», sagte Johnny.

«Dann scheiß ich auf dich!»

Einen Augenblick war Johnny sprachlos und wütend. Er sah das unbekümmerte Grinsen auf Ninos Gesicht. Doch entweder hatte Johnny in den vergangenen Jahren vieles gelernt oder sein eigener Abstieg vom Gipfel des Ruhms hatte ihn einfühlsamer gemacht. In diesem Augenblick verstand er Nino, begriff, warum sein Partner aus der Jugendzeit keinen Erfolg hatte und warum er auch jetzt versuchte, jede Erfolgschance zu zerstören. Er begriff, daß Nino vor dem Preis des Erfolgs zurückschreckte und daß es ihn kränkte, wenn jemand etwas für ihn tat.

Johnny nahm Nino beim Arm und führte ihn aus dem Haus. Nino konnte jetzt kaum noch gehen. Johnny redete beruhigend auf ihn ein. «Okay, Kleiner. Aber bitte sing für mich. Ich will nämlich eine Menge Geld mit dir verdienen. Ich verspreche dir, daß ich mich nicht in dein Privatleben einmischen werde. Du kannst von mir aus tun, was du willst. Okay, *paisan*? Alles, was ich von dir verlange, ist, daß du jetzt, wo ich nicht mehr singen kann, für mich singst und Geld für mich verdienst. Hast du das kapiert, Kumpel?»

Nino richtete sich auf. «Ich werde für dich singen, Johnny», sagte er. Seine Aussprache war so undeutlich, daß Johnny ihn kaum verstand. «Ich singe besser als du. Ich habe immer besser gesungen als du. Verstehst du?»

Johnny stand da und dachte: Das ist es also! Er wußte, daß Nino einfach nicht mit ihm Schritt halten konnte, wenn seine eigene Stimme gesund war, und daß er es auch damals in ihrer Jugend nicht gekonnt hatte. Er sah, daß Nino auf Antwort wartete, schwankend vor Trunkenheit stand er im kalifornischen Mondlicht da. «Ich scheiß auf dich!» sagte Johnny grinsend, und sie lachten einander an wie in den alten Zeiten, als beide noch jung gewesen waren.

Als Johnny die Nachricht vom Überfall auf den Don erhielt, machte er sich nicht nur Sorgen um den *padrino*, sondern auch um die Finanzierung seiner Filme. Er wäre gern nach New York geflogen, um seinen Paten im Krankenhaus zu besuchen. Aber man sagte ihm, daß es dem Don sicherlich nicht recht wäre, wenn die Presse Johnnys Krankenbesuch ausschlachten würde. Also wartete er. Eine Woche darauf kam ein Bote von Tom Hagen. Das Finanzierungsangebot galt noch immer, jetzt allerdings nur noch für jeweils einen Film.

Inzwischen ließ Johnny seinem Freund Nino freie Hand in Hollywood und Kalifornien, und Nino verzeichnete einen beachtlichen Erfolg bei den jungen Starlets. Gelegentlich rief Johnny ihn an und lud ihn zu einem Stadtbummel ein, aber er übte nie irgendeinen Druck auf ihn aus. Als sie sich über den Mordanschlag auf den Don unterhielten, sagte Nino zu Johnny: «Weißt du, ich habe ihn einmal um einen Job in der Organisation gebeten, aber der Don wollte mir keinen geben. Ich hatte keine Lust mehr, den Lastwagen zu fahren, und außerdem wollte ich viel mehr Geld verdienen. Weißt du, was er mir gesagt hat? Er hat gesagt, jeder Mensch habe nur ein Schicksal, und mein Schicksal sei es, ein Künstler zu werden. Mit anderen Worten, in der Organisation würde ich nichts taugen.»

Johnny dachte darüber nach. Der *padrino* war ein unheimlich kluger Mann. Daß Nino im Corleone-Unternehmen in Schwierigkeiten geraten oder umgebracht werden würde, war nicht schwer vorauszusagen. Aber woher wußte der Don, daß Nino ein Künstler werden konnte? Verdammt, weil er genau wußte, daß ich ihm eines Tages helfen werde. Und wie kam er darauf? Weil er mir einen entsprechenden Wink geben wollte und wußte, daß ich auf diese Weise versuchen werde, ihm meine Dankbarkeit zu beweisen. Gebeten hatte er mich darum natürlich niemals. Er ließ mich nur wissen, wie sehr er sich darüber freuen würde. Johnny Fontane seufzte. Jetzt war der *padrino* verwundet, in Not, und er konnte den Oscar in den Schornstein schreiben. Denn Woltz arbeitete gegen ihn, und er hatte nun niemanden auf seiner Seite. Nur der Don verfügte über die persönlichen Kontakte und Druckmittel, aber die Corleone-Familie hatte jetzt andere Sorgen. Johnny hatte ihnen seine Hilfe angeboten. Hagen hatte ihn mit einem kurzen Nein abgespeist.

Johnny war intensiv damit beschäftigt, seinen eigenen Film unter Dach zu bringen. Der New Yorker Autor war mit dem neuen Roman fertig und kam auf Johnnys Einladung in den Westen, um ohne Einmischung von Agenten und Studios mit ihm zu verhandeln. Das Buch war vorzüglich für Johnnys Pläne geeignet. Er brauchte darin nicht zu singen, es hatte eine gute Handlung mit vielen Mädchen und viel Sex, und es enthielt eine Rolle, die Nino, wie Johnny sofort erkannte, wie auf den Leib geschrieben war. Der Mann, um den es ging, sprach wie Nino, benahm sich wie Nino, er sah sogar aus wie Nino. Es war fast unheimlich. Nino brauchte nichts weiter zu tun als er selbst zu sein.

Johnny arbeitete schnell. Er merkte, daß er viel mehr über die Filmproduktion wußte, als er je geglaubt hätte. Trotzdem engagierte er sich einen Hilfsproduzenten, einen Mann, der sein Geschäft verstand, aber kaum Arbeit fand, weil er auf die schwarze Liste gesetzt worden war. Johnny nutzte diesen Umstand nicht aus, sondern gab dem Mann einen fairen Vertrag. «Ich erwarte, daß Sie mir viel Geld sparen helfen», sagte er ihm offen.

Darum war er auch erstaunt, als eines Tages der Produzent zu ihm kam und erklärte, die Gewerkschaften verlangten fünfzigtausend Dollar. Es gebe eine Menge Probleme mit Überstunden und Einstellung weiteren Personals, und die fünfzigtausend wären gut angelegt. Johnny überlegte, ob ihn der Hilfsproduzent erpressen wollte. Dann sagte er: «Schicken Sie den Gewerkschaftsmann zu mir.»

Der Gewerkschaftsmann war Bill Goff. «Ich dachte, meine Freunde hätten die Gewerkschaftsfrage geregelt», sagte Johnny. «Man hat mir gesagt, ich brauchte mir darüber keine Sorgen zu machen. Gar keine.»

«Wer hat Ihnen das gesagt?» fragte Goff.

«Sie wissen verdammt gut, wer mir das gesagt hat. Und Sie wissen auch, daß man sich auf sein Wort verlassen kann.»

Goff sagte gleichmütig: «Die Dinge haben sich geändert, Ihr Freund hat Schwierigkeiten. Hier draußen im Westen gilt sein Wort nicht mehr.»

Johnny zuckte mit den Achseln. «Kommen Sie in einigen Tagen wieder. Okay?»

Goff grinste. «Natürlich, Johnny. Aber in New York anrufen wird Ihnen auch nichts helfen.»

Es half aber doch, Johnny sprach mit Hagen. Hagen befahl ihm, nicht zu bezahlen. «Dein Pate wird toben, wenn er hört, daß du diesem Schwein einen einzigen Penny gegeben hast», sagte er Johnny. «Dadurch verliert der Don an Respekt, und das kann er sich jetzt auf keinen Fall leisten.»

«Könnte ich mit dem Don selber sprechen?» fragte Johnny.

«Oder kannst du mit ihm sprechen? Ich muß den Film anrollen lassen.»

«Zur Zeit kann niemand mit dem Don sprechen», sagte Hagen. «Er ist noch zu krank. Ich werde mit Sonny überlegen, was da zu machen ist. Aber die Entscheidung treffe ich. Gib diesem Schwein keine zehn Cents, hörst du? Wenn sich die Lage irgendwie ändert, werde ich dich benachrichtigen.»

Ärgerlich legte Johnny auf. Schwierigkeiten mit den Gewerkschaften konnten die Unkosten seines Films um ein Vermögen erhöhen und die gesamte Arbeit behindern. Ganz kurz erwog er, die Fünfzigtausend heimlich doch zu bezahlen. Schließlich war es ein Unterschied, ob ihm der Don selbst oder nur Hagen einen Befehl erteilte. Aber er beschloß dann doch, ein paar Tage noch zu warten.

Das ersparte ihm fünfzigtausend Dollar. Zwei Tage darauf wurde Goff in seiner Wohnung in Glendale erschossen aufgefunden. Von da an war keine Rede mehr von Ärger mit den Gewerkschaften. Doch Johnny war ziemlich erschüttert. Es war das erste Mal, daß der weitreichende Arm des Don in seiner unmittelbaren Nähe zugeschlagen hatte.

Während die Wochen vergingen und er immer stärker eingespannt war mit der Fertigstellung des Drehbuchs, mit der Rollenverteilung und den Einzelheiten der Produktion, dachte Johnny Fontane nicht mehr an seine Stimme. Doch als die Nominierungen für den Oscar herauskamen und er sich auch auf der Liste der Kandidaten fand, war er bedrückt. Denn man hatte ihn nicht gebeten, bei der vom Fernsehen übertragenen Feier einen der für den Oscar ausgewählten Songs zu singen. Doch er schüttelte seine Enttäuschung ab und arbeitete weiter. Er hatte jetzt jegliche Hoffnung auf diesen Preis aufgegeben. Aber die Tatsache allein, daß er als Kandidat aufgestellt worden war, hatte auch ihre Vorteile.

Die Schallplatte mit den italienischen Liedern verkaufte sich besser als alles, was er in der letzten Zeit produziert hatte. Aber er wußte sehr gut, daß es im Grunde nur Ninos Erfolg war, nicht seiner. Er fand sich damit ab, daß er beruflich nie wieder singen würde.

Einmal pro Woche nahm er das Abendessen bei Ginny und den Kindern ein. Er sagte nie ab, ganz gleich, wie hektisch es bei ihm zuging. Aber er schlief nicht mit Ginny. Inzwischen hatte seine zweite Frau eine mexikanische Scheidung erlangt, und er war wieder Junggeselle. Seltsam genug, er war längst nicht mehr so versessen darauf, Starlets aufs Kreuz zu legen. Es tat gut, hart zu arbeiten. Meist ging er abends allein nach Hause, legte seine alten Schallplatten auf, trank etwas und sang ein paar Takte mit. Er war gut gewesen, verdammt gut! Er war ein echter Künstler gewesen und hatte es nicht gewußt. Und genausowenig hatte er gewußt, wie sehr er seinen Beruf liebte. Er hatte seine Stimme mit Alkohol, Tabak und Weibern ruiniert und zu spät erkannt, was wirklich los war.

Manchmal kam Nino auf einen Drink und hörte sich mit ihm zusammen die alten Schallplatten an. Dann sagte Johnny verächtlich zu ihm: «Du mickriger Makkaronifresser, so gut hast du in deinem ganzen Leben nicht gesungen!» Und Nino schenkte ihm sein seltsames, bezauberndes Lächeln, schüttelte den Kopf und sagte: «Nein, Johnny. Und so gut werde ich auch niemals singen.» Er sagte es mitfühlend, als könne er Johnnys Gedanken lesen.

Endlich, eine Woche vor dem Beginn der Dreharbeiten an dem neuen Film, kam der Abend der Oscar-Verleihung. Johnny bat Nino mitzukommen, doch Nino lehnte ab. Johnny sagte: «Hör mal, Kumpel, ich habe dich noch nie um etwas gebeten, nicht wahr? Dann tu mir heute den Gefallen und komm mit. Du bist der einzige Mensch, der wirklich traurig ist, wenn ich den Preis nicht gewinne.»

Sekundenlang war Nino verblüfft. Dann sagte er: «Na klar! Natürlich komme ich mit.» Er schwieg einen Augenblick. Dann fuhr er fort: «Wenn du nicht gewinnst, weißt du, dann denk einfach nicht mehr dran. Betrink dich. Ich werde schon auf dich aufpassen. Verdammt, ich werde heute abend nicht mal selber trinken. Na, bin ich ein guter Kumpel?»

«Mensch», sagte Johnny. «Du bist der Größte.»

Der Abend kam, und Nino hielt sein Versprechen: Als er bei Johnny eintraf, war er stocknüchtern. Gemeinsam machten sie sich auf den Weg zum Theater, in dem die Preisverteilung stattfand. Nino wunderte sich, daß Johnny keine von seinen Freundinnen oder Exehefrauen zu dem Oscar-Dinner eingeladen hatte. Vor allem Ginny. Glaubte er, daß Ginny ihm nicht applaudieren würde? Nino wünschte, er könnte wenigstens ein kleines Glas trinken; es würde wohl eine lange und schlimme Nacht werden.

Nino Valenti fand den ganzen Oscar-Rummel stinklangweilig – bis der Gewinner des Preises für die beste männliche Hauptrolle verkündet würde. Als er den Namen «Johnny Fontane» hörte, sprang er auf und fing an zu klatschen. Johnny gab ihm die Hand, und Nino schüttelte sie heftig. Er wußte, in diesem Augenblick brauchte sein Freund den körperlichen Kontakt mit einem Menschen, dem er vertraute, und er war erschüttert, daß Johnny in dieser Stunde seines Triumphes niemanden hatte als ihn.

Was dann folgte, war ein Alptraum. Jack Woltz' Film hatte alle Hauptpreise gewonnen, und auf der Studioparty wimmelte es von Zeitungsleuten und Schmarotzern. Nino hielt sein Versprechen, nüchtern zu bleiben, und gab sich Mühe, auf Johnny aufzupassen. Aber die anwesenden Damen schleppten Johnny abwechselnd zu einem «Plausch» in die Schlafzimmer, und Johnnys Rausch wurde immer gewaltiger.

Inzwischen erlitt die Dame, die den Preis für die beste weibliche Hauptrolle bekommen hatte, das gleiche Schicksal. Doch sie trug es gelassener. Nino gab ihr einen Korb – als einziger Mann auf dem Fest.

Schließlich hatte irgend jemand eine großartige Idee: die beiden Gewinner sollten zusammen ins Bett gehen, und alle dürften zuschauen. Die Schauspielerin wurde nackt ausgezogen, und die Frauen begannen Johnny zu entkleiden. In diesem Augenblick aber griff Nino ein, der einzige nüchterne Mensch im Haus: Er packte den halbnackten Johnny, warf ihn sich über die Schulter und bahnte sich energisch einen Weg nach draußen. Während er Johnny im Wagen nach Hause fuhr, dachte er sich: Wenn das der Erfolg ist, dann habe ich wahrhaftig keinen Bedarf.

Drittes Buch

14

Schon mit zwölf Jahren war der Don ein richtiger Mann gewesen. Er war klein, dunkel, schlank, hieß Vito Andolini und lebte in Corleone, einem sonderbar maurisch anmutenden Dorf auf Sizilien. Als die fremden Männer kamen, um auch noch den Sohn des Mannes zu töten, den sie umgebracht hatten, schickte die Mutter den Jungen nach Amerika, wo er bei Freunden untergebracht wurde. Und hier, in diesem neuen Land, änderte er seinen Namen in Corleone, um wenigstens eine kleine Verbindung zu seinem Heimatdorf zu bewahren. Es war eine der wenigen sentimentalen Gesten, die der Don in seinem Leben jemals machte.

Um die Jahrhundertwende handelte die Mafia auf Sizilien praktisch wie eine zweite Regierung, weit mächtiger als die offizielle in Rom. Vito Corleones Vater bekam Streit mit einem anderen Dorfbewohner, der seinen Fall vor die Mafia trug. Der Vater lehnte es ab, sich ihrem Urteil zu beugen, und brachte den örtlichen Mafiachef bei einer öffentlichen Auseinandersetzung um. Eine Woche darauf wurde er selber, zerfetzt von *lupara*-Schüssen, tot aufgefunden. Einen Monat nach der Beerdigung erkundigten sich Mafiarevolvermänner nach dem kleinen Vito. Sie waren der Ansicht, er sei schon zu groß und könnte in den kommenden Jahren womöglich versuchen, den Tod seines Vaters zu rächen. Der Zwölfjährige wurde von Verwandten versteckt und heimlich nach Amerika verfrachtet. Dort wohnte er bei den Abbandandos, deren Sohn Genco später der *consigliori* des Don werden sollte.

Der junge Vito begann in dem Lebensmittelgeschäft der Abbandandos an der Ninth Avenue in New Yorks Hell's Kitchen zu arbeiten. Mit achtzehn Jahren heiratete er eine Italienerin; sie kam frisch aus Sizilien, war erst sechzehn Jahre alt, aber eine ausgezeichnete Hausfrau und Köchin. Die beiden bezogen eine Mietwohnung in der Tenth Avenue nahe der 35th Street, nur wenige Blocks von Vitos Arbeitsstätte entfernt, und bekamen zwei Jahre darauf ihren ersten Sohn, Santino, der von allen Freunden Sonny gerufen wurde.

Im selben Viertel wohnte ein Mann namens Fanucci, ein stämmiger, wildblickender Italiener, der immer sehr teure, helle Anzüge und einen cremefarbenen Filzhut trug. Dieser Mann stand in dem Ruf, ein Mitglied der «Black Hand» zu sein, einer Mafiaorganisation, die unter Androhung körperlicher Gewalt von Familien und Ladenbesitzern Geld erpreßte. Da jedoch die meisten Bewohner dieses Viertels selbst gewalttätig waren, hatte Fanucci nur bei alleinstehenden älteren Ehepaaren Erfolg. Einige der Geschäftsleute bezahlten ihm aus Bequemlichkeit geringe Beträge. Darüber hinaus schmarotzte Fanucci auch bei seinen Verbrecherkollegen, den Männern, die Lose der illegalen italienischen Lotterie verkauften oder in ihren Wohnungen Spielhöllen unterhielten. Auch die Abbandandos zahlten ihm einen kleinen Tribut – trotz der Proteste des jungen Genco, der seinem Vater erklärte, er werde die Rechnung mit Fanucci persönlich begleichen. Sein Vater verbot es ihm. Vito Corleone sah sich das alles gelassen an und fand, daß es nicht seine Angelegenheit sei.

Eines Tages wurde Fanucci von drei jungen Männern überfallen, die ihm die Kehle von einem Ohr bis zum anderen durchschnitten – nicht tief genug, um ihn zu töten, aber immerhin tief genug für einen beträchtlichen Aderlaß und einen gehörigen Schrecken. Vito sah, wie Fanucci vor seinen Züchtigern floh, während es rot aus der halbkreisförmigen Wunde rann. Was er an diesem Anblick niemals vergaß, war, wie sich Fanucci im Laufen den cremefarbenen Filzhut unters Kinn hielt, um damit das tropfende Blut aufzufangen, als wollte er seinen Anzug nicht beschmutzen oder als ob er sich schämte, eine rote Spur zu hinterlassen.

Der Überfall wirkte sich jedoch sogar noch zum Vorteil Fanuccis aus. Die drei jungen Männer waren keine Mörder, sondern bloß harte Burschen, die beschlossen hatten, ihm eine Lektion zu erteilen und ihn von weiteren Erpressungen abzuschrecken. Fanucci dagegen war wirklich ein Mörder. Wenige Wochen darauf wurde der Halsaufschlitzer erschossen. Die Familien der beiden anderen jungen Männer kauften sich mit hohen Geldbeträgen von Fanuccis Rache los. Von da an stiegen seine Tributforderungen immer höher, und schließlich wurde er Teilhaber an den Glücksspielen des Viertels. Was Vito Corleone betraf, so ging ihn das Ganze nichts an. Er vergaß die Angelegenheit sofort.

Während des Ersten Weltkrieges, als das importierte Olivenöl knapp wurde, erwarb sich Fanucci die Teilhaberschaft an Abbandandos Lebensmittelgeschäft, indem er es nicht nur mit Öl, sondern auch mit importierter italienischer Salami, Schinken und Käse versorgte. Dann stellte er seinen Neffen als Verkäufer an, und Vito saß auf der Straße.

Inzwischen war sein zweiter Sohn, Frederico, geboren worden, und Vito hatte jetzt vier Mäuler zu stopfen. Bis dahin war er ein ruhiger, sehr zurückhaltender junger Mann gewesen, der seine Gedanken für sich behielt. Sein bester Freund war Genco, der Sohn der Abbandandos. Als Vito nun diesem wegen der Handlungen seines Vaters Vorwürfe machte, schwor Genco, errötend vor Scham, Vito brauche sich niemals Sorgen um Lebensmittel zu machen. Er, Genco, würde Waren aus dem väterlichen Laden stehlen, damit sein Freund und dessen Familie nicht hungern mußten. Dieses Angebot wies Vito entschieden zurück. Er fand es beschämend, wenn der Sohn den Vater bestahl.

Auf den gefürchteten Fanucci jedoch hatte Vito eine kalte Wut. Aber er zeigte sie nicht. Er wartete ab. Ein paar Monate lang arbeitete er bei der Eisenbahn, doch als der Krieg zu Ende ging, wurde die Arbeit knapp, und er brachte im Monat höchstens ein paar Tagelöhne nach Hause. Außerdem waren die meisten Vorarbeiter Iren und Amerikaner und beschimpften die einfachen Hilfsarbeiter mit den übelsten Ausdrücken. Vito ertrug sie mit steinerner Miene. Er tat, als verstünde er sie nicht, obwohl er trotz seines starken Akzents ausgezeichnet Englisch sprach.

Eines Abends, als Vito mit seiner Familie beim Abendessen saß, klopfte es an das Fenster, das auf den offenen Luftschacht zwischen dem eigenen und dem Nachbarhaus führte. Als Vito den Vorhang beiseite zog, sah er zu seinem Erstaunen Peter Clemenza, einen der jungen Männer der Nachbarschaft, am gegenüberliegenden Fenster stehen. Clemenza beugte sich weit heraus und reichte Vito ein weißes Bündel.

«He, *paisan*!» sagte Clemenza. «Heb das für mich auf, bis ich es wieder abhole. Schnell!» Automatisch streckte Vito die Hand über den Luftschacht und ergriff das Bündel. Clemenzas Gesicht war verkrampft und nervös. Er steckte offensichtlich irgendwie in der Klemme, und Vitos Hilfeleistung kam instinktiv. Doch als er in der Küche das Bündel öffnete, fand er fünf sorgfältig geölte Revolver darin, die dunkle Schmierflecken auf dem weißen Tuch hinterlassen hatten. Er verbarg sie im Schlafzimmerschrank und wartete ab. Kurz darauf erfuhr er, daß Clemenza von der Polizei abgeholt worden war. Sie mußten gerade an seine Tür geklopft haben, als er die Waffen ins Nachbarhaus reichte.

Vito sagte zu niemandem ein Wort, und seine verängstigte Frau wagte nicht den Mund aufzutun, aus Furcht, ihren Mann ins Gefängnis zu bringen. Zwei Tage später tauchte Clemenza wieder auf und fragte Vito beiläufig: «Hast du meine Sachen noch?»

Vito nickte. Er war kein Freund vieler Worte. Clemenza kam mit in die Wohnung hinauf und trank ein Glas Wein, während Vito das Bündel aus dem Schlafzimmerschrank holte.

Clemenza musterte Vito mit einem abschätzenden Ausdruck auf seinem schweren, gutmütigen Gesicht. «Hast du es aufgemacht?»

Vito schüttelte mit ausdrucksloser Miene den Kopf. «Ich interessiere mich nicht für Dinge, die mich nichts angehen.»

Den ganzen Abend lang tranken sie Wein. Sie fanden einander sympathisch. Clemenza war ein großer Geschichtenerzähler und Vito Corleone ein Mann, der einem Geschichtenerzähler gut zuhören konnte. So wurden sie Freunde.

Wenige Tage darauf fragte Clemenza Vitos Frau, ob sie gern einen Teppich fürs Wohnzimmer hätte. Dann bat er Vito, ihm doch beim Tragen zu helfen.

Clemenza führte Vito zu einem vornehmen Wohnhaus mit zwei Marmorsäulen und einer weißen Marmortreppe vor dem Eingang. Er öffnete mit einem Schlüssel. Sie befanden sich in einem luxuriösen Appartement. Clemenza knurrte: «Geh auf die andere Seite und hilf mir aufrollen.»

Der Teppich war aus dicker roter Wolle. Vito staunte über Clemenzas Großzügigkeit. Gemeinsam rollten sie den Teppich auf; dann nahm Clemenza das eine Ende der Rolle und Vito das andere. So wollten sie zur Tür.

Da klingelte es. Sofort ließ Clemenza den Teppich fallen und schlich auf Zehenspitzen zum Fenster. Vorsichtig zog er den Vorhang zur Seite. Was er draußen sah, veranlaßte ihn, einen Revolver aus seiner Jacke zu ziehen. Und erst in diesem Augenblick wurde es dem verblüfften Vito klar, daß sie den Teppich aus einer fremden Wohnung stahlen.

Wieder klingelte es an der Tür. Vito stellte sich neben Clemenza, um sehen zu können, was draußen vorging. Vor dem Haus stand ein uniformierter Polizist. Er drückte ein letztes Mal auf die Klingel, dann zuckte er die Achseln, schritt die Marmortreppe hinab und ging davon.

Clemenza stieß ein zufriedenes Knurren aus und sagte: «Komm, wir verschwinden.» Er nahm sein Ende der Teppichrolle und Vito das andere. Der Polizist war kaum um die Ecke gebogen, da schlüpften sie aus der schweren Eichentür auf die Straße. Dreißig Minuten später schnitten sie den Teppich für Vitos Wohnzimmer zurecht. Es blieb noch genug für das Schlafzimmer übrig. Clemenza war ein geschickter Mann und hatte in den Taschen seines weiten, schlechtsitzenden Jacketts (schon damals trug er gern lose Kleidung, obgleich er noch nicht so unförmig dick war) die notwendigen Geräte zum Zuschneiden des Teppichs verstaut.

Die Zeit verging, nichts wurde besser. Von dem schönen Teppich wurden die Corleones nicht satt. Es gab keine Arbeit, da mußten Frau und Kinder eben hungern. Während dieser Zeit nahm Vito von seinem Freund Genco doch einige Lebensmittelpakete an. Er dachte gründlich über seine Lage nach. Schließlich traten Clemenza und Tessio, ein anderer junger Rowdy des Viertels, an ihn heran. Sie hielten eine Menge von ihm, von der Art, wie er seinen Mann stellte, und wußten, daß er verzweifelt war. Sie schlugen ihm vor, Mitglied ihrer Bande zu werden, die sich auf den Überfall schwerer Lastwagen spezialisiert hatte. Die Lastwagen transportierten Seidenkleider von einer Fabrik an der 31st Street. Es war völlig gefahrlos. Die Lastwagenfahrer waren vernünftig. Sie warfen sich wie brave Kinder flach auf den Gehsteig, während die Räuber mit dem Wagen davonbrausten und ihn im Lagerhaus eines Freundes ausluden. Ein Teil der Ware wurde dann an italienische Großhändler verkauft, ein anderer Teil in den Italienervierteln – Arthur Avenue in der Bronx, Mulberry Street und Chelsea-Viertel in Manhattan – an den Haustüren verhökert. Die armen italienischen Familien waren scharf auf solche Gelegenheitskäufe, da ihre Töchter sich normalerweise so gute Kleider nicht leisten konnten. Clemenza und Tessio brauchten Vito als Fahrer, denn sie wußten, daß er den Lieferwagen der Abbandandos chauffiert hatte. Im Jahre 1919 standen geschickte Autofahrer sehr hoch im Kurs.

Wider bessere Einsicht nahm Vito Corleone das Angebot an. Ausschlaggebend dabei war der Gedanke, daß sich sein Anteil an dem Geschäft auf mindestens tausend Dollar belaufen würde. Aber er hielt seine jungen Gefährten für leichtsinnig, die Planung des Überfalls für nachlässig, die Weitergabe der Beute für unüberlegt. Ihre gesamte Einstellung zu dem Unternehmen war ihm zu oberflächlich. Trotzdem hielt er die beiden für charakterlich einwandfrei. Der stämmige Peter Clemenza machte einen zuverlässigen Eindruck, und der magere, düstere Tessio erweckte Vertrauen.

Der Job ging ohne Schwierigkeiten vonstatten. Zu seinem eigenen Erstaunen empfand Vito überhaupt keine Angst, als seine beiden Kameraden die Revolver zogen und den Fahrer zwangen, aus dem Führerhaus zu steigen. Und die Gelassenheit Peter Clemenzas und Tessios zwang ihm Bewunderung ab. Sie waren beide kein bißchen nervös, sie scherzten sogar mit dem Fahrer und sagten, wenn er jetzt brav sei, würden sie seiner Frau auch ein paar Kleider schicken. Da Vito es für unpraktisch hielt, die Ware selbst zu verkaufen, gab er seinen Anteil dem Hehler und schlug nur siebenhundert Dollar heraus. Aber im Jahre 1919 war das eine ansehnliche Summe.

Am folgenden Tag wurde Vito auf der Straße von Fanucci angehalten. Fanucci hatte trotz seines hellen Anzugs und seines cremefarbenen Filzhutes schon immer brutal ausgesehen. Die halbkreisförmige Narbe, die sich in weißem Bogen unter dem Kinn hindurch von einem Ohr bis zum anderen zog, verstärkte jetzt diesen Eindruck noch. Er hatte dichte schwarze Brauen und grobe Züge. Doch wenn er lächelte, wirkte er merkwürdigerweise recht liebenswürdig.

Er sprach mit starkem sizilianischem Akzent. «Junger Freund», sagte er zu Vito. «Man sagt mir, daß du reich bist. Du und deine beiden Freunde. Aber findest du nicht, daß du mich ein bißchen schäbig behandelst? Schließlich ist das hier mein Viertel, und du solltest mich den Schnabel anfeuchten lassen.» Er benutzte den sizilianischen Mafiaausdruck *fari vagnari a pizzu. Pizzu* ist der Schnabel eines kleinen Vogels.

Wie es seine Gewohnheit war, gab Vito keine Antwort. Er verstand die Bedeutung des Ausdrucks sofort und wartete auf eine präzise Forderung.

Fanucci sah ihn lächelnd an. Seine Goldzähne blitzten, und die Narbe, die fest wie eine Schlinge um seinen Hals lag, zog sich breit. Mit seinem Taschentuch trocknete er sich das Gesicht und knöpfte die Jacke auf, als würde es ihm zu warm. In Wirklichkeit aber wollte er nur den Revolver zeigen, den er im Bund seiner weitgeschnittenen Hose trug. Dann seufzte er auf und sagte: «Gib mir fünfhundert Dollar, und ich will die Kränkung vergessen. Schließlich wißt ihr jungen Leute noch nicht, welche Beweise eures Respektes ihr einem Mann wie mir schuldig seid.»

Vito Corleone lächelte ebenfalls. Und wenn er auch noch ein junger, unerfahrener Neuling war, so lag doch eine so eisige Kälte in diesem Lächeln, daß Fanucci einen Augenblick zögerte, ehe er fortfuhr: «Sonst wird die Polizei dich holen, und deine Frau und deine Kinder werden verzweifelt sein. Sollten die Informationen, die ich über deinen Gewinn bekommen habe, nicht stimmen, werde ich meinen Schnabel natürlich nur ein bißchen eintauchen. Keinesfalls aber unter dreihundert Dollar. Und versuche nicht, mich reinzulegen.»

Jetzt sagte Vito zum erstenmal etwas. Sein Ton war ruhig, und er ließ sich den Zorn nicht anmerken. So war es höflich, so gehörte es sich für einen jungen Mann, wenn er mit einem älteren Herrn von Fanuccis Bedeutung sprach. «Meine beiden Freunde haben meinen Anteil des Geldes. Ich muß erst mit ihnen sprechen.»

Fanucci war beruhigt. «Du kannst deinen Freunden ausrichten, ich erwarte, daß sie mich ebenfalls meinen Schnabel anfeuchten lassen. Du kannst es ihnen unbesorgt sagen», versicherte er. «Clemenza kennt mich; er hat Verständnis für derartige Dinge. Laß dich von ihm beraten. Er hat die größere Erfahrung. Ich will von jedem gleich viel.»

Vito zuckte mit den Achseln. Er gab sich Mühe, ein verlegenes Gesicht zu machen. «Gewiß», sagte er. «Sie werden verstehen, daß dies alles sehr neu für mich ist. Ich danke Ihnen, daß Sie wie ein *padrino* mit mir gesprochen haben.»

Fanucci war beeindruckt. «Du bist ein braver Junge», sagte er. Dann nahm er Vitos Hand in seine beiden haarigen Pranken. «Du hast Respekt. Ein schöner Zug an einem jungen Menschen. Das nächste Mal sprich vorher mit mir. Ich kann dir bei deinen Plänen behilflich sein.»

Erst Jahre später begriff Vito Corleone, was ihn dazu veranlaßt hatte, sich diesem Fanucci gegenüber so taktisch klug zu verhalten: Es war der Tod seines heißspornigen Vaters gewesen, der auf Sizilien von der Mafia umgebracht worden war. Zu jener Zeit jedoch fühlte er nur eine eiskalte Wut darüber, daß dieser Mann ihm das Geld nehmen wollte, für das er Leben und Freiheit riskiert hatte. Angst hatte er nicht. Im Gegenteil, er fand sogar in jenem Augenblick, daß Fanucci ein einfältiger Dummkopf sei. Wie er Clemenza kannte, würde der stämmige Sizilianer eher sein Leben als einen einzigen Cent von seiner Beute hergeben. Schließlich war Clemenza drauf und dran gewesen, einen Polizisten umzubringen, nur um einen Teppich stehlen zu können. Und der schlanke, sehnige Tessio war so gefährlich wie eine Viper.

Am Abend jedoch erhielt Vito in Clemenzas Wohnung auf der anderen Seite des Luftschachtes eine weitere Lektion. Clemenza fluchte, Tessio zog eine finstere Miene, doch dann beratschlagten die Männer nur, ob sich Fanucci mit zweihundert Dollar zufriedengäbe. Tessio meinte ja. Clemenza war anderer Ansicht. «Nein, dieses narbengesichtige Schwein muß von dem Großhändler, der uns die Kleider abgekauft hat, erfahren haben, wieviel uns der Job eingebracht hat. Fanucci wird keine zehn Cent weniger akzeptieren als dreihundert Dollar. Wir müssen zahlen.»

Vito staunte, hütete sich aber, sein Erstaunen zu zeigen. «Warum müssen wir zahlen? Was kann er gegen uns drei ausrichten? Wir sind viel stärker als er. Wir haben Revolver. Warum müssen wir ihm das Geld geben, das wir verdient haben?»

Geduldig erklärte Clemenza es ihm. «Fanucci hat Freunde, brutale Kerle. Er hat Verbindungen zur Polizei. Er möchte, daß wir ihm unsere Pläne mitteilen, damit er uns dann an die Cops verraten kann und ihrer Dankbarkeit sicher ist. Dann wären sie ihm eine Gefälligkeit schuldig. Das ist die Art, wie er arbeitet. Und die Lizenz, in diesem Viertel zu arbeiten, hat er von Maranzalla persönlich.» Maranzalla war ein Gangster, von dem die Zeitungen häufig berichteten; er stand in dem Ruf, der Anführer eines Verbrecherrings zu sein, der sich auf Erpressung, Glücksspiel und bewaffneten Raubüberfall spezialisierte.

Clemenza kredenzte selbstgekelterten Wein. Seine Frau stellte eine Schüssel Salami, Oliven und einen Laib italienisches Brot auf den Tisch und ging dann mit ihrem Stuhl hinunter, um sich zu ihren Freundinnen vor die Haustür zu setzen. Sie war eine junge Italienerin, erst wenige Jahre im Land, daher verstand sie kein Englisch.

Vito Corleone saß mit seinen Freunden zusammen beim Wein. Noch nie hatte er von seinem Verstand so intensiven Gebrauch gemacht wie jetzt. Er war überrascht, wie klar er denken konnte. Er erinnerte sich an alles, was er von Fanucci wußte. Er erinnerte sich an den Tag, als man ihm die Kehle durchgeschnitten hatte und er, den Hut unterm Kinn, die Straße entlanggerannt war. Er erinnerte sich an den Mord an dem Mann, der ihm den Schnitt beigebracht hatte, und daran, daß die beiden anderen dem Todesurteil entgangen waren, weil sie ihm Schadenersatz gezahlt hatten. Und plötzlich wußte er, daß Fanucci keine großen Beziehungen hatte, daß er sie unmöglich haben konnte. Nicht wenn er Informationen an die Polizei weitergab. Nicht wenn er sich seine Rache abkaufen ließ. Ein richtiger Mafiachef hätte die beiden anderen auch umgebracht. Nein. Fanucci hatte Glück gehabt und diesen einen umbringen können. Die beiden anderen hatte er nicht umbringen können, weil sie durch den ersten Mord gewarnt waren. Darum hatte er sich bezahlen lassen. Einzig seine persönliche brutale Kraft ermöglichte es diesem Mann, von den Ladenbesitzern und den Spielhöllen, die in den Wohnungen betrieben wurden, Tribut zu erpressen. Doch Vito kannte mindestens eine Spielbank, die keinen Tribut an Fanucci zahlte, und dem Besitzer war niemals ein Härchen gekrümmt worden.

Also handelte es sich um Fanucci allein. Oder um Fanucci mit ein paar Revolvermännern, die er von Fall zu Fall gegen Barzahlung anheuerte. Und damit stand Vito Corleone wieder vor einer wichtigen Entscheidung. Einer Entscheidung, die sein ganzes künftiges Leben betraf.

Aus diesem Erlebnis gewann er seine Überzeugung, daß jeder Mensch nur ein Schicksal hat. An jenem Abend hätte er Fanucci den Tribut zahlen und dann wieder Lebensmittelverkäufer werden können, um ein paar Jahre später vielleicht einen eigenen Laden zu besitzen. Das Schicksal jedoch hatte bestimmt, daß er ein Don werden sollte. Und es hatte ihm Fanucci geschickt, um ihn auf den vorgezeichneten Weg zu bringen.

Als sie die Flasche Wein ausgetrunken hatten, sagte Vito behutsam zu Clemenza und Tessio: «Wenn ihr nichts dagegen habt, könntet ihr mir eure zweihundert Dollar für Fanucci geben. Ich garantiere euch, daß er von mir diese Summe akzeptiert. Alles Weitere könnt ihr mir überlassen. Ich werde die Angelegenheit zu eurer Zufriedenheit regeln.»

Clemenzas Augen wurden mißtrauisch. Vito sagte ihm kalt: «Ich habe noch nie einen Freund belogen. Von mir aus sprecht morgen selber mit Fanucci. Er soll euch ruhig nach dem Geld fragen. Aber geben dürft ihr ihm nichts. Und streitet euch auch nicht mit ihm herum. Sagt ihm, ihr müßt das Geld erst holen. Und dann gebt ihr es mir. Ich werde es ihm aushändigen. Gebt ihm zu verstehen, daß ihr bereit seid, zu zahlen, was er verlangt. Fangt nicht an zu handeln. Über den Preis werde ich mit ihm reden. Wenn er tatsächlich so gefährlich ist, wie ihr sagt, wäre es sinnlos, wenn wir ihn uns zum Feind machen.»

Sie waren einverstanden. Am folgenden Tag sprach Clemenza selber mit Fanucci, um sich zu vergewissern, daß Vito sich die Geschichte nicht ausgedacht hatte. Dann ging er zu Vito und gab ihm die zweihundert Dollar. Er sah den Freund prüfend an und sagte: «Fanucci sagte mir, kein Cent weniger als dreihundert Dollar. Wie willst du ihn herunterhandeln?»

Vito sagte ruhig: «Das ist meine Sache. Und vergiß nicht, daß ich dir einen Dienst erwiesen habe.»

Später kam Tessio. Tessio war reservierter als Clemenza, mißtrauischer, gescheiter, aber nicht so energisch. Er glaubte zu wissen, daß da etwas nicht stimmen konnte. Er war beunruhigt. Zu Vito sagte er: «Nimm dich in acht vor diesem Schwein. Der ist hinterhältig wie ein Pfaffe. Soll ich dabeisein, wenn du ihm das Geld gibst? Als Zeuge?»

Vito schüttelte den Kopf. Er machte sich nicht die Mühe, darauf zu antworten. Er sagte lediglich: «Richte Fanucci aus, daß ich ihm morgen abend um Punkt neun Uhr hier in meiner Wohnung das Geld übergeben werde. Ich werde ihm ein Glas Wein anbieten und vernünftig mit ihm reden, damit er mit weniger zufrieden ist.»

Tessio schüttelte den Kopf. «Da wirst du kein Glück haben, Vito. Fanucci macht grundsätzlich keinen Rückzieher.»

«Ich werde vernünftig mit ihm reden», wiederholte Vito. Der Ausdruck sollte in zukünftigen Zeiten berühmt werden, als letzte Warnung vor dem tödlichen Schlag. Wenn er als Don später seine Gegner bat, sich zu setzen und vernünftig mit ihm zu reden, wußten sie sofort, daß dies die letzte Möglichkeit war, eine Angelegenheit ohne Blutvergießen und Mord zu bereinigen.

Vito Corleone befahl seiner Frau, mit Sonny und Fredo, den beiden Kindern, nach dem Abendessen wegzugehen und sie unter keinen Umständen ins Haus zu lassen, bis er die Erlaubnis dazu gab. Sie selber sollte vor der Haustür sitzen bleiben und Wache halten. Er habe eine geschäftliche Besprechung mit Fanucci und dürfe auf keinen Fall gestört werden. Er las die Angst in ihren Augen und ärgerte sich. Ruhig fragte er sie: «Glaubst du, daß du einen Dummkopf geheiratet hast?» Sie antwortete nicht. Sie hatte Angst – jetzt nicht mehr vor Fanucci, sondern vor ihrem Mann. Vor ihren Augen ging eine Veränderung mit ihm vor, von einer Stunde zur anderen wurde er zu einem Mann, der gefährliche Kraft ausstrahlte. Immer war er still gewesen, wortkarg, aber sanft und vernünftig, und das war bei einem jungen Sizilianer recht ungewöhnlich. Nun war sie Zeuge, wie er den Tarnmantel der Harmlosigkeit abwarf und sich bereit machte für sein Schicksal. Er hatte spät begonnen, aber er startete mit einem Tusch.

Vito hatte beschlossen, Fanucci zu töten. Er würde dadurch seinen Besitz um siebenhundert Dollar vermehren. Um die dreihundert Dollar, die er persönlich dem Gangster bezahlen mußte, um die zweihundert von Tessio und um die zweihundert von Clemenza. Wenn er Fanucci nicht umbrachte, mußte er ihm siebenhundert Dollar in bar auf den Tisch legen. So viel war ihm der lebendige Fanucci nicht wert. Wenn Fanucci siebenhundert Dollar für eine lebenswichtige Operation benötigt hätte, dann hätte er Fanucci diese siebenhundert Dollar auch nicht gegeben. Persönlich war er Fanucci nichts schuldig, sie waren keine Blutsverwandten, er liebte Fanucci nicht. Warum also sollte er ihm siebenhundert Dollar geben?

Diese Überlegungen mündeten in die logische Schlußfolgerung: Wenn ihm Fanucci siebenhundert Dollar mit Gewalt abzunehmen gedachte, warum sollte er Fanucci dann nicht umbringen? Die Welt war ohne ihn bestimmt besser dran.

Dagegen sprachen freilich mehrere praktische Gründe. Fanucci konnte tatsächlich mächtige Freunde haben, die ihn dann rächten. Fanucci selbst war ein gefährlicher Mann, der Mord an ihm also auf jeden Fall ein Risiko. Da war die Polizei, da war der elektrische Stuhl. Doch über Vito hatte schon seit dem Mord an seinem Vater das Damoklesschwert des Todes geschwebt. Als Zwölfjähriger war er den Scharfrichtern entflohen und über das Meer in ein fremdes Land gefahren, wo er einen fremden Namen angenommen hatte. Außerdem war er nach langen Jahren stummer Beobachtung zu der Überzeugung gelangt, daß er mehr Intelligenz und mehr Mut besaß als andere Männer, obgleich er bisher niemals Gelegenheit gehabt hatte, diese Intelligenz und diesen Mut einzusetzen.

Trotzdem zögerte er, ehe er diesen ersten Schritt in sein neues Schicksal tat. Er rollte sogar die siebenhundert Dollar zu einem Bündel zusammen und steckte es in die Hosentasche. Aber er steckte es in die linke, in die rechte steckte er den Revolver, den Clemenza ihm für den Überfall auf den Lastwagen gegeben hatte.

Fanucci kam pünktlich um neun. Vito holte einen Krug mit selbstgekeltertem Wein, den ihm Clemenza gegeben hatte, und stellte ihn auf den Tisch.

Fanucci legte seinen weißen Filzhut neben den Weinkrug. Er löste seine breite, geblümte Krawatte, die voller Tomatenflecke war. Der Sommerabend war heiß, das Gaslicht nur schwach. Es war sehr still in der Wohnung. Um seinen guten Willen zu zeigen, gab Vito

Fanucci das Bündel Scheine und sah aufmerksam zu, wie dieser das Geld zählte, eine dicke Lederbrieftasche herausholte und es hineinstopfte. Fanucci trank einen Schluck Wein und sagte: «Du schuldest mir immer noch zweihundert Dollar.» Sein massiges Gesicht mit den dicken Brauen war ausdruckslos.

Vito entgegnete mit kühler, beherrschter Stimme: «Ich bin im Augenblick etwas knapp. Ich habe keine Arbeit. Stunden Sie mir das Geld noch ein paar Wochen.»

Das war ein zulässiger Vorschlag. Fanucci hatte den größten Teil des Geldes bekommen und würde jetzt warten. Vielleicht ließ er sich sogar überreden, gar nichts mehr zu verlangen oder noch länger zu warten. Fanucci lachte: «Du bist ein gescheiter junger Mann. Wie kommt es, daß du mir bisher noch nicht aufgefallen bist? Du bist zu zurückhaltend, das ist immer ein Nachteil. Ich könnte dir eine Arbeit verschaffen, die sehr einträglich wäre.»

Mit höflichem Nicken bekundete Vito sein Interesse und füllte das Glas seines Gastes mit Wein aus dem roten Krug. Aber Fanucci hatte es sich bereits anders überlegt und kam nicht mehr darauf zurück. Er stand auf und schüttelte Vito die Hand. «Gute Nacht, junger Freund», sagte er. «Und nichts für ungut. Wenn ich dir mal einen Gefallen tun kann, dann sag mir Bescheid. Heute abend hast du dir selber einen getan.»

Vito wartete, bis Fanucci die Treppen hinuntergestiegen war und das Haus verließ. Auf der Straße waren genügend Menschen, die später bezeugen konnten, daß er die Corleone-Wohnung gesund und heil verlassen hatte. Vito sah ihm vom Fenster aus nach. Fanucci bog an der nächsten Ecke zur Eleventh Avenue ab, daraus schloß Vito, daß er nach Hause ging, um dort die Beute zu verstecken, bevor er sich wieder auf den Weg machte. Oder um den Revolver abzulegen. Vito verließ die Wohnung und lief die Treppe zum Dach hinauf. Er überquerte die Dächer eines ganzen Häuserblocks und kletterte dann die Feuertreppe eines verlassenen Lagerhauses hinab, die im Hinterhof endete. Mit einem Tritt stieß er die Hintertür auf und lief quer durch das Haus zur Vordertür. Direkt gegenüber lag die Mietskaserne, in der Fanucci wohnte.

Das Viertel der Mietskasernen erstreckte sich westlich nur bis zur Tenth Avenue. An der Eleventh Avenue lagen fast ausschließlich

Lagerhäuser von Firmen, die mit der New York Central Railroad verluden und Zugang zu den Güterbahnhöfen brauchten, die sich von der Eleventh Avenue bis zum Hudson hinzogen. Fanuccis Haus war einer der wenigen Wohnbauten, die es in dieser Wildnis noch gab, und wurde hauptsächlich von unverheirateten Eisenbahnern, Verladearbeitern und billigen Prostituierten bewohnt. Diese Leute saßen nicht wie ehrliche Italiener auf der Straße und schwatzten, sondern hockten in Bierkneipen herum und vertranken ihren Lohn. Daher fiel es Vito nicht schwer, sich ungesehen über die menschenleere Eleventh Avenue bis in den Eingang des Hauses zu schleichen. Dort zog er den Revolver, mit dem er noch nie geschossen hatte, und wartete auf Fanucci.

Durch die Glastür beobachtete er die Straße, denn er wußte, daß Fanucci von der Tenth Avenue kommen mußte. Clemenza hatte ihm gezeigt, wie der Revolver funktionierte, und er hatte das Magazin leergeschossen. Doch Vito war auf Sizilien schon als Neunjähriger mit dem Vater auf die Jagd gegangen und hatte oft genug mit der schweren Schrotflinte geschossen, die man *lupara* nennt. Dieses Geschick im Umgang mit der *lupara* hatte ihm auch das Todesurteil der Mörder seines Vaters eingebracht.

Bald sah er den weißen Fleck, der Fanucci war, über die Straße auf den Hauseingang zukommen. Vito trat zurück, die Schultern gegen die innere Windfangtür gepreßt. Er hielt den Revolver schußbereit. Seine ausgestreckte Hand war nur zwei Schritt von der Außentür entfernt. Die Tür wurde aufgestoßen. Fanucci verdunkelte, weiß, breit, stinkend, das helle Rechteck. Vito Corleone schoß.

Die offene Tür entließ einen Teil des Geräuschs auf die Straße, doch was von dem Knall der Explosion noch drinnen blieb, erschütterte das ganze Haus. Fanucci klammerte sich an den Türrahmen, versuchte aufrecht stehen zu bleiben, versuchte nach seinem Revolver zu greifen. Die Gewalt seiner Anstrengung sprengte die Knöpfe von seiner Jacke. Man sah seinen Revolver, aber man sah auch in der Höhe des Magens ein feines rotes Geäder auf seinem Hemd. Sehr bedächtig, als stoße er eine Nadel in eine Vene, feuerte Vito die zweite Kugel mitten in dieses hellrote Netz.

Fanucci brach in die Knie und blockierte die Tür. Er stieß ein furchtbares Stöhnen aus, aber es wirkte beinahe komisch. Das Stöhnen hörte nicht auf. Vito hörte es noch mindestens dreimal, ehe er den Revolver an Fanuccis schweißnasse, fettige Wange setzte und ihm einen Schuß in den Schädel jagte. Kaum fünf Sekunden waren verstrichen, als Fanucci tot zusammensackte und mit seinem Körper die Tür offenhielt.

Behutsam zog Vito dem Toten die dicke Brieftasche aus der Jacke und steckte sie unter sein Hemd. Dann kehrte er über die Straße ins Lagerhaus zurück, ging in den Hof und stieg die Feuertreppe zum Dach hinauf. Von dort aus konnte er die Straße überblicken. Fanuccis Leiche lag noch im Eingang, sonst aber war kein Mensch zu sehen. Nur zwei Fenster der Mietskaserne waren aufgegangen. Dunkle Köpfe beugten sich heraus, doch da Vito die Gesichter nicht erkennen konnte, würden sie seines bestimmt auch nicht erkennen können. Außerdem würden solche Männer wohl kaum der Polizei etwas sagen. Fanucci blieb vermutlich bis zum nächsten Morgen dort liegen oder bis ein Polizist auf seiner Runde über die Leiche stolperte. Von den Bewohnern jenes Hauses würde sich kein einziger freiwillig den mißtrauischen Fragen der Polizei und ihren Verdächtigungen aussetzen. Sie würden vielmehr ihre Türen verschließen und so tun, als hätten sie nichts gehört.

Er konnte sich also Zeit lassen. Über die Dächer kehrte er zu seinem Haus zurück und stieg in die Wohnung hinunter. Er sperrte die Tür auf, ging hinein und verschloß die Tür wieder hinter sich. Dann durchsuchte er die Brieftasche des Toten. Außer den siebenhundert Dollar, die er Fanucci gegeben hatte, fand er nur noch einige Dollarnoten.

Innen in der Klappe war ein altes Fünf-Dollar-Goldstück befestigt, vermutlich als Glücksbringer. Falls Fanucci ein reicher Gangster war – was Vito nun mehr denn je bezweifelte –, so trug er seinen Reichtum jedenfalls nicht mit sich herum.

Er wußte, daß er die Brieftasche und den Revolver loswerden und das Goldstück in der Brieftasche lassen mußte. Er stieg wieder aufs Dach und kletterte über mehrere Verbindungsmauern. Die Brieftasche warf er in einen Luftschacht, den Revolver entleerte er und schmetterte ihn mit dem Lauf gegen eine Mauer. Der Lauf wollte nicht abbrechen. Er drehte die Waffe um und schlug den Griff gegen einen Schornstein. Der Griff brach in zwei Teile. Er schlug ihn wieder gegen die Steine, und da erst brach die Waffe in Lauf und Griff auseinander. Er warf jedes der beiden Stücke in einen anderen Luftschacht. Sie verursachten kein Geräusch, als sie fünf Stockwerke tiefer aufschlugen, und sanken tief in den weichen Müllhaufen ein, der sich dort unten angesammelt hatte. Am Morgen würden die Bewohner des Hauses weiteren Abfall aus den Fenstern werfen und mit einigem Glück alles zudecken. Vito kehrte in seine Wohnung zurück.

Er zitterte ein wenig, war aber durchaus beherrscht. Er wechselte die Kleider und warf die gebrauchten, aus Angst, es könne Blut daran sein, in eine Metallwanne, die seine Frau für die Wäsche benutzte. Er holte Chlor und braune Schmierseife, weichte die Kleider ein und rieb sie dann kräftig auf dem Waschbrett, das unter dem Spülstein stand. Im Schlafzimmer fand er ein Bündel frisch gewaschener Wäsche und legte seine Kleider dazu. Dann zog er ein frisches Hemd und eine andere Hose an und ging zu seiner Frau, den Kindern und den Nachbarn vor die Haustür hinunter.

All diese Vorsichtsmaßnahmen erwiesen sich jedoch als überflüssig. Die Polizei fand den Toten am frühen Morgen, aber Vito Corleone wurde nicht verhört. Erstaunlicherweise erfuhr die Polizei nicht einmal etwas von Fanuccis Besuch bei ihm am Abend seines Todes. Er hatte die Tatsache, daß Fanucci das Haus lebend verließ, als Alibi benutzen wollen. Erst später erfuhr er, daß die Polizei sogar froh über den Mord war und sich keine große Mühe gab, den Mörder zu finden. Sie hatten angenommen, es handle sich um einen der vielen Gangstermorde, und hatten nur Ganoven verhört, von denen sie wußten, daß sie in illegale Geschäfte und Gewaltverbrechen verwickelt waren. Da Vito noch nie mit der Polizei in Konflikt gekommen war, dachte kein Mensch daran, ihn zu verdächtigen.

Doch wenn er die Polizei auch überlistet hatte, bei seinen Partnern gelang ihm das nicht. Peter Clemenza und Tessio mieden ihn eine Woche lang, zwei Wochen lang; dann kamen sie ihn am Abend besuchen. Sie kamen mit offensichtlichem Respekt. Vito begrüßte sie mit ruhiger Höflichkeit und bot ihnen Wein an.

Clemenza sprach zuerst. Bedächtig sagte er: «Niemand kassiert bei den Ladenbesitzern an der Ninth Avenue. Niemand kassiert bei den Karten- und Glücksspielen in diesem Viertel.»

Vito sah die beiden gelassen an, antwortete aber nicht. Dann sagte Tessio: «Wir könnten Fanuccis Kunden übernehmen. Sie würden bezahlen.»

Vito Corleone zuckte mit den Achseln. «Warum kommt ihr damit zu mir? Ich habe kein Interesse an diesen Dingen.»

Clemenza lachte. Sogar in seiner Jugend, bevor er sich seinen ungeheuren Bauch zulegte, besaß er das tiefe Lachen der dicken Menschen. Jetzt sagte er zu Vito: «Was ist eigentlich mit dem Revolver, den ich dir für den Lastwagenjob gegeben hatte? Da du ihn ja jetzt nicht mehr brauchst, könntest du ihn mir eigentlich wiedergeben.»

Sehr langsam und betont zog Vito ein Bündel Geldscheine aus der Tasche und blätterte fünf Zehner hin. «Da, ich werde ihn dir bezahlen. Ich habe ihn nach dem Lastwagenjob weggeworfen.» Lächelnd sah er die beiden an.

Damals kannte Vito die Wirkung seines Lächelns noch nicht. Es war erschreckend, weil es nicht drohend war. Er lächelte wie über einen heimlichen Witz, den nur er selber verstand. Doch da er auf diese Art nur bei Gelegenheiten lächelte, die tödlich waren, und der Witz durchaus nicht heimlich war und seine Augen dabei nicht mitlächelten und er sonst nach außen hin immer sehr ernst und ruhig war, wirkte diese plötzliche Enthüllung seines wahren Charakters erschreckend.

Clemenza schüttelte den Kopf. «Ich will das Geld nicht», sagte er. Vito steckte die Scheine wieder ein. Er wartete. Die drei verstanden sich ohne Worte. Die Freunde wußten, daß er Fanucci umgebracht hatte, und obwohl sie mit niemandem darüber sprachen, wußte es nach ein paar Wochen das ganze Viertel. Vito Corleone wurde von allen als «ehrenwerter Mann» behandelt. Aber er machte keine Anstalten, Fanuccis illegale Geschäfte und Tributzahlungen zu übernehmen.

Was nun folgte, war unvermeidlich. Eines Abends brachte Vitos Frau eine Nachbarin mit in die Wohnung, eine Witwe. Die Frau war Italienerin und von untadeligem Charakter. Sie arbeitete schwer, um ihren vaterlosen Kindern ein Heim zu schaffen. Ihr sechzehnjähriger Sohn lieferte ihr, wie es in der alten Heimat üblich war, seinen Wochenlohn im verschlossenen Umschlag ab; ihre siebzehnjährige Tochter, eine Schneiderin, ebenfalls. Abends nähte die ganze

Familie zu Stückpreisen, wie sie nur Sklavenarbeitern geboten wurden, Knöpfe auf Pappkartons. Die Frau hieß Signora Colombo.

Vito erwartete, um Geld gebeten zu werden. Er hätte es bereitwillig gegeben. Aber es stellte sich heraus, daß Mrs. Colombo einen Hund besaß, den ihr jüngster Sohn innig liebte. Die Nachbarn hatten sich beim Hauswirt beklagt, das Tier störe mit seinem Bellen die Nachtruhe; dieser befahl Mrs. Colombo, den Hund wegzuschaffen. Sie hatte so getan, als würde sie der Aufforderung nachkommen. Der Hauswirt merkte, daß sie ihn getäuscht hatte, und befahl ihr, die Wohnung zu räumen. Sie hatte ihm versprochen, diesmal den Hund wirklich wegzugeben, und ihr Versprechen auch gehalten. Aber der Hausbesitzer war so aufgebracht, daß er die Kündigung nicht zurücknehmen wollte. Sie müsse ausziehen, oder er werde die Polizei rufen, die sie dann auf die Straße setzen werde. Und der arme Kleine hatte so sehr geweint, als sie den Hund zu Verwandten nach Long Island brachten! Und alles umsonst, sie würden die Wohnung trotzdem verlassen müssen.

Vito fragte sie freundlich: «Warum bitten Sie gerade mich um Hilfe?»

Mrs. Colombo nickte zu seiner Frau hinüber. «Sie hat es mir geraten.»

Er war überrascht. Seine Frau hatte ihn nie nach den Kleidern gefragt, die er am Abend des Mordes an Fanucci gewaschen hatte. Sie hatte ihn nie gefragt, woher das viele Geld kam, obwohl er nicht arbeitete. Selbst jetzt war ihre Miene ausdruckslos. Vito sagte zu Mrs. Colombo: «Ich kann Ihnen Geld geben, damit Sie umziehen können. Möchten Sie das?»

Unter Tränen schüttelte die Frau den Kopf. «Alle meine Freunde sind hier, alle Frauen, mit denen ich in Italien aufgewachsen bin. Wie kann ich in ein anderes Viertel ziehen, wo nur Fremde sind? Ich möchte, daß Sie dem Hauswirt sagen, er soll mich in meiner Wohnung lassen.»

Vito nickte. «Gut. Sie werden nicht ausziehen müssen. Ich werde gleich morgen früh mit ihm sprechen.»

Seine Frau dankte ihm mit einem Lächeln. Er erwiderte ihr Lächeln nicht, aber er war erfreut. Mrs. Colombo sah etwas unsicher aus. «Glauben Sie, daß er ja sagen wird?» fragte sie.

«Signor Roberto?» sagte Vito überrascht. «Aber natürlich. Er hat ein gutes Herz. Wenn ich ihm erkläre, wie es mit Ihnen steht, wird er mit Ihnen Mitleid haben. Machen Sie sich keine Sorgen mehr und regen Sie sich nicht auf. Und achten Sie auf Ihre Gesundheit, Ihre Kinder brauchen Sie.»

Mr. Roberto, der Hauswirt, kam jeden Tag ins Viertel, um nach den fünf Mietshäusern zu sehen, die ihm gehörten. Er war ein *padrone*, ein Mann, der italienische Arbeiter direkt vom Schiff an große Firmen verkaufte. Mit dem Erlös hatte er nach und nach diese Mietshäuser erworben. Als gebildeter Mann aus dem Norden Italiens empfand er für diese ungebildeten Südländer aus Sizilien und Neapel Verachtung und Abscheu. Sie wimmelten wie Ungeziefer durch seine Häuser, warfen Abfall in die Luftschächte und ließen Küchenschaben und Ratten an seinen Wänden nagen, ohne je einen Finger zur Erhaltung seines Eigentumes zu rühren. Er war gewiß kein schlechter Mensch, er war ein guter Vater und Gatte, aber die ständige Sorge um seine Geldanlagen, um seine Einkünfte, die unvermeidlichen Ausgaben, die man hatte, wenn man Hausbesitzer war, hatten seine Nerven zermürbt, so daß er sich in einem ewigen Zustand der Gereiztheit befand. Als Vito Corleone ihn auf der Straße anhielt und um eine Unterredung bat, war Mr. Roberto brüsk, aber nicht unhöflich, denn diesen Südländern mochte es jederzeit einfallen, das Messer zu ziehen, wenn man sie irgendwie kränkte. Obwohl dieser junge Mann da einen besonnenen Eindruck machte.

«Signor Roberto», sagte Vito, «die Freundin meiner Frau, eine arme Witwe, die keinen Mann hat, der sie beschützen kann, hat mir erzählt, daß sie aus irgendeinem Grund die Wohnung in Ihrem Haus räumen muß. Sie ist verzweifelt. Sie hat kein Geld, sie hat keine Freunde außer denen, die hier in der Nachbarschaft leben. Ich sagte ihr, daß ich mit Ihnen sprechen würde, daß Sie ein vernünftiger Mann seien, daß hier sicherlich nur ein Mißverständnis vorliegt. Sie hat das Tier weggeschafft, das Anlaß zu diesem Ärger gab, warum soll sie nun nicht bleiben? Von Italiener zu Italiener bitte ich Sie, mir diesen Gefallen zu erweisen.»

Signor Roberto musterte Vito von oben bis unten. Er sah einen Mann mittlerer Größe, doch ziemlich kräftig gebaut, einen Bauern, aber keinen Banditen, obwohl er es lächerlicherweise wagte, sich als Italiener zu bezeichnen. Roberto zuckte mit den Achseln. «Ich habe die Wohnung bereits zu einem höheren Zins weitervermietet», sagte er. «Ich kann diese neue Familie nicht wegen Ihrer Freundin enttäuschen.»

Vito nickte verständnisvoll. «Wieviel mehr pro Monat?» erkundigte er sich.

«Fünf Dollar», antwortete Mr. Roberto. Das war gelogen. Die Wohnung, vier düstere Zimmer, die an der Bahnlinie lagen, war für zwölf Dollar pro Monat an die Witwe vermietet gewesen, und mehr hatte er auch von den neuen Mietern nicht fordern können.

Vito zog ein Bündel Banknoten aus der Tasche und zählte drei Zehner ab. «Hier ist der Mietaufschlag für sechs Monate im voraus. Sie brauchen ihr nichts davon zu sagen, sie ist sehr stolz. In sechs Monaten kommen Sie wieder zu mir. Aber den Hund wird sie natürlich behalten.»

«Den Teufel wird sie», sagte Mr. Roberto. «Und überhaupt, wer sind Sie eigentlich, daß Sie mir Befehle erteilen? Nehmen Sie sich in acht, sonst sitzen Sie gleich hier auf der Straße auf Ihrem sizilianischen Arsch.»

Erstaunt hob Vito die Hände. «Ich bitte Sie um eine Gefälligkeit, nichts weiter! Man weiß doch nie, wann man einmal einen Freund brauchen kann, nicht wahr? Hier, nehmen Sie das Geld als Zeichen meines guten Willens.» Er drückte Mr. Roberto das Geld in die Hand. «Nehmen Sie jetzt das Geld und überlegen Sie sich die Angelegenheit. Wenn Sie mir morgen früh das Geld noch zurückgeben wollen, dann tun Sie es ruhig. Wenn Sie die Frau aus dem Haus werfen wollen, wer könnte Sie daran hindern? Schließlich ist es Ihr Eigentum. Wenn Sie keinen Hund in Ihrem Haus haben wollen, das kann ich durchaus verstehen. Ich mag Tiere auch nicht.» Er klopfte Mr. Roberto auf die Schulter. «Tun Sie mir den Gefallen. Ich werde es nicht vergessen. Fragen Sie Ihre Freunde hier im Viertel nach mir; die werden Ihnen sagen, daß ich ein Mann bin, der seine Dankbarkeit auch beweist.»

Aber Mr. Roberto hatte natürlich bereits verstanden. Am selben Abend erkundigte er sich nach Vito Corleone. Er wartete gar nicht bis zum folgenden Tag. Am selben Abend noch klopfte er an die Tür der Corleones, entschuldigte sich für die späte Stunde und akzeptierte von Signora Corleone ein Glas Wein. Er versicherte Vito, daß alles ein höchst bedauerliches Mißverständnis sei, daß die Signora Colombo selbstverständlich in der Wohnung bleiben und daß sie natürlich auch ihren Hund behalten könne. Wer waren denn diese elenden Nachbarn, die sich über das Bellen eines armen Tierchens beschwerten, wo sie doch nur eine so niedrige Miete zahlten? Zum Schluß warf er die dreißig Dollar, die Vito ihm gegeben hatte, auf den Tisch und sagte mit aufrichtiger Stimme: «Die Herzensgüte, die Sie bewiesen haben, als Sie für diese arme Witwe baten, hat mich zutiefst beschämt. Ich möchte Ihnen zeigen, daß auch ich zu christlicher Nächstenliebe fähig bin. Die Miete wird nicht erhöht.»

Alle Beteiligten spielten ihre Rolle in dieser Komödie hervorragend. Vito schenkte Wein ein, rief nach Kuchen, drückte Mr. Robertos Hand und lobte sein gutes Herz. Mr. Roberto seufzte und sagte, einen Mann wie Vito Corleone kennengelernt zu haben gebe ihm den Glauben an die Menschheit wieder. Schließlich brachten sie es zustande, sich voneinander zu trennen. Mr. Roberto, der bei dem Gedanken daran, wie knapp er seinem Schicksal entronnen war, zittrige Knie hatte, fuhr mit der Straßenbahn heim in die Bronx und legte sich gleich zu Bett. Drei Tage lang ließ er sich in seinen Mietshäusern nicht sehen.

Von diesem Tag an war Vito Corleone in seinem Viertel ein «ehrenwerter Mann». Er stand in dem Ruf, Mitglied der Mafia zu sein. Eines Tages kam ein Mann zu ihm, der in einem möblierten Zimmer Kartenspiele veranstaltete, und zahlte ihm unaufgefordert zwanzig Dollar pro Woche für seine «Freundschaft». Er brauchte nur ein- bis zweimal wöchentlich das Spiel zu besuchen, damit die Teilnehmer wußten, daß sie unter seinem Schutz standen.

Ladenbesitzer, die mit jugendlichen Rowdies Schwierigkeiten hatten, baten ihn, einzugreifen. Er tat es und wurde entsprechend bezahlt. Bald erreichte er das für jene Zeit enorme Einkommen von einhundert Dollar pro Woche. Da Clemenza und Tessio seine Freunde und Verbündeten waren, mußte er natürlich jedem von ihnen auch einen Teil des Geldes abgeben. Aber das tat er, ohne darum gebeten zu werden. Endlich beschloß er, gemeinsam mit seinem Jugendfreund Genco Abbandando ins Olivenölimportgeschäft einzusteigen. Genco sollte den geschäftlichen Teil übernehmen, die Einfuhr aus Italien, den Einkauf zu einem angemessenen Preis, die Aufbewahrung im Lagerhaus seines Vaters. Darin hatte Genco Erfahrung. Clemenza und Tessio sollten verkaufen. Sie sollten jeden italienischen Lebensmittelhändler in Manhattan, dann in Brooklyn, dann in der Bronx aufsuchen und ihn dazu überreden, das Genco-Pura-Olivenöl zu kaufen. (Mit der ihm eigenen Bescheidenheit weigerte sich Vito, dem Öl seinen Namen zu geben.) Vito selber wurde natürlich Direktor der Firma, da er den Hauptteil des Kapitals zur Verfügung stellte. Außerdem sollte er weiterhin in Sonderfällen in Aktion treten, etwa wenn sich ein Ladeninhaber der Verkaufstaktik Tessios und Clemenzas entzog. Dann sollte Vito seine unvergleichliche Überredungskunst einsetzen.

Während der folgenden Jahre führte Vito das durchaus zufriedene Leben eines kleinen Geschäftsmannes, der sich in einer dynamischen, expansiven Wirtschaftswelt auf den Aufbau eines Handelsunternehmens konzentriert. Er war ein ergebener Vater und Gatte, aber so stark beschäftigt, daß er seiner Familie nur wenig Zeit widmen konnte. Während das Genco-Pura-Olivenöl das meistgekaufte italienische Importöl Amerikas wurde, wuchs seine Organisation mit erstaunlicher Geschwindigkeit. Wie jeder gute Geschäftsmann lernte er, daß es beträchtliche Vorteile brachte, wenn man die Konkurrenten im Preis unterbot und sie vom Markt drängte, indem man die Ladenbesitzer veranlaßte, die Konkurrenzmarken nicht mehr so heftig anzupreisen. Wie jeder gute Geschäftsmann erstrebte er ein Monopol, indem er die Konkurrenten zwang, entweder das Feld zu räumen oder sich mit seiner Firma zu fusionieren. Da er jedoch in finanzieller Hinsicht relativ mittellos begonnen hatte, da er nicht viel von Reklame hielt und sich mit Mundpropaganda begnügte und da sein Öl, um die Wahrheit zu sagen, nicht besser war als das seiner Konkurrenten, konnte er die üblichen Würgegriffe der legitimen Geschäftsleute nicht gut anwenden. Er mußte sich ganz auf die Macht seiner Persönlichkeit und auf seinen Ruf als ein «ehrenwerter Mann» verlassen.

Schon in jungen Jahren genoß Vito Corleone den Ruf, ein sehr vernünftiger Mann zu sein. Er äußerte nie eine Drohung. Er argumentierte, und seine Logik war immer bestechend. Stets sorgte er dafür, daß der andere einen fairen Anteil am Profit bekam. Die Gründe lagen auf der Hand. Wie viele geniale Geschäftsleute, hatte er eingesehen, daß freier Wettbewerb unrentabel, ein Monopol dagegen rentabel ist. Darum begann er nun, ein solches lukratives Monopol anzustreben. In Brooklyn gab es mehrere Ölgroßhändler, Männer von hitzigem Temperament, starrköpfig und keinem vernünftigen Argument zugänglich, die sich hartnäckig weigerten, die Lage mit Vitos Augen zu sehen – auch dann noch, als er ihnen alles mit äußerster Geduld in allen Einzelheiten auseinandersetzte. Bei diesen Männern warf Vito verzweifelt die Hände hoch und schickte Tessio nach Brooklyn, der dort ein Hauptquartier einrichten und das Problem lösen sollte. Lagerhäuser wurden niedergebrannt, ganze Wagenladungen grünen Olivenöls umgeworfen, so daß es auf den kopfsteingepflasterten Hafenstraßen riesige grüne Lachen bildete. Ein besonders unbesonnener Mann, ein arroganter Mailänder, der fest an die Polizei glaubte, ging tatsächlich mit einer Beschwerde über seine italienischen Landsleute zu den Behörden und brach damit das tausendjährige Gesetz der *omerta.* Ehe die Angelegenheit jedoch weiterverfolgt werden konnte, verschwand der Großhändler und wurde nie mehr gesehen. Zurück blieben seine Frau und drei Kinder, die Gott sei Dank schon erwachsen und in der Lage waren, sein Geschäft zu übernehmen und sich mit der Genco Pura Olive Oil Company zu arrangieren.

Doch große Männer werden nicht groß geboren, sie werden langsam groß, und so war es auch mit Vito Corleone. Erst als die Prohibition kam und kein Alkohol mehr verkauft werden durfte, tat Vito den letzten Schritt vom recht durchschnittlichen, wenn auch etwas rücksichtslosen Geschäftsmann zum großen Don in der Welt der illegalen Geschäftsunternehmungen. Das kam natürlich nicht innerhalb eines Tages, es kam auch nicht innerhalb eines Jahres, aber am Ende der Prohibitionszeit und am Anfang der Wirtschaftskrise war Vito Corleone der *padrino* geworden, der Don, Don Corleone.

Begonnen hatte es recht einfach. Zu jener Zeit besaß die Genco Pura Olive Oil Company sechs Lieferwagen. Über Clemenza trat eine Gruppe italienischer Schwarzbrenner an Vito heran, die ihren Whisky und anderen Alkohol von Kanada her über die Grenzen schmuggelten. Sie brauchten Lastwagen und Verteiler, die ihre Produkte in New York City an den Mann brachten. Sie brauchten Verteiler, die zuverlässig und verschwiegen waren und Entschlossenheit und Macht besaßen. Sie waren bereit, für Lastwagen und Männer gut zu bezahlen. Das Entgelt dafür war so hoch, daß Vito sein Ölgeschäft drastisch beschnitt, um seine Lastwagen fast ausschließlich den Schmugglern zur Verfügung zu stellen. Und das trotz der Tatsache, daß diese Herren ihr Angebot mit einer aalglatten Drohung verbrämten. Aber selbst damals schon war Vito so überlegen, daß ihn eine Drohung weder kränken noch ärgern konnte. Darum dachte er gar nicht daran, deswegen ein so lohnendes Angebot auszuschlagen. Er versuchte den Wert der Drohung einzuschätzen, fand, daß sie nicht überzeugend war, und revidierte seine Meinung von den neuen Partnern: Es war sehr dumm von ihnen, eine Drohung auszusprechen, wenn es keiner bedurft hätte. Diese Schlußfolgerung war eine wertvolle Information, die er zu gegebener Zeit zu verwenden gedachte.

Wieder gelangte er zu beträchtlichem Wohlstand. Wichtiger aber noch: er erwarb Wissen, Beziehungen und Erfahrung. Und er hortete gute Taten wie ein Bankier Wertpapiere. Denn in den folgenden Jahren stellte es sich heraus, daß Vito Corleone nicht nur ein talentierter, sondern auch ein genialer Mann war.

Er machte sich zum Schutzherrn über die italienischen Familien, die in ihren Wohnungen kleine Flüsterkneipen einrichteten, wo sie den Whisky an unverheiratete Arbeiter zu fünfzehn Cent pro Glas verkauften. Er wurde Pate von Mrs. Colombos jüngstem Sohn und überreichte ihm ein ansehnliches Geschenk, ein goldenes Zwanzig-Dollar-Stück. Inzwischen hatte Genco Abbandando einen tüchtigen Anwalt mit guten Beziehungen zur Polizei und Justiz aufgetrieben, denn es war unvermeidlich, daß der eine oder der andere ihrer Lastwagen von der Polizei angehalten wurde. Ein Schmiergeldstem wurde ausgearbeitet, und bald hatte die Corleone-Organisation ein beachtliches «Blatt», die Liste jener Beamten, denen eine bestimmte monatliche Summe zustand. Der Anwalt versuchte, diese Liste so klein wie möglich zu halten, und entschuldigte sich für die hohen Ausgaben. Doch Vito beruhigte ihn. «Nein, nein. Tragen Sie jeden ein, auch wenn er uns im Augenblick nicht nützlich sein kann. Ich habe sehr viel für Freundschaft übrig und bin bereit, als erster meine Freundschaft zu beweisen.»

Mit der Zeit wurde das Corleone-Imperium immer größer. Mehr Lastwagen kamen hinzu, die Schmierliste wurde länger. Und auch die Zahl der Männer, die direkt für Tessio und Clemenza arbeiteten, stieg an. Das Ganze wurde recht unübersichtlich. Schließlich arbeitete Vito ein Organisationsschema aus. Tessio und Clemenza verlieh er den Titel *caporegime* oder Hauptmann, den Männern, die für sie arbeiteten, den Rang von Soldaten. Genco Abbandando ernannte er zu seinem Ratgeber oder *consigliori.* Er legte dicke Isolierschichten zwischen sich und jede eigentliche Operation. Wenn er einen Befehl gab, dann nur an Genco oder einen der *capiregime* allein. Nur selten war ein Zeuge dabei, wenn er einem dieser Männer Anweisungen erteilte. Dann trennte er Tessios Gruppe von der Hauptorganisation ab und überließ ihm die Verantwortung für Brooklyn. Damit riß er Tessio und Clemenza auseinander und machte den beiden auch klar, daß er bis auf dringende Fälle keinen Kontakt zwischen ihnen dulden werde, nicht einmal auf gesellschaftlicher Ebene.

Dem intelligenteren Tessio setzte er seine Gründe dafür auseinander, und Tessio kapierte sofort, wieviel die Glocke geschlagen hatte. Obwohl Vito seinen Befehl als Sicherheitsmaßnahme gegen die Polizei hinstellte, begriff Tessio, daß Vito seinen beiden *capiregime* keine Gelegenheit geben wollte, gegen ihn zu konspirieren. Und er begriff zugleich, daß der Befehl nicht gegen ihn und Clemenza persönlich gerichtet war, sondern lediglich eine taktische Vorsichtsmaßregel darstellte. Zum Ausgleich dafür ließ Vito Tessio in Brooklyn vollkommen freie Hand, während er Clemenzas Bereich in der Bronx ständig kontrollierte. Denn Clemenza war trotz seiner äußeren Gutmütigkeit der Mutigere, Rücksichtslosere, Grausamere von beiden und brauchte dringend eine festere Führung.

Die Wirtschaftskrise stärkte Vitos Position. Zu dieser Zeit war es auch, daß er zum erstenmal Don genannt wurde. Überall in der Stadt bettelten ehrliche Männer um ehrliche Arbeit – vergebens. Stolze Männer erniedrigten sich und ihre Familien und nahmen von überheblichen Beamten staatliche Unterstützung an. Die Männer Don Corleones jedoch gingen mit hocherhobenem Haupt durch die

Stadt, ihre Taschen voll Geld. Sie hatten keine Angst, ihre Jobs zu verlieren. Und auch Don Corleone selbst, dieser sonst so bescheidene Mann, konnte sich nicht enthalten, einen gewissen Stolz zu verspüren. Er sorgte gut für seine Welt, für seine Leute. Er hatte jene nicht im Stich gelassen, die von ihm abhängig waren und ihm im Schweiße ihres Angesichts dienten, die ihre Freiheit und ihr Leben für ihn aufs Spiel setzten. Und wenn einer seiner Angestellten durch einen unglücklichen Zufall verhaftet und ins Gefängnis geschickt wurde, erhielt seine Familie eine Unterstützung – kein Almosen, sondern denselben Betrag, den der Mann verdient hatte, als er sich noch auf freiem Fuß befand.

Das alles geschah natürlich nicht nur aus christlicher Nächstenliebe. Nicht einmal seine besten Freunde hätten den Don einen Heiligen nennen können. Es steckte eine gehörige Portion Selbstinteresse in seiner Großzügigkeit. Ein Angestellter, der ins Gefängnis kam, wußte genau, daß er nur den Mund zu halten brauchte, und Frau und Kinder würden versorgt sein. Er wußte genau, daß ihn bei der Entlassung ein herzliches Willkommen erwartete, wenn er nicht sang. In seiner Wohnung mit Wein und Backwerk, um seine Entlassung zu feiern. Und manchmal kam im Laufe des Abends auch *consigliori* Abbandando oder sogar der Don persönlich, um dem Getreuen seine Aufwartung zu machen, ein großes Glas Wein auf sein Wohl zu leeren und ihm ein hübsches Geldgeschenk in die Hand zu drücken, damit er sich ein, zwei Wochen lang in aller Ruhe bei seiner Familie erholen konnte, ehe er wieder an seine Arbeit zurückkehrte.

So mitfühlend und verständnisvoll war der Don.

Um diese Zeit kam Don Corleone zu der Überzeugung, daß er seine Welt weit besser regierte als seine Feinde die größere Welt, die ihm immer wieder den Weg versperrte. In dieser Überzeugung wurde er von den Armen des Viertels, die häufig kamen und ihn um Hilfe baten, noch bestärkt. Sie brauchten ihn, um Fürsorgeunterstützung zu bekommen, um einem Jungen Arbeit zu verschaffen oder ihn aus dem Gefängnis zu holen, um eine verzweifelt benötigte Geldsumme zu borgen, um mit den Hausbesitzern zu sprechen, die wider jede Vernunft von arbeitslosen Familien Miete verlangten.

Don Corleone half ihnen allen. Und nicht nur mit Taten, sondern mit seinem guten Willen, mit ermunternden Worten, die der Wohltätigkeit, die er ihnen gewährte, den bitteren Stachel nahm. Es war durchaus verständlich, daß die Italiener damals verwirrt waren, daß sie nicht wußten, wen sie als ihren Vertreter in die Gesetzgebung, die städtischen Ämter, in den Kongreß wählen sollten, und daher Don Corleone, ihren *padrino*, um Rat angingen. So wurde er denn allmählich zu einem politischen Machtfaktor, den praktisch denkende Parteichefs oft konsultierten. Mit staatsmännisch-klugem Weitblick festigte er seine Stellung, indem er begabten Söhnen mittelloser italienischer Familien durchs College half – jungen Männern, die später einmal Anwälte, Staatsanwälte oder sogar Richter werden würden. Er plante die Zukunft seines Reiches mit der Voraussicht eines großen Herrschers.

Die Aufhebung der Prohibition versetzte seinem Imperium einen schweren Schlag, aber wieder einmal hatte er vorgesorgt. Im Jahre 1933 hatte er einen Boten zu dem Mann geschickt, der sämtliche Spielunternehmen von Manhattan kontrollierte: die Würfelspiele auf den Docks, die Geldverleihgeschäfte, die Buchmacher für Sport und Pferde, die illegalen Spielhöllen, in denen gepokert wurde, und die Lotterieunternehmen von Harlem. Der Mann hieß Salvatore Maranzano und war einer der anerkannten *pezzinovanta*, eines der großen Tiere der New Yorker Unterwelt. Die Emissäre Don Corleones schlugen Maranzano eine gleichberechtigte Partnerschaft vor, die beiden Teilen nur Vorteile brachte. Vito Corleone konnte mit seiner Organisation, seinen Verbindungen zur Polizei und den Politikern Maranzanos Operationen wirksamen Schutz gewährleisten und ihm die Möglichkeit bieten, sich bis nach Brooklyn und in die Bronx auszudehnen. Doch Maranzano war ein kurzsichtiger Mann und wies das Angebot Don Corleones verächtlich zurück. Der große Al Capone war Maranzanos Freund, und er besaß eine eigene Organisation, eigene Männer und sehr viel Geld noch dazu. Er dachte nicht daran, diesen Emporkömmling zu dulden, der in dem Ruf stand, eher ein parlamentarischer Debattierer zu sein als ein richtiger *mafioso*. Diese Weigerung Maranzanos löste den großen Krieg von 1933 aus, der die gesamte Unterweltsstruktur von New York City verändern sollte.

Auf den ersten Blick sah es aus wie ein ungleicher Kampf. Salvatore Maranzano verfügte über eine starke Organisation mit rücksichtslosen Schlägern. Er war mit Capone in Chicago befreundet und konnte ihn jederzeit zu Hilfe rufen. Außerdem stand er mit der Tattaglia-Familie auf gutem Fuß, die die Prostitution der Stadt und den geringen Rauschgifthandel kontrollierte, den es zu jener Zeit gab. Hinzu kamen politische Verbindungen mit mächtigen Industriekapitänen, die seine Schläger einsetzten, um die jüdischen Gewerkschaftler im Bekleidungsviertel und die italienischen Anarchistensyndikate im Baugeschäft zu terrorisieren.

Don Corleone konnte lediglich zwei kleine, aber hervorragend organisierte *regimes* unter dem Oberbefehl von Tessio und Clemenza dagegensetzen. Seine Verbindungen zu Politik und Polizei wurden von den Industrieleuten zunichte gemacht. Ein Vorteil für ihn waren jedoch die ungenügenden Informationen, die der Feind über seine Organisation besaß. Die Unterwelt war sich im unklaren über die tatsächliche Zahl seiner Soldaten und nahm sogar an, daß Tessio in Brooklyn eine eigene, unabhängige Gruppe betreibe.

Trotz allem aber blieb es ein ungleicher Kampf – bis Vito Corleone die Überlegenheit des anderen mit einem Meisterstreich zunichte machte.

Maranzano bat Capone, zwei seiner besten Revolvermänner nach New York zu schicken, damit sie den lästigen Emporkömmling aus dem Wege räumten. Die Corleone-Familie aber hatte Freunde und Spione in Chicago, die sofort berichteten, mit welchem Zug die beiden Revolvermänner ankommen würden. Don Corleone setzte Luca Brasi auf sie an – mit Instruktionen, die alle grausamen Instinkte dieses seltsamen Mannes freilegen mußten.

Brasi und seine Leute, insgesamt vier, nahmen die Chicago-Gangster schon auf dem Bahnhof in Empfang. Einer von Brasis Männern hatte ein Taxi besorgt, das er auch selber fuhr, und der Gepäckträger, der die Koffer der Capone-Leute trug, führte diese auch prompt dorthin. Als sie einstiegen, drängten Brasi und ein anderer seiner Männer mit gezogenen Revolvern nach und zwangen die beiden, sich auf den Boden des Wagens zu legen. Das Taxi fuhr zu einem Lagerhaus bei den Docks, wo Brasi alles vorbereitet hatte.

Die beiden Capone-Männer wurden an Händen und Füßen gefesselt, und dann wurde ihnen als Knebel ein kleines Handtuch in den Mund geschoben, damit sie nicht schreien konnten.

Anschließend nahm Brasi eine Axt von der Wand und begann damit auf einen der Männer einzuschlagen. Zuerst hackte er die Füße des Mannes ab, dann seine Beine, dann seine Oberschenkel. Brasi war ein sehr starker Mann, aber selbst er mußte mehrmals zuschlagen, um seinen Zweck zu erreichen. Inzwischen hatte das Opfer natürlich den Geist aufgegeben, und der Fußboden des Lagerhauses war glitschig von Blut, in dem die abgeschlagenen Körperteile verstreut lagen. Als Brasi sich dem zweiten Opfer zuwandte, stellte er fest, daß er sich weitere Anstrengungen sparen konnte: Der zweite Revolvermann Al Capones hatte, so unglaublich es klingt, aus purem Entsetzen das Handtuch in seinem Mund verschluckt und war daran erstickt; es wurde später, bei der polizeilichen Autopsie, in seinem Magen gefunden.

Wenige Tage darauf erhielten die Capones in Chicago eine Botschaft von Don Corleone. Sie lautete: «Sie wissen nun, wie ich mit meinen Feinden verfahre. Warum mischt sich ein Neapolitaner in einen Streit zwischen zwei Sizilianern ein? Wenn Sie wollen, daß ich Sie als Freund betrachte, schulde ich Ihnen einen Dienst, den ich Ihnen auf Verlangen leisten werde. Ein Mann wie Sie müßte wissen, daß es viel vorteilhafter ist, einen Freund zu haben, der, statt Sie um Hilfe zu bitten, allein mit seinen Angelegenheiten fertig wird und sogar bereit ist, Ihnen bei eventuellen Schwierigkeiten zu helfen. Wenn Sie meine Freundschaft nicht wollen – nun gut. Doch dann muß ich Ihnen sagen, daß das Klima in dieser Stadt ziemlich feucht ist, ungesund für Neapolitaner, und ich muß Ihnen dringend abraten, sie zu besuchen.»

Die Arroganz dieses Briefes war wohlberechnet. Der Don schätzte die Capones gering; er hielt sie für dumme, primitive Halsabschneider. Sein Verstand sagte ihm, daß sich Capone durch seine öffentliche Arroganz und die Prahlerei mit seinem Reichtum jeden politischen Einfluß verscherzt hatte. Tatsächlich wußte der Don genau, daß Capones Welt und andere, die ihr glichen, ohne politischen Einfluß, ohne die Tarnung der Gesellschaft leicht zerstört werden konnten. Er wußte, daß sich Capone auf dem Weg zum Untergang befand. Und er wußte, daß Capones Einfluß nicht über die Stadtgrenzen von Chicago hinausreichte, so schrecklich und weitreichend sein Einfluß dort auch sein mochte.

Seine Taktik hatte Erfolg. Nicht so sehr wegen seiner Grausamkeit, sondern wegen der entsetzlichen Promptheit, der Unmittelbarkeit seiner Reaktion. Wenn er so klug war, würden weitere Schritte gefährlich sein. Es war viel besser, viel klüger, das Angebot seiner Freundschaft, das guten Lohn verhieß, zu akzeptieren. Die Capones antworteten, sie würden sich jeder weiteren Einmischung enthalten.

Jetzt standen die Chancen gleich. Und Vito Corleone hatte sich durch die Demütigung der Capones überall in der Unterwelt der Vereinigten Staaten ungeheuren Respekt verschafft. Sechs Monate hindurch erwies sich seine Feldherrenkunst der Maranzanos als überlegen. Er überfiel Würfelspiele, die unter Maranzanos Protektion standen, stöberte dessen größten Lotterieunternehmer in Harlem auf und erleichterte ihn um die Einnahmen eines Tages, nicht nur an Geld, sondern auch an Unterlagen. Er band die Streitkräfte des Feindes an allen Fronten. Selbst in die Bekleidungsviertel schickte er Clemenza und seine Männer, damit sie auf der Seite der Gewerkschaftler gegen die von Maranzano bezahlten Schläger und die Eigentümer der Kleiderfabriken kämpften. Und er blieb dank seiner überlegenen Intelligenz und Organisation an allen Fronten Sieger. Auch Peter Clemenzas unbekümmerte Grausamkeit, wohlüberlegt eingesetzt, half mit, das Kriegsglück zu wenden. Zuletzt setzte der Don die bis dahin zurückgehaltenen Reserven von Tessio auf Maranzano persönlich an.

Zu jenem Zeitpunkt hatte Maranzano bereits Boten ausgeschickt, die über einen Friedensschluß verhandeln sollten. Don Corleone weigerte sich, sie zu empfangen, und wies sie unter einem Vorwand ab. Die Maranzano-Leute ließen ihren Anführer im Stich, denn sie hatten keine Lust, für eine verlorene Sache zu sterben. Maranzanos Buchmacher und Geldverleiher begannen ihr Schutzgeld an die Corleone-Organisation zu bezahlen. Der Krieg war so gut wie entschieden.

Am Silvesterabend 1933 gelang es dann Tessio endlich, in Maranzanos persönliche Festung einzudringen. Die Maranzano-Leutnants wünschten eine Versöhnung und erklärten sich einverstanden, ihren Chef zur Schlachtbank zu führen. Sie sagten ihm, man habe in einem Brooklyner Restaurant ein Treffen mit Corleone vereinbart, und gingen als Leibwächter mit. Dann ließen sie ihn an seinem Tisch allein, wo er finster vor sich hinbrütend an einem Stück Brot herumkaute, und machten sich davon, als Tessio mit vier Männern hereinkam. Die Exekution verlief rasch und einfach. Maranzano, den Mund voll halbzerkautem Brot, brach von Kugeln durchsiebt zusammen. Der Krieg war aus.

Das Maranzano-Imperium ging in der Corleone-Organisation auf. Don Corleone arbeitete ein Tributsystem aus und gestattete allen Buchmachern, auf ihren Posten zu bleiben. Sein eigener Lohn war ein Stützpunkt bei den Gewerkschaften im Bekleidungsviertel, der sich in späteren Jahren als überaus wertvoll erwies. Jetzt aber, da er seine geschäftlichen Angelegenheiten so zufriedenstellend geregelt hatte, bekam der Don Ärger im eigenen Haus.

Santino Corleone, Sonny, war nun sechzehn Jahre alt und zu einem jungen Mann von einem Meter achtzig mit breiten Schultern und einem derben, sinnlichen, aber keineswegs effeminierten Gesicht herangewachsen. Während Fredo ein stiller Junge und Michael ja noch ein Baby war, geriet Santino ständig in Schwierigkeiten. Er wurde in Schlägereien verwickelt, war schlecht in der Schule, und eines Tages kam Clemenza, dem als Paten des Jungen das Recht zustand, etwas zu sagen, zu Don Corleone und unterrichtete ihn, daß sein Sohn an einem bewaffneten Raubüberfall beteiligt gewesen sei, einer unsinnigen Angelegenheit, die leicht hätte schiefgehen können. Sonny war dabei offensichtlich der Rädelsführer gewesen, die beiden anderen seine Gefolgsleute.

Dies war eine der seltenen Gelegenheiten, bei denen der Don die Beherrschung verlor. Seit drei Jahren lebte Tom Hagen in seinem Haus, und der Don fragte Clemenza sofort, ob der Waisenjunge beteiligt gewesen sei. Clemenza schüttelte den Kopf. Don Corleone schickte einen Wagen aus und ließ Santino in sein Büro bei der Genco Pura Olive Oil Company holen.

Zum erstenmal erlitt der Don eine Niederlage. Als er mit seinem Sohn allein war, ließ er seiner Wut freien Lauf und beschimpfte den riesigen Sonny auf sizilianisch, der Sprache, in der man so viel besser seinen Zorn in Worte fassen kann als in jeder anderen. Er endete mit der Frage: «Woher nimmst du dir eigentlich das Recht, so etwas zu machen? Was hat dich dazu getrieben?»

Sonny stand bockig da und verweigerte die Antwort. Verächtlich sagte der Don: «Und dumm obendrein! Was hast du denn für die Arbeit einer ganzen Nacht verdient? Fünfzig Dollar pro Kopf? Zwanzig Dollar? Du hast für zwanzig Dollar deinen Kopf riskiert?»

Als habe er diese letzten Worte nicht gehört, sagte Sonny trotzig: «Ich habe gesehen, wie du Fanucci umgebracht hast.»

«Ahhh!» machte der Don und lehnte sich in seinem Sessel zurück. Er wartete.

Sonny sagte: «Als Fanucci das Haus verließ, sagte Mama, ich könnte raufgehen. Ich sah dich aufs Dach klettern und folgte dir. Ich habe alles gesehen, was du getan hast. Ich bin da oben geblieben und habe genau gesehen, wie du die Brieftasche und den Revolver fortgeworfen hast.»

Der Don seufzte. «Nun, dann kann ich dir wohl sagen, wie du dich benehmen sollst. Willst du denn nicht die Schule beenden, willst du kein Rechtsanwalt werden? Ein Rechtsanwalt mit seiner Aktentasche kann mehr Geld stehlen als tausend Männer mit Revolvern und Masken.»

Sonny grinste und sagte listig: «Ich möchte in den Familienbetrieb eintreten.» Und als er sah, daß die Miene des Don gelassen blieb, daß er seine Worte nicht als Scherz auffaßte und nicht lachte, fügte er hastig hinzu: «Ich kann lernen, wie man Olivenöl verkauft.»

Noch immer gab der Don keine Antwort. Endlich zuckte er die Achseln. «Jeder Mensch hat nur ein Schicksal», sagte er. Was er verschwieg, war die Tatsache, daß sich Santinos Schicksal bereits entschieden hatte, als er Zeuge des Mordes an Fanucci wurde. Er wandte sich ab und sagte ruhig: «Morgen früh um neun kommst du hierher. Genco wird dir zeigen, was du tun kannst.»

Mit jenem klugen Einfühlungsvermögen, das ein *consigliori* besitzen muß, erkannte Genco Abbandando, was der Don wirklich wollte, und setzte Sonny vor allem als Leibwache für seinen Vater ein. Auf diesem Posten konnte er gleich sehen, wieviel dazu gehörte, ein Don zu sein. Und damit weckte er im Don eine pädagogische Ader: Er sprach nun öfters zu seinem Ältesten über den Erfolg im Leben und wie man ihn erreichen konnte.

Don Corleone wiederholte Sonny gegenüber oft seine Theorie,

daß der Mensch nur *ein* Schicksal habe. Und immer wieder mußte er die Temperamentsausbrüche seines Ältesten rügen. Der Don hielt unüberlegte Drohungen für die dümmste Art, sich bloßzustellen, ungezügelte Wutanfälle für die allergefährlichste Unbeherrschtheit. Niemand hatte es je erlebt, daß Don Corleone eine offene Drohung aussprach, niemand hatte ihn jemals in unkontrollierte Wut ausbrechen sehen. Daher versuchte er, Sonny seine eigene Disziplin zu lehren. Er sagte, es gebe keinen größeren Vorteil im Leben als einen Feind, der die Fehler, die man hat, überschätzt – es sei denn, man habe einen Freund, der die Vorzüge, die man hat, unterschätzt.

Clemenza, der *caporegime,* nahm Sonnys Ausbildung in die Hand und lehrte ihn den Umgang mit Schußwaffen und mit der Garotte. Für die italienische Würgeschnur jedoch hatte Sonny nichts übrig; dazu war er zu amerikanisiert. Er zog den unkomplizierten, direkten, unpersönlichen angelsächsischen Revolver vor, und das bedrückte Clemenza. Seinem Vater jedoch wurde Sonny ein ständiger, willkommener Begleiter; er fuhr seinen Wagen und ging ihm bei allen möglichen Einzelheiten zur Hand. Während der folgenden zwei Jahre war er wie alle Söhne, die in ihres Vaters Geschäft eintreten: nicht allzu intelligent, nicht allzu eifrig, zufrieden damit, einen bequemen Posten zu haben.

Inzwischen besuchte sein Jugendfreund und halb adoptierter Bruder Tom Hagen das College. Fredo ging noch zur High-School; Michael, der jüngste Bruder, war auf der Volksschule, und ihre Schwester Connie war ein Kind von vier Jahren. Längst schon wohnte die Familie in der Bronx. Und jetzt beabsichtigte Don Corleone, ein Haus auf Long Island zu kaufen, wollte aber damit noch warten, bis sich dieses Vorhaben mit seinen anderen Plänen vereinbaren ließ.

Vito Corleone war ein weitblickender Mann. Sämtliche Großstädte Amerikas waren von Unterweltskämpfen zerrissen. Zu Dutzenden flammten Guerillakriege auf, ehrgeizige Gangster versuchten sich ein eigenes Reich zu schaffen; und Männer wie Don Corleone waren bemüht, die Grenzen ihrer Macht- und Geschäftsbereiche abzusichern. Der Don erkannte, daß die Zeitungen und die Behörden dieses Morden nur zum Vorwand für noch strengere Gesetze, noch härtere Polizeimethoden nehmen würden. Er fürchtete, daß die Empörung der Öffentlichkeit womöglich noch zu einer Abkehr von der demokratischen Haltung führen konnte, und das wäre für ihn und seine Leute ein tödlicher Schlag gewesen. Sein Reich war im Inneren gesichert. So beschloß er, zunächst einmal allen kriegführenden Parteien in New York City und dann denen im ganzen übrigen Land Frieden zu bringen.

Er machte sich keine Illusionen über die Gefährlichkeit seiner Mission. Das erste Jahr verging mit Besprechungen mit den verschiedenen Gangsterbossen von New York; dadurch legte er sozusagen den Grundstein, er horchte sie aus, schlug abgegrenzte Machtbereiche vor, die von dem Rat der locker assoziierten Verbündeten anerkannt werden sollten. Aber es gab zu viele Parteien, zu viele sich überschneidende Sonderinteressen. Eine Einigung war praktisch unmöglich. Wie andere große Herrscher und Gesetzgeber der Geschichte mußte Don Corleone einsehen, daß Friede und Ordnung erst dann einkehren würden, wenn die Menge der souveränen Staaten auf eine kleine, überschaubare Zahl reduziert war.

Fünf oder sechs «Familien», die einfach zu mächtig waren, um ausgerottet zu werden. Die übrigen aber, die Männer der «Schwarzen Hand», die einzelne Viertel terrorisierten, die selbständigen Geldverleiher, die gewalttätigen Buchmacher, die ohne die richtige, das heißt bezahlte Protektion der Behörden arbeiteten, diese alle mußten verschwinden. Und so begann er gegen diese Leute eine Art Kolonialkrieg zu führen und warf alle Reserven der Corleone-Organisation gegen sie.

Die Befriedung des New Yorker Gebietes dauerte drei Jahre und brachte ein paar unerwartete Vorteile mit sich. Zuerst gab es ein Mißgeschick. Eine Gruppe wildgewordener irischer Banditen, die der Don zur Eliminierung verurteilt hatte, hätten allein durch ihr irisches Draufgängertum beinahe den Sieg davongetragen. Durch Zufall und mit selbstmörderischer Tollkühnheit gelang es einem dieser Revolvermänner, den Schutzkordon um den Don zu durchstoßen und ihn in die Brust zu schießen. Der Attentäter wurde sofort von Kugeln durchsiebt, aber der Schaden war nicht wieder rückgängig zu machen.

Dieser Vorfall jedoch verschaffte Santino Corleone eine Chance. Während sein Vater kampfunfähig war, übernahm Sonny als *capo-*

regime ein eigenes *regime* und bewies, fast wie ein junger, noch unbekannter Napoleon, eine geniale Begabung für die Kriegführung in der Stadt. Außerdem legte er eine gnadenlose Grausamkeit an den Tag, wie sie Don Corleone nicht besaß; und das war wohl des Dons einziger Fehler in diesem Kampf gewesen.

Von 1935 bis 1937 erwarb sich Sonny Corleone den Ruf, der härteste und unermüdlichste Scharfrichter zu sein, den die Unterwelt jemals gesehen hatte. Und doch wurde er, was den bloßen Terror betraf, von dem furchtbaren Luca Brasi noch übertroffen.

Es war Brasi, der die anderen irischen Revolvermänner jagte und sie allein, einen nach dem anderen, aus dem Weg räumte. Und es war Brasi, der später, als eine der sechs mächtigen Familien einzugreifen und sich zum Schutzherrn der Unabhängigen zu machen versuchte, ganz allein, zur Warnung für die übrigen, das Oberhaupt jener Familie umbrachte. Kurz darauf erholte sich der Don von seiner Verletzung und schloß mit der Familie Frieden.

Im Jahre 1937 herrschten in New York City, abgesehen von ein paar unbedeutenden Zwischenfällen, die aber natürlich gelegentlich tödlich verliefen, Frieden und Harmonie.

So wie die Herrscher antiker Stadtstaaten ständig ein wachsames Auge auf die Barbarenstämme hatten, die um die Stadtmauer streiften, so hatte auch Don Corleone ein Auge auf die Affären der Welt außerhalb seines eigenen Reiches. Er beobachtete den Aufstieg Hitlers, den Fall Spaniens, den Druck, den Deutschland in München auf England ausübte. Ohne sich vor der Außenwelt Scheuklappen anzulegen, sah er den Weltkrieg kommen und begriff, was dies bedeuten würde: Er würde seine, Don Corleones Welt noch unangreifbarer machen. Und nicht nur das: Aufmerksame, weitblickende Männer konnten in Kriegszeiten ein ganzes Vermögen verdienen. Um diese Möglichkeit jedoch ausnutzen zu können, mußte in seinem eigenen Reich Frieden herrschen, so sehr auch in der Welt draußen der Krieg toben mochte.

Don Corleone verbreitete seine Botschaft überall in den Vereinigten Staaten. Er konferierte mit Landsleuten in Los Angeles, San Francisco, Cleveland, Chicago, Philadelphia, Miami und Boston. Er wurde zum Unterweltapostel des Friedens, und im Jahre 1939 erwirkte er ein Arbeitsabkommen zwischen den mächtigsten Unterweltorganisationen. Wie in der Verfassung der Vereinigten Staaten, so wurde auch in diesem Abkommen die Autorität der einzelnen Mitglieder innerhalb ihres eigenen Bereiches voll und ganz anerkannt. Das Abkommen grenzte lediglich Einflußgebiete ab und hatte das Ziel, den Frieden in der Unterwelt durchzusetzen.

Als nun 1939 der Weltkrieg ausbrach und 1941 die Vereinigten Staaten selbst in die Auseinandersetzung eintraten, befand sich die Welt Don Vito Corleones in Frieden und Ordnung und wartete nur darauf, so wie die anderen Industriezweige, die goldene Ernte der Kriegskonjunktur einzubringen. Die Corleone-Familie hatte die Hand in der Versorgung des Schwarzmarktes mit Lebensmittelmarken, Benzingutscheinen, ja sogar mit Dringlichkeitsbestätigungen für Reisende. Sie konnte Kriegsaufträge beschaffen und dann jene Firmen des Bekleidungsviertels mit Schwarzmarktstoffen versorgen, die nicht genug Rohmaterial zugeteilt bekamen, weil sie keine Regierungsaufträge hatten. Dem Don gelang es sogar, alle jungen Männer seiner Organisation, die eingezogen werden sollten, vom Dienst in einem fremden Krieg zu befreien. Er tat dies mit Hilfe von Ärzten, die genau erklärten, welche Medikamente vor einer ärztlichen Untersuchung eingenommen werden mußten, oder indem er die Männer auf kriegswichtige Posten in der Rüstungsindustrie schob.

So konnte also der Don auf sein Regiment recht stolz sein. Diejenigen, die ihm die Treue geschworen hatten, waren in seiner Welt sicher und geschützt, mochten andere Männer, die an Gesetz und Ordnung glaubten, auch zu Millionen sterben. Das einzige Haar in der Suppe war sein eigener Sohn Michael, der sich nicht helfen lassen wollte und sich statt dessen freiwillig zum Waffendienst für sein Land meldete. Und andere junge Männer seiner Organisation taten es ihm zur größten Verwunderung Don Corleones nach. Einer dieser Männer versuchte es seinem *caporegime* so zu erklären: «Dieses Land ist gut zu mir gewesen», sagte er. Als dann dem Don diese Geschichte hinterbracht wurde, protestierte er ärgerlich: «*Ich* bin gut zu ihm gewesen.» Es hätte für diese Männer schlimm ausgehen können, doch da er seinem Sohn Michael verziehen hatte, mußte er auch den anderen jungen Männern verzeihen, die leider eine so falsche Auffassung von ihrer Pflicht dem Don und sich selbst gegenüber an den Tag gelegt hatten.

Gegen Ende des Zweiten Weltkrieges wurde es Don Corleone klar, daß sich seine Welt wieder einmal verändern, daß sie sich besser in die Wege der anderen, größeren Welt einfügen müsse. Er glaubte, das ohne Profitverlust schaffen zu können.

Er hatte guten Grund für dieses Vertrauen in seine Erfahrung. Was ihn auf die richtige Spur gesetzt hatte, waren zwei persönliche Erlebnisse gewesen. Im Anfang seiner Karriere war der damals noch junge Nazorine, ein Bäckergeselle, der heiraten wollte, zu ihm um Hilfe gekommen. Er und seine zukünftige Frau, eine nette junge Italienerin, hatten eifrig gespart und einem ihnen empfohlenen Möbelgroßhändler die ungeheure Summe von dreihundert Dollar im voraus bezahlt. Der Großhändler ließ sie alles aussuchen, was sie zum Einrichten ihrer Mietwohnung brauchten: ein schönes, solides Schlafzimmer mit zwei Kommoden und Lampen, eine Wohnzimmergarnitur, bestehend aus einem dickgepolsterten Sofa und Sesseln, allesamt mit gutem, golddurchwirktem Stoff bezogen. Nazorine und seine Braut verbrachten einen herrlichen Tag, als sie in dem mit Möbeln vollgestopften riesigen Lagerhaus aussuchten, was sie benötigten. Der Großhändler nahm ihnen das Geld ab, die mit ihrem Herzblut erarbeiteten dreihundert Dollar, steckte sie ein und versprach, die Möbel innerhalb einer Woche in die bereits gemietete Wohnung zu liefern.

Gleich in der darauffolgenden Woche jedoch machte die Firma Bankrott. Das große Lagerhaus voller Möbel wurde versiegelt und zur Enttäuschung aller Gläubiger beschlagnahmt. Der Großhändler war verschwunden, und seine Gläubiger hatten niemand, an dem sie ihre Wut auslassen konnten. Zu den Geschädigten gehörte auch Nazorine. Er ging zu seinem Anwalt, doch der teilte ihm mit, man könnte nichts unternehmen, solange der Fall nicht vor Gericht geklärt und alle Gläubiger zufriedengestellt worden seien. Das könne sich drei Jahre hinziehen, und er könne sich glücklich schätzen, wenn er für den Dollar drei Cent bekäme.

Vito lauschte dieser Geschichte mit ungläubiger Belustigung. Unmöglich, das Gesetz konnte eine solche Gaunerei nicht zulassen! Der Großhändler besaß ein riesiges, palastartiges Haus, ein Grundstück auf Long Island, ein Luxusautomobil, und er schickte seine Kinder aufs College. Wie konnte er die dreihundert Dollar des armen Bäckers Nazorine behalten und ihm die Möbel nicht geben, für die er bezahlt hatte? Um aber ganz sicherzugehen, ließ Vito Corleone seinen Freund Abbandando bei den Anwälten nachfragen, die die Genco-Pura-Firma vertraten.

Diese bestätigten Nazorines Bericht. Der Großhändler hatte all seinen persönlichen Besitz auf den Namen seiner Ehefrau schreiben lassen. Sein Möbelgeschäft war als Aktiengesellschaft eingetragen, daher brauchte er nicht persönlich zu haften. Gewiß, er hatte einen Vertrauensbruch begangen, als er das Geld von Nazorine entgegennahm, während er wußte, daß er Bankrott anmelden mußte, aber das war eine allgemein übliche Praxis. Nach den Buchstaben des Gesetzes konnte man nichts dagegen unternehmen.

Die Angelegenheit ließ sich natürlich recht einfach regeln. Don Corleone schickte Genco Abbandando, seinen *consigliori*, dem Großhändler ins Haus. Wie nicht anders erwartet, begriff dieser Geschäftsmann, um was es hier ging, und sorgte dafür, daß Nazorine seine Möbel bekam. Aber es war eine interessante Lektion für den jungen Vito.

Der zweite Zwischenfall hatte weitreichendere Folgen. Im Jahre 1939 hatte Don Corleone beschlossen, mit seiner Familie aus der Stadt in einen Vorort zu ziehen. Wie jeder Vater, wollte auch er, daß seine Kinder bessere Schulen besuchten und mit netteren Kindern spielten. Und für sich selber ersehnte er die Anonymität der Gartenvorstadt, wo er vollkommen unbekannt war. Er kaufte das Promenadengrundstück in Long Beach, auf dem zu jener Zeit nur vier neu errichtete Häuser standen, das aber Platz genug für weitere Bauten bot. Sonny war offiziell mit Sandra verlobt und wollte bald heiraten; eines der Häuser war für ihn bestimmt. Ein zweites war für den Don. Ein drittes für Genco Abbandando mit seiner Familie. Das letzte blieb vorläufig leer.

Eine Woche nachdem die Häuser bezogen worden waren, fuhr eine Gruppe von drei Arbeitern höchst harmlos in einem Lastwagen vor. Sie behaupteten, Heizungsinspektoren der Stadt Long Beach zu sein. Einer der jungen Leibwächter des Don ließ sie ein und führte sie zum Heizkessel im Keller. Der Don saß gerade mit seiner Frau und mit Sonny im Garten, ruhte sich aus und genoß die salzige Seeluft.

Zu seinem Ärger wurde er von dem Leibwächter ins Haus gerufen. Die Arbeiter, alle drei große, stämmige Burschen, standen um den Heizkessel versammelt. Sie hatten ihn ganz auseinandergenommen, die Teile waren rings auf dem Kellerfußboden verstreut. Der Anführer, ein herrischer Mann, sagte mit barscher Stimme: «Ihr Heizkessel ist in einem lausigen Zustand. Wenn Sie wollen, daß wir ihn reparieren und wieder zusammenbauen, dann kostet Sie das einhundertundfünfzig Dollar für Arbeitszeit und Ersatzteile, und dann können Sie die Countyinspektion passieren.» Er holte einen roten Zettel heraus. «Hier, den kleben wir drauf, sehen Sie? Dann wird kein Mensch von der County Sie mehr belästigen.»

Der Don war belustigt. Es war eine langweilige, ruhige Woche gewesen; er hatte seine Geschäfte vernachlässigen und sich um alle Einzelheiten kümmern müssen, die so ein Umzug mit sich brachte. In betont gebrochenem Englisch, denn er besaß einen nur kaum wahrnehmbaren Akzent, fragte er: «Und wenn ich nicht bezahle, was passiert mit meinem Kessel?»

Der Anführer der drei zuckte die Achseln. «Den lassen wir so liegen, wie er jetzt ist.» Er deutete auf die über den Fußboden verstreuten Metallteile.

Der Don bat scheinbar kleinlaut: «Warten Sie, ich hole Ihnen das Geld.» Er ging in den Garten und sagte zu Sonny: «Hör mal, da arbeiten ein paar Männer am Heizungskessel. Ich weiß nicht, was die wollen. Geh hin und erledige das für mich.» Es war kein Scherz; er hatte vor, den Sohn zu seinem Vertreter zu machen. Und dies hier war einer der Tests, die ein Geschäftsführer bestehen mußte.

Sonnys Lösung gefiel seinem Vater nicht ganz. Sie war zu direkt, sie entbehrte zu sehr der sizilianischen Subtilität. Sie war der Knüppel, nicht das Papier. Denn kaum hatte Sonny die Forderung des Anführers gehört, zog er seine Pistole und ließ ihnen von seinen Leibwächtern eine gründliche Bastonade geben. Dann zwang er sie, den Kessel wieder zusammenzubauen und den Keller zu säubern. Er durchsuchte sie und stellte fest, daß sie in Wirklichkeit für eine Gebäudeinstandsetzungsfirma mit Hauptsitz in Suffolk County arbeiteten. Er merkte sich den Namen des Firmeninhabers vor. Dann beförderte er die drei mit Fußtritten zu ihrem Lastwagen hinaus. «Und wagt es ja nicht, euch hier in Long Beach noch einmal blicken zu lassen!» warnte er sie. «Sonst lasse ich euch die Eier an die Ohren hängen.»

Damals, bevor Sonny älter und grausamer wurde, war es charakteristisch für ihn, daß er seinen Schutz auf die Gemeinde ausdehnte, in der er wohnte. Sonny stattete dem Inhaber der Hausreparaturfirma persönlich einen Besuch ab und verbot ihm, jemals wieder einen seiner Männer nach Long Beach zu schicken. Sobald die Corleone-Familie ihre üblichen Geschäftsverbindungen mit der Ortspolizei hergestellt hatte, wurde sie über alle Beschwerden und alle von professionellen Verbrechern begangenen Straftaten informiert. Innerhalb eines knappen Jahres gab es in den USA keine Stadt der gleichen Größenordnung, die von den Verbrechern so gemieden wurde wie Long Beach. Professionelle Banditen und gewalttätige Erpresser wurden einmal gewarnt. Eine einzige Übertretung war ihnen gestattet. Begingen sie eine zweite, verschwanden sie von der Bildfläche. Die windigen Betrüger der Hausreparaturfirmen und die an den Türen hausierenden Schwindler wurden höflich darauf aufmerksam gemacht, daß sie in Long Beach nicht willkommen waren. Diejenigen, die diese Warnung mißachteten, wurden so zusammengeschlagen, daß sie gerade noch mit dem Leben davonkamen. Junge Rowdies, die dort ansässig waren, aber keinen Respekt vor Gesetz und Autorität zeigten, wurden in höchst väterlicher Form angewiesen, woanders hinzuziehen. Long Beach wurde zu einer vorbildlichen Stadt.

Was den Don jedoch an diesen Verkaufsbetrügereien beeindruckte, war die gesetzliche Unantastbarkeit. Ganz offensichtlich war in jener anderen Welt, die ihm als ehrlichem jungem Mann verschlossen geblieben war, für einen Mann seiner Begabung noch Platz. Er unternahm deshalb die nötigen Schritte, die ihm in diese Welt Eingang verschaffen sollten.

So lebte er glücklich in seiner Promenade in Long Beach und festigte und vergrößerte sein Imperium, bis nach dem Zweiten Weltkrieg der Türke den Frieden brach, die Welt des Don in ihren eigenen Krieg stürzte und ihn selbst ins Krankenhaus brachte.

Viertes Buch

15

In dem kleinen Städtchen in New Hampshire fand jedes ungewöhnliche Ereignis das eifrige Interesse der Hausfrauen, die aus dem Fenster spähten, und der Ladenbesitzer, die untätig hinter den Glastüren ihrer Geschäfte standen. Als daher die schwarze Limousine mit dem New Yorker Kennzeichen vor dem Haus der Adams' hielt, wußten alle Einwohner der Stadt binnen weniger Minuten darüber Bescheid.

Trotz ihrer Collegeausbildung war Kay Adams ein Kleinstadtmädchen geblieben, und so blickte auch sie aus ihrem Schlafzimmerfenster. Sie hatte für ihr Examen gelernt und wollte gerade zum Mittagessen hinuntergehen, als sie den Wagen kommen sah. Seltsamerweise war sie durchaus nicht erstaunt, als er vor ihrem eigenen Haus hielt. Zwei Männer stiegen aus, große, kräftige Männer, die wie Filmgangster aussahen. Rasch lief sie die Treppe hinunter, um als erste bei der Haustür zu sein. Sie war überzeugt, daß diese Männer von Michael oder seiner Familie kamen; sie wollte sie vorstellen, bevor sie mit den Eltern sprachen. Nicht weil ich mich der Freunde Michaels schäme, dachte sie; sondern weil meine Eltern altmodische Yankees aus New England sind und nicht verstehen würden, daß ich solche Leute überhaupt kenne.

Gerade als sie die Tür erreicht hatte, klingelte es. Ihrer Mutter, die in der Küche war, rief sie zu: «Ich mache schon auf!» Dann öffnete sie die Haustür. Vor ihr standen zwei hochgewachsene Männer. Der eine langte in seine Innentasche, wie ein Gangster, der nach dem Revolver greift, und diese Bewegung erschreckte Kay so sehr, daß sie einen kleinen, entsetzten Schrei ausstieß. Aber der Mann holte nur ein schmales Lederetui heraus, das er aufklappte, um ihr seinen Ausweis zu zeigen. «Ich bin Detective John Phillips von der New Yorker Polizei», sagte er. Dann deutete er auf seinen Begleiter, einen Mann mit südländisch-dunkler Haut und sehr dichten, sehr schwarzen Brauen. «Das ist mein Kollege, Detective Siriani. Sind Sie Miss Kay Adams?»

Kay nickte. Phillips sagte: «Dürfen wir hereinkommen? Wir hätten Sie gern ein paar Minuten gesprochen. Es handelt sich um Michael Corleone.»

Sie trat beiseite, um die Männer hereinzulassen. In diesem Augenblick kam ihr Vater aus dem kleinen Seitenflur, der zu seinem Arbeitszimmer führte. «Was ist denn, Kay?» fragte er.

Ihr Vater war Pastor der städtischen Baptistenkirche, ein grauhaariger, schlanker, distinguierter Mann, der außerdem in kirchlichen Kreisen als Gelehrter einen guten Ruf hatte. Kay stand ihrem Vater nicht sehr nahe. Er machte den Eindruck, als finde er die Persönlichkeit seiner Tochter nicht allzu interessant. Aber sie wußte, daß er sie liebte, und sie hatte Vertrauen zu ihm. Darum sagte sie ehrlich: «Diese Herren sind Kriminalbeamte aus New York. Sie möchten mir ein paar Fragen über einen Bekannten stellen.»

Mr. Adams war offenbar nicht im geringsten überrascht. «Warum gehen wir nicht in mein Arbeitszimmer?»

Detective Phillips sagte höflich: «Wir würden lieber mit Ihrer Tochter allein sprechen, Mr. Adams.»

«Das müssen wir wohl meiner Tochter überlassen. Kind, möchtest du lieber allein mit diesen Herren sprechen, oder möchtest du, daß ich dabei bin? Oder vielleicht deine Mutter?»

Kay schüttelte den Kopf. «Ich möchte allein mit Ihnen sprechen.»

Mr. Adams wandte sich an Phillips. «Sie können mein Arbeitszimmer benutzen. Werden Sie zum Lunch bleiben?» Die beiden Männer schüttelten den Kopf. Kay führte sie in das Arbeitszimmer hinüber.

Sie setzten sich befangen ganz vorn auf den Rand der Couch, während Kay in dem tiefen Ledersessel ihres Vaters Platz nahm. Detective Phillips eröffnete das Gespräch. «Miss Adams, haben Sie in den letzten drei Wochen etwas von Michael Corleone gehört oder gesehen?» Diese eine Frage genügte; sofort war Kay auf der Hut. Vor drei Wochen hatte sie in den Bostoner Zeitungen die Schlagzeilen über den Mord an einem New Yorker Polizeicaptain und einem Rauschgiftschmuggler namens Virgil Sollozzo gelesen. Die Presse behauptete, die Tat hänge mit einem Gangsterkrieg zusammen, in den die Familie Corleone verwickelt sei.

Kay schüttelte den Kopf. «Nein. Als ich ihn zum letztenmal sah, wollte er seinen Vater im Krankenhaus besuchen. Das muß vor etwa einem Monat gewesen sein.»

Der andere Kriminalbeamte sagte schroff: «Wir wissen über diesen Besuch. Haben Sie seitdem etwas von ihm gehört oder gesehen?»

«Nein», sagte Kay.

Detective Phillips war höflicher. «Wenn Sie mit ihm in Verbindung stehen, dann möchten wir das wissen. Es ist sehr wichtig für uns. Wir müssen Michael Corleone unbedingt sprechen. Ich muß Sie warnen: Wenn Sie mit ihm in Verbindung stehen, könnten Sie in eine sehr unangenehme Lage geraten. Wenn Sie ihm in irgendeiner Form helfen, könnten Sie sich damit in ernsthafte Schwierigkeiten bringen.»

Kay richtete sich steif auf. «Warum sollte ich ihm nicht helfen?» fragte sie. «Wir wollen heiraten. Eheleute helfen einander doch.»

Die Antwort darauf kam von Detective Siriani. «Wenn Sie ihm helfen, kann das Beihilfe zum Mord sein. Wir suchen Ihren Freund, weil er in New York einen Polizeicaptain und einen Informanten umgebracht hat, mit dem sich der Captain unterhielt. Wir wissen, daß der Mann, der geschossen hat, Michael Corleone war.»

Kay lachte. Ihr Lachen klang so echt, so ungläubig, daß es die Polizeibeamten beeindruckte. «Aber Mike würde *niemals* so etwas tun!» sagte sie. «Er hat sich völlig von seiner Familie getrennt. Als wir auf der Hochzeit seiner Schwester waren, konnte man deutlich sehen, daß er als Außenseiter behandelt wurde – fast ebenso sehr wie ich selber. Wenn er sich jetzt versteckt, dann nur, weil er keine Publicity will, damit sein Name nicht durch all diesen Schmutz gezogen wird. Mike ist kein Gangster. Ich kenne ihn besser als Sie oder sonst jemand. Er ist ein viel zu anständiger Mensch, um so etwas Furchtbares wie einen Mord zu begehen. Er ist der friedfertigste

Mensch, den ich kenne, und ich habe noch nie erlebt, daß er gelogen hat.»

Nachsichtig fragte Detective Phillips: «Wie lange kennen Sie ihn?»

«Schon über ein Jahr!» sagte Kay. Sie war erstaunt, als die beiden Männer lächelten.

«Ich glaube, ich muß Sie über einige Tatsachen aufklären», sagte Detective Phillips. «Nachdem Sie sich an jenem Abend verabschiedet hatten, ging er ins Krankenhaus. Als er wieder herauskam, geriet er in eine Auseinandersetzung mit einem Polizeicaptain, der das Krankenhaus in einer beruflichen Angelegenheit aufsuchen wollte. Er griff diesen Polizeioffizier an, zog aber den kürzeren dabei. Er holte sich einen gebrochenen Kiefer und verlor mehrere Zähne. Seine Freunde schafften ihn hinaus zu den Corleones nach Long Beach. Am folgenden Abend wurde der Polizeicaptain, mit dem er den Streit gehabt hatte, erschossen, und Michael Corleone ist seither verschwunden. Spurlos verschwunden. Wir haben unsere Verbindungen, unsere Informanten. Sie alle deuten auf Michael Corleone, aber für ein Gerichtsverfahren haben wir keine Beweise. Der Kellner, der die Schießerei mitangesehen hat, erkannte Michael auf einem Foto nicht wieder, würde ihn aber vermutlich erkennen, wenn er ihn persönlich vor sich hat. Außerdem haben wir Sollozzos Fahrer, der zwar nicht reden will, den wir aber möglicherweise zum Sprechen bringen können, wenn wir Michael Corleone haben. Darum wird er jetzt überall gesucht – von uns, vom FBI, von allen. Bis jetzt haben wir noch kein Glück gehabt, darum dachten wir, Sie könnten uns vielleicht einen Hinweis geben.»

«Ich glaube Ihnen kein Wort», sagte Kay kühl. Aber sie hatte ein flaues Gefühl, denn ihr war klar, daß der Teil des Berichts über Mikes gebrochenen Kiefer wahr sein mußte. Aber das machte Mike immer noch nicht zu einem Mörder!

«Werden Sie uns benachrichtigen, wenn Mike Verbindung mit Ihnen aufnimmt?» fragte Phillips.

Kay schüttelte den Kopf. Siriani, der andere Kriminalbeamte, sagte grob: «Wir wissen, daß Sie mit ihm in Hotels übernachtet haben. Wir haben die Meldezettel, und wir haben Zeugen. Wenn wir der Presse diese Informationen geben, würde das ein ziemlicher

Schlag für Ihre Eltern sein. Ehrbare Leute wie die halten nicht viel davon, wenn ihre Tochter mit einem Gangster liiert ist. Wenn Sie jetzt nicht sofort den Mund aufmachen, rufe ich Ihren Alten rein und sag ihm die Wahrheit ins Gesicht.»

Kay sah ihn verwundert an. Dann stand sie auf, ging zur Tür und machte sie auf. Ihr Vater stand im Wohnzimmer am Fenster und rauchte Pfeife. Sie rief: «Dad, würdest du bitte einmal herüberkommen?» Er wandte sich um, lächelte ihr zu und kam. An der Tür zum Arbeitszimmer legte er seiner Tochter den Arm um die Schultern. Er sah die Kriminalbeamten an und fragte: «Ja, meine Herren?»

Als sie nicht antworteten, sagte Kay kühl zu Detective Siriani: «Also sagen Sie ihm schon die Wahrheit ins Gesicht!»

Siriani errötete. «Mr. Adams, ich sage Ihnen dies nur zum Besten Ihrer Tochter. Sie hat sich mit einem Rowdy eingelassen, den wir aus gutem Grund für den Mörder eines Polizeioffiziers halten. Ich habe ihr gerade gesagt, daß sie erhebliche Schwierigkeiten bekommen kann, wenn sie nicht mit uns zusammenarbeitet. Aber sie scheint sich nicht über den Ernst dieser Angelegenheit im klaren zu sein. Vielleicht könnten Sie einmal mit ihr reden.»

«Das halte ich für ausgeschlossen», sagte Mr. Adams höflich.

Siriani schob das Kinn vor. «Ihre Tochter und Michael Corleone gehen seit mehr als einem Jahr miteinander. Sie haben als Ehepaar in Hotels übernachtet. Michael Corleone wird zur Vernehmung in einer Mordsache gesucht. Ihre Tochter weigert sich, uns Informationen zu geben, die uns vielleicht weiterhelfen können. Das sind Tatsachen. Sie mögen sie für ausgeschlossen halten, aber ich habe hieb- und stichfeste Beweise.»

«Ich zweifle nicht an Ihren Worten, Sir», sagte Mr. Adams freundlich. «Was ich für ausgeschlossen halte, ist nur, daß meine Tochter in ernsthafte Schwierigkeiten geraten kann. Es sei denn, Sie wollen behaupten, sie wäre ein…» seine Miene drückte nachdenkliche Zweifel aus, «ein ‹Gangsterliebchen›, heißt es wohl.»

Verblüfft starrte Kay ihren Vater an. Sie wußte, daß er sich auf seine etwas steife Art humorvoll geben wollte, und staunte, daß er die Angelegenheit so auf die leichte Schulter nahm.

«Seien Sie jedoch versichert», sagte Mr. Adams nachdrücklich, «daß ich die Behörden sofort benachrichtigen werde, wenn dieser junge Mann hier auftauchen sollte. Ebenso meine Tochter. Und jetzt müssen Sie uns entschuldigen; das Mittagessen wird kalt.»

Mit ausgesuchter Höflichkeit geleitete er die Beamten zum Haus hinaus und drückte hinter ihnen die Tür sanft, aber nachdrücklich ins Schloß. Dann nahm er seine Tochter beim Arm und führte sie liebevoll in die Küche, die im hinteren Teil des Hauses lag.

«Komm, Kind. Deine Mutter wartet mit dem Essen auf uns.»

Als sie in die Küche kamen, begann Kay lautlos zu weinen – aus Dankbarkeit für die bedingungslose Liebe ihres Vaters. Ihre Mutter tat, als sehe sie nicht, daß sie weinte, und Kay sagte sich, daß ihr der Vater von den Kriminalbeamten erzählt haben mußte. Sie setzte sich auf ihren Platz, während die Mutter schweigend das Essen auftrug. Als alle drei saßen, sprach ihr Vater mit gesenktem Kopf das Tischgebet.

Mrs. Adams war eine kleine, rundliche Frau, immer adrett gekleidet, das Haar immer sorgfältig frisiert. Noch nie hatte Kay sie nachlässig gesehen. Auch die Mutter hatte nie besonderes Interesse für sie bekundet, hatte sie sozusagen auf Armeslänge von sich gehalten. Das gleiche tat sie auch jetzt.

«Nun tu nicht so dramatisch, Kay. Ich bin überzeugt, das alles ist nur halb so schlimm. Schließlich ist der Junge in Dartmouth gewesen; da kann er unmöglich in so etwas Scheußliches verwickelt sein.»

Verblüfft hob Kay den Kopf.

«Woher weißt du, daß Mike in Dartmouth gewesen ist?»

Behaglich sagte die Mutter: «Ihr jungen Leute tut immer so geheimnisvoll und glaubt, so clever zu sein. Wir haben die ganze Zeit von ihm gewußt, aber wir konnten natürlich nicht über ihn sprechen, solange du nicht damit anfingst.»

«Aber woher habt ihr es gewußt?» Nun, da er wußte, daß sie mit Michael geschlafen hatte, konnte Kay ihrem Vater nicht in die Augen sehen. So sah sie auch nicht sein Lächeln, als er jetzt sagte: «Wir haben natürlich deine Post aufgemacht.»

Kay war fassungslos und wütend. Jetzt konnte sie ihm in die Augen sehen. Was er getan hatte, war beschämender als ihre eigene Sünde. Das hätte sie niemals von ihm gedacht!

«Vater, das habt ihr nicht getan! Das könnt ihr nicht getan haben!»

Lächelnd sah Mr. Adams sie an. «Ich habe mich gefragt, was die größere Sünde wäre: deine Post zu öffnen oder dich möglicherweise blind in dein Unglück rennen zu lassen. Du bist mein einziges Kind. Die Wahl war nicht schwer, und sie war richtig.»

Mrs. Adams sagte zwischen zwei Bissen Huhn: «Schließlich, mein Kind, bist du noch furchtbar naiv für dein Alter. Wir mußten aufpassen. Und du hast ja nie von ihm gesprochen.»

Zum erstenmal war Kay dankbar dafür, daß Michaels Briefe niemals sehr zärtlich gewesen waren. Und dankbar dafür, daß ihre Eltern keinen von *ihren* Briefen gelesen hatten.

«Ich habe euch nie von ihm erzählt, weil ich dachte, ihr würdet entsetzt sein über seine Familie.»

«Das waren wir auch», sagte Mr. Adams fröhlich. «Übrigens, hat Michael sich mit dir in Verbindung gesetzt?»

Kay schüttelte den Kopf. «Ich glaube nicht, daß er etwas Strafbares getan hat.»

Sie merkte, daß sich ihre Eltern einen Blick zuwarfen. Dann sagte Mr. Adams leise: «Wenn er unschuldig und trotzdem verschwunden ist, dann ist ihm vielleicht etwas anderes zugestoßen.»

Zuerst begriff Kay nicht ganz. Dann sprang sie auf und lief in ihr Zimmer hinauf.

Drei Tage später stieg Kay Adams vor der Corleone-Promenade in Long Beach aus einem Taxi. Sie hatte angerufen, und man erwartete sie. Tom Hagen öffnete ihr die Tür. Sie war enttäuscht, denn er würde ihr bestimmt nichts verraten, das war ihr klar.

Im Wohnzimmer bot er ihr etwas zu trinken an. Im Garten und im Haus hatte sie einige Männer herumlungern sehen, doch Sonny war nicht dabei. Also faßte sie sich ein Herz und fragte Tom Hagen ohne Umschweife: «Wissen Sie, wo Mike ist? Wissen Sie, wie ich ihn erreichen kann?»

Hagen entgegnete glatt: «Wir wissen, daß es ihm gutgeht, aber wir wissen nicht, wo er sich im Augenblick aufhält. Als er hörte, daß dieser Captain erschossen worden war, hatte er Angst, man würde ihn beschuldigen. Darum tauchte er lieber unter. Er hat mir gesagt, daß er sich in ein paar Monaten wieder melden wird.»

Diese Geschichte war nicht nur unwahr, sie sollte auch von ihr durchschaut werden. Soviel gestand er ihr also zu.

«Hat dieser Captain ihm wirklich den Kiefer gebrochen?» erkundigte sie sich.

«Leider ja», bestätigte Hagen. «Aber Mike ist kein rachsüchtiger Mensch. Ich bin überzeugt, daß er mit dieser Angelegenheit nichts zu tun hat.»

Kay machte ihre Handtasche auf und zog einen Brief heraus. «Würden Sie ihm das hier schicken, wenn er sich meldet?»

Hagen schüttelte den Kopf. «Wenn ich diesen Brief annähme, und Sie sagen vor einem Gericht aus, daß ich ihn genommen habe, dann könnte man das so auslegen, als wäre ich über seinen Aufenthaltsort unterrichtet. Warum warten Sie nicht noch eine Weile? Mike wird sich bestimmt bei Ihnen melden.»

Sie trank ihr Glas leer und stand auf. Hagen begleitete sie in die Diele. Doch als er gerade die Haustür öffnen wollte, kam eine ältere Frau von draußen herein. Eine kleine, rundliche Frau in Schwarz. Kay erkannte sofort Michaels Mutter. Sie streckte die Hand aus und sagte: «Guten Tag, Mrs. Corleone.»

Die kleinen schwarzen Augen der Frau richteten sich ganz kurz und fragend auf Kay. Dann zerbrach das runzlige, lederne, olivenfarbene Gesicht zu einem flüchtigen kleinen Begrüßungslächeln, das seltsamerweise trotzdem aufrichtig freundlich war. «Ah, Sie Mikeys kleines Mädchen», sagte Mrs. Corleone. Sie hatte einen starken italienischen Akzent, Kay konnte sie kaum verstehen. «Sie etwas essen?» Kay verneinte und wollte damit sagen, daß sie nichts essen wollte. Doch Mrs. Corleone wandte sich wütend an Tom, beschimpfte ihn auf italienisch und endete: «Du gibst diesem armen Mädchen nicht einmal Kaffee, du *disgrazia*!» Sie nahm Kay bei der Hand und führte sie in die Küche. Die Hand der alten Frau war überraschend warm und lebendig. «Sie jetzt Kaffee und etwas essen, dann jemand Sie nach Hause fahren. Ein nettes Mädchen wie Sie, ich will nicht, daß Sie Zug nehmen.» Sie nötigte Kay, sich hinzusetzen, und machte sich eifrig in der Küche zu schaffen, nachdem sie zuvor Mantel und Hut abgelegt und auf einem Stuhl deponiert hatte. In Sekundenschnelle standen Brot, Käse und Salami auf dem Tisch, und auf dem Herd brodelte der Kaffee.

Kay sagte schüchtern:. «Ich bin gekommen, um mich nach Mike zu erkundigen. Ich habe nichts mehr von ihm gehört, und Mr. Hagen sagte, daß niemand weiß, wo er steckt, daß er aber bestimmt bald wieder auftauchen wird.»

Hagen sagte hastig: «Mehr können wir ihr jetzt nicht sagen, Ma.»

Mrs. Corleone warf ihm einen niederschmetternden, verächtlichen Blick zu. «Willst du mir jetzt sagen, was ich tun soll? Mein Mann sagt mir auch nicht, was ich tun soll, Gott sei ihm gnädig!» Sie bekreuzigte sich.

«Geht es Mr. Corleone gut?» fragte Kay.

«Fein», sagte Mrs. Corleone. «Fein. Er wird alt, er wird dumm, daß er so etwas geschehen läßt.» Respektlos tippte sie sich an die Stirn. Sie schenkte Kaffee ein und zwang Kay, etwas Brot und Käse zu essen.

Nachdem sie ihren Kaffee getrunken hatten, umfaßte Mrs. Corleone Kays Hand mit ihren beiden bräunlichen Händen. Ruhig sagte sie: «Mikey wird Ihnen nicht schreiben, Sie nicht werden hören von Mikey. Er sich verstecken, zwei, drei Jahre. Vielleicht mehr, vielleicht viel mehr. Sie gehen nach Hause zu Familie und finden netten jungen Mann und heiraten.»

Kay zog den Brief aus ihrer Tasche. «Würden Sie ihm den schikken?»

Die alte Frau nahm den Brief und tätschelte Kays Wange. «Sicher, sicher», sagte sie. Hagen wollte protestieren, aber sie schimpfte auf italienisch auf ihn ein. Dann führte sie Kay zur Haustür. Dort küßte sie sie ganz schnell auf die Wange und sagte: «Sie Mikey vergessen, er nicht mehr Mann für Sie.»

Draußen wartete ein Wagen mit zwei Männern. Sie brachten sie zu ihrem New Yorker Hotel, ohne ein Wort zu sprechen. Auch Kay blieb stumm. Sie versuchte sich an den Gedanken zu gewöhnen, daß der Mann, den sie liebte, ein kaltblütiger Mörder war. Und daß sie das aus der zuverlässigsten Quelle wußte: von seiner Mutter.

16

Carlo Rizzi war stocksauer auf die Welt. Nachdem er in die Corleone-Familie eingeheiratet hatte, hatte man ihn mit einem kleinen Buchmachergeschäft auf die obere East Side Manhattans abgeschoben. Er hatte damit gerechnet, eines der Häuser an der Promenade von Long Beach beziehen zu können. Er wußte, daß der Don die Familien der Gefolgsleute ausquartieren konnte, wenn er wollte; er war überzeugt, daß dies geschehen und er von nun an dem inneren Zirkel angehören werde. Aber der Don behandelte ihn schlecht. Der «große Don», dachte er voller Verachtung. Ein alter «Schnurrbartpeter», der sich wie ein idiotischer kleiner Gauner auf der Straße von Revolvermännern abknallen ließ! Hoffentlich kratzte das alte Schwein ab. Sonny war früher einmal sein Freund gewesen, und wenn Sonny Familienoberhaupt wurde, dann würde der ihm vielleicht eine Chance geben, dann würde er vielleicht doch noch in den inneren Kreis hineinkommen können.

Er sah zu, wie seine Frau Kaffee einschenkte. Jesus, was war die für eine Schlampe geworden! Kaum fünf Monate verheiratet, und schon wurde sie dick – ganz abgesehen davon, daß sie auch schwanger war. Richtige Makkaroniweiber, diese Italienerinnen im Osten!

Er streckte die Hand aus und betastete Connies weiche, schwellende Hinterbacken. Sie lächelte ihm zu, aber er sagte geringschätzig: «Du hast mehr Speck am Hintern als ein Schwein.» Er freute sich, als er die Kränkung auf ihrem Gesicht sah, die Tränen, die ihr in die Augen traten. Sie mochte die Tochter des großen Don Corleone sein, aber jetzt war sie seine Frau, sein Eigentum, und er konnte mit ihr machen, was er wollte. Der Gedanke, daß er jemanden aus der Sippe der Corleones als Fußabtreter benutzen konnte, verlieh ihm ein Gefühl der Macht.

Er hatte es ihr gleich am Anfang gezeigt. Sie hatte versucht, die Tasche mit dem Geld, das sie zur Hochzeit bekommen hatte, für sich zu behalten, aber er hatte ihr ein schönes blaues Auge verpaßt und ihr das Geld abgenommen. Und ihr niemals gesagt, was er damit gemacht hatte. Das hätte Stunk gegeben! Selbst jetzt noch zwickte ihn das Gewissen ein wenig. O Gott, fast fünfzehntausend hatte er auf der Rennbahn und mit Mädchen verjubelt!

Er spürte Connies Blick in seinem Rücken, darum spannte er, als er nach dem Teller mit süßen Brötchen auf der anderen Tischseite griff, die Muskeln. Gerade hatte er Schinken und Eier vertilgt, aber er war ein kräftiger Mann und brauchte ein kräftiges Frühstück. Er war zufrieden mit dem Bild, das er seiner Frau bieten konnte; nicht der übliche, schmierig-dunkle Itakerehemann, sondern blond, mit Bürstenhaarschnitt, mit mächtigen, goldbehaarten Unterarmen, breiten Schultern und schmalen Hüften. Er wußte, daß er körperlich stärker war als all diese sogenannten harten Burschen, die für die Familie arbeiteten. Kerls wie Clemenza, Tessio, Rocco Lampone und dieser Paulie, den irgend jemand umgelegt hatte. Er hätte zu gern gewußt, was da tatsächlich passiert war. Dann fiel ihm ohne besonderen Grund Sonny ein. Im Einzelkampf Mann gegen Mann konnte er mit Sonny fertig werden, fand er; auch wenn dieser ein bißchen größer und schwerer war als er. Doch was ihn einschüchterte, war Sonnys Ruf, obwohl er persönlich Sonny immer nur gutmütig und lustig erlebt hatte. Ja, Sonny war sein Kumpel. Vielleicht würde alles besser werden, wenn der alte Don nicht mehr da war.

Er trödelte über seinen Kaffee. Er haßte diese Wohnung; er war an die größeren Wohnungen im Westen gewöhnt. Und bald mußte er auf die andere Straßenseite zu seinem «Buch» hinüber, um die Mittagskunden abzufertigen. Heute war Sonntag, der lebhafteste Tag der Woche. Die Baseballsaison hatte schon angefangen, der Basketballbetrieb lief immer noch, und die Nachttraber begannen auch allmählich. Mit der Zeit merkte er, daß Connie sich hinter ihm zu schaffen machte, und drehte den Kopf nach ihr um.

Sie machte sich fein – in diesem echt New Yorker Itakerstil, den er so haßte. Geblümtes Seidenkleid mit Gürtel, auffallende Armbänder und Ohrringe, wehende Ärmel. Sie wirkte um zwanzig Jahre älter. «Verdammt noch mal, wo willst du hin?» fuhr er auf.

Ihre Antwort war kühl. «Meinen Vater in Long Beach besuchen. Er darf noch nicht aufstehen und braucht Gesellschaft.»

Carlo wurde neugierig. «Führt Sonny den Zirkus denn immer noch?»

Connie sah ihn verständnislos an. «Welchen Zirkus?»

Das machte ihn wütend. «Du lausiges kleines Makkaronischwein! Wenn du noch einmal so mit mir sprichst, schlage ich dir den Balg aus dem Bauch!» Sie machte ein ängstliches Gesicht, und das erboste ihn nur noch mehr. Er sprang vom Stuhl auf und zog ihr die Hand quer übers Gesicht. Der Schlag hinterließ eine rote Strieme. Mit flinker Präzision ohrfeigte er sie noch dreimal. Dann merkte er, daß ihre Oberlippe aufgeplatzt war und anschwoll. Das ernüchterte ihn. Er wollte keine Spuren hinterlassen. Sie lief ins Schlafzimmer, knallte die Tür hinter sich zu, und dann hörte er, wie sich der Schlüssel umdrehte. Er lachte und kehrte zu seinem Kaffee zurück.

Rauchend saß er am Tisch, bis es für ihn Zeit zum Umziehen wurde. Er klopfte an die Schlafzimmertür und sagte: «Mach auf, sonst trete ich die Tür ein.» Keine Antwort. «Los, ich muß mich anziehen!» sagte er laut. Er hörte, wie sie vom Bett aufstand und auf die Tür zukam. Dann drehte sich der Schlüssel im Schloß. Als er eintrat, hatte sie ihm den Rücken gekehrt und ging zum Bett, wo sie sich mit dem Gesicht zur Wand niederlegte.

Rasch zog er sich an, und plötzlich fiel ihm auf, daß sie im Unterrock war. Er wollte, daß sie ihren Vater besuchte, denn er hoffte, sie würde ihm Informationen mitbringen. «Was ist denn, haben dich die paar Ohrfeigen so fertiggemacht?» Sie war wirklich eine faule Schlampe.

«Ich möchte nicht gehen.» Ihre Stimme klang weinerlich, ihre Worte waren kaum zu verstehen. Ungeduldig packte er sie und riß sie herum, daß sie ihn ansehen mußte. Und dann wußte er, warum sie nicht gehen wollte. Und dachte bei sich, es sei vielleicht besser so.

Er mußte härter zugeschlagen haben, als er wollte. Ihre linke Wange war geschwollen, die geplatzte Oberlippe wölbte sich grotesk und weiß unter der Nase. «Okay», gab er nach. «Aber ich komme heute erst später. Sonntag ist mein Hauptgeschäftstag.»

Er verließ die Wohnung. An seinem Wagen fand er ein Strafmandat wegen falschen Parkens, ein grünes über fünfzehn Dollar. Grinsend legte er es zu den vielen anderen in den Handschuhkasten. Er war bester Laune. Wenn er diese verwöhnte kleine Hure verprügeln konnte, fühlte er sich hinterher immer wohl. Es löste einige der Verklemmungen, die ihm die schlechte Behandlung seitens der Corleones eingebracht hatte.

Als er sie zum erstenmal geschlagen hatte, war er ein wenig nervös gewesen. Sie war schnurstracks nach Long Beach hinausgefahren, um sich bei ihren Eltern zu beschweren und ihnen ihr blaues Auge zu zeigen. Er hatte Blut und Wasser geschwitzt. Doch als sie wiederkam, war sie erstaunlich kleinlaut gewesen, eine richtige pflichtbewußte italienische Ehefrau. Er hatte sich Mühe gegeben, ihr in den folgenden Wochen ein perfekter Ehemann zu sein, hatte sie in jeder Beziehung gut behandelt, war nett und reizend zu ihr gewesen, hatte sie täglich morgens und abends gevögelt. Schließlich hatte sie wohl geglaubt, er werde jetzt immer so sein, und ihm erzählt, was damals geschehen war.

Ihre Eltern hatten sich kühl, ohne Mitleid und in seltsamer Weise sogar belustigt gezeigt. Ihre Mutter hatte zwar ein wenig Mitgefühl bewiesen – sie bat sogar den Vater, mit Carlo zu sprechen. Der aber weigerte sich. «Sie ist meine Tochter», sagte er, «aber jetzt gehört sie ihrem Mann. Er kennt seine Pflichten. Sogar der König von Italien hat nicht gewagt, in das Verhältnis zwischen Mann und Frau einzugreifen. Geh nach Hause und betrage dich so, daß er dich nicht wieder schlagen muß.»

Wütend hatte Connie ihren Vater gefragt: «Hast etwa du deine Frau geschlagen?» Sie war sein Liebling und konnte es sich leisten, respektlos zu ihm zu sein.

Er hatte geantwortet: «Sie hat mir nie Grund dazu gegeben.» Und ihre Mutter hatte lächelnd dazu genickt.

Sie berichtete ihnen, daß ihr Mann das geschenkte Hochzeitsgeld genommen hatte, ohne ihr zu sagen, was er damit gemacht hatte. Aber Don Corleone zuckte die Achseln und erklärte: «Ich hätte es genauso gemacht, wenn meine Frau so anmaßend gewesen wäre wie du.»

Und so war sie heimgekehrt, ein wenig verwirrt, ein wenig verängstigt. Sie war von jeher der Liebling ihres Vaters gewesen und konnte darum seine plötzliche Kälte nicht verstehen.

Aber der Don war gar nicht so kalt gewesen, wie er tat. Er stellte Nachforschungen an; bald erfuhr er, was Carlo mit dem geschenkten Hochzeitsgeld gemacht hatte. Er gab Anweisung, Männer abzustellen, die Carlo bei der Arbeit beobachteten und alles, was er im Geschäft unternahm, an Hagen weiterberichten sollten. Sonst aber waren dem Don die Hände gebunden. Wie konnte man von einem

Mann erwarten, daß er seine ehelichen Pflichten erfüllte, wenn er sich vor der Familie seiner Frau fürchtete? Es war eine unmögliche Situation, und er wagte es einfach nicht, sich da einzumischen. Als Connie dann schwanger wurde, war er endgültig von der Richtigkeit seiner Entscheidung überzeugt. Er meinte sogar, von nun an überhaupt nicht mehr eingreifen zu können, obwohl sich Connie bei ihrer Mutter immer wieder über Schläge beschwerte und ihre Mutter schließlich so beunruhigt war, daß sie dem Don gegenüber davon sprach. Als Connie schließlich andeutete, daß sie sich möglicherweise scheiden lassen wollte, wurde der Don zum erstenmal in ihrem Leben böse auf sie. «Er ist der Vater deines Kindes! Was soll auf dieser Welt aus einem Kind werden, das keinen Vater hat?»

Als Carlo das hörte, wuchs seine Selbstsicherheit um ein beträchtliches. Er fühlte sich ungefährdet. Er prahlte sogar bei den beiden «Schreibern» an seinem Buch, Sally Rags und Coach, damit, daß er seine Frau verprügelte, wenn sie naseweis wurde, und genoß die respektvollen Blicke, die sie ihm zuwarfen, weil er den Mut hatte, die Tochter des großen Don Corleone hart anzufassen.

Doch Rizzi hätte sich nicht so sicher gefühlt, wenn er gewußt hätte, daß Sonny in einen Tobsuchtsanfall ausgebrochen war, als er von diesen Schlägen erfuhr, und nur durch einen strengen und nachdrücklichen Befehl des Don zur Vernunft gebracht werden konnte. Einem solchen Befehl wagte sich nicht einmal Sonny zu widersetzen, und das war der Grund, warum er Rizzi so sorgfältig aus dem Wege ging: Er traute seiner Selbstbeherrschung nicht mehr.

So fühlte sich Carlo Rizzi vollkommen sicher, als er an diesem schönen Sonntagmorgen quer durch die Stadt zur 96th Street auf die East Side hinüberfuhr. Daß von der anderen Seite her Sonnys Wagen kam und vor dem Haus hielt, war ihm entgangen.

Sonny Corleone hatte die schützende Promenade verlassen und die Nacht in der Stadt bei Lucy Mancini verbracht. Jetzt, auf dem Heimweg, wurde er von vier Leibwächtern begleitet, von denen zwei vor und zwei hinter ihm fuhren. An den beiden Seiten brauchte er keine Wachen; mit einem einzelnen, direkten Angriff wurde er schon allein fertig. Die anderen Männer fuhren in ihren eigenen Wagen und bewohnten die Apartments links und rechts von Lucys

Wohnung. Ein Besuch bei ihr war für ihn ungefährlich, solange er nicht zu oft zu ihr kam. Da er nun aber einmal in der Stadt war, fand er, daß er eigentlich seine Schwester abholen und mit nach Long Beach hinausnehmen könne. Er wußte, daß Carlo an seinem Buch arbeiten mußte, und ihr einen eigenen Wagen zu geben, das fiel diesem knausrigen Scheißkerl ja nicht ein. Also würde er Connie mitnehmen.

Er wartete, bis die beiden Männer vor ihm das Haus betreten hatten, und folgte ihnen. Er sah, wie die beiden Männer hinter ihm ihren Wagen zum Stehen brachten und ausstiegen, um draußen die Straße zu überwachen. Und auch er selber hielt seine Augen offen. Es war zwar unwahrscheinlich, daß der Gegner überhaupt wußte, daß er sich in der Stadt aufhielt, aber er war grundsätzlich vorsichtig. Das hatte er damals im Krieg der dreißiger Jahre gelernt.

Fahrstühle benutzte er nie. Das waren Todesfallen. Schnell stieg er die acht Treppen zu Connies Wohnung empor. Er klopfte an ihre Tür. Er hatte Carlos Wagen wegfahren sehen, also mußte sie jetzt allein sein. Niemand antwortete. Er klopfte noch einmal, dann hörte er seine Schwester mit ängstlicher, verschüchterter Stimme fragen: «Wer ist da?»

Die Angst in ihrer Stimme bestürzte ihn. Seine kleine Schwester war immer frech und vorlaut gewesen, genauso hart wie fast alle Mitglieder der Familie. Zum Teufel, was war mit ihr nur passiert? Laut sagte er: «Ich bin's – Sonny.» Der Riegel innen wurde zurückgeschoben, die Tür ging auf, und dann lag Connie schluchzend in seinen Armen. Er war so verblüfft, daß er einfach stehenblieb. Er schob sie von sich, sah ihr geschwollenes Gesicht und begriff.

Sofort riß er sich von ihr los, um die Treppe hinunterzulaufen und hinter Rizzi herzujagen. Heiße Wut flammte in ihm auf und verzerrte sein Gesicht. Connie sah seine Wut und klammerte sich an ihn. Sie wollte ihn nicht gehen lassen und versuchte, ihn in die Wohnung zu ziehen. Sie weinte immer noch, jetzt aber vor Entsetzen. Sie kannte den Jähzorn ihres älteren Bruders und fürchtete ihn. Darum hatte sie sich auch nie bei ihm über Carlo beschwert. Jetzt drängte sie ihn, mit in die Wohnung zu kommen.

«Es war meine Schuld», beteuerte sie. «Ich habe Streit mit ihm angefangen. Ich hab ihn zuerst geschlagen, dann hat er zurückgeschlagen. So fest hat er wirklich nicht zuhauen wollen. Ich bin in den Schlag hineingelaufen.»

Sonny hatte sein derbes Puttengesicht jetzt unter Kontrolle. «Fährst du heute unseren Alten besuchen?»

Sie antwortete nicht, darum fügte er noch hinzu: «Ich dachte, du hättest das vielleicht vor. Deshalb wollte ich dich gleich mitnehmen. Ich hatte gerade hier in der Stadt zu tun.»

Sie schüttelte den Kopf. «Ich will nicht, daß sie mich so sehen. Ich komme lieber nächste Woche.»

«Okay», sagte Sonny. Er nahm das Telefon in der Küche und wählte eine Nummer. «Ich lasse einen Arzt kommen, damit er dich untersucht und verbindet. In deinem Zustand muß man vorsichtig sein. Wie lange dauert es noch, bis das Kind kommen soll?»

«Zwei Monate», antwortete Connie. «Sonny, ich bitte dich, unternimm nichts. Bitte, versprich mir das!»

Sonny lachte. Mit harter, verbissener Miene sagte er: «Keine Angst, ich werde dein Kind nicht zur Waise machen, bevor es geboren ist.» Er küßte sie leicht auf die gesunde Wange und ging.

Die East 112th Street war voller parkender Autos. In Doppelreihen standen sie vor dem Süßwarengeschäft, in dem das Hauptquartier von Carlo Rizzis Buch untergebracht war. Auf dem Gehsteig vor dem Laden spielten Väter Ball mit ihren Sprößlingen; sie hatten die Kinder auf diesen Sonntagmorgenbummel mitgenommen, damit sie ihnen Gesellschaft leisteten, während sie ihre Wetten placierten. Als sie Carlo Rizzi kommen sahen, brachen sie ihre Spiele ab und kauften den Kindern Eiscreme, damit sie sich still verhielten. Dann vertieften sie sich in die Zeitungen, in denen die ersten Werfer im Baseball verzeichnet waren, und versuchten, die Gewinnwetten dieses Tages herauszusuchen.

Carlo betrat das große Zimmer hinter dem Verkaufsraum. Seine beiden Schreiber, ein kleiner, drahtiger Mann namens Sally Rags und ein großer, stämmiger Bursche, der Coach genannt wurde, warteten schon darauf, daß sie mit der Arbeit anfangen konnten. Sie hatten dicke, linierte Blöcke vor sich liegen, auf denen sie die Wetten notierten. Auf einer hölzernen Staffelei lehnte eine Schiefertafel, auf die mit Kreide je zwei und zwei die Namen der sechzehn Baseballmannschaften der großen Liga geschrieben waren, um anzuzeigen, wer gegen wen spielen würde. Hinter jedem Paar wurden in ein leeres Quadrat die Quoten eingetragen.

Carlo wandte sich an Coach. «Ist das Ladentelefon heute angezapft?»

Coach schüttelte verneinend den Kopf. «Noch nicht.»

Carlo trat an den Wandapparat und wählte. Sally Rags und Coach beobachteten ihn mit gleichgültiger Miene, während er die «Line», die Quoten für alle Baseballspiele des Tages, notierte. Sie sahen zu, wie er den Hörer auflegte, an die Tafel ging und die Quoten für jedes Spiel anschrieb. Carlo wußte nicht, daß sie sich die Quoten schon selber hatten geben lassen und seine Arbeit jetzt kontrollierten. Während der ersten Woche in diesem Job hatte Carlo nämlich beim Übertragen der Quoten auf die Tafel einen Fehler gemacht und dadurch den Traum eines jeden Wetters ermöglicht: eine sogenannte *middle*. Das heißt, der Wetter konnte nicht verlieren; er mußte nur zunächst gegen Carlo auf eine Mannschaft wetten und dann zu den richtigen Quoten bei einem anderen Buchmacher gegen dieselbe Mannschaft setzen. Der einzige, der dabei verlor, war Carlo. Dieser Irrtum hatte seiner Kasse in jener Woche sechstausend Dollar Verlust gebracht und Don Corleones Meinung über seinen Schwiegersohn bekräftigt. Er hatte Anweisung gegeben, Carlos Arbeit in allen Einzelheiten zu überwachen.

Normalerweise wurden bei den engeren Verwandten des Don keine derartigen Sicherheitsvorkehrungen getroffen. Sie waren mit mindestens fünf Isolierschichten abgeschirmt. Doch da das Buchmacherbüro als Testobjekt für den Schwiegersohn diente, war es der direkten Kontrolle Tom Hagens unterstellt, der täglich einen Bericht erhielt.

Nun, da die Quoten angeschrieben waren, drängten sich die Wetter in das Hinterzimmer des Süßwarenladens und trugen die Notierungen in ihre Zeitung direkt neben die Liste der Spiele und der vermutlichen Werfer. Einige von ihnen hielten ihre Kinder bei der Hand, während sie gebannt auf die Tafel starrten. Ein Mann, der große Wetten placierte, schaute auf seine Tochter hinab, die er bei der Hand hielt, und sagte scherzend: «Na, wen hast du denn heute lieber, mein Schatz, die Giganten oder die Piraten?» Das Kind fragte, fasziniert von diesen farbigen Namen: «Sind Giganten stärker als Piraten?» Der Vater lachte.

Vor den beiden Schreibern bildeten sich Schlangen. Sobald ein Schreiber ein Blatt ausgefüllt hatte, riß er es ab, wickelte das Geld, das er eingenommen hatte, hinein und reichte es Carlo. Carlo verließ das Zimmer durch den Hintereingang und stieg eine Treppe hinauf in die Wohnung, in der die Familie des Süßwarenhändlers lebte. Er gab die Wetten telefonisch an seine Zentrale durch und verschloß das Geld in einem kleinen Wandsafe, der hinter einem Fenstervorhang verborgen war. Dann kehrte er in den Laden zurück, nachdem er zuvor noch die Wettscheine verbrannt und die Asche ins WC gespült hatte. Wegen der strengen Gesetze begann keines der Sonntagsspiele vor zwei Uhr. Nach dem ersten Ansturm der wettlustigen Familienväter, die schnell ihre Wette placieren und dann nach Hause eilen mußten, um mit ihrem Anhang an den Strand zu fahren, kamen nur noch vereinzelte Junggesellen oder Fanatiker, die ihre Familie dazu verurteilten, den Sonntag in der heißen Stadtwohnung zu verbringen. Diese Junggesellen waren die wirklich großen Spieler; sie riskierten höhere Beträge und kamen gegen vier Uhr noch einmal, um auf die zweiten Spiele der Doppelveranstaltungen zu setzen. Sie waren der Grund, weshalb für Carlo die Sonntage stets zu besonders schweren Arbeitstagen mit vielen Überstunden wurden. Hin und wieder rief ein verheirateter Mann vom Strand aus an und versuchte, seine Verluste wettzumachen.

Gegen halb zwei hatte der Andrang nachgelassen, so daß sich Carlo und Sally Rags ein wenig erholen konnten. Sie gingen hinaus und setzten sich neben dem Ladeneingang auf eine Haustreppe, um dort frische Luft zu schnappen. Sie sahen den Kindern beim Ballspiel zu. Ein Streifenwagen rollte vorbei. Sie achteten nicht darauf. Dieses Buch stand unter dem speziellen Schutz des zuständigen Reviers und hatte auf lokaler Ebene nichts zu befürchten. Eine Razzia konnte nur von ganz oben angeordnet werden, und selbst dann würden sie noch rechtzeitig genug eine Warnung erhalten.

Coach kam heraus und setzte sich zu ihnen. Eine Zeitlang redeten sie über Baseball und Frauen. Carlo sagte lachend: «Heute habe ich meine Frau wieder mal verdroschen, damit sie weiß, wer der Herr im Haus ist.»

Coach fragte beiläufig: «Sie ist doch jetzt schon ziemlich weit, nicht wahr?»

«Ach was, ich habe ihr nur ein paar Ohrfeigen gegeben», sagte Carlo. «Ich hab ihr nicht weh getan.» Düster brütete er einen Augenblick vor sich hin. «Die glaubt, sie kann mich rumkommandieren, das vertrag ich nicht.»

Es standen noch ein paar Leute herum und sprachen über die Baseballspiele; einige von ihnen saßen auf den Stufen über den beiden Schreibern und Carlo. Mit einemmal stoben die ballspielenden Kinder auf der Straße auseinander: Ein Wagen kam die Straße heraufgejagt und hielt mit kreischenden Bremsen vor dem Geschäft. Kaum war er zum Stehen gekommen, stürzte ein Mann heraus: Sonny Corleone.

Sein derbes Puttengesicht mit dem breiten, geschwungenen Mund war eine einzige häßliche Maske der Wut. Im Bruchteil einer Sekunde war er an der Haustreppe und fuhr Carlo Rizzi an die Gurgel. Er riß ihn von den anderen fort und versuchte, ihn auf die Straße zu zerren, doch Carlo schlang seine riesigen muskelbepackten Arme um das eiserne Treppengeländer und hielt sich fest. Er krümmte sich und versuchte, Kopf und Gesicht mit seinen hochgezogenen Schultern zu schützen. Sein Hemd zerriß unter Sonnys Griff.

Was dann folgte, war übel. Sonny schlug mit den Fäusten auf den tiefgeduckten Carlo ein und beschimpfte ihn mit belegter, vor Wut erstickter Stimme. Carlo leistete trotz seiner gewaltigen Körperkraft keinen Widerstand; er bettelte weder um Gnade, noch protestierte er. Coach und Sally Rags wagten nicht, sich einzumischen. Es schaute so aus, als ob Sonny seinen Schwager töten wollte, und sie hatten keine Lust, dessen Schicksal zu teilen. Die Kinder, die Ball gespielt hatten, fanden sich wieder ein, um den Fahrer, der sie vertrieben hatte, kräftig zu beschimpfen; nun sahen sie mit ehrfürchtigem Staunen zu. Es waren wilde Kinder, aber der Anblick von Sonny in seiner Wut ließ sie verstummen. Inzwischen hielt hinter Sonnys Wagen ein zweiter an und zwei seiner Leibwächter sprangen heraus. Als sie jedoch sahen, was sich da abspielte, wagten auch sie nicht einzugreifen. Gespannt vor Aufmerksamkeit standen sie da, jederzeit bereit, ihrem Chef zu Hilfe zu eilen, falls ein Zuschauer dumm genug war, Carlo Rizzi zu helfen.

Was diese Szene so übel machte, war Carlos absolute Ergebenheit in sein Schicksal; aber dies rettete ihm wohl auch das Leben. Er klammerte sich mit beiden Händen an das Eisengeländer, damit Sonny ihn nicht auf die Straße zerren konnte, und obwohl er sichtlich gleich stark war, wollte er sich nicht wehren. Er ließ zu, daß die Schläge auf seinen ungeschützten Nacken und Hinterkopf prasselten, bis sich Sonnys Wut allmählich legte. Endlich sah Sonny keuchend auf ihn hinab und sagte: «Du dreckiges Schwein, wenn du meine Schwester noch einmal schlägst, bring ich dich um.»

Das löste die Spannung. Wenn Sonny den Mann hätte umbringen wollen, dann hätte er diese Drohung nicht ausgesprochen. Er tat es in hilfloser Enttäuschung, weil er sie nicht wahrmachen konnte. Carlo sah Sonny nicht an. Er hob nicht den Kopf und lockerte auch nicht seinen Griff von den Eisenstäben. So blieb er hocken, bis der Wagen davongejagt war und er Coach mit väterlicher Stimme sagen hörte: «Okay, Carlo, komm mit hinein. Schauen wir, daß wir von hier wegkommen.»

Erst jetzt wagte Carlo sich aus seiner geduckten Haltung aufzurichten und die Hände vom Geländer zu lösen. Als er endlich stand, sah er, daß ihn die Kinder mit jenem angeekelten Ausdruck anstarrten, den Menschen haben, wenn sie die Demütigung eines anderen ansehen müssen. Ihm war auch ein wenig schwindlig, aber das kam wohl eher von dem Schock, von der animalischen Angst, die von seinem Körper Besitz ergriffen hatte: denn trotz der brutalen Schläge hatte er nicht viel abbekommen. Coach packte ihn beim Arm, führte ihn ins Hinterzimmer und legte ihm Eis aufs Gesicht, das zwar nicht blutete, aber angeschwollen war. Die Angst ließ jetzt nach, aber nun wurde ihm von dem Bewußtsein der Demütigung, die er erlitten hatte, so übel, daß er sich übergeben mußte. Coach hielt ihm den Kopf über den Ausguß, stützte ihn, als sei er betrunken, führte ihn anschließend in die Wohnung hinauf und zwang ihn, sich in einem der Schlafzimmer aufs Bett zu legen. Daß Sally Rags sich verdrückt hatte, war Carlo entgangen.

Sally war ein Stück die Third Avenue hinaufgegangen und hatte Rocco Lampone angerufen, um ihm zu berichten, was sich ereignet hatte. Rocco nahm diese Nachricht gelassen entgegen und rief dann seinerseits Clemenza an, der sein *caporegime* war. Clemenza stöhnte und sagte: «O Himmel, dieser verdammte Sonny mit seinem Jähzorn!» Aber da hatte er vorsichtshalber schon die Gabel niedergedrückt, und Rocco konnte diese Bemerkung nicht mehr hören.

Clemenza rief in Long Beach an und ließ sich Tom Hagen geben. Hagen blieb einen Augenblick stumm; dann sagte er: «Schick so schnell wie möglich ein paar von deinen Leuten mit ihren Wagen auf die Straße nach Long Beach – nur für den Fall, daß Sonny durch den Verkehr oder durch einen Unfall aufgehalten wird. Wenn er so außer sich ist wie jetzt, dann weiß er wirklich nicht mehr, was er tut. Vielleicht hören unsere Freunde von der anderen Seite, daß er in der Stadt war. Man kann nie wissen.»

Clemenza entgegnete zweifelnd: «Bis ich meine Leute auf der Straße habe, ist Sonny bestimmt schon zu Hause. Und das gilt genauso für die Tattaglias.»

«Ich weiß», gab Hagen geduldig zu. «Aber wenn etwas Unvorhergesehenes passiert, ist es möglich, daß Sonny aufgehalten wird. Tu dein Bestes, ja?»

Knurrend rief Clemenza bei Rocco Lampone an und befahl ihm, mit ein paar Männern und Wagen die Straße nach Long Beach zu überwachen. Er selber stieg in seinen geliebten Cadillac und fuhr mit drei der Wachtposten, die seit einiger Zeit in seinem Haus stationiert waren, über die Atlantic Beach Bridge stadteinwärts.

Einer der Männer, die noch vor dem Süßwarenladen herumlungerten, ein kleiner Wetter, den die Tattaglia-Familie als Informanten auf ihrer Schmierliste stehen hatte, rief den Kontaktmann an, der die Verbindung zu ihnen darstellte. Aber die Tattaglias hatten ihren Dienstweg noch nicht auf Kriegsbereitschaft gebracht. Der Kontaktmann mußte sich durch alle Isolierschichten durcharbeiten, ehe er endlich den *caporegime* erreichte, der die Verbindung mit dem Chef unterhielt. Inzwischen jedoch war Sonny bereits wieder im Schutz der Promenade angelangt, wo ihm der Zorn seines Vaters drohte.

17

Der Krieg, den die Familie Corleone im Jahre 1947 gegen die vereinigten fünf Familien ausfocht, erwies sich für beide Seiten als kostspielig. Dazu kam noch der Druck, den die Polizei auf jedermann ausübte, weil man um jeden Preis den Mord an Captain McCluskey aufklären wollte. Es kam selten vor, daß der mächtige Schutz seitens der Politiker, unter dem das Glücksspiel und andere Geschäfte mit dem menschlichen Laster standen, von einfachen Polizisten mißachtet wurde; in diesem Fall waren die Politiker ebenso machtlos wie der Generalstab einer außer Rand und Band geratenen plündernden Armee, deren Offiziere sich weigern, Befehle auszuführen. Daß es keinen «Schutz» mehr gab, schadete der Familie Corleone weit weniger als ihren Gegnern. Die Corleone-Gruppe verdiente ihr Geld größtenteils mit dem Glücksspiel und wurde am schwersten in ihrer Lotteriebranche getroffen. Die Schlepper, die die Kunden warben, gingen der Polizei ins Netz und erhielten, bevor sie eingeliefert wurden, eine mittelkräftige Abreibung. Sogar einige der «Banken» wurden ausfindig gemacht und ausgehoben; das gab schwere finanzielle Verluste. Die «Bankiers», die selber *pezzinovanta* waren, beschwerten sich bei den *capiregime,* die diese Beschwerden an den Beratungstisch der Familie trugen. Aber man konnte nichts unternehmen. Die Bankiers erhielten Anweisung, ihre Geschäfte zu schließen. In Harlem, dem auf diesem Gebiet ergiebigsten Viertel, gestattete man selbständig arbeitenden Negern die Übernahme der Geschäfte, und diese arbeiteten dort in so weit auseinandergezogener Formation, daß es der Polizei nicht gelang, sie festzunageln.

Nach dem Tod Captain McCluskeys standen in mehreren Zeitungen Berichte, die ihn mit Sollozzo in Verbindung brachten. Es wurden Beweise veröffentlicht, die eindeutig ergaben, daß McCluskey noch kurz vor seinem Tod eine größere Summe Bargeld erhalten hatte. Diese Berichte waren von Hagen lanciert worden, die Informationen stammten von ihm. Die Polizei weigerte sich, Stellung zu nehmen, aber die Berichte erfüllten trotzdem ihren Zweck. Durch Informanten, durch Polizisten, die auf der Schmierliste der Familie standen, wurde der Polizei hinterbracht, daß McCluskey ein unredlicher Cop gewesen war. Nicht etwa, weil er Geld oder sauberes Schmiergeld genommen hatte; dagegen hatten die Polizisten nichts. Sondern weil er das allerschmutzigste Geld genommen hatte: Mord- und Rauschgiftgeld. Und das war nach dem Moralkodex der Polizei unverzeihlich.

Hagen begriff, daß der einzelne Polizist einen merkwürdig naiven Glauben an Gesetz und Ordnung besitzt. Er glaubt fester an sie, als es die Öffentlichkeit tut. Gesetz und Ordnung sind schließlich die magische Kraft, die ihm seine Macht verleiht, die individuelle Macht, die er – ebenso wie fast alle Menschen – hochschätzt. Und doch ist da ständig das schwelende Ressentiment gegen die Öffentlichkeit, der er dient. Diese Menschen sind zugleich seine Schützlinge und sein Wild. Als Schützlinge sind sie undankbar, beleidigend und anspruchsvoll. Als Wild sind sie aalglatt, gefährlich und voller Tücken. Sobald sich einer von ihnen in der Gewalt des Polizisten befindet, ist der Gesellschaft, die der Polizist zu schützen hat, jedes Mittel recht, ihm sein Wild zu entreißen. Richter sprechen gegen die schlimmsten Gangster bedingte Strafen aus. Staatsgouverneure, ja sogar der Präsident der Vereinigten Staaten persönlich erlassen Begnadigungen, wenn nicht schon vorher hochachtbare Anwälte einen Freispruch erreicht haben. Nach einiger Zeit wird der Cop schlau. Warum soll nicht er die Beträge kassieren, die diese Gangster bezahlen? Er hat es dringender nötig. Warum sollen seine Kinder nicht das College besuchen? Warum soll seine Frau nicht in teuren Geschäften einkaufen? Warum soll er nicht im Winter in Florida in der Sonne liegen? Schließlich riskiert er seinen Pelz, und das ist kein Spaß.

Gewöhnlich aber zieht er bei Schmiergeldern eine sehr scharfe Grenze. Er nimmt Geld, damit er einen Buchmacher in Ruhe läßt. Er nimmt auch Geld von einem Mann, der nicht gern Strafzettel wegen falschen Parkens oder zu schnellen Fahrens bekommt. Er läßt es zu, daß Callgirls und Prostituierte ihren Beruf wechseln – gegen ein gewisses Entgelt. Das alles sind verständliche Laster. Gewöhnlich aber nimmt er kein Geld für Rauschgift, bewaffneten Raubüberfall, Vergewaltigung, Mord und andere Perversionen. In seinen Augen wird dadurch seine persönliche Autorität auf das empfindlichste untergraben, und das kann er nicht dulden.

Der Mord an einem Polizeicaptain wog ebenso schwer wie ein Königsmord. Doch als bekannt wurde, daß McCluskey getötet worden war, während er sich in Gesellschaft eines berüchtigten Rauschgifthändlers befand, als es bekannt wurde, daß man ihn der Beihilfe zum Mord verdächtigte, erlahmte der Rachedurst der Polizei. Außerdem waren da schließlich Hypotheken abzubezahlen, Raten für Autos abzustottern, Kinder ins Leben hinauszuschicken. Ohne ihren regelmäßigen Schmiergeldbetrag mußten die Polizisten den Gürtel enger schnallen. Hausierer ohne Gewerbeschein sorgten fürs Zigarettengeld. Weiteres Kleingeld kam durch Strafzettelbestechungen herein. Einige, denen es besonders schlechtging, begannen sogar, in ihren Wachstuben Verdächtige zu filzen (Homosexuelle, tätliche Beleidigung). Endlich gab die oberste Führung nach. Sie erhöhte die Preise und ließ die Familien in Ruhe. Wieder wurde vom Säckelverwalter eines jeden Reviers eine Schmierliste aufgestellt, auf der jeder Beamte der Wache mit seinem monatlichen Anteil verzeichnet war. Die Gesellschaft kehrte zu einer gewissen Ordnung zurück.

Es war Hagens Einfall gewesen, zum Schutz von Don Corleones Krankenzimmer in der Klinik Privatdetektive zu engagieren. Dazu kamen natürlich noch die Männer aus Tessios *regime*. Selbst das war Sonny noch nicht genug. Mitte Februar, als der Don ohne Gefahr transportiert werden konnte, brachte man ihn mit einer Ambulanz nach Hause in die Promenade. Das Schlafzimmer war in einen Krankenraum mit allen für einen Notfall erforderlichen Ausrüstungsgegenständen verwandelt worden. Die ständige Pflege des Kranken übernahmen vierundzwanzig Stunden am Tag besonders geprüfte und ausgewählte Schwestern, und Dr. Kennedy hatte sich, von einem unwahrscheinlich hohen Honorar verlockt, bereit erklärt, als residierender Arzt die Leitung dieser Miniatur-Privatklinik zu übernehmen. Wenigstens so lange, bis der Don zur Pflege nur noch Schwestern brauchte.

Die Promenade selber wurde in eine uneinnehmbare Festung verwandelt. In alle überzähligen Häuser wurden *button-men* einquartiert, die Bewohner kostenlos auf Urlaub in ihre Heimatdörfer nach Italien geschickt.

Freddie Corleone war nach Las Vegas verfrachtet worden, wo er sich erholen und gleichzeitig sondieren sollte, wie die Familie in das Kasino- und Hotelgeschäft einsteigen könnte, das dort im Aufblühen war. Las Vegas gehörte zu dem noch immer neutralen Imperium der Westküste, und der Don dieses Imperiums hatte Freddies Sicherheit garantiert. Die fünf Familien von New York hatten keine Lust, sich noch mehr Feinde zu schaffen, daher unterließen sie es, Freddie Corleone bis nach Las Vegas zu verfolgen. Sie hatten in New York genug Schwierigkeiten.

Dr. Kennedy erließ ein striktes Verbot, geschäftliche Angelegenheiten in Gegenwart des Don zu diskutieren. Dieses Verbot wurde vollkommen ignoriert. Der Don bestand darauf, daß der Kriegsrat in seinem Zimmer abgehalten wurde. Schon am ersten Abend nach seiner Heimkehr versammelten sich Sonny, Tom Hagen, Peter Clemenza und Tessio an seinem Bett.

Don Corleone war noch zu schwach, um viel zu sprechen, aber er wollte wenigstens zuhören und sein Vetorecht ausüben. Als man ihm erklärte, daß Freddie in Las Vegas sei, um das Spielkasinogeschäft zu erlernen, nickte er anerkennend. Als er hörte, daß Bruno Tattaglia von *button-men* der Corleones umgebracht worden war, schüttelte er seufzend den Kopf. Was ihn aber am tiefsten bekümmerte, war die Tatsache, daß sein Sohn Michael Captain McCluskey und Sollozzo umgebracht hatte und dann nach Sizilien fliehen mußte. Als er dies hörte, schickte er alle hinaus, und sie setzten die Konferenz in dem Eckzimmer fort, wo die juristischen Bücher standen.

Sonny Corleone rekelte sich in dem riesigen Armsessel hinter dem Schreibtisch. «Ich denke, wir gönnen dem Alten noch einige Wochen Ruhe. Bis der Arzt sagt, daß er wieder arbeiten kann.» Er hielt inne. «Bis dahin möchte ich, daß das Geschäft wieder in Gang kommt. Von den Cops haben wir ja grünes Licht. Also, zuallererst müssen wir uns um die Lotteriebanken in Harlem kümmern. Die Schwarzen da oben haben ihren Spaß gehabt, jetzt sind wir wieder an der Reihe. Sie haben uns die Geschäfte ganz schön versaut, aber das war ja nicht anders zu erwarten. Eine Reihe von ihren Kassierern hat die Gewinne nicht ausgezahlt. Sie kommen in Cadillacs angefahren und sagen den Spielern, sie könnten ihr Geld noch nicht haben, oder sie zahlen den Gewinn nur zur Hälfte aus. Ich wünsche nicht, daß ein Kassierer vor seinen Spielern den reichen Mann spielt. Ich wünsche nicht, daß er sich zu teuer kleidet. Ich wünsche nicht, daß er einen neuen Wagen fährt. Ich wünsche nicht, daß er die Gewinner übers Ohr haut. Und ich wünsche nicht, daß die Selbständigen weiterhin im Geschäft bleiben; sie schaden nur unserem Ruf. Tom, sieh zu, daß das alles sofort anläuft. Das Weitere wird sich ergeben, sobald die Leute wissen, daß die Polizei keinen Dampf mehr macht.»

Hagen sagte: «Da sind ein paar ziemlich scharfe Jungens in Harlem. Die haben jetzt Blut geleckt, ganz großes Geld, und haben natürlich keine Lust mehr, wieder Kassierer oder Unterbankiers zu werden.»

Sonny zuckte die Achseln. «Gib Peter Clemenza die Namen. Der wird sie schon zur Vernunft bringen. Ist ja sein Job.»

«Kein Problem», sagte Clemenza zu Hagen.

Danach schnitt Tessio eine wichtige Frage an. «Wenn wir wieder zu arbeiten anfangen, werden die fünf Familien auch wieder mit den Überfällen beginnen. Sie werden über unsere Bankiers in Harlem und unsere Buchmacher auf der East Side herfallen. Vielleicht versuchen sie sogar, den Organisationen im Bekleidungsviertel, die von uns unterstützt werden, das Leben schwer zu machen. Dieser Krieg wird eine Menge Geld kosten.»

«Vielleicht werden sie es lassen», sagte Sonny. «Sie wissen ganz genau, daß wir sofort zurückschlagen. Ich habe Friedensfühler ausgestreckt. Vielleicht können wir alles regeln, wenn wir für den Tattaglia-Sohn Bußgeld bezahlen.»

«Was diese Verhandlungen betrifft», sagte Hagen, «da zeigen sie uns die kalte Schulter. Sie haben in den vergangenen Monaten eine Menge Geld verloren und geben uns die Schuld. Mit Recht. Ich glaube, im Grunde wollen sie unsere Zusage, daß wir in den Rauschgifthandel einsteigen. So könnten sie den politischen Einfluß unserer Familie ausnutzen. Mit anderen Worten, Sollozzos Angebot minus Sollozzo. Aber damit werden sie erst herausrücken, wenn sie uns einen echten Schlag versetzt haben. Wenn sie uns weichgeklopft haben, denken sie, werden wir ihr Rauschgiftangebot eher akzeptieren.»

Sonny sagte knapp: «Kein Rauschgift. Der Don hat nein gesagt, und dabei bleibt es, bis er es anders befiehlt.»

Hagen sagte lebhaft: «Da haben wir noch ein taktisches Problem. Unser Geld ist draußen. Buchmachen und Lotterie. Uns kann man treffen. Die Tattaglias dagegen haben die Prostitution, die Callgirls und die Dockgewerkschaften. Wie zum Teufel sollen wir die treffen? Die anderen Familien hängen auch zum Teil mit im Glücksspiel. Aber die meisten von ihnen sind im Baugewerbe, im Geldverleih, kontrollieren die Gewerkschaften und besorgen Regierungsaufträge. Sie verdienen eine Menge Geld mit erpresserischen Gewaltaktionen und anderen Dingen, bei denen unschuldige Menschen zum Handkuß kommen. *Ihr* Geld ist nicht draußen, auf der Straße. Der Tattaglia-Nightclub ist zu bekannt, an den kommen wir nicht heran; das würde einen zu großen Stunk geben. Und solange der Don außer Gefecht gesetzt ist, haben wir keinen größeren politischen Einfluß als sie. Wir stehen da also vor einem echten Problem.»

«Es ist mein Problem, Tom», sagte Sonny. «Und ich werde schon eine Lösung finden. Laß du nur die Verhandlungen nicht einschlafen und bring das übrige in Gang. Zuerst werden wir die Geschäfte wieder übernehmen. Dann warten wir ab, was passiert. Und dann sehen wir weiter. Clemenza und Tessio haben eine Menge Männer; wenn es darauf ankommt, bringen wir genausoviel Kanonen auf die Beine wie die fünf Familien. Wir werden einfach auf die Matratzen gehen.»

Den selbständigen Negerbankiers das Handwerk zu legen war kein Problem. Die Polizei erhielt Hinweise und schlug zu. Mit besonderem Vergnügen. Zu jener Zeit machten es die Rassenvorurteile einem Neger unmöglich, einen hohen Polizeioffizier oder Magistratsbeamten zu bestechen, um im Geschäft bleiben zu können. Doch Harlem war seit jeher ein Problem von untergeordneter Bedeutung gewesen, und niemand hatte an einer glatten Lösung gezweifelt.

Der Angriff der fünf Familien erfolgte aus einer ganz unerwarteten Richtung. Zuerst wurden zwei mächtige Funktionäre der Bekleidungsgewerkschaften, Mitglieder der Familie Corleone, umgebracht. Dann wurden die Geldverleiher wie auch die Buchmacher der Corleones aus dem Hafen vertrieben. Die örtlichen Führer der

Dockarbeitergewerkschaft liefen zu den fünf Familien über. In der ganzen Stadt setzte man die Buchmacher der Corleones unter Druck, damit sie die Seite wechselten. Der größte Lotteriebankier in Harlem, ein alter Freund und Bundesgenosse der Corleones, wurde brutal ermordet. Es ging nicht anders: Sonny gab seinen *caporegime* den Befehl, auf die Matratzen zu gehen.

In der Stadt wurden zwei Wohnungen gemietet und mit allem Notwendigen ausgestattet: mit Matratzen für die *button-men* zum Schlafen, mit einem Kühlschrank voller Lebensmittel, mit Waffen und Munition. Clemenza besetzte die eine Wohnung, Tessio die andere. Alle Buchmacher der Familie erhielten Leibwachen. Die Lotterieeinnehmer in Harlem jedoch waren zum Feind übergelaufen, und dagegen ließ sich im Augenblick nichts tun. All dies verursachte der Corleone-Familie beträchtliche Unkosten, während die Einnahmen sehr gering waren. Im Laufe der folgenden Monate stellte sich noch manch anderes heraus: vor allem, daß sich die Familie Corleone übernommen hatte.

Dafür gab es verschiedene Gründe: Solange der Don noch zu schwach war, aktiv in die Ereignisse einzugreifen, blieb ein gewichtiger Teil der politischen Macht der Familie ungenutzt. Außerdem hatten die zehn vergangenen Friedensjahre die Kampfkraft der beiden *caporegime* Tessio und Clemenza spürbar geschwächt. Clemenza war zwar noch immer ein ausgezeichneter Scharfrichter und Verwalter, verfügte aber nicht mehr über die Kraft, über die jugendliche Energie, die notwendig war, um seine Truppen zu führen. Tessio wurde mit zunehmendem Alter immer abgeklärter und war nicht mehr hart genug. Tom Hagen war, trotz seiner unbestreitbaren Fähigkeiten, einfach nicht zu einem Kriegs-*consigliori* geschaffen. Sein Hauptfehler bestand darin, daß er kein Sizilianer war.

Sonny Corleone kannte die schwachen Punkte der Kampfposition der Familie genau, aber es lag nicht in seiner Macht, etwas dagegen zu tun. Er war nicht der Don, und nur der Don konnte die *caporegime* und den *consigliori* auswechseln. Dabei würde das Auswechseln an sich schon genügen, die Gefahr zu vergrößern, einen Verrat zu beschleunigen. Zuerst hatte Sonny geplant, einfach die Festung zu verteidigen, bis es dem Don wieder so gutging, daß er den Oberbefehl übernehmen konnte. Doch nach dem Überlaufen der Lotterieeinnehmer und den Terroraktionen gegen die Buchmacher war die Lage der Familie bedenklich geworden. Also beschloß er, zurückzuschlagen.

Und er beschloß, seinen Schlag mitten ins Herz des Feindes zu führen. Er bereitete die Eliminierung der Oberhäupter aller fünf Familien in einem einzigen grandiosen taktischen Manöver vor. Zu diesem Zweck stellte er ein kompliziertes Beschattungssystem dieser Oberhäupter auf. Nach einer Woche jedoch tauchten die Chefs plötzlich unter und wurden in der Öffentlichkeit nicht mehr gesehen.

Der Krieg zwischen den fünf Familien und dem Imperium der Corleones war auf einem toten Punkt angelangt.

18

Amerigo Bonaseras Wohnung lag nur wenige Häuserblocks von seinem Beerdigungsinstitut in der Mulberry Street entfernt, darum ging er zum Essen regelmäßig nach Hause. Abends kehrte er dann noch einmal in sein Geschäft zurück und gesellte sich pflichtbewußt zu jenen Trauernden, die dem Toten, der in einem der düsteren Salons aufgebahrt lag, die letzte Ehre erweisen wollten.

Er hatte schon immer die Witze verabscheut, die über seinen Beruf gerissen wurden, die Witze über jene makabren technischen Details, die doch so unwichtig waren. Unter seinen Freunden, in seiner Familie gab es keinen, der so einen Witz erzählen würde. Für Menschen, die seit Jahrhunderten im Schweiß ihres Angesichtes ihr Brot essen mußten, verdiente jeder Beruf Respekt.

Jetzt saß Amerigo Bonasera in seiner gediegen eingerichteten Wohnung und wartete auf das Abendessen. Auf der Anrichte standen vergoldete Statuen der Jungfrau Maria, vor denen hinter rotem Glas Kerzen flackerten. Bonasera zündete sich eine Camel an und trank zur Entspannung ein Glas amerikanischen Whisky. Seine Frau trug zwei Teller mit dampfender Suppe auf. Die Eheleute waren allein: ihre Tochter hatten sie nach Boston zur Tante geschickt. Dort sollte sie ihr schreckliches Erlebnis und die Verletzungen vergessen, die ihr die Rowdies zugefügt hatten.

Während sie ihre Suppe aßen, fragte die Frau: «Gehst du heute abend noch ins Geschäft?»

Amerigo nickte. Seine Frau hatte Respekt vor seiner Arbeit, aber sie hatte kein Verständnis dafür. Sie begriff nicht, daß die technische Seite seiner Tätigkeit am unwichtigsten war. Wie fast alle Leute, glaubte auch sie, er werde bezahlt für seine Kunst, die Toten so herzurichten, daß sie im Sarg noch wie lebende Menschen wirkten. Und seine Geschicklichkeit war wirklich legendär. Aber viel wichtiger, viel notwendiger noch war seine persönliche Anwesenheit bei der Totenwache. Wenn abends die trauernden Hinterbliebenen kamen, um an dem Sarg ihres geliebten Toten die Blutsverwandten und Freunde zu empfangen, dann brauchten sie die Gegenwart Amerigo Bonaseras.

Denn dieser war ein vollendeter Begleiter in den Tod. Tiefernst, aber trostreich und stark, mit fester Stimme, aber gedämpften Tones kommandierte er das Trauerzeremoniell. Er konnte unziemlich laute Trauer dämpfen, er konnte unartige Kinder zurechtweisen, wenn die Eltern nicht in der Lage waren, sie selber zu tadeln. Er war nie überschwenglich in der Bekundung seines Mitgefühls und ließ es doch nie daran fehlen. Wenn eine Familie daher Amerigo Bonasera einmal gebeten hatte, den lieben Toten auf die Reise zu senden, dann kam sie immer wieder zu ihm. Und nie, niemals ließ er seine Klienten in jener schrecklichen letzten Nacht über der Erde allein.

Gewöhnlich gestattete er sich nach dem Essen ein kleines Nickerchen. Dann wusch und rasierte er sich und verwendete reichlich Talkumpuder, um seinen dunklen Bartschatten zu kaschieren. Stets eine Mundspülung. Respektvoll zog er frische Wäsche an, ein schneeweißes Hemd, die schwarze Krawatte, einen frisch gebügelten dunklen Anzug, mattschwarze Schuhe und schwarze Socken. Trotzdem aber war die Wirkung doch eher tröstlich als düster. Außerdem färbte er sich die Haare schwarz – eine unerhörte Frivolität für einen Italiener seines Alters. Aber er tat es keineswegs aus Eitelkeit: Seine Haare hatten sich zu einem lebhaften Pfeffer-und-Salz-Ton verfärbt, eine Farbe, die er bei seinem Beruf als ungehörig empfand.

Als er seinen Suppenteller geleert hatte, servierte ihm seine Frau ein kleines Steak mit ein paar Löffel grünem Spinat in viel gelbem

Öl. Er war ein bescheidener Esser. Anschließend trank er eine Tasse Kaffee und rauchte noch eine Camel. Beim Kaffee mußte er an seine arme Tochter denken. Sie würde nie mehr die sein, die sie einmal war. Ihre äußere Schönheit war zwar wiederhergestellt, in ihren Augen aber stand der Ausdruck eines verängstigten Tieres. Er konnte es kaum ertragen, sie anzusehen. Darum hatte er sie für eine Weile nach Boston geschickt. Die Zeit würde ihre Wunden heilen. Schmerz und Entsetzen waren, wie er nur allzugut wußte, niemals so endgültig wie der Tod. Seine Arbeit hatte ihn zum Optimisten gemacht.

Er hatte eben den Kaffee getrunken, da schrillte im Wohnzimmer das Telefon. Seine Frau ging nie an den Apparat, wenn er zu Hause war, darum stand er jetzt auf, leerte die Tasse und drückte seine Zigarette aus. Während er ins Wohnzimmer hinüberging, begann er sich schon für die Siesta vorzubereiten; er nahm die Krawatte ab und ging daran, sich das Hemd aufzuknöpfen. Dann nahm er den Hörer ab und sagte in ruhigem, höflichem Ton: «Hallo?»

Die Stimme am anderen Ende klang rauh und verkrampft. «Hier ist Tom Hagen», sagte sie. «Ich rufe im Auftrag Don Corleones an.»

Amerigo Bonasera fühlte, wie sich sein Magen zusammenzog. Es wurde ihm plötzlich übel. Es war nun über ein Jahr her, daß er sich dem Don verpflichtet hatte, um die verletzte Ehre seiner Tochter zu rächen, und im Laufe der Zeit hatte er das Bewußtsein, daß er diese Schuld einmal abzahlen mußte, allmählich verdrängt. Anfangs, als er die blutigen Gesichter dieser zwei Rowdies gesehen hatte, war er so dankbar gewesen, daß er für den Don einfach alles getan hätte. Aber die Dankbarkeit schwindet schneller als die Schönheit. Jetzt fühlte sich Bonasera so elend, als drohe ihm eine Katastrophe. Seine Stimme brach, als er antwortete: «Jawohl, ich verstehe. Ich höre.»

Er war erstaunt über die Kälte, mit der Hagen sprach. Der *consigliori* war immer ein höflicher Mann gewesen, auch wenn er kein Italiener war. Jetzt gab er sich grob und barsch. «Sie schulden dem Don einen Dienst», sagte Hagen. «Er zweifelt nicht daran, daß Sie ihm einen Gefallen erweisen werden. Daß Sie sich freuen, dazu Gelegenheit zu haben. In einer Stunde, auf keinen Fall eher, vielleicht aber später, wird er zu Ihnen in das Beerdigungsinstitut kommen und Sie um Hilfe bitten. Empfangen Sie ihn persönlich. Lassen Sie die Leute, die für Sie arbeiten, nach Hause gehen. Wenn Sie etwas dagegen einzuwenden haben, dann sagen Sie es jetzt. Ich werde Don Corleone entsprechend informieren. Er hat noch andere Freunde, die ihm diesen Dienst erweisen können.»

Amerigo Bonasera hätte in seiner Angst beinahe aufgeschrien. «Wie können Sie denken, ich würde dem *padrino* etwas abschlagen? Selbstverständlich tue ich alles, was er will. Ich habe meine Schuld nicht vergessen. Ich werde in mein Geschäft hinübergehen. Sofort, auf der Stelle!»

Hagens Stimme wurde freundlicher, aber sie hatte noch immer etwas Fremdes. «Danke», sagte er. «Der Don hat niemals an Ihnen gezweifelt. Die Frage kam von mir. Wenn Sie ihm heute abend helfen, können Sie sich von nun an in allen Schwierigkeiten an mich wenden. Sie werden sich meine persönliche Freundschaft verdienen.»

Das erschreckte Amerigo Bonasera nur noch mehr. Er stotterte: «Der Don wird heute abend persönlich kommen?»

«Ja», antwortete Hagen.

«Dann hat er sich von seinen Verletzungen erholt, Gott sei Dank!» sagte Bonasera. Sein Ton machte die Feststellung zur Frage.

Am anderen Ende der Leitung blieb es eine Weile still; dann kam Hagens Stimme, sehr leise: «Ja.» Anschließend knackte es, und die Leitung war tot.

Bonasera schwitzte. Er ging ins Schlafzimmer, wechselte das Hemd und spülte sich den Mund aus. Aber er rasierte sich nicht und nahm auch keine frische Krawatte. Er legte dieselbe an, die er am Tag getragen hatte. Er rief im Geschäft an und befahl seinem Assistenten, sich um die Trauernden zu kümmern, die heute abend den vorderen Aufbahrungsraum benutzen sollten. Er selber habe in der Laborabteilung des Hauses zu tun. Als der Mann Fragen stellen wollte, schnitt ihm der Chef das Wort ab und wies ihn an, seine Befehle genauestens auszuführen.

Er zog sein Jackett an. Seine Frau, die noch aß, blickte erstaunt zu ihm auf. «Ich habe noch zu arbeiten», erklärte er kurz. Als sie sein Gesicht sah, wagte sie nicht, weitere Fragen zu stellen. Bonasera verließ das Haus und ging zu Fuß die wenigen Blocks zum Beerdigungsinstitut.

Das Haus stand allein auf einem großen Grundstück mit einem weißen Staketenzaun. Von der Straße her führte eine schmale Einfahrt zum hinteren Hof, gerade breit genug für Ambulanzen und Leichenwagen. Bonasera schloß das Tor auf und ließ es offen. Dann ging er um das Gebäude herum und betrat es von hinten durch eine breite Tür. Dabei konnte er sehen, wie vorne die Trauergäste bereits durch die Haustür in den Aufbahrungsraum strömten, um dem Toten des Tages die letzte Ehre zu erweisen.

Vor vielen Jahren, als Bonasera das Haus von einem anderen Beerdigungsunternehmer kaufte, der sich vom Geschäft zurückziehen wollte, hatten zehn Stufen zum Aufbahrungsraum geführt. Dies stellte ein Problem. Alten oder gehbehinderten Trauergästen fiel es sehr schwer, diese Treppen hinaufzusteigen, darum hatte der ehemalige Besitzer in diesen Fällen den Frachtaufzug benutzt, eine kleine eiserne Plattform, die neben dem Haus aus dem Boden kam und Särge und Leichen beförderte. Sie sank nach unten und tauchte im Aufbahrungszimmer wieder auf, so daß ein so beförderter Trauergast direkt neben dem Sarg aus dem Boden auftauchte, während die anderen Trauernden ihre schwarzen Stühle von der Falltür rükken mußten. Wenn die behinderten oder alten Trauergäste dann ihren Besuch absolviert hatten, kam der Lift abermals durch den glänzend gebohnerten Fußboden empor und brachte sie wieder durchs Souterrain nach draußen.

Amerigo Bonasera fand diese Lösung stillos und knausrig. Er ließ die Hausfront umbauen und die Vortreppe entfernen. An ihrer Stelle gab es jetzt eine sanft ansteigende Rampe. Der Aufzug wurde natürlich noch immer für Särge und Leichen benutzt.

Im hinteren Teil des Hauses, durch eine schwere schalldichte Tür von den Aufbahrungs- und Empfangsräumen getrennt, befanden sich das Büro, das Einbalsamierungszimmer, ein Lagerraum für Särge und ein sorgfältig verschlossener Wandschrank mit Chemikalien und den makabren Instrumenten seines Berufs. Bonasera ging ins Büro, setzte sich an den Schreibtisch und steckte sich eine Camel an – eine der wenigen, die er in diesen Räumen jemals geraucht hatte. Dann wartete er auf Don Corleone.

Er wartete mit dem Gefühl äußerster Verzweiflung. Denn er wußte ziemlich genau, welchen Dienst er dem Don zu leisten hatte.

Im vergangenen Jahr hatte die Familie Corleone gegen die fünf großen Mafiafamilien von New York Krieg geführt, und das Gemetzel hatte die Presse mit Schlagzeilen versorgt. Auf beiden Seiten hatte es viele Tote gegeben. Jetzt aber hatten die Corleones vermutlich einen so wichtigen Mann umgebracht, daß sie seine Leiche verschwinden lassen mußten. Und wo war die Gelegenheit dazu günstiger, als bei einem Beerdigungsunternehmer, der sie ganz offiziell bestatten konnte? Amerigo Bonasera machte sich keine Illusionen über das, was man von ihm verlangen würde. Es handelte sich eindeutig um Beihilfe zum Mord. Wenn das ans Licht kam, verschwand er auf lange Jahre hinter Gittern. Seine Frau und seine Tochter würden in Schande leben müssen, sein guter Name, der ehrbare Name Amerigo Bonasera, würde durch den blutigen Schmutz des Mafiakrieges gezogen.

Er gestattete sich noch eine Camel. Und dann fiel ihm etwas noch weit Entsetzlicheres ein: Wenn die anderen Mafiafamilien erfuhren, daß er den Corleones geholfen hatte, dann würden sie auch ihn als einen Feind behandeln. Sie würden ihn umbringen! Und jetzt verfluchte er den Tag, da er zum *padrino* gegangen war und ihn um Rache gebeten hatte. Er verfluchte den Tag, da seine Frau die Freundin von Don Corleones Frau geworden war. Er verfluchte seine Tochter und Amerika und seinen eigenen Erfolg. Aber dann kehrte sein Optimismus zurück. Es konnte ja auch alles gutgehen. Don Corleone war ein kluger Mann. Gewiß war dafür gesorgt worden, daß alles geheim blieb. Er durfte nur nicht die Nerven verlieren. Denn eines gab es, was er mehr fürchtete als alles andere: das Mißfallen Don Corleones zu erregen.

Er hörte Pneus auf dem Kies. Sein geübtes Ohr sagte ihm, daß ein Wagen die schmale Einfahrt entlangkam und im Hinterhof hielt. Er öffnete die Hintertür, um die Männer einzulassen. Zuerst kam der riesige, dicke Clemenza. Ihm folgten zwei brutal aussehende junge Männer. Wortlos durchsuchten sie alle Räume. Dann ging Clemenza wieder hinaus. Die beiden jüngeren Männer blieben bei Bonasera.

Kurz darauf hörte der Beerdigungsunternehmer, wie ein schwerer Krankenwagen durch die schmale Einfahrt kam. Dann tauchte Clemenza im Türrahmen auf, gefolgt von zwei Männern mit einer

Bahre. Amerigo Bonasera sah seine schlimmsten Befürchtungen bestätigt: Auf der Bahre lag ein Toter. Er war in eine graue Decke gehüllt, aus der an einem Ende die nackten, gelblichen Füße ragten.

Clemenza zeigte den Bahrenträgern den Einbalsamierungsraum. Und dann trat aus dem Dunkel des Hofes ein weiterer Mann in das erleuchtete Büro: Don Corleone.

Der Don hatte Gewicht verloren und ging mit merkwürdig steifen Bewegungen. Er hielt den Hut in der Hand, und man sah, daß das Haar über dem mächtigen Schädel schütter geworden war. Er wirkte älter, runzliger als damals, bei der Hochzeit, doch immer noch strahlte er eine unbezwingbare Stärke aus. Den Hut vor der Brust, sagte er zu Bonasera: «Nun, alter Freund, bist du bereit, mir diesen Dienst zu leisten?»

Bonasera nickte. Der Don folgte der Bahre ins Einbalsamierungszimmer, Bonasera hinter ihm drein. Der Tote lag auf einem der Marmortische. Don Corleone machte eine winzige Geste mit seinem Hut, und die anderen Männer gingen hinaus.

Bonasera flüsterte: «Was soll ich tun?»

Don Corleone starrte auf den Tisch. «Ich will, daß du all deine Kunstfertigkeit, all deine Geschicklichkeit anwendest, wenn du mich liebst», sagte er. «Ich möchte nicht, daß seine Mutter ihn so sieht.»

Er trat an den Tisch und schlug die graue Decke zurück. Trotz der vielen Jahre des Trainings und der Erfahrung stieß Amerigo Bonasera unwillkürlich einen Schreckensruf aus. Auf dem Marmortisch lag das von Kugeln zerfetzte Antlitz von Sonny Corleone. Das linke, blutgetränkte Auge hatte in der Linse eine sternförmige Fraktur. Der Nasenrücken und der linke Wangenknochen waren bis zur Unkenntlichkeit zerschmettert.

Eine Sekunde lang stützte der Don sich mit einer Hand auf Bonasera. «Schau, wie sie meinen Sohn zugerichtet haben», sagte er.

19

Vielleicht war es der tote Punkt, an dem der Krieg angelangt war, der Sonny veranlaßte, den blutigen Zermürbungskampf zu beginnen, der mit seinem eigenen Tod enden sollte. Vielleicht war es seine eigene dunkle, gewaltsame Natur, der er die Zügel schießen ließ. Wie dem auch sei, in jenem Frühling und Sommer befahl er sinnlose Überfälle auf feindliche Hilfstruppen. In Harlem wurden Zuhälter der Familie Tattaglia erschossen, am Hafen Totschläger massakriert. Gewerkschaftsbeamte, die einer der fünf Familien Gefolgschaft leisteten, wurden ermahnt, sich neutral zu verhalten, und als die Buchmacher und Geldverleiher der Corleones weiterhin von den Docks verbannt blieben, schickte Sonny Clemenza mit seinem *regime* in den Hafen, um furchtbare Rache zu üben.

Dieses Gemetzel war sinnlos, weil es den Ausgang des Krieges keinesfalls beeinflussen konnte. Sonny war ein glänzender Taktiker und errang glänzende Siege. Aber was jetzt nottat, war ein genialer Stratege wie Don Corleone. Das Ganze artete zu einem furchtbaren Guerillakrieg aus, der auf beiden Seiten große finanzielle Opfer und viele Menschenleben forderte. Schließlich sah sich die Corleone-Familie gezwungen, einige ihrer einträglichsten Buchmacherlokale zu schließen, unter anderem auch jenes, das Schwiegersohn Carlo Rizzi für seinen Lebensunterhalt zugewiesen worden war. Von nun an verlegte sich Carlo aufs Trinken, trieb sich mit Mädchen herum und machte seiner Frau Connie das Leben schwer. Seit er von Sonny damals die Tracht Prügel bezogen hatte, wagte er es nicht mehr, seine Frau zu schlagen. Aber er schlief nicht mehr mit ihr. Connie hatte sich ihm zu Füßen geworfen, aber er hatte sie voller Stolz zurückgewiesen. Höhnisch hatte er ihr geraten: «Geh doch zu deinem Bruder und sag ihm, daß ich dich nicht vögeln will. Vielleicht kann er mich prügeln, bis ich einen hochkriege.»

Aber er lebte in tödlicher Furcht vor Sonny, obwohl sie einander mit kühler Höflichkeit behandelten. Carlo war vernünftig genug, einzusehen, daß Sonny ihn wegräumen würde, daß Sonny ein Mann war, der einen anderen Mann mit der Naturhaftigkeit eines wilden Tieres umbringen konnte, während er selber all seinen Mut, all seine Willenskraft zusammennehmen mußte, um einen Mord zu begehen.

Nicht einen Augenblick jedoch hätte sich Carlo deswegen für einen besseren Menschen als Sonny gehalten – falls man den Ausdruck hier überhaupt anwenden kann; im Gegenteil, er beneidete Sonny um seine erschreckende Wildheit, eine Wildheit, die mit der Zeit zur Legende wurde.

Tom Hagen als *consigliori* mißbilligte Sonnys Taktik, beschloß aber, sich nicht beim Don zu beschweren – aus dem einfachen Grund, weil diese Taktik in gewisser Hinsicht doch ihren Zweck erfüllte. Als der Zermürbungskrieg weiterging, schienen die fünf Familien endlich eingeschüchtert zu sein, ihre Gegenschläge wurden immer lahmer und kamen schließlich ganz zum Erliegen. Hagen mißtraute dieser scheinbaren Friedfertigkeit des Feindes zuerst, doch Sonny jubelte laut. «Denen werde ich Dampf machen», erklärte er Hagen. «Und dann werden diese Schweine um einen Vertrag betteln kommen.»

Sonny hatte andere Sorgen. Seine Frau machte ihm das Leben schwer, weil ihr Gerüchte zu Ohren gekommen waren, daß Lucy Mancini ihren Ehemann becirct hatte. Zwar pflegte sie in aller Öffentlichkeit über Sonnys Körperbau und seine Bettgewohnheiten zu spötteln, fand aber doch, daß er sich zu lange von ihr fernhielt, und vermißte ihn in ihrem Bett. Ihm aber ging sie mit ihrer ewigen Nörgelei auf die Nerven.

Darüber hinaus stand Sonny unter ungeheurem seelischem Druck: Er wußte, daß er ein Gezeichneter war. Nie durfte er in seiner Vorsicht nachlassen, stets mußte er jeden seiner Schritte sorgfältig sichern. Er wußte, daß seine Besuche bei Lucy Mancini vom Feind genau verbucht wurden. Und gerade weil hier die Gefährdung am größten war, traf er besonders sorgfältige Vorsichtsmaßnahmen, so daß er sich bei Lucy vollkommen sicher fühlen konnte. Ohne daß Lucy auch nur die geringste Ahnung hatte, wurde sie vierundzwanzig Stunden am Tag von Männern aus Santinos *regime* bewacht, und wenn auf ihrer Etage eine Wohnung frei war, wurde sie auf der Stelle von einem der zuverlässigsten Männer dieses *regime* gemietet.

Der Don erholte sich allmählich und würde bald in der Lage sein, den Oberbefehl wieder zu übernehmen. Bis dahin würde sich das Schlachtenglück der Corleone-Familie zugewendet haben. Dessen war Sonny sicher. Inzwischen würde er das Imperium schützen, sich den Respekt seines Vaters verdienen und, da die Position nicht unbedingt erblich war, seinen Anspruch als Erbe des Corleone-Reiches untermauern.

Aber der Feind war nicht müßig. Auch er hatte die Lage analysiert und war zu dem Ergebnis gekommen, daß es nur eine Möglichkeit gab, die vollständige Niederlage noch abzuwenden: den Tod Sonny Corleones. Sie hatten nun ein klares Bild von der Lage und waren der Ansicht, daß man mit dem Don, der für seine logische Vernunft bekannt war, verhandeln könne. Sonny dagegen haßten sie; sein Blutdurst war primitiv und barbarisch. Und auch schlecht fürs Geschäft. Keiner wünschte die alten Zeiten mit all ihren Unruhen und Schwierigkeiten zurück.

Eines Abends erhielt Connie Corleone einen anonymen Anruf. Eine Mädchenstimme fragte nach Carlo. «Wer ist da?» wollte Connie wissen.

Das Mädchen am anderen Ende der Leitung kicherte. «Ich bin eine Freundin von Carlo. Ich wollte ihm bloß sagen, daß ich ihn heute abend nicht treffen kann. Ich muß verreisen.»

«Du mieses Flittchen!» sagte Connie. Dann schrie sie laut in den Apparat: «Du lausige Scheißhure!» Vom anderen Ende kam nur ein Klicken.

Carlo war an jenem Nachmittag auf dem Rennplatz, und als er am späten Abend nach Hause kam, war er sauer, weil er verloren hatte. Außerdem war er halb betrunken – er trug stets eine Flasche mit sich. Sobald er zur Tür hereinkam, spie Connie ihm ihre Flüche ins Gesicht. Er beachtete sie nicht und ging unter die Dusche. Als er herauskam, trocknete er sich vor ihren Augen ab und machte sich dann zum Ausgehen fein.

Connie stand da, die Hände in die Hüften gestützt, das Gesicht spitz und weiß vor Wut. «Du gehst nirgendwohin», sagte sie. «Deine Freundin hat angerufen und läßt dir sagen, daß sie heute abend nicht kann. Du Schwein, du hast die Nerven, deinen Huren meine Telefonnummer zu geben! Ich bring dich um, du Dreckskerl!» Tretend und kratzend stürzte sie sich auf ihn.

Er hielt sie sich mit seinem muskulösen Unterarm vom Leib. «Du hast einen Vogel», sagte er kalt. Aber sie merkte trotzdem, daß er beunruhigt war. Als wüßte er, daß diesem verrückten Weib, das er da vögelte, ein solch hirnverbrannter Einfall wohl zuzutrauen war. «Das war doch ein Witz. Irgend so eine Übergeschnappte», sagte er.

Connie duckte sich unter seinem Arm hinweg und fuhr ihm, die gekrümmten Finger wie Klauen, über die Wangen. Ein Stückchen Haut blieb unter ihren Nägeln hängen. Überraschend geduldig schob er sie fort. Sie merkte, daß er wegen ihrer Schwangerschaft vorsichtig war, und das verlieh ihr den Mut, ihrer Wut noch freieren Lauf zu lassen. Außerdem war sie erregt. Ziemlich bald würde sie nichts mehr machen können; der Arzt hatte gesagt, keinen Sex in den letzten zwei Monaten, und sie wollte es unbedingt noch einmal haben, bevor die letzten zwei Monate begannen. Doch da war auch der Wunsch, Carlo körperlichen Schmerz zuzufügen. Sie ging ihm ins Schlafzimmer nach.

Sie sah, daß er Angst hatte, und das erfüllte sie mit verächtlichem Triumph. «Du bleibst zu Hause», sagte sie. «Du gehst nicht mehr aus.»

«Okay, okay», gab er nach. Er war noch nicht angekleidet und trug nur die kurze Unterhose. Er lief zu Hause gern so herum; er war stolz auf seinen trapezförmigen Körper und seine goldene Haut. Connie verschlang ihn mit ihren Blicken. Er versuchte zu lachen. «Gibst du mir wenigstens was zu essen?»

Daß er ihre Fähigkeiten in Anspruch nahm – wenigstens eine davon –, versöhnte sie ein wenig. Sie war eine gute Köchin, sie hatte es von ihrer Mutter gelernt. Sie briet etwas Kalbfleisch und Paprika an; während es in der Pfanne schmorte, machte sie einen Salat. Inzwischen streckte sich Carlo auf seinem Bett aus und las die Tips für die Rennen am nächsten Tag. Neben sich hatte er ein Wasserglas voll Whisky stehen, aus dem er ab und zu einen Schluck nahm.

Connie kam ins Schlafzimmer. Sie blieb an der Tür stehen, als könne sie ohne Aufforderung nicht an das Bett kommen. «Das Essen steht auf dem Tisch», sagte sie.

«Ich habe jetzt keinen Hunger», sagte er, ohne von der Zeitung aufzusehen.

«Es steht auf dem Tisch», sagte Connie beharrlich.

«Steck es dir in den Arsch», sagte Carlo. Er trank das Glas

Whisky leer und goß von neuem aus der Flasche ein. Er beachtete sie nicht weiter.

Connie ging in die Küche zurück. Dort nahm sie die beiden gefüllten Teller und schmetterte sie gegen den Spülstein. Der laute Krach lockte Carlo aus dem Schlafzimmer herbei. Er starrte auf das fetttriefende Fleisch und die Paprikas, die überall an den Küchenwänden klebten. Der Anblick beleidigte seinen peinlichen Reinlichkeitssinn. «Du Schlampe!» schrie er. «Mach das jetzt augenblicklich sauber, oder ich trete dir in den Hintern, daß du nicht mehr sitzen kannst.»

«Den Teufel werde ich», erklärte Connie. Sie hielt die Hände zu Klauen gekrümmt, als wollte sie ihm die Brust zerfetzen.

Carlo kehrte ins Schlafzimmer zurück, und als er wiederkam, hielt er seinen Gürtel in der Hand. «Mach das sauber!» sagte er; jetzt war die Drohung in seiner Stimme nicht mehr zu überhören. Connie rührte sich nicht, und er ließ den Gürtel auf ihre gepolsterten Hüften klatschen. Das Leder biß, tat aber nicht ernsthaft weh. Connie wich an den Küchenschrank zurück, langte mit der Hand in die Schublade, holte eines der langen Brotmesser heraus und hielt es stoßbereit.

Carlo lachte. «Sogar die weiblichen Corleones sind Mörder», sagte er. Dann legte er den Gürtel auf den Küchentisch und kam auf sie zu. Sie wollte zustechen, aber ihr schwerer, schwangerer Körper behinderte sie. Er wich ihrem Stich aus, den sie in solch tödlichem Ernst auf seinen Unterleib gezielt hatte. Mühelos entwand er ihr das Messer und begann sie mit langsamen, nicht zu kräftigen Schlägen, um ihre Haut nicht aufzureißen, abwechselnd rechts und links zu ohrfeigen. Immer wieder schlug er zu, während sie vor ihm um den Küchentisch floh, und trieb sie vor sich her bis ins Schlafzimmer hinein. Sie versuchte ihn in die Hand zu beißen, er aber packte sie beim Haar und riß ihr den Kopf zurück. Er ohrfeigte sie weiter, bis sie vor Schmerz und Demütigung zu weinen begann wie ein kleines Kind. Dann schleuderte er sie verächtlich aufs Bett. Er trank aus der Whiskyflasche, die immer noch auf dem Nachttisch stand. Er schien jetzt vollständig betrunken zu sein; seine hellblauen Augen leuchteten in irrem Glanz. Und jetzt endlich bekam Connie es tatsächlich mit der Angst zu tun.

Carlo stand breitbeinig da und trank aus der Flasche. Er griff hinunter und krallte die Hand tief in ihre von der Schwangerschaft aufgeschwemmten Oberschenkel. Er drückte hart zu, es tat sehr weh. «Laß los», winselte sie.

«Du bist fett wie ein Schwein», sagte er mit Abscheu und ging.

Völlig verängstigt und eingeschüchtert blieb Conny auf dem Bett liegen. Sie wagte nicht nachzusehen, was ihr Mann im Nebenzimmer trieb. Carlo hatte eine neue Flasche Whisky aufgemacht und lag auf dem Sofa. Nicht lange, dann würde er sich in bleischweren Schlaf getrunken haben, und sie konnte sich in die Küche schleichen und ihre Familie in Long Beach anrufen. Sie würde ihre Mutter bitten, jemanden zu schicken, der sie hier abholte. Sie hoffte nur, daß Sonny nicht am Telefon war; am besten wäre es, wenn sie mit ihrer Mutter oder Tom Hagen sprechen konnte.

Es war fast zehn Uhr abends, als das Küchentelefon in Don Corleones Haus läutete. Einer der Leibwächter des Don ging an den Apparat und gab dann Connies Mutter den Hörer. Doch Mrs. Corleone konnte ihre Tochter kaum verstehen, denn Conny war hysterisch, versuchte aber trotzdem zu flüstern, damit ihr Mann im Nebenzimmer nichts hörte. Außerdem war ihr Gesicht von den Schlägen geschwollen, und sie konnte wegen der aufgedunsenen Lippen nur mühsam sprechen. Mrs. Corleone machte dem Leibwächter ein Zeichen, er solle Sonny holen, der mit Tom Hagen im Wohnzimmer saß.

Sonny kam in die Küche und nahm seiner Mutter den Telefonhörer ab. «Ja, Connie?» sagte er.

Connie hatte so große Angst – vor ihrem Mann und vor dem, was ihr Bruder tun würde –, daß ihre Worte noch weniger zu verstehen waren. Sie brabbelte: «Sonny, schick bitte einen Wagen, der mich nach Hause holt. Dann erzähle ich dir alles. Es ist nichts, Sonny. Komm bitte nicht selber. Schick Tom. Bitte, Sonny! Es ist nichts. Ich will nur nach Hause.»

Inzwischen war auch Hagen gekommen. Der Don hatte ein Beruhigungsmittel bekommen; er lag oben in seinem Zimmer und schlief, und Hagen wollte Sonny in kritischen Situationen nicht aus den Augen lassen. Die beiden Leibwächter waren ebenfalls in der Küche. Alle beobachteten Sonny, während er in die Hörmuschel lauschte.

Es stand außer Zweifel, daß die Gewalttätigkeit in Sonny Corleone aus einer tiefen, geheimnisvollen physischen Quelle gespeist wurde. Die anderen sahen deutlich, wie ihm das Blut in den sehnigen Nacken stieg, wie seine Augen sich mit einem Schleier von Haß überzogen, wie seine Züge sich verkrampften, wie sie verkniffen wurden. Dann wurde sein Gesicht so grau wie das eines Kranken, der mit dem Tode ringt; nur daß das Adrenalin, das durch seinen Körper gepumpt wurde, seine Hände zum Zittern brachte. Seine Stimme aber war beherrscht und ruhig, als er seiner Schwester antwortete: «Du wartest zu Hause. Bleib da und warte auf mich.» Dann legte er auf.

Einen Augenblick blieb er regungslos stehen, gelähmt von der Gewalt seiner eigenen Wut. Dann sagte er: «Dieser Scheißkerl! Dieser Scheißkerl!» Und lief aus dem Haus.

Hagen kannte den Ausdruck auf Sonnys Gesicht; er wußte, daß ihn jetzt alle Vernunft verlassen hatte. In diesem Moment war Sonny zu allem fähig. Aber Hagen wußte auch, daß die Fahrt in die Stadt Sonnys Zorn abkühlen und ihn wieder ernüchtern würde. Doch diese Nüchternheit konnte ihn auch noch gefährlicher machen, obwohl sie ihn in die Lage versetzte, sich vor den Folgen seiner Wut zu schützen. Hagen hörte den Motor aufheulen. Er wandte sich an die beiden Leibwächter. «Fahrt ihm nach!» sagte er.

Dann ging er ans Telefon und führte ein paar Gespräche. Er ordnete an, daß einige Männer aus Sonnys *regime*, die in der Stadt wohnten, zu Carlo Rizzis Wohnung fahren und Carlo herausholen sollten. Weitere Männer sollten bei Connie bleiben, bis Sonny eintraf. Es war zwar riskant, sich Sonny in den Weg zu stellen, aber er wußte, daß ihn der Don decken würde. Er fürchtete, daß Sonny Carlo vor Zeugen umbrachte. Von Feindesseite erwartete er keinen Ärger. Die fünf Familien waren schon allzu lange ruhig und offenbar daran interessiert, endlich Frieden zu schließen.

Als Sonny in seinem Buick aus der Promenade jagte, war seine Vernunft schon teilweise zurückgekehrt. Er merkte, daß die beiden Leibwächter einen Wagen nahmen und ihm folgten, und es war ihm recht. Er erwartete keine Gefahr. Die fünf Familien hatten die Gegenangriffe aufgegeben und den Kampf praktisch eingestellt. Im Hinauslaufen hatte er sich im Foyer seine Jacke gegriffen, im Geheimfach des Armaturenbretts lag ein Revolver. Der Wagen war auf ein Mitglied seines *regime* zugelassen, daher konnte er persönlich nicht in Konflikt mit den Gesetzen kommen. Aber er glaubte nicht, daß er eine Waffe brauchte. Er wußte ja nicht einmal, was er mit Carlo Rizzi überhaupt machen sollte.

Jetzt, wo er Gelegenheit zum Nachdenken hatte, wurde es Sonny klar, daß er den Vater eines ungeborenen Kindes nicht umbringen konnte, noch dazu, wo dieser Vater der Mann seiner Schwester war. Nicht wegen eines Ehekrachs. Doch leider war es nicht nur der Ehekrach. Carlo war ein schlechter Mensch, und Sonny fühlte sich verantwortlich dafür, daß seine Schwester diesen Schuft durch ihn kennengelernt hatte.

Das Paradoxe an Sonnys aufbrausendem Wesen war, daß er keine Frau schlagen konnte und es auch niemals getan hatte. Daß er keinem Kind, keinem hilflosen Wesen etwas zuleide tun konnte. Dadurch, daß Carlo damals nicht zurückschlagen wollte, hatte er Sonny davon abgehalten, ihn umzubringen. Denn vollständige Unterwerfung entwaffnete ihn stets. Als Junge war er wirklich weichherzig gewesen. Daß er als Mann zum Mörder wurde, war einfach sein Schicksal gewesen.

Aber ich werde diese Angelegenheit ein für allemal bereinigen, dachte Sonny, während er den Buick auf den Causeway lenkte, der ihn über das Wasser von Long Beach zu den Parkways auf der anderen Seite von Jones Beach bringen würde. Er überlegte, was er tun wollte.

Er beschloß, Connie mit seinen Leibwächtern nach Hause zu schicken und sich mit seinem Schwager in Ruhe zu unterhalten. Was danach geschehen würde, wußte er nicht. Wenn dieses Schwein Connie ernstlich verletzt hatte, würde er ihn zum Krüppel schlagen. Aber der Wind, der über den Causeway pfiff, die salzige Frische der Luft kühlten seinen Zorn. Er kurbelte das Wagenfenster ganz herunter.

Er hatte, wie immer, den Jones Beach Causeway genommen, weil der um diese Nachtstunde, um diese Jahreszeit mit Sicherheit unbefahren war und er bis zu den Parkways auf der anderen Seite bedenkenlos auf den Gashebel treten konnte. Und sogar dort würde es nur geringen Verkehr geben. Das schnelle Fahren wirkte wie ein Ventil und würde dazu beitragen, die Spannung – die, wie er wußte, gefährlich war – rascher abzureagieren. Den Wagen mit seinen Leibwächtern hatte er weit hinter sich gelassen.

Der Causeway war schlecht beleuchtet; hier fuhr kein einziger Wagen. Weit vorne sah er den weißen Konus des von einem Wärter besetzten Mauthäuschens. Daneben gab es noch weitere Mauthäuschen, aber die waren nur tagsüber besetzt, wenn mehr Autos verkehrten. Sonny begann den Buick abzubremsen und suchte gleichzeitig in seinen Taschen nach Kleingeld. Er hatte keines. Er zog die Brieftasche aus der Jacke, klappte sie mit einer Hand auf und nahm eine Banknote heraus. Er kam in den Lichtkreis der Lampen und sah zu seinem Erstaunen, daß in der Durchfahrt des Mauthäuschens ein Wagen stand, der ihm den Weg versperrte. Anscheinend erkundigte sich der Fahrer beim Mautwärter nach dem Weg. Sonny drückte auf die Hupe. Sofort rollte der andere Wagen weiter und machte die Durchfahrt frei.

Sonny reichte dem Mautwärter den Dollarschein und wartete auf sein Wechselgeld. Er wollte jetzt so bald wie möglich das Fenster schließen; die Luft vom Atlantik hatte den ganzen Wagen ausgekühlt. Aber der Mautwärter fingerte mit dem Kleingeld herum, und jetzt ließ dieser Esel es auch noch fallen. Kopf und Oberkörper verschwanden unter dem Fenster, als sich der Mautwärter bückte, um seine Münzen vom Fußboden aufzuheben.

In diesem Augenblick fiel Sonny auf, daß der andere Wagen nicht weitergefahren war, sondern ein paar Meter entfernt angehalten hatte, also noch immer den Weg blockierte. Im selben Moment entdeckte er aus den Augenwinkeln im dunklen Mauthäuschen zu seiner Rechten noch einen Mann. Aber er hatte keine Zeit mehr, darüber nachzudenken, denn aus dem vor ihm haltenden Wagen waren zwei Männer gestiegen und kamen jetzt auf ihn zu. Der Mautwärter war noch immer nicht wieder aufgetaucht. Und dann, einen Sekundenbruchteil bevor irgend etwas geschah, wußte Santino Corleone, daß er ein toter Mann war. In diesem Sekundenbruchteil war sein Verstand kristallklar, von aller Brutalität befreit, als sei er von der verborgenen Angst, die nun endlich real und gegenwärtig wurde, geläutert worden.

Trotzdem warf er seinen riesigen Körper in einer instinktiven Reaktion seines Lebenswillens gegen die Tür des Buick und sprengte sie auf. Der Mann in dem dunklen Mauthäuschen nebenan eröffnete das Feuer. Seine Schüsse trafen Sonny in Kopf und Hals, während sein massiger Körper auf das Pflaster schlug. Jetzt hoben die beiden Männer vor ihm die Revolver. Der Mann in dem dunklen Mauthäuschen stellte das Feuer ein, Sonny lag, die Beine noch halb im Wagen, ausgestreckt auf dem Asphalt. Die beiden Männer feuerten mehrere Schüsse in Sonnys leblosen Körper und traten ihn ins Gesicht, um seine Züge noch mehr zu verunstalten, um eine Spur nackter, menschlicher Gewalt zu hinterlassen.

Sekunden darauf saßen die vier Männer, die drei Revolverschützen und der falsche Mautwärter, in ihrem Wagen und rasten auf den Meadowbrook Parkway auf der anderen Seite von Jones Beach zu. Ihren Verfolgern versperrte Sonnys Leichnam und sein Wagen in der Mautdurchfahrt den Weg. Als aber wenige Minuten darauf Sonnys Leibwächter kamen und seinen Leichnam dort liegen sahen, machten sie gar nicht erst Anstalten, die Mörder zu verfolgen. Sie rissen ihren Wagen in weitem Bogen herum und kehrten nach Long Beach zurück. Am ersten öffentlichen Telefon stieg einer aus und rief Tom Hagen an. Er machte es kurz und bündig. «Sonny ist tot. Sie haben ihn an der Jones-Beach-Maut erwischt.»

Hagens Stimme war vollkommen ruhig. «Okay», sagte er. «Fahrt zu Clemenza und sagt ihm, er soll sofort herkommen. Er wird euch sagen, was ihr zu tun habt.»

Hagen hatte den Anruf in der Küche entgegengenommen, während Mama Corleone geschäftig herumwerkte, um für ihre Tochter einen Imbiß vorzubereiten. Er hatte sich sehr zusammengerissen und sich nichts anmerken lassen. Die alte Frau hegte keinen Verdacht. Zwar hätte sie, wenn sie es gewollt hätte, schon etwas merken können. Aber sie hatte im Lauf ihres Zusammenlebens mit dem Don gelernt, daß es manchmal viel klüger war, nicht allzu scharfsichtig zu sein. Wenn es unumgänglich war, daß sie von einem schmerzlichen Ereignis erfuhr, dann würde man es ihr schon sagen. Und wenn es sich um einen Schmerz handelte, der ihr erspart werden konnte, dann war sie nicht neugierig darauf. Sie war es zufrieden, den Schmerz ihrer Männer nicht teilen zu müssen; schließlich, teilten sie etwa auch den Schmerz ihrer Frauen? Gleichmütig kochte sie

Kaffee und deckte den Tisch. Ihrer Erfahrung nach beeinträchtigten weder Kummer noch Angst den Appetit; ein gutes Essen konnte den Schmerz höchstens lindern. Sie wäre außer sich gewesen, hätte ein Arzt versucht, sie mit einem Medikament zu beruhigen; Brot und Kaffee jedoch waren etwas ganz anderes.

Darum ließ sie nun zu, daß sich Tom Hagen ins Eckzimmer zurückzog. Und hier, in diesem Zimmer, begann Hagen so heftig zu zittern, daß er sich hinsetzen mußte, die Beine zusammengepreßt, den Kopf in die verkrampften Schultern gezogen, die Hände zwischen den Knien gefaltet, als wolle er zum Teufel beten.

Nun wußte er endgültig, daß er kein guter Kriegs-*consigliori* für die Familie war. Er hatte sich von den fünf Familien und ihrer scheinbaren Kleinmütigkeit einwickeln lassen. Sie hatten sich ruhig verhalten und dabei insgeheim ihren furchtbaren Hinterhalt gelegt. So sehr sie auch provoziert worden waren – sie hatten geplant und gewartet und ihre blutigen Hände still gehalten. Sie hatten abgewartet, um dann einen um so grausameren Schlag führen zu können. Und das hatten sie getan. Der alte Genco Abbandando wäre niemals darauf hereingefallen; er hätte gerochen, daß etwas faul war, er hätte sie ausgeräuchert, seine Vorsichtsmaßnahmen verdreifacht. Und zwischen all diesen Gedanken empfand Tom Hagen einen tiefen persönlichen Schmerz. Sonny war ihm ein wirklicher Bruder, er war sein Retter gewesen; als sie noch Jungens waren, war er sein Vorbild gewesen. Sonny hatte sich ihm gegenüber niemals gemein oder despotisch verhalten. Daß er als Erwachsener zu einem grausamen, gewalttätigen und blutdürstigen Mann geworden war, spielte für Hagen keine Rolle. Er hatte ihm stets seine Zuneigung gezeigt und ihn, als er von Sollozzo freigelassen wurde, in seine Arme geschlossen. Sonnys Freude über das Wiedersehen war echt gewesen.

Er hatte die Küche verlassen, weil er wußte, daß er es nicht fertigbrachte, Mama Corleone den Tod ihres Sohnes mitzuteilen. Zwar hatte er in ihr nie in gleichem Maße seine Mutter gesehen wie im Don seinen Vater, in Sonny seinen Bruder. Seine Zuneigung zu ihr glich eher der Zuneigung, die er für Freddie, Michael und Connie empfand. Aber er konnte es ihr nicht sagen. Innerhalb weniger Monate hatte sie alle drei Söhne verloren: Freddie saß im Exil in

Nevada, Michael versteckte sich in Sizilien, und nun war Santino tot. Welchen der drei hatte sie am meisten geliebt? Sie hatte es sich nie anmerken lassen.

Es dauerte jedoch nur wenige Minuten, dann hatte sich Hagen wieder gefaßt. Er griff zum Telefon und wählte Connies Nummer. Es klingelte lange, bis Connie sich flüsternd meldete.

Hagens Ton war liebevoll. «Connie, hier ist Tom. Weck deinen Mann; ich muß mit ihm sprechen.»

Connie erwiderte mit leiser, verängstigter Stimme: «Kommt Sonny hierher, Tom?»

«Nein», antwortete Hagen. «Sonny kommt nicht. Mach dir darüber keine Gedanken. Aber weck Carlo und sag ihm, ich müßte ihn dringend sprechen.»

Connies Ton war weinerlich. «Tom, er hat mich verprügelt. Ich habe Angst, daß er mich wieder schlägt, wenn er erfährt, daß ich zu Hause angerufen habe.»

Hagen erwiderte freundlich: «Das wird er nicht tun. Ich werde mit ihm sprechen. Alles wird wieder gut. Sag ihm aber, daß es sehr wichtig ist, sehr, sehr wichtig ist. Er muß unbedingt ans Telefon kommen. Okay?»

Es dauerte fast fünf Minuten, bis Carlos Stimme über die Leitung kam, kaum verständlich vor lauter Whisky und Schlaftrunkenheit. Um ihn zum Zuhören zu zwingen, schlug Hagen einen scharfen Ton an.

«Hör zu, Carlo», sagte er, «ich werde dir jetzt etwas sehr Schreckliches mitteilen. Reiß dich zusammen, denn du mußt mir so beiläufig antworten, als wäre es nichts Besonderes. Ich habe Connie gesagt, daß ich dich dringend sprechen muß. Also mußt du ihr eine Erklärung geben. Sag ihr, die Familie habe beschlossen, euch beide in eines der Häuser an der Promenade einzuquartieren und dir einen wichtigen Job zu geben. Der Don habe sich endlich entschlossen, dir eine Chance zu geben, damit eure Ehe besser wird. Hast du das verstanden?»

«Ja, okay», sagte Carlo. In seiner Stimme lag erwachende Hoffnung.

Hagen fuhr fort: «In wenigen Minuten werden einige von meinen Männern an deiner Tür klopfen, die dich mitnehmen wollen. Sag ihnen, daß sie mich vorher anrufen sollen. Weiter nichts. Ich werde ihnen Anweisung geben, dich bei Connie zu lassen. Okay?»

«Ja, ja! Ich hab's schon kapiert», sagte Carlo. Er war erregt. Die Spannung in Hagens Stimme schien ihn endlich zu der Überzeugung gebracht zu haben, daß tatsächlich etwas Wichtiges geschehen war.

Hagen sagte es ihm ohne Umschweife. «Sonny ist heute abend ermordet worden. Sag nichts. Connie hat ihn angerufen, während du geschlafen hast, und er war auf dem Weg zu dir. Aber ich will nicht, daß sie das erfährt. Selbst wenn sie es erraten sollte, will ich auf keinen Fall, daß sie es sicher weiß. Sie wird sonst glauben, es sei alles ihre Schuld. Ich verlange, daß du heute nacht bei ihr bleibst, ihr aber kein Wort verrätst. Ich verlange, daß du den vollkommenen Ehemann spielst. Mindestens so lange, bis sie ihr Baby bekommen hat. Morgen früh wird irgend jemand – vielleicht du selbst, vielleicht der Don, vielleicht ihre Mutter – Connie sagen, daß ihr Bruder umgebracht worden ist. Und ich verlange, daß du dann bei ihr bist. Wenn du mir diesen Gefallen tust, werde ich auch in Zukunft für dich sorgen. Hast du das kapiert?»

Carlos Stimme war etwas zittrig. «Natürlich, Tom. Natürlich. Hör doch, wir beide haben uns doch immer gut verstanden, nicht wahr? Ich bin dir sehr dankbar, verstehst du?»

«Ja», sagte Hagen. «Niemand wird dir die Schuld an dem Unglück geben, nur weil du mit Connie gestritten hast. Mach dir darüber keine Gedanken. Ich werde dafür sorgen.» Er hielt inne. Dann sagte er leise, beruhigend: «Und jetzt geh und kümmere dich um Connie.» Er legte auf.

Hagen hatte gelernt, niemals eine Drohung auszusprechen; das hatte ihm der Don beigebracht. Aber Carlo hatte den Sinn seiner Worte auch so verstanden: Er wußte, daß ihn nur eine Haaresbreite vom Tod trennte.

Anschließend rief Hagen bei Tessio an und bat ihn, sofort zur Promenade nach Long Beach zu kommen. Er sagte nicht warum, und Tessio fragte auch nicht. Hagen seufzte. Jetzt kam der Teil, vor dem er sich wirklich fürchtete.

Er mußte den Don aus seinem Medikamentenschlaf wecken. Er mußte dem Mann, den er auf dieser Welt am liebsten hatte, erklären, daß er ihn im Stich gelassen, daß er versäumt hatte, sein Reich und das Leben seines ältesten Sohnes zu schützen. Er mußte dem Don erklären, daß alles verloren war, wenn nicht der Kranke selbst in den Kampf eingriff. Denn Hagen machte sich nichts mehr vor: Nur der große Don persönlich konnte diese furchtbare Niederlage noch in ein Unentschieden verwandeln. Hagen machte sich nicht einmal die Mühe, die Ärzte des Don zu konsultieren; es hatte ja doch keinen Zweck. Ganz gleich, was sie ihm verordneten, selbst wenn sie ihm sagten, der Kranke dürfe, wenn er nicht sterben wolle, auf keinen Fall aufstehen: er mußte jetzt seinem Adoptivvater alles beichten und dann seinen Befehlen gehorchen. Und was der Don anordnen würde, daran bestand kein Zweifel. Die Meinung der Mediziner war jetzt nicht mehr wichtig; nichts war mehr wichtig. Der Don mußte alles erfahren. Und er mußte jetzt das Kommando übernehmen.

Und dennoch fürchtete sich Hagen aus Herzensgrund vor dieser kommenden Stunde. Er versuchte sich eine besondere Taktik zurechtzulegen. In allem, was seine eigene Schuld betraf, würde er vollkommen aufrichtig sein. Wenn er sich in Selbstvorwürfen erging, würde er damit dem Don die Last nur noch schwerer machen. Wenn er seinen eigenen Kummer zu offen zeigte, würde er damit den Schmerz des Don nur vertiefen. Und wenn er auf seine eigenen Mängel als Kriegs-*consigliori* hinwies, so hätte das nur zur Folge, daß sich der Don wegen seiner eigenen schlechten Menschenkenntnis, wegen des Fehlers, einen solchen Mann auf einen so wichtigen Posten zu setzen, Vorwürfe machte.

Hagen wußte, was er zu tun hatte: Er mußte die Hiobsbotschaft überbringen, seine Analyse der Situation und der erforderlichen Maßnahmen geben. Und dann mußte er schweigen. Anschließend mußte er sein Verhalten genau nach der Reaktion Don Corleones richten: Wenn dieser verlangte, daß er schuldbewußt war, so mußte er schuldbewußt sein; wenn er verlangte, daß er traurig war, dann würde er seinen ehrlichen Schmerz sehen lassen.

Hagen hob den Kopf. Er hörte Motorengeräusch. Wagen kamen in die Promenade gefahren. Die *caporegime* waren da. Er hatte vor, zuerst die Männer zu unterrichten und danach den Don zu wecken. Er stand auf, trat an den Alkoholschrank neben dem Schreibtisch und nahm ein Glas und eine Flasche heraus. Einen Augenblick blieb er regungslos stehen, so niedergeschlagen, daß er es nicht fertigbrachte, das Glas vollzuschenken. Dann hörte er hinter sich leise die Zimmertür klappen, und als er sich umdrehte, sah er dort Don Corleone stehen, zum erstenmal seit seiner Verwundung wieder voll angekleidet.

Der Don schritt quer durch das Zimmer auf einen riesigen Ledersessel zu und ließ sich nieder. Er ging mit steifen Bewegungen, der Anzug hing ihm weit um den Körper. In Hagens Augen aber sah er so aus wie immer. Es war beinahe, als habe der Don allein durch seine Willenskraft jedes äußere Anzeichen seiner immer noch großen Schwäche überwunden. Seine Züge waren energisch, voll der gewohnten Kraft und Stärke. Aufrecht saß er in seinem Sessel und sagte zu Hagen: «Gib mir einen Schluck Anisett.»

Hagen nahm eine andere Flasche und schenkte den scharfen, nach Lakritze schmeckenden Alkohol in zwei Gläser. Es war ein selbstgebrannter Schnaps, weit stärker als der, den man im Laden zu kaufen bekam. Es war das Geschenk eines alten Freundes, der dem Don jedes Jahr eine kleine Wagenladung davon verehrte.

«Meine Frau hat vor dem Einschlafen geweint», begann der Don. «Von meinem Fenster aus habe ich meine *caporegime* ins Haus kommen sehen, und es ist Mitternacht. Darum, mein *consigliori,* glaube ich, daß du deinem Don mitteilen solltest, was alle wissen.»

Ruhig sagte Hagen: «Ich habe Mama nichts davon gesagt. Ich wollte Ihnen gerade die Nachricht persönlich bringen. In wenigen Minuten hätte ich Sie geweckt.»

Gelassen sagte Don Corleone: «Aber du mußtest zuerst etwas trinken.»

«Ja», sagte Hagen. «Ich mußte zuerst etwas trinken.»

«Nun hast du etwas getrunken», sagte der Don. «Nun kannst du es mir sagen.» In seiner Stimme lag ein ganz leiser Vorwurf wegen Hagens Schwäche.

«Sie haben Sonny erschossen», sagte Hagen. «Auf dem Causeway. Er ist tot.»

Ganz kurz schloß der Don seine Augen. Sekundenlang sank der Schutzwall seiner Willenskraft in sich zusammen, und man sah ihm die körperliche Schwäche deutlich an. Dann hatte er sich wieder gefaßt.

Er legte die gefalteten Hände vor sich auf die Schreibtischplatte und blickte Hagen direkt in die Augen. «Sag mir, wie es geschehen ist», sagte er. Dann hob er die Hand. «Nein, warte, bis Clemenza und Tessio da sind, damit du es nicht zweimal erzählen mußt.»

Wenige Minuten darauf wurden die beiden *caporegime* von einem Leibwächter ins Zimmer geführt. Sie sahen sofort, daß der Don schon vom Tod seines Sohnes wußte, denn er stand auf, um sie zu begrüßen. Sie umarmten ihn, wie es alten Kameraden gestattet war. Sie alle tranken ein Glas Anisett, das Hagen einschenkte, und dann erzählte er ihnen die Ereignisse dieser Nacht.

Anschließend stellte der Don nur eine einzige Frage: «Ist es sicher, daß mein Sohn tot ist?»

Clemenza antwortete: «Ja. Seine Leibwächter waren zwar aus Santinos *regime*, aber sie waren von mir persönlich ausgesucht. Als sie zu mir kamen, habe ich sie ausgefragt. Sie haben im Licht des Zollhauses seinen Leichnam gesehen. Mit den Wunden, die sie erkennen konnten, hätte er auf keinen Fall weiterleben können. Sie schwören bei ihrem Leben, daß ihre Angaben zutreffen.»

Don Corleone akzeptierte dieses endgültige Urteil ohne Anzeichen von Emotion. Er blieb nur einen Augenblick ganz still. Dann sagte er: «Keiner von euch hat sich um diese Angelegenheit zu kümmern. Keiner von euch hat irgendeinen Racheakt zu begehen. Keiner von euch hat Nachforschungen nach den Mördern meines Sohnes anzustellen, es sei denn, ich gebe den ausdrücklichen Befehl dazu. Ohne meinen ausdrücklichen Befehl wird es keinerlei Kriegshandlungen gegen die fünf Familien mehr geben. Bis zur Beisetzung meines Sohnes wird unsere gesamte Familie alle geschäftlichen Operationen einstellen und aufhören, unsere geschäftlichen Operationen zu schützen. Anschließend werden wir uns hier wieder versammeln und festlegen, wie es weitergehen soll. Heute abend jedoch müssen wir für Santino tun, was in unseren Kräften steht. Wir müssen ihn beerdigen, wie es einem guten Christen zukommt. Was die Polizei und die anderen zuständigen Behörden betrifft, so werde ich alles durch gute Freunde regeln lassen. Clemenza, du bleibst als mein Leibwächter in meiner Nähe – du und die Männer aus deinem *regime*. Tessio wird die anderen Familienmitglieder beschützen. Tom, ich möchte, daß du Amerigo Bonasera anrufst und ihm mitteilst, daß ich im Laufe der Nacht seine Dienste benötigen werde. Er soll in seinem Geschäft auf mich warten. Es kann eine, zwei oder auch drei Stunden dauern. Habt ihr das alle verstanden?»

Die Männer nickten. Don Corleone fuhr fort: «Clemenza, du holst dir jetzt ein paar Männer und Wagen und wartest auf mich. Ich bin in wenigen Minuten fertig. Tom, du hast richtig gehandelt. Ich möchte, daß Constanzia morgen früh bei ihrer Mutter ist. Sorge dafür, daß sie und ihr Mann von jetzt an in der Promenade wohnen können. Zu Sandra schickst du ihre Freundinnen, damit sie nicht allein sein muß. Auch meine Frau wird hinübergehen, sobald ich mit ihr gesprochen habe. Meine Frau wird ihr die traurige Nachricht selber bringen, und die anderen Frauen werden dafür sorgen, daß in der Kirche Messen und Gebete für seine Seele gesprochen werden.»

Der Don erhob sich aus seinem Sessel. Die anderen Männer erhoben sich ebenfalls. Clemenza und Tessio umarmten ihn zum Abschied noch einmal. Hagen hielt seinem Don die Tür auf, und dieser blieb einen Augenblick stehen und sah ihn an. Dann legte er ihm die Hand an die Wange, umarmte ihn kurz und sagte auf italienisch: «Du bist mir ein guter Sohn. Du gibst mir Trost.» Und deutete damit an, daß Hagen zu einem kritischen Zeitpunkt richtig gehandelt hatte. Der Don ging in sein Schlafzimmer hinauf, um mit seiner Frau zu sprechen. Zur selben Zeit rief Hagen bei Amerigo Bonasera an und bat den Beerdigungsunternehmer, seine Schuld bei Don Corleone abzutragen.

Fünftes Buch

20

Die Nachricht vom Tod Santino Corleones verbreitete sich in Wellen des Schocks durch die Unterwelt der Vereinigten Staaten. Und als bekannt wurde, daß sich Don Corleone von seinem Krankenlager erhoben hatte, um die Familienangelegenheiten wieder selbst in die Hand zu nehmen, als Spitzel berichteten, bei der Beerdigung habe der Don den Eindruck eines vollständig Gesunden gemacht, da stürzten sich die Oberhäupter der fünf Familien in eine hektische Betriebsamkeit, um Verteidigungsmöglichkeiten für den blutigen Vergeltungskrieg zu schaffen, der nun zweifellos ausbrechen würde. Niemand verfiel in den Fehler, Don Corleone wegen der Unglücksfälle, die ihn betroffen hatten, zu unterschätzen. Er war ein Mann, der zeit seines Lebens nur wenige Fehler gemacht, aus jedem einzelnen aber etwas gelernt hatte.

Nur Hagen erriet die wahren Absichten des Don und war nicht überrascht, als Sendboten mit Friedensvorschlägen zu den fünf Familien geschickt wurden. Und nicht nur mit Vorschlägen für einen Frieden, sondern auch für eine Zusammenkunft aller Familien der Stadt, zu der auch die übrigen Familien des Landes gebeten werden sollten. Denn da die New Yorker Familien die mächtigsten waren, beeinflußte ihr Wohlergehen das Wohlergehen des ganzen Landes.

Zuerst war man mißtrauisch. Wollte der Don seinen Feinden eine Falle stellen? Versuchte er, ihre Wachsamkeit einzuschläfern? Plante er ein Massaker, um seinen Sohn zu rächen? Bald schon jedoch gab Don Corleone einen eindeutigen Beweis seiner Aufrichtigkeit: Er forderte nicht nur sämtliche Familien des Landes zur

Teilnahme an diesem Treffen auf, sondern machte auch keinerlei Anstalten, seine eigenen Leute zum Krieg zu rüsten oder Verbündete zu werben. Und dann unternahm er den endgültigen, unwiderruflichen Schritt, der die Aufrichtigkeit seiner Absichten unmißverständlich belegte und die Sicherheit des großen Rates, der sich versammeln sollte, garantierte: Er nahm die Dienste der Familie Bocchicchio in Anspruch.

Die Familie Bocchicchio war einmalig, weil sie, einstmals gewalttätigster Zweig der Mafia auf Sizilien, in Amerika zum Werkzeug des Friedens geworden war. Früher einmal hatten sich diese Männer ihr Brot mit finsterer Brutalität erkämpft; heute verdienten sie sich ihren Lebensunterhalt sozusagen auf heiligmäßige Art. Die eine wertvolle Eigenschaft der Bocchicchios bestand in einer eng verzahnten Struktur von Blutsverwandtschaften, einer Familientreue, die sogar in einer Gesellschaft, in der die Treue zur Familie über der Treue zur Ehefrau stand, außerordentlich war.

Der Bocchicchio-Clan hatte, bis hin zu Vettern dritten Grades, einmal beinahe zweihundert Köpfe gezählt – damals, als sie noch die Wirtschaft eines kleinen Gebietes im südlichen Sizilien regierten. Für das Einkommen der gesamten Familie sorgten zu jener Zeit vier bis fünf Getreidemühlen, die keineswegs gemeinsamer Besitz waren, aber immerhin für alle Familienmitglieder Arbeit, Brot und eine gewisse Sicherheit garantierten. Das, und dazu zahlreiche Verwandtenehen, genügte, um sie zu einer geschlossenen Front gegen ihre Feinde zusammenzuschmieden.

Keine Konkurrenzmühle, kein Damm, der zur Versorgung ihrer Konkurrenten diente oder ihrem eigenen Wasserverkauf schadete, durfte in ihrem Winkel Siziliens angelegt werden. Einmal versuchte ein mächtiger Großgrundbesitzer, ein Baron, ausschließlich für seinen persönlichen Bedarf eine eigene Mühle zu bauen. Die Mühle wurde niedergebrannt. Er wandte sich an die *carabinieri* sowie an höhere Amtsstellen, und drei Mitglieder des Bocchicchio-Clans wurden verhaftet. Noch vor dem Prozeß wurde das Herrenhaus des Barons in Brand gesteckt. Anklage und Beschuldigungen wurden zurückgezogen.

Wenige Monate später traf einer der höchsten Beamten der italienischen Regierung auf Sizilien ein und versuchte das Problem des chronischen Wassermangels der Insel durch das Projekt eines riesigen Staudammes zu lösen. Aus Rom kamen Ingenieure und vermaßen das Land unter den grimmigen Blicken der Mitglieder des Bocchicchio-Clans. Das ganze Gebiet wimmelte von Polizisten, die in eigens für sie errichteten Baracken untergebracht waren.

Es schien, als könne der Bau dieses Staudammes nicht aufgehalten werden; Vorräte und Ausrüstung waren bereits in Palermo eingetroffen. Doch weiter kamen sie nicht. Die Bocchicchios hatten sich mit ihren Mafiakollegen in Verbindung gesetzt und ihnen ein Hilfeversprechen abgerungen. Die schweren Maschinen wurden durch Sabotage unbrauchbar gemacht, die leichteren gestohlen. Mafiaabgeordnete starteten im italienischen Parlament einen bürokratischen Gegenangriff auf die Planer. So ging es mehrere Jahre lang, bis Mussolini die Macht ergriff. Der Duce befahl, der Staudamm müsse gebaut werden. Er wurde es nicht. Der Diktator wußte, daß die Mafia, die praktisch eine Regierung für sich bildete, eine Gefahr für sein Regime darstellte. Er gab einem hohen Polizeibeamten alle Vollmachten, und dieser löste das Problem, indem er kurzerhand jedermann ins Gefängnis werfen oder auf Zwangsarbeitsinseln verbannen ließ. Innerhalb weniger Jahre hatte er die Macht der Mafia gebrochen, einfach indem er wahllos alle Personen verhaften ließ, die auch nur in den Verdacht gerieten, *mafiosi* zu sein. Darüber hinaus ruinierte er eine große Zahl unschuldiger Familien.

Die Bocchicchios waren so tollkühn, sich mit Gewalt gegen diese unbesiegbare Macht zu wehren. Die Hälfte der Männer fiel im Kampf, die andere Hälfte landete in Strafkolonien auf einsamen Inseln. Nur eine Handvoll war noch übrig, als endlich die Emigration nach Amerika für sie arrangiert wurde. Sie wurden über die geheime Untergrundroute per Schiff nach Kanada verfrachtet und wanderten von dort illegal in die Vereinigten Staaten ein. Es waren etwa zwanzig Personen, die sich in einer kleinen Stadt im Hudsontal, nicht weit von New York City entfernt, niederließen. Hier begannen sie nun, sich von ganz unten wieder hinaufzuarbeiten: Sie gründeten ein Müllabfuhrunternehmen mit eigenen Lastwagen. Sie wurden wohlhabend, weil sie keine Konkurrenz hatten. Sie hatten keine Konkurrenz, weil die Lastwagen der Konkurrenten verbrannten oder durch Sabotage unbrauchbar gemacht wurden. Ein besonders hartnäckiger Bursche, der ständig die Preise drückte, wurde tief unter dem Müll gefunden, den er im Laufe des Tages abgeholt hatte. Er war erstickt.

Doch als die Männer dann heirateten – Sizilianerinnen natürlich –, kamen die Kinder, und von nun an bot zwar die Müllabfuhr noch immer ein gesichertes Leben, genügte aber nicht mehr für jene Dinge, die in Amerika das Leben verschönten. Daher wurden die Bocchicchios zur Abwechslung Mittelsmänner und Geiseln bei den Friedensbemühungen kriegführender Mafiafamilien.

Durch den Bocchicchio-Clan lief eine erbliche Veranlagung: Sie waren dumm. Aber vielleicht waren sie auch nur primitiv. Wie dem auch sei, sie waren sich ihrer Grenzen bewußt und erkannten, daß sie mit den anderen Mafiafamilien nicht konkurrieren konnten. Jedenfalls nicht, was Organisation und Kontrolle komplizierter Geschäfte wie Prostitution, Glücksspiel, Rauschgift und Schwindelunternehmen betraf. Sie waren einfache, ehrliche Menschen, die einem gewöhnlichen Streifenpolizisten zwar ein Geschenk anbieten konnten, sich aber nicht darauf verstanden, an einen politischen Schmiergeldkassierer heranzutreten. Indes, sie besaßen zwei wertvolle Eigenschaften: ihre Ehre und ihre Wildheit.

Ein Bocchicchio log nicht, er übte niemals Verrat. Das war ihm zu kompliziert. Niemals vergaß ein Bocchicchio eine Beleidigung, niemals ließ er sie ungerächt. Die Folgen kümmerten ihn nicht. Und so gerieten sie eher zufällig in den Beruf, der sich als ihre gewinnbringendste Tätigkeit erweisen sollte.

Wenn kriegführende Familien Frieden schließen und mit dem Gegner ins Gespräch kommen wollten, dann wurden die Bocchicchios auf den Plan gerufen. Das Oberhaupt dieses Clans übernahm die einleitenden Verhandlungen und stellte die notwendigen Geiseln. Als Michael zum Beispiel zu seiner Verabredung mit Sollozzo ging, wurde als Garantie für Michaels Sicherheit bei den Corleones ein Bocchicchio etabliert, den Sollozzo jedoch bezahlen mußte. Hätte Sollozzo nun Michael umgebracht, so hätten die Corleones diesen Bocchicchio getötet. Und die Bocchicchios hätten den Tod ihres Familienmitgliedes an Sollozzo gerächt. Da die Bocchicchios so ungeheuer primitiv waren, ließen sie sich durch nichts, durch keine noch so schwere Strafe von ihrer Rache abschrecken. Sie gaben ihr Leben hin, um Vergeltung üben zu können, und wurden sie einmal verraten, gab es vor ihrem Zorn kein Entrinnen. Eine Bocchicchio-Geisel war die perfekteste Lebensversicherung.

Als daher Don Corleone die Bocchicchios als Unterhändler engagierte und sie veranlaßte, für alle Familien, die zu den Friedensverhandlungen kamen, Geiseln zu stellen, bestand kein Zweifel mehr an seiner Aufrichtigkeit. Ein Verrat war nicht zu befürchten. Die Teilnahme an der Konferenz würde so gefahrlos sein wie die Teilnahme an einer Hochzeit.

Nachdem die Geiseln gestellt worden waren, fand die Zusammenkunft im Konferenzzimmer des Direktors einer kleinen Kommerzbank statt. Der Präsident dieser Bank war Don Corleone verpflichtet, und außerdem besaß der Don einen beträchtlichen Teil ihrer Aktien, die allerdings auf den Namen des Präsidenten eingetragen waren. Der Präsident würde nie vergessen, wie er damals Don Corleone ein schriftliches Dokument als Unterlage für sein Eigentumsrecht an den Aktien angeboten hatte, um damit jeden möglichen Betrug auszuschließen. Entrüstet hatte der Don dieses Ansinnen zurückgewiesen. «Ich würde Ihnen meinen gesamten Besitz anvertrauen», erklärte er dem Präsidenten. «Ich würde Ihnen mein Leben und das meiner Kinder anvertrauen. Ich kann mir nicht vorstellen, daß Sie mich jemals hintergehen oder betrügen würden. Für mich würde eine Welt, würde all mein Vertrauen in meine Menschenkenntnis zusammenbrechen. Selbstverständlich besitze ich selber, für den Fall, daß mir etwas zustoßen sollte, schriftliche Unterlagen. Meine Erben müssen ja erfahren, daß Sie etwas für mich aufbewahren. Aber ich weiß, daß Sie treu für meine Kinder sorgen würden, auch wenn ich nicht mehr auf dieser Welt weilen sollte, um ihre Interessen zu wahren.»

Der Präsident der Bank war zwar kein Sizilianer, aber dennoch ein Mann mit viel Feingefühl. Er hatte den Don ausgezeichnet verstanden. Von da an war der Wunsch des *padrino* dem Präsidenten Befehl, und daher wurde die Direktionssuite der Bank, das Konferenzzimmer mit seinen tiefen Ledersesseln und seiner absoluten Abgeschlossenheit, den Familien an diesem Samstag zur Verfügung gestellt.

Die Sicherung der Bank übernahm eine kleine Armee sorgfältig ausgewählter Männer in der üblichen Uniform der Bankpolizisten. Am Samstagvormittag um zehn Uhr begann sich das Konferenzzimmer zu füllen. Außer den fünf Familien von New York kamen die Vertreter von weiteren zehn Familien des Landes. Mit Ausnahme von Chicago, denn diese Stadt war das schwarze Schaf ihrer Welt. Inzwischen hatte man jeden Versuch, Chicago zu zivilisieren, aufgegeben und hielt es für sinnlos, diese tollwütigen Hunde zu einer so wichtigen Konferenz einzuladen.

Im Konferenzzimmer waren eine Bar und ein kleines Büfett eingerichtet worden. Jeder Teilnehmer hatte das Recht, einen Assistenten mitzubringen. Die meisten Dons hatten sich für ihren *consigliori* entschieden, daher waren vergleichsweise wenige junge Männer anwesend. Einer dieser wenigen war Tom Hagen, der außerdem der einzige Nichtsizilianer war. Er war Gegenstand allgemeinen Interesses. Ein Monstrum.

Hagen wußte, was sich gehörte. Er sprach nicht, er lächelte nicht. Er ging seinem Boss, Don Corleone, zur Hand wie ein Kammerherr seinem König: Er brachte ihm kalte Getränke, reichte ihm Feuer für die Zigarre, rückte ihm einen Aschenbecher zurecht. Respektvoll, aber nicht unterwürfig.

Hagen war auch der einzige Anwesende, der wußte, wen die Porträts an den dunkel getäfelten Wänden darstellten. Es waren berühmte Finanzmänner, einer davon der Finanzminister Hamilton. Unwillkürlich sagte sich Hagen, daß Hamilton den Gedanken, eine Friedenskonferenz in einem Bankinstitut abzuhalten, bestimmt gebilligt hätte. Nichts wirkte beruhigender, nichts förderlicher für die reine Vernunft als die Atmosphäre des Geldes.

Die Ankunft der Teilnehmer war auf die Zeit zwischen halb zehn und zehn Uhr vormittags festgesetzt worden. Don Corleone, der in gewissem Sinne der Gastgeber war, da er die Friedensgespräche angeregt hatte, traf als erster ein: Pünktlichkeit gehörte zu seinen vielen Tugenden. Der nächste war Carlo Tramonti, der den südlichen Teil der Vereinigten Staaten zu seinem Revier gemacht hatte. Er war eine eindrucksvolle Erscheinung, ein Mann mittleren Alters, sehr groß für einen Sizilianer, mit tief gebräunter Haut und erlesen gekleidet. Er sah nicht aus wie ein Italiener – viel eher wie eines der Illustriertenfotos von angelnden Millionären auf ihren Hochseejachten. Die Tramonti-Familie verdiente sich ihren Lebensunterhalt mit dem Glücksspiel, und niemand, der ihren Don kennenlernte, hätte geahnt, mit welcher Härte er sich sein Imperium erobert hatte.

Als Junge war er aus Sizilien in die Vereinigten Staaten emigriert und war in Florida aufgewachsen. Bald wurde er Angestellter bei einem Syndikat amerikanischer Kleinstadtpolitiker der Südstaaten, das die Glücksspiele kontrollierte. Die Mitglieder, harte und rücksichtslose Männer, arbeiteten mit Polizeibeamten zusammen, die nicht weniger hart waren; sie waren niemals auf den Gedanken gekommen, daß ein eingewanderter Grünschnabel sie stürzen könnte. Sie hatten keine Vorstellung von seiner Wildheit und waren ihr nicht gewachsen – einfach weil die Beute, um die es ging, in ihren Augen ein solches Blutbad nicht wert war. Tramonti brachte die Polizei auf seine Seite, indem er ihr eine größere Gewinnbeteiligung bot. Und dann rottete er diese Bauernlümmel aus, die ihr Geschäft so völlig phantasielos betrieben. Tramonti war es dann auch, der die Verbindung mit Kuba und dem Batista-Regime aufnahm und schließlich viel Geld in die Vergnügungszentren Havannas, in Spielbanken und Freudenhäuser steckte, um die Glücksspieler vom amerikanischen Festland dorthin zu locken. Inzwischen war er vielfacher Millionär geworden und nannte die größten Luxushotels von Miami Beach sein eigen.

Als er, gefolgt von seinem Assistenten, einem nicht minder braun gebrannten *consigliori*, das Konferenzzimmer betrat, umarmte er Don Corleone und drückte ihm mit mitfühlender Miene sein Beileid zum Tod seines Sohnes aus.

Weitere Dons trafen ein. Sie kannten sich alle; im Laufe der Jahre hatten sie einander immer wieder getroffen, entweder bei gesellschaftlichen Anlässen oder im Zuge ihrer geschäftlichen Unternehmungen. Sie hatten einander immer wieder geschäftliche Höflichkeiten und in jüngeren, magereren Zeiten kleine Gefälligkeiten erwiesen. Als zweiter erschien Joseph Zaluchi aus Detroit. Die Zaluchi-Familie besaß, unter verschiedenen Tarn- und Deckbezeichnungen, eine der Pferderennbahnen in der Umgebung von Detroit. Außerdem gehörte ihnen ein Anteil der Glücksspielbranche. Zaluchi, ein mondgesichtiger, liebenswürdiger Mann, bewohnte im vornehmen Grosse-Point-Viertel von Detroit eine Hunderttausend-Dollar-Villa. Einer seiner Söhne hatte in eine alte, bekannte, amerikanische Familie geheiratet. Wie Don Corleone, war auch Zaluchi kultiviert. Von allen Großstädten, in denen die Familien herrschten, hatte Detroit die niedrigste Quote an Gewaltverbrechen; in den vergangenen drei Jahren hatte es dort nur zwei Exekutionen gegeben. Den Rauschgifthandel mißbilligte er.

Zaluchi hatte seinen *consigliori* mitgebracht, und beide Männer traten zu Don Corleone, um ihn zu umarmen. Zaluchi besaß eine dröhnende amerikanische Stimme; sein Akzent war kaum wahrnehmbar. Er war konservativ gekleidet, ganz Geschäftsmann, und strahlte Bonhomie aus. Er sagte zu Don Corleone: «Ich bin nur gekommen, weil du mich gerufen hast.» Dankend neigte Don Corleone den Kopf. Er konnte auf Zaluchis Hilfe rechnen.

Dann kamen die beiden Dons von der Westküste. Sie waren gemeinsam in einem Wagen herübergefahren, da sie ohnehin stets eng zusammenarbeiteten. Sie hießen Frank Falcone und Anthony Molinari und waren beide jünger als die übrigen Konferenzteilnehmer: erst Anfang Vierzig. Sie waren salopper gekleidet als die anderen, der Stil ihrer Anzüge verriet eine Spur Hollywood. Sie waren etwas freundlicher als notwendig. Frank Falcone überwachte die Filmgewerkschaften, das Glücksspiel in den Studios und versorgte die Freudenhäuser der Staaten im Westen mit Mädchen. Eigentlich war es mit der Würde eines Don nicht zu vereinbaren, die Allüren des Showgeschäfts an den Tag zu legen, Falcone aber hatte das gewisse Etwas. Darum mißtrauten ihm seine Kollegen auch dementsprechend.

Anthony Molinari kontrollierte den Hafen von San Francisco und herrschte über das Imperium der Sportwetten.

Er stammte von italienischen Fischern ab und besaß das beste Fischrestaurant von San Francisco, auf das er so stolz war, daß man behauptete, er zahle bei dem Unternehmen drauf, da er für seine Preise viel zuviel bot. Er hatte die ausdruckslose Physiognomie der Berufsspieler, und man wußte, daß er seine Finger überdies im Rauschgiftschmuggel hatte, der über die mexikanische Grenze und mittels Schiffen betrieben wurde, die orientalische Häfen anliefen. Die Assistenten der beiden waren junge, kräftige Männer, eindeutig Leibwächter und keine *consigliori*, obwohl auch sie es bestimmt nicht wagten, bei dieser Zusammenkunft Waffen zu tragen. Es war bekannt, daß diese Leibwächter Karateexperten waren, eine Tatsache, die alle anderen Dons höchstens belustigte, keinesfalls aber beunruhigte – nicht mehr jedenfalls, als wenn einer der kalifornischen Dons mit einem vom Papst geweihten Amulett aufgetaucht wäre. Obwohl erwähnt werden muß, daß einige dieser Männer fromm waren und fest an Gott glaubten.

Als nächster erschien der Vertreter der Bostoner Familie. Er war der einzige Don, vor dem seine Kollegen keine Achtung hatten. Er war als Mann bekannt, der seine Leute nicht anständig behandelte und sie rücksichtslos betrog. Dies wäre ja noch verzeihlich gewesen, jeder Mensch muß sich für seine eigene Habsucht verantworten. Unverzeihlich jedoch war die Tatsache, daß er nicht in der Lage war, Ordnung in seinem Reich zu halten. In Boston gab es zu viele Morde, zu viele kleine Machtgefechte, zu viele eigenmächtige Unternehmungen; man setzte sich dort zu unverfroren über das Gesetz hinweg. Wenn die *mafiosi* von Chicago wilde Bestien waren, dann waren die Leute aus Boston *gavoones* – ungehobelte Tölpel und Rohlinge. Der Bostoner Don hieß Domenick Panza. Er war klein und gedrungen; einer der Dons meinte, er sehe aus wie ein Dieb.

Das Cleveland-Syndikat, vielleicht das mächtigste der ausschließlich auf Glücksspiel konzentrierten Unternehmen der Vereinigten Staaten, wurde von einem sensibel wirkenden älteren Mann mit hageren Zügen und schneeweißen Haaren vertreten. Man nannte ihn heimlich «den Juden», weil er sich statt mit Sizilianern mit jüdischen Mitarbeitern umgab. Es hieß sogar, daß er mit Sicherheit einen Juden zum *consigliori* gemacht hätte, wenn ihm der Mut dazu nicht gefehlt hätte. Doch wie dem auch sei, so wie Don Corleones Familie wegen Hagens Mitgliedschaft die «irische Bande» hieß, so wurde Don Vincent Forlenzas Familie mit etwas größerer Berechtigung die «jüdische Bande» genannt. Aber der Don führte seine Organisation mit großem Geschick, und trotz seiner feinnervigen Züge hatte noch niemand erlebt, daß er beim Anblick von Blut in Ohnmacht gefallen wäre. Im politischen Samthandschuh verbarg sich eine eiserne Faust.

Die Vertreter der fünf Familien von New York kamen als letzte. Es fiel Tom Hagen auf, um wieviel eindrucksvoller diese fünf Männer im Vergleich zu den Auswärtigen, den Provinzlern, doch waren. Denn erstens lebten alle fünf New Yorker Dons nach alter sizilianischer Tradition: Sie waren «Männer mit Bauch», was im übertragenen Sinn Macht und Mut bedeutet, im wörtlichen aber körperliche Fülle, als gehörten diese beiden zusammen, wie es auf Sizilien wohl der Fall gewesen war. Die fünf New Yorker Dons waren kräftige, korpulente Männer mit mächtigen Löwenhäuptern und voluminösen Zügen: fleischigen Nasen, breiten Lippen, schweren Hängebacken. Sie waren weder allzu erlesen gekleidet noch allzu perfekt rasiert; sie sahen aus wie nüchterne, vielbeschäftigte Männer ohne Eitelkeit.

Da war Anthony Stracci, der das Gebiet von New Jersey und den Frachtverkehr der Docks auf der West Side von Manhattan beherrschte. Er besaß Spielbanken in New Jersey und hatte großen Einfluß in der politischen Maschinerie der Demokraten. Seine Lastwagenflotte brachte ihm ein Vermögen ein, vor allem deshalb, weil seine Laster unbesorgt mit beträchtlichem Übergewicht fahren konnten, ohne von der Straßenwacht angehalten und mit Geldbußen belegt zu werden. Diese Lastwagen Don Straccis trugen viel dazu bei, die Fernstraßen zu ruinieren, und dann kam seine Straßenbaufirma mit lukrativen Regierungsaufträgen und brachte den Schaden wieder in Ordnung. Es war ein Arrangement, wie es das Herz eines jeden Kaufmannes höherschlagen ließ: Geschäft kreierte Geschäft. Auch Stracci war altmodisch und befaßte sich nicht mit Prostitution, doch wegen seiner Geschäftsinteressen im Hafen war es ihm unmöglich, sich aus dem Rauschgiftschmuggel und -handel herauszuhalten. Von den fünf New Yorker Familien, die Corleones Gegner waren, war er der Mann mit der geringsten Macht und der noch am ehesten freundlich gesinnte.

Die Familie, die den nördlichen Staat New York überwachte, dort das Einschmuggeln italienischer Einwanderer von Kanada sowie das Glücksspiel unter ihrer Kontrolle hatte und bei der staatlichen Lizenzierung von Rennbahnen ein Vetorecht ausübte, wurde von Ottilio Cuneo regiert. Er war ein Mann von entwaffnender Freundlichkeit, mit dem Gesicht eines fröhlichen, dicken Dorfbäkkers, und bezog seine legalen Einkünfte aus einer der großen Milchgesellschaften. Cuneo gehörte zu jenen Männern, die Kinder lieben und stets die Taschen voll Süßigkeiten haben, um einem ihrer vielen Enkelkinder oder den Sprößlingen ihrer Geschäftspartner damit eine Freude machen zu können. Er trug einen runden Filzhut, dessen Krempe wie beim Sonnenhut einer Frau ringsum heruntergezogen war, wodurch sein ohnehin mondförmiges Gesicht zu einer fleischgewordenen Maske der Jovialität wurde. Er war einer der wenigen Dons, die niemals in Haft gewesen waren und von deren eigentlicher Beschäftigung kein Mensch etwas ahnte. Er saß in mehreren Ausschüssen und war von der Handelskammer zum «Geschäftsmann des Jahres im Staate New York» gewählt worden.

Der engste Verbündete der Tattaglia-Familie war Don Emilio Barzini. Ihm gehörte ein Anteil des Glücksspiels in Brooklyn und Queens. Außerdem ein bißchen Prostitution. Er hatte Schläger. Staten Island beherrschte er vollständig. Er besaß einen Anteil der Sportwetten in der Bronx und in Westchester. Er war am Rauschgift beteiligt. Er hatte enge Verbindungen nach Cleveland und an die Westküste und war einer der wenigen, die klug genug gewesen waren, sich Anteile in Las Vegas und Reno, den «offenen» Städten von Nevada, zu sichern. Außerdem besaß er Anteile in Miami Beach und auf Kuba. Abgesehen von der Corleone-Familie war er in New York und somit im ganzen Land wohl der Mächtigste. Sein Einfluß reichte sogar bis nach Sizilien. Er hatte die Finger in jedem illegalen Topf. Es hieß sogar, daß er einen Stützpunkt in der Wall Street hatte. Er war es auch, der die Tattaglia-Familie seit Anbeginn des Krieges mit Geld und Einfluß unterstützt hatte. Er strebte danach, Don Corleones Position als mächtigster und respektiertester Mafiachef der Vereinigten Staaten zu übernehmen und sich einen Teil des Corleone-Imperiums einzuverleiben. Er war Don Corleone sehr ähnlich, aber moderner, differenzierter, geschäftstüchtiger. Ihn hätte man nie einen alten Schnurrbartpeter genannt, und er besaß das Vertrauen der neueren, jüngeren, keckeren Chefs, die auf dem Weg nach oben waren. Er strahlte eine große persönliche, aber kalte Autorität aus – es fehlte ihm Don Corleones Wärme –; unter den Anwesenden war er in diesem Augenblick vielleicht derjenige, dem man mit dem größten Respekt begegnete.

Der letzte war Don Phillip Tattaglia, das Oberhaupt der Tattaglia-Familie, der Mann, der die Corleones offen herausgefordert hatte, indem er Sollozzo unterstützte, und dem beinahe gelungen wäre, sie kleinzukriegen. Dennoch brachten ihm die anderen seltsamerweise ein wenig Geringschätzung entgegen. Denn erstens wußte man, daß er sich von dem listigen Türken am Gängelband hatte führen lassen. Ihn machte man für all diese Unruhe, all diesen Aufruhr verantwortlich, durch den die Geschäftstätigkeit der New Yorker Familien so stark beeinträchtigt worden war. Außerdem war er mit seinen Jahren ein Dandy und Schürzenjäger. Und er hatte reichlich Gelegenheit, seinen Schwächen nachzugehen.

Denn die Tattaglia-Familie handelte mit Mädchen. Ihr Hauptgeschäftszweig war die Prostitution. Darüber hinaus kontrollierte sie den größten Teil der Nightclubs in den Vereinigten Staaten und war in der Lage, jedes Talent jederzeit überall einzusetzen. Phillip Tattaglia war sich auch nicht zu schade, vielversprechende Sänger und Komiker durch Erpressung in die Hand zu bekommen und sich unter Androhung von Gewalt einen Anteil an verschiedenen Schallplattenfirmen zu verschaffen. Die Hauptquelle des Familieneinkommens jedoch war die Prostitution.

Persönlich war er allen Versammelten unsympathisch. Er war ein Querulant, der sich ständig über die hohen Kosten seines Familiengeschäftes beklagte. Die Wäscherechnungen, die vielen Handtücher fraßen den Profit auf (aber die Wäscherei, die diese Arbeiten ausführte, gehörte ihm). Die Mädchen waren faul und unbeständig, sie liefen davon oder begingen Selbstmord. Die Zuhälter waren hinterlistig, unehrlich und ohne eine Spur von Loyalität. Gute Hilfskräfte waren kaum aufzutreiben. Junge Burschen sizilianischer Abstammung rümpften die Nase über einen solchen Job, hielten es für unter ihrer Würde, sich mit Mädchenhandel abzugeben – dieselben Schurken, die einem Menschen ohne mit der Wimper zu zucken den Bauch aufschlitzen würden. So pflegte Phillip Tattaglia vor seinen achselzuckenden Zuhörern zu klagen. Die bösen Worte aber fand er für die Behörden, in deren Macht es stand, die Alkohollizenzen für seine Nightclubs und Bars zu erteilen oder einzuziehen. Er schwor, mit dem Geld, das er diesen diebischen Hütern des Regierungssiegels bezahlt hatte, habe er mehr Millionäre gemacht als Wall Street.

Seltsamerweise hatte ihm seine fast siegreiche Fehde gegen die Corleone-Familie nicht das Ansehen verschafft, das er verdient hätte. Sie wußten alle, daß hinter seiner Stärke zunächst Sollozzo und dann die Barzini-Familie gestanden hatten. Außerdem sprach die Tatsache gegen ihn, daß er den Überraschungsvorteil nicht zu einem vollständigen Sieg hatte nützen können. Wenn er geschickter gewesen wäre, hätte all dieser Ärger vermieden werden können. Der Tod Don Corleones hätte das Ende des Krieges bedeutet.

Da Don Corleone wie auch Phillip Tattaglia in ihrem Krieg gegeneinander einen Sohn verloren hatten, gehörte es sich, daß jeder die Anwesenheit des anderen lediglich mit einem zurückhaltenden Kopfnicken quittierte. Don Corleone war Mittelpunkt der allgemeinen Aufmerksamkeit; die Männer beobachteten ihn und suchten nach Anzeichen von Schwäche, die seine Wunden und Niederlagen etwa hinterlassen hatten. Das große Rätsel war, warum Don Corleone nach dem Tod seines Lieblingssohnes zum Frieden aufgerufen hatte. Es war ein Eingeständnis der Niederlage und würde so gut wie sicher zu einer Verminderung seiner Macht führen. Aber man würde ja bald Bescheid wissen.

Mit gegenseitigen Begrüßungen und dem Servieren von Drinks verging fast eine weitere halbe Stunde. Dann endlich konnte Don Corleone seinen Platz an dem polierten Walnußtisch einnehmen. Hagen setzte sich bescheiden auf einen Stuhl links hinter dem Don. Dies war für die anderen Dons das Zeichen, sich ebenfalls an den Tisch zu begeben. Die Assistenten setzten sich hinter sie, die *consigliori* dicht genug, um ihnen im Notfall Ratschläge erteilen zu können.

Don Corleone ergriff als erster das Wort, und er sprach, als sei nichts geschehen. Als sei er nicht schwer verwundet, sein ältester Sohn nicht ermordet, sein Reich nicht in Trümmern und seine engsten Angehörigen in alle Winde zerstreut, Freddie im Westen unter dem Schutz der Molinaris und Michael im sizilianischen Ödland. Er sprach in sizilianischem Dialekt.

«Ich möchte euch allen danken, daß ihr gekommen seid», begann er. «Ich werte dies als eine persönliche Gefälligkeit, die ihr mir erwiesen habt, und bin jedem von euch zutiefst verpflichtet. So will ich euch denn als erstes sagen, daß ich nicht hier bin, um mit euch zu rechten oder euch zu überzeugen, sondern nur, um vernünftig mit euch zu reden und als vernünftiger Mann alles zu tun, was in meiner

Macht steht, damit wir als Freunde auseinandergehen können. Darauf gebe ich euch mein Wort, und die, die mich kennen, wissen, daß ich mein Wort nicht leichtfertig gebe. Also, kommen wir zum Geschäft. Wir alle, die wir hier sitzen, sind ehrenhafte Männer, wir brauchen uns gegenseitig keine Versicherungen zu geben, als wären wir Rechtsanwälte.»

Er hielt inne. Keiner der anderen meldete sich zum Wort. Einige rauchten Zigarren, andere tranken aus ihren Gläsern. Alle diese Männer waren gute Zuhörer, geduldige Menschen. Sie hatten aber noch etwas anderes gemeinsam: Sie alle gehörten zu jenem seltenen Schlag von Männern, die sich weigerten, die Regeln der organisierten Gesellschaft zu akzeptieren, die nicht daran dachten, sich der Herrschaft anderer Menschen zu beugen. Es gab keinen Sterblichen, keine Macht, die ihnen ihren Willen aufzwingen konnte, es sei denn, es wäre ihr eigener Wunsch. Sie waren Männer, die ihre Freiheit mit List und Mord zu verteidigen wußten. Nur der Tod konnte ihre Entschlüsse ändern.

Don Corleone seufzte. «Wie ist es nur so weit gekommen?» stellte er eine rhetorische Frage. «Nun ja, das spielt keine Rolle. Es sind viele dumme Dinge geschehen. Das alles war sehr unglücklich, sehr überflüssig. Aber ich will euch den Hergang berichten, so wie ich ihn sehe.»

Er hielt inne, um abzuwarten, ob jemand gegen seine Darstellung der Dinge etwas einzuwenden habe.

«Gott sei Dank bin ich wieder gesund, und so kann ich vielleicht dazu beitragen, diese Angelegenheit zu bereinigen. Vielleicht war mein Sohn zu hitzig, zu starrköpfig, das möchte ich keinesfalls abstreiten. Darum laßt mich nur sagen, daß Sollozzo mit einem geschäftlichen Vorschlag zu mir kam; er bat mich um mein Geld und meinen Einfluß. Er sagte, er habe die Unterstützung der Tattaglia-Familie. Es ging um Rauschgift, an dem ich kein Interesse habe. Ich bin ein ruhiger Mensch, und derartige Unternehmungen sind für meinen Geschmack zu hektisch. Das erklärte ich Sollozzo mit allem Respekt vor ihm und der Tattaglia-Familie. Mit äußerster Höflichkeit sagte ich nein. Ich erklärte ihm, seine Geschäftsinteressen überschnitten sich nicht mit den meinen, ich hätte keine Einwände, wenn er sich seinen Lebensunterhalt auf diese Weise verdienen wollte. Er hat es aber falsch aufgefaßt und Unglück über uns alle gebracht. Nun, so ist das Leben. Jeder von uns hier könnte eine lange Geschichte von seinen Sorgen erzählen. Das ist nicht meine Absicht.»

Don Corleone hielt inne und bat Hagen um ein Glas Wasser. Hagen reichte es ihm, und Don Corleone nahm einen Schluck. «Ich bin bereit, Frieden zu schließen», fuhr er dann fort. «Tattaglia hat einen Sohn verloren, ich habe einen Sohn verloren. Wir sind quitt. Wohin käme es mit der Welt, wenn die Menschen wider alle Vernunft ihren Groll hegten und pflegten? Das ist das Kreuz Siziliens. Dort haben die Männer so viel mit ihrer Vendetta zu tun, daß ihnen keine Zeit bleibt, das Brot für ihre Familien zu verdienen. So etwas ist dumm. Darum sage ich jetzt, laßt die Dinge wieder so sein, wie sie zuvor gewesen sind. Ich habe nichts unternommen, um herauszufinden, wer meinen Sohn verraten und umgebracht hat. Kommt es zum Frieden, werde ich das auch in Zukunft nicht tun. Ich habe einen Sohn, der nicht nach Hause kommen kann, und ich werde mich bemühen, ihm eine ungefährdete Heimkehr zu ermöglichen. Zuvor aber muß ich Garantien verlangen, daß es, sobald er da ist, keinerlei Einmischung, keine Bedrohung seitens der Behörden gibt. Wenn wir uns in diesem Punkt einigen können, können wir anschließend andere Dinge besprechen, die uns am Herzen liegen, und uns allen damit einen Dienst erweisen.» Corleone machte eine ausdrucksvolle, entsagende Geste. «Mehr will ich nicht.»

Das war ganz ausgezeichnet gemacht. Das war der alte Don Corleone. Vernünftig. Nachgiebig. Überzeugend. Doch niemand hatte seine Bemerkung überhört, daß er gesund sei. Und das bedeutete, daß er ein Mann war, den man trotz aller Unglücksfälle, die die Familie Corleone betroffen hatten, nicht unterschätzen durfte. Man hatte nicht überhört, daß er gesagt hatte, ein Gespräch über andere Geschäfte sei sinnlos, solange der Frieden, um den er gebeten hatte, nicht gewährt war. Man hatte nicht überhört, daß er den Status quo ante gefordert hatte, so daß er nichts verlieren würde, obwohl er im vergangenen Jahr mehrmals den kürzeren gezogen hatte.

Aber nicht Phillip Tattaglia antwortete Don Corleone, sondern Emilio Barzini. Er faßte sich kurz und sachlich, ohne grob oder beleidigend zu werden.

«Das alles ist durchaus richtig», begann Barzini. «Aber da ist noch ein bißchen mehr. Don Corleone ist zu bescheiden. Tatsache ist, daß Sollozzo und die Tattaglias ihr neues Geschäft ohne die Hilfe Don Corleones nicht starten konnten. Ja, seine Weigerung schadete ihm sogar. Das ist natürlich nicht seine Schuld. Aber es ist eine Tatsache, daß Richter und Politiker, die von Don Corleone Gefälligkeiten annehmen würden, selbst wenn es um Rauschgift geht, sich in diesem Zusammenhang von niemandem sonst beeinflussen lassen. Sollozzo konnte nichts unternehmen, ehe er nicht die Gewißheit hatte, daß seine Leute nachsichtig behandelt wurden. Wir alle wissen das. Sonst wären wir alle arm. Außerdem sind die Richter und Staatsanwälte jetzt, da die Strafen hinaufgesetzt worden sind, besonders hart, wenn einer unserer Leute in einer Rauschgiftsache gefaßt wird. Wenn er zwanzig Jahre verpaßt bekommt, dann kann es geschehen, daß selbst ein Sizilianer die *omerta* bricht und sich das Herz aus dem Leibe redet. Das darf nicht geschehen. Don Corleone hat den gesamten Justizapparat in der Hand. Seine Weigerung, uns daran teilhaben zu lassen, ist keine Freundestat. Er nimmt unseren Familien die Erwerbsmöglichkeit. Die Zeiten haben sich geändert, es ist nicht mehr wie früher, als jeder seinen eigenen Weg ging. Wenn Corleone alle Richter von New York in der Hand hat, dann muß er sie mit uns teilen oder uns wenigstens den Nießbrauch daran lassen. Selbstverständlich kann er uns diese Dienste verrechnen; wir sind schließlich keine Kommunisten. Aber er muß zulassen, daß wir aus seinem Brunnen Wasser schöpfen. Um das geht es.»

Als Barzini geendet hatte, herrschte Schweigen. Jetzt waren die Grenzen abgesteckt, jetzt war eine Rückkehr zum Status quo ante ausgeschlossen. Und wichtiger noch: Barzini hatte zu verstehen gegeben, daß er sich, sollte es nicht zum Frieden kommen, in einem Krieg offen auf die Seite der Tattaglias und gegen die Corleones stellen würde. Außerdem hatte er noch einen Pluspunkt gebucht: Das Leben und das Vermögen aller Anwesenden hing davon ab, daß sie einander Dienste erwiesen. Die Verweigerung einer Gefälligkeit, um die ein Freund bat, war so gut wie ein Akt der Aggression. Gefälligkeiten wurden nicht leichtfertig erbeten, darum durften sie auch nicht leichtfertig ausgeschlagen werden.

Endlich gab Don Corleone seine Antwort. «Meine Freunde», begann er, «ich habe mich nicht aus bösem Willen geweigert. Ihr alle kennt mich. Wann habe ich jemals eine Gefälligkeit ausgeschlagen? Das ist einfach nicht meine Natur. Aber diesmal mußte ich die Bitte ablehnen. Warum? Nun, weil ich der Ansicht bin, daß uns der Rauschgifthandel in den kommenden Jahren zerstören wird. In diesem Land herrscht eine zu starke Abneigung gegen dieses Geschäft. Es ist nicht wie mit dem Whisky, dem Glücksspiel oder sogar den Frauen – das wollen die meisten haben, obwohl es ihnen von den *pezzinovanta* der Kirche und der Regierung verboten ist. Aber Rauschgift ist gefährlich für alle, die damit zu tun haben. Es könnte uns alle übrigen Geschäfte verderben. Und laßt mich noch sagen: Euer Glaube, daß ich bei Richtern und Gesetzesvertretern so viel Macht habe, ehrt mich sehr; ich wünschte, es wäre so. Ich habe zwar einigen Einfluß, doch viele der Leute, die meinen Rat respektieren, könnten diesen Respekt verlieren, wenn Rauschgift im Spiel ist. Sie fürchten sich davor, in dergleichen verwickelt zu werden. Sogar die Polizisten, die uns beim Glücksspiel und anderen Dingen unterstützen, würden uns diese Hilfe beim Rauschgift verweigern. Mich zu bitten, in dieser Angelegenheit etwas zu tun, käme also der Bitte gleich, mir selbst einen schlechten Dienst zu erweisen. Doch wenn ihr alle in diesem Punkt einer Meinung seid und es für richtig haltet, bin ich sogar dazu bereit, damit wir endlich die anderen Fragen erledigen können.»

Als Don Corleone geendet hatte, entspannte sich die Atmosphäre beträchtlich. Es gab Geflüster und leise Beratungen. Er hatte in dem einen wichtigen Punkt nachgegeben: Er würde einem organisierten Rauschgiftunternehmen seine Protektion gewähren. Im Grunde stimmte er damit Sollozzos ursprünglichem Vorschlag zu, falls dieser Vorschlag von der gesamten hier versammelten Gruppe befürwortet wurde. Er würde sich nie aktiv an der Geschäftsabwicklung beteiligen oder sein Geld darin investieren. Er würde lediglich seinen schutzwirkenden Einfluß bei den Rechtsbehörden geltend machen. Das aber war schon ein gewaltiges Zugeständnis.

Frank Falcone, der Don von Los Angeles, antwortete Don Corleone. «Wir können unsere Leute einfach nicht daran hindern, in dieses Geschäft einzusteigen. Wenn sie es auf eigene Faust tun, geraten sie in Schwierigkeiten. Einer solchen Menge Geld kann man einfach nicht widerstehen. Darum ist es gefährlicher, wenn wir nicht einsteigen. Wenn wir die Kontrolle ausüben, dann können wir das Ganze wenigstens besser decken, besser organisieren und dafür sorgen, daß es weniger Ärger gibt. Es wäre gar nicht so schlecht, wenn wir mitmachen; irgend jemand muß Kontrolle ausüben, irgend jemand muß Schutz bieten, irgend jemand muß die Organisation machen. Wir können es einfach nicht dulden, daß alle herumlaufen und tun, was sie wollen, als wären sie ein Haufen von Anarchisten.»

Der Don von Detroit, der den Corleones freundlicher gesinnt war als die anderen, nahm im Interesse der Vernunft ebenfalls gegen seinen Freund Stellung. «Ich halte nichts von Rauschgift», sagte er. «Jahrelang habe ich meinen Leuten Extralöhne gezahlt, damit sie die Finger davon lassen. Aber es hat nichts geholfen. Irgend jemand kommt zu ihnen und sagt: ‹Ich habe Schnee, wenn du drei-, viertausend Dollar investierst, können wir fünfzigtausend machen.› Wer kann da widerstehen? Und dann sind sie so sehr auf ihre kleinen Nebengeschäfte konzentriert, daß sie die Aufgaben, für die ich sie bezahle, vernachlässigen. Im Rauschgift steckt eben mehr Geld. Und es wird ständig größer. Aufhalten können wir es nicht, darum müssen wir die Kontrolle übernehmen und dafür sorgen, daß das Geschäft anständig bleibt. Ich wünsche nichts davon in der Nähe von Schulen, es darf nicht an Kinder verkauft werden. Das ist eine *infamita.* In meiner Stadt würde ich versuchen, den Handel auf die Schwarzen, die Farbigen zu beschränken. Das sind die besten Kunden, sie machen am wenigsten Ärger, und außerdem sind sie ohnehin nicht viel besser als Tiere. Sie haben keine Achtung vor ihren Frauen, ihren Familien und nicht einmal vor sich selber. Sollen sie ihre Seelen ans Rauschgift verlieren. Aber etwas muß unternommen werden. Wir können nicht zulassen, daß die Leute tun, was sie wollen, und uns allen nur Schwierigkeiten machen.»

Die Rede des Detroiter Don wurde mit lautem, beifälligem Gemurmel aufgenommen. Er hatte den Nagel auf den Kopf getroffen. Nicht einmal mit Geld konnte man die Leute aus dem Rauschgifthandel heraushalten. Was seine Bemerkung über die Kinder betraf, nun, das war wieder einmal seine altbekannte Empfindsamkeit, sein weiches Herz. Wer würde auch schon Rauschgift an Kinder verkaufen? Woher sollten die Kinder das Geld dazu nehmen? Und was seine Bemerkung über die Farbigen anging, die überhörte man einfach. Die Neger zählten nicht, sie waren unbedeutend, ohne Belang. Sie hatten sich von der Gesellschaft in den Staub treten lassen, und das bewies, daß sie nicht zählten; daß er sie überhaupt erwähnte, bewies, daß der Don von Detroit stets dazu neigte, Irrelevantes aufs Tapet zu bringen.

Alle Dons ergriffen das Wort. Alle beklagten sie den Rauschgifthandel als etwas Unangenehmes, das ihnen Ärger bereiten würde, waren sich aber einig darin, das man ihn nicht unterdrücken konnte. In diesem Geschäft war einfach zu viel Geld zu verdienen, und folglich würde es immer Männer geben, die alles riskierten, um mitzumachen. Das lag nun einmal in der Natur des Menschen.

Endlich wurde beschlossen, den Rauschgifthandel zu gestatten. Don Corleone sollte ihm im Osten gesetzlichen Schutz verschaffen. Den Hauptteil der Großoperationen würden die Familien Barzini und Tattaglia übernehmen. Nachdem dieses Problem aus der Welt geschafft war, konnte sich die Konferenz anderen Fragen von größerem Interesse zuwenden. Es gab viele komplexe Probleme zu lösen. Einstimmig wurden Las Vegas und Miami zu offenen Städten erklärt, in denen jede Familie arbeiten konnte. Sie alle waren sich einig darin, daß dies die Städte der Zukunft seien. Und alle waren sich einig darin, daß man in diesen Städten keine Gewalttaten dulden und kleine Gauner jeglicher Art abschrecken sollte. Es wurde beschlossen, daß bei folgenschweren Problemen – beispielsweise bei unvermeidbaren Exekutionen, die öffentliche Empörung auslösen könnten – die Zustimmung des Rates notwendig war. Es wurde beschlossen, den *button-men* Gewaltverbrechen und Racheakte aus persönlichen Motiven zu verbieten. Die Familien sollten ferner auf Verlangen einander Hilfe leisten, zum Beispiel Scharfrichter zur Verfügung stellen oder bei der Verfolgung bestimmter Pläne technische Assistenz gewähren, worunter auch die Bestechung von Geschworenen fiel, die unter Umständen lebenswichtig sein konnte. Die Diskussionen, die auf höchster Ebene, aber in zwangloser Form abgehalten wurden, beanspruchten Zeit, so daß man für Lunch und Drinks Pausen einlegen mußte.

Schließlich suchte Don Barzini die Konferenz zu einem Ende zu bringen. «Das wäre wohl alles», sagte er. «Wir haben Frieden. Aber ich möchte Don Corleone noch meine Hochachtung aussprechen.

Wir alle kennen ihn seit langen Jahren als einen Mann, der zu seinem Wort steht. Sollten sich weitere Differenzen ergeben, können wir wieder zusammenkommen; auf keinen Fall brauchen wir wieder unüberlegte Schritte zu unternehmen. Ich sehe einen ganz neuen Weg vor mir. Ich freue mich, daß alles geregelt ist.»

Nur Phillip Tattaglia war noch ein wenig besorgt. Wegen des Mordes an Sonny Corleone war er im Kriegsfall gefährdeter als alle anderen. Zum erstenmal hielt er eine längere Rede.

«Ich habe allen Entscheidungen zugestimmt; ich bin bereit, mein eigenes Unglück zu vergessen. Aber ich verlange feste Zusagen von Corleone. Wird er nach persönlicher Rache trachten? Wenn die Zeit vergeht und seine Position möglicherweise stärker wird, vergißt er dann nicht, daß wir uns Freundschaft geschworen haben? Woher soll ich wissen, ob er in drei oder vier Jahren nicht glaubt, daß er ungerecht behandelt, daß er gegen seinen Willen zu diesem Abkommen gezwungen wurde und daher berechtigt ist, es zu brechen? Werden wir ständig voreinander auf der Hut sein müssen? Oder können wir wirklich ruhig und in Frieden leben? Ist Corleone bereit, das zu garantieren, wie ich es hiermit tue?»

An dieser Stelle hielt Don Corleone jene Rede, an die man sich noch lange nachher erinnern sollte und die seine Position als weitblickendster Staatsmann unter allen Kollegen aufs neue bestätigte, so voll gesunden Menschenverstandes, so direkt vom Herzen kommend und so genau auf den Kern der Sache zielend war sie. Und im Verlauf dieser Rede prägte er ein Wort, das ebenso berühmt werden sollte wie Churchills «Eiserner Vorhang», obwohl es erst mehr als zehn Jahre später in die Öffentlichkeit drang.

Zum erstenmal erhob er sich, um zu den Anwesenden zu sprechen. Er war nicht groß und von seiner «Krankheit» her noch ein bißchen mager; man sah ihm vielleicht seine sechzig Jahre mehr als sonst an. Doch er hatte ohne Zweifel wieder seine frühere Kraft und seinen Verstand.

«Was für Menschen wären wir, wenn wir unsere Vernunft nicht hätten?» begann er. «Wir wären alle nicht besser als die Tiere im Dschungel. Aber wir haben unsere Vernunft, wir können vernünftig miteinander reden, und wir können vernünftig denken. Was hätte ich davon, all diese Unruhe wieder zu beginnen, all diese Gewalttätigkeit und all diesen Aufruhr? Mein Sohn ist tot; das ist ein Unglück, aber ich muß es tragen und darf meine unschuldige Umgebung nicht zwingen, mit mir zu leiden. Darum verpfände ich euch hiermit meine Ehre, daß ich nie nach Rache trachten werde, daß ich nie versuchen werde, Kenntnis über Taten zu erlangen, die in der Vergangenheit liegen. Wenn ich diesen Raum hier verlasse, so tue ich es mit reinem Herzen.

Laßt euch sagen, daß wir stets unsere Interessen verfolgen müssen. Wir alle sind Männer, die sich nicht zum Narren halten lassen, die nicht zu Marionetten der Männer an der Spitze werden wollten. Wir haben es in diesem Land zu etwas gebracht. Schon haben die meisten unserer Kinder ein besseres Leben gefunden als wir. Einige unter euch haben Söhne, die Professoren, Wissenschaftler, Musiker geworden sind, und ihr seid glücklich zu schätzen. Vielleicht werden eure Enkel die neuen *pezzinovanta* sein. Keiner von uns hier möchte, daß unsere Kinder in unsere Fußstapfen treten; es ist ein zu hartes Leben. Sie können wie die anderen sein; unserem Mut verdanken sie ihre Position im Leben und ihre Sicherheit. Ich habe Enkel, und ich hoffe, daß deren Kinder eines Tages, wer weiß, Gouverneur oder Präsident sein werden. Hier in Amerika ist nichts unmöglich. Aber wir müssen mit der Zeit gehen. Die Zeit der Revolver, der Morde und Massaker ist vorbei. Wir müssen geschickt sein wie Kaufleute; damit können wir mehr Geld verdienen, und es ist besser für unsere Kinder und Kindeskinder.

Und was unser eigenes Leben betrifft: Wir sind den *pezzinovanta* nicht verantwortlich, die sich erdreisten, uns zu sagen, was wir mit unserem Leben anfangen sollen, die Kriege erklären, die wir für sie auskämpfen müssen, um das zu schützen, was sie besitzen. Wer sagt, daß wir den Gesetzen gehorchen müssen, die sie in ihrem Interesse zu unserem Nachteil erlassen haben? Und wer sind sie, daß sie sich einmischen, wenn wir für unsere eigenen Interessen arbeiten? *Sonna cosa nostra*», sagte Don Corleone. «Das sind unsere eigenen Angelegenheiten. Wir werden unsere Welt selber regieren, denn es ist unsere Welt, *cosa nostra*. Sonst werden sie uns einen Ring durch die Nase ziehen, wie sie den Millionen von Neapolitanern und den anderen Italienern in diesem Land den Ring durch die Nase gezogen haben.

Aus diesem Grund verzichte ich auf Rache für meinen toten Sohn, zum Besten von uns allen. Solange ich für die Handlungen meiner Familie verantwortlich bin, schwöre ich, daß kein Finger gegen einen der Anwesenden gehoben wird, es sei denn, es liegt ein gerechter Grund und äußerste Provokation vor. Ich bin bereit, meine kommerziellen Interessen dem Allgemeinwohl zu opfern. Dies ist mein Wort, meine Ehre; und ihr wißt, daß ich mein Wort noch niemals gebrochen habe.

Aber ich habe auch ein persönliches Interesse. Mein jüngster Sohn mußte fliehen, weil er des Mordes an Sollozzo und einem Polizeicaptain beschuldigt wurde. Ich muß nun dafür sorgen, daß er ungefährdet nach Hause kommen kann, von allen falschen Beschuldigungen entlastet. Das ist meine Angelegenheit, und ich werde die entsprechenden Vorkehrungen treffen. Vielleicht muß ich die wahren Schuldigen finden, oder vielleicht muß ich die Behörden von seiner Unschuld überzeugen; vielleicht werden auch Zeugen und Informanten ihre Lügen widerrufen. Aber wiederum sage ich, das ist meine Angelegenheit. Ich werde schon in der Lage sein, meinen Sohn heimzuholen.

Aber laßt mich auch folgendes sagen: Ich bin ein abergläubischer Mann – ein dummer Fehler, aber ich muß mich dazu bekennen. Wenn daher meinem jüngsten Sohn ein Unglücksfall zustoßen sollte, wenn ihn ein Polizeibeamter zufällig erschießt, wenn er sich in seiner Zelle erhängt, wenn neue Zeugen auftreten, die für seine Schuld sprechen, dann würde ich – denn ich bin abergläubisch – zu der Ansicht kommen, daß dies die Folge der Feindseligkeit ist, die mir von einigen Personen hier noch immer entgegengebracht wird. Ich will noch weitergehen: Wenn mein Sohn vom Blitz getroffen wird, werde ich die Schuld daran den Anwesenden hier zuschreiben. Wenn sein Flugzeug ins Meer stürzt oder sein Schiff im Ozean sinkt, wenn er sich ein tödliches Fieber holt, wenn sein Auto mit einem Zug zusammenstößt – mein Aberglaube würde mich dazu veranlassen, die Schuld daran dem bösen Willen der Anwesenden zuzuschreiben. Meine Herren, diesen bösen Willen, dieses Unglück könnte ich niemals vergeben. Davon abgesehen jedoch schwöre ich bei den Seelen meiner Enkel, daß ich den Frieden, den wir hier geschlossen haben, niemals brechen werde. Schließlich, sind wir nicht bessere Menschen als jene *pezzinovanta*, die, solange wir denken können, zahllose Millionen Menschen in den Tod gejagt haben?»

Damit verließ der Don seinen Platz und ging um den Tisch zu Don Phillip Tattaglia. Tattaglia stand auf, und dann umarmten die beiden Männer einander und küßten sich auf die Wangen. Die anderen Dons applaudierten ihnen und erhoben sich. Alle Anwesenden schüttelten einander die Hände und gratulierten Don Corleone und Don Tattaglia zu ihrer neuen Freundschaft. Es mochte nicht gerade die herzlichste Freundschaft auf Erden sein, sie würden einander bestimmt keine Weihnachtsgeschenke machen, aber sie würden einander auch nicht umbringen. Und das war in dieser ihrer Welt schon Freundschaft genug. Mehr brauchte es nicht.

Da sein Sohn Freddie im Westen unter dem Schutz der Familie Molinari stand, blieb Don Corleone im Anschluß an die Konferenz noch bei Molinari stehen, um ihm zu danken. Aus dem, was der Don von San Francisco erzählte, schloß Don Corleone, daß Freddie dort draußen seinen Platz gefunden hatte, daß er dort glücklich und ein Liebling der Damen geworden war. Anscheinend hatte er ein natürliches Talent zur Leitung eines Hotels. Don Corleone schüttelte verwundert den Kopf, wie es so mancher Vater tut, wenn er von ungeahnten Fähigkeiten seiner Sprößlinge hört. Ist es nicht so, daß manchmal das größte Unglück ungeahnte Vorteile mit sich bringt? Beide bestätigten, daß es so sei. Don Corleone erklärte dem Don von San Francisco, daß er ihm für den großen Dienst, den er ihm erweise, indem er Freddie beschütze, zutiefst verpflichtet sei. Er deutete an, daß er seinen ganzen Einfluß geltend machen werde, um der Familie Molinari die wichtigen Rennwettenverbindungen zugänglich zu machen, ganz gleich, was sich in den kommenden Jahren auch im Machtgefüge ändern würde – eine höchst wichtige Garantie, da um sie stets erbittert gerungen wurde, was noch durch die Tatsache kompliziert wurde, daß die Chicago-Leute ihre Hand im Spiel hatten. Don Corleone jedoch besaß selbst im Land jener Barbaren einen gewissen Einfluß; daher war seine Zusage so sicher wie Gold.

Es war schon Abend, als Don Corleone, Tom Hagen und Rocco Lampone, der an diesem Tag Leibwächter-Chauffeur war, in der Promenade von Long Beach eintrafen. Als sie ins Haus gingen, sagte der Don zu Hagen: «Der Fahrer, dieser Lampone, behalt den im Auge. Das ist ein Mann, der einen besseren Posten verdient.» Hagen wunderte sich über diese Bemerkung. Lampone hatte den ganzen Tag lang kein Wort gesprochen, hatte die beiden Männer im Fond nicht einmal angesehen. Er hatte dem Don die Tür geöffnet, der Wagen hatte abfahrbereit vor der Bank gestanden, als sie herauskamen, er hatte alles durchaus korrekt gemacht; aber er hatte nicht mehr getan als jeder gutgeschulte Chauffeur. Offenbar hatte der Don mehr gesehen als er.

Der Don entließ Hagen und bat ihn, nach dem Abendessen noch einmal herüberzukommen. Er möge sich aber Zeit lassen und sich ein wenig ausruhen, da sie die ganze Nacht durchdiskutieren würden. Außerdem bat er Hagen, Clemenza und Tessio zu benachrichtigen. Sie sollten um zehn Uhr abends kommen, auf keinen Fall eher. Hagen sollte die beiden über das, was sich bei der Konferenz am Nachmittag ereignet hatte, informieren.

Um zehn Uhr erwartete der Don die drei Männer in seinem Büro, dem Eckzimmer mit den Gesetzesbüchern und dem Sondertelefon. Ein Tablett mit Whiskyflaschen, Sodawasser und Eis stand bereit. Der Don gab seine Instruktionen.

«Wir haben heute nachmittag Frieden geschlossen», begann er. «Ich habe mein Wort und meine Ehre verpfändet, und das muß euch allen genügen. Aber unsere Freunde sind nicht so vertrauenswürdig wie wir, darum wollen wir alle weiter auf der Hut sein. Wir brauchen keine weiteren bösen Überraschungen.» Der Don wandte sich an Hagen. «Hast du die Bocchicchio-Geiseln gehen lassen?»

Hagen nickte. «Ich habe Clemenza angerufen, so wie ich zu Hause war.»

Der Don wandte sich an den massigen Clemenza. Der *caporegime* nickte. «Ich habe sie laufenlassen. Sag mir, *padrino*, wie ist es möglich, daß ein Sizilianer so dumm ist, wie sich die Bocchicchios geben?»

Der Don mußte lächeln. «Sie sind gescheit genug, um gut zu verdienen. Warum muß man unbedingt noch gescheiter sein? Es sind nicht die Bocchicchios, die den Ärger auf dieser Welt verursachen. Aber es stimmt, ihnen fehlt der sizilianische Verstand.»

Nun, da der Krieg beendet war, waren sie alle entspannt und erleichtert. Don Corleone mixte persönlich die Drinks und brachte jedem der Männer ein Glas. Dann trank er selbst einen vorsichtigen Schluck und steckte sich eine Zigarre an.

«Ich wünsche, daß nichts unternommen wird, um in Erfahrung zu bringen, wie das mit Sonny passiert ist; das ist vorbei und muß vergessen werden. Ich wünsche gute Zusammenarbeit mit den anderen Familien, selbst wenn sie ein bißchen habgierig werden sollten und wir nicht den uns zustehenden Anteil an allem bekommen. Ich verbiete alles, was diesen Frieden stören könnte, ganz gleich wie groß die Provokation sein mag, bis wir eine Möglichkeit gefunden haben, Michael nach Hause zu holen. Und ich verlange, daß ihr euch vor allem darüber den Kopf zerbrecht. Vergeßt nicht: Wenn er zurückkommt, muß er in hundertprozentiger Sicherheit sein. Ich meine nicht vor den Tattaglias oder Barzinis. Was mich beunruhigt, ist vielmehr die Polizei. Gewiß, die echten Beweise gegen ihn können wir beseitigen; der Kellner wird nicht aussagen, auch nicht der Zuschauer oder Revolvermann oder was immer er war. Die echten Beweise machen mir wenig Sorgen, die kennen wir ja. Nein, ich befürchte, die Polizei wird falsche Beweise fabrizieren, weil ihre Informanten ausgesagt haben, daß Michael Corleone den Captain umgebracht hat. Nun gut. Wir müssen verlangen, daß die fünf Familien alles tun, was in ihrer Macht steht, um diese Auffassung der Polizei zu widerlegen. Alle ihre Informanten, die mit der Polizei zusammenarbeiten, müssen neue Versionen liefern. Ich denke, nach meiner Ansprache heute nachmittag werden sie begreifen, daß das in ihrem eigenen Interesse liegt. Das reicht aber noch nicht. Wir müssen mit etwas ganz Besonderem kommen, damit Michael nie mehr in Angst leben muß. Sonst hat es keinen Zweck, ihn überhaupt hierher zurückzuholen. Also, wir werden alle darüber nachdenken. Das ist das Wichtigste.

Nun, jeder Mensch hat das Recht auf eine Dummheit in seinem Leben. Ich habe die meine hinter mir. Ich wünsche, daß das Gelände rings um die Promenade aufgekauft wird, daß sämtliche Häuser gekauft werden. Ich möchte nicht, daß mir irgend jemand von seinem Fenster aus in den Garten sehen kann, und wäre es eine Meile entfernt. Ich wünsche einen Zaun um die Promenade, und ich wünsche, daß die Promenade ständig ausreichend bewacht wird. In diesem

Zaun soll ein Tor sein. Kurz und gut, ich werde von nun an in einer Festung leben. Ich möchte euch hiermit erklären, daß ich nie wieder in die Stadt fahren und dort arbeiten werde. Ich werde in eine Art Ruhestand treten. Ich habe das Bedürfnis, im Garten zu arbeiten und, wenn die Trauben reif sind, ein bißchen Wein zu keltern. Ich werde in meinem Haus leben. Ich werde es nur verlassen, um Urlaub oder wichtige Geschäftsbesuche zu machen. In diesen Fällen wünsche ich, daß sämtliche entsprechenden Vorsichtsmaßnahmen getroffen werden. Versteht mich bitte nicht falsch. Ich will nichts vorbereiten. Ich bin nur vorsichtig. Ich bin schon immer ein vorsichtiger Mensch gewesen. Es gibt nichts, was ich geschmackloser finde als Leichtsinn im Leben. Frauen und Kinder können es sich erlauben, unvorsichtig zu sein. Männer nicht. Aber nehmt euch Zeit für all diese Dinge. Keine hastigen Vorbereitungen, damit unsere Freunde nicht mißtrauisch werden. Das alles kann ganz unauffällig vor sich gehen.

Von nun an werde ich die Geschäfte in immer stärkerem Maße euch dreien überlassen. Ich wünsche, daß Santinos *regime* aufgelöst wird und die Männer in eure *regimes* übernommen werden. Das sollte unsere Freunde beruhigen und ihnen zeigen, daß ich es mit dem Frieden ernst meine. Tom, ich möchte, daß du eine Gruppe von Männern zusammenstellst, die nach Las Vegas fahren und mir einen ausführlichen Bericht über die Lage dort unten geben werden. Berichte auch über Fredo, was eigentlich wirklich da unten los ist; wie ich höre, ist mein Sohn nicht wiederzuerkennen. Anscheinend ist er jetzt Koch geworden und amüsiert sich mehr mit jungen Mädchen, als es einem erwachsenen Mann ansteht. Nun ja, er war als Junge viel zu ernst, und er war nie der geeignete Mann für das Familienunternehmen. Aber wir wollen doch feststellen, was da unten zu machen ist.»

Hagen fragte ruhig: «Sollen wir Ihren Schwiegersohn schicken? Carlo stammt schließlich aus Nevada. Er kennt sich da aus.»

Don Corleone schüttelte den Kopf. «Nein. Meine Frau fühlt sich einsam, wenn keines ihrer Kinder mehr hier ist. Ich wünsche, daß Constanzia und ihr Mann eines der Häuser auf der Promenade beziehen. Ich wünsche, daß Carlo einen verantwortlichen Posten erhält. Vielleicht bin ich zu streng mit ihm gewesen. Außerdem –» der

Don verzog das Gesicht – «habe ich nicht mehr viele Söhne. Nimm ihn aus dem Glücksspiel heraus und steck ihn zu den Gewerkschaften; da kann er Schreibtischarbeit tun und viel reden. Ein guter Redner ist er ja immer gewesen.» Es lag eine winzige Spur von Geringschätzung in Don Corleones Ton.

Hagen nickte. «Okay. Clemenza und ich werden alle Leute durchgehen und eine Gruppe für den Las Vegas-Job zusammenstellen. Soll ich Freddie auf ein paar Tage nach Hause holen?»

Der Don schüttelte den Kopf. Hart sagte er: «Wozu? Meine Frau kann das Essen noch selber kochen. Nein, er soll unten bleiben.» Die drei Männer rutschten unbehaglich auf ihren Sesseln herum. Sie hatten keine Ahnung gehabt, daß Freddie bei seinem Vater so tief in Ungnade stand, und vermuteten, das habe einen Grund, den sie nicht kannten.

Don Corleone seufzte. «Ich hoffe, daß ich in diesem Jahr ein paar schöne Paprika und Tomaten im Garten ziehen kann. Wenn wir mehr haben, als wir brauchen, mache ich euch allen ein Geschenk davon. Ich wünsche mir ein bißchen Frieden, ein bißchen Ruhe und Ungestörtheit für mein Alter. Nun, das wäre alles. Trinkt ruhig noch ein Glas, wenn ihr wollt.»

Das war die Entlassung. Die Männer erhoben sich. Hagen begleitete Clemenza und Tessio zum Wagen und verabredete mit ihnen eine Besprechung, bei der sie die Einzelheiten für die Ausführung der vom Don geäußerten Wünsche festlegen konnten. Dann ging er ins Haus zurück. Er wußte, der Don wartete auf ihn.

Der Don hatte Jackett und Krawatte abgelegt und es sich auf der Couch bequem gemacht. Sein strenges Gesicht war entspannt und zeigte müde Falten. Er winkte Hagen zu einem Sessel und fragte: «Nun, *consigliori*, mißfällt dir eine meiner Entscheidungen von heute?»

Hagen ließ sich Zeit mit der Antwort. «Nein», sagte er dann. «Aber ich finde sie nicht konsequent, nicht Ihrem Wesen entsprechend. Sie sagen, daß Sie nicht wissen wollen, wie Santino umgebracht wurde, daß Sie keine Rache für ihn nehmen wollen. Ich glaube Ihnen das nicht. Sie haben Ihr Wort gegeben, daß Sie Frieden halten werden, und darum werden Sie ihn auch halten. Aber ich kann es nicht glauben, daß Sie Ihren Feinden so einfach den Sieg überlassen, den diese heute gewonnen zu haben scheinen. Sie haben mir da ein gewaltiges Rätsel aufgegeben, das ich nicht lösen kann. Wie könnte ich da billigen oder mißbilligen?»

Auf Don Corleones Gesicht trat ein zufriedener Ausdruck. «Nun, du kennst mich wirklich besser als alle anderen. Obwohl du kein Sizilianer bist, habe ich einen aus dir gemacht. Alles, was du sagst, trifft zu. Aber es gibt eine Lösung, und du wirst sie verstehen, bevor die Sache zu Ende ist. Du gibst also zu, daß alle meinem Wort glauben müssen, daß ich mein Wort halten werde. Und ich wünsche, daß meine Befehle streng befolgt werden. Aber, Tom, das Wichtigste ist jetzt, daß wir Michael so schnell wie möglich nach Hause holen. Stell das in deinen Überlegungen und in deiner Arbeit ganz obenan. Untersuche alle legalen Möglichkeiten; es ist mir gleich, wieviel Geld du dafür ausgeben mußt. Alles muß klappen, wenn er nach Hause kommt. Konsultiere die besten Strafrechtsexperten. Ich werde dir die Namen von ein paar Richtern geben, mit denen du sprechen kannst. Bis dahin müssen wir uns vor allen Verrätereien schützen.»

Hagen sagte: «Auch ich mache mir weniger Sorgen um die echten Beweise als um die Beweise, die sie fabrizieren werden. Außerdem könnte so ein Polizistenfreund Michael umbringen, nachdem er verhaftet ist. Sie könnten ihn in seiner Zelle töten oder einen der anderen Gefangenen dazu anstiften. Meiner Ansicht nach können wir es uns nicht leisten, daß er verhaftet oder unter Anklage gestellt wird.»

Don Corleone seufzte. «Ich weiß, ich weiß. Das ist ja die Schwierigkeit. Aber wir dürfen nicht zu lange warten. Es wird Ärger in Sizilien geben. Die jungen Burschen da drüben hören nicht mehr auf die Alten, und mit vielen der Männer, die aus Amerika deportiert worden sind, werden die altmodischen Dons einfach nicht fertig. Möglicherweise gerät Michael zwischen zwei Feuer. Ich habe dagegen zwar Vorsichtsmaßnahmen getroffen, und er hat immer noch guten Schutz, aber dieser Schutz währt nicht ewig. Das ist einer der Gründe, warum ich Frieden schließen mußte. Barzini hat Freunde in Sizilien, und die sind Michael schon auf der Spur. Damit hast du eine der Antworten zu deinem Rätsel. Ich mußte Frieden schließen, um die Sicherheit meines Sohnes zu garantieren. Es gab keine andere Möglichkeit.»

Hagen fragte gar nicht erst, woher der Don diese Informationen hatte. Er war nicht einmal erstaunt, und außerdem war damit tatsächlich ein Teil des Rätsels gelöst. «Wenn ich mit Tattaglias Leuten zusammenkomme, um die Einzelheiten festzulegen, soll ich darauf bestehen, daß seine Rauschgiftzwischenhändler sauber sind? Die Richter werden etwas dagegen haben, über einen Vorbestraften nur eine leichte Strafe zu verhängen.»

Don Corleone zuckte die Achseln. «Sie sollten schlau genug sein, um selber daran zu denken. Erwähne es, aber bestehe nicht darauf. Wir werden unser Bestes tun, aber wenn sie einen richtigen *snowbird*, einen ‹Schneevogel› benutzen und der wird erwischt, dann werden wir keinen Finger rühren. Wir sagen ihnen einfach, daß wir nichts machen können. Aber Barzini ist ein Mann, der so etwas weiß, ohne daß man es ihm erst sagen muß. Hast du bemerkt, daß er sich in dieser Affäre kein einziges Mal selber festgelegt hat? Man hätte glauben können, daß er überhaupt nichts damit zu tun hat. Der ist ein Mann, den man niemals auf der Seite der Verlierer finden wird.»

Hagen war verblüfft. «Sie meinen, er hat schon die ganze Zeit hinter Sollozzo und Tattaglia gesteckt?»

Don Corleone seufzte. «Tattaglia ist ein Zuhälter. Der wäre nie mit Santino fertig geworden. Darum brauche ich nicht zu wissen, wie alles vor sich gegangen ist. Es reicht mir, wenn ich weiß, daß Barzini die Hand im Spiel gehabt hat.»

Hagen dachte darüber nach. Der Don gab ihm Hinweise, aber er ließ etwas sehr Wesentliches aus. Hagen wußte zwar, was das war, aber er wußte auch, daß es ihm nicht zustand, Fragen zu stellen. Er verabschiedete sich und wollte gehen. Aber der Don hatte noch ein letztes Wort für ihn.

«Vergiß es nicht: Streng deinen ganzen Verstand an, um eine Möglichkeit für Michaels Rückkehr zu finden», ermahnte er ihn. «Und noch etwas: Sprich mit dem Telefonmann, damit wir jeden Monat eine Liste aller Telefongespräche bekommen, die Clemenza und Tessio führen. Ich verdächtige die beiden nicht. Ich möchte schwören, daß sie mich nie verraten würden. Aber es kann nicht schaden, daß wir schon – bevor dieser Fall eintritt – auch über die kleinste Einzelheit informiert sind, die uns helfen kann.»

Hagen nickte und ging hinaus. Er fragte sich, ob der Don auch ihn überwachen ließ, und schämte sich gleich darauf dieses Verdachts. Jetzt aber war er überzeugt, daß in dem subtilen, komplexen Gehirn des *padrino* ein weitreichender Plan reifte, der die Ergebnisse dieses Tages zu einem einfachen taktischen Rückzug stempelte. Und dann gab es noch diesen einen dunklen Faktor, den niemand erwähnte, nach dem er selber nicht zu fragen gewagt hatte und den der Don ignorierte. Das alles deutete auf einen zukünftigen Tag der Rache.

21

Aber es dauerte fast noch ein Jahr, bis Don Corleone seinen Sohn Michael in die Vereinigten Staaten zurückschmuggeln lassen konnte. Während dieser Zeit zerbrach sich die gesamte Familie den Kopf nach verwertbaren Einfällen. Sogar auf Carlo Rizzi hörte man, seitdem er mit Connie in der Promenade wohnte. (Inzwischen hatten sie ein zweites Kind, einen Jungen, bekommen.) Doch keiner der Vorschläge fand Don Corleones Beifall.

Schließlich lieferte die Bocchicchio-Familie durch ein Mißgeschick, das sie selber betraf, die Lösung des Problems. Es gab einen Bocchicchio, einen Vetter von höchstens fünfundzwanzig Jahren namens Felix, der in Amerika geboren und mit mehr Verstand ausgestattet war als die übrigen Mitglieder des Clans. Er weigerte sich, dem Müllabfuhrunternehmen der Familie beizutreten, und heiratete eine nette junge Amerikanerin englischer Abstammung, wodurch er den Abstand zwischen sich und der Familie noch vergrößerte. Er wollte Anwalt werden; darum besuchte er die Abendschule, während er tagsüber als Postangestellter arbeitete. Im Laufe der Zeit bekam das Ehepaar drei Kinder, doch seine Frau war eine gute Wirtschafterin, und so schafften sie es, von seinem Gehalt zu leben, bis er sein Studium der Rechte hinter sich gebracht hatte.

Nun erwartete Felix Bocchicchio, wie so viele junge Männer, daß seine Mühe sofort belohnt werde. Er hatte sich seine Ausbildung, das Handwerkszeug seines Berufes, unter großen Entbehrungen erworben und wollte nun endlich anständig leben. Dies war nicht der

Fall. Stolz wie er war, lehnte er noch immer jede Hilfe von seiten seiner Familie ab. Doch ein befreundeter Rechtsanwalt, ein junger Mann mit guten Beziehungen, dem eine glänzende Karriere in einer großen Anwaltspraxis bevorstand, überredete Felix, ihm einen kleinen Gefallen zu tun. Es war eine sehr komplizierte, scheinbar legale Angelegenheit und hatte mit betrügerischer Krida zu tun. Die Chance, daß die Sache auffliegen konnte, stand eins zu einer Million. Felix Bocchicchio ging dieses Risiko ein. Da der Schwindel die juristischen Kniffe erforderte, die man ihm auf der Universität beigebracht hatte, erschien er ihm nicht so verurteilenswert und irgendwie nicht einmal kriminell.

Um es kurz zu machen: Der Schwindel flog auf. Der Freund weigerte sich, Felix in irgendeiner Form zu helfen, und ließ sich sogar am Telefon verleugnen. Die beiden Hauptbeteiligten an diesem Schwindel, gerissene Kaufleute mittleren Alters, die voller Wut Felix Bocchicchios juristisches Ungeschick für das Scheitern des Planes verantwortlich machten, bekannten sich schuldig und wurden zu Belastungszeugen. Sie bezeichneten Felix Bocchicchio als Initiator des Schwindels und behaupteten, er habe ihnen mit körperlicher Gewalt gedroht, um ihr Geschäft in die Hand zu bekommen, und sie gezwungen, an seinen betrügerischen Machenschaften teilzunehmen. Andere Beweise tauchten auf und brachten Felix mit seinen Verwandten aus dem Bocchicchio-Clan in Verbindung, von denen einige wegen Gewalttätigkeit vorbestraft waren, und diese Beweise waren genug. Die beiden Geschäftsleute kamen mit bedingten Strafen davon. Felix Bocchicchio erhielt ein bis fünf Jahre Gefängnis und mußte drei davon absitzen. Der Clan bat die Familien oder Don Corleone nicht um Hilfe, denn Felix hatte ihre Hilfe ja abgelehnt, und man wollte ihm eine Lehre erteilen. Er sollte erfahren, daß nur die eigene Familie Gnade kennt, daß die Familie loyaler und vertrauenswürdiger ist als die Gesellschaft.

Jedenfalls wurde Felix Bocchicchio nach drei Jahren aus dem Gefängnis entlassen, ging heim, küßte seine Frau und seine drei Kinder und lebte ein ganzes Jahr lang in Frieden. Dann aber zeigte er, daß er ein echter Bocchicchio war. Ohne einen Versuch, seine Tat zu verheimlichen, verschaffte er sich eine Waffe, eine Pistole, und erschoß zuerst seinen Freund, den Anwalt. Dann spürte er die beiden Geschäftsleute auf und schoß ihnen beiden seelenruhig eine Kugel durch den Kopf, als sie gerade aus einem Eßlokal kamen. Er ließ die Toten auf der Straße liegen, betrat das Lokal, bestellte sich einen Kaffee und trank ihn aus, während er auf die Polizei und seine Verhaftung wartete.

Der Prozeß gegen ihn war kurz, das Urteil hart. Ein Mitglied der Verbrecherwelt hatte kaltblütig einige Zeugen der Anklage ermordet, weil sie ihn ins Gefängnis gebracht hatten, was er reichlich verdiente. Es war ein ungeheuerlicher Schlag ins Gesicht der Gesellschaft, und diesmal waren sich Öffentlichkeit, Presse, Gesellschaft und sogar die weichherzigen, kurzsichtigen Humanitarier einig in ihrem Wunsch, Felix Bocchicchio auf dem elektrischen Stuhl zu sehen. Der Gouverneur des Staates würde ihn ebensowenig begnadigen, wie man einen tollwütigen Hund schonen würde – so formulierte es einer der engsten politischen Mitarbeiter des Gouverneurs. Der Bocchicchio-Clan war selbstverständlich bereit, jede Summe zu zahlen, die erforderlich war, um den Fall in die nächste Instanz zu tragen, denn jetzt waren sie doch stolz auf ihn. Aber der Ausgang war klar. Nach dem gerichtlichen Brimborium, das einige Zeit in Anspruch nehmen würde, würde Felix Bocchicchio auf dem elektrischen Stuhl sein Leben lassen müssen.

Es war Hagen, der diesen Fall dem Don unterbreitete. Er tat es auf Bitten eines der Bocchicchios, der hoffte, es könne noch etwas für den jungen Mann getan werden. Der Don lehnte das Ansuchen kategorisch ab. Er war kein Zauberkünstler. Diese Leute verlangten Unmögliches. Am folgenden Tag jedoch rief der Don Hagen zu sich ins Büro und bat ihn, den Fall in allen Einzelheiten vorzutragen. Als Hagen endete, wies ihn Don Corleone an, das Oberhaupt des Bocchicchio-Clans zu einer Besprechung in die Promenade einzuladen.

Was dann geschah, war ebenso einfach wie genial. Don Corleone garantierte dem Oberhaupt des Bocchicchio-Clans, daß Frau und Kinder Felix Bocchicchios eine reichlich bemessene Pension erhalten würden. Das Geld dafür sollte dem Bocchicchio-Clan sofort übergeben werden. Als Gegenleistung hatte Felix den Mord an Sollozzo und an Polizeicaptain McCluskey zu gestehen.

Es mußten noch viele Einzelheiten geregelt werden. Felix Bocchicchio mußte ein überzeugendes Geständnis ablegen, das hieß, er mußte einige Kenntnis von den wahren Begebnissen erlangen. Außerdem mußte er den Polizeicaptain mit Rauschgiftgeschäften belasten. Dann mußte der Kellner des Restaurants Luna dazu gebracht werden, daß er Felix Bocchicchio als den Mörder identifizierte. Dazu bedurfte es einigen Mutes, da die Beschreibung vollkommen abgeändert werden mußte: Felix Bocchicchio war wesentlich kleiner und schwerer als Michael. Doch darum würde sich Don Corleone kümmern. Und da der Verurteilte so viel von höherer Bildung hielt und selber das College besucht hatte, wünschte er sich gewiß, daß seine Kinder ebenfalls das College besuchten. Also mußte Don Corleone einen bestimmten Betrag zur Verfügung stellen, der die Collegeausbildung der Kinder sicherte. Vor allem aber mußte der Bocchicchio-Clan davon überzeugt werden, daß für die eigentlichen Morde keine Begnadigung zu erwarten war, denn dieses zweite Geständnis würde das Schicksal Felix Bocchicchios endgültig besiegeln.

Schließlich war alles arrangiert, das Geld bezahlt, der Kontakt mit dem Verurteilten hergestellt, so daß man ihn instruieren und beraten konnte. Als dann der Plan zur Ausführung kam, machte das Geständnis in der gesamten Presse Schlagzeilen. Es war ein Riesenerfolg. Trotzdem wartete Don Corleone noch, vorsichtig wie er immer war, bis Felix Bocchicchio vier Monate später hingerichtet war, bevor er das Zeichen für Michaels Heimkehr gab.

22

Ein Jahr war vergangen, und Lucy Mancini hatte Sonnys Tod noch immer nicht überwunden. Der Schmerz, der sie erfüllte, hatte nichts mit romantischer Trauer zu tun, nichts mit sentimentalen Erinnerungen – nein, sie vermißte ihn einfach, weil er der einzige Mann gewesen war, der sie beim Liebesakt zum Höhepunkt gebracht hatte. Jung und naiv, wie sie war, glaubte sie noch immer daran, daß er der einzige Mann war, dem dies gelingen hätte können.

Jetzt, ein Jahr danach, sonnte sie sich in der lauen Luft Nevadas. Zu ihren Füßen hockte ein schlanker, blonder junger Mann und spielte mit ihren Zehen. Es war Sonntag nachmittag, und sie saßen am Swimmingpool des Hotels. Und trotz der vielen Menschen ringsum kroch seine Hand an ihrem nackten Schenkel hinauf.

«Ach, Jules, hör doch auf!» sagte Lucy. «Ich dachte, Ärzte wären nicht ganz so albern wie andere Männer.»

Jules grinste sie an. «Aber ich bin ein Las Vegas-Arzt.» Er streichelte die Innenseite ihres Schenkels und war verblüfft, daß eine so kleine Zärtlichkeit sie schon so stark erregen konnte. Er sah es in ihrem Gesicht, obwohl sie es nicht zeigen wollte. Sie war in Wirklichkeit ein einfaches, naives Mädchen. Aber warum spielte sie die Unnahbare? Er mußte den wahren Grund herausbekommen. Schluß mit diesem Unsinn über die verlorene Liebe, die nie wiederkehrt! Das hier unter seiner Hand war ein lebendiger Körper, und der verlangte nach einem anderen lebendigen Körper. Dr. Jules Segal beschloß, heute abend in seiner Wohnung den großen Versuch zu wagen. Er hätte sie gern ohne Tricks zum Nachgeben gebracht, aber wenn es nicht ohne Tricks ging, dann war er der richtige Mann dafür. Alles natürlich nur im Interesse der Wissenschaft. Und außerdem: Dieses arme Mädchen starb ja direkt vor Verlangen danach!

«Jules, hör auf! Bitte, hör auf!» Lucys Stimme zitterte.

Sofort machte Jules ein zerknirschtes Gesicht. «Okay, Liebling», sagte er. Dann legte er seinen Kopf in ihren Schoß und döste auf dem weichen Kissen ihrer Schenkel dahin. Er war belustigt über ihre Nervosität, über die Hitze, die von ihrem Schoß aufstieg, und als sie die Hand ausstreckte, um ihm das Haar zu glätten, ergriff er spielerisch ihr Gelenk und hielt es liebevoll fest. In Wirklichkeit fühlte er ihr den Puls. Der raste. Heute abend würde er sie nehmen und hinter dieses Geheimnis kommen – was immer es sein mochte. Voller Zuversicht schlief Dr. Jules Segal ein.

Lucy beobachtete die Menschen rings um den Pool. Sie hätte niemals gedacht, daß sich ihr Leben in knapp zwei Jahren so radikal ändern könnte. Sie hatte ihre «Dummheit» auf Connie Corleones Hochzeit nie bereut. Es war das Schönste gewesen, was sie je erlebt hatte. In ihren Träumen erlebte sie diesen Tag und auch die Monate, die darauf folgten, immer wieder von neuem.

Sonny hatte sie einmal in der Woche besucht, manchmal auch

häufiger. In den Tagen vor dem Wiedersehen mit ihm litt sie körperliche Qualen. Ihre Leidenschaft füreinander war von elementarster Art, sie hatte mit Poesie oder intellektuellem Kontakt nichts zu tun. Es war primitivste Liebe, fleischliche Liebe, die Liebe des einen Körpers für den anderen.

Wenn Sonny sie anrief, um ihr zu sagen, daß er bald komme, sorgte sie dafür, daß reichlich Alkohol und genügend Lebensmittel für Abendessen und Frühstück im Hause waren, denn gewöhnlich verließ er sie erst spät am nächsten Morgen. Er wollte sich an ihr sattlieben, wie sie sich an ihm sattlieben wollte. Er besaß einen eigenen Schlüssel, und wenn er zur Tür hereinkam, flog sie in seine starken Arme. Sie waren beide von brutaler, primitiver Direktheit. Schon während des ersten Kusses hob er sie hoch in die Luft, und sie schlang ihre Beine um seine gewaltigen Schenkel. Im Stehen, als wollten sie jenen ersten Liebesakt wiederholen, liebten sie sich in der Diele ihrer Wohnung, und dann erst trug er sie ins Schlafzimmer hinüber.

Im Bett liebten sie sich dann weiter. Sechzehn Stunden lang blieben sie vollständig nackt. Sie kochte ihm ungeheure Mahlzeiten. Manchmal erhielt er Anrufe, die offensichtlich geschäftlicher Natur waren, aber sie hörte niemals genau hin. Sie war viel zu konzentriert darauf, mit seinem Körper zu spielen, ihn zu streicheln, zu küssen, ihren Mund darin zu begraben. Manchmal, wenn er aufstand, um sich einen Drink zu holen, und an ihr vorüberkam, konnte sie nicht anders, sie mußte die Hand ausstrecken, um seinen nackten Körper zu berühren, ihn zu halten, ihn zu streicheln. Es war, als seien diese besonderen Teile seines Körpers ein kompliziertes, aber unschuldiges Spielzeug, das speziell für sie angefertigt war. Zuerst war sie über ihre eigene Hemmungslosigkeit beschämt. Bald aber entdeckte sie, daß sie ihrem Liebhaber gefiel, daß ihre vollkommene sexuelle Abhängigkeit von seinem Körper ihm schmeichelte. Es lag eine animalische Unschuld in ihrem Verhältnis. Sie waren glücklich miteinander.

Als Sonnys Vater auf der Straße niedergeschossen wurde, begriff sie zum erstenmal, daß ihr Geliebter auch in Gefahr schwebte. Sie saß allein in ihrer Wohnung, vergoß keine Träne, aber jammerte laut wie ein Tier. Als Sonny beinahe drei Wochen lang nicht zu ihr kam, lebte sie nur von Schlafmitteln, Alkohol und ihrem eigenen Kummer. Der Schmerz, den sie fühlte, war so heftig, daß ihr der ganze Körper weh tat. Als Sonny dann endlich zu ihr kam, ließ sie ihn kaum einen Augenblick los. Von da an besuchte er sie mindestens einmal die Woche, bis er getötet wurde.

Von seinem Tod erfuhr sie durch die Zeitungen. Noch in derselben Nacht nahm sie eine Überdosis Schlaftabletten. Aus irgendeinem Grund brachten diese Tabletten sie aber nicht um, sondern es wurde ihr so furchtbar übel, daß sie in den Flur vor ihrer Wohnung hinauswankte und an der Fahrstuhltür zusammenbrach. Dort wurde sie gefunden und ins Krankenhaus gebracht. Da ihr Verhältnis mit Sonny nicht allgemein bekannt war, wurden ihrem Fall nur wenige Zeilen in den Boulevardblättern gewidmet.

Während sie noch im Krankenhaus lag, kam Tom Hagen, um nach ihr zu sehen und sie zu trösten. Es war auch Tom Hagen, der ihr den Job in Las Vegas besorgte, in dem Hotel, das Sonnys Bruder Freddie leitete. Es war Tom Hagen, der ihr mitteilte, daß sie von der Corleone-Familie eine Rente erhalten werde, daß Sonny für sie gesorgt habe. Er fragte sie, ob sie schwanger sei, als sei das womöglich der Grund für ihren Selbstmordversuch, aber sie sagte nein. Er fragte sie, ob Sonny sie an jenem schrecklichen Abend besucht oder angerufen und ihr gesagt habe, daß er zu ihr kommen wolle, und sie antwortete nein, Sonny habe nicht angerufen. Sie habe immer daheim auf ihn gewartet, wenn sie von der Arbeit nach Hause kam.

Und dann sagte sie Hagen die Wahrheit. «Er ist der einzige Mann, den ich je lieben kann», sagte sie. «Ich kann keinen anderen mehr lieben.» Sie sah, daß er ungläubig lächelte. «Findest du das so unbegreiflich?» fragte sie. «Hat er dich denn nicht als Kind mit nach Hause genommen?»

«Damals war er ein anderer Mensch», erwiderte Hagen. «Später hat er sich sehr verändert.»

«Nicht mir gegenüber», sagte Lucy. «Vielleicht allen anderen gegenüber, aber nicht mir.» Sie war noch zu schwach, um ihm zu erklären, daß Sonny immer nur zärtlich zu ihr gewesen war. Niemals böse, niemals gereizt oder nervös.

Hagen übernahm die Vorbereitungen für ihren Umzug nach Las Vegas, wo eine Mietwohnung auf sie wartete. Er begleitete sie persönlich zum Flughafen und versicherte ihr, wenn sie sich jemals einsam fühlen sollte oder die Dinge nicht so liefen, wie sie es erwartete, so brauche sie ihn nur anzurufen. Er werde ihr in jeder nur möglichen Weise helfen.

Bevor sie das Flugzeug bestieg, fragte sie ihn noch zögernd: «Weiß Sonnys Vater, was du für mich tust?»

Hagen lächelte. «Ich handle in seinem Auftrag. Er ist etwas altmodisch in diesen Dingen. Er würde nie etwas tun, was gegen die Interessen der Ehefrau seines Sohnes ginge. Aber er findet, daß du noch ein sehr junges Mädchen warst und daß Sonny es hätte besser wissen müssen. Und dein Selbstmordversuch hat uns alle zutiefst erschüttert.» Er verschwieg ihr, wie unerhört es für einen Mann wie Don Corleone war, daß sich jemand das Leben nehmen wollte.

Jetzt, nach all diesen langen Monaten in Las Vegas, stellte sie mit Verwunderung fest, daß sie beinahe glücklich war. Nur noch manchmal träumte sie nachts von Sonny und lag dann wach, bis sie ihren Traum mit eigenen Händen zu Ende brachte und sie wieder einschlafen konnte. Sie hatte seither noch keinen anderen Mann gehabt. Aber das Leben in Vegas bekam ihr gut. Sie schwamm im Swimmingpool des Hotels, sie segelte auf dem Lake Mead und machte an ihren freien Tagen Ausflüge in die Wüste. Sie war schlanker geworden. Ihre Figur war immer noch üppig, doch jetzt entsprach sie eher dem amerikanischen als dem altmodischen italienischen Schönheitsideal. Sie arbeitete in der Public-Relations-Abteilung des Hotels als Empfangsdame und hatte mit Freddie überhaupt nichts zu tun, obwohl er jedesmal, wenn er sie sah, stehenblieb, um mit ihr einige Worte zu wechseln. Sie war erstaunt über die Veränderung, die mit ihm vorgegangen war. Er war ein eleganter Bonvivant geworden und schien eine echte Begabung für die Leitung eines Hotels zu haben. Die lange, sehr heiße Sommersaison und vielleicht auch sein aktiveres Sexualleben hatten ihn schlanker gemacht, und die Schneiderkunst Hollywoods sorgte dafür, daß er vorteilhaft aussah, wenn auch auf eine etwas gefährliche Art.

Nach sechs Monaten kam Tom Hagen, um nachzusehen, wie es ihr ging. Sie hatte jeden Monat außer ihrem Gehalt noch einen Scheck über sechshundert Dollar erhalten. Hagen erklärte ihr, man müsse die Einnahmequelle belegen, und bat sie, eine Vollmacht zu unterzeichnen, damit er die Beträge entsprechend an sie weiterleiten könne. Außerdem sagte er ihr, man würde der Form halber fünf Aktien des Hotels auf sie überschreiben. Sie würde zwar einige gesetzliche Formalitäten über sich ergehen lassen müssen, doch das würde alles für sie geregelt werden, so daß sie persönlich keine Ungelegenheiten haben werde. Ohne seine Erlaubnis jedoch dürfe sie mit keinem Menschen über dieses Arrangement sprechen. Sie würde gesetzlich in jeder Form abgesichert sein, und ihre monatliche Rente sei ihr gewiß. Falls die Behörden oder Polizeistellen Fragen stellten, möge sie sie einfach an ihren Anwalt verweisen. Lucy war einverstanden. Sie begriff, was gespielt wurde, hatte aber nichts dagegen einzuwenden, daß man sie vorschob. Es schien ihr ein durchaus vertretbarer Gegendienst. Als aber Hagen sie bat, hier im Hotel die Augen offenzuhalten und Freddie und Freddies Boss, den Hauptaktionär des Hotels, zu beobachten, sagte sie: «Aber Tom, du kannst doch nicht von mir verlangen, daß ich hinter Freddie her spioniere!»

Hagen lächelte. «Sein Vater macht sich Sorgen. Moe Greene ist schlechte Gesellschaft für ihn, und wir wollen uns nur vergewissern, daß er in keine Klemme gerät.» Er machte sich nicht die Mühe, ihr zu erklären, daß der Don den Bau dieses Hotels in der Vegas-Wüste nicht nur unterstützt hatte, um seinem Sohn eine Zuflucht zu bieten, sondern auch, um für spätere größere Operationen einen Fuß in der Tür zu haben.

Kurz nach diesem Gespräch kam Dr. Jules Segal nach Las Vegas, um im Hotel als Hausarzt zu arbeiten. Er war schlank, gut aussehend, charmant und wirkte für einen Arzt ziemlich jung, wenigstens auf Lucy. Sie lernte ihn kennen, als sie am Unterarm, dicht über dem Handgelenk, eine Geschwulst bekam. Einige Tage lang quälte sie sich damit herum, dann ging sie eines Morgens zu ihm in die Sprechstunde. Im Wartezimmer saßen zwei Showgirls von der Tanztruppe und unterhielten sich. Sie waren von der gewissen blonden, pfirsichfarbenen Schönheit, um die Lucy diese Mädchen immer beneidet hatte. Sie sahen aus wie die reinsten Engel. Aber dann sagte eines der Mädchen: «Ich schwöre dir, wenn ich mich noch einmal anstecke, dann höre ich auf mit dem Tanzen.»

Als Dr. Jules Segal die Tür seines Sprechzimmers öffnete und eines der Mädchen hereinwinkte, war Lucy nahe daran, wieder zu gehen. Und wenn sie ernsthaftere Beschwerden gehabt hätte, dann hätte sie es auch getan. Dr. Segal trug Sporthosen und ein offenes Hemd. Die Hornbrille und seine ruhige, zurückhaltende Art machten diese saloppe Kleidung bis zu einem gewissen Grad wieder wett, im großen und ganzen wirkte er aber doch ziemlich unseriös. Und wie viele altmodische Menschen war auch Lucy der Überzeugung, daß die Medizin würdevoll auftreten müsse.

Als sie dann doch in sein Sprechzimmer trat, lag etwas so Beruhigendes in seiner Art, daß ihre Befürchtungen schwanden. Er sprach wenig, war aber freundlich und nahm sich Zeit. Als sie ihn fragte, was dieser Knoten denn sei, erklärte er ihr geduldig, daß es sich um eine einfache Sehnengeschwulst handle, auf keinen Fall etwas Bösartiges oder ein Grund zu ernsthafter Besorgnis. Er nahm ein dickes medizinisches Fachbuch zur Hand und sagte: «Geben Sie Ihren Arm einmal her!»

Unsicher streckte sie den Arm aus. Zum erstenmal lächelte er. «Ich werde mich jetzt um ein Chirurgenhonorar bringen», sagte er ihr. «Ich werde das Ding da mit diesem Buch zerschlagen, damit es verschwindet. Es kann zwar wiederkommen, aber wenn ich es chirurgisch entferne, haben Sie hinterher kein Geld mehr und müssen außerdem einen Verband tragen. Okay?»

Sie lächelte ihn an. Seltsamerweise hatte sie bedingungsloses Vertrauen zu ihm. «Okay», sagte sie. Im nächsten Augenblick stieß sie einen Schrei aus: Er hatte das dicke Buch auf ihren Unterarm geschmettert. Der Knoten war fast vollständig verschwunden.

«Hat es so weh getan?» fragte er.

«Nein», antwortete sie. Dann sah sie zu, wie er auf ihrer Karteikarte Notizen machte. «Ist das alles?»

Er nickte, ohne sie weiter zu beachten. Sie ging.

Eine Woche darauf sah er sie in der Cafeteria und setzte sich neben sie an die Theke. «Wie geht's dem Arm?» erkundigte er sich.

Lächelnd sah sie ihn an. «Gut», antwortete sie. «Ihre Methoden sind zwar recht unorthodox, aber wirksam.»

Er grinste sie an. «Sie wissen gar nicht, wie unorthodox ich bin! Und ich wußte nicht, wie reich Sie sind. Die *Vegas Sun* hat gerade die Liste der Aktienbesitzer unseres Hotels veröffentlicht, und

Lucy Mancini hat dicke fünf Stück. Ich hätte an diesem kleinen Knoten ein Vermögen verdienen können.»

Sie antwortete nicht; sie erinnerte sich an Tom Hagens Warnung. Wieder grinste er. «Keine Angst, ich weiß, was los ist. Sie sind nur einer von den Strohmännern. Las Vegas wimmelt davon. Wie wär's, hätten Sie Lust, sich heute abend mit mir die Show anzusehen? Anschließend lade ich Sie zum Essen ein. Ich kaufe Ihnen sogar ein paar Roulettejetons.»

Sie schwankte. Er ließ nicht nach. Schließlich sagte sie: «Ich komme gern, aber ich fürchte, daß Sie vom Ausgang des Abends enttäuscht sein werden. Ich bin keines von den leichten Mädchen wie die meisten hier in Las Vegas.»

«Darum lade ich Sie ja auch ein», erwiderte Jules vergnügt. «Ich habe mir eine ruhige Nacht verschrieben.»

Ein wenig traurig lächelte Lucy ihn an. «Ist es so deutlich zu merken?» Er schüttelte den Kopf, und sie fuhr fort: «Okay, dann also zum Essen. Aber meine Roulettejetons kaufe ich selber.»

Sie besuchten die Abendshow, und Jules unterhielt sie mit medizinischen Beschreibungen der verschiedenen nackten Schenkel und Brüste. Er war witzig, ohne gehässig zu sein. Anschließend spielten sie Roulette und gewannen über hundert Dollar. Später fuhren sie im Mondschein zum Boulder Dam hinauf, und er versuchte, zärtlich zu werden. Doch als sie nach ein paar Küssen Widerstand leistete, merkte er, daß sie es ernst meinte, und hörte auf. Er trug die Niederlage mit Humor. «Ich habe Ihnen doch gesagt, daß ich es nicht tun werde», sagte Lucy ein wenig vorwurfsvoll, aber auch ein wenig schuldbewußt.

«Sie wären schrecklich beleidigt gewesen, wenn ich es nicht wenigstens versucht hätte», sagte Jules. Und das entsprach so offensichtlich der Wahrheit, daß beide lachen mußten.

In den folgenden Monaten wurden sie gute Freunde. Sie wurde nicht seine Geliebte. Sie merkte, daß er nicht wußte, was er von ihrer Weigerung halten sollte. Aber er spielte nicht den Gekränkten wie sonst die Männer, und darum faßte sie noch mehr Vertrauen zu ihm. Am Wochenende pflegte er mit seinem frisierten MG in Kalifornien Rennen zu fahren. Im Urlaub reiste er bis in das Innere von Mexiko, in die wirklich wilden Landesteile, wie er ihr erklärte, wo Fremde ihrer Schuhe wegen ermordet wurden und das Leben so primitiv war wie vor tausend Jahren. Durch Zufall erfuhr sie, daß er Chirurg war und in New York an einem berühmten Krankenhaus gearbeitet hatte.

Sie verstand es weniger denn je, warum er die Stelle in diesem Hotel übernommen hatte. Als sie ihn danach fragte, sagte er nur: «Wenn du mir dein schwarzes Geheimnis verrätst, verrate ich dir meins auch.»

Sie errötete und ließ die Sache auf sich beruhen. Auch Jules stellte ihr keine Fragen mehr, und ihre Freundschaft dauerte an. Es war eine herzliche Freundschaft, auf die sie sich stärker verließ, als sie ahnte.

Nun, während sie am Swimmingpool saß, Jules' blonden Kopf in ihrem Schoß, verspürte sie eine überwältigende Zärtlichkeit für ihn. Ihr Schoß schmerzte, und ohne es zu merken, strich sie mit den Fingern zart über die Haut seines Halses. Er schien zu schlafen, es nicht zu bemerken und sie wurde erregt, nur weil sein Körper ihr nahe war. Plötzlich hob er den Kopf aus ihrem Schoß und stand auf. Stumm nahm er sie bei der Hand und führte sie über den Rasen zum Gehweg. Sie folgte ihm gehorsam, auch als er sie weiterführte bis in den Bungalow, den er bewohnte. Drinnen mixte er beiden einen großen Drink. Nach der heißen Sonne und ihren eigenen wollüstigen Gedanken stieg ihr der Alkohol rasch zu Kopf und machte sie schwindlig. Und schon hatte Jules sie fest in die Arme genommen, und ihre Körper, beide nackt bis auf die winzige Badebekleidung, preßten sich eng aneinander. Lucy murmelte: «Nicht!» Aber ihr Ton war nicht recht überzeugend, und Jules beachtete sie nicht. Rasch zog er ihr das Bikinioberteil aus, streichelte ihre schweren Brüste, küßte sie und streifte ihr dann das Höschen herunter. Dabei küßte er ihren ganzen Körper, den glatten Bauch, die Innenseite der Schenkel. Er richtete sich auf, stieg aus der Badehose und umarmte sie. Dann lagen sie nackt, eng umschlungen, auf seinem Bett, und sie fühlte, wie er in sie eindrang. Schon die geringste Berührung genügte, um sie ihren Höhepunkt erreichen zu lassen, und in der Sekunde darauf erkannte sie an den Bewegungen seines Körpers, wie überrascht er war. Und wieder empfand sie die ungeheure Scham, die sie, bevor sie Sonny kannte, jedesmal empfunden hatte. Aber

Jules beugte sie über den Bettrand, brachte ihre Beine in eine bestimmte Stellung, und sie überließ ihm willig Glieder und Körper. Dann drang er wieder in sie ein und küßte sie, und diesmal konnte sie ihn fühlen, und wichtiger noch, sie merkte, daß auch er etwas fühlte und zum Orgasmus kam.

Als er von ihr herunterrollte, drückte Lucy sich in die Ecke des Bettes und begann zu weinen. Sie schämte sich. Und dann hörte sie Jules zu ihrem Entsetzen leise lachen und sagen: «Du armes, verbohrtes italienisches Mädchen! Darum also läufst du seit Monaten von mir weg? Du Dummchen!» Er sagte es mit so liebevoller Zuneigung, daß sie sich zu ihm umwandte. Er preßte ihren nackten Körper an sich und sagte: «Du lebst wie im tiefsten Mittelalter.» Seine Stimme klang beruhigend und tröstend, aber sie weinte weiter.

Jules zündete eine Zigarette an und steckte sie ihr in den Mund, so daß sie am Rauch fast erstickte und aufhören mußte zu weinen. «Jetzt hör mir mal zu», sagte er. «Wenn du modern und normal erzogen worden wärst, wie das im zwanzigsten Jahrhundert üblich ist, dann wäre dein Problem schon vor Jahren gelöst worden. Und jetzt werde ich dir mal erklären, was dein Problem überhaupt ist: Es ist etwas ganz anderes, als wenn du häßlich wärest, eine unreine Haut hättest oder Schlitzaugen, gegen die kein Schönheitschirurg etwas ausrichten kann. Nein, es ist eher wie eine Warze, ein Grübchen im Kinn oder abstehende Ohren. Vergiß darauf, daß es mit Sex zu tun hat. Hör auf, im stillen zu glauben, daß du eine große Büchse hast, die kein Mann mag, weil sein Apparat nicht groß genug ist. Was du hast, ist eine Beckendeformation, wir Chirurgen nennen so etwas Erschlaffung des Beckenbodens. Das tritt gewöhnlich erst nach einer Geburt auf, aber es kann auch einfach von schlechter Knochenbildung kommen. Das gibt es häufig, und vielen Frauen verkorkst es das ganze Leben, während eine ganz einfache Operation Abhilfe schaffen könnte. Es gibt Frauen, die sich deswegen umgebracht haben. Aber daß du daran leidest, hätte ich nie gedacht, weil du einen so herrlich gewachsenen Körper hast. Ich dachte, bei dir wäre es psychologisch, denn deine Geschichte kenne ich ja. Du hast mir oft genug von dir und Sonny erzählt. Also laß mich dich jetzt einmal gründlich untersuchen. Danach kann ich dir genau sagen, was getan werden muß. Nun lauf und geh unter die Dusche.»

Gehorsam ging Lucy unter die Dusche. Mit großer Geduld, ohne ihre Proteste zu beachten, veranlaßte Jules sie dann, sich mit gespreizten Beinen aufs Bett zu legen. Die zweite Arzttasche, die er in der Wohnung hatte, war schon geöffnet. Auf einem kleinen Glastisch neben dem Bett lagen einige chirurgische Instrumente. Er war jetzt nur noch Arzt, untersuchte sie, streckte die Finger in sie hinein und bewegte sie. Schon war sie nahe daran, sich wieder gedemütigt zu fühlen, da küßte er sie auf den Nabel und sagte beinahe zerstreut: «Das erste Mal, daß ich an meiner Arbeit Freude habe.» Als er fertig war, küßte er sie zärtlich auf den Mund und sagte: «Baby, ich werde dir da unten ein ganz neues Ding bauen, und dann werde ich es persönlich ausprobieren. Es wird eine medizinische Premiere sein, ich werde eine Abhandlung für die Ärztejournale darüber schreiben.»

Er war so nett, so zärtlich und so offensichtlich um sie besorgt, daß Lucy ihre Scham und Verlegenheit überwand. Er holte sogar das medizinische Lehrbuch vom Regal, um ihr einen Fall wie den ihren und die chirurgische Korrekturmethode zu zeigen. Ihr Interesse erwachte.

«Außerdem ist es auch besser für die Gesundheit», erklärte Jules. «Wenn du es nicht korrigieren läßt, wirst du später eine Menge Ärger mit deinem Souterrain haben. Die Knochenstruktur wird immer schwächer, wenn sie nicht chirurgisch korrigiert wird. Es ist eine verdammte Schande, daß viele Ärzte aus bloßer altmodischer Prüderie nicht die richtige Diagnose stellen und die Sache nicht korrigieren. Und daß eine Menge Frauen es nicht wagen, darüber offen zu sprechen.»

«Bitte, rede nicht darüber!» bettelte Lucy.

Er sah, daß sie sich noch immer ihres Geheimnisses schämte, noch immer verlegen war über ihre «Entstellung». Für seinen medizinisch geschulten Verstand war das zwar der Gipfel der Albernheit, doch er war feinfühlig genug, um zu verstehen, was in ihr vorging. Und seine Feinfühligkeit half ihm, die richtigen Worte zu finden.

«Okay, ich kenne jetzt dein Geheimnis, also werde ich dir meins auch erzählen», sagte er. «Du hast mich immer gefragt, was ich in dieser Stadt eigentlich suche – ich, einer der jüngsten und brillantesten Chirurgen des ganzen Ostens.» Er wiederholte ironisch die

Zeitungsphrasen. «Die Wahrheit ist, daß ich ein Abtreiber bin, was ja an sich nicht so schlimm wäre, denn die Hälfte aller Mediziner sind es ja auch. Aber ich habe mich schnappen lassen. Ich hatte einen Freund, einen Doktor Kennedy, wir arbeiteten im Krankenhaus zusammen. Er ist ein anständiger Kerl, und er versprach mir zu helfen. Soviel ich weiß, hat ihm Tom Hagen gesagt, er könne sich an ihn wenden, wenn er jemals Hilfe brauchte – die Corleone-Familie stehe in seiner Schuld. Also sprach er mit Hagen. Auf einmal wurde die Anklage gegen mich fallengelassen, aber der Ärzteverband und das Establishment der Ostküste hatten mich auf der schwarzen Liste. Darum hat mir die Corleone-Familie den Job hier unten besorgt.

Hier geht mir nichts ab. Ich verdiene gut, und irgendwer muß diese Arbeit ja tun. Die Showgirls lassen sich ununterbrochen Kinder andrehen, und eine Abtreibung bei ihnen vorzunehmen ist ein Kinderspiel, wenn sie nur rechtzeitig kommen. Ich kratze sie aus wie die Bratpfannen. Freddie Corleone ist eine richtige Plage. Nach meiner Rechnung hat er, seit ich hier bin, mindestens fünfzehn Mädchen angebumst. Ich habe ernsthaft überlegt, ob ich ihm nicht mal einen väterlichen Vortrag über Sex halten soll. Vor allem nachdem ich ihn dreimal wegen Tripper und einmal wegen Syphilis behandeln mußte. Freddie ist der typische Mann, der ohne Netz arbeitet.»

Jules hielt inne. Er war, was er sonst niemals tat, absichtlich indiskret gewesen, um Lucy zu zeigen, daß andere Menschen ebenfalls peinliche Geheimnisse hatten.

«Stell es dir vor wie ein Stück Gummi in deinem Körper, das die Elastizität verloren hat», sagte Jules. «Ich schneide ein Stück heraus, damit es wieder fester wird und mehr Spannung bekommt.»

«Ich werde es mir überlegen», versprach Lucy. Im Grunde aber war sie schon jetzt überzeugt, daß sie es machen lassen würde. Sie hatte tiefes Vertrauen zu Jules. Dann fiel ihr noch etwas ein. «Was wird es denn kosten?» fragte sie.

Jules runzelte die Stirn. «Ich habe hier leider keine Gelegenheit, chirurgische Eingriffe zu machen; außerdem bin ich auf diesem speziellen Gebiet kein Fachmann. Aber ich habe einen Freund in Los Angeles, der sich darauf hervorragend versteht und der in dem besten Krankenhaus Belegrecht hat. Er macht solche Operationen an allen Filmstars, wenn diese Damen feststellen, daß eine Schönheitsoperation im Gesicht oder an der Brust nicht genügt, um die Liebe eines Mannes zu gewinnen. Er schuldet mir noch ein paar Gefälligkeiten, darum wird es nichts kosten. Ich mache seine Abtreibungen für ihn. Hör mal, wenn es nicht unethisch wäre, dann würde ich dir die Namen von mehreren Sexbomben beim Film nennen, die er operiert hat.»

Sofort war ihre Neugier geweckt. «Ach komm! Sag doch!» bettelte sie. «Los, sag!» Es wäre ein herrliches Klatschthema gewesen, und einer der Vorzüge an Jules war der, daß sie ihm ihre typisch weibliche Neigung zum Klatsch offen zeigen konnte, ohne daß er sie damit aufzog.

«Ich werde es dir sagen, wenn du mit mir zu Abend ißt und die Nacht mit mir verbringst», sagte Jules. «Wir haben wegen deiner Idiotie eine Menge nachzuholen.»

Zwei Wochen später stand Jules Segal im Operationssaal des Krankenhauses in Los Angeles und sah seinem Freund Doktor Frederick Kellner bei seinem Spezialeingriff zu. Bevor Lucy narkotisiert wurde, beugte sich Jules zu ihr hinab und flüsterte: «Ich hab ihm gesagt, daß du mein Mädchen bist, damit er dir extra feste Wände einbaut.» Die Beruhigungspille, die man ihr vorher gegeben hatte, wirkte bereits, und darum lächelte sie nicht. Doch seine muntere Bemerkung nahm ihr etwas von der Angst.

Dr. Kellner machte die Inzision mit der nachtwandlerischen Sicherheit eines Billardmeisters. Zur operativen Verstärkung des Beckenbodens mußte man zunächst zwei Voraussetzungen schaffen: der Beckenmuskelring mußte verengt werden, damit die Erschlaffung beseitigt werden konnte. Und dann mußte natürlich die Vaginaöffnung, die schwächste Stelle des Beckenbodens, bis unter den Schambogen vorgebracht und somit vom direkten Druck von oben befreit werden.

Dr. Kellner arbeitete jetzt sehr vorsichtig, denn die große Gefahr bei diesem Schnitt bestand darin, zu tief zu gehen und das Rektum zu treffen. Es war ein verhältnismäßig unkomplizierter Fall; Jules hatte alle Röntgenbilder und Untersuchungsergebnisse studiert. Eigentlich konnte nichts schiefgehen. Wenn man davon absah, daß in der Chirurgie immer etwas schiefgehen konnte.

Jetzt arbeitete Kellner am Diaphragma. Die Zangen hielten den Vaginalappen zurück und hielten den Aftermuskel und die umhüllende Faszie frei. Kellners gazebedeckte Finger schoben lockeres Bindegewebe beiseite. Jules beobachtete die Vaginawand. Wenn Venen hervortraten, war dies ein Gefahrensignal für die Verletzung des Afters. Aber der alte Kellner verstand sein Geschäft. Er baute die neue Wand mit der Sicherheit eines Zimmermanns, der einen Dachstuhl baut.

Kellner nahm das überflüssige Stück Vaginawand heraus, indem er das Gewebe mit Befestigungsstichen vernähte, wobei er darauf achtete, daß sich keine störenden Wülste bildeten. Er versuchte, drei Finger in die Öffnung zu schieben, dann zwei. Es war gerade Platz genug für zwei Finger. Ganz kurz blickte er auf und sah Jules an. Seine porzellanblauen Augen über der Gazemaske zwinkerten, als wollte er fragen, ob das nun eng genug sei. Dann konzentrierte er sich wieder auf seine Nähte.

Es war geschafft. Sie rollten Lucy in den Beobachtungsraum, und Jules sprach mit Kellner. Kellner war vergnügt – das beste Zeichen dafür, daß alles gutgegangen war. «Keine Komplikationen, überhaupt keine, mein Junge», beruhigte er Jules. «Keine Geschwulst da drin, ein sehr einfacher Fall. Sie hat einen wunderbaren festen Körper, eine Seltenheit in solchen Fällen, und ist jetzt in bester Form für jeden Spaß. Ich beneide dich, mein Junge. Natürlich wirst du noch eine Weile warten müssen, aber dann garantiere ich dir, daß dir mein Werk gefällt.»

Jules lachte. «Du bist ein wahrer Pygmalion. Du warst fabelhaft!»

Dr. Kellner knurrte. «Ein Kinderspiel! Genau wie deine Abtreibungen. Wenn die menschliche Gesellschaft nur einmal realistisch wäre, dann könnten Menschen wie du und ich, wirklich begabte Menschen, Bedeutendes leisten und diesen Kleinkram den anderen überlassen. Übrigens, ich werde dir nächste Woche ein Mädchen schicken, ein wirklich anständiges Mädchen. Die scheinen immer diejenigen zu sein, die in Schwierigkeiten geraten. Dann sind wir für diese Sache hier quitt.»

Jules schüttelte ihm die Hand. «Danke, Fred. Komm doch einmal selber zu uns ins Hotel. Ich werde dafür sorgen, daß dir alle Annehmlichkeiten des Hauses zur Verfügung gestellt werden.»

Kellner lächelte ironisch. «Ich spiele jeden Tag, ich brauche dein Roulett und deine Würfel nicht. Ich spiele zu oft mit dem Schicksal. Du wirst da draußen versauern, Jules. Ein paar Jahre noch, dann kannst du die Chirurgie abschreiben. Du wirst einer Operation nicht mehr gewachsen sein.» Er wandte sich ab.

Jules wußte, daß das kein Vorwurf war, sondern eine Warnung. Und doch bedrückte es ihn. Da Lucy noch mindestens zwölf Stunden im Beobachtungsraum liegen mußte, ging er in die Stadt, um sich zu betrinken. Was ihn dazu trieb, war nur zum Teil die Erleichterung darüber, daß mit Lucy alles so gut verlaufen war.

Als er am nächsten Morgen ins Krankenhaus kam, um sie zu besuchen, fand er zu seinem Erstaunen zwei Männer an ihrem Bett und das Zimmer voller Blumen. Lucy saß halb aufrecht, auf Kissen gestützt, und strahlte. Jules war überrascht, denn Lucy hatte mit ihrer Familie gebrochen und ihn gebeten, niemand zu benachrichtigen, es sei denn, es gehe bei der Operation etwas schief. Freddie Corleone wußte natürlich, daß sie für einen kleineren Eingriff ins Krankenhaus mußte; sie hatten es ihm sagen müssen, damit er beiden Urlaub gab, und Freddie hatte Jules daraufhin erklärt, daß das Hotel Lucys Rechnungen übernehmen werde.

Lucy stellte die beiden vor. Einen der Männer erkannte Jules sofort: Es war der berühmte Johnny Fontane. Der andere war ein großer, kräftiger, überheblich wirkender Italiener namens Nino Valenti. Die beiden schüttelten Jules die Hand und achteten dann nicht weiter auf ihn. Sie alberten mit Lucy herum, sprachen über das alte Viertel in New York, von Menschen und Ereignissen, die Jules unbekannt waren. Darum sagte er nach einer Weile zu Lucy: «Ich komme später wieder. Ich muß ohnehin noch mit Dr. Kellner sprechen.»

Da konzentrierte Johnny Fontane sofort seinen gesamten Charme auf ihn. «Halt, mein Freund, wir müssen selber gehen. Bleiben Sie, leisten Sie Lucy Gesellschaft! Und passen Sie gut auf sie auf, Doc.» Jules fiel die eigenartige Heiserkeit auf, mit der Johnny Fontane sprach, und dann fiel ihm ein, daß der Mann ja seit mehr als einem Jahr nicht mehr in der Öffentlichkeit gesungen, daß er den Oscar für eine Filmrolle bekommen hatte. Jules lauschte aufmerksam auf Fontanes Stimme, um eine Diagnose stellen zu können. Es konnte natürlich auch einfach Überanstrengung sein, zuviel Alkohol, zu viele Zigaretten und sogar zu viele Frauen. Die Stimme besaß ein häßliches Timbre; auf keinen Fall konnte man ihn jetzt noch als Schmalzsänger bezeichnen.

«Ihre Stimme klingt, als wären Sie erkältet», wandte sich Jules an Johnny.

Fontane erwiderte höflich: «Nur eine kleine Überanstrengung. Ich habe gestern abend versucht zu singen. Ich glaube, ich kann mich einfach nicht mit der Tatsache abfinden, daß meine Stimme sich verändert hat. Das Alter, wissen Sie.» Er zeigte Jules ein unbekümmertes Lächeln.

Jules fragte beiläufig: «Haben Sie denn keinen Arzt konsultiert? Vielleicht ist es etwas, was man heilen kann.»

Jetzt war Fontane nicht mehr so charmant. Er warf Jules einen langen, kühlen Blick zu. «Das habe ich schon vor zwei Jahren getan. Die besten Spezialisten. Meinen eigenen Arzt, der hier in Kalifornien eine Kapazität ist. Alle haben mir geraten, mich gründlich auszuruhen. Alles in Ordnung, ich werde nur älter. Die Stimme verändert sich, wenn man älter wird.»

Von da an ignorierte Fontane ihn und kümmerte sich nur noch um Lucy; er bezauberte sie mit seinem Charme, wie er es bei allen Frauen tat. Unwillkürlich horchte Jules immer wieder auf diese Stimme. Da mußte doch ein Gewächs an den Stimmbändern sein! Aber warum zum Teufel hatten die Spezialisten nichts feststellen können? Ob es vielleicht etwas Bösartiges war? Inoperabel? Das wäre allerdings etwas anderes.

Er unterbrach Fontane. «Wann sind Sie zum letztenmal von einem Spezialisten untersucht worden?»

Fontane war sichtlich irritiert, versuchte aber mit Rücksicht auf Lucy höflich zu bleiben. «Vor ungefähr achtzehn Monaten.»

«Sieht sich ihr eigener Arzt das hin und wieder an?» fragte Jules.

«Natürlich tut er das», sagte Johnny gereizt. «Er sprüht mir den Hals mit Kodein aus und untersucht mich. Er hat mir gesagt, daß meine Stimme einfach älter wird. Und dann das Trinken und Rauchen und all das andere. Vielleicht wissen Sie mehr als er?»

Jules fragte: «Wie heißt er?»

Mit einem Anflug von Stolz sagte Fontane: «Tucker. Doktor James Tucker. Was halten Sie von ihm?»

Der Name war bekannt; man hörte ihn häufig in Verbindung mit berühmten weiblichen Filmstars und einer teuren Gesundheitsfarm.

«Er kleidet sich sehr elegant», stellte Jules grinsend fest.

Jetzt wurde Fontane ernstlich böse. «Sie halten sich wohl für einen besseren Arzt als ihn?»

Jules lachte. «Sind Sie ein besserer Sänger als Carmen Lombardo?» Verblüfft sah er, daß Nino Valenti in lautes Gelächter ausbrach und mit der Faust auf die Sessellehne hieb. So gut war der Witz nun auch wieder nicht gewesen. Doch dann fing seine Nase den Duft von Bourbon auf, und er wußte, daß Mister Valenti, wer immer er sein mochte, zu dieser frühen Stunde bereits betrunken war.

Fontane sah grinsend zu seinem Freund hinüber. «He, du sollst über *meine* Witze lachen, nicht über seine!» Jetzt streckte Lucy die Hand nach Jules aus und zog ihn auf den Rand ihres Bettes nieder.

«Er sieht zwar aus wie ein Strolch, ist aber ein ganz hervorragender Chirurg», sagte sie. «Wenn er sagt, daß er besser ist als Doktor Tucker, dann ist er auch besser als Doktor Tucker. Du solltest ruhig auf ihn hören, Johnny.»

Die Schwester kam und erklärte, sie müßten jetzt gehen. Der Stationsarzt wolle Lucy untersuchen, und dazu müsse er mit ihr allein sein. Jules war belustigt, weil Lucy den Kopf wegdrehte, damit Johnny Fontane und Nino Valenti sie zum Abschied nur auf die Wange küssen konnten, nicht auf den Mund. Aber die beiden schienen nichts anderes zu erwarten. Von Jules hingegen ließ sie sich gern auf den Mund küssen und flüsterte leise: «Du kommst doch heute nachmittag wieder?» Er nickte.

Draußen im Flur fragte ihn Nino Valenti: «Was war denn das für eine Operation? Was Schlimmes?»

Jules schüttelte den Kopf. «Ein kleiner Eingriff, wie es bei Frauen so vorkommt. Nur Routine. Bitte, glauben Sie mir das. Mich betrifft es nämlich noch mehr als Sie. Ich möchte das Mädchen heiraten.»

Abschätzend sahen die beiden ihn an. Darum fragte er: «Woher wußten Sie, daß sie im Krankenhaus liegt?»

«Freddie hat uns angerufen und uns gebeten, sie zu besuchen», sagte Fontane. «Wir sind alle gemeinsam aufgewachsen. Lucy war Brautjungfer bei der Hochzeit von Freddies Schwester.»

«Aha», sagte Jules. Er ließ sich nicht anmerken, daß er die ganze Geschichte schon kannte – vielleicht deswegen, weil die beiden so offensichtlich Lucys Affäre mit Sonny nicht erwähnen wollten.

Als sie den Flur hinuntergingen, machte Jules einen neuen Vorstoß bei Fontane. «Ich habe ärztliches Gastrecht hier. Warum lassen Sie mich nicht einen Blick in Ihren Hals werfen?»

Fontane schüttelte den Kopf. «Keine Zeit.»

Nino Valenti mischte sich ein. «Das ist eine teure Millionenkehle, da kann er nicht einfach 'n billigen Doktor ranlassen.» Er grinste Jules an, offenbar stand er auf seiner Seite.

Jules sagte munter: «Ich bin kein billiger Doktor. Ich war der beste junge Chirurg und Diagnostiker der Ostküste, bis ich mich bei einer Abtreibung erwischen ließ.»

Wie er vorausgesehen hatte, nahmen die beiden ihn auf einmal ernst. Die Tatsache, daß er sein Verbrechen zugab, erweckte in ihnen das Vertrauen in sein fachliches Können. Valenti faßte sich zuerst. «Wenn Johnny Sie nicht brauchen kann, hätte ich 'ne Freundin, die Sie sich mal anschauen sollten. Aber nicht im Hals.»

Fontane fragte nervös: «Wie lange würden Sie brauchen?»

«Nur zehn Minuten», sagte Jules. Das war eine Lüge, aber er hielt es manchmal für richtig, Patienten nicht die Wahrheit zu sagen. Medizin und Wahrheit paßten, wenn überhaupt, nur in schrecklichen Ausnahmefällen zusammen.

«Okay», sagte Fontane. Seine Stimme war vor Furcht noch tiefer, noch heiserer geworden.

Jules besorgte sich eine Schwester und ein Untersuchungszimmer. Es war zwar nicht alles vorhanden, was er brauchte, aber es reichte aus. Nach knapp zehn Minuten wußte er, daß an den Stimmbändern eine Geschwulst saß; das festzustellen war nicht schwer. Tucker, dieser Dreckskerl von einem Hollywood-Quacksalber, hätte das ebensoleicht feststellen können. Himmel, vielleicht war dieser Kerl nicht einmal approbiert! Und wenn er es war, dann sollte man ihm die Approbation entziehen. Jules beachtete nun die beiden Männer nicht mehr. Er griff nach dem Telefon und bat den Halsspezialisten des Krankenhauses herüber. Dann drehte er sich um und sagte zu Nino Valenti: «Ich glaube, es wird ein bißchen länger dauern. Vielleicht sollten Sie doch lieber gehen.»

Fontane starrte ihn sprachlos an. «Sie Schwein, glauben Sie etwa, daß Sie mich hierbehalten können? Glauben Sie, daß ich Sie in meinem Hals rumfummeln lasse?»

Mit größerem Vergnügen, als er es für möglich gehalten hätte, sagte ihm Jules die ganze Wahrheit ins Gesicht. «Sie können tun und lassen, was Ihnen beliebt. Sie haben eine Geschwulst an Ihren Stimmbändern. Am Kehlkopf. Wenn Sie jetzt ein paar Stunden hierbleiben, können wir feststellen, ob sie bösartig oder gutartig ist. Wir können entscheiden, ob wir operieren oder medikamentös behandeln. Ich kann Ihnen den Namen eines der besten Spezialisten von Amerika geben, und wir können ihn noch heute abend mit dem Flugzeug herkommen lassen. Auf Ihre Kosten natürlich, falls ich es überhaupt für notwendig halte. Aber Sie können selbstverständlich jetzt auch gehen und Ihren Quacksalber aufsuchen. Oder Angst schwitzen, während Sie überlegen, ob Sie einen anderen Arzt konsultieren wollen. Oder sich wieder zu einem Scharlatan überweisen lassen. Und wenn die Geschwulst dann tatsächlich bösartig ist und groß genug wird, dann wird man Ihnen den ganzen Kehlkopf rausschneiden. Oder Sie müssen sterben. Oder Sie können auch nichts weiter tun als Angst schwitzen. Entschließen Sie sich aber, hierzubleiben, dann können wir in wenigen Stunden alles klären. Haben Sie etwas Wichtiges vor?»

Valenti bat: «Laß uns hierbleiben, Johnny. Was soll's? Ich werde draußen vom Flur aus das Studio anrufen. Ich werde ihnen kein Wort verraten, nur sagen, daß wir noch aufgehalten werden. Dann komme ich wieder und leiste dir Gesellschaft.»

Es wurde ein sehr langer Nachmittag, aber auch ein sehr lohnender. Die Diagnose des Krankenhausarztes war richtig, soweit Jules das aus den Röntgenbildern und Abstrichanalysen erkennen konnte. Auf halbem Weg wollte Johnny Fontane, den Mund voller Jod und Gazerollen, endgültig aufgeben. Doch Nino packte ihn bei den Schultern und drückte ihn fest in den Stuhl zurück. Als alles vorbei war, grinste Jules Johnny erleichtert an und sagte: «Warzen.»

Fontane kapierte nicht. Jules wiederholte: «Nur ein paar Warzen. Wir werden sie einfach abschälen wie die Pelle von einer Wurst. In ein paar Monaten sind Sie wieder gesund.»

Valenti stieß einen Freudenschrei aus, Fontane aber machte noch immer ein finsteres Gesicht. «Und was ist nachher mit dem Singen? Werde ich dann noch singen können?»

Jules zuckte die Achseln. «Dafür kann ich nicht garantieren. Aber da Sie jetzt auch nicht singen können – wo liegt der Unterschied?»

Fontane maß ihn mit einem verächtlichen Blick. «Kleiner, Sie wissen nicht, was Sie reden! Sie tun, als gäben Sie mir eine gute Nachricht, und dabei sagen Sie mir, daß ich vielleicht nicht mehr singen kann. Das stimmt doch, daß ich vielleicht nicht mehr singen kann, nicht wahr?»

Nun aber hatte Jules die Nase voll. Er hatte wie ein richtiger Arzt gearbeitet, und es hatte ihm Freude gemacht. Er hatte diesem Kerl einen echten Gefallen getan, und nun tat der, als wäre das alles nur Dreck. Jules sagte kalt: «Hören Sie, Mr. Fontane. Ich bin Mediziner. Man nennt mich Doktor und nicht Kleiner. Und ich habe Ihnen eine sehr erfreuliche Mitteilung gemacht. Als ich Sie hier herunterholte, war ich überzeugt, daß Sie eine bösartige Geschwulst im Kehlkopf hätten, daß man im Laufe der Zeit wohl Ihren ganzen Kehlkopf herausschneiden müsse. Oder daß Sie daran sterben müßten. Ich fürchtete, Ihnen sagen zu müssen, daß Sie ein toter Mann sind. Und dann war ich froh, daß ich das eine Wort ‹Warzen› aussprechen konnte. Weil Ihr Gesang mir früher, als ich noch jünger war, geholfen hat, Mädchen herumzukriegen. Und weil Sie ein wirklicher Künstler sind. Aber Sie sind wie ein verzogenes Kind. Glauben Sie vielleicht, daß Sie keinen Krebs bekommen können, weil Sie Johnny Fontane sind? Oder keinen inoperablen Gehirntumor? Oder keinen Herzanfall? Glauben Sie, daß Sie unsterblich sind? Wenn Sie einmal wirkliches Leid sehen wollen, dann machen Sie einen Rundgang durch dieses Krankenhaus! Danach werden Sie noch ein Liebeslied auf diese Warzen singen! Also hören Sie auf mit dem Unsinn und tun Sie, was Sie nicht lassen können. Ihr Adolphe-Menjou-Quacksalber wird Sie an den entsprechenden Chirurgen verweisen; aber wenn er versuchen sollte, selbst in den Operationsraum zu kommen, dann lassen Sie ihn bitte wegen Mordversuches verhaften.»

Jules wollte gehen, als Valenti sagte: «Bravo, Doc! Geben Sie's ihm!»

Jules fuhr herum. «Pflegen Sie sich immer schon frühmorgens vollaufen zu lassen?»

Valenti sagte: «Natürlich.» Sein Grinsen war so entwaffnend, daß Jules ihn freundlicher als beabsichtigt warnte: «Wenn Sie so weitermachen, sind Sie in fünf Jahren tot.»

Valenti kam mit kleinen Tanzschritten auf ihn zu und fiel ihm um den Hals. Sein Atem stank nach Bourbon. Er lachte schallend. «Fünf Jahre?» fragte er, noch immer lachend. «So lange dauert das noch?»

Vier Wochen nach der Operation saß Lucy Mancini am Swimmingpool des Vegas-Hotels; in einer Hand hielt sie ein Cocktailglas, mit der anderen streichelte sie Jules den Kopf, den er in ihren Schoß gelegt hatte.

«Bist du auch sicher, daß es nicht noch zu früh ist?» fragte Lucy.

«Ich bin der Arzt», sagte Jules. «Heute ist der große Tag. Bist du dir klar darüber, daß ich der erste Chirurg der Geschichte bin, der den Erfolg seiner ‹medizinischen Premiere› selbst ausprobiert? Du weißt doch: ‹Vorher und nachher.› Es wird mir einen Heidenspaß machen, das alles für die Journale aufzuschreiben. Laß sehen: ‹Während das ‚Vorher' aus psychologischen Gründen und wegen der Geschicklichkeit des Chirurgen eindeutig als angenehm empfunden wurde, verlief der postoperative Koitus höchst zufriedenstellend, und zwar aus rein neurologischen...›» Er brach ab, denn Lucy zog ihn so kräftig an den Haaren, daß er vor Schmerzen aufschreien mußte.

Lächelnd sah sie auf ihn hinab. «Wenn du heute abend nicht zufrieden bist, kann ich mit Recht sagen, es ist deine eigene Schuld», sagte sie.

«Ich kann für mein Werk jede Garantie übernehmen. Die Planung ist mein Verdienst, obwohl ich die Ausführung dem alten Kellner überlassen habe», erklärte Jules. «Und jetzt wollen wir uns lieber ausruhen. Wir haben eine lange Forschungsnacht vor uns.»

Als sie in ihre Suite hinaufgingen – sie lebten seit kurzem zusammen –, wartete eine Überraschung auf Lucy: ein köstliches Essen und neben ihrem Champagnerglas in einem Lederkästchen ein Verlobungsring mit einem riesigen Brillanten.

«Daran kannst du sehen, welch großes Vertrauen ich in meine Arbeit setze», sagte Jules. «Und jetzt wollen wir sehen, ob du es verdient hast.»

Er ging sehr behutsam, sehr sanft mit ihr um. Anfangs war sie zwar noch ein wenig ängstlich und zuckte vor seiner Berührung zurück. Dann aber wurde sie immer sicherer. Sie steigerte sich in eine Leidenschaft, wie sie sie niemals zuvor erlebt hatte, und als sie das erste Mal hinter sich hatten und Jules sie flüsternd fragte: «Na, ist meine Arbeit gut?», flüsterte sie zurück: «Ja, Liebling, o ja!» Und beide lachten einander an, während sie in die nächste Umarmung taumelten.

Sechstes Buch

23

Nach fünf langen Monaten des Exils auf Sizilien verstand Michael endlich den Charakter und das Schicksal seines Vaters. Er verstand nun Männer wie Luca Brasi und den unbarmherzigen *caporegime* Clemenza. Und er verstand schließlich auch die Resignation seiner Mutter. Denn nun auf Sizilien sah er, was aus ihnen geworden wäre, hätten sie nicht gegen ihr Los aufbegehrt. Er verstand, warum der Don immer sagte: «Jeder Mensch hat nur ein Schicksal.» Und er verstand auch, daß man die Regierung und die gesetzliche Macht mißachten mußte, er verstand den Haß auf jeden, der die *omerta*, das sizilianische Gesetz des Schweigens, brach.

Als Michaels Schiff in Palermo festmachte, wurde er, in abgetragenen Sachen, mit einer Schirmmütze auf dem Kopf, sogleich ins Innere der Insel gebracht – mitten ins Herz jenes Gebietes, in dem die Mafia herrschte und dessen *capo-mafioso* wegen einer erwiesenen Gefälligkeit in der Schuld seines Vaters stand. Hier lag auch das Dorf Corleone, dessen Namen der Don angenommen hatte, als er vor so langer Zeit nach Amerika emigriert war. Von den Verwandten des Don lebte allerdings niemand mehr. Die Frauen waren an Altersschwäche gestorben, die Männer allesamt bei der einen oder anderen Vendetta umgebracht worden oder ebenfalls emigriert – nach Amerika, nach Brasilien oder auch auf das italienische Festland. Später sollte Michael erfahren, daß dieses kleine, von Armut geschlagene Dorf die höchste Mordquote der Welt aufwies.

Michael wurde als Gast in der von Steinmauern umgebenen Villa eines unverheirateten Onkels des *capo-mafioso* untergebracht. Dieser Onkel, hoch in den Siebzigern, war der einzige Arzt des Bezirks. Der *capo-mafioso* selbst hieß Don Tommasino; er war fast sechzig und arbeitete als *gabbellotto* auf einem großen Gut, das einer Familie des sizilianischen Hochadels gehörte. Der *gabbellotto* war eine Art Aufseher über die Güter der reichen Leute; außerdem sorgte er dafür, daß die Armen nicht den Versuch machten, unbebautes Land zu beanspruchen, und daß sie sich nicht zu Übergriffen hinreißen ließen, indem sie auf gutseigenem Boden wilderten, stahlen oder sich einfach dort ansiedelten. Mit anderen Worten, der *gabbellotto* war ein *mafioso*, der gegen eine gewisse Gebühr den Grundbesitz der Reichen vor allen legalen und illegalen Ansprüchen, die arme Leute darauf erheben mochten, schützte. Berief sich ein armer Bauer auf das Gesetz, das ihm erlaubte, unbewirtschaftetes Land zu kaufen, so schreckte ihn der *gabbellotto* unter Androhung körperlicher Gewalt, ja sogar des Todes, von seinem Vorhaben ab. So einfach war das.

Außerdem verfügte Don Tommasino über sämtliche Wasserrechte dieses Gebietes und verhinderte immer wieder den von der Regierung in Rom geplanten Bau neuer Dämme. Denn solche Dämme hätten ihm das lukrative Geschäft des Wasserverkaufs aus seinem artesischen Brunnen unmöglich gemacht; das Wasser wäre plötzlich zu billig gemacht und damit die ganze so lebenswichtige Wasserwirtschaft ruiniert worden, die im Laufe von Hunderten von Jahren mühselig aufgebaut worden war. Aber Don Tommasino war ein altmodischer Mafiachef: Mit Rauschgifthandel und Prostitution wollte er nichts zu tun haben. In dieser Beziehung hatte er andere Ansichten als die junge Generation von Mafiaführern, die in den Großstädten wie Palermo heranwuchs. Die neuen Männer dort standen unter dem Einfluß der amerikanischen Gangster, die nach Italien deportiert worden waren, und kannten derlei Skrupel nicht.

Der Mafiachef war ein überaus beleibter Mann, ein «Mann mit Bauch», wie man so sagt. Solange Michael unter seinem Schutz stand, hatte er nichts zu befürchten; um aber kein Risiko einzugehen, wollte man trotzdem seine Identität geheimhalten. Deshalb mußte er auf dem ummauerten Besitz Dr. Tazas, des Onkels von Don Tommasino, leben.

Dr. Taza war sehr groß für einen Sizilianer, nahezu einen Meter achtzig; er hatte eine gesunde, rosige Gesichtsfarbe und schneeweißes Haar. Obwohl hoch in den Siebzigern, fuhr er immer noch jede Woche nach Palermo, um den jüngeren Prostituierten der Stadt einen Besuch zu machen, und zwar je jünger, desto lieber. Das zweite Laster des Arztes war das Lesen. Er las schlechthin alles und sprach dann über das Gelesene mit seinen Nachbarn und seinen Patienten, ungebildeten Bauern und Schafhirten. Damit hatte er sich den Ruf erworben, ein wenig wunderlich zu sein. Denn schließlich – was hatten diese Leute schon mit Büchern zu tun.

Abends saß Michael mit Dr. Taza und Don Tommasino in dem großen Garten mit den vielen Marmorstatuen, die hier auf der Insel ebenso wild aus dem Boden zu schießen schienen wie die dicken schwarzen Trauben. Dr. Taza liebte es, lange Geschichten über die Mafia und ihre Taten im Lauf der Jahrhunderte zu erzählen, und er hatte in Michael einen begeisterten Zuhörer gefunden. Manchmal ließ sich auch Don Tommasino von der lauen Abendluft, dem fruchtigen, berauschenden Wein, der heiteren, angenehmen Ruhe des Gartens hinreißen, und dann erzählte er seinerseits eine Geschichte, aber aus seinem eigenen Leben. Der Arzt war die Legende, der Don die Wirklichkeit.

In diesem antiken Garten lernte Michael den Boden kennen, aus dem sein Vater gekommen war. Ursprünglich hatte das Wort «Mafia» einen Zufluchtsort bezeichnet. Dann wurde es der Name für eine Geheimorganisation, die gegen die Herrscher kämpfte, von denen das Land und seine Bevölkerung seit Jahrhunderten ausgebeutet wurde. Sizilien war grausamer unterdrückt worden als irgendein anderes Land in der Geschichte. Die Inquisition hatte Arme und Reiche gefoltert. Die adligen Gutsbesitzer und die Würdenträger der katholischen Kirche herrschten mit absoluter Macht über die Schafhirten und Bauern. Das Instrument dieser Macht war die Polizei, und sie identifizierte sich so sehr mit der herrschenden Kaste, daß es für einen Sizilianer die tödlichste Beleidigung ist, ein Polizist genannt zu werden.

Angesichts der Grausamkeit dieser absoluten Macht lernte das Volk seinen Zorn und seinen Haß zu verbergen – aus reinem Selbsterhaltungstrieb. Es lernte, niemals eine Drohung auszusprechen, denn damit hätte man sich eine Blöße gegeben und einen Gegenschlag herausgefordert. Man sah in den Behörden den Feind – wenn es also darum ging, erlittenes Unrecht wiedergutzumachen, wandte man sich an die Rebellen der Untergrundbewegung, an die Mafia. Und die Mafia festigte ihre Macht mit dem Gesetz des Schweigens, mit der *omerta*. Ein Fremder, der auf dem Land einen Sizilianer nach dem Weg in die nächste Stadt fragt, erhält nicht einmal eine Antwort. Und das größte Verbrechen, dessen sich ein Mafiaangehöriger schuldig machen kann, ist es, der Polizei den Namen des Mannes zu nennen, der ihn soeben niedergeschossen oder ihm einen anderen Schaden zugefügt hat. *Omerta* wurde für das Volk zur Religion. Die Frau, deren Ehemann ermordet worden ist, würde der Polizei um keinen Preis den Mörder verraten, ja nicht einmal den Mörder ihres Kindes oder den Mann, der ihre Tochter vergewaltigt hat.

Von den Behörden war keine Gerechtigkeit zu erwarten; also gingen die Leute zur Mafia – zur Mafia, die den Reichen nahm und den Armen gab. Und diese Rolle spielt sie bis zu einem gewissen Grade noch jetzt. In jeder Not wandten sich die Leute an den *capomafioso* ihrer Gemeinde um Hilfe. Er war ihr Sozialpfleger, er war ihr Bezirksverwalter, der stets einen Korb voll Lebensmittel und einen Job für sie hatte, er war ihr Beschützer.

Was Dr. Taza jedoch verschwieg und was Michael in den darauffolgenden Monaten selber feststellen sollte, war die Tatsache, daß die Mafia auf Sizilien in letzter Zeit der illegale verlängerte Arm der Reichen und sogar die Hilfspolizei der legalen politischen Macht geworden war. Sie hatte sich zu einer degenerierten Kapitalistenorganisation entwickelt, einer antikommunistischen und zugleich antiliberalen Gruppe, die jegliche Art von Geschäftsunternehmungen, und seien sie noch so klein, mit eigenen Steuern belegte.

Zum erstenmal verstand Michael Corleone die Männer, die es – wie sein Vater – vorgezogen hatten, statt Mitglieder der legalen Gesellschaft Diebe und Mörder zu werden. Kein Mann mit auch nur einer Spur von Mut und Tatkraft konnte sich freiwillig dieser Armut, Angst und Entwürdigung beugen.

Dr. Taza lud Michael ein, ihn bei seinen wöchentlichen Bordellbesuchen nach Palermo zu begleiten, doch Michael wollte nicht. Wegen seiner Flucht nach Sizilien hatte er sein zerschlagenes Gesicht nicht ärztlich behandeln lassen können, und so trug er ein ständiges Andenken an Captain McCluskey mit sich herum. Die Knochen waren schlecht zusammengeheilt. Dadurch war sein Profil schief geworden, und wenn man ihn von der linken, verletzten Seite ansah, bekam sein Gesicht einen grausamen Zug. Er war immer sehr stolz auf seine äußere Erscheinung gewesen, und diese Verunstaltung irritierte ihn mehr, als er für möglich gehalten hätte. Die immer wieder auftretenden Schmerzen störten ihn nicht; gegen sie ließ er sich von Dr. Taza Tabletten geben. Taza erbot sich auch, sein Gesicht zu behandeln, doch Michael lehnte dankend ab. Er wohnte lange genug bei ihm, um zu wissen, daß Dr. Taza so ziemlich der schlechteste Arzt von Sizilien war. Er las praktisch alles, was ihm in die Hände kam, nur nicht seine medizinische Fachliteratur, die er, wie er offen gestand, nicht begriff. Seine Examina hatte er nur mit Unterstützung des höchsten Mafiachefs von Sizilien bestanden, der eigens nach Palermo gefahren war, um sich mit Tazas Professoren zu unterhalten. Das bewies, wie gefährlich die sizilianische Mafia für die Gesellschaft war, in der sie lebte. Verdienst bedeutete nichts. Talent bedeutete nichts. Arbeit bedeutete nichts. Seinen Beruf bekam man vom Mafia-*padrino* geschenkt.

Michael hatte viel Zeit, über alles gründlich nachzudenken. Tagsüber machte er lange Spaziergänge durch die Umgebung, war aber immer von zwei Schafhirten begleitet, die zu Don Tommasinos Gut gehörten. Die Schafhirten der Insel wurden von der Mafia oft als bezahlte Mörder verwendet und übernahmen derartige Jobs einfach deshalb, weil sie das Geld dringend zum Leben brauchten. Michael mußte an die Organisation seines Vaters denken. Wenn sie so weitermachte, dann wuchs sie sich vermutlich eines Tages zu einem ebenso häßlichen Krebsgeschwür aus wie die Mafia hier, eine Wucherung, die das ganze Land zerstören konnte. Sizilien war schon jetzt zu einer Geisterinsel geworden: Seine Männer emigrierten in alle Länder der Erde – um sich ihr Brot zu verdienen oder einfach, um nicht ermordet zu werden.

Die größte Überraschung auf seinen langen Wanderungen war für Michael die großartige Schönheit dieser Landschaft. Er kam durch die Orangenhaine, die sich wie tiefe, schattige Höhlen durch das Land zogen; antike Wasserleitungen sandten das Wasser plätschernd aus zweitausend Jahre alten steinernen Schlangenrachen. Häuser, die römischen Villen glichen, mit hohen Marmorportalen, weiten Räumen und gewölbten Decken, verfielen zu Ruinen; verirrte Schafe bewohnten sie. Am Horizont standen wie hoch aufgeschichtete, bleiche Knochen die kahlen Berge. Gärten und Felder betupften mit ihrem leuchtenden Grün wie blitzende Smaragdketten das flache Land. Gelegentlich wanderte Michael bis zur Stadt Corleone mit ihren achtzehntausend Einwohnern, deren elende Hütten, aus schwarzen, am nächsten Berg gebrochenen Felsquadern erbaut, an allen Hängen klebten. Im vergangenen Jahr hatte es in Corleone über sechzig Morde gegeben, und in der Stadt herrschte die Atmosphäre des Todes. Weiter hinten unterbrach der Wald von Ficuzza die Monotonie der bebauten Felder.

Die beiden Schafhirten, die als Leibwächter fungierten, hatten stets ihre *lupara* bei sich, wenn sie Michael auf seinen Spaziergängen begleiteten. Die gefährliche Schrotflinte war die beliebteste Waffe der Mafia. Darum hatte auch der von Mussolini eingesetzte Polizeichef, der Sizilien von der Mafia befreien sollte, als erstes befohlen, sämtliche Steinmauern auf der Insel bis zu einer Höhe von einem Meter abzutragen. So sollte es den Mördern mit ihren *luparas* unmöglich gemacht werden, sich dort in den Hinterhalt zu legen. Aber auch diese Maßnahme erwies sich als unwirksam, und der Polizeiminister konnte seine Aufgabe erst lösen, nachdem er jeden männlichen Sizilianer, der in dem Verdacht stand, ein *mafioso* zu sein, verhaften und in eine Strafkolonie bringen ließ.

Als dann Sizilien von den Alliierten befreit wurde, hielten die Beamten der amerikanischen Militärregierung jeden Gefangenen des faschistischen Regimes für einen Demokraten, und viele *mafiosi* wurden zu Dorfbürgermeistern oder zu Dolmetschern der Militärregierung ernannt. Diese glückliche Wende ermöglichte es der Mafia, sich zu rekonstituieren und wieder so mächtig zu werden wie je zuvor.

Nach diesen langen Spaziergängen trank Michael am Abend eine ganze Flasche des starken, heimischen Weines, aß einen großen Teller *pasta* mit Fleisch und konnte nachts gut schlafen. Dr. Tazas Bibliothek enthielt italienische Bücher, deren Lektüre Michael viel Zeit und Mühe kostete, obwohl er die italienische Umgangssprache beherrschte und auf dem College Unterricht in Italienisch genommen hatte. Seine Aussprache dagegen war bald fast akzentfrei, und wenn man ihn auch nicht für einen Einheimischen gehalten hätte, so konnte man durchaus annehmen, er sei einer jener merkwürdigen Italiener aus dem hohen Norden, aus dem Land dicht an der Grenze zur Schweiz und nach Deutschland hinüber.

Die Verunstaltung seiner linken Gesichtshälfte machte ihn den Einheimischen sogar noch ähnlicher, denn eine derartige Entstellung war wegen der ungenügenden ärztlichen Versorgung auf der Insel recht häufig. Viele kleine Verletzungen wurden aus Geldmangel nicht richtig behandelt. Zahllose Kinder, zahllose Männer blieben ihr Leben lang gezeichnet, während man sie in Amerika durch einen kleinen Eingriff oder moderne Behandlungsmethoden sofort geheilt hätte.

Oft dachte Michael an Kay, an ihr Lächeln, an ihren Körper – und immer waren seine Erinnerungen mit Gewissensbissen verbunden, weil er sie ohne Abschied so grausam verlassen hatte. Die beiden Männer, die er erschossen hatte, beunruhigten sein Gewissen seltsamerweise gar nicht: Sollozzo hatte versucht, seinen Vater zu ermorden, und Captain McCluskey hatte ihn für sein ganzes Leben entstellt.

Dr. Taza redete ihm unablässig zu, sein schiefes Gesicht operieren zu lassen, vor allem, wenn Michael ihn um schmerzstillende Medikamente bat, denn mit der Zeit kamen die Schmerzen immer häufiger und wurden von Mal zu Mal stärker. Taza erklärte ihm, daß unterhalb des Auges ein Gesichtsnerv liege, von dem ein ganzer Nervenkomplex ausstrahle. Die Mafia mache sich diese Tatsache zunutze, erzählte der Arzt, indem sie diesen empfindlichen Punkt mit der nadelfeinen Spitze eines Eiszerkleinerers bearbeitete. Dieser Nerv nun sei bei Michael verletzt oder von einem Knochensplitter durchbohrt worden. Ein einfacher Eingriff im Krankenhaus von Palermo könne ihn endgültig von seinen Schmerzen befreien.

Michael weigerte sich. Als ihn der Arzt fragte, warum, grinste Michael und sagte: «Es erinnert mich an zu Hause.»

Und die Schmerzen störten ihn wirklich nicht. Im Grunde waren sie nicht mehr als ein dumpfes Pochen in seinem Schädel. Wie ein kleiner Motor, der in einem Lager von Flüssigkeit lief.

Es dauerte nahezu sieben Monate, bis Michael das faule Landleben zu langweilig wurde. Um diese Zeit etwa hatte auch Don Tommasino auf einmal sehr viel zu tun und ließ sich nur noch selten in der Villa sehen. Er hatte Schwierigkeiten mit der «neuen Mafia», die sich in Palermo etabliert hatte. Die jungen Männer, die an dem Nachkriegswiederaufbau der Stadt ein Vermögen verdienten, versuchten mit diesem Geld in die ländlichen Bezirke der alten Mafiachefs einzudringen, die sie verächtlich «Schnurrbartpeter» nannten. Don Tommasino stand vor einer schwierigen Aufgabe, wenn er seine Domäne verteidigen wollte. Daher konnte er Michael vorläufig nicht mehr Gesellschaft leisten, und dieser mußte sich mit den Geschichten des Dr. Taza begnügen. Doch diese begannen sich zu wiederholen.

Eines Morgens beschloß Michael, eine größere Wanderung bis in die Berge hinter Corleone zu unternehmen – selbstverständlich wieder in Begleitung der beiden Leibwächter. Diese Vorsichtsmaßnahme galt eigentlich nicht so sehr den Feinden der Corleone-Familie, sondern es war einfach für jeden Fremden gefährlich, allein in der Gegend herumzulaufen. Sogar für einen Einheimischen war es nicht sicher. Überall wimmelte es von Banditen, überall bekämpften sich Mafiapartisanen und gefährdeten dabei jeden, der in der Nähe war. Außerdem hätte man ihn für einen *pagliaio*-Dieb halten können.

Ein *pagliaio* ist eine strohgedeckte Hütte auf dem Feld, in der die Landarbeiter tagsüber Schutz suchen können und die außerdem zur Aufbewahrung der Ackergeräte dient, damit die Arbeiter sie nicht den langen Weg vom Dorf bis zum Feld tragen müssen. Denn in Sizilien wohnt der Bauer nicht auf dem Land, das er bebaut. Das wäre zu gefährlich, und überdies ist jedes Stück Ackerland viel zu kostbar, um darauf ein Haus zu errichten. Der Bauer wohnt im Dorf und macht sich bei Sonnenaufgang auf den Weg zu seinen Feldern. Wenn sein *pagliaio* aufgebrochen und ausgeraubt wird, ist das für ihn ein schwerer Schlag. Ihm ist sozusagen das Brot für einen ganzen Tag aus dem Mund genommen worden. Nachdem sich die Polizei als machtlos erwiesen hatte, nahm sich die Mafia der Interessen der Bauern an, stellte sie unter ihren Schutz und löste das Problem auf sehr typische Art und Weise: Sie machte Jagd auf die *pagliaio*-

Diebe und brachte sie um. Es war unvermeidlich, daß darunter auch Unschuldige leiden mußten. Es konnte also ohne weiteres passieren, daß Michael durch Zufall an einem ausgeraubten *pagliaio* vorüberkam und für den Missetäter gehalten wurde, wenn nicht jemand für ihn aussagte.

So brach er an einem sonnigen Morgen, treulich gefolgt von den zwei Schafhirten, zu seiner Wanderung auf. Einer der beiden Männer war ein einfältiger, offenbar geistig zurückgebliebener Bursche, stumm wie das Grab und mit einem Gesicht, so ausdruckslos wie das eines Indianers. Er hatte den typischen kleinen, aber drahtigen Wuchs der Sizilianer, die erst in mittleren Jahren Fett ansetzten, und hieß Calo.

Der andere Schafhirte war jünger, aufgeschlossener und hatte schon einiges von der Welt gesehen. Hauptsächlich Wasser, denn während des Krieges hatte er in der italienischen Marine gedient und sich noch schnell, ehe das Schiff versenkt und er von den Engländern gefangengenommen wurde, tätowieren lassen. Durch diese Tätowierung war er in seinem Heimatdorf zu Berühmtheit gelangt. Es ist sehr selten, daß sich ein Sizilianer tätowieren läßt; die Leute haben weder Lust noch Gelegenheit dazu. (Auch Fabrizzio, der Schafhirte, hatte diese Tortur im Grunde nur wegen eines häßlichen roten Muttermals auf seinem Bauch über sich ergehen lassen.) Nur ihre Eselskarren schmücken die Sizilianer mit viel Liebe und bemalen sie in primitiver Manier mit lustigen, bunten Bildern. Fabrizzio jedenfalls war, als er in sein Dorf zurückkehrte, nicht allzu glücklich über seine tätowierte Brust, auch wenn es sich um eine Darstellung handelte, die das Gefühl für Ehre ansprach, das jedem Sizilianer so tief eingewurzelt ist: Ein Ehemann erstach ein nacktes Paar, das sich auf Fabrizzios behaarter Brust umschlungen hielt. Oft unterhielt sich Fabrizzio mit Michael und stellte ihm viele Fragen über Amerika, denn den Leibwächtern hatte Michael seine Nationalität natürlich nicht verheimlichen können. Immerhin wußten sie nicht genau, wer er war; ihnen war nur bekannt, daß er sich versteckt hielt und daß sie kein Wort über ihn verlauten lassen durften. Gelegentlich brachte Fabrizzio Michael frischen Käse mit, der noch die Milch ausschwitzte, aus der er hergestellt war.

Sie gingen auf staubigen Feldwegen an Eseln vorbei, die bunt bemalte Karren zogen. Überall, wohin man auch sah, leuchteten frische Farbtupfen: rote Blumen, Orangenhaine, Mandel- und Olivenbäume – alle in ihrer ganzen Blütenpracht. Das war für Michael eine Überraschung gewesen. Wegen der sprichwörtlichen Armut der Sizilianer hatte er ein ödes und kahles Land erwartet und fand nun statt dessen überströmende Fülle, einen Teppich von Blumen und in der Luft den Geruch von Zitronenblüten. Es war so schön, daß er sich fragte, wie man dieses Land nur verlassen konnte. Wie grausam mußte der Mensch zum Menschen sein, daß es zu einem solchen Exodus aus diesem Garten Eden kommen konnte.

Michael wollte zu Fuß bis zu einem Küstendorf namens Mazara marschieren und dann am Abend mit dem Bus nach Corleone zurückkehren. Dann war er wenigstens müde und konnte schlafen. Die beiden Schafhirten hatten Rucksäcke mit Brot und Käse als Wegzehrung auf dem Rücken. Ihre *luparas* trugen sie offen, als hätten sie einen Jagdausflug vor.

Es war ein wunderschöner Morgen. Michael erinnerte sich, wie er als Kind frühmorgens an einem Sommertag hinausgegangen war, um Ball zu spielen. Damals war jeder Tag frisch gewaschen, mit frischer Farbe bemalt gewesen. Und so erschien es ihm auch heute. Das ganze Land war ein einziger Teppich bunter Blumen, der Duft der Orangen- und Zitronenblüten hing schwer in der Luft.

Der Bruch seines linken Wangenknochens war zwar vollständig verheilt, aber die Knochenteile waren schlecht zusammengewachsen. Der Druck, der dadurch auf die Nasennebenhöhlen entstand, hatte zur Folge, daß ihm das linke Auge weh tat und seine Nase lief. Sie lief so unaufhörlich, daß er zahllose Taschentücher verbrauchte und sich überdies noch wie die einheimischen Bauern auf den Boden schneuzte, obwohl ihn diese bäuerliche Gewohnheit immer abgestoßen hatte.

Außerdem hatte er ein «Gefühl der Schwere» im Gesicht. Dr. Taza erklärte ihm, das liege an dem Druck auf die Nasennebenhöhlen infolge der schlecht verheilten Fraktur. Es war eine «Eierschalen»-Fraktur des Jochbogens, wie der Doktor es nannte; wäre der Bruch behandelt worden, bevor der Knochen wieder zusammenwuchs, hätte er leicht durch eine kleine Operation in Ordnung gebracht werden können, bei der man den Knochen mit einem löffelähnlichen Instrument in seine ursprüngliche Form zurückdrückte. Jetzt aber, fuhr der Arzt fort, müßte er nach Palermo in das Krankenhaus zu einer Maxillaroperation, einem größeren Eingriff, bei dem man den Knochen noch einmal brechen werde. Das langte Michael. Er weigerte sich. Aber das Schweregefühl in seinem Gesicht störte ihn mehr als die Schmerzen und mehr als das Laufen der Nase.

Er sollte an diesem Tag nicht mehr an die Küste kommen. Nachdem er und die Schafhirten etwa fünfzehn Meilen zurückgelegt hatten, machten sie im kühlen, feuchten Schatten eines Orangenhaines Rast, um etwas zu essen und ihren Wein zu trinken. Fabrizzio schwatzte munter drauflos und erzählte, daß er eines Tages bestimmt nach Amerika gehen würde. Nach der Mahlzeit lagen sie müde im Schatten herum, während Fabrizzio sich das Hemd aufknöpfte und seine Bauchmuskeln spielen ließ, um die Tätowierung zum Leben zu bringen. Das nackte Paar auf seiner Brust wand sich im Liebesrausch, und der Dolch des düpierten Ehemannes steckte zitternd in ihrem rosigen Fleisch. Die Männer lachten. Und mitten in diesem Lachen wurde Michael, wie es die Sizilianer nennen, «vom Blitzschlag getroffen».

Hinter dem Orangenhain lagen die grünen Felder eines herrschaftlichen Anwesens. Weiter den Weg hinab stand eine Villa, die so römisch aussah, als hätte man sie aus den Trümmern Pompejis gegraben – ein Schlößchen mit breitem Marmor-Portiko und kannellierten griechischen Säulen, durch die jetzt, von zwei gesetzten Matronen in düsterem Schwarz flankiert, eine Gruppe Dorfmädchen kam. Offenbar hatten sie dem Gutsherrn den uralten Dienst erwiesen, die Villa zu reinigen und sie für seinen Winteraufenthalt vorzubereiten. Nun gingen sie auf die Wiesen und pflückten Blumen, um damit die Räume des Hauses zu schmücken. Sie sammelten die rosafarbene *sulla*, purpurne Glyzinien, und fügten blühende Zweige von Orangen- und Zitronenbäumen hinzu. Ohne die Männer im Wäldchen zu sehen, kamen die Mädchen immer näher.

Sie trugen billige, bunt bedruckte Kleider, die eng am Körper lagen. Sie waren alle unter zwanzig, doch jede von ihnen besaß die reife Fraulichkeit der Südländerinnen. Drei oder vier von ihnen jagten ein anderes auf die Baumgruppe zu. Die Verfolgte hielt eine Weintraube in der Hand, pflückte immer wieder Beeren ab und bewarf ihre Freundinnen damit. Ihr lockiges Haar war ebenso blauschwarz wie die Trauben, ihr Körper so prall, daß er aus der Haut zu platzen schien.

Kurz vor dem Wäldchen machte sie plötzlich erschrocken halt, denn sie hatte die hellen Hemden der Männer entdeckt. Sie stand auf den Zehenspitzen – wie ein Reh, das zur Flucht bereit ist, und so nahe, daß die Männer ihre Gesichtszüge erkennen konnten.

Ihr Gesicht bestand nur aus Ovalen: oval die Augen, oval der Knochenbau, oval die Stirn. Die Haut war dunkel, aber fein und zart, die Augen riesig, tiefviolett oder braun, und von langen, schweren Wimpern verschattet. Der Mund war voll, aber nicht derb, süß, aber nicht weich und jetzt vom Traubensaft dunkelrot. Sie war so zauberhaft, daß Fabrizzio überwältigt murmelte: «Bei meiner Seele, ich könnte sterben!» Es sollte scherzhaft klingen, doch dazu war seine Stimme ein bißchen zu rauh. Als habe sie ihn gehört, kam plötzlich Bewegung in die Kleine. Sie wirbelte herum und floh zu ihren Freundinnen zurück. Unter dem engen Kleid zeichnete sich deutlich das Spiel ihrer Schenkel ab; sie lief wie ein Tier, heidnisch und unschuldig sinnlich. Bei den anderen angekommen, fuhr sie wieder herum. Vor dem Hintergrund leuchtender Blumen war ihr Gesicht ein dunkles Oval. Sie streckte den Arm aus, die Hand noch voll Trauben, und deutete auf den Orangenhain. Lachend stoben die Mädchen davon, während die schwarzgekleideten, fülligen Matronen sie ärgerlich ausschalten.

Michael stand wie erstarrt, mit laut klopfendem Herzen. Ein Taumel hatte ihn erfaßt; das Blut rauschte durch seinen Körper, schoß ihm in alle Glieder und pochte sogar in seinen Fingerspitzen und in den Zehen. Der Wind trug ihm alle Düfte der Insel zu – Orangenblüten, Zitronenblüten, Trauben und Blumen. Ihm war, als stehe er außerhalb seines Körpers. Und dann hörte er die Schafhirten lachen.

«Der Blitzschlag hat Sie getroffen, eh?» Fabrizzio schlug ihm vergnügt auf die Schulter. Sogar Calo verzog das Gesicht zu einer freundlichen Grimasse und tätschelte ihm den Arm. «Ruhig, Mann. Ruhig!» mahnte er ihn kameradschaftlich, als wäre Michael von einem Auto überfahren worden. Fabrizzio reichte ihm die Weinflasche, und Michael trank einen großen Schluck. Jetzt wurde sein Kopf endlich klarer.

«Was redet ihr beiden verdammten Schafhirten da?» fragte er.

Die beiden lachten. Calo sagte mit ernster, aufrichtiger Miene: «Den Blitzschlag kann man nicht verbergen. Wenn er einen trifft, sieht es jeder. Gott, Mann, Sie brauchen sich doch nicht zu schämen! Es gibt Männer, die beten zu Gott um den Blitzschlag. Sie haben Glück!»

Es war Michael durchaus nicht recht, daß man ihm seine Gefühle so deutlich ansah. Aber so etwas war ihm noch nie geschehen. Es war etwas ganz anderes als seine Pennälerflammen; es war etwas ganz anderes als seine Liebe zu Kay. Dies hier war ein überwältigendes Verlangen nach Besitz, dies war der unauslöschliche Eindruck, den das Gesicht dieses Mädchens in seiner Erinnerung hinterlassen hatte und der ihn, das wußte er sicher, bis an sein Lebensende verfolgen würde, wenn er es nicht schaffte, das Mädchen für sich zu gewinnen. Auf einmal war sein Leben auf einen ganz einfachen Nenner gebracht worden, auf einmal drehte es sich nur noch um einen einzigen Punkt, außerhalb dessen nichts mehr seiner Aufmerksamkeit wert war. Solange er im Exil lebte, hatte er ständig an Kay gedacht, obwohl er gewußt hatte, daß sie nie wieder ein Paar, vermutlich nicht einmal Freunde werden konnten. Denn schließlich war er ein Mörder, ein *mafioso*, der sich «die Sporen verdient hatte». Jetzt aber war Kay auf einmal vollständig aus seiner Erinnerung gelöscht.

Fabrizzio erklärte munter: «Ich gehe ins Dorf und erkundige mich nach ihr. Wer weiß, vielleicht ist sie gar nicht so unerreichbar, wie wir glauben. Für den Blitzschlag gibt es nur eine einzige Kur. Nicht wahr, Calo?»

Ernst und gewichtig nickte der andere. Michael schwieg. Stumm folgte er den beiden Männern, die ihm voraus ins nahe Dorf marschierten, wohin die Mädchen verschwunden waren.

Das Dorf drängte sich um den üblichen Hauptplatz mit dem Dorfbrunnen in der Mitte. Aber es lag an einer Hauptstraße, daher gab es ein paar Geschäfte, Weinhandlungen und ein kleines Café mit drei Tischen auf einer schmalen Steinterrasse. Die Schafhirten nahmen an einem der Tischchen Platz, und Michael setzte sich schweigend zu ihnen. Von den Mädchen war nichts mehr zu sehen. Das Dorf schien ausgestorben. Nur ein paar Kinder und ein verlassener Esel liefen herum.

Der Wirt des Cafés kam heraus, um sie nach ihren Wünschen zu fragen. Er war ein kleiner, gedrungener Mann, der sie freundlich begrüßte und eine Schale Kichererbsen auf den Tisch stellte. «Sie sind fremd hier», sagte er. «Darum darf ich Ihnen vielleicht einen Rat geben. Versuchen Sie meinen Wein. Trauben aus meinem eigenen Garten. Und den Wein haben meine Söhne gekeltert. Sie mischen Orangen und Zitronen hinein. So einen guten Wein bekommen Sie in ganz Italien nicht.»

Sie bestellten den Wein. Der Wirt brachte ihn in einem Krug. Er war dunkel und schwer wie Cognac und schmeckte noch besser, als sein Erzeuger behauptet hatte. Fabrizzio wandte sich an den Wirt: «Sie kennen doch alle Mädchen hier. Wir haben eben unterwegs ein paar gesehen, und eine davon hat unserem Freund besonders gefallen. Der Blitzschlag hat ihn getroffen.» Dabei deutete er auf Michael.

Der Wirt betrachtete Michael mit neuem Interesse. Bis jetzt war ihm dieses zerschlagene Gesicht nicht weiter aufgefallen; es schien kaum einen zweiten Blick zu verdienen. Aber ein Mann, den der Blitzschlag getroffen hatte, das war etwas anderes. «Sie sollten ein paar Flaschen Wein mit nach Hause nehmen, mein Freund», riet er Michael. «Sonst können Sie heute nacht nicht schlafen.»

Michael erkundigte sich bei ihm: «Kennen Sie ein Mädchen mit sehr krausem Haar? Sehr glatte Haut, sehr große Augen, sehr dunkle Augen. Kennen Sie so ein Mädchen in diesem Dorf?»

Schroff antwortete der Wirt: «Nein, so ein Mädchen kenne ich nicht.» Damit verschwand er im Haus.

Langsam tranken die drei Männer den Wein, leerten den Krug und riefen nach mehr. Der Wirt ließ sich nicht wieder blicken. Fabrizzio ging hinein, um ihn zu holen. Als er wiederkam, schnitt er eine Grimasse. «Hab ich mir's doch gedacht!» wandte er sich an Michael. «Das Mädchen, von dem wir gesprochen haben, ist seine Tochter, und er sitzt im Hinterzimmer und brütet Unheil. Ich glaube, wir sollten uns lieber auf den Heimweg nach Corleone machen.»

Trotz der langen Monate, die er schon auf der Insel war, hatte sich Michael noch immer nicht an die Empfindlichkeit gewöhnen können, die alle Sizilianer an den Tag legten, sobald es um die Beziehungen zwischen Mann und Frau ging. Doch dieses Verhalten war sogar für einen Sizilianer ungewöhnlich. Die beiden Schafhirten schienen allerdings nichts Besonderes daran zu finden. Sie warteten darauf, daß er aufstand. Fabrizzio sagte: «Der Alte hat mir gesagt, er hat zwei Söhne, große, rauhe Burschen. Er brauche nur zu pfeifen, dann wären sie da. Also kommen Sie, lassen Sie uns lieber gehen.»

Michael maß ihn mit kaltem Blick. Bis jetzt war er ein ruhiger, netter junger Mann gewesen, ein typischer Amerikaner. Wenn er auch, da er sich auf Sizilien versteckt hielt, etwas Waghalsiges getan haben mußte. Nun aber sahen die beiden Schafhirten zum erstenmal den Corleone-Blick. Don Tommasino, dem Michaels wahre Identität und seine Tat natürlich bekannt waren, hatte ihn schon sehr vorsichtig und als Gleichgestellten behandelt. Doch diese unverbildeten Schafhirten hatten sich ihre eigene Meinung von Michael gemacht, und die zeugte von keiner sehr großen Menschenkenntnis. Sein kalter Blick, sein starres weißes Gesicht, die Wut in seinen Augen ernüchterten sie und bereiteten ihrer Vertraulichkeit ein jähes Ende.

Als er sah, daß sie ihm endlich die respektvolle Aufmerksamkeit zollten, die ihm zukam, befahl Michael: «Bringt mir den Mann hierher!»

Sie gehorchten, ohne zu zögern. Die *lupara* geschultert, verschwanden sie in der kühlen Dunkelheit des Cafés, um wenige Minuten darauf mit dem Wirt in der Mitte wieder aufzutauchen. Der stämmige Mann wirkte keineswegs eingeschüchtert, aber zu seinem Zorn war eine gewisse Wachsamkeit getreten.

Michael lehnte sich bequem zurück und musterte den Mann in aller Ruhe. Dann sagte er sehr gelassen: «Wie ich höre, habe ich Sie gekränkt, als ich von Ihrer Tochter sprach. Ich möchte mich bei Ihnen entschuldigen. Ich bin noch fremd in diesem Land, ich kenne die hiesigen Gepflogenheiten noch nicht sehr gut. Aber ich möchte Ihnen versichern, daß ich mich weder Ihnen noch Ihrer Tochter gegenüber respektlos verhalten wollte.»

Die Leibwächter waren beeindruckt. Ein solcher Ton war ihnen neu an Michael. In seiner Stimme lag Kraft und Autorität, obwohl er eine Entschuldigung ausgesprochen hatte. Der Wirt zuckte die Achseln; jetzt, da er sicher war, daß er es nicht mit einem Bauerntölpel zu tun hatte, war er noch mehr auf der Hut. «Wer sind Sie und was wollen Sie von meiner Tochter?»

Offen erklärte Michael: «Ich bin Amerikaner und verstecke mich hier auf Sizilien vor der Polizei meines Heimatlandes. Mein Name ist Michael. Sie können mich der Polizei melden und damit ein Vermögen verdienen; aber dann würde Ihre Tochter den Vater verlieren, statt einen Ehemann zu bekommen. Doch das liegt bei Ihnen. Ich jedenfalls möchte Ihre Tochter kennenlernen. Mit Ihrer Erlaubnis und unter Aufsicht Ihrer Familie. In aller Form. Mit allem Respekt. Ich bin ein Ehrenmann; es würde mir niemals einfallen, Ihre Tochter zu entehren. Ich möchte sie kennenlernen, ich möchte mit ihr sprechen. Und wenn wir beide das gleiche empfinden, werden wir heiraten. Wenn nicht, werden Sie mich nie wiedersehen. Vielleicht bin ich ihr unsympathisch; daran kann kein Mensch etwas ändern. Und zu gegebener Zeit werde ich Ihnen alles über mich selber erzählen, was ein Schwiegervater von seinem Schwiegersohn wissen muß.»

Die drei Männer starrten ihn verblüfft an. Fabrizzio murmelte ehrfürchtig: «Da hat wirklich der Blitz eingeschlagen!» Der Wirt blickte zum erstenmal nicht mehr so selbstsicher und geringschätzig drein; sein Zorn schien sich zu legen. Schließlich fragte er: «Sind Sie ein Freund der Freunde?»

Den Namen Mafia durfte ein gewöhnlicher Sizilianer nicht aussprechen, daher war diese Formulierung die einzige Möglichkeit für den Wirt, sich zu erkundigen, ob Michael ein Mitglied der Mafia war. Man fragte immer so, ob jemand dazugehörte, aber die Frage wurde gewöhnlich nicht an den Betreffenden selber gerichtet.

«Nein», antwortete Michael. «Ich bin fremd in diesem Land.»

Der Wirt betrachtete ihn jetzt genauer; er sah die verletzte Gesichtshälfte, die langen Beine, die auf Sizilien selten waren. Er maß die beiden Schafhirten, die ihre *luparas* furchtlos und offen trugen, mit einem langen Blick, und er erinnerte sich, daß sie zu ihm ins Café gekommen waren und ihm erklärt hatten, ihr *padrone* wünsche ihn zu sprechen. Grob hatte er geantwortet, daß dieses Schwein von seiner Terrasse verschwinden solle, und da hatte ihm einer der Schafhirten geraten: «Gehen Sie lieber raus und sprechen Sie mit ihm. Glauben Sie mir, es ist besser so.» Und er war hinausgegangen. Und jetzt hatte er das Gefühl, daß es besser war, zu diesem Fremden höflich zu sein. Widerwillig sagte er: «Kommen Sie am Sonntagnachmittag. Ich heiße Vitelli. Mein Haus liegt da oben auf dem Hügel. Aber kommen Sie hierher ins Café, ich nehme Sie dann mit hinauf.»

Fabrizzio wollte noch etwas sagen, doch Michael warf ihm einen Blick zu, daß dem Schafhirten die Worte im Hals steckenblieben. Vitelli war das nicht entgangen. Darum schüttelte er Michael, als dieser aufstand, um zu gehen, lächelnd die Hand, die dieser ihm entgegenstreckte. Er nahm sich vor, Erkundigungen einzuziehen, und wenn die Auskünfte, die er bekam, nicht gut ausfielen, konnte er Michael am Sonntag noch immer mit seinen Söhnen und ihren Schrotflinten empfangen. Der Wirt hatte Verbindungen zu den «Freunden der Freunde». Doch eine innere Stimme sagte ihm, daß dieses Ereignis einer jener unverhofften Glücksfälle war, an die alle Sizilianer glauben; und außerdem sagte ihm seine innere Stimme, daß seine Tochter durch ihre Schönheit ihr Glück machen und ihrer Familie Sicherheit verschaffen werde. Und das kam ihm nicht ungelegen. Die jungen Dorfburschen fingen schon an, um sie herumzuschwirren, doch dieser Fremde mit dem zerschlagenen Gesicht würde sie verjagen. Um seinen guten Willen zu beweisen, gab Vitelli dem Fremden eine Flasche seines besten und kühlsten Weines mit auf den Weg. Er stellte fest, daß einer der Hirten die Rechnung beglich – eine Tatsache, die ihn noch stärker beeindruckte, denn sie verriet, daß Michael der Vorgesetzte seiner Begleiter war.

Michael hatte kein Interesse mehr daran, seine Wanderung fortzusetzen. In einer Autowerkstatt mieteten sie einen Wagen mit Fahrer, der sie nach Corleone zurückbrachte. Die Schafhirten mußten Dr. Taza noch vor dem Abendessen über die Ereignisse des Tages in Kenntnis gesetzt haben, denn abends, als sie im Garten saßen, berichtete Dr. Taza seinem Neffen, Don Tommasino: «Unseren Freund hat heute der Blitzschlag getroffen.»

Don Tommasino schien nicht überrascht zu sein. Er knurrte nur: «Ich wollte, ein paar von diesen jungen Burschen in Palermo würde auch der Blitzschlag treffen; dann würden sie mich vielleicht endlich in Ruhe lassen.» Er meinte die neuen Mafiachefs, die in den großen Städten wie Palermo die Macht der alten Garde bedrohten.

Michael wandte sich an Don Tommasino. «Bitte sagen Sie Ihren Schafhirten, daß sie mich am Sonntag allein lassen sollen. Ich bin von der Familie des Mädchens eingeladen und möchte nicht, daß sich die beiden da herumtreiben.»

Don Tommasino schüttelte den Kopf. «Ich bin Ihrem Vater verantwortlich für Sie, also kommen Sie mir nicht mit einer solchen Bitte. Und dann noch etwas: Wie ich hörte, haben Sie sogar von Heirat gesprochen. Das kann ich nicht zulassen, bis ich nicht weiß, was Ihr Vater dazu sagt. Ich werde jemanden zu ihm schicken.»

Michael antwortete sehr vorsichtig, um den anderen nicht zu kränken. «Don Tommasino», sagte er, «Sie kennen meinen Vater. Er stellt sich taub, wenn ihm jemand ein Nein zur Antwort gibt. Und er hört erst wieder, wenn sich dieses Nein in ein Ja verwandelt hat. Aber *mein* Nein hat er sich oft anhören müssen. Ich habe Verständnis dafür, daß Sie mir zwei Leibwächter mitgeben; ich möchte Ihnen keine Ungelegenheiten bereiten, darum sollen die beiden am Sonntag mitkommen. Aber wenn ich heiraten will, dann heirate ich. Sie müssen einsehen, daß es eine Beleidigung für meinen Vater wäre, wenn ich zuließe, daß Sie in mein persönliches Leben eingreifen, ihm dieses Vorrecht aber verweigere.»

Der *capo-mafioso* seufzte. «Nun gut, dann gibt es also eine Hochzeit. Ich kenne Ihren Blitzschlag übrigens. Sie ist ein nettes Mädchen aus einer anständigen Familie. Wenn Sie sie entehren, müßte der Vater versuchen, Sie umzubringen. Ich kenne die Familie gut und würde nicht zulassen, daß so etwas geschieht.»

«Vielleicht kann sie mich nicht ausstehen», sagte Michael. «Sie ist noch sehr jung und hält mich bestimmt für uralt.» Die beiden Männer sahen ihn lächelnd an. «Aber ich brauche Geld für ein paar Geschenke, und außerdem brauche ich einen Wagen.»

Der Don nickte. «Fabrizzio wird sich um alles kümmern. Er ist ein geschickter Junge; bei der Marine haben sie ihn zum Mechaniker ausgebildet. Morgen früh bekommen Sie Geld von mir, und dann werde ich Ihrem Vater einen Bericht über die Ereignisse schicken. Das ist meine Pflicht.»

Jetzt wandte sich Michael an Dr. Taza. «Haben Sie irgendein Medikament, mit dem Sie meine Nase trockenlegen können? Ich kann mich unmöglich vor dem Mädchen dauernd schneuzen.»

Dr. Taza beruhigte ihn. «Bevor Sie abfahren, werde ich Ihnen die Nase mit einer Flüssigkeit auspinseln. Sie werden dann zwar ein taubes Gefühl haben, aber nur keine Angst – zum Küssen wird es vorläufig ja noch nicht kommen.» Beide, der Arzt und der Don, lächelten.

Am Sonntag war Michael im Besitz eines ziemlich mitgenommenen, aber noch brauchbaren Alfa Romeo. Außerdem war er inzwischen mit dem Bus in Palermo gewesen, um dort Geschenke für das Mädchen und ihre Familie zu kaufen. Er hatte erfahren, daß sie Apollonia hieß. Er dachte jede Nacht an sie. Um einschlafen zu können, mußte er stets eine ziemliche Menge Wein in sich hineingießen, und die alten Dienerinnen hatten Anweisung, täglich eine volle, gekühlte Flasche an sein Bett zu stellen. Er trank sie jede Nacht leer.

Am Sonntag, beim Läuten der Kirchenglocken, fuhr er mit seinem Alfa Romeo ins Dorf und hielt vor dem Café. Auf dem Rücksitz hockten Calo und Fabrizzio mit ihren *luparas,* doch Michael hatte ihnen befohlen, hier im Café zu warten und auf keinen Fall mit zum Haus hinaufzukommen. Das Café war geschlossen, aber Vitelli stand schon an das Geländer der leeren Terrasse gelehnt und wartete.

Man schüttelte sich die Hand, dann nahm Michael die drei Geschenkpakete aus dem Wagen und kletterte mit Vitelli zum Haus hinauf. Es war größer als die üblichen Dorfhütten: Die Vitellis waren keine armen Leute.

Drinnen gab es die üblichen Madonnenstatuen unter Glas mit flakkernden Votivlichtern. Die beiden Söhne erwarteten sie. Sie trugen ihre schwarzen Sonntagsanzüge. Es waren kräftige junge Männer, etwa Anfang der Zwanzig, aber die schwere Landarbeit hatte sie älter gemacht. Die Mutter war eine energische Frau, nicht weniger kompakt als ihr Mann. Von Apollonia war nichts zu sehen.

Nachdem alle miteinander bekannt gemacht worden waren, nahm man in einem Zimmer Platz, das ebensogut Wohnraum wie Eßzimmer sein konnte. Es war mit allen möglichen Möbeln vollgestopft und ziemlich eng, aber für Sizilien war es der Inbegriff mittelständischer Eleganz.

Michael überreichte Signor und Signora Vitelli ihre Geschenke. Der Vater bekam einen goldenen Zigarrenschneider, die Mutter einen Ballen vom besten Wollstoff, den man in Palermo kaufen konnte. Sie wurden mit zurückhaltendem Dank entgegengenommen. Zu diesem Zeitpunkt waren Geschenke ein wenig verfrüht; sie hätten erst bei einem zweiten Besuch überreicht werden dürfen.

Der Vater sagte ihm ohne Umschweife, offen, wie es auf dem Land üblich ist: «Halten Sie uns nicht für so unbedeutend, daß wir jeden Fremden vorbehaltlos in unser Haus aufnehmen. Aber Don Tommasino hat sich persönlich für Sie verbürgt, und hier, in unserer Provinz, würde niemand sein Wort anzweifeln. Darum heiße ich Sie willkommen. Aber ich muß Ihnen sagen, wenn Sie mit meiner Tochter ernste Absichten haben, muß ich mehr über Sie und Ihre Familie wissen. Dafür werden Sie sicher Verständnis haben, Ihre Familie stammt ja auch aus diesem Land.»

Michael nickte. «Ich werde Ihnen alles erzählen, was Sie wissen wollen.»

Signor Vitelli hob abwehrend die Hand. «Ich bin nicht neugierig. Warten wir erst einmal ab, ob es überhaupt nötig ist. Vorerst sind Sie als Don Tommasinos Freund in meinem Hause willkommen.»

Trotz des Medikamentes in seiner Nase roch Michael, daß Apollonia ins Zimmer getreten war. Er drehte sich um, und da stand sie unter dem Rundbogen der Tür, die zu den hinteren Räumen des Hauses führte. Ein Duft nach frischen Blumen umgab sie. Sie trug ein steifes schwarzes Kleid, das offensichtlich ihr Sonntagsstaat war. Sie warf ihm nur einen kurzen Blick zu und lächelte; dann schlug sie sittsam die Augen nieder und setzte sich zu ihrer Mutter.

Michael verschlug es den Atem. Auf einmal begriff er die legendäre Eifersucht der italienischen Männer. In diesem Augenblick hätte er jeden getötet, der dieses Mädchen berührte oder versuchte, sie ihm fortzunehmen. Er wollte sie besitzen – mit der Gier des Geizhalses, der Gold sieht, mit der Gier des Pächters, der eigenes Land haben will. Nichts würde ihn davon abhalten, dieses Mädchen zu seinem Eigentum zu machen, sie zu besitzen, sie in sein Haus einzuschließen, sie zu seiner Gefangenen zu machen. Kein anderer würde sie sehen dürfen. Als sie dem einen der Brüder flüchtig zulächelte, maß Michael den Jungen unwillkürlich mit einem drohenden

Blick. Daran erkannte die Familie, daß es sich tatsächlich um einen klassischen Fall von «Blitzschlag» handelte, und war beruhigt. Bis zur Hochzeit würde der junge Mann Wachs in der Hand ihrer Tochter sein. Danach würde sich allerdings einiges ändern, doch dann spielte es keine Rolle mehr.

Michael hatte sich in Palermo neu eingekleidet, und der Familie war es nun klar, daß er ein Don sein mußte. Sein zerschlagenes Gesicht wirkte nicht so grimmig, wie er glaubte; die andere Seite seines Profils war so ebenmäßig, daß ihn die Entstellung sogar interessant machte. Außerdem war Sizilien ein Land, wo man schon die schrecklichsten körperlichen Verunstaltungen haben mußte, um als entstellt zu gelten.

Michael sah das Mädchen unverwandt an: das reizvolle Oval ihres Gesichts, ihre Lippen, in denen das Blut tiefrot pulste. Ihren Namen wagte er nicht auszusprechen, daher sagte er nur: «Ich habe Sie neulich im Orangenwäldchen gesehen. Sie liefen davon. Hoffentlich habe ich Sie nicht erschreckt?»

Nur eine Sekunde lang sah Apollonia auf; dann schüttelte sie den Kopf. Doch ihre Augen waren so schön, daß Michael den Blick abwenden mußte. Die Mutter ermahnte sie streng: «Apollonia, unterhalte dich mit dem armen Mann! Er ist meilenweit gefahren, um dich zu sehen.» Aber die langen schwarzen Wimpern hoben sich nicht. Michael gab ihr das in Goldpapier verpackte Geschenk. Apollonia legte es auf ihren Schoß. Der Vater verlangte: «Pack es aus, Kind!» Aber ihre Hände blieben still. Sie waren klein und braun, wie die Hände eines Jungen. Die Mutter langte zu und wickelte das Päckchen aus, vorsichtig, um das kostbare Papier nicht zu beschädigen. Als sie das rote Samtkästchen sah, stockte sie; so etwas hatte sie noch nie in der Hand gehabt, und sie wußte nicht, wie man es öffnete. Doch schließlich sprang der Deckel auf, und sie nahm das Geschenk heraus.

Es war eine schwere Halskette aus Gold, und das verschlug ihr den Atem – nicht nur, weil sie so wertvoll war, sondern weil in diesem Land ein Geschenk aus Gold ernsthafte Absichten bedeutete. Es war so gut wie ein Heiratsantrag oder vielmehr ein Zeichen, daß man die Absicht hatte, einen Heiratsantrag zu machen. Nun konnte kein Zweifel mehr daran bestehen, daß dieser Fremde es wirklich ernst meinte. Und auch an seinem Wohlstand zweifelte niemand mehr.

Apollonia hatte die Kette noch immer nicht berührt. Die Mutter hielt sie empor, das Mädchen aber blickte nur ganz kurz auf, sah Michael mit ernsten Rehaugen an und sagte: «Grazie.» Dabei hörte er zum erstenmal ihre Stimme: sie klang sehr weich und scheu.

Er versuchte immer wieder, sie nicht anzusehen und mit den Eltern zu reden, weil ihr Anblick ihn zu sehr verwirrte. Selbst der dicke Stoff ihres Kleides ließ die sinnlichen Formen ihres Körpers ahnen. Sie fühlte seinen Blick und errötete; das Blut, das ihr ins Gesicht stieg, färbte ihre samtige Haut noch dunkler.

Schließlich erhob sich Michael, um zu gehen. Auch die Familie stand auf. Man verabschiedete sich höflich, und er tauschte auch mit Apollonia einen Händedruck. Ihre Hand war warm und rauh. Der Vater begleitete ihn noch den Berg hinab zum Wagen und lud ihn für den nächsten Sonntag zum Essen ein. Michael nickte, aber er wußte, daß er nicht eine ganze Woche auf ein Wiedersehen mit Apollonia warten konnte.

Am folgenden Tag schon fuhr er allein, ohne die Schafhirten, ins Dorf und setzte sich auf die Caféterrasse, wo er sich mit Apollonias Vater unterhielt. Signor Vitelli hatte Erbarmen mit ihm: Er ließ seiner Frau und seiner Tochter ausrichten, sie möchten herunterkommen und ihm im Café Gesellschaft leisten. Diesmal war das Zusammentreffen weniger formell. Apollonia war nicht mehr so scheu, und sie sprach auch mehr. Sie trug wieder das lustig bedruckte Kleid, das ihr viel besser stand als das schwarze.

Am folgenden Tag spielte sich das gleiche ab. Nur trug Apollonia diesmal die goldene Kette, die er ihr geschenkt hatte. Er nahm das als günstiges Zeichen und lächelte ihr zu. Später stieg er mit ihr den Berg hinauf. Die Mutter folgte ihnen dicht auf den Fersen. Aber die beiden jungen Menschen konnten es nicht verhindern, daß ihre Körper sich berührten. Einmal stolperte Apollonia und fiel gegen ihn, so daß er sie auffangen mußte. Ihr Körper in seinen Armen war warm und lebendig, und eine heiße Woge stieg in ihm hoch. Sie sahen nicht, wie die Mutter hinter ihnen lächelte; ihre Tochter bewegte sich sonst so sicher wie eine Bergziege und war noch nie auf diesem Pfad gestolpert, seit sie den Windeln entwachsen war. Außerdem, für den jungen Mann war dies ja die einzige Möglichkeit, vor der Hochzeit ihre Tochter berühren zu können.

So ging es zwei Wochen lang. Jedesmal wenn er kam, brachte Michael Geschenke mit, und mit der Zeit verlor Apollonia ihre Scheu. Sie sahen sich nie allein. Apollonia war ein einfaches Bauernmädchen, sie konnte kaum lesen und schreiben und hatte keine Ahnung von der Welt, aber ihre unkomplizierte Frische, ihre Freude am Leben schlugen Michael in ihren Bann. Er bestand auf einer baldigen Hochzeit. Und da Apollonia fasziniert von ihm war und auch wußte, daß er sehr reich sein mußte, wurde die Hochzeit schon auf den übernächsten Sonntag festgesetzt.

Nun nahm Don Tommasino die Dinge in die Hand. Aus Amerika hatte er die Auskunft bekommen, daß Michael tun und lassen könne, was er wolle, daß aber alle Vorsichtsmaßnahmen zu treffen seien. Also ernannte sich Don Tommasino zum stellvertretenden Vater des Bräutigams, um damit die Anwesenheit seiner eigenen Leibwächter zu gewährleisten. Zusammen mit Dr. Taza waren auch Calo und Fabrizzio unter den Hochzeitsgästen aus Corleone. Das junge Paar sollte in Doktor Tazas Villa hinter der hohen Steinmauer wohnen.

Es wurde eine typische Bauernhochzeit. Die Dorfbewohner standen am Straßenrand und warfen Blumen auf Hochzeiter und Gäste, die alle zu Fuß von der Kirche zum Haus der Braut hinaufstiegen. Die Teilnehmer des Hochzeitszuges überschütteten die Zuschauer mit kandierten Mandeln, dem traditionellen Hochzeitskonfekt, und türmten die übriggebliebenen Mandeln zu süßen weißen Bergen auf dem Brautbett auf. In diesem Fall hatte das Bett allerdings nur symbolische Bedeutung, denn das junge Paar wollte die erste Nacht in der Villa bei Corleone verbringen. Die Hochzeitsfeier dauerte bis Mitternacht, doch Braut und Bräutigam wollten schon vorher in ihrem Alfa Romeo abfahren. Als es soweit war, stellte Michael zu seinem Erstaunen fest, daß auf Verlangen der Braut auch die Mutter mit nach Corleone kommen sollte. Der Vater erklärte ihm, das Mädchen sei jung, noch unberührt, sie ängstige sich ein wenig und brauche jemanden, mit dem sie am Morgen nach der Hochzeitsnacht sprechen könne – jemanden, der ihr gut zuredete, falls etwas schiefging. Diese Dinge waren manchmal ziemlich heikel. Apollonia sah Michael mit großen, fragenden Augen an. Er nickte ihr lächelnd zu.

Und so kam es, daß sie auf der Rückfahrt nach Corleone zu dritt im Wagen saßen. In der Villa jedoch nahm die Schwiegermutter ihre Tochter nur kurz in den Arm, drückte ihr einen Kuß auf die Wange und verschwand dann mit den Dienerinnen Dr. Tazas in den hinteren Räumen. Michael und seine Braut durften sich allein in ihr riesiges Schlafzimmer begeben.

Apollonia trug noch immer ihr Brautkleid, über das sie einen Umhang geworfen hatte. Die Koffer und ihre Truhe waren bereits heraufgeschafft worden. Auf einem Tischchen stand eine Flasche Wein und ein Teller mit kleinem Hochzeitsgebäck. Das breite Himmelbett beherrschte den ganzen Raum. Apollonia war in der Mitte des Zimmers stehengeblieben und wartete darauf, daß Michael etwas unternahm.

Doch nun, da er endlich mit ihr allein war, da sie seine rechtmäßige Frau geworden war und ihn nichts mehr daran hinderte, sie in Besitz zu nehmen, konnte Michael sich nicht überwinden, sich ihr zu nähern. Er sah zu, wie sie den Hochzeitsschleier abnahm und ihn über einen Stuhl breitete und wie sie die Brautkrone auf den kleinen Toilettentisch legte. Auf dem Tisch standen Parfumfläschchen und eine ganze Batterie Kosmetika, die Michael aus Palermo hatte kommen lassen. Das Mädchen streifte sie mit einem kurzen Blick.

Dann schaltete er das Licht aus, weil er glaubte, seine junge Frau wolle mit dem Ausziehen lieber warten, bis die Dunkelheit ihren Körper verbarg. Doch der sizilianische Mond schickte seine hellen Strahlen durch die offenen Fenster, bis Michael kurzerhand die Läden schloß.

Apollonia aber stand immer noch am Tisch. Michael beschloß, ins Badezimmer zu gehen, das am Ende des Korridors lag. Er hatte mit Dr. Taza und Don Tommasino im Garten unten noch ein Glas Wein getrunken, während die Frauen sich für die Nacht zurechtmachten, und hatte erwartet, Apollonia bei seiner Rückkehr bereits ausgekleidet und im Bett vorzufinden. Er wunderte sich, daß ihr die Mutter diesen Dienst nicht erwiesen hatte. Aber vielleicht wollte Apollonia, daß er ihr beim Ausziehen half. Doch nein, dazu war sie bestimmt noch zu scheu und zu unschuldig.

Als er aus dem Bad zurückkam, tastete er sich zum Bett hinüber und erkannte unter der weißen Decke die Umrisse von Apollonias Körper. Sie drehte ihm den Rücken zu und hatte sich ganz zusammengerollt. Er zog sich aus und schlüpfte nackt zwischen die Laken. Seine ausgestreckte Hand traf auf ihre seidenweiche Haut. Sie hatte ihr Nachthemd nicht angezogen, und diese Geste entzückte ihn. Langsam, vorsichtig, legte er ihr die Hand auf die Schulter und drehte sie sanft zu sich herum. Ebenso langsam folgte sie dem Druck seiner Hand. Seine Hand glitt auf ihre Brust herab, die weich war und voll, und dann warf sie sich ihm so ungestüm entgegen, daß die Berührung ihrer Körper einem elektrischen Schlag gleichkam und er sie endlich in den Armen hielt und den warmen Mund küßte und ihren Körper fühlen konnte.

Wie Seide fühlten sich ihre Haut und ihr Haar an. Ihr Körper war eine einzige große, bebende Erwartung. Als er in sie eindrang, verharrte er sekundenlang wie in völliger Erstarrung. Nur ein spitzer, keuchender Laut kam aus ihrem Mund. Dann aber schlang sie die Beine um seine Hüften. Ihre Körper waren eng aneinandergepreßt, in drängender Bewegung, um dann, auf dem Höhepunkt, plötzlich in tödliches Erschlaffen zu sinken.

In dieser Nacht und in den Wochen, die darauf folgten, begann Michael zu verstehen, warum in primitiven Kulturkreisen auf Jungfräulichkeit so großer Wert gelegt wird. Er ließ sich in eine Sinnlichkeit fallen, wie er sie noch niemals durchgemacht hatte, eine Sinnlichkeit, zu der sich das Gefühl männlicher Macht gesellte. In jenen ersten Tagen wurde Apollonia beinahe zu seiner Sklavin. Durch das Vertrauen und durch die Liebe, die er ihr schenkte, gelangte das junge, heißblütige Mädchen von der Jungfräulichkeit zu einer erotischen Bewußtheit, die köstlich war wie eine gereifte Frucht.

Apollonias Gegenwart hellte die düstere, männliche Atmosphäre der Villa ein wenig auf. Am Tag nach der Hochzeitsnacht schickte sie ihre Mutter nach Hause und übernahm strahlend das Präsidium über den Tisch. Don Tommasino kam jeden Abend zum Essen, und wenn sie dann später im Garten saßen und kühlen Wein tranken, erzählte Dr. Taza seine alten Geschichten. Des Nachts verbrachten sie lange Stunden in leidenschaftlicher Umarmung. Michael konnte nicht genug bekommen von Apollonias schönem Körper, von ihrer honigfarbenen Haut, von ihren großen, glühenden Augen. Sie hatte einen wunderbar frischen Duft. Ihr Begehren stand seiner männlichen Lust nicht nach. Oft dämmerte schon der Tag herauf, wenn sie endlich in einen erschöpften Schlummer fielen. Manchmal, während sie schon schlief, setzte sich Michael auf die Fensterbank und betrachtete ihren nackten Körper und ihr Gesicht, das so viel heitere Ruhe ausstrahlte, wie er es bisher nur an den Bildern von italienischen Madonnen gesehen hatte.

Während der ersten Woche nach der Hochzeit machten sie mit dem Alfa Romeo Ausflüge in die Umgebung und hielten Picknicks im Wald. Dann jedoch nahm Don Tommasino Michael beiseite. Er sagte ihm, daß er durch seine Hochzeit in den Mittelpunkt der Aufmerksamkeit gerückt sei und daß man nun Schutzmaßnahmen gegen die Feinde der Corleone-Familie treffen müsse, deren langer Arm sogar bis auf die Insel reiche. Don Tommasino umgab seine Villa mit bewaffneten Wachtposten, während Calo und Fabrizzio, die beiden Schafhirten, zur ständigen Einrichtung im Haus wurden. Von nun ab konnten Michael und seine junge Frau das Grundstück nicht mehr verlassen. Michael vertrieb sich die Zeit, indem er Apollonia Englisch lehrte und ihr auf dem Weg entlang der Gartenmauer das Autofahren beibrachte. Zu dieser Zeit etwa begann Don Tommasino immer geistesabwesender und wortkarger zu werden. Er habe Schwierigkeiten mit der neuen Mafia in Palermo, erklärte ihnen Dr. Taza.

Eines Abends, als sie im Garten saßen, brachte eine alte Frau, die im Dorf wohnte, aber in der Villa arbeitete, eine Schüssel frische Oliven heraus. Sie stellte die Früchte auf den Tisch; dann wandte sie sich an Michael und fragte: «Ist es wahr, was alle sagen – daß Sie der Sohn von Don Corleone aus New York City sind, der Sohn des *padrino*?»

Don Tommasino schüttelte den Kopf voller Ärger darüber, daß ihr Geheimnis offenbar allgemein bekannt war. Aber die Alte sah ihn so besorgt an, als sei es wichtig für sie, die Wahrheit zu erfahren, und darum nickte Michael. «Kennen Sie meinen Vater?» fragte er.

Die Alte hieß Filomena. Ihr Gesicht war runzlig und braun wie eine Nuß, die Lippen so dünn, daß sich die bräunlichen Zähne darunter abzeichneten. Zum erstenmal, seit er in der Villa lebte, lächelte sie ihn an. «Der *padrino* hat mir einmal das Leben gerettet», sagte sie. «Und den Verstand.» Sie tippte sich an die Stirn.

Offenbar wollte sie noch etwas sagen. Michael lächelte ihr ermutigend zu. Ängstlich fragte sie ihn: «Ist es wahr, daß Luca Brasi tot ist?»

Michael nickte und war erstaunt über die Erleichterung im Gesicht der Alten. Filomena schlug ein Kreuz. «Gott möge es mir verzeihen, aber seine Seele soll in Ewigkeit in der Hölle schmoren.» In Michael erwachte seine alte Neugier an Luca Brasi, plötzlich hatte er das Gefühl, daß diese Frau etwas über jene Geschichte wußte, die Hagen und Sonny ihm nie hatten erzählen wollen. Er schenkte ihr ein Glas Wein ein und forderte sie auf, sich zu ihnen zu setzen. «Erzählen Sie mir von meinem Vater und Luca Brasi», sagte er freundlich. «Ich weiß zwar einiges, aber wie sind sie Freunde geworden, und warum war Brasi meinem Vater so ergeben? Sie brauchen keine Angst zu haben, Sie können mir ruhig alles erzählen.»

Filomenas runzliges Gesicht mit den schwarzen Rosinenaugen wandte sich Don Tommasino zu. Er nickte. Und so vertrieb ihnen an diesem Abend Filomena mit ihrer Geschichte die Zeit.

Sie hatte vor dreißig Jahren in New York City gelebt, in der Tenth Avenue. Zu jener Zeit war sie noch Hebamme und betreute die italienische Kolonie. Die Italienerinnen waren immer schwanger, und das Geschäft ging gut. Filomena brachte den Ärzten noch einiges bei, wenn die ihr bei einer schweren Geburt ins Handwerk pfuschen wollten. Ihr Mann war damals ein wohlhabender Lebensmittelhändler gewesen, und jetzt ist er tot, der Arme, Gott habe ihn selig, obwohl er ein Glücksspieler und Frauenjäger gewesen war, der niemals für schlechte Zeiten etwas auf die hohe Kante legte. Jedenfalls, eines bösen Abends vor dreißig Jahren, als alle anständigen Menschen schon lange im Bett lagen und schliefen, klopfte es an Filomenas Tür. Sie hatte keine Angst, denn Kinder wählten sich für ihren Eintritt in diese sündhafte Welt oft die stillen Stunden der Nacht. Also zog sie sich an und öffnete. Draußen im Flur stand Luca Brasi, der damals schon einen erschreckenden Ruf besaß. Man wußte, daß er nicht verheiratet war, und Filomena bekam auf einmal doch Angst. Sie glaubte, er sei gekommen, um ihrem Mann etwas zuleide zu tun, der ihm vielleicht dummerweise eine kleine Gefälligkeit abgeschlagen hatte.

Doch Brasi war mit dem üblichen Verlangen gekommen. Er sagte der Hebamme, eine Frau stehe vor der Entbindung, die nicht in diesem Viertel wohne, sondern ziemlich weit weg, und daß sie sofort mitkommen müsse. Filomena ahnte, daß an der Sache etwas faul war. Brasis brutales Gesicht war an jenem Abend zu einer Fratze des Wahnsinns verzerrt, er befand sich zweifellos in der Gewalt eines Dämons. Sie versuchte zu protestieren, sie helfe nur Frauen, deren Schwangerschaftsablauf sie kenne, aber er drückte ihr ein paar grüne Scheine in die Hand und befahl ihr grob, mitzukommen. Sie hatte zuviel Angst, um sich zu weigern.

Auf der Straße stand ein Ford, dessen Fahrer vom selben Kaliber wie Brasi war. Nach knapp dreißig Minuten hielten sie in Long Island City gleich hinter der Brücke vor einem kleinen Holzhaus. Eigentlich war es ein Zweifamilienhaus, aber offenbar wohnte nur Brasi mit seiner Bande darin, denn in der Küche hockten noch mehr von diesen Banditen, spielten Karten und tranken. Brasi führte Filomena die Treppe hinauf in ein Schlafzimmer. Im Bett lag ein junges, hübsches Mädchen, anscheinend eine Irin, mit brandrotem Haar, sehr stark geschminkt und hochschwanger. Die Arme war völlig verschreckt. Als sie Brasi sah, drehte sie vor Entsetzen – jawohl, vor Entsetzen! – den Kopf zur Wand. Und wirklich, der Haß auf Brasis bösem Gesicht war das Schrecklichste, was sie jemals gesehen hatte. (Hier bekreuzigte sich Filomena noch einmal.)

Um es kurz zu machen: Brasi verließ das Zimmer. Zwei seiner Männer halfen der Hebamme bei ihrem Geschäft, und dann war das Baby da. Die Mutter fiel in einen erschöpften Schlaf. Brasi wurde gerufen, und Filomena reichte ihm das schnell in eine saubere Decke gewickelte Neugeborene. «Wenn Sie der Vater sind, nehmen Sie es», sagte sie. «Meine Arbeit ist jetzt beendet.»

Brasi funkelte sie mit bösen Augen an. «Jawohl, ich bin der Vater. Aber ich will nicht, daß diese Brut am Leben bleibt. Trag es in den Keller und wirf es ins Feuer.»

Einen Augenblick lang glaubte Filomena, ihn nicht richtig verstanden zu haben. Das Wort «Brut» hatte sie verwirrt. Meinte er damit, daß das Mädchen keine Italienerin war? Oder daß das Mädchen offensichtlich eine von der allerschlimmsten Sorte war, eine Hure? Oder meinte er, daß ein Kind, das seinen Lenden entsprungen war, nicht am Leben bleiben solle? Dann entschied sie, daß er einen brutalen Scherz gemacht habe. Sie sagte knapp: «Es ist ihr Kind. Tun Sie damit, was Sie wollen.» Und sie versuchte, ihm das Bündel in den Arm zu drücken.

Jetzt war die erschöpfte Mutter erwacht und drehte sich zu ihnen um. Sie sah gerade noch, wie Brasi das Bündel mit dem Neugeborenen zurückstieß. Mit schwacher Stimme rief sie: «Luc, Luc, es tut mir leid!» Brasi drehte sich zu ihr um.

Was nun kam, war furchtbar, sagte Filomena. Furchtbar. Sie waren wie zwei wilde Tiere. Unmenschlich. Der Haß, den sie füreinander empfanden, loderte durch das Zimmer. Es existierte in diesem Augenblick nichts anderes für sie, nicht einmal das neugeborene Kind. Und dennoch war eine seltsame Leidenschaft da. Eine blutige, dämonische Lust, so unnatürlich, daß man wußte, sie waren auf ewig verdammt. Dann wandte sich Luca Brasi wieder an Filomena und sagte scharf: «Tu, was ich dir gesagt habe. Ich werde dich reich machen.»

Filomena brachte vor Angst keinen Ton heraus. Sie schüttelte stumm den Kopf. Endlich flüsterte sie: «Sie müssen es tun, Sie sind der Vater. Tun Sie es, wenn Sie es wollen.» Doch Brasi antwortete nicht. Statt dessen zog er ein Messer aus seinem Hemd. «Ich schneide dir die Kehle durch», sagte er.

Von diesem Augenblick an mußte sie unter einem Schock gestanden haben, denn als sie wieder zu sich kam, waren sie alle im Keller des Hauses um einen großen, gußeisernen Heizungskessel. Filomena hielt noch immer das Kind auf dem Arm, das keinen Laut von sich gab. (Wenn es geweint hätte, wenn ich klug gewesen wäre und es gekniffen hätte, sagte Filomena, hätte das Ungeheuer vielleicht Erbarmen gezeigt.)

Einer der Männer mußte die Tür des Heizungskessels geöffnet haben, denn jetzt waren die Flammen zu sehen. Und dann war sie mit Brasi allein im Keller mit seinen schwitzenden Rohren und seinem dumpfen Geruch. Brasi hatte wieder das Messer gezogen. Und es gab keinen Zweifel daran, daß er sie umbringen würde. Da war das Feuer, da waren Brasis Augen. Sein Gesicht war eine teuflische

Maske, es war unmenschlich, es war irrsinnig. Er schob sie auf die offene Ofentür zu.

Hier verstummte Filomena. Sie faltete die knochigen Hände im Schoß und sah Michael an. Er wußte, was das bedeutete, wußte, was sie ihm wortlos mitteilen wollte. Sanft fragte er: «Haben Sie es getan?» Sie nickte.

Und fuhr erst mit ihrer Geschichte fort, nachdem sie ein weiteres Glas Wein getrunken, sich wieder bekreuzigt und dann ein kurzes Gebet gesprochen hatte. Sie hatte damals ein Bündel Geldscheine erhalten. Man brachte sie mit dem Wagen nach Hause. Wenn sie ein Wort über das sprach, was sie in dieser Nacht erlebt hatte, würde sie umgebracht werden, das war ihr klar. Doch zwei Tage darauf tötete Brasi die junge Irin, die Mutter des Kindes, und wurde von der Polizei verhaftet. Außer sich vor Angst ging Filomena zum *padrino* und erzählte ihm die Geschichte. Er befahl ihr zu schweigen und sagte, er werde sich um alles kümmern. Damals arbeitete Brasi noch nicht für Don Corleone.

Bevor der Don die Sache in Ordnung bringen konnte, machte Brasi in seiner Zelle einen Selbstmordversuch. Er versuchte sich mit einer Glasscherbe die Kehle durchzuschneiden. Man verlegte ihn ins Gefängnislazarett, und bis er wiederhergestellt war, hatte Don Corleone alles geregelt. Die Polizei konnte ihm nichts nachweisen, die Anklage wurde fallengelassen und Luca Brasi nach Hause geschickt.

Don Corleone hatte Filomena versichert, sie habe weder von Luca Brasi noch von der Polizei etwas zu befürchten, aber sie kam trotzdem nicht zur Ruhe. Ihre Nerven waren ruiniert, sie konnte ihren Beruf nicht mehr ausüben. Schließlich überredete sie ihren Mann, das Lebensmittelgeschäft zu verkaufen, und sie kehrten nach Italien zurück. Ihr Gatte war ein guter Mann, sie hatte ihm alles erzählt, und er hatte Verständnis gehabt. Aber er war auch ein schwacher Mensch und brachte in Italien das Vermögen durch, das sie sich beide im Schweiße ihres Angesichts in Amerika erworben hatten. Daher war sie nach seinem Tod Dienerin geworden. Und damit beendete Filomena ihre Geschichte. Sie trank noch ein letztes Glas Wein. Zu Michael gewandt, sagte sie: «Ich segne den Namen Ihres Vaters. Er hat mir immer Geld geschickt, wenn ich ihn darum gebeten habe, und er hat mich vor Brasi gerettet. Sagen Sie ihm, daß ich jeden Abend für seine Seele bete und daß er sich vor dem Tod nicht zu fürchten braucht.»

Als sie gegangen war, fragte Michael Don Tommasino: «Ist ihre Geschichte wahr?» Der *capo-mafioso* nickte. Und Michael dachte: Kein Wunder, daß niemand mir diese Geschichte erzählen wollte. Was für eine Geschichte. Und was für ein Luca.

Am folgenden Morgen wollte Michael mit Don Tommasino noch einmal über die Angelegenheit sprechen, erfuhr aber, daß dieser durch einen Kurier nach Palermo gerufen worden war. Als Don Tommasino abends zurückkehrte, nahm er Michael beiseite. Er habe Nachricht aus Amerika, sagte er. Eine Nachricht, die er nur schweren Herzens weitergebe: Man habe Santino Corleone ermordet.

24

Die frühe sizilianische Morgensonne erfüllte das Schlafzimmer mit zitronenfarbenem Licht. Michael erwachte. Neben sich fühlte er Apollonias seidenweichen Körper. Trotz all dieser Monate des Besitzes setzte ihn ihre Schönheit und ihre Leidenschaft immer noch in Erstaunen.

Sie verließ das Schlafzimmer, um sich im Bad am Ende des Korridors zu waschen und anzukleiden. Michael rauchte eine Zigarette und legte sich entspannt auf das Bett zurück. Es war der letzte Morgen, den sie in diesem Haus verbrachten. Don Tommasino hatte ihren Umzug in eine andere Stadt an der Südküste Siziliens arrangiert. Apollonia, die seit einem Monat schwanger war, wollte für einige Wochen ihre Familie besuchen und sollte ihm dann später nachfolgen.

Am Abend zuvor, als Apollonia schon zu Bett gegangen war, hatte Don Tommasino noch mit Michael im Garten gesessen. Der Don war müde und sorgenvoll und hatte zugegeben, daß er sich Gedanken über Michaels Sicherheit mache. «Ihre Heirat hat Sie exponiert», sagte er zu dem Jüngeren. «Ich wundere mich nur, daß Ihr Vater nicht für eine Ortsveränderung gesorgt hat. Ich habe genug mit den Schwierigkeiten zu tun, die mir die jungen Türken in Palermo bereiten. Ich habe ihnen ein faires Angebot gemacht, das sie in die Lage versetzt, ihren Schnabel tiefer einzutauchen, als sie es verdient haben, aber diese Gauner verlangen alles. Ich kann ihre Einstellung nicht verstehen. Sie haben ein paar kleine Tricks versucht, aber so leicht lasse ich mich nicht unterkriegen. Sie müßten wissen, daß sie mich nicht unterschätzen dürfen. Aber das ist das Übel bei jungen Leuten, ganz gleich, wie begabt sie sind: Sie durchdenken die Dinge nicht gründlich genug und verlangen zuviel.»

Und dann hatte Don Tommasino bestimmt, daß Calo und Fabrizzio, die beiden Schafhirten, Michael und seine Frau als Leibwächter im Alfa Romeo begleiten sollten. Er selber wolle sich gleich verabschieden, da er am frühen Morgen, bei Tagesanbruch, nach Palermo fahren müsse. Und Michael solle Dr. Taza nichts von seinem Umzug verraten, denn dieser habe vor, den Abend in Palermo zu verbringen, und könne dort ins Reden kommen.

Michael hatte bemerkt, daß Don Tommasino sich Sorgen machte. Bei Nacht patrouillierten bewaffnete Wachtposten um die Mauern der Villa, und auch im Haus befanden sich ständig einige zuverlässige Schafhirten mit ihren *luparas* als Schutz. Don Tommasino selber ging schwer bewaffnet und wurde auf Schritt und Tritt von einem Leibwächter begleitet.

Die Morgensonne war jetzt zu heiß geworden. Michael drückte die Zigarette aus; dann zog er Arbeitshosen und ein Arbeitshemd an und setzte die Schirmmütze auf, die alle Sizilianer trugen. Noch immer barfuß, beugte er sich weit aus dem Schlafzimmerfenster und sah Fabrizzio auf einem der Gartenstühle sitzen. Träge zog der Schafhirte einen Kamm durch sein dickes schwarzes Haar; die *lupara* hatte er achtlos auf den Gartentisch gelegt. Michael pfiff, und Fabrizzio hob den Kopf.

«Hol den Wagen!» rief Michael ihm zu. «In fünf Minuten fahren wir ab. Wo ist Calo?»

Fabrizzio stand auf. Unter dem offenen Hemd sah man die blaurote Tätowierung auf seiner Brust. «Sitzt in der Küche und trinkt Kaffee», antwortete er. «Wird Ihre Frau Sie begleiten?»

Mit zusammengekniffenen Augen sah Michael zu ihm hinab. Es war ihm in letzter Zeit aufgefallen, daß Fabrizzio viel zu oft Apollonia nachsah. Immerhin würde er es nicht wagen, der Frau eines Freundes von Don Tommasino zu nahe zu treten; hier auf Sizilien hätte das den sicheren Tod bedeutet. «Nein, sie fährt noch zu ihrer Familie und kommt in ein paar Tagen nach.» Fabrizzio lief zu der Steinhütte hinüber, die als Garage für den Alfa Romeo diente.

Michael ging ins Badezimmer. Apollonia war schon verschwunden. Vermutlich war sie in der Küche und bereitete, um ihn versöhnlich zu stimmen, selber das Frühstück. Sie hatte ein schlechtes Gewissen, weil sie ihre Familie noch einmal besuchen wollte, ehe sie ans andere Ende Siziliens ging. Don Tommasino würde später dafür sorgen, daß sie Michael nachfolgte.

Die alte Filomena brachte ihm in der Küche den Kaffee. Schüchtern sagte sie ihm auf Wiedersehen. «Ich werde meinen Vater von Ihnen grüßen», sagte Michael, und sie nickte.

Calo kam von draußen herein. «Der Wagen steht vor der Tür. Soll ich Ihren Koffer holen?»

«Nein, den hole ich mir selber», sagte Michael. «Wo ist Apollonia?»

Calo grinste belustigt. «Sie sitzt in Ihrem Wagen am Steuer und möchte furchtbar gern auf den Gashebel treten. Aus ihr wird bald eine richtige Amerikanerin geworden sein.»

«Schick mir Fabrizzio herein. Du wartest im Wagen auf mich», befahl Michael. Dann stand er auf und lief die Treppe zum Schlafzimmer empor. Sein Koffer war schon gepackt. Bevor er ihn aufnahm, warf er noch einen Blick aus dem Fenster und sah, daß der Wagen vor dem überdachten Hauptportal stand statt vor der Küchentür. Auf dem Fahrersitz thronte Apollonia, die Hände wie ein spielendes Kind auf das Lenkrad gelegt. Calo verstaute den Picknickkorb auf dem Rücksitz. Und dann entdeckte Michael etwas, das ihn sehr ärgerte: Gerade verließ Fabrizzio durch das Tor in der Mauer das Grundstück. Zum Teufel noch mal, was hatte er draußen zu suchen? Er sah, daß Fabrizzio noch einmal den Kopf zurückwandte. Sein Blick war verschlagen. Er mußte diesem verdammten Schafhirten einmal die Leviten lesen. Michael lief die Treppe hinab, beschloß aber, durch die Küche zu gehen und sich noch einmal von Filomena zu verabschieden. Er fragte die Alte: «Schläft Dr. Taza noch?»

Filomena zog ein verschmitztes Gesicht. «Alte Hähne können die Sonne nicht mehr begrüßen. Der Doktor war gestern abend in Palermo.»

Michael lachte. Er trat aus der Küchentür ins Freie. Sogar mit seiner verstopften Nase roch er den Duft der Zitronenblüten. Vom Wagen aus winkte ihm Apollonia zu. Das Fahrzeug stand etwa zehn Schritte von ihm entfernt in der Einfahrt, und er begriff, daß sie ihm winkte. Er solle bleiben, wo er war. Sie wollte mit dem Wagen auf ihn zufahren. Grinsend, die *lupara* lässig am Riemen schaukelnd, stand Calo neben dem Alfa. Von Fabrizzio war immer noch nichts zu sehen. In diesem Augenblick fügte sich in Michaels Gedanken auf einmal alles zusammen, und voller Entsetzen schrie er seiner Frau zu: «Nein! Nein!» Aber da drehte Apollonia schon den Zündschlüssel um, und sein Schrei ging unter im ohrenbetäubenden Krach einer gräßlichen Explosion. Die Küchentür wurde in Stücke gerissen und Michael fast drei Meter weit an der Hauswand entlanggeschleudert. Vom Dach herab prasselten ihm Steine auf Schultern und Kopf. Er sah noch, daß von dem Alfa nichts übriggeblieben war als die vier Räder und das Fahrgestell. Dann verlor er das Bewußtsein.

Als er wieder zu sich kam, lag er in einem verdunkelten Zimmer. Er hörte Stimmen, aber so leise, daß er die Worte nicht verstand. Sein Instinkt befahl ihm, sich nicht zu rühren, aber die Stimmen brachen ab. Irgend jemand, der auf einem Stuhl neben dem Bett saß, beugte sich über ihn, und eine Stimme sagte, jetzt deutlich und klar: «Endlich! Er ist wieder bei uns.» Eine Lampe ging an; ihr helles Licht brannte wie weißes Feuer in seinen Augen. Er wandte den Kopf ab. Sein Schädel war schwer und dumpf. Dann erkannte er das Gesicht, das sich über ihn beugte: Es war Dr. Taza.

«Sehen Sie mich nur eine Minute an, dann mache ich das Licht wieder aus», sagte Dr. Taza leise. Mit einer bleistiftdünnen Stablampe leuchtete er in Michaels Augen. «Sie werden sich wieder erholen», sagte der Doktor und wandte sich dann an jemand, der im Zimmer war. «Du kannst mit ihm sprechen.»

Der Mann, der auf dem Stuhl an seinem Bett saß, war Don Tommasino. Michael konnte ihn jetzt ganz deutlich erkennen. Der Don sagte: «Michael, kann ich mit Ihnen sprechen? Oder möchten Sie lieber ruhen?»

Es war weniger anstrengend, die Hand zu bewegen, als etwas zu sagen. Michael hob seine Hand, und Don Tommasino fragte: «Hat Fabrizzio den Wagen aus der Garage geholt?»

Michael lächelte, ohne sich dessen bewußt zu sein. Es war ein merkwürdig erschreckendes Lächeln, das unverkennbar ein Ja bedeutete. Don Tommasino fuhr fort: «Fabrizzio ist verschwunden. Hören Sie, Michael, Sie sind fast eine ganze Woche bewußtlos gewesen. Verstehen Sie mich? Alle halten Sie für tot. Sie sind also in Sicherheit. Man sucht nicht mehr nach Ihnen. Ich habe Ihrem Vater Nachricht gegeben, und er hat mir Anweisungen erteilt. Sie werden bald nach Amerika zurückkehren dürfen. Bis dahin ruhen Sie sich hier aus. Sie sind in einem Bauernhaus, das mir gehört, oben in den Bergen. Hier sind Sie sicher. Die Leute von Palermo haben jetzt, da Sie angeblich tot sind, Frieden mit mir geschlossen; sie waren also die ganze Zeit hinter Ihnen her. Sie wollten Sie umbringen, während alle glauben sollten, sie hätten es auf mich abgesehen. Es ist wichtig, daß Sie das wissen. Alles übrige können Sie getrost mir überlassen. Sorgen Sie nur dafür, daß Sie wieder zu Kräften kommen, und machen Sie sich keine Gedanken.»

Michael erinnerte sich jetzt genau an alles, was geschehen war. Er wußte, daß seine Frau tot war, und Calo auch. Die alte Frau in der Küche fiel ihm ein. Er wußte nicht mehr, ob sie mit ihm nach draußen gekommen war. Flüsternd erkundigte er sich: «Filomena?» Don Tommasino sagte ruhig: «Sie ist nicht verletzt. Sie hatte nur Nasenbluten vom Luftdruck. Sie können beruhigt sein.»

Michael sagte: «Fabrizzio. Sagen Sie Ihren Schafhirten, daß wer mir Fabrizzio bringt, die saftigsten Weiden von ganz Sizilien bekommt.»

Die beiden Männer schienen erleichtert aufzuatmen. Don Tommasino nahm von einem Tisch ein Glas und trank daraus eine gelbliche Flüssigkeit, die ihn zu erfrischen schien. Dr. Taza setzte sich auf den Bettrand und sagte gütig: «Sie wissen, daß Sie Witwer sind, nicht wahr? Das ist eine Seltenheit auf Sizilien.» Als wäre das Bewußtsein des Außergewöhnlichen ein Trost.

Michael winkte Don Tommasino heran. Der Don setzte sich auf

das Bett und beugte sich zu ihm herab. «Sagen Sie meinem Vater, daß er mich nach Hause holen soll», flüsterte Michael. «Sagen Sie meinem Vater, daß ich sein Sohn sein will.»

Aber es dauerte noch einen ganzen Monat, bis Michael sich von seinen Verletzungen erholt hatte, und weitere zwei Monate, bis alle notwendigen Papiere bereit und alle entsprechenden Maßnahmen getroffen waren. Dann flog er von Palermo nach Rom, von Rom nach New York. In dieser ganzen Zeit fand man von Fabrizzio keine Spur.

Siebentes Buch

25

Nachdem sie das College absolviert hatte, nahm Kay Adams eine Stellung als Volksschullehrerin in ihrer Heimatstadt in New Hampshire an. Während der ersten sechs Monate nach Michaels Verschwinden telefonierte sie jede Woche mit seiner Mutter, um sich nach ihm zu erkundigen. Mrs. Corleone war jedesmal sehr freundlich und sagte zu ihr: «Sie sehr, sehr nettes Mädchen. Sie Mikey vergessen und suchen sich netten Mann.» Kay war durchaus nicht gekränkt über ihre Direktheit. Sie begriff, daß Michaels Mutter sich Sorgen um sie machte.

Als das erste Schulsemester zu Ende ging, beschloß sie, nach New York zu fahren. Sie wollte sich ein paar Kleider kaufen und alte Collegefreundinnen besuchen. Außerdem dachte sie daran, sich in New York nach einem interessanten Job umzusehen. Fast zwei Jahre lang hatte sie wie eine alte Jungfer gelebt, hatte gelesen, Unterricht gehalten, Verabredungen abgelehnt, sich geweigert, überhaupt auszugehen – und das sogar, obwohl sie es längst aufgegeben hatte, in Long Beach anzurufen. So konnte es nicht weitergehen, das war ihr klar; allmählich wurde sie immer reizbarer und unglücklicher. Aber sie hatte geglaubt, daß Michael ihr doch noch einmal schreiben oder ihr irgendwie eine Nachricht zukommen lassen würde. Daß er es nicht getan hatte, demütigte sie. Es machte sie traurig, daß er zu ihr kein Vertrauen mehr besaß.

Sie nahm einen frühen Zug und traf nachmittags in ihrem Hotel ein. Ihre Freundinnen waren berufstätig; sie wollte sie nicht am Arbeitsplatz stören und schob daher diese Anrufe bis abends auf. Zum

Einkaufen aber hatte sie nach der anstrengenden Bahnfahrt keine rechte Lust. Ganz allein in ihrem Hotelzimmer sitzend, mußte sie an die vielen Nächte denken, die sie und Michael gemeinsam in Hotelbetten verbracht hatten, und fühlte sich unendlich verlassen. Dieses Gefühl der Verlassenheit war es dann auch, das sie veranlaßte, bei seiner Mutter in Long Beach anzurufen.

Als sie gewählt hatte, meldete sich eine rauhe, männliche Stimme. Kay fragte nach Mrs. Corleone. Nach einer kurzen Pause erkundigte sich die bekannte Stimme mit dem italienischen Akzent, wer dort sei.

Jetzt wurde Kay doch ein wenig verlegen. «Hier ist Kay Adams, Mrs. Corleone. Erinnern Sie sich an mich?»

«Sicher, sicher erinnere ich mich an Sie», antwortete Mrs. Corleone. «Warum haben Sie nicht mehr angerufen? Sind Sie verheiratet?»

«Aber nein», sagte Kay. «Ich hatte zuviel zu tun.» Erstaunt stellte sie fest, daß Michaels Mutter ärgerlich zu sein schien, weil sie nicht mehr angerufen hatte. «Haben Sie etwas von Michael gehört? Geht es ihm gut?»

Am anderen Ende der Leitung blieb es eine Weile still. Dann kam Mrs. Corleones Stimme laut und deutlich: «Mikey ist hier. Er Sie nicht angerufen? Er Sie nicht besucht?»

Kay spürte, wie sich ihr Magen verkrampfte – vor Schrecken und einem demütigenden Verlangen, weinen zu können. Fast hätte ihre Stimme versagt, als sie jetzt fragte: «Wie lange ist er denn schon zu Hause?»

«Sechs Monate.»

«Aha. Ich verstehe», sagte Kay. Und sie verstand wirklich. Heiße Scham überfiel sie, weil Michaels Mutter wußte, wie gering er sie schätzte und wie schlecht er sie behandelte. Dann aber wurde sie böse. Böse auf Michael, böse auf seine Mutter, böse auf alle Ausländer, auf alle Italiener, die nicht einmal so viel Anstand besaßen, einen Anschein von Freundschaft zu wahren, nachdem eine Liebesgeschichte zu Ende gegangen war. Wußte Michael denn nicht, daß sie sich einfach als Freund um ihn sorgte, selbst wenn er sie nicht mehr in seinem Bett haben wollte, selbst wenn er nicht mehr beabsichtigte, sie zu heiraten? Hielt er sie denn für eine von diesen armen, verblendeten Italienerinnen, die sich umbrachten, wenn man sie sitzenließ, nachdem sie ihre Jungfräulichkeit geopfert hatten? Sie gab sich Mühe, ihre Stimme so kühl wie möglich zu halten.

«Ich verstehe. Ich danke Ihnen vielmals», sagte sie. «Es freut mich, daß Michael wieder zu Hause ist und daß es ihm gutgeht. Mehr wollte ich nicht wissen. Ich werde Sie nicht mehr belästigen.»

Mrs. Corleones Stimme klang ungeduldig, als habe sie nichts von dem gehört, was Kay gesagt hatte. «Sie wollen Mikey sehen, Sie kommen hierher. Machen Sie ihm schöne Überraschung. Sie nehmen Taxi und sagen dem Taximann, daß er zweimal die Uhr bekommt, sonst fährt er nicht weiten Weg nach Long Beach. Aber Sie nicht bezahlen. Mein Mann hat Posten am Tor, der bezahlt Taxi.»

«Das geht leider nicht, Mrs. Corleone», sagte Kay kühl. «Wenn Michael mich sehen wollte, hätte er mich längst zu Hause angerufen. Offenbar legt er keinen Wert darauf, unsere Bekanntschaft wiederaufzunehmen.»

Jetzt wurde Mrs. Corleone energisch. «Sie ein sehr nettes Mädchen, Sie hübsche Beine, aber Sie haben nicht viel im Kopf.» Sie kicherte. «Sie kommen her, *mich* besuchen, nicht Mikey. Ich will mit Ihnen sprechen. Sie kommen jetzt gleich. Und Sie bezahlen bestimmt nicht Taxi. Ich warte auf Sie.» Es knackte in der Leitung. Mrs. Corleone hatte aufgelegt.

Kay hätte nochmals anrufen und sagen können, daß sie nicht kommen werde, aber sie war sich klar darüber, daß sie Michael sehen mußte, daß sie mit ihm sprechen mußte, und wenn das Gespräch auch nur aus höflichen Floskeln bestand. Wenn er jetzt in aller Offenheit zu Hause lebte, so konnte das nur bedeuten, daß sich seine Schwierigkeiten erledigt hatten und er wieder leben konnte wie ein normaler Mensch. Mit einem Satz sprang sie aus dem Bett und machte sich für ihr Wiedersehen mit Michael zurecht. Sie gab sich große Mühe mit ihrem Make-up und mit der Wahl des richtigen Kleides. Als sie fertig war, betrachtete sie sich im Spiegel. Sah sie jetzt besser aus als damals, als Michael verschwand? Oder würde er sie älter, unattraktiver finden? Ihre Figur war fraulicher geworden, ihre Hüften runder, ihre Brust voller – das lieben die Italiener angeblich, obwohl Michael immer behauptet hatte, er liebe sie so, wie sie sei, nämlich dünn. Aber das alles spielte ja keine Rolle. Michael wollte ganz offensichtlich nichts mehr mit ihr zu tun haben, sonst hätte er sie bestimmt in den sechs Monaten, die er schon zu Hause war, angerufen.

Der Fahrer des Taxis, das sie anhielt, weigerte sich, nach Long Beach zu fahren, bis sie ihm mit einem liebenswürdigen Lächeln erklärte, sie werde den doppelten Fahrpreis bezahlen. Die Fahrt dauerte fast eine Stunde. Als sie in Long Beach ankamen, fiel es ihr auf, daß sich die Promenade verändert hatte, seit sie das letzte Mal hier gewesen war: Jetzt schloß ein hoher Eisenzaun das Gelände ein, und die Zufahrt war mit einem schweren Eisentor versperrt. Ein Mann in Sporthose und weißem Jackett über rotem Hemd kam heraus, steckte den Kopf in das Wagenfenster, um die Zähluhr abzulesen, und gab dem Fahrer mehrere Geldscheine. Nachdem Kay gesehen hatte, daß der Fahrer nicht protestierte, sondern mit der Bezahlung durchaus zufrieden war, stieg sie aus und ging zu Fuß weiter.

Am Haus des Don öffnete ihr Mrs. Corleone persönlich und begrüßte sie zu ihrer Verwunderung mit einer herzlichen Umarmung. Dann maß sie das junge Mädchen mit abschätzendem Blick. «Sie ein schönes Mädchen», erklärte sie zufrieden nickend. «Ich habe dumme Söhne.» Sie zog Kay ins Haus und führte sie in die Küche, wo schon eine Platte mit Speisen bereitstand und auf dem Herd der Kaffeetopf dampfte. «Michael kommt bald nach Hause», sagte Mrs. Corleone. «Sie machen ihm schöne Überraschung.»

Gemeinsam setzten sie sich an den Tisch, und die Alte nötigte Kay zum Essen. Zwischendurch stellte sie viele neugierige Fragen. Erfreut vernahm sie, daß Kay Lehrerin geworden war, daß sie hier in New York alte Freundinnen besuchen wollte und daß sie erst vierundzwanzig Jahre zählte. Immer wieder nickte sie mit dem Kopf, als entsprächen die Antworten, die sie bekam, gewissen Vorstellungen, die sie über Kay hatte. Kay selber war so nervös, daß sie nur Mrs. Corleones Fragen der Reihe nach beantworten und selbst nichts zum Gespräch beitragen konnte.

Sie sah ihn schon durch das Küchenfenster. Vor dem Haus hielt ein Wagen, dem zwei ihr unbekannte Männer entstiegen. Und dann kam Michael. Er unterhielt sich mit einem der Männer und wandte ihr sein Profil zu – das linke. Es war zerschlagen, eingedrückt wie das Plastikgesicht einer Puppe, der ein Kind einen wütenden Fußtritt versetzt hat. Seltsamerweise änderte diese Entstellung in ihren Augen nicht das geringste an seinem guten Aussehen, sondern rührte sie nur zu Tränen. Als er sich umdrehte und auf das Haus zukam, sah sie ihn ein schneeweißes Taschentuch an die Nase führen.

Die Haustür klappte, Schritte näherten sich der Küche, und dann stand er da und sah Kay und seine Mutter. Zuerst blieb seine Miene ausdruckslos, dann aber begann er kaum merklich zu lächeln: Wegen seiner Verletzung konnte er den Mund nicht breitziehen. Und Kay – die sich vorgenommen hatte, so kühl wie möglich zu sagen: «Hallo! Wie geht's?» –, Kay sprang auf, lief zu ihm hin, warf sich in seine Arme und barg ihr Gesicht an seiner Schulter. Er küßte sie auf die tränenfeuchte Wange und hielt sie fest, bis das Weinen nachließ. Dann führte er sie zum Wagen hinaus, schickte die Leibwächter mit einer Handbewegung fort und fuhr mit ihr davon. Sie brachte ihr Make-up in Ordnung, indem sie kurzerhand alles, was davon noch übriggeblieben war, mit einem Taschentuch abwischte.

«Das lag ganz und gar nicht in meiner Absicht», sagte sie. «Aber kein Mensch hat mir gesagt, wie schwer du verletzt worden bist.»

Lachend hob Michael die Hand an die Wange. «Meinst du das hier? Ach was, das ist nichts. Wirkt sich nur etwas störend auf meine Nase aus. Und jetzt, wo ich wieder zu Hause bin, werde ich es wohl operieren lassen. Ich konnte dir weder schreiben noch sonst etwas tun. Das mußt du verstehen, bevor wir uns weiter unterhalten.»

«Ja», sagte sie.

«Ich habe eine Wohnung in der Stadt. Ist es dir recht, wenn wir dorthin fahren? Oder würdest du lieber zum Essen in ein Restaurant gehen?»

«Ich habe keinen Hunger.»

Eine Zeitlang sagte keiner von beiden etwas, während sie auf New York zurollten. «Hast du das College abgeschlossen?» fragte Michael.

«Ja», antwortete Kay. «Ich bin jetzt Volksschullehrerin bei uns in der Stadt. Hat man den Mann gefunden, der diesen Polizisten erschossen hat? Konntest du darum wieder nach Hause kommen?»

Michael zögerte mit der Antwort. «Ja, man hat ihn gefunden», sagte er dann. «Es hat in allen New Yorker Zeitungen gestanden. Hast du es nicht gelesen?»

Vor Erleichterung darüber, daß er kein Mörder war, lachte Kay fröhlich auf. «Bei uns in der Stadt gibt es nur die *New York Times*. Und diese Notiz hat bestimmt ganz hinten auf Seite neunundachtzig gestanden. Wenn ich es gelesen hätte, dann hätte ich deine Mutter schon eher angerufen.» Nach einer kleinen Pause fuhr sie fort: «Komisch. So, wie deine Mutter geredet hat, hätte ich beinahe geglaubt, daß du es warst. Und dann hat sie mir vorhin beim Kaffee, kurz bevor du kamst, von dem Verrückten erzählt, der alles gestanden hat.»

«Vielleicht hat meine Mutter das zunächst wirklich geglaubt», sagte Michael.

«Deine eigene Mutter?»

Michael grinste. «Mütter sind wie Cops. Sie müssen immer gleich das Schlimmste annehmen.»

In der Mulberry Street stellte Michael den Wagen in eine Garage, deren Besitzer ihn zu kennen schien. Ein Stückchen gingen sie noch zu Fuß, bogen um eine Ecke, und dann schloß Michael die Tür eines ziemlich vernachlässigten Sandsteinhauses auf, das in die heruntergekommene Umgebung paßte. Das Innere des Hauses dagegen war, wie Kay beim Eintreten feststellte, so teuer und elegant, daß es der Residenz eines Millionärs Ehre gemacht hätte. Michael führte sie die Treppe hinauf in seine Wohnung, die aus einem riesigen Wohnzimmer, einer geräumigen Küche und einem Schlafzimmer bestand. In einer Ecke des Wohnzimmers stand eine Bar, an der Michael jetzt Drinks für sie beide zurechtmachte. Anschließend setzten sie sich gemeinsam auf das Sofa, doch Michael schlug gelassen vor: «Eigentlich könnten wir gleich in das Schlafzimmer gehen.»

Kay trank einen großen Schluck aus ihrem Glas und sah ihn lächelnd an. «Ja, Mike», sagte sie.

Es war alles wie früher, nur ging Michael jetzt etwas härter mit ihr um, etwas direkter und nicht mehr so zärtlich wie damals. Als sei er auf der Hut vor ihr. Aber sie wollte ihm nichts sagen. Es würde sich mit der Zeit wieder geben. Merkwürdig, in einer solchen Situation sind Männer doch viel sensibler als Frauen, dachte sie. Für sie war diese erste Umarmung nach Michaels zweijähriger Abwesenheit das Natürlichste von der Welt. Für sie war es, als wäre er überhaupt keinen Tag lang fortgewesen.

«Du hättest mir schreiben können, du hättest mir vertrauen können.» Sie schmiegte sich eng an seine Brust. «Ich hätte mich an die New England-*omerta* gehalten. Auch Yankees können verschwiegen sein.»

Michael lachte leise in die Dunkelheit. «Ich hätte nicht gedacht, daß du auf mich wartest. Nach allem, was geschehen ist.»

Kay sagte rasch: «Ich habe nie daran geglaubt, daß du diese beiden Männer umgebracht hast. Nur, als deine Mutter es auch zu glauben schien. Aber ganz tief im Herzen habe ich es nicht geglaubt. Dafür kenne ich dich viel zu gut.»

Michael seufzte. «Es spielt keine Rolle, ob ich es getan habe oder nicht», sagte er. «Das mußt du verstehen.»

Kay war ein wenig überrascht von der Kälte, mit der er sprach. «Ich will es jetzt aber wissen: Hast du es getan oder nicht?»

Im Dunkeln richtete Michael sich auf, um sich eine Zigarette anzuzünden. Die Flamme des Feuerzeugs leuchtete hell. «Wenn ich dich bitten würde, meine Frau zu werden, müßte ich dir dann erst diese Frage beantworten, bevor du mir eine Antwort gibst?»

«Es würde keine Rolle spielen», sagte Kay. «Ich liebe dich. Es wäre mir gleich. Wenn du mich liebtest, hättest du keine Angst, mir die Wahrheit zu sagen. Dann hättest du keine Angst, daß ich dich der Polizei verraten würde. Das ist es doch, nicht? Dann bist du also tatsächlich ein Gangster. Aber es ist mir egal. Nicht egal ist mir aber, daß du mich offensichtlich nicht liebst. Du hast mich nach deiner Rückkehr nicht einmal angerufen.»

Michael zog an seiner Zigarette; ein wenig glühende Asche fiel auf Kays nackten Rücken. Sie zuckte zusammen. «Hör auf, mich zu foltern. Ich werde nicht singen», sagte sie lächelnd.

Aber Michael lachte nicht. Seine Stimme klang, als sei er mit seinen Gedanken weit fort. «Als ich nach Hause kam, weißt du, da habe ich mich nicht sehr gefreut, daß ich meine Familie wiedersah, meinen Vater, meine Mutter, meine Schwester Connie und Tom. Im Grunde berührte es mich nicht. Erst als ich heute abend nach Hause kam und dich in der Küche sitzen sah, da habe ich mich auf einmal gefreut. Ist es das, was du Liebe nennst?»

«Für mich ist es genug.»

Sie liebten sich noch einmal, und Michael war jetzt ein wenig zärtlicher. Dann ging er ins Nebenzimmer, um frische Drinks zu holen. Als er zurückkam, setzte er sich dem Bett gegenüber in einen Sessel. «Was hältst du davon, wenn wir heiraten?» sagte er. Kay lächelte und winkte ihn zu sich ins Bett. Michael erwiderte ihr Lächeln. «Sei doch mal ernst», sagte er. «Ich kann dir nicht erzählen, was sich ereignet hat. Im Augenblick arbeite ich für meinen Vater. Ich lerne, wie man Olivenöl verkauft, und werde das Familiengeschäft übernehmen. Aber wie du weißt, hat meine Familie Feinde. Mein Vater hat Feinde. Es könnte sein, daß du eine sehr junge Witwe wirst. Es ist nicht anzunehmen, aber es könnte sein. Und nie werde ich dir abends, wenn ich nach Hause komme, erzählen, was sich tagsüber im Geschäft ereignet hat. Ich werde dir überhaupt nichts über geschäftliche Dinge erzählen. Du wirst meine Frau, aber nicht meine Partnerin sein, wie man so schön sagt. Keine gleichberechtigte Partnerin. Das ist unmöglich.»

Kay richtete sich in den Kissen auf. Sie knipste die Stehlampe neben dem Nachttisch an und nahm sich eine Zigarette. Rauchend lehnte sie sich im Bett zurück. «Du willst mir sagen, daß du ein Gangster bist, nicht wahr? Du willst mir sagen, daß du dafür verantwortlich bist, wenn Menschen getötet, wenn Verbrechen verübt werden. Und daß ich dich niemals nach diesem Teil deines Lebens fragen, ja daß ich nicht einmal darüber nachdenken darf. Genau wie in den Horrorfilmen, wenn das Ungeheuer das schöne junge Mädchen bittet, seine Frau zu werden.» Lächelnd drehte Michael ihr die verletzte Seite seines Gesichts zu, und Kay sagte zerknirscht: «O Mike, das meine ich doch gar nicht! Ich schwöre dir, daß ich es nicht einmal sehe.»

«Ich weiß», lachte Michael. «Ich möchte es jetzt auch nicht mehr missen. Nur daß meine Nase ewig läuft.»

«Du hast gesagt, daß wir ernst sein wollen», sagte Kay. «Wenn wir nun heiraten, wie soll dann das Leben aussehen, das ich führen muß? Wie das Leben deiner Mutter? Wie das einer braven italienischen Ehefrau: Kinder, Kirche, Küche? Und was, wenn dir wirklich etwas passiert? Vermutlich kannst du auch eines Tages im Kittchen landen.»

«Ausgeschlossen», sagte Michael. «Tot, ja. Gefängnis, nein.»

Kay mußte über die Selbstverständlichkeit lachen, mit der er diese

Möglichkeit ausschloß, und dieses Lachen enthielt seltsamerweise eine gehörige Portion Stolz. «Aber woher willst du das wissen?»

Michael seufzte. «Das alles sind Dinge, über die ich zu dir nicht sprechen kann und auch nicht will.»

Kays Schweigen dauerte sehr lange. «Warum willst du mich jetzt auf einmal heiraten? Du hast mich in all diesen Monaten nicht angerufen. Bin ich so gut im Bett?»

Mit tiefernster Miene nickte Mike. «Natürlich», sagte er. «Aber das kriege ich ja umsonst. Warum sollte ich dich deshalb heiraten? Hör zu, ich will deine Antwort gar nicht sofort. Wir werden uns häufig sehen. Du kannst alles in Ruhe mit deinen Eltern besprechen. Wie ich höre, ist ja dein Vater auf seine Art auch ein recht harter Mann. Du solltest auf seinen Rat hören.»

«Du hast mir immer noch nicht gesagt, warum du mich heiraten willst», sagte Kay.

Michael nahm ein weißes Taschentuch aus der Nachttischschublade und hielt es an die Nase. «Da hast du zum Beispiel den besten Grund für ein Nein auf meinen Antrag», sagte er. «Wie würde es dir gefallen, einen Mann zu haben, der sich ewig die Nase schneuzen muß?»

Ungeduldig sagte Kay: «Nun komm schon, sei endlich mal ernst! Ich habe dich etwas gefragt.»

Michael hielt das Taschentuch noch in der Hand. «Okay», sagte er. «Nur dieses eine Mal. Du bist der einzige Mensch, für den ich Zuneigung empfinde, an dem mir wirklich etwas liegt. Und ich habe dich nicht angerufen, weil ich niemals erwartet hätte, daß du nach allem, was geschehen ist, noch immer Interesse an mir haben könntest. Sicher, ich hätte dir nachlaufen können, ich hätte dich belügen können, aber das wollte ich nicht. Und jetzt werde ich dir etwas anvertrauen, das nicht einmal dein Vater wissen darf: Wenn alles gutgeht, wird die Corleone-Familie in ungefähr fünf Jahren vollkommen legal geworden sein. Um das zu erreichen, sind ein paar sehr knifflige Schachzüge notwendig. Das ist der Punkt, der dich zur reichen Witwe machen kann. Und jetzt: Weshalb ich dich haben will? Nun ja, weil ich dich brauche, und weil ich mir eine Familie wünsche. Ich wünsche mir Kinder; es wird langsam Zeit. Und ich möchte nicht, daß diese Kinder von mir so beeinflußt werden, wie ich von meinem Vater beeinflußt worden bin. Damit will ich nicht sagen, daß mich mein Vater bewußt beeinflußt hat. Das hat er nicht. Er wollte mich nicht einmal im Familiengeschäft haben. Aber dann ging alles schief, und ich mußte für meine Familie kämpfen. Ich mußte kämpfen, weil ich meinen Vater liebe und bewundere. Nie habe ich einen Mann gekannt, der größeren Respekt verdient hätte. Er war ein guter Ehemann, ein guter Vater und den Menschen, die im Leben nicht so viel Glück hatten wie er, ein guter Freund. Er hat zwar noch eine andere Seite, aber die ist für mich als Sohn nicht relevant. Jedenfalls will ich nicht, daß es meinen Kindern so geht wie mir. Ich möchte, daß du deinen Einfluß bei ihnen geltend machst. Ich möchte, daß sie wie ganze Amerikaner aufwachsen, wie richtige Amerikaner, mit allem Drum und Dran. Wer weiß, vielleicht gehen sie oder ihre Enkel sogar in die Politik.» Michael grinste. «Vielleicht wird einer von ihnen Präsident der Vereinigten Staaten. Warum eigentlich nicht? Im Geschichtsunterricht in Dartmouth sind wir den Vorfahren sämtlicher Präsidenten nachgegangen, und da haben wir ein paar Väter und Großväter gefunden, die von Glück sagen konnten, daß sie nicht hängen mußten. Aber ich bin schon zufrieden, wenn meine Kinder Ärzte, Musiker oder Lehrer werden. Sie werden keinen Fuß ins Familiengeschäft setzen. Doch wenn sie in dem Alter sind, habe ich mich ohnehin schon zurückgezogen. Und dann sind wir beide, du und ich, Mitglieder eines Country-Clubs und leben das gute, einfache Leben wohlhabender Amerikaner. Na, was hältst du von diesen Aussichten, Schatz?» – «Wunderbar!» lächelte Kay. «Aber du bist nicht näher auf die Witwenfrage eingegangen.»

«Diese Wahrscheinlichkeit ist wirklich nicht groß. Ich habe es nur erwähnt, um dir ein faires Bild zu geben.» Michael hielt sich das Taschentuch an die Nase.

«Ich kann es einfach nicht glauben! Ich kann es einfach nicht glauben, daß du ein solcher Mann sein sollst. Du bist es einfach nicht.» Kay machte ein zutiefst verwundertes Gesicht. «Ich verstehe das alles nicht. Wie kann so etwas möglich sein?»

«Weitere Erklärungen gebe ich nicht», sagte Michael freundlich. «Mach dir um diese Dinge keine Sorgen. Sie haben im Grunde weder mit dir zu tun noch mit unserem gemeinsamen Leben, wenn wir heiraten sollten.»

Kay schüttelte den Kopf. «Wie kannst du mich heiraten wollen? Wie kannst du durchblicken lassen, daß du mich liebst? Du hast dieses Wort nie ausgesprochen, aber du hast eben gesagt, daß du deinen Vater liebst; daß du mich liebst, hast du nie gesagt. Wie kannst du das auch, wenn du mir so wenig vertraust, daß du mir von den wichtigsten Dingen in deinem Leben nichts erzählen kannst? Wie kannst du eine Frau haben wollen, der du mißtraust? Dein Vater hat doch Vertrauen zu deiner Mutter. Das weiß ich genau.»

«Gewiß», sagte Michael. «Aber das heißt nicht, daß er ihr alles erzählt. Außerdem, weißt du, hat er guten Grund, ihr zu vertrauen. Nicht weil sie verheiratet sind, aber sie hat ihm vier Kinder geboren – in einer Zeit, als es nicht gut war, Kinder zu haben. Es gab keine Sicherheit für eine Familie. Wenn er mit Schußwunden nach Hause kam, hat sie ihn gepflegt und bewacht. Sie hat an ihn geglaubt. Vierzig Jahre lang. Wenn du das gleiche getan hast, dann erzähle ich dir vielleicht auch ein paar Dinge, die du eigentlich gar nicht hören willst.»

«Werden wir in der Promenade wohnen müssen?»

Michael nickte. «Wir werden aber ein eigenes Haus bekommen. Es wird also halb so schlimm. Meine Eltern mischen sich nicht ein. Wir werden unser eigenes Leben führen können. Aber bis alles geregelt ist, werde ich in der Promenade wohnen müssen.»

«Weil es für dich gefährlich ist, draußen zu leben.» Kays Worte waren eine Feststellung, keine Frage.

Zum erstenmal, seit sie ihn kannte, erlebte sie jetzt, daß er zornig wurde. Es war ein Zorn, der eisige Kälte ausströmte, und diese Kälte zeigte sich weder in einer Geste noch in einer Veränderung der Stimme. Er strahlte sie aus wie eine tödliche Warnung, und Kay war sich darüber im klaren, daß diese Kälte ein Grund sein könnte, ihn nicht zu heiraten.

«Das schlimme ist all dieser verdammte Mist, den sie in Filmen und Zeitungen verbreiten», sagte er endlich. «Du hast eine falsche Vorstellung von meinem Vater und der Corleone-Familie. Ich werde dir jetzt noch eine Erklärung geben, und die wird endgültig die letzte sein. Mein Vater ist ein Geschäftsmann, der versucht, für seine Frau und Kinder und für jene Freunde zu sorgen, die er in Zeiten der Not eines Tages brauchen könnte. Er akzeptierte nicht die Regeln der Gesellschaft, in der wir leben, weil diese Regeln ihn zu einem Leben verdammt haben, das einem Mann wie ihm nicht ansteht, einem Mann mit einer so außerordentlichen Kraft und einem so außerordentlichen Charakter. Du mußt verstehen, daß er sich ebenso hoch einschätzt wie alle anderen großen Männer, wie Präsidenten, Premierminister, Gerichtspräsidenten und Staatsgouverneure. Er weigert sich, seinen Willen dem ihren zu unterstellen. Er weigert sich, nach Regeln zu leben, die andere gesetzt haben, nach Regeln, die ihn zu einem Leben im Elend verdammen. Sein eigentliches Ziel aber ist es, ein Mitglied dieser Gesellschaft zu werden – allerdings mit einer gewissen Macht, da diese Gesellschaft Mitglieder, die keine eigene Macht besitzen, nicht schützt. Inzwischen handelt er nach seinem eigenen Moralkodex, den er der Rechtsstruktur der Gesellschaft für weit überlegen hält.»

Kay starrte ihn ungläubig an. «Aber das ist doch lächerlich!» rief sie. «Was wäre, wenn jeder das tun würde? Wie sollte unsere Gesellschaft dann funktionieren? Mein Gott, wir wären wieder in der Zeit der Höhlenmenschen. Mike, du glaubst doch nicht etwa an das, was du da eben gesagt hast, oder?»

Michael sah sie grinsend an. «Ich sage dir nur, was mein Vater glaubt. Ich möchte dir nur begreiflich machen, daß er zwar sein mag, was er will, daß er aber auf keinen Fall ein verantwortungsloser Mensch ist, jedenfalls nicht innerhalb der Gesellschaft, die er geschaffen hat. Er ist nicht der Gangster, für den du ihn zu halten scheinst, ein Verbrecher, den der Finger am Abzugsbügel seiner Maschinenpistole juckt. Er ist – auf seine eigene Art – ein verantwortungsbewußter Mann.»

«Und woran glaubst du?» fragte Kay ruhig.

Michael zuckte die Achseln. «Ich glaube an meine Familie. Ich glaube an dich und die Familie, die wir vielleicht eines Tages haben werden. Ich vertraue nicht darauf, daß die Gesellschaft uns schützt; ich habe nicht die Absicht, mein Schicksal in die Hände von Männern zu legen, deren einzige Qualifikation für ihr Amt darin besteht, daß sie es geschafft haben, eine Gruppe von Menschen so lange zu bearbeiten, bis sie für sie gestimmt haben. Aber das gilt für jetzt. Die Zeit meines Vaters ist um. Was er getan hat, kann man jetzt nur noch unter größtem Risiko tun. Ob wir es wollen oder nicht – die Corleone-Familie muß sich in die Gesellschaft einfügen. Wenn sie das aber tut, dann will ich, daß wir Geld und Besitz mitbringen. Ich möchte für meine Kinder die größtmögliche Sicherheit schaffen, bevor ich sie in die Gesellschaft entlasse.»

«Aber du hast freiwillig für dein Land gekämpft, du hast Auszeichnungen erhalten», wandte Kay ein. «Was hat dich bewogen, deine Meinung zu ändern?»

«Mit diesen Fragen kommen wir nicht weiter», sagte Michael. «Aber vielleicht bin ich einer dieser altmodischen Konservativen, wie sie in deiner Heimatstadt aufwachsen. Ich sorge selber für mich. Regierungen tun nicht viel für ihr Volk, das ist der Schluß, zu dem man zwangsläufig kommt. Aber das ist eigentlich nicht der Grund. Ich kann nur sagen, daß ich meinem Vater helfen muß, daß ich an seiner Seite sein muß. Und du mußt dich jetzt entscheiden, ob du an meiner Seite sein willst.» Lächelnd sah er sie an. «Ich glaube fast, die Idee mit dem Heiraten war gar nicht so gut.»

Kay klopfte auf die Matratze. «Das weiß ich nicht. Aber ich weiß, daß ich zwei Jahre lang keinen Mann gehabt habe und daß ich dich jetzt nicht so schnell von der Leine lasse. Komm her!»

Als sie wieder nebeneinander im Bett lagen und das Licht ausgemacht hatten, flüsterte sie: «Glaubst du mir, daß ich keinen Mann gehabt habe, seit du fortgegangen bist?»

«Ich glaube dir.»

«Und du? Hast du seitdem eine Frau gehabt?»

«Ja», sagte Michael. Er spürte, wie sie neben ihm erstarrte. «Aber nicht in den vergangenen sechs Monaten.» Und das stimmte. Seit Apollonias Tod war Kay die erste Frau, die er in den Armen hielt.

26

Die pompös eingerichtete Suite ging auf die künstliche Märchenpracht des Hotelgartens hinaus; die Palmen waren mit Girlanden orangefarbener Glühlampen geschmückt, im Sternenlicht des Wüstenhimmels schimmerten dunkelblau zwei riesige Swimmingpools. Am Horizont ragten aus Sand und Fels die Berge empor, zwischen denen sich Las Vegas in sein Neontal schmiegte. Johnny Fontane ließ den schweren, grauen, reichgestickten Vorhang fallen und wandte sich ins Zimmer zurück. Ein Sonderaufgebot von vier Leuten – ein Obercroupier, der Bankhalter, ein Ersatzcroupier und ein Barmädchen in spärlichem Kostüm – traf die Vorbereitungen für ein privates Spiel. Nino Valenti lag auf dem Sofa und hielt ein Wasserglas voll Whisky in der Hand. Er schaute zu, wie die Leute vom Spielcasino den hufeisenförmigen *Blackjack*-Tisch mit den dazugehörigen sechs Polsterstühlen aufstellten. «Wunderbar», sagte er mit belegter Stimme, die noch nicht ganz betrunken klang. «Johnny, komm, spiel mit mir gegen diese Gauner. Ich habe Glück. Wir werden ihnen das Fell über die Ohren ziehen.»

Johnny setzte sich auf einen Schemel neben der Couch. «Du weißt doch, daß ich nicht spiele», sagte er. «Wie geht es dir, Nino?»

Nino Valenti grinste. «Fabelhaft. Um Mitternacht kommen die Mädchen, dann kommt ein Souper, dann wieder zurück zum Spieltisch. Weißt du, daß ich die Bank um beinahe fünfzigtausend erleichtert habe, und sie haben mich jetzt seit einer Woche in der Mühle?»

«Ja», sagte Johnny Fontane. «Und wem willst du's vermachen, wenn du abkratzt?»

Nino leerte sein Glas. «Verdammt, Johnny, ich möchte wissen, wie du zu dem Ruf kommst, ein flotter Knabe zu sein! Ein Spießer bist du, Johnny! Zum Teufel, hier amüsieren sich ja noch die Touristen besser als du!»

«Hm», sagte Johnny. «Soll ich dich zum Tisch tragen?»

Nino rappelte sich vom Sofa hoch und stemmte die Füße fest auf den Boden. «Ich werd's schon schaffen», sagte er, ließ das Glas einfach fallen und stand auf. Gerade aufgerichtet ging er zum Tisch hinüber. Der Bankhalter wartete schon. Der Obercroupier stand mit prüfendem Blick hinter ihm. Etwas abseits saßen der Ersatzmann und die Kellnerin, die sich so placiert hatte, daß sie jeden Wink Ninos sehen konnte.

Nino pochte mit den Knöcheln auf das grüne Tuch. «Jetons!» verlangte er.

Der Obercroupier zog einen Block aus der Tasche, füllte einen Zettel aus und legte ihn zusammen mit einem kleinen Füllfederhalter vor Nino hin. «Bitte, Mr. Valenti», sagte er. «Für den Anfang die üblichen fünftausend.» Nino kritzelte seine Unterschrift auf das Papier; der Obercroupier steckte den Zettel ein. Dann nickte er dem Bankhalter zu.

Der nahm mit unglaublich geschickten Fingern einen Stoß schwarzgoldener Hundert-Dollar-Jetons von seinem Platz. Es dauerte kaum fünf Sekunden, und Nino hatte fünf Stapel zu je zehn Jetons vor sich stehen.

Sechs weiße Rechtecke, etwas größer als Spielkarten, waren auf das grüne Tuch gezeichnet – jedes Rechteck vor dem Platz eines Spielers. Nino legte je einen Jeton auf drei der Felder. Er spielte also gleichzeitig mit drei Blättern, das Spiel zu je hundert Dollar. Er ließ sich keine zweiten Karten geben, denn der Bankhalter hatte eine Sechs aufgedeckt, mit einer weiteren Sechs wäre er *out.* Der Bankhalter nahm eine zweite Karte und war *out.* Nino strich seine Jetons ein. Er wandte sich an Johnny Fontane. «So muß man den Abend beginnen, was, Johnny?»

Johnny lächelte. Es war ungewöhnlich, daß ein Spieler von Ninos Kaliber eine Quittung unterschreiben mußte, wenn er spielen wollte. Bei finanzkräftigen Spielern gab man sich meist mit dem Wort zufrieden. Vielleicht fürchtete man, Nino würde sich wegen seiner Sauferei später nicht mehr erinnern, wie viele Jetons er gekauft hatte. Sie wußten es hier nicht, daß Nino sich immer an alles erinnerte.

Nino gewann weiter. Nach der dritten Runde gab er dem Barmädchen einen Wink. Sie ging an die Bar und brachte ihm wie gewöhnlich ein Wasserglas voll Whisky. Nino nahm ihr den Drink ab und wechselte das Glas in die andere Hand, damit er den Arm um das Barmädchen legen konnte. «Setz dich her, Schatz, und spiel ein bißchen; du bringst mir bestimmt Glück.»

Das Barmädchen war sehr hübsch, aber Johnny erkannte, daß sie nur eiskalte Berechnung war. Kein bißchen Persönlichkeit, obwohl sie sich große Mühe gab. Sie strahlte Nino an, dabei war sie nur scharf auf einen dieser schwarz-goldenen Jetons. Ach, zum Teufel, warum soll sie nicht auch was davon haben, dachte Johnny. Es tat ihm nur leid, daß Nino für sein Geld nichts Besseres bekam.

Nino ließ das Barmädchen ein paar Runden spielen. Dann gab er ihr einen Jeton, und mit einem Klaps auf ihren Hintern schickte er sie an ihren Platz zurück. Jetzt winkte ihr Johnny: noch einen Drink. Sie brachte ihm das Glas und benahm sich dabei wie in der dramatischsten Szene des dramatischsten Films aller Zeiten. Sie konzentrierte ihren gesamten Charme auf den großen Johnny Fontane.

Sie warf ihm verführerische Blicke zu, wippte beim Gehen mehr denn je mit den Hüften und entblößte ihre perlweißen Zahnreihen, als wollte sie diese jeden Moment in sein Fleisch graben. O Gott, dachte Johnny, wieder eine! So benahmen sich fast alle Frauen, die mit ihm ins Bett gehen wollten. Es wirkte auf ihn nur, wenn er sehr betrunken war, und jetzt war er stocknüchtern. Er schenkte dem Mädchen sein berühmtes Lächeln und sagte: «Danke, Schätzchen.» Auch das Mädchen lächelte. Ihre Augen verschleierten sich. Ihr ganzer Körper, von den langen, schlanken Beinen, die in grobmaschigen Netzstrümpfen steckten, bis zu den nackten Schultern, bog sich zurück. Ihre Brüste drohten die dünne Bluse zu sprengen. Ein Schauer fuhr durch ihren Körper, in ihre Augen trat ein Blick wollüstiger Abwesenheit – als erlebte sie einen Orgasmus, nur weil der berühmte Johnny Fontane ihr zugelächelt und «Danke, Schätzchen» gesagt hatte. Es war ausgezeichnet gemacht, besser als Johnny es jemals gesehen hatte. Aber er wußte, daß es gespielt war. Und daß die meisten dieser Mädchen im Bett nicht einmal gut waren.

Er sah ihr nach und nippte an seinem Whisky. Er hatte keine Lust, diese Show noch einmal mitzumachen. Heute war er nicht aufgelegt dazu.

Es dauerte eine Stunde, bis Nino Valenti hinüber war. Sein Oberkörper schwankte über den Tisch und wieder zurück, dann glitt er langsam vom Sitz herab. Der Obercroupier und der Ersatzmann waren schon beim ersten Anzeichen zu ihm gesprungen und fingen ihn auf. Gemeinsam hoben sie ihn hoch und trugen ihn in das Schlafzimmer hinüber.

Johnny sah zu, wie das Barmädchen den beiden Männern half, Nino auszuziehen, ihn hinzulegen und zuzudecken. Der Obercroupier zählte Ninos Jetons und machte sich eine Notiz. Johnny fragte: «Wie lange geht das schon so?»

Der Aufseher zuckte die Achseln. «Heute abend war er sehr früh hinüber. Beim erstenmal haben wir den Hotelarzt geholt. Er hat Mr. Valenti irgendwas gegeben, damit er wieder auf die Beine kam, und dann hat er ihm die Leviten gelesen. Hinterher hat uns Nino gesagt, wir sollten auf keinen Fall mehr den Arzt rufen, wenn noch einmal so was passiert, wir sollten ihn einfach ins Bett bringen; am nächsten Morgen sei er wieder okay. Und das tun wir jetzt immer. Heute abend hat er Glück gehabt; er hat schon fast dreitausend gewonnen.»

Johnny Fontane sagte: «Also holen wir jetzt den Hotelarzt, okay? Wenn es nicht anders geht, lassen Sie ihn im Spielcasino ausrufen.»

Es dauerte beinahe fünfzehn Minuten, bis Jules Segal kam. Ärgerlich stellte Johnny fest, daß dieser Bursche wirklich nicht wie ein Doktor aussah. Diesmal trug er ein locker gestricktes blaues Polohemd mit weißem Rand, weiße Wildlederschuhe und keine Socken. Er sah verdammt komisch aus in diesem Aufzug und mit der traditionellen schwarzen Arzttasche in der Hand.

«Sie sollten Ihr Zeugs in einem Golfsack herumtragen», sagte Johnny.

Jules grinste verständnisinnig. «Ja, dieser Hebammenkoffer ist wirklich verdammt lästig. Erschreckt alle Leute zu Tode. Wenigstens die Farbe sollte man ändern.»

Er ging zum Bett hinüber, wo Nino lag. Während er seine Tasche öffnete, sagte er zu Johnny: «Übrigens vielen Dank für den Scheck, den Sie mir geschickt haben. Er war viel zu hoch. So viel habe ich gar nicht für Sie getan.»

«Natürlich haben Sie das!» sagte Johnny. «Aber reden wir nicht mehr davon. Was ist mit Nino?»

Rasch prüfte Jules Herz, Puls und Blutdruck. Dann holte er eine Injektionsspritze aus seiner Tasche, führte sie geschickt in Ninos Arm ein und drückte den Kolben herunter. Fast augenblicklich, als habe das Blut begonnen, rascher durch den Körper zu pulsieren, verlor Ninos Gesicht die wächserne Blässe.

«Eine sehr einfache Diagnose», sagte Jules sachlich. «Ich hatte schon einmal die Gelegenheit, ihn zu untersuchen und ein paar Tests mit ihm zu machen, damals, als er hierherkam und zum erstenmal zusammenbrach. Bevor er das Bewußtsein wiedererlangte, hatte ich ihn ins Krankenhaus schaffen lassen. Er hat Diabetes, die leichte Form, gar kein Problem, solange er sie mit Medikamenten und Diät unter Kontrolle hält. Aber er denkt ja nicht daran. Außerdem ist er fest entschlossen, sich zu Tode zu saufen. Seine Leber ist praktisch hinüber, und sein Verstand wird es auch bald sein. Im Augenblick liegt er in einem leichten Diabeteskoma. Ich schlage vor, daß Sie ihn in eine Anstalt schicken.»

Johnny war erleichtert. Also war es doch nicht so ernst, und Nino brauchte sich bloß etwas in acht zu nehmen. «Sie meinen, in eine von diesen Anstalten, wo man trockengelegt wird?»

Jules ging an die Bar am anderen Ende des Zimmers und machte sich einen Drink zurecht. «Nein», sagte er. «Ich meine einsperren. In eine Irrenanstalt.»

«Reden Sie keinen Blödsinn!» fuhr Johnny auf.

«Ich rede keinen Blödsinn», sagte Jules. «Ich bin nicht sehr gut beschlagen in der Psychiatrie, aber etwas verstehe ich doch davon, das gehört ja zu meinem Beruf. Wir können Ihren Freund Nino wieder ganz gut in Form bringen – es sei denn, der Leberschaden ist irreparabel, aber das erfahren wir ohnehin erst bei der Obduktion. Aber das eigentliche Übel bei ihm steckt im Kopf. Im Grunde ist es ihm völlig egal, ob er stirbt, ja vielleicht wünscht er sich sogar den Tod. Und wenn wir das nicht kurieren können, besteht keine Hoffnung mehr für ihn. Darum sage ich Ihnen, lassen Sie ihn einsperren, damit er die nötige psychiatrische Behandlung bekommt.»

Es klopfte, und Johnny ging aufmachen. Es war Lucy Mancini. Sie ließ sich von Johnny zur Begrüßung umarmen und gab ihm einen Kuß. «Johnny, wie schön, dich wiederzusehen!»

«Es ist lange her», sagte Johnny. Lucy hatte sich sehr verändert. Sie war viel schlanker geworden und kleidete sich viel eleganter. Die Frisur, eine Art Bubikopf, paßte gut zu ihrem Gesicht. Sie sah jünger und hübscher aus als je zuvor, und ganz flüchtig dachte er daran, daß sie ihm während seines Aufenthaltes hier in Las Vegas vielleicht Gesellschaft leisten könnte. Es wäre schön, wieder mit einem wirklich netten Mädchen zusammen zu sein. Doch ehe er seinen Charme spielen ließ, fiel ihm ein, daß sie ja die Freundin des Arztes war. Nichts zu machen. Er schenkte ihr ein rein freundschaftliches Lächeln. «Und was hast du tief in der Nacht in Ninos Zimmer zu suchen?»

Sie knuffte ihn in die Schulter. «Ich hörte, daß es Nino nicht gutgeht und daß Jules hier oben ist. Ich wollte nur sehen, ob ich vielleicht etwas helfen kann. Es ist hoffentlich alles in Ordnung mit Nino?»

«Aber ja», sagte Johnny. «Er ist gleich wieder obenauf.»

Jules Segal hatte sich auf die Couch geworfen. «Den Teufel ist er», sagte er. «Ich schlage vor, daß wir uns alle zusammen hinsetzen und warten, bis Nino aufwacht. Und dann überreden wir ihn gemeinsam, daß er sich freiwillig in eine Anstalt begibt. Lucy, dich mag er; vielleicht kannst du ihn dazu bringen. Johnny, wenn Sie ein wahrer Freund sind, dann unterstützen Sie uns. Wenn nicht, wird die Leber unseres guten Nino bald als Demonstrationsobjekt in irgendeinem medizinischen Universitätslabor landen.»

Die respektlose Art des Doktors kränkte Johnny. Verdammt, wofür hielt sich der eigentlich? Er wollte seinem Ärger Luft machen, aber da kam plötzlich vom Bett her Ninos Stimme: «Wie wär's denn mit einem Drink?»

Nino hatte sich im Bett aufgerichtet. Er grinste Lucy an und sagte: «Baby, komm doch rüber zum alten Nino!» Er breitete beide Arme aus. Lucy setzte sich zu ihm auf die Bettkante und umarmte ihn. Merkwürdigerweise sah Nino jetzt gar nicht mehr krank aus, sondern fast wieder normal.

Nino schnalzte mit den Fingern. «Los, Johnny, gib mir was zu trinken! Die Nacht ist noch jung. Wo, zum Teufel, ist denn der Spieltisch geblieben?»

Jules trank einen großen Schluck aus seinem Glas. Dann wandte er sich an Nino. «Sie bekommen keinen Alkohol. Ihr Arzt verbietet es Ihnen.»

Nino machte ein finsteres Gesicht. «Ich scheiß auf meinen Arzt!» Dann trat ein gut gespielter Ausdruck der Zerknirschung auf sein Gesicht. «Julie, Sie sind es ja! Sie sind doch mein Doktor, nicht wahr? Aber Sie meine ich doch nicht, alter Freund. Johnny, wenn du mir nicht endlich was zu trinken gibst, stehe ich auf und hole mir selber was.»

Achselzuckend ging Johnny zur Bar. In gleichmütigem Ton sagte Jules: «Er darf nichts trinken.»

Johnny wußte genau, warum er sich über Jules ärgerte. Der Arzt sprach immer in gleichmäßig kühlem Ton, seine Stimme war stets leise und beherrscht. Wenn er eine Warnung aussprach, so lag diese Warnung einzig in seinen Worten; die Stimme blieb neutral, als gehe es ihn persönlich nichts an. Und das machte Johnny so wütend, daß er Nino jetzt ein Wasserglas voll Whisky brachte. Bevor er es dem Freund gab, fragte er Jules: «Das wird ihn ja wohl nicht umbringen, wie?»

«Nein», sagte Jules gelassen, «umbringen wird es ihn nicht.» Lucy warf ihm einen besorgten Blick zu. Sie wollte etwas sagen, ließ es dann aber doch sein. Inzwischen hatte Nino das Glas ergriffen und goß den Whisky hinunter.

Lächelnd sah Johnny zu; jetzt hatten sie es dem Doktor gezeigt. Auf einmal begann Nino zu keuchen. Sein Gesicht lief blau an, und er rang nach Luft. Sein Körper bäumte sich auf wie ein Fisch auf dem Trockenen, er wurde dunkelrot, die Augen quollen ihm aus dem Kopf. Jules trat ans Bett. Er hielt Nino an der Schulter fest und stieß die Nadel in den Nackenmuskel. Noch unter den Händen des Arztes sackte Nino zusammen; das krampfartige Zucken des Körpers ließ nach, und er sank schlaff in die Kissen zurück. Sofort schloß er die Augen und schlief ein.

Gemeinsam kehrten Johnny, Lucy und Jules ins Wohnzimmer zurück und ließen sich um den großen Teetisch nieder. Lucy nahm eines der aquamarinblauen Telefone und bestellte Kaffee und etwas zu essen. Johnny ging an die Bar und machte sich einen Drink.

«Wußten Sie, daß er so auf den Whisky reagieren würde?» fragte er.

Der Arzt zuckte die Achseln. «Ich war ziemlich sicher.»

«Warum haben Sie mich dann nicht gewarnt?» fragte Johnny scharf.

«Ich habe Sie ja gewarnt.»

«Aber nicht wirklich. Sie sind mir ein verdammter Arzt! Das alles kümmert Sie einen Dreck. Sie sagen mir, ich soll Nino in die Irrenanstalt bringen, und nehmen sich nicht einmal die Mühe, ein etwas netteres Wort zu wählen: Sanatorium zum Beispiel. Es macht Ihnen wohl Spaß, die Leute zu schockieren, wie?»

Lucy starrte in ihren Schoß. Jules sah Johnny lächelnd an. «Sie waren ja entschlossen, Nino einen Drink zu geben. Nichts hätte Sie daran hindern können. Sie wollten mir zeigen, daß Sie es nicht nötig haben, meine Warnungen und meine Vorschriften zu beachten. Erinnern Sie sich noch, wie Sie mir damals, nach der Geschichte mit Ihrem Hals, einen Job als Ihr Leibarzt angeboten haben? Ich habe abgelehnt, weil ich wußte, daß wir uns nie vertragen würden. Ein Arzt hält sich für den lieben Gott, er ist der Hohepriester der modernen Gesellschaft, das ist ein Teil seines Lohnes. Sie aber haben gar nicht daran gedacht, mich so zu behandeln wie diese Ärzte, die ihr in Hollywood habt. Woher bezieht ihr eigentlich diese Kerle? Können die, zum Teufel, wirklich nichts, oder ist ihnen einfach alles egal? Die müssen doch wissen, was mit Nino los ist, aber sie verpassen ihm nur alle möglichen Medikamente, um ihn auf den Beinen zu halten. Sie tragen Seidenanzüge und kriechen euch in den Hintern, weil ihr große Filmfritzen seid, und darum seid ihr überzeugt, daß sie große Ärzte sind. Aber die scheißen drauf, ob Sie leben oder krepieren. Ich dagegen habe nun leider das Hobby, Menschen gerne vor dem Tod zu retten. Ich habe zugelassen, daß Sie Nino diesen Drink geben, damit Sie sehen, was ihm passieren kann.» Jules beugte sich zu Johnny vor und fuhr mit ruhiger Stimme fort. «Ihr Freund ist fast an der Endstation, begreifen Sie das? Ohne die richtige Therapie und strenge ärztliche Aufsicht hat er nicht die geringste Chance. Sein Blutdruck, die Diabetes und schlechte Angewohnheiten – das alles kann schon im nächsten Moment eine Gehirnblutung hervorrufen, und dann ist es aus. Ist das klar? Natürlich habe ich Irrenanstalt gesagt. Ich will, daß Sie verstehen, worum es geht. Sonst unternehmen Sie ja nichts. Ich werde es Ihnen in aller Deutlichkeit wiederholen: Sie können Ihrem Freund nur das Leben retten, wenn Sie ihn einsperren lassen. Sonst nehmen Sie am besten gleich Abschied von ihm.»

Lucy murmelte: «Jules, Liebling, sei nicht so hart mit ihm.»

Jules stand auf. Seine gewohnte kühle Gelassenheit war verschwunden, wie Johnny voller Genugtuung feststellte. Und auch seine Stimme hatte die ruhige Gleichmäßigkeit verloren.

«Glauben Sie denn, das ist das erste Mal, daß ich in einer solchen Situation mit Leuten wie Ihnen sprechen muß? Ich muß es Tag für Tag tun. Lucy sagt mir, ich soll nicht so hart sein, aber sie weiß nicht, wovon sie redet. Früher einmal habe ich den Leuten gesagt: ‹Essen Sie nicht so viel, sonst werden Sie tot umfallen. Rauchen Sie nicht so viel, sonst werden Sie tot umfallen. Arbeiten Sie nicht zuviel, sonst werden Sie tot umfallen. Trinken Sie nicht so viel, sonst werden Sie tot umfallen.› Niemand hat darauf gehört. Und wissen Sie warum? Weil ich nicht gesagt habe: ‹Sie werden *morgen* tot umfallen.› Nun gut, ich kann Ihnen sagen, daß Nino sehr wohl morgen tot umfallen kann.»

Jules ging an die Bar und mixte sich noch einen Drink. «Na, wie ist es jetzt, Johnny? Werden Sie Nino einsperren lassen?»

«Ich weiß nicht», sagte Johnny.

Jules trank sein Glas leer und füllte es wieder. «Wissen Sie, es ist komisch. Man kann sich zu Tode rauchen, man kann sich zu Tode trinken, man kann sich zu Tode arbeiten, und man kann sich sogar zu Tode essen. Und das alles ist moralisch durchaus zulässig. Das einzige, was man nicht kann, ist sich zu Tode vögeln, und genau da legen sie einem die größten Hindernisse in den Weg.» Er hielt inne, um sein Glas leer zu trinken. «Aber selbst da gibt es Schwierigkeiten. Für die Frauen jedenfalls. Ich hatte Frauen in meiner Praxis, die durften keine Kinder mehr haben. ‹Es ist gefährlich›, sagte ich ihnen. ‹Sie könnten sterben›, sagte ich ihnen. Und vier Wochen später kommen sie daher, mit rosigem Gesicht, und erklären: ‹Doktor, ich glaube, ich bin schwanger.› Und genauso war's. ‹Aber es ist gefährlich›, sagte ich ihnen. Und sie lächelten mich an und sagten: ‹Ja – aber mein Mann und ich, wir sind streng katholisch.›»

Es klopfte. Zwei Kellner schoben einen Rollwagen herein, voll mit Speisen und mehreren silbernen Kaffeekännchen. Von der unteren Platte des Wagens nahmen sie einen Klapptisch und stellten ihn auf. Dann schickte Johnny sie wieder hinaus.

Sie setzten sich an den Tisch, aßen die heißen Sandwiches und tranken Kaffee. Anschließend lehnte sich Johnny zurück und zündete sich eine Zigarette an. «Sie retten den Menschen also das Leben. Wieso haben Sie dann mit den Abtreibungen angefangen?»

Jetzt mischte sich Lucy zum erstenmal ins Gespräch. «Er wollte den Mädchen helfen, die in der Tinte saßen, den Mädchen, die sonst vielleicht Selbstmord begangen oder sich sonstwie in Gefahr gebracht hätten, um das Kind loszuwerden.»

Jules lächelte ihr zu. «So einfach ist es auch wieder nicht. Ich wurde schließlich Chirurg. Ich habe geschickte Hände. Aber ich war zu weichherzig, ich hatte stets Bedenken. Ich öffnete irgendeinem armen Schwein den Bauch und wußte, daß er sterben mußte. Ich operierte ihn und wußte genau, daß der Krebs oder der Tumor von neuem ausbrechen würde, aber ich schickte ihn mit einem Lächeln und viel guten Worten nach Hause. Oder eine Frau kommt, ein armes Luder, und ich schneide ihr eine Brust ab. Ein Jahr später ist sie wieder da, und ich schneide ihr auch die andere Brust ab. Ein Jahr darauf schaufle ich ihre Eingeweide raus, wie man eine Melone auskratzt. Und dann stirbt sie trotzdem. Und die ganze Zeit ruft immer wieder der Ehemann an und fragt: ‹Was haben die Tests ergeben? Was haben die Tests ergeben?›

Dann habe ich eine Sekretärin eingestellt, die mir solche Anrufe abnehmen sollte. Von da an sah ich die Patienten erst bei der Untersuchung oder vor der Operation. Ich verbrachte so wenig Zeit wie nur möglich mit dem armen Opfer, ich war ja schließlich ein vielbeschäftigter Arzt. Und erst zuletzt unterhielt ich mich zwei Minuten lang mit dem Ehemann. ‹Endstation›, sagte ich ihm. Und nie wollten sie es hören. Sie verstanden zwar, was es bedeutete, aber sie wollten es nicht hören. Zuerst dachte ich, vielleicht habe ich unbewußt zu leise gesprochen, darum redete ich von da an absichtlich lauter. Aber sie wollten es noch immer nicht hören. Ach was, zum Teufel!» Jules lachte. «Jedenfalls begann ich damals mit den Abtreibungen. Das ging schnell und leicht, alle waren glücklich und zufrieden – es war wie Geschirr spülen und einen sauberen Spülstein hinterlassen. Das war etwas für mich. Das machte mir Spaß; ich machte gern Abtreibungen. Ich glaube nicht, daß ein zwei Monate alter Fötus ein menschliches Wesen ist, also gab's da für mich kein Problem. Ich half jungen Mädchen und verheirateten Frauen, ich verdiente viel Geld. Ich stand nicht mehr an der Front. Als ich erwischt wurde, kam ich mir vor wie ein Deserteur, der eingefangen wird. Aber ich hatte Glück. Ein Freund ließ seine Beziehungen spielen und hat mich rausgehauen, aber jetzt wollten mich die großen Krankenhäuser nicht mehr operieren lassen. Darum bin ich hier. Und gebe wieder gute Ratschläge, die ignoriert werden, genau wie früher.»

«Ich ignoriere sie nicht», sagte Johnny. «Ich muß es mir nur reiflich überlegen.»

Schließlich begann Lucy von etwas anderem zu reden. «Was

machst du eigentlich hier in Vegas, Johnny? Willst du dich hier erholen, du Filmzar, oder ist es geschäftlich?»

Johnny schüttelte den Kopf. «Mike Corleone will mich sprechen. Er kommt heute abend. Mit Tom Hagen. Tom hat gesagt, daß er dich sprechen will, Lucy. Weißt du, um was es geht?»

Sie verneinte. «Wir werden morgen abend alle zusammen essen. Freddie auch. Ich glaube, es hat etwas mit dem Hotel zu tun. Das Casino hat in letzter Zeit weniger abgeworfen, und das ist schlecht. Vielleicht möchte der Don, daß Mike nach dem Rechten sieht.»

«Ich habe gehört, daß Mike sich endlich das Gesicht hat operieren lassen», sagte Johnny.

«Ja», lachte Lucy. «Wahrscheinlich hat ihn Kay dazu überredet. Als sie heirateten, wollte er noch nicht. Ich möchte wissen warum. Es sah fürchterlich aus, und ständig ist ihm die Nase gelaufen. Er hätte es viel früher machen lassen sollen.» Sie hielt einen Augenblick inne. «Die Corleones haben Jules zu der Operation zugezogen. Als Berater und Beobachter.»

Johnny nickte. «Ich weiß. Ich habe ihn empfohlen.»

«Ach so!» sagte Lucy. «Na, jedenfalls, Mike sagte, er wolle etwas für Jules tun. Darum ißt er morgen mit uns zu Abend.»

Nachdenklich sagte Jules: «Er war furchtbar mißtrauisch. Er wollte haben, daß ich genau aufpasse, was die anderen Ärzte taten. Dabei war es eine verhältnismäßig leichte, unkomplizierte Operation. Jeder gute Arzt hätte sie durchführen können.»

Vom Schlafzimmer kam ein Geräusch: alle drehten sich um. Nino war aufgewacht. Johnny ging zu ihm hinüber und setzte sich auf sein Bett. Jules und Lucy folgten ihm und stellten sich ans Fußende. Mit schwachem Lächeln sah Nino sie an. «Okay, ich gebe es auf, ein Klugscheißer zu sein. Ich fühle mich wirklich mies. Johnny, weißt du noch, was vor einem Jahr passiert ist, als wir mit diesen beiden Puppen in Palm Springs waren? Ich schwöre dir, daß ich damals nicht eifersüchtig war. Es hat mich gefreut. Glaubst du mir das, Johnny?»

«Natürlich, Nino. Natürlich glaube ich dir», versicherte Johnny.

Lucy und Jules tauschten einen Blick. Nach allem, was sie über Johnny Fontane gehört hatten und wußten, erschien es ihnen unmöglich, daß er einem guten Freund wie Nino ein Mädchen wegschnappen würde. Aber warum betonte Nino jetzt, daß er nicht eifersüchtig war? Beide dachten auf einmal an das gleiche: daß Nino sich aus Liebeskummer zu Tode soff, weil ihn ein Mädchen wegen Johnny Fontane verlassen hatte.

Jules untersuchte Nino. «Ich werde dafür sorgen, daß heute nacht eine Krankenschwester kommt», sagte er. «Sie müssen wirklich ein paar Tage im Bett bleiben. Im Ernst.»

Nino lächelte. «Okay, Doc. Aber sorgen Sie dafür, daß sie nicht zu hübsch ist, ja?»

Jules telefonierte nach der Krankenschwester, und dann verabschiedete er sich zusammen mit Lucy. Johnny saß in einem Sessel am Bett und wartete auf die Schwester. Nino, der einen sehr erschöpften Eindruck machte, schlief gleich wieder ein. Johnny mußte an das denken, was Nino eben gesagt hatte: daß er damals, vor einem Jahr, mit den beiden Mädchen in Palm Springs, nicht eifersüchtig gewesen sei. Der Gedanke, daß Nino eifersüchtig sein könnte, war Johnny eigentlich nie gekommen.

Vor einem Jahr saß Johnny Fontane in seinem eleganten Büro, in dem Büro der Filmgesellschaft, die er leitete. Er fühlte sich elend. Das war erstaunlich, denn der erste Film, den er mit sich selbst als Star und mit Nino in einer weiteren Hauptrolle produziert hatte, brachte ihm scheffelweise Geld ein. Alles klappte reibungslos. Alle hatten sie gute Arbeit geleistet. Der Film war sogar billiger geworden, als vorgesehen; alle Beteiligten würden ein Vermögen an ihm verdienen, Jack Woltz allerdings würde es zehn Jahre seines Lebens kosten. Nun hatte Johnny zwei weitere Filme in Arbeit, einen, in dem er selber die Hauptrolle spielte, und einen, für dessen Hauptrolle Nino Valenti vorgesehen war. Nino machte sich großartig als ein charmanter, dümmlicher junger Liebhaber, wie ihn ältere Frauen so gern an ihren Busen drücken. Ein kleiner, verlorener Junge. Alles, was Johnny anfaßte, wurde zu Geld. Die Dollars rollten nur so herein. Der *padrino* bekam seinen Anteil über die Bank, und das freute Nino besonders. Es war der Beweis, daß er das Vertrauen des *padrino* nicht enttäuschte. Heute aber half ihm selbst das nicht viel.

Jetzt, als erfolgreicher, unabhängiger Filmproduzent, besaß er wahrscheinlich noch mehr Macht als während seiner Sängerzeit. Die schönen Mädchen liefen ihm nur so nach, wenn auch mehr aus geschäftlichen Erwägungen. Er hatte sein eigenes Flugzeug und lebte so aufwendig wie noch nie, denn nun galten für ihn die Steuervergünstigungen für Geschäftsleute, die er als Künstler nicht in Anspruch nehmen konnte. Was also bedrückte ihn dann?

Er wußte, was es war. Hinter seiner Stirn schmerzte es, die Nase tat weh, die Kehle juckte. Und die einzige Möglichkeit, diesem Jukken abzuhelfen, war das Singen, aber er fürchtete sich davor. Er hatte Jules Segal angerufen und ihn gefragt, wann er wieder singen könnte, und Jules hatte geantwortet, jederzeit. Also hatte er es versucht, aber seine Stimme hatte so heiser und häßlich geklungen, daß er es schnell wieder aufgab. Außerdem würde der Hals am nächsten Tag bestimmt fürchterlich schmerzen, nur anders als damals, bevor die Warzen herausgeschält wurden. Es war ein ärgerer Schmerz – es brannte. Er fürchtete sich vor dem Singen, fürchtete, daß er seine Stimme für immer verloren, für immer ruiniert hatte.

Und wenn er nicht singen konnte, was hatte dann alles überhaupt für einen Sinn? Das Ganze war nichts als Scheiße. Singen war das einzige, wovon er wirklich etwas verstand. Möglicherweise verstand er vom Singen mehr als alle anderen auf der Welt. Er war wirklich Klasse, das wußte er jetzt. Die vielen Jahre Erfahrung hatten ihn zu einem richtigen Profi gemacht. Ihm konnte keiner mehr vormachen, was gut und was schlecht war; er brauchte keinen mehr danach zu fragen. Er wußte es selbst. Was für ein Jammer!

Es war Freitag, und er beschloß, das Wochenende mit Virginia und den Kindern zu verbringen. Er rief sie wie immer an, um ihr zu sagen, daß er jetzt käme. Um ihr Gelegenheit zu einem Nein zu geben. Aber sie sagte nicht nein. Niemals. Nicht ein einziges Mal in all den Jahren seit ihrer Scheidung hatte sie nein gesagt. Weil sie den Vater nie daran hindern wollte, mit seinen Töchtern zusammen zu sein. Was für ein Mädchen! dachte Johnny. Er hatte wirklich Glück mit Virginia gehabt. Aber auch wenn er sich mehr aus ihr machte als aus allen anderen Frauen, so wußte er doch, daß sie sexuell nicht mehr zusammen sein konnten. Vielleicht wenn sie einmal fünfundsechzig waren und ins Pensionsalter kamen. Dann konnten sie sich gemeinsam zurückziehen – zurückziehen von allem.

Doch als er bei ihnen ankam, wurden seine Träume von der rauhen Wirklichkeit abrupt zerstört. Virginia war ebenfalls schlechter Laune, und die beiden Mädchen schienen nicht allzu entzückt über sein Kommen, weil ihnen die Mutter erlaubt hatte, das Wochenende bei einer Freundin auf einer Ranch zu verbringen.

Er redete Virginia zu, die Mädchen auf die Ranch fahren zu lassen, und gab ihnen mit einem Lächeln den Abschiedskuß. Er verstand sie ja so gut! Welches Kind würde nicht lieber auf einer Ranch reiten, als mit einem knurrigen Vater herumzusitzen, der nur von Fall zu Fall seine Vaterrolle übernahm! Darum sagte er zu Virginia: «Ich werde nur einen heben, dann haue ich wieder ab.»

«Von mir aus», lautete ihre Antwort. Sie hatte heute einen schlechten Tag – das kam selten vor, aber man merkte es. Sie hatte es auch nicht gerade leicht.

Sie sah, daß er sich einen besonders großen Drink einschenkte. «Wofür mußt du dir Mut antrinken?» fragte sie. «Dir geht es doch gut. Ich hätte nie gedacht, daß aus dir noch ein so guter Geschäftsmann wird.»

Johnny lächelte. «Das ist gar nicht so schwer.» Gleichzeitig dachte er jedoch: Das ist es also! Er kannte die Frauen und wußte genau, daß Virginia niedergeschlagen war, weil sie glaubte, ihm gerate alles nach Wunsch. Frauen war es nicht recht, wenn es dem Ehemann zu gutging. Es irritierte sie. Sie waren dann nicht mehr so sicher, daß sie ihn immer noch fest in der Hand hatten – durch Liebe, durch sexuelle Gewohnheit oder durch die Bande der Ehe. Darum sagte er jetzt, eher um sie ein wenig aufzumuntern, als um sich zu beklagen: «Was spielt das alles für eine Rolle, wenn ich nicht singen kann.»

Virginia wurde böse. «Also, Johnny, du bist doch kein Kind mehr! Du bist über fünfunddreißig. Warum machst du dir immer noch Kopfzerbrechen um diese dämliche Singerei? Als Produzent verdienst du doch viel mehr Geld.»

Johnny warf ihr einen verwunderten Blick zu. «Ich bin Sänger. Ich singe gern. Was hat mein Alter damit zu tun?»

Ungeduldig erwiderte Virginia: «Ich habe deine Singerei ohnehin nie ausstehen können. Jetzt hast du gezeigt, daß du Filme machen kannst, und ich bin richtig froh, daß du nicht mehr singen kannst.»

Zu ihrer beider Überraschung fuhr Johnny wütend auf: «Wie kannst du so was Hundsgemeines sagen!» Er war erschüttert. Wie konnte Virginia so denken? So gegen ihn sein?

Virginia lächelte; der Schlag hatte gesessen. Und weil es ihr so unerhört vorkam, daß er auf sie böse wurde, sagte sie: «Was glaubst du denn, was ich empfunden habe, als alle diese Mädchen hinter dir hergerannt sind, nur weil du so schön singen konntest? Was würdest du empfinden, wenn ich mit nacktem Hintern über die Straße ginge, damit mir die Männer nachlaufen? Denn das hast du mit deiner Singerei doch getan, und ich habe mir immer gewünscht, daß du deine Stimme verlierst und nie wieder singen kannst.»

Johnny leerte sein Glas. «Du hast keine Ahnung von diesen Dingen. Nicht die geringste Ahnung!» Er ging in die Küche, rief Nino an und verabredete sich mit ihm für das Wochenende nach Palm Springs. Er gab Nino die Telefonnummer eines Mädchens, eines richtig frischen, schönen jungen Mädchens, auf das er schon lange ein Auge geworfen hatte. «Sie wird eine Freundin für dich mitbringen», sagte Johnny. «In einer Stunde bin ich bei dir.»

Virginia blieb bei seinem Abschied recht kühl. Johnny machte das nichts aus; er war richtig zornig, was selten genug vorkam. Sollte sie doch zum Teufel gehen, er würde am Wochenende auf die Pauke hauen, damit er diese albernen Gedanken endlich los wurde.

In Palm Springs lief alles wunderbar. Johnny hatte da unten ein eigenes Haus, das um diese Jahreszeit vom Personal stets für ihn bereitgehalten wurde. Die beiden Mädchen waren noch jung genug, um ein guter Zeitvertreib zu sein, und nicht allzu gierig auf Gefälligkeiten versessen. Andere Leute kamen vorbei und blieben bis gegen Abend mit ihnen am Swimmingpool. Nino verschwand mit seinem Mädchen im Zimmer, um sich für das Abendessen umzuziehen und noch schnell mit ihr ins Bett zu gehen.

Johnny war dazu nicht in der richtigen Stimmung: Er schickte sein Mädchen, eine adrette kleine Blondine namens Tina, allein zum Duschen nach oben. Wenn er sich mit Virginia gestritten hatte, konnte er nie mit einer anderen schlafen.

Er ging in das große Wohnzimmer mit den Glaswänden und trat ans Klavier. Als er früher noch mit der Band als Sänger herumgezogen war, hatte er aus Spaß ein bißchen Klavier spielen gelernt, daher brachte er jetzt auch eine der langsamen, schmalzigen Melodien zusammen. Er setzte sich an den Flügel, spielte und summte dabei leise vor sich hin – sehr leise nur, ohne richtig zu singen, nur hie und da ein paar Worte artikulierend. Auf einmal war Tina im Zimmer; sie machte ihm einen Drink zurecht und setzte sich neben ihn. Er spielte weiter, und sie summte mit. Dann ließ er sie am Klavier zurück und ging duschen. Unter der Dusche sang er ein paar kurze Passagen, aber eher wie einen Sprechgesang. Er zog sich an und ging wieder hinunter. Tina war noch immer allein; Nino mußte sein Mädchen wohl recht gründlich bearbeiten. Oder er betrank sich wieder einmal.

Johnny setzte sich abermals ans Klavier, während Tina zum Pool hinausschlenderte. Er stimmte eines seiner alten Lieder an. Sein Hals schmerzte nicht. Die Töne kamen gedämpft, aber mit gutem Klang heraus. Er warf einen Blick durch die Glastür. Tina saß noch immer draußen, aber die Tür war geschlossen, sie konnte ihn nicht hören. Irgendwie wollte er nicht, daß ihm jemand zuhörte. Er begann noch einmal von vorn und sang sein Lieblingslied, eine alte Ballade. Er sang sie aus voller Kehle, als sänge er vor einem Publikum, ließ die Töne aus sich herausströmen und wartete auf das vertraute Brennen im Hals. Aber es kam nicht. Er lauschte auf seine Stimme Sie klang anders, aber sie gefiel ihm so. Sie war dunkler, die Stimme eines Mannes, nicht mehr die eines Jungen. Voll, dachte er. Dunkel und voll. Er sang das Lied zu Ende und blieb nachdenklich am Klavier sitzen.

Da sagte Nino hinter ihm: «Nicht schlecht, mein Alter. Wirklich, nicht schlecht!»

Johnny fuhr herum. Nino stand an der Tür – allein. Sein Mädchen war nicht dabei. Johnny war erleichtert. Daß Nino ihm zuhörte, störte ihn nicht. «Ja», sagte Johnny. «Und weißt du was? Wir schauen jetzt, daß wir die beiden Puppen loswerden. Schick sie nach Hause!»

«Schick du sie nach Hause», sagte Nino. «Es sind nette Mädchen. Ich möchte sie nicht kränken. Außerdem habe ich mit der meinen gerade zwei Nummern gemacht. Wie würde das aussehen, wenn ich sie jetzt wegschicke, ohne ihr was zu essen zu geben?»

Ach was, zum Teufel! dachte Johnny. Laß doch die Mädchen zuhören, auch wenn es lausig klingt. Er rief einen Bandleader an, den er kannte, und bat ihn, für Nino eine Mandoline zu besorgen. Der Bandleader protestierte. «Mann, in ganz Kalifornien spielt kein Mensch Mandoline!» Doch Johnny schrie: «Das ist mir egal, ich will sofort eine haben!»

Im Haus waren genügend Aufnahmegeräte vorhanden, und Johnny stellte die beiden Mädchen an, die verschiedenen Knöpfe zu bedienen. Nach dem Dinner machte er sich an die Arbeit. Nino begleitete ihn auf der Mandoline, und er sang all seine alten Lieder. Er sang sie laut heraus, ohne seine Stimme zu schonen. Seinem Hals ging es gut, er meinte ewig so weitersingen zu können. Im Laufe der langen Monate, in denen er nicht singen konnte, hatte er oft über das Singen nachgedacht. Er hatte sich genau vorgenommen, wie er diese oder jene Stelle singen würde – anders als in seiner Jugend. In Gedanken hatte er die Lieder mit einer weit wirkungsvolleren Betonung gesungen. Und nun sang er sie wirklich. Manchmal kam etwas beim richtigen Singen falsch heraus; etwas, das in Gedanken so gut schien, klang ganz anders, als er es nun wirklich sang, laut heraussang. Laut heraus, dachte er. Jetzt horchte er nicht mehr auf seine Stimme, jetzt konzentrierte er sich auf seinen Vortrag. Der Einsatz wollte manchmal noch nicht so recht klappen, aber das war nicht weiter schlimm; er war nur eingerostet. In seinem Kopf war ein Metronom, das ihn niemals im Stich ließ. Er brauchte nichts weiter als ein bißchen Übung.

Endlich hörte er auf. Tina kam mit schimmernden Augen herüber und gab ihm einen langen Kuß. «Jetzt weiß ich, warum meine Mutter in alle deine Filme geht», sagte sie. In jeder anderen Situation hätte sie nichts Ungeschickteres sagen können. Jetzt aber lachten Johnny und Nino darüber.

Sie spielten das Band noch einmal ab, und nun konnte Johnny sich richtig hören. Seine Stimme hatte sich verändert, ziemlich verändert, aber sie war noch immer eindeutig die Stimme Johnny Fontanes. Sie war noch voller und dunkler geworden, als er vorhin geglaubt hatte, und dann war da dieses besondere Timbre, das nur ein Mann beim Singen hat, ein Junge nicht. Die Stimme verriet viel mehr echtes Gefühl als früher, viel mehr Charakter. Und auch die Gesangstechnik war besser als sie je gewesen war. Sie war schlechthin meisterhaft. Und wenn er jetzt schon so gut sang, wo er doch so eingerostet war, wie gut würde er erst dann sein, wenn er wieder in Form war? Grinsend sah er Nino an. «Ist es so gut, wie ich glaube?»

Nachdenklich betrachtete Nino das glückstrahlende Gesicht seines Freundes. «Es ist verdammt gut», bestätigte er. «Aber warte erst einmal ab, wie du morgen singst.»

Johnny war gekränkt über Ninos Pessimismus. «Du Schwein, du weißt genau, daß du nicht so gut singen kannst. Mach du dir nur keine Gedanken um morgen. Ich fühle mich fabelhaft!» Trotzdem sang er an jenem Abend nicht weiter. Er und Nino gingen mit den Mädchen auf eine Party, und anschließend verbrachte Tina die Nacht in Johnnys Bett, aber er zeichnete sich nicht sehr aus. Das Mädchen schien ein wenig enttäuscht. Aber verdammt, man kann nicht alles an einem Tag haben, dachte Johnny.

Am Morgen erwachte er mit dem unbehaglichen Gefühl, alles sei nur ein Traum gewesen. Und als er dann überlegte, daß er doch nicht geträumt hatte, fürchtete er, daß seine Stimme womöglich wieder verloren war. Er trat ans Fenster und summte ein bißchen vor sich hin. Dann ging er im Schlafanzug ins Wohnzimmer hinunter. Er spielte eine Melodie auf dem Klavier und versuchte nach einer Weile mitzusingen. Er sang gedämpft, aber er fühlte keinen Schmerz, keine Heiserkeit. Und dann legte er richtig los. Die Töne kamen klar und voll, er brauchte sich nicht anzustrengen. Nun wußte Johnny, daß die bösen Zeiten vorüber waren. Von nun an spielte es keine Rolle mehr, wenn er mit seinen Filmen auf die Nase fiel, es spielte auch keine Rolle mehr, daß er ihn in der vergangenen Nacht mit Tina nicht hochgekriegt hatte, es spielte keine Rolle mehr, daß Virginia ihn hassen würde, weil er wieder singen konnte. Er bedauerte nur eines: daß seine Stimme nicht zurückgekommen war, während er für seine Töchter zu singen versuchte. Das wäre am allerschönsten gewesen.

Die Krankenschwester des Hotels rollte einen Wagen voller Medikamente herein. Johnny stand auf und blickte auf Nino hinab, der fest schlief oder vielleicht auch im Sterben lag. Er wußte, daß Nino nicht eifersüchtig war, weil er seine Stimme zurückbekommen hatte. Er wußte, daß Nino nur eifersüchtig war, weil er sich so sehr darüber freute. Weil ihm das Singen so viel bedeutete. Denn eines war jetzt ganz sicher: Für Nino Valenti gab es auf dieser Welt nichts, was ihm den Willen zum Leben wiedergeben konnte.

27

Michael Corleone traf am späten Abend ein. Seinem eigenen Wunsch entsprechend wurde er nicht am Flughafen abgeholt. In seiner Begleitung befanden sich zwei Männer: Tom Hagen und ein neuer Leibwächter namens Albert Neri.

Im Hotel hatte man die teuerste Luxussuite reserviert, in der nun alle warteten, die Michael sprechen wollten.

Freddie begrüßte seinen Bruder mit einer herzlichen Umarmung. Freddie war sehr viel behäbiger, sehr viel jovialer, fröhlicher und sehr viel stutzerhafter geworden. Er trug einen hervorragend geschnittenen grauen Seidenanzug mit passender Krawatte. Er war sorgfältig frisiert wie ein Filmstar, sein Gesicht war vollendet rasiert und seine Hände waren manikürt. Er glich kaum mehr dem jungen Mann, den sie vor vier Jahren aus New York abgeschoben hatten.

Er lehnte sich bequem in seinem Sessel zurück und musterte Michael liebevoll. «Du siehst verdammt viel besser aus, seit dein Gesicht in Ordnung gebracht worden ist. Dazu hat dich wohl deine Frau überredet, was? Wie geht es Kay? Wann kommt sie uns hier unten einmal besuchen?»

Michael lächelte seinen Bruder an. «Du siehst auch großartig aus. Kay wäre gern mitgekommen, aber sie erwartet wieder ein Kind und muß noch für das Baby sorgen. Außerdem, ich bin geschäftlich hier, Freddie, und muß schon morgen abend oder spätestens übermorgen vormittag wieder zurückfliegen.»

«Zuerst mußt du jetzt essen», sagte Freddie. «Wir haben einen ausgezeichneten Küchenchef hier im Hotel. Geh duschen und zieh dich um. Inzwischen lasse ich alles vorbereiten. Den Leuten, mit denen du sprechen willst, habe ich Bescheid gesagt. Sie warten schon, ich brauche sie nur zu rufen.»

Michael sagte freundlich: «Moe Greene lassen wir bis zum

Schluß, okay? Aber sag Johnny Fontane und Nino, daß ich mich freuen würde, wenn sie mit uns essen würden. Und Lucy und ihr Doktorfreund ebenfalls. Wir können beim Essen alles besprechen.» Er wandte sich an Hagen. «Möchtest du sonst noch jemanden dabei haben, Tom?»

Hagen schüttelte den Kopf. Freddie hatte ihn sehr viel weniger herzlich begrüßt als seinen Bruder, doch Hagen hatte dafür Verständnis. Freddie stand auf der Schwarzen Liste seines Vaters und war dem *consigliori* böse, daß dieser nicht gutes Wetter für ihn gemacht hatte. Hagen hätte es ja gern getan, aber er wußte nicht, warum Freddie bei seinem Vater in Ungnade gefallen war. Der Don sprach nie über Dinge, die ihn bekümmerten. Er ließ die Leute nur seine Ungehaltenheit spüren.

Es war schon nach Mitternacht, als sich alle Geladenen um den Tisch versammelten, der für das Essen in Michaels Suite aufgestellt war. Lucy gab Michael einen Kuß, enthielt sich aber jeden Kommentars darüber, daß sein Gesicht nach der Operation wieder viel besser aussah. Jules Segal dagegen begutachtete den reparierten Wangenknochen ganz ungeniert und sagte zu Michael: «Gute Arbeit. Großartig zusammengewachsen. Ist die Nase in Ordnung?»

«Wunderbar», sagte Michael. «Vielen Dank für Ihre Hilfe.»

Beim Essen konzentrierte sich die allgemeine Aufmerksamkeit auf Michael. Niemandem entging, wie sehr er in seiner Art zu sprechen und sich zu geben dem Don ähnelte. Erstaunlicherweise flößte er seinen Mitmenschen denselben Respekt, dieselbe Hochachtung ein wie sein Vater, obwohl er vollkommen natürlich war und sich bemühte, allen Anwesenden die Befangenheit zu nehmen. Hagen blieb wie gewöhnlich im Hintergrund. Albert Neri, der neue Mann, den sie noch nicht kannten, verhielt sich ebenfalls still und unauffällig. Er hatte behauptet, nicht hungrig zu sein, und saß in einem Sessel neben der Tür, wo er sich in eine Tageszeitung vertiefte.

Nachdem sie gegessen und mehrere Drinks zu sich genommen hatten, wurden die Kellner entlassen. Michael wandte sich an Johnny Fontane. «Ich habe gehört, daß du deine Stimme wiederbekommen hast. Sie soll ebensogut sein wie früher, und deine Fans sollen begeistert sein. Ich gratuliere.»

«Danke», antwortete Johnny. Er war gespannt, warum Michael ihn sprechen wollte. Um welche Gefälligkeit er ihn wohl bitten würde?

Nun wandte sich Michael an alle zusammen. «Die Corleone-Familie beabsichtigt, nach Vegas zu ziehen. Wir wollen unsere gesamten Interessen im Ölgeschäft verkaufen und uns hier niederlassen. Ich habe mit dem Don und Hagen darüber gesprochen, und wir sind alle der Ansicht, daß hier für die Familie eine Zukunft liegt. Das heißt nun nicht, daß das sofort oder im nächsten Jahr geschehen muß. Es kann noch zwei, drei Jahre dauern, bis alles geregelt ist. Aber das ist jedenfalls der Plan. Da einige unserer Freunde einen ziemlich großen Anteil an dem Hotel und dem Casino hier besitzen, werden wir diese beiden als Ausgangsbasis benutzen. Moe Greene wird uns seine Anteile verkaufen, damit sie ganz in die Hände der Freunde unserer Familie übergehen.»

Freddies Mondgesicht nahm einen bekümmerten Ausdruck an. «Mike, bist du sicher, daß Moe Greene verkaufen wird? Er hat mir nichts davon gesagt, und ich weiß genau, daß er sehr an seinem Geschäft hängt. Ich glaube nicht, daß er verkaufen wird.»

Ruhig sagte Mike: «Ich werde ihm ein Angebot machen, das er nicht ausschlagen kann.»

Er sagte es mit ganz normaler Stimme, aber die Wirkung war erschreckend – vielleicht weil dies ein bevorzugter Ausdruck Don Corleones war. Michael sah Johnny Fontane an. «Der Don rechnet damit, daß du uns Starthilfe gibst. Man hat uns erklärt, daß gute Darbietungen viel dazu beitragen können, die Glücksspieler anzulocken. Wir hoffen nun, daß du einen Vertrag unterzeichnest, nach dem du etwa fünfmal pro Jahr eine Woche lang auftrittst. Und wir hoffen auch, daß deine Freunde beim Film das gleiche tun werden. Du hast ihnen viele Gefälligkeiten erwiesen; jetzt kannst du sie auch einmal zur Kasse bitten.»

«Selbstverständlich», sagte Johnny. «Für meinen *padrino* tu ich alles. Das weißt du ja, Mike.» Aber in seinem Ton lag ein ganz leiser Zweifel.

Michael lächelte: «Du wirst bei dem Vertrag bestimmt kein Geld verlieren, Johnny. Und deine Freunde auch nicht. Du bekommst Anteile am Hotel, und wenn es jemanden gibt, den du für wichtig genug hältst, dann bekommt er auch ein paar Aktien. Falls du mir nicht glauben solltest, darf ich dir sagen, daß ich hier nur die Worte des Don wiederhole.»

Johnny sagte eilig: «Ich glaube dir ja, Mike. Aber im Augenblick werden am Strip noch weitere zehn Hotels und Casinos gebaut. Der Markt ist vielleicht schon gesättigt, wenn ihr hierher kommt; bei der großen Konkurrenz seid ihr vermutlich viel zu spät dran.»

Jetzt mischte sich Tom Hagen ein. «Drei dieser Hotels werden von Freunden der Corleone-Familie finanziert.» Johnny begriff sofort, daß diese drei Hotels samt ihren Spielcasinos den Corleones gehörten. Und daß es genügend Aktien zum Verteilen gab.

«Ich werde mich bemühen», sagte er.

Michael wandte sich an Lucy und Jules Segal. «Ich stehe in Ihrer Schuld», sagte er zu Jules. «Wie ich hörte, möchten Sie gern wieder anfangen, die Leute aufzuschneiden, aber die Krankenhäuser wollen Sie wegen dieser Abtreibungsgeschichte nicht arbeiten lassen. Ich muß wissen, ob das wirklich Ihr Wunsch ist!»

Jules lächelte. «Ich glaube schon. Aber Sie kennen sich in der Medizinerwelt nicht aus. Sie können so viel Macht besitzen, wie Sie wollen – die kümmern sich gar nicht darum. Sie werden mir da leider nicht helfen können.»

Michael nickte nachdenklich. «Mag sein, daß Sie recht haben. Aber ich habe Freunde, die wollen in Las Vegas ein großes Krankenhaus bauen. Die Stadt wird es brauchen, wenn sie so weiterwächst. Vielleicht wird man Sie dort operieren lassen, wenn man den Leuten die Sachlage richtig erklärt. Wie viele Chirurgen von Ihrem Kaliber wären bereit, hier in die Wüste zu ziehen? Oder wie viele, die halb so gut sind wie Sie? Wir sind es doch, die dem Krankenhaus einen Gefallen tun. Also bleiben Sie in der Nähe. Wie ich höre, wollen Sie Lucy heiraten?»

Jules zuckte die Achseln. «Wenn ich wieder eine Zukunft vor mir sehe.»

Trocken warf Lucy ein: «Mike, wenn du dieses Krankenhaus nicht baust, muß ich als alte Jungfer sterben.»

Alle lachten, nur Jules nicht. Er sagte zu Michael: «Wenn ich so einen Job annähme, dann dürften keine Bedingungen damit verbunden sein.»

«Keine Bedingungen», sagte Michael kühl. «Ich stehe lediglich in Ihrer Schuld und möchte mich revanchieren.»

«Nun werd nicht gleich sauer, Mike!» sagte Lucy sanft.

Michael lächelte ihr zu. «Ich bin nicht sauer.» Er wandte sich wieder an Jules. «Das hätten Sie nicht sagen sollen. Die Corleone-Familie hat ihre Verbindungen für Sie spielen lassen. Halten Sie mich für so dumm, daß ich Sie um Dinge bitten würde, die Ihnen gegen den Strich gehen? Aber selbst wenn ich das täte – was dann? Wer zum Teufel hat denn einen Finger für Sie gerührt, als Sie in der Tinte saßen? Als ich hörte, daß Sie wieder ein richtiger Chirurg werden wollen, habe ich sehr viel Zeit aufgewendet, um festzustellen, ob ich Ihnen helfen kann. Ich kann es. Ich bitte Sie um keine Gegenleistung. Aber Sie könnten mich wenigstens als Freund akzeptieren, und dann, nehme ich an, würden Sie für mich das gleiche tun wie für jeden anderen guten Freund. Das ist meine Bedingung. Selbstverständlich können Sie meinen Vorschlag ablehnen.»

Tom Hagen senkte den Kopf. Er mußte lächeln. Nicht einmal der Don hätte es besser sagen können.

Jules errötete. «So habe ich es doch gar nicht gemeint, Mike. Ich bin Ihnen und Ihrem Vater sehr dankbar. Vergessen Sie, was ich gesagt habe.»

Michael nickte. «Gut. Bis das Krankenhaus fertig ist, werden Sie als medizinischer Direktor aller vier Hotels eingesetzt. Suchen Sie sich einen Mitarbeiterstab zusammen. Ihr Gehalt wird ebenfalls erhöht, aber das können Sie später mit Tom besprechen. Und du, Lucy, sollst auch eine wichtigere Aufgabe bekommen. Vielleicht die Koordination sämtlicher Geschäfte, die in den Hotels eingerichtet werden. Oder vielleicht die Einstellung der Mädchen, die wir für die Casinos brauchen. Damit du, wenn Jules dich nicht heiratet, wenigstens eine reiche alte Jungfer bist.»

Freddie hatte ärgerlich an seiner Zigarre gepafft. Jetzt drehte sich Michael zu ihm um und sagte freundlich: «Ich bin nur der Botenjunge des Don, Freddie. Was du tun sollst, wird er dir natürlich selber sagen, aber ich bin sicher, daß es eine große Sache ist und daß du dich darüber freuen wirst. Alle haben uns erklärt, was für großartige Arbeit du hier unten geleistet hast.»

«Aber warum ist er dann böse auf mich?» fragte Freddie schmollend. «Nur weil das Casino Geld verliert? Damit habe ich nichts zu tun; das ist Moe Greenes Angelegenheit. Was will der Alte eigentlich von mir?»

«Mach dir darüber keine Gedanken», sagte Mike. Er wandte sich an Johnny Fontane. «Wo ist Nino? Ich würde ihn gern wiedersehen.»

Johnny zuckte die Achseln. «Nino ist sehr krank. Er liegt in seinem Zimmer, und eine Krankenschwester pflegt ihn. Aber der Doc hier sagt, er müßte eingesperrt werden, weil er versucht, sich umzubringen. Nino – sich umbringen!»

Michael wurde sehr nachdenklich. Er schien ehrlich erstaunt zu sein. «Nino war immer ein netter, anständiger Kerl. Ich habe es nie erlebt, daß er etwas Gemeines gesagt oder getan oder einen anderen Menschen schlecht behandelt hätte. Aber er hat sich nie für irgend etwas richtig interessiert. Außer für den Alkohol.»

«Ja», sagte Johnny. «Das Geld kommt gut herein, er könnte eine Menge Arbeit haben, er könnte singen oder Filme drehen. Er kriegt jetzt fünfzigtausend pro Film, aber er bringt alles durch. Es kümmert ihn einen Dreck, daß er berühmt ist. All die Jahre, solange wir Freunde sind, hat er nie etwas Dummes angestellt. Und jetzt trinkt sich dieses blöde Schwein selber zu Tode!»

Jules wollte gerade etwas sagen, als es an die Tür klopfte. Er wunderte sich, daß der Wächter neben der Tür nicht aufmachte, sondern gelassen weiter in seiner Zeitung las. Statt dessen stand Hagen auf und öffnete. Und wurde grob zur Seite gestoßen, als Moe Greene, gefolgt von seinen beiden Leibwächtern, ins Zimmer stürmte.

Moe Greene war ein gut aussehender Gangster, der sich als Scharfrichter der Murder Incorporated in Brooklyn einen gewissen Ruf geschaffen hatte. Dann hatte er seine Tätigkeit auf das Glücksspiel ausgedehnt und war in den Westen gegangen, um dort reich zu werden. Er war der erste, der die Möglichkeiten der Stadt Las Vegas erkannte, und er ließ eines der ersten Hotelcasinos am Strip erbauen. Er konnte noch immer in eine mörderische Wut geraten und war bei allen Angestellten des Hotels gefürchtet; Freddie, Lucy und Jules Segal machten da keine Ausnahme. Jeder ging ihm möglichst aus dem Weg.

Jetzt schnitt er ein grimmiges Gesicht und sagte zu Michael Corleone: «Ich habe auf eine Unterredung mit dir gewartet, Mike. Morgen früh habe ich eine Menge zu tun, deshalb wollte ich dich lieber noch heute abend abfangen. In Ordnung?»

Michael sah ihn mit einer Miene an, die freundliches Erstaunen ausdrückte. «Selbstverständlich», antwortete er gelassen. Dann gab er Hagen einen Wink. «Tom, hol Mr. Greene einen Drink.»

Jules bemerkte, daß der Mann, der Albert Neri hieß, Moe Greene aufmerksam musterte, aber den Leibwächtern, die an der Zimmertür lehnten, nicht die geringste Aufmerksamkeit schenkte. Aber er wußte, daß eine Gewalttat ausgeschlossen war – jedenfalls hier in Las Vegas. So etwas war streng verboten; es wäre verhängnisvoll für das gesamte Projekt gewesen, durch das Las Vegas zum legalen Zentrum des amerikanischen Glücksspiels gemacht werden sollte.

Moe Greene befahl seinen Leibwächtern: «Holt ein paar Jetons für die Leute hier, damit sie auf Kosten des Hauses spielen können.» Zweifellos meinte er damit Jules, Lucy, Johnny Fontane und Michaels Leibwächter Albert Neri.

Michael nickte zustimmend. «Gute Idee.» Erst jetzt erhob sich Neri von seinem Platz und folgte den anderen hinaus.

Freddie, Tom Hagen, Moe Greene und Michael Corleone waren jetzt allein im Zimmer.

Greene stellte sein Glas auf den Tisch und sagte mit kaum unterdrückter Wut: «Was habe ich da gehört? Die Corleones wollen mich auskaufen? Verdammt, *ich* werde *euch* auskaufen! Mich kauft kein Mensch aus!»

Michael sagte ruhig: «Dein Casino ist ein Verlustgeschäft, und das ist ein Kunststück. Anscheinend stimmt etwas nicht mit deiner Organisation. Vielleicht können wir es besser machen.»

Greene lachte rauh. «Ihr gottverdammten Polentafresser! Ich tue euch den Gefallen und nehme Freddie auf, als es euch schlechtgeht, und jetzt wollt ihr mich rausdrängen. Aber das stellt ihr euch nur so vor! Mich drängt hier keiner raus, und außerdem habe ich Freunde, die mir helfen werden.»

Michael blieb noch immer ruhig. «Du hast Freddie aufgenommen, weil die Corleone-Familie dir einen schönen Batzen Geld gegeben hat, damit du dein Hotel einrichten kannst. Und weil sie dein Casino finanziert hat. Und weil die Molinari-Familie an der Westküste für Freddies Sicherheit garantiert hat und dir dafür, daß du ihn aufgenommen hast, einige Dienstleistungen erwiesen hat. Die Corleone-Familie ist quitt mit dir. Ich weiß nicht, weshalb du dich aufregst. Wir werden dir deinen Anteil abkaufen, zu einem vernünftigen Preis, den du selbst bestimmen kannst. Was ist daran so schlimm? Was ist daran so unfair? Wir tun dir jetzt sogar einen Gefallen, wo dein Casino mit Verlust arbeitet!»

Greene schüttelte den Kopf. «So viel Macht hat die Corleone-Familie nicht mehr. Der *padrino* ist krank. Die anderen Familien vertreiben euch aus New York, und jetzt glaubt ihr, daß ihr hier einen gedeckten Tisch findet. Ich gebe dir einen guten Rat, Mike: Laß die Finger davon.»

Gelassen sagte Michael: «Ist das der Grund, warum du dachtest, du kannst Freddie in aller Öffentlichkeit ohrfeigen?»

Tom Hagen zuckte zusammen und richtete seine Aufmerksamkeit auf Freddie, der dunkelrot wurde. «Also, Mike, das war doch nichts. Moe hat es nicht so gemeint. Er geht eben manchmal in die Luft, aber wir sind gute Freunde. Stimmt's, Moe?»

Greene aber war auf der Hut. «Ja, klar. Wenn man den Laden in Ordnung halten will, muß man die Leute eben manchmal in den Hintern treten. Ich war sauer auf Freddie, weil er es mit sämtlichen Barmädchen trieb und die Mädchen von der Arbeit abhielt. Wir hatten eine kleine Auseinandersetzung, und ich habe ihn wieder zur Vernunft gebracht.»

Mit ausdrucksloser Miene wandte sich Michael an seinen Bruder. «Bist du zur Vernunft gekommen, Freddie?»

Freddie starrte seinen jüngeren Bruder finster an. Er antwortete nicht. Greene lachte kurz auf und sagte: «Er hat sie sich zu zweit ins Bett geholt, Mike. Freddie, das muß ich zugeben, du hast diesen Puppen so richtig Freude gemacht. Nach dir hat sie kein anderer mehr wirklich glücklich machen können.»

Hagen merkte, daß Michael auf so etwas nicht vorbereitet war. Sie warfen sich einen Blick zu. Das war vermutlich der Hauptgrund, warum der Don mit Freddie unzufrieden schien. Der Don war sehr prüde, was Sex anging. Für ihn waren Kapriolen, wie sie sein Sohn Freddie trieb, ein Zeichen von Degeneration. Und wenn Freddie es zuließ, daß ihn ein Mann wie Moe Greene in aller Öffentlichkeit körperlich züchtigte, dann untergrub er damit den Respekt, den die Corleone-Familie genoß. Auch das war sicherlich ein Grund, weshalb ihn sein Vater auf die Schwarze Liste gesetzt hatte.

Michael erhob sich und sagte abschließend: «Ich muß morgen nach New York zurück, also überleg dir deinen Preis.»

Wütend entgegnete Greene: «Du Schwein, glaubst du, daß du mich so einfach abschieben kannst? Ich habe mehr Männer umgebracht als du, bevor ich noch erwachsen war. Ich werde nach New York fliegen und selber mit dem Don sprechen. Ich werde ihm ein Angebot machen.»

Freddie suchte bei Tom Hagen Hilfe. «Tom, du bist der *consigliori*», sagte er nervös. «Du kannst doch mit dem Don sprechen und ihm einen Rat geben.»

Jetzt wandte sich Michael zu den beiden Vegas-Männern. Er war nun ganz eisige Herablassung. «Der Don lebt ganz zurückgezogen», sagte er. «Jetzt führe ich das Familiengeschäft. Und ich habe Tom von seinem Posten als *consigliori* entbunden. Hier unten in Vegas wird er nur mehr mein Anwalt sein. In wenigen Monaten zieht er mit seiner Familie hierher und übernimmt die Bearbeitung sämtlicher Rechtsprobleme. Wenn ihr also etwas zu sagen habt, dann sagt es jetzt mir.»

Niemand antwortete. Michael sagte förmlich: «Freddie, du bist mein älterer Bruder und ich respektiere dich. Aber stell dich nicht noch einmal gegen die Familie. Diesmal werde ich dem Don nichts davon sagen.» Dann wandte er sich an Moe Greene. «Und du hüte dich, Menschen zu beleidigen, die dir helfen wollen. Verwende deine Energie lieber darauf, endlich festzustellen, warum dein Casino Geld verliert. Die Corleone-Familie hat viel darin investiert, und wir bekommen nichts für unser Geld; trotzdem bin ich nicht hergekommen, um dich zu beschuldigen, sondern um dir meine Hilfe anzubieten. Wenn du auf mein Angebot nicht eingehst, so ist das deine eigene Angelegenheit. Mehr kann ich dazu nicht sagen.»

Er hatte seine Stimme nicht erhoben, doch Greene und Freddie waren sichtlich eingeschüchtert. Er stand auf, und das war das Zeichen, daß sie verschwinden sollten. Hagen ging an die Tür und öffnete sie. Beide Männer verließen den Raum, ohne sich zu verabschieden.

Am nächsten Morgen erhielt Michael eine Botschaft von Moe Greene: Er denke nicht daran, seinen Anteil am Hotel zu verkaufen – um keinen Preis. Der Überbringer der Botschaft war Freddie. Achselzuckend sagte Michael zu seinem Bruder: «Ich möchte noch Nino sehen, bevor ich zurückfliege.»

In Ninos Suite saß Johnny Fontane auf der Couch und frühstückte. Hinter dem geschlossenen Schlafzimmervorhang wurde Nino gerade von Jules untersucht. Endlich schlug der Doktor den Vorhang zurück.

Michael erschrak, als er Nino sah. Der körperliche Verfall des Freundes war nicht zu übersehen. Die Augen blickten glanzlos, der Mund stand halb offen, die Muskeln seines Gesichts waren erschlafft. Michael setzte sich auf die Bettkante. «Nino, wie schön, dich wiederzusehen. Der Don erkundigt sich ständig nach dir.»

Nino grinste. «Sag ihm, daß ich bald abkratze. Sag ihm, das Showgeschäft sei viel gefährlicher als das Olivengeschäft.»

«Du wirst schon wieder in Ordnung kommen», sagte Michael. «Wenn wir dir irgendwie helfen können, brauchst du es mir nur zu sagen.»

Nino schüttelte den Kopf. «Nein, danke», sagte er. «Nichts.»

Michael sprach noch ein paar Minuten mit ihm und verabschiedete sich dann. Freddie begleitete ihn und seine Leute zum Flughafen, wartete aber nicht, bis die Maschine startete. Als Michael mit Tom Hagen und Al Neri das Flugzeug bestieg, drehte er sich fragend zu Neri um. «Hast du ihn dir gut angesehen?»

Neri tippte sich an die Stirn. «Alles hier oben fotografiert und eingeordnet – der ganze Moe Greene.»

28

Während des Rückflugs nach New York versuchte sich Michael zu entspannen und ein wenig zu schlafen. Es gelang ihm nicht. Was ihm nun bevorstand, würde ärger sein als alles bisherige in seinem Leben – es konnte ihm sogar den Tod bringen. Es war nicht länger hinauszuschieben. Alles war fertig, alle Vorsichtsmaßnahmen waren getroffen. Zwei Jahre hatten die Vorbereitungen gedauert. Jetzt durfte er nicht mehr zögern. In der vergangenen Woche hatte der Don den *caporegime* und den anderen Mitgliedern der Corleone-Familie offiziell seinen Rücktritt erklärt, und Michael wußte, daß ihm der Vater mit diesem Schritt sagen wollte, die Zeit sei reif.

Er war jetzt fast drei Jahre wieder zu Hause und seit zwei Jahren mit Kay verheiratet. Diese drei Jahre hatte er damit zugebracht, das Geschäft der Familie zu erlernen. Lange Stunden hatte er mit Tom zusammengesessen, lange Stunden auch mit dem Don. Staunend erkannte er, wie reich und mächtig die Corleone-Familie war. Sie besaß unschätzbar wertvolle Grundstücke mitten in New York – ganze Häuserblocks mit Bürogebäuden. Sie war – durch Strohmänner – Teilhaber an zwei Maklerfirmen der Wall Street, sie besaß Anteile an Banken auf Long Island, Beteiligungen an einigen Firmen des Bekleidungsviertels und zusätzlich noch ihre illegalen Glücksspielunternehmen.

Die interessanteste Tatsache, die Michael aufstöberte, als er die vergangenen Transaktionen der Corleone-Familie durchsah, war die, daß die Familie kurz nach dem Krieg von einer Gruppe Schallplattenfälscher Protektionsgeld bezogen hatte. Die Fälscher vervielfältigten und verkauften Schallplatten berühmter Künstler und tarnten alles so geschickt, daß sie niemals gefaßt wurden. Natürlich erhielten die Künstler und die ursprünglichen Produktionsfirmen von den an die Einzelhändler verkauften Platten nicht einen Cent. Michael stellte fest, daß auch Johnny Fontane auf diese Weise um viel Geld gekommen war, denn damals, bevor er seine Stimme verlor, waren seine Platten im ganzen Land sehr beliebt gewesen.

Er erkundigte sich bei Tom Hagen. Warum hatte der Don es zugelassen, daß die Fälscher seinen eigenen Patensohn betrogen? Hagen zuckte die Achseln. Geschäft war Geschäft. Außerdem stand Johnny beim Don damals in Ungnade, da er sich von seiner Jugendliebe hatte scheiden lassen und Margot Ashton geheiratet hatte. Das hatte der Don sehr übelgenommen.

«Und wieso haben diese Leute mit der Produktion aufgehört?» erkundigte sich Michael. «Sind sie erwischt worden?»

Hagen schüttelte den Kopf. «Der Don hat ihnen die Protektion entzogen. Das war gleich nach Connies Hochzeit.»

Dieses Schema tauchte immer wieder auf: Der Don verhalf Leuten, zu deren Unglück er selber beigetragen hatte, zu neuem Wohlstand. Nicht etwa aus böser Absicht oder bewußt, sondern weil seine Interessen weit gestreut waren, oder vielleicht auch, weil das in der Natur des Universums lag: weil das Ineinandergreifen von Gut und Böse an sich natürlich war.

Michaels Hochzeit mit Kay hatte in New England stattgefunden, eine sehr stille Hochzeit, an der nur ihre Familie und einige ihrer Freunde teilnahmen. Dann waren sie in eines der Häuser der Promenade gezogen. Mit Überraschung sah Michael, wie gut sich Kay mit seinen Eltern und den anderen Bewohnern der Promenade verstand. Und selbstverständlich war sie, wie es sich für eine gute, altmodische italienische Ehefrau gehörte, sofort schwanger geworden, was auch von Vorteil war. Das zweite Kind, das sie innerhalb von zwei Jahren erwartete, war nur das Tüpfelchen auf dem i.

Kay würde ihn am Flughafen erwarten; sie holte ihn immer ab, sie war immer so froh, wenn er von einer Reise zurückkam. Und auch er freute sich. Nur diesmal nicht, denn nun mußte er endlich tun, wofür er während der vergangenen drei Jahre gedrillt worden war. Der Don würde schon auf ihn warten. Die *caporegime* ebenfalls. Und er, Michael Corleone, mußte die Befehle geben, mußte die Entscheidungen treffen, die über sein eigenes und das Schicksal seiner Familie bestimmen würden.

Jeden Morgen, wenn Kay Adams-Corleone aufstand, um ihrem Baby die erste Mahlzeit zu geben, sah sie, wie Mama Corleone, die Frau des Don, von einem der Leibwächter zum Tor der Promenade hinausgefahren wurde. Eine Stunde darauf kam sie wieder zurück. Bald wußte Kay, daß ihre Schwiegermutter jeden Morgen zur Kirche ging. Bei ihrer Rückkehr schaute die Alte oft bei ihr herein, um eine Tasse Kaffee zu trinken und um ihr jüngstes Enkelkind zu besuchen. Die erste Frage, die Mama Corleone stellte, war immer, warum Kay nicht katholisch werde. Die Tatsache, daß ihr Enkelkind bereits protestantisch getauft worden war, berührte sie nicht. Daher hielt Kay es nun für gerechtfertigt, die alte Frau zu fragen, warum sie jeden Morgen zur Kirche gehe, ob das für einen Katholiken obligatorisch sei.

Die alte Frau schien zu glauben, daß dies der Grund war, weshalb Kay nicht konvertierte; sie sagte: «O nein, nein! Manche Katholiken gehen nur zu Ostern und Weihnachten. Man geht, wenn einem danach zumute ist.»

Kay lachte. «Und warum gehst du jeden Morgen?»

Als sei es das natürlichste von der Welt, antwortete Mama Corleone: «Ich gehe für meinen Mann.» Sie deutete auf den Boden. «Damit er nicht da unten hinkommt.» Nach einer kleinen Pause fuhr sie fort: «Ich bete jeden Tag für seine Seele, damit er da oben hinkommt.» Sie deutete zum Himmel hinauf und lächelte dabei ein wenig schelmisch, als geschehe das gegen den Willen ihres Mannes, oder als sei es verlorene Liebesmüh. Und wie immer, wenn ihr Mann nicht zugegen war, ließ ihr Verhalten einen gewissen Mangel an Respekt dem großen Don gegenüber ahnen.

«Wie geht es deinem Mann?» fragte Kay höflich.

Mama Corleone zuckte die Achseln. «Er ist nicht mehr der alte, seit sie auf ihn geschossen haben. Die ganze Arbeit überläßt er Michael und macht sich lächerlich mit seinem Garten, mit seinen Paprikaschoten und Tomaten. Als wäre er noch immer ein Bauer. Aber die Männer sind alle so.»

Später am Vormittag kam dann Connie Corleone mit ihren beiden Kindern herüber, um Kay einen Besuch abzustatten und einen kleinen Schwatz mit ihr zu halten. Kay mochte Connie mit ihrer Lebhaftigkeit und ihrer unverhohlenen Zuneigung zu ihrem Bruder Michael. Connie hatte Kay ein paar einfache Rezepte der italienischen Küche gezeigt, doch manchmal brachte sie auch für Michael eine Kostprobe ihrer eigenen, komplizierteren Erzeugnisse herüber.

Und auch an diesem Morgen fragte sie Kay wie üblich, was wohl Michael von ihrem Ehemann Carlo halte. Ob Michael Carlo wirklich so gern hatte, wie es schien. Carlo hatte immer ein bißchen Schwierigkeiten mit der Familie gehabt, doch in den letzten Jahren war er vernünftig geworden. Er machte sich wirklich gut in der Gewerkschaft, aber er mußte auch hart arbeiten. Und so lange! Carlo habe Michael wirklich gern, behauptete Connie immer. Aber schließlich mochten Michael alle, genau wie alle seinen Vater mochten. Michael war das genaue Abbild des Don. Es war wirklich die beste Lösung, daß Michael das Olivenölgeschäft der Familie übernehmen sollte.

Es war Kay schon früher aufgefallen, daß Connie jedesmal, wenn sie im Zusammenhang mit der Familie von ihrem Ehemann sprach, voll Nervosität auf ein paar anerkennende Worte für Carlo zu warten schien. Kay wäre blind gewesen, hätte sie nicht bemerkt, wie nahezu ängstlich Connie fragte, ob Michael Carlo möge oder nicht. Eines Abends, als sie mit Michael zusammensaß, brachte sie die Rede darauf, und sie erwähnte auch die Tatsache, daß nie jemand von Sonny sprach, jedenfalls nicht in ihrer Gegenwart. Einmal hatte Kay dem Don und seiner Frau ihr Beileid zum Tod ihres ältesten Sohnes aussprechen wollen; man hatte sie in beinahe kränkendem Schweigen angehört und dann ignoriert. Später hatte sie versucht, Connie über ihren Bruder auszuholen, ebenfalls ohne Erfolg.

Sonnys Witwe, Sandra, war mit ihren Kindern nach Florida gegangen, wo ihre Eltern jetzt lebten. Gewisse finanzielle Arrangements sicherten ihr und den Kindern ein sorgenfreies Leben; Sonny selber hatte nichts hinterlassen.

Nur zögernd erklärte ihr Michael, was damals, als Sonny getötet wurde, geschehen war. Daß Carlo seine Frau geschlagen und Connie die Promenade angerufen hatte. Daß Sonny den Anruf entgegengenommen hatte und in blinder Wut hinausgestürzt war. Deshalb fürchteten Connie und Carlo natürlich immer, daß die Familie in ihr, Connie, die indirekte Ursache für Sonnys Tod sehen würde. Oder Carlo die Schuld daran geben könnte. Doch das war durchaus nicht der Fall. Und der Beweis dafür war, daß Connie und Carlo ein Haus in der Promenade zugewiesen bekommen hatten und daß Carlo auf einen wichtigen Posten in der Gewerkschaftsorganisation aufgerückt war. Außerdem war Carlo zur Vernunft gekommen; er hatte aufgehört zu trinken, aufgehört zu huren, aufgehört, vorlaut zu sein. Die Familie war mit ihm in den letzten zwei Jahren zufrieden. Niemand machte ihm Vorwürfe wegen dem, was geschehen war.

«Warum laden wir sie dann nicht einmal abends ein, damit deine Schwester beruhigt ist?» sagte Kay. «Die Ärmste wird noch ganz krank vor Sorge, was du von ihrem Ehemann hältst. Sag es ihr. Und sag ihr auch, daß sie sich die dummen Gedanken aus dem Kopf schlagen soll.»

«Das kann ich nicht», erklärte Michael. «In unserer Familie sprechen wir nicht über diese Dinge.»

«Soll ich ihr denn sagen, was du mir erzählt hast?»

Kay begriff nicht, warum er so lange über einen Vorschlag nachdenken mußte, der doch ganz offensichtlich angebracht war. Schließlich sagte er: «Ich glaube, das solltest du lieber nicht tun, Kay. Ich glaube kaum, daß es etwas hilft. Sie wird sich weiterhin Sorgen machen. Dagegen kann niemand etwas tun.»

Kay war erstaunt. Sie hatte gemerkt, daß Michael sich seiner Schwester Connie gegenüber trotz ihrer Zuneigung stets ein wenig kühler verhielt als gegenüber den anderen Menschen seiner Umgebung. «Du wirst doch Connie nicht für Sonnys Tod verantwortlich machen!» sagte sie.

Michael seufzte. «Natürlich nicht. Sie ist meine kleine Schwester, und ich bin ihr sehr zugetan. Sie tut mir leid. Carlo ist zwar vernünftig geworden, aber er ist nicht der richtige Mann für sie. Leider. Reden wir nicht mehr davon.»

Es war nicht Kays Art, auf etwas zu bestehen, darum ließ sie das Thema fallen. Außerdem hatte sie erfahren, daß man Michael nicht drängen durfte; dann wurde er kalt und abweisend. Sie wußte, daß sie der einzige Mensch auf der Welt war, der ihn dazu bringen konnte, seine Absicht zu ändern, aber sie wußte auch, daß sie es nicht zu oft tun dürfte. Und das Zusammenleben mit ihm während der letzten zwei Jahre hatte ihre Liebe zu ihm noch vertieft.

Sie liebte ihn, weil er immer fair war. Merkwürdig, er war tatsächlich fair zu allen, mit denen er zu tun hatte; nie war er willkürlich, nicht einmal in kleinen Dingen. Er war jetzt ein mächtiger Mann geworden; die Menschen kamen zu ihm, um sich von ihm beraten zu lassen und ihn um Gefälligkeiten zu bitten; sie behandelten ihn mit Zuvorkommenheit und Respekt. Doch eines vor allem hatte ihn ihr nahegebracht.

Seit dem Tag, da Michael mit seinem zerschlagenen Gesicht aus Sizilien zurückgekehrt war, hatte die ganze Familie ihn zu überreden versucht, sich operieren zu lassen. Vor allem seine Mutter ließ ihm keine Ruhe. Eines Sonntags, als die Corleones gemeinsam beim Abendessen saßen, fuhr sie Michael an: «Du siehst aus wie ein Gangster im Kino! Nun laß dir doch endlich einmal das Gesicht richten! Um Christi und deiner armen Ehefrau willen! Damit deine Nase endlich aufhört zu laufen wie bei einem betrunkenen Iren.»

Der Don hatte die Szene von seinem Platz am Kopfende des Tisches beobachtet. Nun wandte er sich an Kay. «Stört es dich?»

Kay schüttelte den Kopf. Der Don sagte zu seiner Frau: «Er steht nicht mehr unter deiner Fuchtel; die Sache geht dich nichts mehr an.» Sofort verstummte die alte Frau. Nicht weil sie sich vor ihrem Mann fürchtete, sondern weil es respektlos gewesen wäre, ihm in einer solchen Angelegenheit vor den Ohren der anderen zu widersprechen.

Connie jedoch, der Liebling des Vaters, kam aus der Küche, wo sie das Sonntagsessen vorbereitet hatte, herein und sagte, das Gesicht von der Ofenhitze gerötet: «Ich finde, er sollte sich operieren lassen. Bevor er die Verletzung hatte, war er der Schönste von euch allen. Los, Mike, versprich mir, daß du es machen läßt!»

Michael starrte sie geistesabwesend an. Es war, als hätte er tatsächlich nichts von dem gehört, was gesagt worden war. Er antwortete nicht.

Connie trat hinter ihren Vater. «Sag ihm, daß er es tun soll!» bettelte sie. Die Hände liebevoll auf seine Schultern gelegt, rieb sie ihm den Nacken. Sie war die einzige, die so vertraulich mit dem Don umgehen durfte. Ihre Liebe zum Vater war rührend und voller Vertrauen, wie die eines Kindes. Der Don tätschelte ihr die Hand. «Wir verhungern», sagte er. «Stell die Spaghetti auf den Tisch. Nachher kannst du reden.»

Connie wandte sich an ihren Mann. «Carlo, sag du Mike, daß er sich das Gesicht operieren lassen soll. Vielleicht hört er auf dich.» Ihr Ton deutete an, daß die Freundschaft zwischen Michael und Carlo stärker war als jede andere Bindung.

Carlo, das hübsche Gesicht braun gebrannt, das blonde Haar ordentlich geschnitten und gekämmt, trank einen Schluck von dem selbstgekelterten Wein und sagte: «Niemand kann Mike sagen, was er tun soll.» Carlo war seit dem Umzug in die Promenade ein anderer Mensch geworden. Er wußte, wo sein Platz in der Familie war, und hielt sich daran.

Hinter all diesen Vorgängen steckte etwas, das Kay nicht verstand, etwas, das nicht ins Auge fiel. Sie als Frau erkannte deutlich, daß Connie ihrem Vater mit Absicht schmeichelte, obwohl sie es sehr geschickt anfing und offensichtlich auch ernst meinte. Aber es war nicht spontan. Carlos Antwort war eine Zurechtweisung gewesen. Michael hatte einfach alles ignoriert.

Kay ließ sich von der Entstellung ihres Mannes nicht stören, aber sie sorgte sich wegen seiner Beschwerden mit der Nase. Eine Operation würde auch dem abhelfen. Aus diesem Grund wäre es ihr lieber gewesen, wenn Michael sich einem Chirurgen anvertraut hätte. Aber sie begriff auch, daß er in einer gewissen Weise seine Entstellung wollte. Und sie war sicher, daß sein Vater das ebenfalls begriff.

Als aber Kay ihr erstes Kind geboren hatte, bereitete Michael ihr eine Überraschung. Er fragte: «Möchtest du, daß ich mein Gesicht richten lasse?»

Kay nickte. «Du weißt ja, wie Kinder sind. Wenn dein Sohn anfängt zu begreifen, daß dein Gesicht nicht normal ist, wird er sich deswegen schämen. Ich will nicht, daß unser Kind dich so sieht. Mich selber stört es nicht. Wirklich nicht, Michael.»

«Also gut.» Lächelnd sah er sie an. «Ich werde es machen lassen.»

Er wartete noch, bis sie aus dem Krankenhaus zurück war, dann traf er die entsprechenden Vereinbarungen. Die Operation verlief erfolgreich. Der Wangenknochen war jetzt nur noch kaum merklich eingedrückt.

Die ganze Familie war froh darüber, doch Connie mehr noch als alle anderen. Sie besuchte Michael jeden Tag im Krankenhaus und schleppte auch ihren Carlo mit. Als Michael nach Hause kam, nahm sie ihn fest in die Arme, gab ihm einen Kuß, sah ihn voll Bewunderung an und sagte: «Jetzt bist du wieder mein hübscher Bruder!»

Nur der Don war nicht beeindruckt; er zuckte die Achseln und meinte nur: «Was macht es schon für einen Unterschied?»

Kay aber war dankbar. Sie wußte, daß Michael es gegen seine eigene Überzeugung getan hatte, daß er es getan hatte, weil sie ihn darum gebeten hatte. Und daß sie der einzige Mensch auf der Welt war, der ihn veranlassen konnte, gegen seine Überzeugung zu handeln.

Am Nachmittag, als Michael von Las Vegas zurückerwartet wurde, steuerte Rocco Lampone die Limousine in die Promenade, um Kay zum Flughafen zu fahren, wo sie ihren Mann abholen wollte. Sie holte ihren Mann immer ab, wenn er von einer Reise zurückkehrte – vor allem, weil sie sich ohne ihn in der festungsähnlichen Promenade einsam fühlte.

Sie sah ihn zusammen mit Tom Hagen und dem neuen Mann Albert Neri das Flugzeug verlassen. Kay mochte Neri nicht sehr; in seiner stillen Wildheit erinnerte er sie zu stark an Luca Brasi. Sie sah, daß Neri Michael den Vortritt ließ, sah den raschen, durchdringenden Blick, mit dem er die Menschen in seiner Nähe maß. Es war auch Neri, der Kay als erster entdeckte und Michaels Schulter berührte, um ihn auf sie aufmerksam zu machen.

Kay lief ihrem Mann entgegen und warf sich in seine Arme. Er küßte sie flüchtig und ließ sie sofort wieder los. Zusammen mit ihm und Tom Hagen stieg Kay in die Limousine. Albert Neri verschwand. Er hatte, unbemerkt von Kay, einen zweiten, mit zwei weiteren Männern besetzten Wagen bestiegen, der nun der Limousine folgte, bis sie in Long Beach ankamen.

Kay fragte Michael niemals, wie seine Geschäfte verlaufen waren. Selbst eine Höflichkeitsfrage war hier nicht angebracht. Er hätte zwar ebenso höflich geantwortet, aber sie wären beide an das verbotene Territorium erinnert worden, das von ihrer Ehe immer ausgeschlossen bleiben würde. Doch Kay hatte sich daran gewöhnt. Nur als Michael ihr jetzt erklärte, daß er den Abend bei seinem Vater verbringen werde, um ihm über seine Reise nach Las Vegas Bericht zu erstatten, konnte sie ihre Enttäuschung nicht unterdrücken.

«Tut mir leid», sagte Michael. «Aber morgen abend fahren wir bestimmt nach New York, gehen ins Theater und essen irgendwo schön zu Abend. Okay?» Er tätschelte ihren Bauch; sie war beinahe im achten Monat. «Wenn das Kind erst da ist, bist du wieder gebunden. Verdammt, du bist mehr Italienerin als Yankee. Zwei Kinder in zwei Jahren!»

«Und du bist mehr Yankee als Italiener», sagte Kay pikiert. «Den ersten Abend zu Hause mußt du mit Geschäften verbringen.» Aber sie lächelte dabei. «Bleibst du lange?»

«Ich bin vor Mitternacht wieder da. Wenn du müde bist, warte nicht auf mich.»

«Ich werde warten», versicherte Kay.

An der Besprechung nahmen der Don, Michael, Tom Hagen, Carlo Rizzi sowie die beiden *caporegime* Tessio und Clemenza teil. Sie saßen im Eckzimmer von Don Corleones Haus, der Bibliothek.

Die Atmosphäre war bei weitem nicht mehr so vertraulich wie in früheren Zeiten. Seitdem Don Corleone seinen Rücktritt verkündet und Michael das Familiengeschäft übernommen hatte, gab es Spannungen. Bei einem Unternehmen wie der Corleone-Familie gab es keine erbliche Thronfolge. In jeder anderen Familie hätten mächtige *caporegime* wie Tessio und Clemenza ebensogut die Macht übernehmen können wie Michael. Zumindest hätte man ihnen erlaubt, eigene Familien zu bilden.

Außerdem hatte seit dem Friedensschluß Don Corleones mit den fünf Familien die Corleone-Familie zusehends an Macht verloren. Nun war die Barzini-Familie am mächtigsten; dank ihrer Verbindung mit den Tattaglias hielt sie die Position, die früher die Corleones innehatten. Und sie untergrub die Macht der Corleone-Familie auch weiter: sie drängte sich in deren Glücksspieldomäne ein, testete die Reaktion der Corleones und setzte dann, als sie den Feind schwach fand, ihre eigenen Buchmacher ein.

Die Barzinis und die Tattaglias waren hocherfreut über den Rücktritt des Don. Michael mochte noch so stark sein – nie würde er dem Don an Klugheit und Einfluß gleichkommen, zumindest nicht in den nächsten zehn Jahren. Die Corleone-Familie befand sich endgültig auf dem absteigenden Ast.

Gewiß, sie hatte schweres Unglück erlitten. Freddie hatte gezeigt, daß er letzten Endes nichts weiter als ein Gastwirt und Weiberheld war – der Ausdruck für Weiberheld war unübersetzbar; er bezeichnete einen gierigen Säugling, der unausgesetzt an der Mutterbrust hängt –, mit einem Wort, daß er unmännlich war. Und auch Sonnys Tod war ein schwerer Schlag. Sonny, ja, der war ein Mann gewesen, den man fürchten mußte, den man nicht unterschätzen durfte. Er hatte natürlich einen Fehler gemacht, als er seinen jüngeren Bruder Michael ausschickte, den Türken und den Polizeicaptain zu töten. Obwohl im taktischen Sinne unerläßlich, hatte sich diese Entscheidung strategisch, also auf lange Sicht, als schwerwiegender Fehler erwiesen. Dieser Fehler hatte den Don schließlich gezwungen, von seinem Krankenbett aufzustehen. Er hatte zur Folge, daß Michael zwei Jahre wertvoller Erfahrungen und der Ausbildung durch seinen Vater verlor. Doch auch der Don selber hatte einen Fehler gemacht: Er hatte einen Iren als *consigliori* eingesetzt – die einzige Torheit übrigens, die sich der Don jemals hatte zuschulden kommen lassen. Ein Ire kam nun einmal einem Sizilianer an Schlauheit nicht gleich. Darin waren sich alle Familien einig, und deshalb erwiesen sie der Allianz Barzini-Tattaglia mehr Respekt als den Corleones. Von Michael hatten sie die Meinung, daß er gewiß intelligenter war als Sonny, ihm aber an Kraft unterlegen; und daß seine Intelligenz nicht an die seines Vaters herankam. Ein mittelmäßiger Thronfolger, ein Mann, den man nicht zu fürchten brauchte.

Und wenn man auch Don Corleone allseits seiner staatsmännischen Kunst wegen bewunderte – daß er den Mord an Sonny nicht gerächt hatte, rechnete man der Familie übel an. Ein derartiges Verhalten galt als Zeichen der Schwäche.

All das war den Männern, die hier zusammensaßen, bekannt – einige teilten sogar diese Meinung. Carlo Rizzi mochte Michael, aber er fürchtete ihn nicht so, wie er Sonny gefürchtet hatte. Clemenza rechnete Michael den mutigen Handstreich mit dem Türken und dem Polizeicaptain hoch an, fand aber dennoch, daß Michael zu weich sei für einen Don. Clemenza hatte gehofft, man würde ihm erlauben, eine eigene Familie zu bilden, ein eigenes Imperium zu gründen. Aber der Don hatte durchblicken lassen, daß das für ihn nicht in Frage komme, und vor dem Don hatte Clemenza zuviel Respekt, um zu widersprechen. Es sei denn natürlich, die Situation wurde unhaltbar.

Tessio hatte eine bessere Meinung von Michael. Er spürte, daß in diesem jungen Mann eine Kraft steckte, die er geschickt verbarg. Er ahnte, hier war ein Mann, der getreulich dem Motto seines Vaters folgte, ein Freund müsse die Tugenden, die wir besitzen, stets unterschätzen, ein Feind aber unsere Fehler überschätzen.

Der Don selber und Tom Hagen dagegen hatten Michaels Qualitäten sofort erkannt. Nie wäre der Don zurückgetreten, hätte er nicht vollstes Vertrauen in die Fähigkeiten seines Sohnes gehabt und gewußt, daß dieser in der Lage war, der Familie die frühere Position zurückzuerobern. Hagen war in den letzten zwei Jahren Michaels Lehrmeister gewesen und staunte, wie schnell Michael die verwirrenden Einzelheiten des Familiengeschäftes begriff. Er war ein echter Sohn seines Vaters.

Clemenza und Tessio waren ärgerlich über Michael, weil er die Kopfzahl ihrer *regimes* reduziert und Sonnys *regime* nicht wieder aufgestellt hatte. Und so besaß die Corleone-Familie jetzt nur noch zwei Kampfgruppen mit einer geringeren Mannschaftsstärke als zuvor. Clemenza und Tessio hielten das für selbstmörderisch, vor allem wegen der Invasion der Barzinis und Tattaglias auf ihr ureigenstes Gebiet. Sie hofften, diese Fehler würden auf der Sitzung wiedergutgemacht werden.

Michael begann mit einem Bericht über seine Reise nach Las Vegas. Er informierte seinen Vater, daß Moe Greene es abgelehnt habe, sich auszahlen zu lassen. «Aber wir werden ihm ein Angebot machen, das er nicht ablehnen kann», sagte er. «Über die Absicht der Corleone-Familie, ihre Geschäfte in den Westen zu verlegen, seid ihr ja alle im Bilde. Uns werden vier Hotelcasinos am Strip gehören. Aber nicht sofort. Wir brauchen Zeit, um alles zu regeln.» Er wandte sich an Clemenza. «Pete, ich möchte, daß ihr beide, du und Tessio, noch ein Jahr lang bedingungslos mit mir zusammen geht. Nach Ablauf dieses Jahres könnt ihr beide euch von der Corleone-Familie trennen und eigene Familien bilden. Unsere Freundschaft bleibt selbstverständlich auch dann erhalten; ich schätze euch und den Respekt, den ihr meinem Vater entgegenbringt, viel zu hoch, als daß ich je etwas anderes tun könnte. Aber bis dahin möchte ich, daß ihr mir widerspruchslos folgt und euch keine Gedanken macht. Es werden Verhandlungen geführt, die einige der Probleme lösen werden, die ihr für unlösbar haltet. Darum habt noch ein bißchen Geduld.»

Tessio wandte ein: «Wenn Moe Greene mit deinem Vater sprechen will, warum läßt du ihn dann nicht? Der Don hat es stets verstanden, die Leute zu überzeugen. Noch nie hat sich jemand seinen Vernunftgründen entziehen können.»

Die Antwort auf diese Frage gab ihm der Don persönlich. «Ich bin zurückgetreten. Michael würde an Ansehen verlieren, wenn ich mich einmischte. Außerdem ist Moe Greene ein Mann, mit dem ich lieber nicht sprechen möchte.»

Tessio dachte an die Geschichte, die er über Moe Greene gehört hatte: daß er eines Abends in seinem Vegas-Hotel Freddie Corleone geohrfeigt hatte. Nun wußte er, was los war. Er lehnte sich zurück. Moe Greene war ein toter Mann. Die Corleone-Familie *wollte* ihn nicht überzeugen.

Carlo Rizzi fragte: «Wird die Corleone-Familie ihre Operationen in New York vollkommen einstellen?»

Michael nickte. «Wir verkaufen das gesamte Olivenölgeschäft. Soviel wie möglich übergeben wir an Tessio und Clemenza. Aber mach dir nur keine Gedanken über einen Job, Carlo. Du bist in Nevada aufgewachsen, du kennst dich da aus, du kennst die Menschen, die dort leben. Ich brauche dich als meine rechte Hand, wenn wir dorthin übersiedeln.»

Carlo lehnte sich zufrieden zurück; er errötete vor Dankbarkeit. Nun würde seine Zeit bald kommen; er würde in die unmittelbare Nähe der Macht aufrücken.

Michael fuhr fort. «Tom Hagen ist nicht mehr mein *consigliori.* Er wird als unser Anwalt in Vegas tätig sein. In ungefähr zwei Monaten übersiedelt er mit seiner Familie endgültig dorthin. Als Anwalt, nichts weiter. Von nun an wird man sich nur noch in Rechtsangelegenheiten an ihn wenden. Er ist nur noch Anwalt. Das hat nichts mit der Person Toms zu tun. Ich wünsche es so. Und wenn ich wirklich einmal einen Rat brauche – wer wäre ein besserer Ratgeber als mein eigener Vater?» Alle lachten. Aber trotz dieses Scherzes hatten sie den Sinn seiner Worte erfaßt. Tom Hagen war draußen; er hatte keine Macht mehr. Sie warfen verstohlene Blicke zu ihm hinüber. Sie wollten sehen, wie er reagierte. Doch seine Miene blieb ausdruckslos.

Mit der keuchenden Stimme des Dicken erkundigte sich Clemenza: «Dann sind wir also nach einem Jahr selbständig?»

«Vielleicht schon eher», sagte Michael freundlich. «Natürlich könnt ihr auch jederzeit innerhalb der Familie bleiben, wenn euch das lieber ist. Aber das Schwergewicht unserer Macht wird dann im Westen liegen, und ihr tätet vielleicht besser daran, eine eigene Organisation aufzubauen.»

Tessio sagte ruhig: «Wenn das so ist, dann denke ich, daß du uns neue Männer für unsere *regimes* anwerben lassen solltest. Die Barzinis, diese Schweine, dringen dauernd in mein Gebiet ein. Meiner Meinung nach wäre es klüger, ihnen eine Lektion zu erteilen.»

Michael schüttelte den Kopf. «Nein. Kommt nicht in Frage. Über all diese Dinge wird verhandelt. Es wird alles geregelt, bevor wir New York verlassen.»

Aber so leicht war Tessio nicht abzuspeisen. Er nahm das Risiko, Michael zu verärgern, auf sich und wandte sich direkt an den Don. «Verzeihung, *padrino*, wenn ich mit dir selber sprechen möchte. Die langen Jahre unserer Freundschaft sollen meine Rechtfertigung dafür sein. Aber ich finde, du und dein Sohn, ihr macht mit dieser Nevadasache einen Fehler. Wie könnt ihr dort unten Erfolg erwarten, wenn ihr hier oben keine Macht mehr im Rücken habt? Das geht doch Hand in Hand. Und wenn ihr nicht mehr hier seid, dann sind die Barzinis und Tattaglias zu stark für uns. Pete und ich, wir werden in Schwierigkeiten geraten; früher oder später werden sie uns unter dem Daumen haben. Und Barzini ist kein Mann nach meinem Geschmack. Ich sage, die Corleone-Familie darf nur aus einer Position der Stärke handeln und nicht der Schwäche. Wir sollten unsere *regimes* wieder vergrößern und wenigstens die verlorenen Territorien auf Staten Island zurückerobern.»

Der Don schüttelte den Kopf. «Vergiß nicht, daß ich Frieden geschlossen habe. Ich kann mein Wort nicht brechen.»

Aber Tessio wollte nicht nachgeben. «Alle wissen, daß Barzini dich seitdem oft genug provoziert hat. Und außerdem ist jetzt Michael der Chef der Corleone-Familie. Wer könnte ihn davon abhalten, zu tun, was er für richtig hält? Er ist durch dein Wort nicht gebunden.»

In scharfem Ton, ganz der Chef, unterbrach Michael den *caporegime*. «Es stehen Dinge zur Verhandlung, die deine Fragen beantworten und deine Zweifel beseitigen werden. Wenn dir mein Wort nicht genügt, frag deinen Don.»

Doch Tessio begriff, daß er nun zu weit gegangen war. Wenn er es gewagt hätte, den Don zu fragen, dann hätte er sich Michael zum Feind gemacht. Deshalb zuckte er nur die Achseln und sagte entschuldigend: «Ich habe zum Besten der ganzen Familie gesprochen, nicht für mich selbst. Ich kann für mich allein sorgen.»

Michael lächelte ihm freundlich zu. «Ich habe nie an dir gezweifelt, Tessio. Aber habe Vertrauen zu mir. Natürlich bin ich in diesen Dingen nicht so erfahren wie du und Pete, aber schließlich habe ich meinen Vater als Ratgeber. Ich werde es nicht allzu ungeschickt anfangen. Wir werden bestimmt gut aus der Sache herauskommen.»

Die Sitzung war beendet. Die große Neuigkeit war, daß Tessio und Clemenza aus ihren *regimes* eigene Familien bilden durften. Tessio sollte das Glücksspiel und den Hafen von Brooklyn behalten, Clemenza das Glücksspiel in Manhattan und die Verbindungen der Familie auf den Rennplätzen von Long Island bekommen.

Die beiden *caporegime* verabschiedeten sich – nicht ganz zufrieden und immer noch ein bißchen beunruhigt. Carlo Rizzi drückte sich unentschlossen herum, weil er hoffte, endlich als vollwertiges Mitglied der Familie behandelt zu werden, mußte aber rasch einsehen, daß Michael gar nicht daran dachte. Darum ließ er den Don, Tom Hagen und Michael in der Bibliothek allein. Albert Neri begleitete ihn hinaus, und Carlo sah, daß Neri an der Haustür stehenblieb, bis er auf der anderen Seite der hellerleuchteten Promenade verschwunden war.

Im Eckzimmer machten es sich die drei Männer bequem; sie waren entspannt, wie es nur Menschen sein können, die jahrelang im selben Haus, in derselben Familie zusammen gelebt haben. Michael brachte dem Don Anisett, Tom Hagen Scotch und nahm sich selber, was selten geschah, auch einen Drink.

Tom Hagen ergriff als erster das Wort. «Mike, warum schließt du mich von den Unternehmungen aus?»

Michael stellte sich verwundert. «Aber du wirst doch mein erster Mann in Las Vegas! Wir werden ganz und gar legal, und du bist unser Rechtsberater. Was könnte wichtiger sein als das?»

Hagen lächelte ein wenig bedrückt. «Davon spreche ich nicht. Ich spreche davon, daß Rocco Lampone ohne mein Wissen heimlich ein *regime* aufbaut. Ich spreche davon, daß du mit Neri direkt verhandelst, statt über mich oder über einen der *caporegime*. Es sei denn natürlich, du weißt nicht, was Rocco Lampone treibt.»

Ruhig fragte ihn Michael: «Woher weißt du von Rocco Lampones *regime*?»

Hagen zuckte die Achseln. «Keine Angst, es gibt keine undichte Stelle. Außer mir weiß niemand davon. Aber in meiner Position entgeht mir nicht so leicht etwas. Du hast Lampone selbständig gemacht, du hast ihm sehr viel Freiheit gegeben. Deshalb braucht er

Leute, die ihm in seinem kleinen Reich helfen. Aber alle Männer, die er einstellt, müssen mir gemeldet werden. Und ich habe festgestellt, daß jeder, den er auf die Liste setzt, ein kleines bißchen zu gut gerade für diesen Job ist, ein kleines bißchen zuviel Geld bekommt, als gerade dieser Job wert ist. Du hast mit Lampone übrigens eine gute Wahl getroffen. Er macht es ausgezeichnet.»

Michael zog ein Gesicht. «So ausgezeichnet nun auch wieder nicht, wenn du alles entdeckt hast. Außerdem war es der Don, der Lampone ausgewählt hat.»

«Nun gut», sagte Tom. «Warum aber bin ich von diesen Unternehmungen ausgeschlossen?»

Michael sah ihn offen an und sagte ihm rückhaltlos die Wahrheit. «Tom, du bist kein *consigliori* für Kriegszeiten. Bei dem, was wir vorhaben, kann es turbulent werden, vielleicht müssen wir sogar kämpfen. Und ich möchte dich aus der Schußlinie haben. Für alle Fälle.»

Hagen errötete. Hätte der Don ihm dies gesagt, hätte er es demütig hingenommen. Wie aber zum Teufel kam Mike dazu, ein so voreiliges Urteil zu fällen?

«Okay», sagte er. «Aber zufällig bin ich mit Tessio einer Meinung. Ich finde, ihr habt das alles falsch angefangen. Ihr handelt aus Schwäche und nicht aus Stärke. Das ist immer schlecht. Barzini ist wie ein Wolf, und wenn er euch zerreißt, werden die anderen Familien den Corleones nicht zu Hilfe kommen.»

Jetzt endlich mischte sich der Don ins Gespräch. «Tom, es ist nicht Michael allein. Ich habe ihn in dieser Angelegenheit beraten. Vermutlich werden Dinge getan werden müssen, für die ich in keiner Weise verantwortlich sein möchte. Das ist mein Wunsch, nicht Michaels. Ich habe dich nie für einen schlechten *consigliori* gehalten, aber Santino für einen schlechten Don, möge er in Frieden ruhen. Er hatte gewiß ein gutes Herz, aber er war nicht der richtige Mann, um die Familie zu führen, als ich meinen kleinen Unfall hatte. Und wer hätte gedacht, daß Fredo ein Weiberlakai werden würde? Also gräme dich nicht. Michael besitzt, genau wie du, mein vollstes Vertrauen. Aus Gründen aber, die du nicht wissen kannst, darfst du an dem, was von jetzt an geschieht, keinen Teil haben. Übrigens, ich habe Michael gesagt, daß Rocco Lampones geheimes *regime* deinem

Scharfblick nicht entgehen würde. Daran kannst du sehen, wie sehr ich an dich glaube.»

Michael lachte. «Ich hätte wirklich nicht gedacht, daß du uns auf die Schliche kommen würdest, Tom.»

Hagen wußte, daß er versöhnt werden sollte. «Vielleicht kann ich aber helfen», meinte er.

Entschieden schüttelte Michael den Kopf. «Du bist draußen, Tom.»

Tom leerte sein Glas, doch bevor er ging, machte er Michael noch einen kleinen Vorwurf. «Du bist beinahe so gut wie dein Vater», sagte er ihm. «Aber eines mußt du noch lernen.»

«Und was ist das?» fragte Michael höflich.

«Wie man nein sagt.»

Michael nickte ernst. «Da hast du recht», sagte er. «Ich werde daran denken.»

Als Hagen gegangen war, wandte sich Michael lächelnd an seinen Vater. «Alles andere hast du mir also beigebracht. Nun zeig mir noch, wie man nein zu den Menschen sagt, ohne ihnen weh zu tun.»

Der Don nahm hinter dem großen Schreibtisch Platz. «Zu den Menschen, die man liebt, darf man nicht oft nein sagen. Das ist das ganze Geheimnis. Und wenn man es tut, muß es wie ein Ja klingen. Oder man muß erreichen, daß sie von selber nein sagen. Du mußt dir Zeit nehmen und Mühe geben. Aber ich bin ein altmodischer Mensch, während du zur neuen Generation gehörst. Also hör nicht auf mich.»

Michael lachte. «Ganz recht. Aber du stimmst mir doch zu, daß Tom draußen sein muß, nicht wahr?»

Der Don nickte. «Er darf in diese Sache nicht hineingezogen werden.»

Michael sagte leise: «Ich glaube, es wird langsam Zeit, daß ich dir etwas gestehe. Weißt du, das, was ich jetzt vorhabe, tue ich nicht nur aus Rache für Apollonia und Sonny. Ich tue es, weil es einfach richtig ist. Tessio und Tom haben recht mit den Barzinis.»

Don Corleone nickte. «Rache ist eine Speise, die kalt am besten schmeckt», sagte er. «Ich hätte diesen Friedensvertrag nie geschlossen, wenn ich nicht gewußt hätte, daß du ohne ihn niemals nach Hause gekommen wärst. Trotzdem wundert es mich, daß Barzini noch einen letzten Mordanschlag auf dich verübt hat. Vielleicht aber war der schon vor unserem Friedensgespräch arrangiert, und er konnte ihn nicht mehr verhindern. Bist du sicher, daß sie nicht hinter Don Tommasino her waren?»

«So sollte es aussehen», sagte Michael. «Und alles wäre perfekt gelaufen; nicht einmal du hättest Verdacht geschöpft. Doch leider kam ich mit dem Leben davon. Ich habe gesehen, wie Fabrizzio durch das Tor verschwand, wie er sich davonmachte. Und selbstverständlich habe ich Nachforschungen über die ganze Angelegenheit angestellt, seit ich zurück bin.»

«Hast du den Schafhirten gefunden?»

«Ich habe ihn gefunden. Vor einem Jahr. Er hat eine kleine Pizzeria oben in Buffalo. Neuer Name, falscher Paß, falscher Ausweis. Fabrizzio, dem Schafhirten, geht es sehr gut.»

Der Don nickte. «Dann hat es keinen Sinn, noch länger zu warten. Wann wirst du beginnen?»

«Ich möchte noch warten, bis Kay das Kind zur Welt gebracht hat. Nur für den Fall, daß etwas schiefgehen sollte. Außerdem möchte ich, daß Tom dann schon in Vegas ist, damit er überhaupt nicht erst in diese Angelegenheit verwickelt wird. Ich denke, etwa in einem Jahr.»

«Bist du auf alles vorbereitet?» Der Don sah bei seiner Frage den Sohn nicht an.

Michael sagte sanft: «Dich betrifft das nicht. Du bist nicht verantwortlich. Ich nehme alle Verantwortung auf mich. Ich würde sogar dein Veto ignorieren. Wenn du mich jetzt daran hindern wolltest, den Plan auszuführen, würde ich die Familie verlassen und meinen eigenen Weg gehen. Du bist in keiner Weise verantwortlich.»

Der Don schwieg sehr lange; dann seufzte er. «So mag es denn sein. Vielleicht bin ich darum zurückgetreten, vielleicht habe ich dir deshalb alles übergeben. Ich habe meinen Teil im Leben getan, ich habe nicht mehr das Herz für so etwas. Und dabei gibt es einige Pflichten, die auch der beste Mann nicht auf sich nehmen kann. Das wäre es dann also.»

In diesem Jahr gebar Kay Adams-Corleone ihr zweites Kind, einen Sohn. Sie gebar es leicht, ohne Schwierigkeit, und wurde daheim in der Promenade wie eine Prinzessin empfangen. Connie

Corleone beschenkte das Neugeborene mit einer handgearbeiteten, seidenen Babyausstattung aus Italien, die furchtbar teuer und wunderschön war. Sie sagte zu Kay: «Carlo hat die Sachen gefunden. Nachdem ich nichts auftreiben konnte, was mir gefiel, hat er ganz New York nach etwas Besonderem abgesucht.» Kay dankte ihr lächelnd. Sie hatte sofort verstanden, daß sie diese Erklärung an Michael weitergeben sollte. Sie war auf dem besten Weg, eine richtige Sizilianerin zu werden.

Außerdem starb in diesem Jahr Nino Valenti an einer Gehirnblutung. Sein Tod machte Schlagzeilen in der Boulevardpresse, denn der Film, in dem ihm Johnny Fontane eine Hauptrolle gegeben hatte, war wenige Wochen zuvor angelaufen und zu einem Riesenerfolg geworden. Damit war Nino zum Star aufgestiegen. Die Zeitungen erwähnten, daß Johnny Fontane die Beisetzung arrangiere, daß die Beerdigung in ganz kleinem Rahmen, nur im Kreis der Familie und der engsten Freunde, stattfinden werde. Ein Sensationsbericht behauptete sogar, Johnny Fontane habe sich in einem Interview selber die Schuld am Tod seines Freundes gegeben und erklärt, er hätte seinen Freund zwingen sollen, sich in die Behandlung eines Arztes zu begeben. Aber der Reporter hatte es so formuliert, daß es klang wie die üblichen Selbstvorwürfe eines sensiblen, aber unschuldigen Zeugen einer Tragödie. Johnny Fontane hatte seinem Jugendfreund Nino Valenti schließlich zu Filmruhm verholfen. Was mehr hätte ein Freund tun können?

Außer Freddie nahm kein Mitglied der Corleone-Familie an der Beerdigung in Kalifornien teil. Lucy und Jules Segal jedoch waren dabei. Der Don wäre gern selber nach Kalifornien gefahren, aber er hatte einen leichten Herzanfall erlitten und mußte einen Monat lang das Bett hüten. Er schickte einen riesigen Blumenkranz. Als offizieller Vertreter der Familie fuhr Albert Neri in den Westen.

Zwei Tage nach Ninos Beerdigung wurde in Hollywood Moe Greene im Haus seiner Freundin, eines Filmstars, erschossen. Albert Neri tauchte erst einen Monat später wieder in New York auf. Er hatte seinen Urlaub auf den Karibischen Inseln verbracht und kehrte braun gebrannt an seine Arbeit zurück. Michael Corleone begrüßte ihn mit einem Lächeln und ein paar lobenden Worten und erklärte, daß Neri vom selben Tag an eine besonders gute Einkommensquelle erhalten solle, das Einkommen der Familie aus einem Buchmachergeschäft auf der East Side, das als besonders ergiebig galt. Neri war glücklich; er war zufrieden, in einer Welt zu leben, die einen Mann, der seine Pflicht tat, entsprechend belohnte.

29

Michael Corleone hatte sich gegen alle Zufälle abgesichert. Seine Planung war perfekt, seine Vorsichtsmaßnahmen waren unangreifbar. Er ließ sich Zeit, weil er hoffte, ein ganzes Jahr Spielraum für seine Vorbereitungen zu haben. Aber diese Hoffnung sollte sich nicht erfüllen: Das Schicksal selber stellte sich gegen ihn, und zwar in höchst unerwarteter Form. Denn es war der *padrino*, der große Don Corleone persönlich, der seinen Sohn Michael im Stich ließ.

An einem schönen Sonntagmorgen zog Don Vito Corleone, während die Frauen in der Kirche waren, seine Arbeitskleider an: ausgebeulte graue Hosen, ein verblichenes Hemd, einen schmutzigbraunen, uralten Filzhut mit einem fleckigen grauen Seidenband. Der Don hatte in den vergangenen Jahren beträchtlich zugenommen und betreute seine Tomatenstöcke, wie er behauptete, aus rein gesundheitlichen Gründen. Doch damit führte er niemanden hinters Licht.

In Wahrheit nämlich liebte er seine Gartenarbeit; er liebte den Anblick des Gartens in aller Morgenfrühe, der ihn an seine Kindheit auf Sizilien vor sechzig Jahren erinnerte – nur daß die Erinnerung jetzt nicht mehr den Schrecken von damals barg, das Leid über den Tod seines Vaters. Zu dieser Jahreszeit trugen die langen Reihen der Bohnenranken winzige weiße Blüten. In einer Ecke des Gartens stand ein bauchiges Faß mit einem Ausgußrohr, das dickflüssigen Kuhdung enthielt, den allerbesten Dünger, den es für einen Garten gab. Und hier, in dem tiefer gelegenen Teil des Gartens, standen auch die quadratischen Holzrahmen, die er selbst gebastelt und mit dickem weißem Bindfaden verknüpft hatte. An diesen Rahmen rankten sich die Tomatenstöcke empor.

Der Don beeilte sich. Der Garten mußte gegossen sein, ehe die

Sonne zu heiß wurde. Denn sonst verwandelten sich die Wassertropfen in feurige Prismen, die seinen Salat wie dünnes Papier versengten. Sonne war wichtiger als Wasser; Wasser war auch wichtig, aber die beiden zusammen, leichtsinnig vermischt, konnten großen Schaden verursachen. Aufmerksam wanderte der Don durch seine Beete.

Er hatte gerade noch rechtzeitig gegossen. Die Sonne wurde schon heiß. Vorsicht! Vorsicht! ermahnte er sich. Aber er mußte noch schnell ein paar Pflanzen hochbinden und bückte sich. Wenn er mit dieser Reihe fertig war, wollte er ins Haus zurückkehren.

Auf einmal hatte er das Gefühl, als wäre die Sonne ganz tief auf seinen Kopf gesunken. Die Luft war voll tanzender, goldener Flekken. Durch seinen Garten kam Michaels Ältester auf seinen Großvater zugelaufen. Der Junge war von einem Schild gelben, blendenden Lichtes umgeben. Aber der Don ließ sich nicht täuschen. Er war ein alter Hase: Hinter diesem flammenden gelben Schild lauerte der Tod, um sich auf ihn zu stürzen. Mit einer Hand winkte der Don dem Jungen, daß er umkehren solle. Gerade noch rechtzeitig. Dann raubte ihm ein Schlag den Atem; es war, als wäre ein Eisenhammer auf seine Brust gefallen. Der Don brach zusammen. Er fiel mit dem Gesicht auf die Erde.

Der Junge rannte davon, um seinen Vater zu holen. Mit mehreren anderen Männern aus der Promenade lief Michael in den Garten hinaus. Er fand den Don auf dem Boden liegend, die Hände in die Erde gekrallt. Sie hoben ihn auf und trugen ihn in den Schatten des steingepflasterten Patios. Michael kniete neben seinem Vater nieder und hielt seine Hand, während die anderen Männer nach einem Krankenwagen und einem Arzt telefonierten.

Mit großer Anstrengung öffnete der Don die Augen. Ein letztes Mal sah er seinen jüngsten Sohn. Der schwere Herzanfall hatte sein rotes Gesicht beinahe blau gefärbt. Er lag im Sterben. Er roch den Garten, der gelbe Lichtschild tat seinen Augen weh. Er flüsterte: «Das Leben ist so schön.»

Der Anblick der weinenden Frauen blieb ihm erspart; er starb, noch ehe sie aus der Kirche kamen, noch ehe der Krankenwagen eintraf, noch ehe der Arzt erschien. Er starb, von Männern umgeben, die Hand in der Hand des Sohnes, den er am liebsten hatte.

Die Beisetzung war eines Königs würdig. Die fünf Familien schickten ihre Dons und *caporegime,* desgleichen die Familien von Tessio und Clemenza. Johnny Fontane machte in der Boulevardpresse Schlagzeilen, weil er an der Beerdigung teilnahm, obwohl Michael ihm geraten hatte, es lieber zu unterlassen. In einem Interview sagte Fontane, daß Vito Corleone sein Pate und überdies der großartigste Mann gewesen sei, den er kenne, daß es ihm eine Ehre sei, einem solchen Mann das letzte Geleit zu geben, und daß es ihn einen Dreck kümmere, wer davon erfahre.

Die Totenfeier im alten Stil fand im Haus des Don in der Promenade statt. Nie hatte Amerigo Bonasera bessere Arbeit geleistet. Er hatte alle Verpflichtungen abgesagt und seinen alten Freund und *padrino* so liebevoll hergerichtet wie eine Mutter die Braut für das Hochzeitsfest. Alle Gäste erklärten ehrfurchtsvoll, daß nicht einmal der Tod die edle Würde des großen Don habe zerstören können, und diese Bemerkungen erfüllten Amerigo Bonasera mit großem Stolz. Denn er allein wußte, wie furchtbar der Tod die äußere Erscheinung Don Corleones verwüstet hatte.

Alle alten Freunde und Gefolgsleute strömten herbei. Nazorine, der Bäcker, kam mit Frau, Tochter, Schwiegersohn und Enkeln. Lucy Mancini und Freddie kamen aus Las Vegas. Es kamen Tom Hagen und seine Frau mit ihren Kindern, es kamen die Dons von San Francisco und Los Angeles, von Boston und Cleveland. Den Sarg trugen Rocco Lampone und Albert Neri gemeinsam mit Clemenza, Tessio und – natürlich – den Söhnen des Don. Die Promenade und all ihre Häuser waren mit Blumenkränzen geschmückt.

Draußen, vor den Toren der Promenade, warteten Zeitungsreporter, Fotografen und ein Lieferwagen, in dem, wie man wußte, FBI-Männer saßen und das Geschehen mit Filmkameras festhielten. Einige der Reporter versuchten sich einzuschleichen und mußten feststellen, daß Tor und Zaun mit Wachtposten besetzt waren, die Ausweise und Einladungskarten zu sehen verlangten. Man behandelte die ungebetenen Gäste zwar mit äußerster Höflichkeit, man schickte ihnen sogar Erfrischungen hinaus, aber eingelassen wurden sie nicht. Und als sie versuchten, einige Leute anzusprechen, die herauskamen, ernteten sie lediglich kalte Blicke, doch kein gesprochenes Wort.

Michael Corleone blieb fast den ganzen Tag mit Kay, Tom Hagen und Freddie in der Bibliothek. Immer wieder wurden Gäste hereingeführt, die ihm ihr Beileid aussprechen wollten. Michael begrüßte sie alle sehr höflich, sogar als einige von diesen Leuten ihn Don Michael oder sogar *padrino* nannten. Nur Kay bemerkte, daß er dabei ungehalten die Lippen zusammenpreßte.

Anschließend gesellten sich auch Clemenza und Tessio zu diesem Kreis, und Michael servierte ihnen persönlich die Drinks. Man begann über geschäftliche Dinge zu sprechen. Michael teilte den Anwesenden mit, daß die Promenade mit all ihren Häusern verkauft werden sollte. Mit ungeheurem Profit – wieder ein Beweis für das Genie des großen Don.

Sie alle wußten inzwischen, daß der Schwerpunkt des Imperiums in den Westen verlegt werden sollte. Daß die Corleone-Familie ihre Machtstellung in New York liquidierte. Nur hatte man mit der Ausführung dieses Vorhabens gewartet, bis sich der Don ganz zurückzog oder starb.

Es war fast zehn Jahre her, seit sich zum letztenmal so viele Menschen in diesem Haus versammelt hatten, um eine feierliche Gelegenheit zu begehen – zehn Jahre seit Constanzies Hochzeit mit Carlo Rizzi, bemerkte jemand. Michael trat ans Fenster und blickte in den Garten hinaus. So lange war es schon her, daß er mit Kay in diesem Garten gesessen hatte. Damals hätte er nicht gedacht, daß ihm ein so seltsames Schicksal beschieden sein würde. Und sein sterbender Vater hatte gesagt: «Das Leben ist so schön.» Michael konnte sich nicht erinnern, jemals gehört zu haben, daß sein Vater über den Tod sprach. Es war, als habe der Don zuviel Respekt vor dem Tod gehabt, um über ihn zu philosophieren.

Nun wurde es Zeit, zum Friedhof zu gehen. Zeit, den großen Don zu Grabe zu tragen. Michael schob seine Hand unter Kays Arm, und sie gingen hinaus zu der Menge der anderen Trauernden. Hinter ihnen kamen die *caporegime*, gefolgt von ihren Soldaten, und dann alle einfachen Leute, denen der *padrino* zu seinen Lebzeiten geholfen hatte. Nazorine, der Bäcker, die Witwe Colombo mit ihren Söhnen und alle die zahllosen anderen Menschen seiner Welt, die er gerecht, aber mit fester Hand regiert hatte. Sogar einige seiner Feinde waren gekommen, um ihm die letzte Ehre zu erweisen.

Michael betrachtete alles mit einem knappen, höflichen Lächeln. Es machte keinen Eindruck auf ihn. Denn, dachte er, wenn ich vor meinem Tod sagen kann: «Das Leben ist so schön», dann ist nichts anderes mehr von Bedeutung. Wenn ich so sehr an mich glauben kann, dann spielt nichts anderes mehr eine Rolle. Ja, er wollte es machen wie sein Vater. Er wollte für seine Kinder, für seine Familie, für seine Welt Sorge tragen. Doch seine Kinder würden in einer anderen Welt aufwachsen. Sie sollten Ärzte, Künstler, Wissenschaftler werden. Gouverneure. Präsidenten. Irgend etwas. Er wollte dafür sorgen, daß sie der großen Familie der Menschheit beitraten; aber als mächtiger und vorsichtiger Vater würde er ganz gewiß ein wachsames Auge auf diese große Menschheitsfamilie haben.

Am Morgen nach der Beerdigung versammelten sich die wichtigsten Vertreter der Corleone-Familie in der Promenade. Kurz vor Mittag wurden sie in das leere Haus Don Corleones eingelassen. Michael empfing sie.

Die Eckbibliothek war fast gefüllt. Da waren Clemenza und Tessio, die beiden *caporegime;* Rocco Lampone mit seinem sicheren, vernünftigen Auftreten; Carlo Rizzi, sehr still, sich sehr deutlich seines Platzes bewußt; Tom Hagen, der seine Rolle als Rechtsberater aufgegeben hatte, um sich in dieser Krise der Familie zur Verfügung zu stellen; Albert Neri, der sich bemühte, in Michaels Nähe zu bleiben, der seinem neuen Don Feuer gab, einen Drink zurechtmachte und alles tat, um seine Loyalität für die Corleone-Familie zu beweisen.

Der Tod des Don war ein großes Unglück für die Familie. Mit seinem Hinscheiden schien sie die Hälfte ihrer Macht und nahezu ihre gesamte Verhandlungsbasis für ein Abkommen mit der Barzini-Tattaglia-Clique eingebüßt zu haben. Darüber waren sich alle Anwesenden klar. Und nun warteten sie ab, was Michael ihnen zu sagen hatte. In ihren Augen war er noch nicht der neue Don; er hatte sich weder die Stellung noch den Titel verdient. Wäre der *padrino* am Leben geblieben, so hätte er die Erbfolge seines Sohnes sichern können; nun aber war sie keineswegs selbstverständlich.

Michael wartete, bis Neri die Drinks serviert hatte. Dann sagte er ruhig: «Ich möchte allen, die hergekommen sind, sagen, daß ich ihre Gefühle verstehe. Ich weiß, daß ihr alle großen Respekt für meinen Vater empfunden habt, daß ihr jetzt aber an euch und eure Familien denken müßt. Einige von euch werden sich fragen, ob das, was geschehen ist, an unseren Plänen etwas ändert. Die Antwort darauf lautet nein. Alles wird weitergehen wie bisher.»

Clemenza schüttelte das zottige Büffelhaupt. Sein Haar war eisgrau geworden, seine Gesichtszüge, noch tiefer in noch dickere Fettschichten gebettet, drückten Mißbehagen aus. «Die Barzinis und Tattaglias werden uns immer dichter auf den Pelz rücken, Mike. Du mußt jetzt kämpfen oder dich mit ihnen an den Verhandlungstisch setzen.» Alle hatten bemerkt, daß Clemenza nicht einmal eine formelle Anrede, geschweige denn den Titel «Don» verwendet hatte.

«Warten wir ab, was geschieht», sagte Michael. «Überlaß es ihnen, als erste den Frieden zu brechen.»

Tessio wandte mit leiser Stimme ein: «Sie haben ihn schon gebrochen, Mike. Heute morgen haben sie zwei Buchmacher in Brooklyn überfallen. Ich habe die Nachricht von dem Polizeicaptain, der die Protektionsliste des Reviers führt. In einem Monat habe ich in ganz Brooklyn nicht einmal mehr einen Platz, wo ich meinen Hut hinhängen kann.»

Michael sah ihn nachdenklich an. «Hast du etwas unternommen?»

Tessio schüttelte den Kopf. «Nein. Ich wollte dir nicht noch mehr Probleme aufhalsen.»

«Gut. Verhalte dich ruhig. Und das möchte ich auch euch anderen raten. Verhaltet euch einfach still. Reagiert auf keine wie immer geartete Provokation. Laßt mir eine Woche Zeit, um alles zu regeln, um festzustellen, woher der Wind weht. Dann werde ich so handeln, wie es für uns alle hier am günstigsten ist. Wir werden noch eine letzte Sitzung abhalten und dabei dann die endgültigen Entscheidungen treffen.»

Er ignorierte die allgemeine Überraschung, während Albert Neri begann, die Gäste hinauszukomplimentieren. Michael sagte nur kurz: «Tom, bitte bleib noch ein paar Minuten hier.»

Hagen trat an das Fenster, das auf die Promenade hinausging. Er wartete, bis er sah, daß Neri die *caporegime*, Carlo Rizzi und Rocco Lampone, durch das bewachte Tor hinausführte. Dann wandte er sich zu Michael um. «Sind die politischen Verbindungen auf dich übertragen worden?»

Michael schüttelte bedauernd den Kopf. «Nicht alle. Ich hätte noch ungefähr vier Monate gebraucht. Der Don und ich waren noch damit beschäftigt. Aber ich habe die Richter, die haben wir zuerst in Angriff genommen. Und dann die wichtigsten Leute im Kongreß. Die großen Parteichefs hier in New York waren natürlich gar kein Problem. Die Corleone-Familie ist viel mächtiger, als man glaubt, aber ich hatte gehofft, alles wirklich narrensicher machen zu können.» Lächelnd sah er Hagen an. «Hast du inzwischen die entsprechenden Schlüsse gezogen?»

Hagen nickte. «Das war nicht schwer. Bis auf die Tatsache, daß du mich von den Unternehmungen ausschließen wolltest. Aber ich habe meinen Sizilianerhut aufgesetzt und mir dann auch darauf einen Vers gemacht.»

Michael lachte. «Der Alte hat prophezeit, daß du das tun würdest. Aber das ist jetzt ein Luxus, den ich mir nicht mehr leisten kann. Ich brauche dich hier. Wenigstens für die nächsten paar Wochen. Am besten rufst du sofort in Las Vegas an und sprichst mit deiner Frau. Sag ihr, bestimmt nur für ein paar Wochen.»

Hagen überlegte. «Was glaubst du, wie werden sie sich an dich heranmachen?»

Michael stieß einen tiefen Seufzer aus. «Der Don ist mir ein guter Lehrmeister gewesen. Durch jemanden in meiner nächsten Umgebung. Barzini wird mir eine Falle stellen, und zwar durch jemanden, der mir so nahesteht, daß er nicht in Verdacht gerät.»

Lächelnd hob Hagen den Kopf. «Durch jemanden wie mich also.»

Michael erwiderte sein Lächeln. «Du bist ein Ire. Zu dir haben sie kein Vertrauen.»

«Ich bin Deutschamerikaner», widersprach Hagen.

«Für sie ist das irisch», sagte Michael. «Nein, zu dir werden sie nicht kommen, und zu Neri werden sie nicht kommen, weil Neri ein Cop war. Außerdem steht ihr beiden mir zu nahe. Das Risiko können sie nicht eingehen. Rocco Lampone steht mir nicht nahe genug. Nein, vermutlich ist es Clemenza, Tessio oder Carlo Rizzi.»

Leise sagte Hagen: «Ich möchte wetten, daß es Carlo ist.»

«Wir werden sehen», antwortete Michael. «Es kann nicht mehr lange dauern.»

Am anderen Morgen nahmen Hagen und Michael gerade gemeinsam das Frühstück ein, als in der Bibliothek das Telefon ging. Michael nahm das Gespräch entgegen. Als er in die Küche zurückkam, sagte er zu Hagen: «Es ist soweit. In einer Woche treffe ich mich mit Barzini. Jetzt, wo der Don tot ist, will er einen neuen Friedensvertrag schließen.» Michael lachte.

«Wer hat dich angerufen? Wer ist der Kontaktmann?» Sie wußten beide, daß derjenige aus der Corleone-Familie, der als Verbindungsmann diente, der Verräter sein mußte.

Michael lächelte bedauernd. «Tessio», sagte er.

Der Rest des Frühstücks verlief in Schweigen. Beim Kaffee schüttelte Hagen den Kopf. «Ich hätte schwören können, daß es Carlo oder vielleicht noch Clemenza ist. Auf Tessio wäre ich nie gekommen. Er ist der Beste von ihnen.»

«Er ist der Intelligenteste», sagte Michael. «Und darum hat er das getan, was ihm am klügsten erschien. Lockt er mich für Barzini in die Falle, erbt er die Corleone-Familie. Hält er zu mir, geht er ex. Er glaubt nicht daran, daß ich gewinnen kann.»

Hagen schwieg. Schließlich fragte er zögernd: «Und wieweit trifft seine Rechnung zu?»

Michael zuckte die Achseln. «Es sieht nicht gut aus. Nur mein Vater begriff, daß politische Verbindungen und Macht zehn *regimes* aufwiegen. Ich denke, daß ich im Augenblick den größten Teil der politischen Macht meines Vaters in meinen Händen vereine. Aber ich bin auch der einzige, der das weiß.»

Beruhigend lächelte Michael Hagen zu. «Ich werde schon dafür sorgen, daß sie mich Don nennen müssen. Aber die Sache mit Tessio ist wirklich scheußlich.»

«Hast du dich einverstanden erklärt, Barzini zu treffen?» fragte Hagen.

«Ja», sagte Michael. «Nächste Woche. In Brooklyn, in Tessios Bezirk, wo ich in Sicherheit bin.» Abermals lachte Michael auf.

«Paß bis dahin auf dich auf», sagte Hagen.

Michael sah Hagen kalt an. «Für diesen Rat brauche ich keinen *consigliori*», sagte er. Es war das erste Mal, daß er mit Hagen in diesem eisigen Ton gesprochen hatte.

Während der Woche vor der Friedenskonferenz zwischen den Familien Corleone und Barzini bewies Michael Tom Hagen, wie vorsichtig er sein konnte. Nie setzte er den Fuß aus der Promenade, nie empfing er Besuch, ohne Neri an seiner Seite zu haben. Nur eine einzige ärgerliche Komplikation ergab sich in dieser Zeit: Connie und Carlos Ältester sollte in der katholischen Kirche gefirmt werden, und Kay bat Michael, die Patenschaft zu übernehmen.

«Ich bitte dich nicht oft um etwas», sagte sie. «Um diesen Gefallen aber bitte ich dich von Herzen. Connie wünscht es sich so sehr. Und Carlo ebenfalls. Es würde ihnen sehr viel bedeuten. Bitte, Michael – mir zuliebe!»

Sie merkte, daß er über ihre Hartnäckigkeit verärgert war, und erwartete eigentlich, daß er sich weigerte. Darum war sie erstaunt, als er endlich nickte. «Okay», sagte er. «Aber ich kann die Promenade nicht verlassen. Sag ihnen, sie sollen es so einrichten, daß der Priester den Jungen hier firmt. Ich werde die Kosten übernehmen. Wenn die Kirchenleute Schwierigkeiten machen, wird Hagen die Angelegenheit regeln.»

Und so stand Michael Corleone am Tag vor dem Treffen mit der Barzini-Familie bei der Firmung des Sohnes von Carlo und Connie Rizzi Pate. Er schenkte dem Jungen eine sehr kostbare Uhr mit goldenem Armband. Anschließend fand in Carlos Haus eine kleine Feier statt, zu der die *caporegime*, Hagen, Lampone und alle Bewohner der Promenade geladen waren – einschließlich natürlich der Witwe des Don. Connie war von Rührung ganz überwältigt; ununterbrochen umarmte und küßte sie ihren Bruder und Kay. Und sogar Carlo Rizzi wurde sentimental, drückte Michael immer wieder die Hand und nannte ihn bei jeder Gelegenheit *padrino* – wie es im alten Land der Brauch gewesen war. Aber auch Michael selber hatte sich selten so liebenswürdig und aufgeschlossen gezeigt. Glücklich flüsterte Connie ihrer Schwägerin ins Ohr: «Ich glaube, jetzt sind Carlo und Mike richtige Freunde geworden. So was wie dies hier bringt doch immer die Menschen einander näher.»

Kay legte ihr die Hand auf den Arm. «Ich freue mich so darüber», erklärte sie.

Achtes Buch

30

Albert Neri saß in seiner Wohnung in Bronx und bürstete sorgfältig seine alte Polizeiuniform aus blauem Serge. Er machte das Dienstabzeichen los und legte es auf den Tisch, um es auf Hochglanz zu polieren. Die vorschriftsmäßige Pistolentasche mit der Waffe darin lag auf dem Stuhl. Dieses altgewohnte Ritual machte ihn auf merkwürdige Weise glücklich; seit seine Frau ihn vor zwei Jahren verlassen hatte, war er nur noch ganz selten glücklich gewesen.

Als er Rita heiratete, war sie ein Schulmädchen und er ein frischgebackener Polizist gewesen. Rita war scheu, dunkelhaarig und kam aus einer sittenstrengen italienischen Familie. Sie mußte immer abends um zehn Uhr zu Hause sein. Neri liebte sie sehr, er liebte ihre Unschuld, ihre Tugend und ihre dunkle Schönheit.

Anfangs war Rita von ihrem Mann fasziniert. Er war so ungeheuer stark, und sie merkte deutlich, daß sich die Leute vor ihm fürchteten – wegen dieser Stärke, aber auch wegen seiner unbeugsamen Einstellung zu Recht und Unrecht. Taktvoll war er allerdings nicht. Wenn er mit jemandes Verhalten oder Meinung nicht einverstanden war, hielt er entweder den Mund oder er gab seinem Mißfallen rücksichtslos Ausdruck. Höflichen Widerspruch kannte er nicht. Außerdem besaß er ein echt sizilianisches Temperament, und seine Wutanfälle waren fürchterlich. Zu seiner Frau aber war er sanft und gut.

Im Laufe von fünf Jahren wurde Neri der am meisten gefürchtete Beamte der gesamten New Yorker Polizei. Aber auch einer der ehrlichsten. Nur hatte er seine eigenen Methoden, Recht und Gesetz zu schützen. Er haßte Herumtreiber, und wenn er des Abends sah, daß jugendliche Rowdies an einer Straßenecke Unfug trieben und die Passanten belästigten, schritt er mit rascher Entschlossenheit zur Tat. Daß seine Körperkraft, die er dabei unbedenklich anwendete, außergewöhnlich war, kam ihm überhaupt nicht zum Bewußtsein.

Eines Abends sprang er am Central Park West aus seinem Streifenwagen, um sechs junge Burschen in schwarzen Seidenjacken zu stellen. Sein Kollege blieb hinter dem Lenkrad sitzen; er kannte Neri und wollte in so etwas nicht hineingezogen werden. Die sechs Jungen, alle zwischen siebzehn und zwanzig, hatten Vorübergehende angehalten und sie in kindlich-drohender Art um Zigaretten gefragt, ohne jemandem körperlichen Schaden zuzufügen. Außerdem hatten sie junge Mädchen mit obszönen Gesten belästigt.

Neri baute sie in einer Reihe vor der Mauer auf, die den Central Park von der Eighth Avenue trennte. Es war noch nicht dunkel, aber der Polizist hielt trotzdem seine große Stablampe in der Hand. Er machte sich niemals die Mühe, erst den Revolver zu ziehen; das war gar nicht nötig. Wenn Neri böse wurde, verzog sich sein Gesicht zu einer so schreckenerregenden Maske der Grausamkeit, daß dieser Anblick zusammen mit der Polizeiuniform schon genügte, um kleine Strolche einzuschüchtern. Und auch diese hier waren keine Ausnahme.

Stumm standen die Jungen in ihren Seidenjacken da. Neri wandte sich an den ersten. «Wie heißt du?» Der Junge nannte einen irischen Namen. Neri befahl ihm: «Mach, daß du von der Straße runterkommst. Wenn ich dich heute abend noch mal erwische, hau ich dich windelweich.» Auf einen Wink mit der Stablampe machte sich der Junge eilig davon. Mit den nächsten beiden verfuhr Neri ebenso: Er ließ sie laufen. Der vierte aber nannte einen italienischen Namen und lächelte Neri an, als berufe er sich auf eine Verwandtschaft, denn daß Neri Italiener war, sah man auf den ersten Blick. Der Polizist musterte den Jungen aufmerksam und fragte dann überflüssigerweise: «Du bist Italiener?» Der Junge verzog sein Gesicht zu einem siegessicheren Grinsen.

Da versetzte ihm Neri mit seiner Stablampe einen Schlag an die Stirn. Der Junge brach in die Knie. Aus der Platzwunde unter dem Haaransatz strömte ihm Blut über das Gesicht. Aber es war keine sehr tiefe Wunde. Barsch sagte Neri zu ihm: «Du Schwein, du bist eine Schande für die Italiener. Du ziehst unseren Namen in den Schmutz. Los, steh auf!» Er gab dem Jungen einen Tritt in die Rippen – nicht gerade sanft, aber auch nicht zu hart. «Geh nach Hause und bleib von der Straße weg! Und laß dich ja nicht noch mal mit dieser Jacke hier blicken. Ich schlage dich windelweich. Und jetzt mach, daß du nach Hause kommst. Du kannst von Glück sagen, daß ich nicht dein Vater bin.»

Um die letzten beiden Burschen kümmerte sich Neri nicht weiter. Er schickte sie einfach davon und warnte sie, sich nie wieder am Abend auf der Straße sehen zu lassen.

Bei solchen Zusammenstößen verlief alles so rasch, daß sich weder eine Menschenmenge ansammeln noch jemand gegen Neris Vorgehen protestieren konnte. Im Handumdrehen saß Neri wieder in seinem Streifenwagen, und der Kollege jagte mit ihm davon. Gelegentlich gab es natürlich auch mal einen schwierigen Fall, wenn etwa der Gestellte Anstalten machte, sich zu wehren oder sogar ein Messer zog. Dann war so ein Mann allerdings tatsächlich übel dran, denn Neri stürzte sich mit einer erschreckenden Wildheit auf ihn, schlug ihn blutig und warf ihn in seinen Streifenwagen. Auf dem Revier kam der Widerspenstige in den Arrest, und dann wurde Anklage wegen Widerstands gegen die Staatsgewalt gegen ihn erhoben. Gewöhnlich aber mußte man mit der Gerichtsverhandlung warten, bis er aus dem Krankenhaus kann.

Schließlich wurde Neri in das Revier versetzt, in dem der Gebäudekomplex der Vereinten Nationen lag – hauptsächlich deshalb, weil er seinem vorgesetzten Sergeant den ihm zustehenden Respekt verweigert hatte. Die Angehörigen der Vereinten Nationen parkten im Schutz ihrer diplomatischen Immunität ihre Wagen ohne Rücksicht auf die Polizeivorschriften da, wo es ihnen gefiel. Neri beschwerte sich auf dem Revier und wurde ermahnt, keinen Wind zu machen. Er solle derartige Dinge stillschweigend übersehen, empfahl man ihm. Eines Abends jedoch war wegen der achtlos abgestellten Autos eine ganze Nebenstraße blockiert. Es war schon nach Mitternacht, darum holte Neri seine große Stablampe aus dem Streifenwagen und schlug systematisch, die Straße hinauf und herunter, bei sämtlichen Fahrzeugen die Windschutzscheibe ein. Selbst hohen

Diplomaten gelang es nicht ohne weiteres, sofort eine neue Windschutzscheibe zu beschaffen. Auf dem Revier hagelte es Proteste; lautstark verlangte man nach Maßnahmen zum Schutz gegen einen solchen Vandalismus. Nach einer Woche unermüdlichen Windschutzscheibeneinschlagens kam man allmählich dahinter, wer hier der Schuldige war, und Albert Neri wurde nach Harlem versetzt.

Eines Sonntags kurz darauf machte Neri mit seiner Frau einen Besuch bei seiner verwitweten Schwester in Brooklyn. Wie alle Sizilianer, hegte auch er seiner Schwester gegenüber einen starken Beschützerinstinkt und besuchte sie regelmäßig mindestens alle zwei Monate, um sich zu vergewissern, daß es ihr gutging. Sie war viel älter als er und hatte einen zwanzigjährigen Sohn. Diesem Sohn namens Thomas fehlte die strenge väterliche Hand; er machte der Mutter große Sorgen. Ein paarmal schon war er in eine unangenehme Klemme geraten, und sie konnte ihn nicht mehr recht bändigen. Einmal hatte Neri seine Verbindung mit der Polizei ausnützen müssen, um zu verhindern, daß gegen den Jungen Anklage wegen Diebstahls erhoben wurde. Bei dieser Gelegenheit hatte er seine Wut noch im Zaum gehalten, dem Neffen jedoch eine eindringliche Warnung erteilt. «Tommy», hatte er zu ihm gesagt, «wenn meine Schwester noch einmal über dich weinen muß, dann werde ich dir persönlich den Kopf zurechtsetzen.» Diese Worte waren gar nicht als Drohung gemeint – eher als freundschaftlich-väterliche Ermahnung; doch vor seinem Onkel Al hatte selbst Tommy Angst, auch wenn er als der härteste Bursche in seinem Viertel galt.

Am Vorabend dieses Besuches nun, einem Samstag, war Tommy erst spät nach Hause gekommen und lag jetzt, am Sonntagmittag, noch immer in seinem Zimmer im Bett. Die Mutter weckte ihn und bat ihn, sich anzuziehen, damit er das Mittagessen zusammen mit seinem Onkel und seiner Tante einnehmen könne. Durch die halboffene Tür kam die patzige Stimme des Jungen. «Das ist mir scheißegal. Ich will noch schlafen.» Entschuldigend lächelnd kam seine Mutter in die Küche zurück.

Also aßen sie ohne ihn. Neri fragte seine Schwester, ob Tommy ihr ernsthafte Sorgen mache, sie aber schüttelte den Kopf.

Erst als Neri und seine Frau schon gehen wollten, entschloß sich Tommy endlich zum Aufstehen. Mürrisch knurrte er ein «Hallo» und verschwand in der Küche. Dann schrie er zu seiner Mutter heraus: «He, Ma, kannst du mir nicht was zu essen machen?» Aber es war keine Frage, sondern das nörgelnde Maulen eines verzogenen Kindes.

Mit schriller Stimme entgegnete die Mutter: «Steh pünktlich auf, dann kriegst du auch was zu essen. Ich denke gar nicht daran, jetzt noch für dich zu kochen.»

Es war eine häßliche kleine Szene, wie sie verhältnismäßig oft vorkommt, doch jetzt machte Tommy, noch immer schlaftrunken und gereizt, einen Fehler. «Ach, scheiß doch auf dich und deine ewige Meckerei! Ich gehe aus und esse woanders!» Kaum hatte er es gesagt, da bereute er es bereits.

Sein Onkel war über ihm wie eine Katze über der Maus. Nicht so sehr, weil der Junge gerade heute seine Schwester beleidigt hatte, sondern weil sein Verhalten erkennen ließ, daß er häufig in dieser Art mit seiner Mutter sprach, wenn sie allein waren. In Gegenwart seines Onkels hatte es Tommy bisher noch nicht gewagt, einen solchen Ton anzuschlagen, doch diesmal war er unvorsichtig gewesen. Zu seinem eigenen Pech.

Vor den Augen der erschrockenen Frauen verabfolgte Al Neri seinem Neffen eine unnachsichtige, wohlüberlegte Tracht Prügel. Zuerst machte der Junge noch Anstalten, sich zu wehren, gab aber bald schon jeden Versuch dazu auf und bat um Gnade. Neri ohrfeigte ihn, bis seine Lippen bluteten und verschwollen waren. Immer wieder schüttelte er den Jungen und stieß ihn mit dem Kopf gegen die Wand. Er versetzte ihm einen Boxhieb in den Magen, warf ihn lang auf den Fußboden und schlug ihm das Gesicht in den Teppich hinein. Dann befahl er den Frauen, hier oben zu warten, während er Tommy mit auf die Straße hinunternahm und in seinen Wagen schob. Und dort machte er ihm gehörig die Hölle heiß. «Wenn meine Schwester mir noch ein einziges Mal berichtet, daß du in diesem Ton mit ihr gesprochen hast, dann wird dir die Tracht Prügel, die du soeben bezogen hast, wie ein sanftes Streicheln von einem verliebten Mädchen vorkommen», drohte er Tommy. «Ich verlange, daß du endlich vernünftig wirst. Und jetzt geh hinauf und sag meiner Frau, daß sie herunterkommen soll. Ich warte auf sie.»

Zwei Monate nach diesem Ereignis kam Albert Neri vom Spätdienst nach Hause und stellte fest, daß seine Frau ihn verlassen hatte. Sie hatte all ihre Sachen gepackt und war zu ihrer Familie zurückgekehrt. Ihr Vater erklärte ihm, daß Rita Angst vor ihm habe; sie fürchte sich vor seinen Wutausbrüchen und möchte nicht mehr mit ihm zusammen leben. Al konnte es einfach nicht fassen. Nie hatte er seine Frau geschlagen, nie hatte er sie in irgendeiner Form bedroht, nie hatte er etwas anderes als Liebe und Zärtlichkeit für sie empfunden. Ihre Flucht verwirrte ihn so, daß er beschloß, ein paar Tage zu warten, bevor er zu ihr fuhr, um noch einmal mit ihr zu sprechen.

Unglücklicherweise gab es ausgerechnet als er am folgenden Abend Dienst machte einen Zwischenfall. Sein Wagen folgte einem Notruf aus Harlem; eine Frau war tätlich angegriffen worden. Wie immer, sprang Neri schon aus dem Streifenwagen, während dieser noch nicht ganz hielt. Es war nach Mitternacht, und er trug seine große Stablampe in der Hand. Der Tatort war nicht zu verfehlen: vor der Tür eines Mietshauses hatte sich eine Menschenansammlung gebildet. Eine Negerin informierte den Polizisten: «Da drin geht ein Mann mit einem Messer auf ein kleines Mädchen los.»

Neri betrat den Hausflur. Am anderen Ende stand eine Wohnungstür offen. Das Licht fiel heraus, und er vernahm leises Stöhnen. Noch immer die Stablampe in der Hand, ging er darauf zu und trat durch die offene Tür.

Fast wäre er über die beiden Körper gestolpert, die ausgestreckt auf dem Fußboden lagen. Das eine war eine Negerin von ungefähr fünfundzwanzig Jahren, das andere ein Negermädchen von höchstens zwölf. Beide waren blutüberströmt, Gesicht und Körper wiesen tiefe Schnittwunden auf. Und im Wohnzimmer traf Neri den Mann, der diese Untat auf dem Gewissen hatte.

Es handelte sich um einen alten Bekannten: Wax Baines, notorischer Zuhälter, Rauschgifthändler und Schläger. Jetzt waren seine Pupillen vom Rauschgift geweitet, die Hand hielt das blutige Messer mit unsicherem Griff. Vor zwei Wochen erst hatte Neri ihn verhaftet, weil er eines seiner Strichmädchen tätlich bedroht hatte. Baines hatte zu ihm gesagt: «Mann, das geht dich doch nichts an!» Und auch Neris Kollege hatte gemeint, man solle doch die Nigger in Ruhe lassen, wenn sie sich unbedingt gegenseitig den Hals abschneiden wollten. Aber Neri hatte Baines trotzdem auf die Wache gebracht. Am folgenden Tag mußten sie Baines gegen eine Kaution wieder laufenlassen.

Neri mochte die Neger nicht, und sein Dienst in Harlem hatte diese Aversion noch verstärkt. Die Schwarzen waren durch die Bank alkohol- und rauschgiftsüchtig und schickten ihre Frauen zur Arbeit oder auf den Strich. Er konnte diese Schweine nun mal nicht ausstehen. Deshalb versetzte ihn jetzt die Tat des Zuhälters in rasende Wut. Und bei dem Anblick des kleinen Mädchens mit den vielen Schnittwunden wurde ihm elend zumute. Ganz kalt beschloß er bei sich, Baines nicht auf die Wache zu bringen.

Doch schon drängten hinter ihm Augenzeugen ins Zimmer ein: die anderen Hausbewohner und auch sein Kollege aus dem Streifenwagen.

Neri befahl dem Neger: «Messer weg! Du bist verhaftet.»

Baines lachte nur. «Mann, wenn Sie mich verhaften wollen, müssen Sie schon Ihre Knarre benutzen.» Er schwang das Messer. «Oder sind Sie vielleicht scharf auf so was hier?»

Neri handelte rasch, damit seinem Kollegen keine Zeit mehr blieb, die Waffe zu ziehen. Der Neger stach mit dem Messer zu, doch Neris Reaktion war so außergewöhnlich schnell, daß er den Stoß noch mit dem linken Unterarm parieren konnte, während er mit der Stablampe in der rechten Hand weit ausholte. Der wuchtige Schlag traf Baines an der linken Schläfe, und seine Knie gaben nach wie die eines Betrunkenen. Das Messer entfiel seiner Hand. Er war jetzt vollkommen wehrlos. Daher war Neris zweiter Schlag auch nicht mehr zu rechtfertigen, wie die dienstliche Untersuchung bei der Polizei und später die Zeugenaussagen im Strafprozeß ergaben. Neri ließ die Stablampe mit einem unglaublich harten Schlag auf den Schädel des Negers niedersausen. So hart war der Schlag, daß das Lampenglas splitterte, die Emailscheibe und die Birne heraussprangen und quer durch den Raum flogen. Der schwere Aluminiumschaft der Lampe verbog sich, und nur die Batterien verhinderten, daß er in der Mitte abknickte. Ein Zuschauer, ein Neger, der im selben Haus wohnte und später gegen Neri aussagte, staunte: «Mann, hat dieser Nigger einen harten Schädel!»

Aber der Schädel des Zuhälters war doch nicht hart genug; er war eingeschlagen. Der Mann starb zwei Stunden darauf im Harlem Hospital.

Albert Neri war der einzige, der sich wunderte, als ein Dienstverfahren wegen unnötiger Gewaltanwendung gegen ihn eingeleitet wurde. Er wurde vom Dienst suspendiert, und dann wurde ein Strafverfahren gegen ihn eingeleitet. Die Anklage lautete auf Totschlag. Die Geschworenen sprachen ihn schuldig, und der Richter verurteilte ihn zu ein bis zehn Jahren Gefängnis. Inzwischen hatte sich in ihm eine so große Wut, ein so großer Haß auf die ganze Gesellschaft gestaut, daß ihn das Urteil gar nicht weiter berührte. Daß die es wagten, ihn zu einem Verbrecher zu stempeln! Daß sie es wagten, ihn ins Gefängnis zu schicken, weil er dieses Tier, diesen Zuhälter-Nigger umgebracht hatte! Daß sie sich einen Dreck um die Frau und das kleine Mädchen scherten, die voller Schnittwunden waren, die für ihr ganzes Leben entstellt sein würden und die noch immer im Krankenhaus lagen!

Vor dem Gefängnis hatte er keine Angst. Er war überzeugt, daß man ihn gut behandeln würde – erstens weil er Polizist gewesen war und zweitens wegen der Art seines Vergehens. Mehrere seiner Kollegen und Vorgesetzten hatten ihm schon versichert, daß sie mit einflußreichen Freunden sprechen würden. Nur sein Schwiegervater, ein schlauer Italiener der alten Schule mit einem Fischgeschäft in der Bronx, war sich klar darüber, daß ein Mann wie Albert Neri in einem Gefängnis kaum eine Chance hatte, länger als ein Jahr am Leben zu bleiben. Er würde von einem seiner Mitgefangenen umgebracht werden; oder wenn das nicht geschah, würde er einen von ihnen umbringen. Und da Neris Schwiegervater ein schlechtes Gewissen hatte, weil seine Tochter aus weiblicher Torheit einen ordentlichen Ehemann verlassen hatte, machte er Gebrauch von seinen Verbindungen zur Corleone-Familie (er bezahlte einem ihrer Vertreter Schutzgeld und versorgte die Corleones selber mit dem besten Fisch – als Geschenk) und bat um ihr Eingreifen.

Die Corleone-Familie kannte Albert Neri schon. Er war als harter Cop bereits zur Legende geworden; er hatte sich den Ruf erworben, ein Mann zu sein, den man nicht unterschätzen durfte, ein Mann, der auch ohne die Hilfe von Uniform und Schußwaffe Angst und Schrecken verbreiten konnte. An solchen Männern war die

Corleone-Familie stets interessiert. Die Tatsache, daß er Polizeibeamter war, spielte keine sehr große Rolle. Es kam immer wieder vor, daß junge Männer zuerst einen falschen Weg einschlugen, bis sie ihre wahre Berufung erkannten. Mit der Zeit und ein wenig Glück wurden sie dann gewöhnlich eines Besseren belehrt.

Es war Pete Clemenza mit seiner guten Nase für brauchbare Leute, der Hagen auf Neri aufmerksam machte. Hagen studierte eine Kopie des offiziellen Polizeidossiers und hörte sich an, was Clemenza berichtete. Schließlich sagte er: «Vielleicht haben wir da einen neuen Luca Brasi.»

Clemenza nickte eifrig. Trotz seiner Körperfülle besaß sein Gesicht nicht den gutmütigen Ausdruck dieser Leute. «Genau meine Meinung. Mike sollte sich dieser Sache persönlich annehmen.»

Und so kam es, daß Albert Neri noch vor seiner Verlegung aus dem Schubgefängnis zu seinem endgültigen Domizil weiter im Norden erfuhr, der Richter habe auf Grund neuer Informationen und eidesstattlicher Erklärungen hoher Polizeibeamter seinen Fall noch einmal erwogen. Sein Urteil werde zur Bewährung ausgesetzt. Er sei frei.

Albert Neri war nicht dumm und sein Schwiegervater kein Veilchen, das im verborgenen blüht. Als Neri hörte, wie alles gekommen war, trug er seine Schuld bei dem Alten ab, indem er einer Scheidung von Rita zustimmte. Dann fuhr er nach Long Beach hinaus, um sich bei seinem Wohltäter zu bedanken. Da er sich natürlich vorher angemeldet hatte, erwartete ihn Michael und empfing ihn in seiner Bibliothek.

In förmlichem Ton gab Neri seiner Dankbarkeit Ausdruck und war überrascht und erleichtert über die Herzlichkeit, mit der Michael seinen Dank akzeptierte.

«Teufel, ich kann doch nicht zulassen, daß sie einem Landsmann so etwas antun!» sagte Michael. «Sie hätten eine Medaille bekommen müssen. Aber diesen verdammten Politikern ist ja alles egal. Selbstverständlich hätte ich nicht eingegriffen, wenn ich vorher nicht alles gründlich geprüft und mich überzeugt hätte, wie schlecht man Sie behandelt hat. Einer von meinen Leuten hat auch mit Ihrer Schwester gesprochen, und sie hat erzählt, daß Sie sich sehr um sie und ihren Sohn gekümmert haben und daß Sie dem Jungen den Kopf zurechtgesetzt haben, als er sich ungebührlich benommen hat. Ihr Schwiegervater hat gesagt, Sie seien der beste Kerl auf der Welt, und das ist etwas sehr Seltenes.»

Sie unterhielten sich eine Weile. Neri war immer ein wortkarger Mann gewesen, Michael Corleone gegenüber jedoch taute er plötzlich auf. Michael war höchstens fünf Jahre älter als er, doch Neri sprach mit ihm, als wäre er wesentlich älter – alt genug, um sein Vater zu sein.

Schließlich sagte Michael: «Es hat keinen Sinn, Sie aus dem Gefängnis zu holen und Ihnen dann keine neue Chance zu geben. Ich könnte Ihnen Arbeit besorgen. Ich habe Geschäftsinteressen in Las Vegas; Sie mit Ihrer Erfahrung könnten ein guter Sicherheitsbeamter für die Hotels da unten sein. Wenn Sie aber lieber ein Geschäft hätten, könnte ich mit den Banken sprechen, damit man Ihnen ein Darlehen gibt.»

Neri war überwältigt vor Dankbarkeit und Verlegenheit. Stolz lehnte er das Angebot ab, fügte aber hinzu: «Ich stehe unter Bewährung; ich darf den Gerichtsbezirk nicht verlassen.»

Knapp entgegnete Michael: «Das sind Kleinigkeiten, die kann ich erledigen lassen. Wegen Ihrer Bewährung machen Sie sich nur keine Gedanken. Und damit die Banken nicht mißtrauisch werden, sorge ich für alle Fälle dafür, daß Ihre gelbe Akte gelöscht wird.»

Die gelbe Akte war eine Liste der Polizei, auf der die Straftaten der jeweiligen Person eingetragen wurden. Sie wurde dem Richter vorgelegt, der sich bei der Festsetzung des Strafmaßes danach richtete. Neri war lange genug bei der Polizei gewesen und wußte, daß viele Gauner bei einem Prozeß glimpflich davonkamen, weil die bestochene Dokumentarabteilung der Polizei dem Richter eine saubere gelbe Akte vorgelegt hatte. Daher war er nicht allzu überrascht, daß so etwas auch in Michaels Macht lag; überrascht war er nur darüber, daß man sich seinetwegen so viel Umstände machte.

«Wenn ich Hilfe brauche, werde ich mich melden», versprach er.

«Gut, gut», sagte Michael. Er sah auf die Uhr. Neri faßte das als Entlassung auf und erhob sich, um zu gehen. Und wieder erlebte er eine Überraschung.

«Zeit für das Mittagessen», sagte Michael. «Kommen Sie, essen Sie mit mir und meiner Familie. Mein Vater möchte Sie kennenlernen. Wir können zu Fuß zu ihm hinübergehen. Meine Mutter hat bestimmt geschmorte Paprikaschoten, Bier und Wurst. Wie es sich für gute Sizilianer gehört.»

Dieser Nachmittag wurde der schönste, den Albert Neri seit seiner Kindheit erlebte, seit damals, als er fünfzehn war und seine Eltern starben. Don Corleone war in seiner liebenswürdigsten Stimmung und strahlte, als er entdeckte, daß Neris Eltern ursprünglich aus einem kleinen Dorf stammten, das nur wenige Minuten von seinem eigenen Heimatort entfernt lag. Die Unterhaltung war gut, das Essen köstlich, der Wein kräftig. Neri hatte das Gefühl, endlich wieder bei seinen eigenen Leuten zu sein. Es war ihm zwar klar, daß er hier nichts weiter war als ein zufälliger Gast, aber er wußte, daß er in dieser Welt einen festen Platz finden und glücklich sein konnte.

Michael und der Don brachten ihn an seinen Wagen. Der Don schüttelte ihm die Hand und sagte: «Sie sind ein feiner Kerl. Mein Sohn Michael hier, er hat von mir das Olivenölgeschäft gelernt. Ich bin alt, ich möchte abtreten. Und jetzt kommt er und sagt, er will in Ihren Fall eingreifen. Ich sage ihm, er soll bei seinem Olivenöl bleiben, aber er läßt mir keine Ruhe. Er sagt, das ist ein feiner Bursche, ein Sizilianer, und sie behandeln ihn sehr schlecht. Er gibt nicht nach, er bearbeitet mich, bis ich mich auch dafür interessiere. Jetzt, nachdem ich Sie kennengelernt habe, bin ich froh, daß wir uns die Mühe gemacht haben. Darum sagen Sie es offen, wenn wir noch etwas für Sie tun können.» (Bei der Erinnerung an die Liebenswürdigkeit des Don wünschte Neri, der große Mann wäre noch am Leben und könnte sehen, welchen Dienst er ihm heute erweisen würde.)

Neri brauchte nicht einmal drei Tage für seinen Entschluß. Es war ihm natürlich klar, daß man ihm schmeichelte, aber er begriff noch mehr. Er begriff, daß die Corleone-Familie seine Tat billigte, die die Gesellschaft verurteilt und für die sie ihn bestraft hatte. Die Corleone-Familie schätzte ihn, die Gesellschaft schätzte ihn nicht. Er begriff, daß er in der Welt, die sich die Corleones geschaffen hatten, glücklicher sein würde als in der Welt draußen. Und er begriff, daß die Corleone-Familie innerhalb ihrer Grenzen mächtiger war als die Gesellschaft.

Er machte Michael einen zweiten Besuch und legte seine Karten auf den Tisch. Er wollte nicht in Vegas arbeiten, sondern lieber bei der Familie in New York einen Job annehmen. Er gab zu erkennen, wem seine Loyalität galt. Michael war gerührt, das sah Neri deutlich. Alles wurde arrangiert. Aber Michael bestand darauf, daß Neri zunächst einmal Urlaub machte – unten in Miami, in einem Hotel der Familie. Er brauchte nichts zu bezahlen und erhielt einen Monatslohn im voraus, damit er Geld hatte, um sich dort richtig zu amüsieren.

Dieser Urlaub war die erste Berührung Albert Neris mit Luxus. Die Leute im Hotel sorgten besonders gut für ihn. Immer sagten sie: «Ah, Sie sind ein Freund von Michael Corleone!» Es hatte sich herumgesprochen. Er bekam eine der schönsten Suiten statt eines jener beängstigend kleinen Löcher, in die man gewöhnlich arme Verwandte steckt. Der Mann im Nightclub des Hotels verschaffte ihm ein paar bildhübsche Mädchen. Als Neri nach New York zurückkehrte, hatte sich seine Einstellung zum Leben ziemlich verändert.

Er wurde Clemenzas *regime* zugeteilt und von diesem erfahrenen Menschenkenner immer wieder auf die Probe gestellt. Gewisse Vorsichtsmaßnahmen waren eben unumgänglich; schließlich war er Polizeibeamter gewesen. Doch Neris angeborene Wildheit besiegte jeden Skrupel, daß er sich nun auf der anderen Seite des Zaunes befand. Nach einem knappen Jahr hatte er sich bewährt. Jetzt konnte er nicht mehr zurück.

Clemenza sang sein Loblied. Neri war ein Wunder, ein neuer Luca Brasi. Er würde sogar noch besser werden als Luca, behauptete Clemenza voll Stolz, denn Neri war ja seine persönliche Entdekkung gewesen. Körperlich war dieser Mann ein Phänomen. Seine Reflexe waren so blitzschnell, daß er ein zweiter Joe DiMaggio hätte werden können. Clemenza wußte aber auch, daß Neri kein Mann war, der sich von ihm beherrschen lassen würde. Darum wurde Neri Michael Corleone direkt unterstellt, nur mit Tom Hagen als dem notwendigen Puffer dazwischen. Er war ein «Sonderbeauftragter» und kassierte als solcher ein hohes Gehalt, hatte aber kein eigenes Geschäft, wie etwa ein «Buch» oder etwas Ähnliches. Vor Michael hegte er unverkennbar den größten Respekt, so daß Hagen eines Tages im Scherz zu Michael sagte: «Na, nun hast du ja deinen Luca.»

Michael nickte; er hatte es geschafft. Albert Neri war ihm bis in den Tod ergeben. Und wieder hatte er dies natürlich mit einem Trick erreicht, den er vom Don gelernt hatte. Während er in die Geschäfte eingeführt wurde und sich in langen Sitzungen von seinem Vater unterweisen ließ, hatte Michael einmal gefragt: «Wie kommt es eigentlich, daß du einen Burschen wie Luca Brasi verwendet hast? Ein solches Tier?»

Der Don hatte ihm alles erklärt. «Es gibt Menschen auf dieser Welt», sagte er, «die herumlaufen und verlangen, daß man sie tötet. Sicher hast du sie schon bemerkt. Sie fangen beim Glücksspiel an zu streiten, springen voll Wut aus ihren Autos, wenn ihnen ein anderer auch nur den kleinsten Kratzer am Kotflügel beibringt, sie demütigen und tyrannisieren Menschen, deren Veranlagung sie überhaupt nicht kennen. Ich habe gesehen, wie so ein Mann, ein Narr, bewußt eine Gruppe von gefährlichen Rowdies reizte, obwohl er keine Möglichkeit hatte, sich zu verteidigen. Diese Menschen gehen durch die Welt und rufen allen zu: ‹Tötet mich! Tötet mich!› Und immer ist jemand zur Hand, der ihnen diesen Gefallen erweist. Jeden Tag lesen wir davon in den Zeitungen. Solche Menschen können natürlich auch anderen sehr viel Schaden zufügen.

Und so ein Mensch war auch Luca Brasi. Aber er war außergewöhnlich, weil ihn sehr lange Zeit niemand umzubringen vermochte. Die meisten dieser Menschen interessieren uns nicht, aber ein Brasi ist eine mächtige Waffe, die von sehr großem Nutzen sein kann. Der Trick liegt darin, daß er den Tod nicht fürchtet, daß er ihn im Gegenteil sogar sucht, und dann liegt der Trick darin, daß du für ihn zu dem einzigen Menschen der Welt werden mußt, von dem er aufrichtig wünscht, *nicht* getötet zu werden. Er hat dann nur diese eine Furcht – nicht vor dem Tod, sondern daß *du* ihn töten könntest. Von diesem Augenblick an ist er dir verfallen.»

Es war dies eine der wertvollsten Lektionen, die ihm der Don vor seinem Tod gegeben hatte, und Michael hatte sie angewendet, um Neri zu seinem Luca Brasi zu machen.

Und nun endlich saß Albert Neri allein in seiner Wohnung in der Bronx und bürstete seine Polizeiuniform, die er bald wieder anziehen würde. Er bürstete sie sehr sorgfältig. Anschließend wollte er die Pistolentasche polieren. Und seine Mütze reinigen. Der Mützenschirm mußte blank geputzt, die festen schwarzen Schuhe gewienert werden. Neri arbeitete konzentriert. Er hatte seinen Platz in der Welt gefunden. Michael Corleone setzte unbegrenztes Vertrauen in ihn, und heute würde er nicht versäumen, dieses Vertrauen zu rechtfertigen.

31

Am selben Tag warteten zwei Limousinen in der Long Beach-Promenade. Eine davon sollte Connie Corleone mit Mutter, Mann und beiden Kindern zum Flughafen bringen, denn die Familie Carlo Rizzi wollte vor ihrer endgültigen Umsiedlung nach Las Vegas noch einmal dort Urlaub machen. Michael hatte Carlo über Connies Einspruch hinweg diesen Urlaub befohlen, ohne den beiden jedoch zu erklären, daß er sie bis zu seiner Zusammenkunft mit Barzini nicht in der Promenade haben wollte. Die Konferenz sollte streng geheim bleiben. Die einzigen, die davon wußten, waren die *capi* der Familie.

Die andere Limousine wartete auf Kay, die mit den Kindern nach New Hampshire zu ihren Eltern fahren wollte. Michael mußte daheim in der Promenade bleiben, weil er noch dringende Geschäftsangelegenheiten zu regeln hatte.

Am Abend zuvor hatte Michael außerdem Carlo Rizzi davon unterrichtet, daß er ihn noch einige Tage in der Promenade benötigen werde; anschließend könnte er dann seiner Familie folgen. Connie war wütend gewesen. Sie hatte versucht, Michael telefonisch zu erreichen, aber er war in die Stadt gefahren. Jetzt suchte sie mit den Augen die Promenade nach ihm ab, doch er hatte eine Besprechung mit Tom Hagen und durfte nicht gestört werden. Connie gab Carlo zum Abschied einen Kuß, und er half ihr beim Einsteigen. «Wenn du in zwei Tagen nicht bei uns bist, komme ich zurück und hole dich», drohte sie ihm.

Seine Antwort war ein höfliches, verständnisvolles Lächeln. «Ich werde da sein», sagte er.

Sie beugte sich aus dem Fenster. «Was glaubst du, warum Michael dich braucht?» Der besorgte Gesichtsausdruck machte sie alt und unattraktiv.

Carlo zuckte die Achseln. «Er hat etwas von einer ganz großen Sache angedeutet: Vielleicht will er deswegen mit mir sprechen.» Carlo hatte keine Ahnung von der für denselben Abend angesetzten Zusammenkunft mit der Barzini-Familie.

«Meinst du wirklich, Carlo?» fragte Connie voll Eifer.

Carlo nickte ihr beruhigend zu. Die Limousine glitt durch das Tor davon.

Erst als sie verschwunden war, kam Michael heraus und verabschiedete sich von Kay und den beiden Kindern. Auch Carlo trat hinzu, um Kay gute Reise und gute Erholung zu wünschen. Dann rollte auch die zweite Limousine zur Promenade hinaus.

Michael drehte sich zu Carlo um. «Tut mir leid, daß ich dich hierbehalten muß, Carlo. Aber es wird sicher nicht länger als höchstens zwei Tage dauern.»

«Es macht mir wirklich nichts aus», versicherte Carlo eilig.

«Gut», sagte Michael. «Bleib in der Nähe des Telefons. Ich rufe dich an, wenn ich soweit bin. Ich muß mich da erst noch um ein paar andere Sachen kümmern. Okay?»

«Natürlich, Mike. Klar.» Carlo kehrte in sein Haus zurück, rief seine Geliebte an, die er sich heimlich in Westbury hielt, und versprach ihr, daß er versuchen würde, später am Abend noch zu ihr zu kommen. Dann machte er es sich mit einer Flasche Whisky bequem und wartete. Er wartete lange. Kurz nach zwölf Uhr kamen mehrere Wagen zum Tor herein. Aus einem sah er Clemenza steigen und dann, ein wenig später, Tessio aus einem anderen. Beide Männer wurden von einem Leibwächter sofort zu Michael ins Haus geführt. Clemenza verließ es später wieder, Tessio jedoch tauchte nicht wieder auf.

Um frische Luft zu schöpfen, machte Carlo einen kleinen Spaziergang rings um die Promenade – knapp zehn Minuten lang. Er kannte sämtliche Wachen, die in der Promenade Posten standen, mit einigen war er sogar befreundet. Er dachte, er könne ein wenig mit ihnen plaudern und sich die Zeit vertreiben. Zu seinem Erstaunen jedoch standen heute nur Männer Wache, die er nicht kannte. Noch mehr überraschte ihn, als er sah, daß Rocco Lampone die Aufsicht über das Tor führte, denn Carlo wußte, daß Rocco in der Familie einen zu hohen Rang einnahm, um einen so niedrigen Dienst zu verrichten – es sei denn, etwas Außergewöhnliches war im Gang.

Rocco lächelte ihm freundlich zu und begrüßte ihn mit einem «Hallo!» Aber Carlo blieb mißtrauisch. Rocco fragte: «Ich dachte, Sie wären in Urlaub gefahren.»

Carlo zuckte die Achseln. «Mike wollte, daß ich noch ein paar Tage bleibe. Er hat was für mich zu tun.»

«Ja», nickte Rocco Lampone. «Für mich auch. Und dann sagt er, ich soll am Tor Wache halten. Na ja, verdammt, er ist der Boss.» Sein Ton deutete an, daß Michael kein Mann wie sein Vater sei; es klang ein bißchen geringschätzig.

Carlo ignorierte den Ton. «Mike wird schon wissen, was er tut», sagte er knapp. Stumm akzeptierte Rocco diese Zurechtweisung. Carlo verabschiedete sich und kehrte ins Haus zurück. Irgend etwas lag in der Luft, aber Rocco schien nicht zu wissen was.

Michael stand am Fenster seines Wohnzimmers und sah Carlo auf der Promenade umherschlendern. Hagen brachte ihm einen Drink, einen kräftigen Brandy. Michael trank ihn mit Genuß. Hagen, der hinter ihm stand, sagte freundlich: «Michael, du mußt jetzt anfangen. Es wird Zeit.»

Michael seufzte. «Ich wollte, es müßte nicht so bald sein. Ich wollte, der Alte hätte ein bißchen länger ausgehalten.»

«Es wird schon klappen», sagte Hagen. «Wenn ich nichts gemerkt habe, hat auch kein anderer was gemerkt. Du hast die Falle geschickt gestellt.»

Michael wandte sich vom Fenster ab. «Den größten Teil hat noch der Alte geplant. Mir ist ja nie klargewesen, wie klug er war. Dir schon.»

«An ihn kommt keiner heran», sagte Hagen. «Aber dies hier ist großartig. Also kannst du auch nicht allzu schlecht sein.»

«Warten wir ab, was passiert. Sind Tessio und Clemenza gekommen?»

Hagen nickte. Michael leerte sein Glas. «Schick Clemenza zu mir herein. Ich werde ihn persönlich informieren. Tessio möchte ich lieber nicht sehen. Sag ihm nur, daß ich in einer halben Stunde zu dem Treffen mit Barzini aufbrechen kann. Alles andere werden Clemenzas Leute erledigen.»

Mit ruhiger Stimme fragte Hagen: «Und es gibt keine Möglichkeit, Tessio laufenzulassen?»

«Keine», sagte Michael.

Etwas nördlicher im Staate New York, in der Stadt Buffalo, erlebte eine kleine Pizzeria in einer Seitenstraße gerade einen Kundenansturm. Erst als sich die Mittagspause dem Ende näherte, nahm der Betrieb allmählich wieder ab. Der Besitzer nahm das runde Backblech mit den wenigen übriggebliebenen Pizzastücken aus dem Fenster und stellte es auf ein Regal des riesigen Ziegelofens. Er öffnete die Ofentür und prüfte die Pizza, die drinnen garte. Der Käse hatte noch nicht begonnen, Blasen zu werfen. Als er sich wieder zu dem Schalter umdrehte, von dem aus er direkt auf die Straße verkaufte, sah er einen jungen Mann dort stehen, der wie ein Verbrecher wirkte. Der Mann sagte: «Geben Sie mir ein Stück.»

Der Pizzaverkäufer nahm seine hölzerne Schaufel und schob eines der kalt gewordenen Stücke zum Aufwärmen in den Ofen. Der Kunde wollte nicht draußen warten, sondern entschloß sich, hereinzukommen und drinnen zu essen. Das Geschäft war jetzt leer. Der Verkäufer machte die Ofentür auf, holte das heiße Stück Pizza heraus und servierte es dem Gast auf einem Pappteller. Der Gast jedoch machte keine Anstalten, zu bezahlen, sondern starrte ihn ungeniert an.

«Ich habe gehört, daß Sie eine Tätowierung auf der Brust haben», sagte er dann. «Da oben, wo Ihr Hemd offensteht, kann man sie sehen. Wie wär's, wenn Sie mir den Rest auch noch zeigten?»

Der Verkäufer erstarrte.

«Hemd auf!» befahl der Kunde.

Der Verkäufer schüttelte den Kopf. «Ich habe keine Tätowierung», sagte er mit starkem Akzent. «Das ist der Mann, der abends hier arbeitet.»

Der Kunde lachte. Es war ein unangenehmes Lachen, rauh und brutal. «Los, los, Hemd auf! Ich will es sehen!»

Der Verkäufer wich in den Hintergrund des Ladens zurück und wollte um den riesigen Ofen flüchten. Da hob der Kunde die Hand über den Ladentisch. Sie hielt einen Revolver. Er schoß. Die Kugel traf den Verkäufer in die Brust und schleuderte ihn rückwärts gegen den Ofen. Der Kunde schoß noch einmal, und der Verkäufer sank zu Boden. Der Kunde kam um den Ladentisch herum, bückte sich und riß dem Verkäufer das Hemd auf, daß die Knöpfe davonsprangen. Die Brust war blutbedeckt, aber die Tätowierung war deutlich zu sehen: die eng umschlungenen Liebenden und das Messer, das sie durchbohrte. Der Verkäufer wollte schützend die Arme heben. Der Kunde sagte: «Einen schönen Gruß von Michael Corleone, Fabrizzio.» Er setzte dem Verkäufer den Revolver an die Stirn und drückte ab. Dann verließ er den Laden. Am Bordstein wartete mit offener Tür und laufendem Motor ein Wagen auf ihn. Er sprang hinein, und der Wagen jagte davon.

Das Telefon auf einem der eisernen Torpfosten klingelte. Rocco Lampone meldete sich. Am anderen Ende sagte jemand: «Ihr Paket ist fertig.» Dann knackte es; der Anrufer hatte aufgelegt. Rocco stieg in seinen Wagen und verließ die Promenade. Er überquerte den Jones Beach Causeway, auf dem Sonny Corleone den Tod gefunden hatte, und fuhr weiter zur Bahnstation Wantagh. Hier parkte er seinen Wagen und stieg in einen anderen um, der mit zwei Mann Besatzung auf ihn wartete. Sie fuhren zehn Minuten, bis sie zu einem Motel am Sunrise Highway kamen, und bogen hier in den Hof. Die beiden anderen Männer blieben im Wagen sitzen. Rocco Lampone stieg aus und ging auf einen der kleinen Bungalows zu. Mit einem Tritt hob er die Tür aus den Angeln; dann war er mit einem einzigen Satz im Zimmer.

Vor einem Bett, auf dem ein junges Mädchen lag, stand, siebzig Jahre alt und splitternackt, Phillip Tattaglia. Sein dichter Haarschopf war pechschwarz, das Schamhaar dagegen stahlgrau, sein Körper war schlaff und feist. Rocco Lampone pumpte vier Kugeln in ihn hinein, alle in den Bauch. Dann machte er kehrt und lief zum Wagen zurück. Die beiden Männer setzten ihn am Bahnhof von Wantagh ab. Mit seinem eigenen Wagen fuhr er zur Promenade zurück. Er ging einen Augenblick zu Michael Corleone hinein, dann kam er heraus und stellte sich wieder ans Tor.

Albert Neri, allein in seiner Wohnung, legte letzte Hand an seine Uniform. Bedächtig zog er sie an: Hose, Hemd, Krawatte und Jacke, Pistolentasche und Koppel. Seine Pistole hatte er abgeben müssen, als man ihn vom Dienst suspendierte, doch man hatte vergessen, ihm auch die Dienstmarke abzuverlangen. Clemenza hatte ihm eine neue Achtunddreißiger Spezial gegeben, die nicht identifiziert werden konnte. Neri hatte sie auseinandergenommen, geölt, die einzelnen Teile geprüft, sie wieder zusammengesetzt und den Hahn einschnappen lassen. Dann lud er die Pistole durch und war bereit.

Er steckte die Dienstmütze in eine Tüte und zog einen Zivilmantel über die Uniform. Dann kontrollierte er die Zeit: noch eine Viertelstunde, bis der Wagen kam. Er verbrachte die fünfzehn Minuten damit, sich eingehend im Spiegel zu mustern. Kein Zweifel, er sah aus wie ein echter Cop.

Der Wagen kam. Vorn saßen zwei von Lampones Männern. Neri stieg hinten ein. Als sie die unmittelbare Nachbarschaft der Wohnung verlassen hatten und sich der City näherten, legte er den Zivilmantel ab und ließ ihn auf den Fußboden des Wagens fallen. Er nahm die Uniformmütze aus der Tüte und setzte sie auf.

An der Ecke 55th Street und Fifth Avenue hielt der Fahrer den Wagen am Bordstein an, und Neri stieg aus. Er ging gemächlich die Avenue entlang. Es war ein sonderbares Gefühl, wieder einmal Uniform zu tragen und wie so oft in früherer Zeit die Straße abzupatrouillieren. Die Avenue war sehr belebt. Er ging bis zum Rockefeller Center gegenüber der Sankt-Patricks-Kathedrale. Auf dieser Seite der Fifth Avenue entdeckte er auch die Limousine, nach der er suchte. Sie parkte einsam direkt vor einer ganzen Reihe von roten Park- und Halteverbotsschildern. Neri verlangsamte seine Schritte. Es war noch zu früh. Er blieb stehen, um etwas in sein Notizbuch zu schreiben, und ging dann weiter. Jetzt war er bei der Limousine angekommen. Mit seinem Schlagstock klopfte er an den Kotflügel. Erstaunt blickte der Fahrer auf. Neri deutete mit seinem Stock auf das Halteverbotszeichen und winkte dem Mann, weiterzufahren. Der Fahrer wandte sich gelangweilt ab.

Neri trat auf die Straße und stellte sich an das offene Fenster des Fahrersitzes. Der Fahrer war ein brutal wirkender Gangster, genau die Sorte, die er mit Wonne weichzumachen pflegte. Neri sagte grob: «Okay, du Schlaumeier, willst du, daß ich dir dein Strafmandat in den Arsch stecke, oder willst du lieber weiterfahren?»

Gleichgültig antwortete der Fahrer: «Sie sollten erst mal auf Ihrem Revier nachfragen. Aber von mir aus geben Sie das Strafmandat her, wenn Sie das glücklich macht.»

«Machen Sie, daß Sie hier wegkommen!» befahl Neri. «Oder ich hole Sie aus Ihrer Kiste da raus und verprügel Sie, daß Sie nicht mehr sitzen können.»

Wie durch einen Zaubertrick brachte der Fahrer plötzlich eine Zehn-Dollar-Note zum Vorschein, faltete sie mit einer Hand zu einem winzigen Rechteck und versuchte sie Neri in die Jacke zu schieben. Neri kehrte auf den Gehsteig zurück und winkte den Fahrer zu sich heraus. Folgsam verließ der Mann seinen Wagen.

«Zulassung und Führerschein!» verlangte Neri. Er hatte gehofft, den Fahrer dazu bewegen zu können, daß er um den Block fuhr, doch diese Hoffnung mußte er leider aufgeben. Aus den Augenwinkeln sah er drei untersetzte Männer die Stufen des Plaza-Gebäudes herunterkommen und auf die Straße treten: Barzini mit seinen Leibwächtern, auf dem Weg zu der Besprechung mit Michael Corleone. Jetzt löste sich einer der Leibwächter von der Gruppe und ging etwas schneller, um nachzusehen, was mit Barzinis Wagen los war.

«Was ist?» erkundigte sich der Mann bei dem Fahrer.

Der antwortete kurz: «Ich kriege ein Strafmandat. Keine Sorge. Der Mann hier muß neu im Revier sein.»

In diesem Augenblick kam Barzini mit dem anderen Leibwächter heran. Er knurrte: «Verdammt, was ist denn jetzt schon wieder los?»

Neri klappte sein Notizbuch zu und gab dem Fahrer Papiere und Führerschein zurück. Dann steckte er das Notizbuch in seine Hüfttasche und zog mit einer schnellen Handbewegung die Achtunddreißiger Spezial heraus.

Bevor die anderen drei Männer sich von ihrem Schrecken so weit erholt hatten, daß sie in Deckung gingen, hatte Neri Barzini bereits drei Kugeln in die Brust gejagt und war in der Menge untergetaucht. Er lief um die Ecke, wo der Wagen auf ihn wartete. Sie jagten zur Ninth Avenue hinüber und wandten sich dann nach Süden. Am

Chelsea Park stieg Neri, der unterwegs die Mütze abgelegt, sich umgekleidet und den Mantel übergezogen hatte, in einen anderen Wagen um, der dort bereitstand. Die Waffe und seine Uniform ließ er im ersten Wagen liegen. Irgend jemand würde dafür sorgen, daß sie verschwanden. Eine Stunde später befand er sich im sicheren Schutz der Promenade und erstattete Michael Corleone Bericht.

Tessio saß wartend in der Küche des alten Don und trank eine Tasse Kaffee, als Tom Hagen ihn holte. «Mike ist jetzt soweit», sagte Hagen. «Am besten, du rufst bei Barzini an und sagst ihm, daß wir unterwegs sind.»

Tessio stand auf und ging ans Wandtelefon. Er wählte Barzinis Büro in New York und sagte knapp: «Wir sind unterwegs nach Brooklyn.» Als er auflegte, sah er Hagen lächelnd an. «Ich hoffe, Mike wird heute abend einen guten Handel abschließen.»

«Davon bin ich überzeugt», sagte Hagen ernst. Er begleitete Tessio zur Küche hinaus auf die Promenade. Vor Michaels Haustür wurden sie von einem der Leibwächter aufgehalten. «Der Chef läßt euch sagen, daß er in einem anderen Wagen nachkommt. Ihr beide sollt schon vorausfahren.»

Stirnrunzelnd wandte sich Tessio an Hagen. «Verdammt, das kann er doch nicht machen! Das bringt ja meine sämtlichen Pläne durcheinander.»

In diesem Augenblick standen wie aus dem Boden gewachsen drei weitere Leibwächter neben ihnen. Leise sagte Hagen: «Ich kann leider auch nicht mit dir kommen, Tessio.»

Der *caporegime* mit dem Frettchengesicht begriff in Sekundenschnelle. Und er fand sich ab. Es gab einen kurzen Moment körperlicher Schwäche, dann hatte er sich wieder in der Gewalt. Er sagte zu Tom Hagen: «Sag Michael, daß es geschäftlich war. Ich habe ihn immer gern gehabt.»

Hagen nickte. «Er wird es verstehen.»

Tessio schwieg einen Augenblick. «Tom», sagte er dann leise, «kannst du nicht erreichen, daß sie mich laufenlassen? Um unserer alten Freundschaft willen?»

Hagen schüttelte den Kopf. «Es geht nicht», sagte er.

Dann sah er zu, wie Tessio, von Leibwächtern umringt, zu einem wartenden Wagen geführt wurde. Er fühlte sich elend. Tessio war der beste Soldat der Corleone-Familie gewesen; der alte Don hatte ihm mehr als allen anderen vertraut – mit Ausnahme von Luca Brasi. Es war ein Jammer, daß ein so intelligenter Mann noch so spät im Leben einen so tödlichen Fehler in der Beurteilung der Lage begehen mußte.

Carlo Rizzi, der immer noch auf seine Unterhaltung mit Michael wartete, wurde bei diesem ständigen Kommen und Gehen nervös. Offensichtlich tat sich hier etwas Bedeutsames, und es sah aus, als ob er davon ausgeschlossen blieb.

Noch einmal rief Carlo bei seiner Geliebten an und versicherte ihr, er werde bestimmt zu einem späten Abendessen kommen und anschließend die Nacht bei ihr verbringen. Er versprach ihr, daß er sich beeilen werde, und raspelte noch ein bißchen Süßholz, um sie bei Laune zu halten. Als er den Hörer auflegte, beschloß er, sich lieber jetzt schon umzuziehen, um dadurch nachher Zeit zu sparen. Er hatte gerade ein frisches Hemd übergezogen, da klopfte es. Carlo ging an die Haustür und öffnete. Und dann wurden ihm vor plötzlicher, furchtbarer Angst die Knie weich, denn vor der Tür stand Michael Corleone, und sein Gesicht war das Antlitz des Todes, das Carlo Rizzi so oft in seinen Träumen sah.

Hinter Michael standen Hagen und Rocco Lampone. Die Mienen der Männer waren ernst wie bei Menschen, die mit dem größten Bedauern kommen, um einem Freund schlechte Nachrichten zu bringen. Carlo bat alle drei herein und führte sie ins Wohnzimmer. Nachdem er sich von seinem ersten Schrecken erholt hatte, glaubte er, seine Nerven hätten ihm einen Streich gespielt. Doch dann bewirkten Michaels Worte, daß ihm auch körperlich übel wurde.

«Du mußt dich für Santino verantworten», sagte Michael.

Carlo antwortete nicht; er tat, als habe er nicht verstanden. Hagen und Lampone nahmen an zwei gegenüberliegenden Wänden des Zimmers Aufstellung. Carlo und Michael standen Angesicht zu Angesicht.

«Du hast Sonny in die Falle der Barzinis gelockt», sagte Michael mit tonloser Stimme. «Die kleine Komödie, die du mit meiner Schwester aufgeführt hast – wollte Barzini dir wirklich weismachen, daß du damit einen Corleone täuschen könntest?»

Carlos Antwort entsprang einer unaussprechlichen Angst; sie war ohne Würde, ohne die kleinste Andeutung von Stolz. «Ich schwöre dir, daß ich unschuldig bin. Ich schwöre dir beim Haupt meiner Kinder, daß ich unschuldig bin. Mike, bitte, tu mir das nicht an! Bitte, Mike, tu es mir nicht an!»

Ruhig erwiderte Michael: «Barzini ist tot. Ebenso Phillip Tattaglia. Ich bin fest entschlossen, heute abend sämtliche Rechnungen der Familie zu begleichen. Also versuch mir nicht einzureden, daß du unschuldig bist. Es wäre besser für dich, wenn du dich zu deiner Tat bekennen würdest.»

Verblüfft starrten Hagen und Rocco Lampone den Chef an. Sein Vater war doch ein ganz anderer Mann gewesen. Warum bemühte er sich, diesen Verräter zum Eingeständnis seiner Schuld zu bringen? Seine Schuld war doch bereits bewiesen – soweit so etwas überhaupt zu beweisen war. Darauf gab es nur eine Antwort: Michael war sich noch immer nicht sicher, ob er im Recht war; er fürchtete noch immer, im Unrecht zu sein, und machte sich wegen dieses winzigen Bruchteils der Ungewißheit, den nur ein Geständnis von Carlo Rizzi beseitigen konnte, noch immer Sorgen.

Doch Carlo antwortete nicht. Michael sagte fast freundschaftlich: «Du brauchst keine Angst zu haben. Glaubst du, ich würde meine Schwester zur Witwe machen? Glaubst du, ich würde meine Neffen zu Halbwaisen machen? Schließlich bin ich der Pate deines Jungen. Nein, deine Strafe wird darin bestehen, daß man dir nicht erlaubt, für die Familie zu arbeiten. Ich werde dich in eine Maschine nach Vegas setzen und dich zu deiner Familie schicken, und ich verlange, daß du dort bleibst. Ich werde Connie ein Taschengeld geben. Und damit basta. Aber hör auf zu behaupten, daß du unschuldig bist; damit beleidigst du meine Intelligenz und machst mich ärgerlich. Wer ist an dich herangetreten – Tattaglia oder Barzini?»

In Carlo Rizzi stieg eine verzweifelte Hoffnung auf, daß er vielleicht doch mit dem Leben davonkommen werde. Und in dieser herrlichen Erleichterung darüber, daß er nicht sterben mußte, murmelte er: «Barzini.»

«Gut», sagte Michael leise. Mit seiner rechten Hand machte er eine Geste. «Ich möchte, daß du jetzt gehst. Da draußen wartet ein Wagen; er wird dich zum Flughafen bringen.»

Carlo ging aus der Tür; die anderen drei Männer folgten ihm dicht auf den Fersen. Es war jetzt dunkel geworden, aber die Promenade war, wie immer, taghell von Flutlichtlampen erleuchtet. Ein Wagen fuhr vor. Carlo erkannte seinen eigenen Wagen. Den Fahrer kannte er nicht. Im Fond saß noch jemand, aber auf der anderen Seite. Lampone öffnete den vorderen Schlag und winkte Carlo, einzusteigen. Michael sagte: «Ich werde deine Frau anrufen und ihr sagen, daß du unterwegs bist.» Carlo stieg ein. Sein seidenes Hemd war schweißdurchtränkt.

Der Wagen fuhr davon, auf das Tor zu. Carlo wollte sich umdrehen, um zu sehen, wer hinter ihm saß. In diesem Augenblick warf ihm Clemenza, geschickt und graziös wie ein kleines Mädchen, das seinem Kätzchen ein Band über den Kopf streift, seine Garotte um den Hals. Er zog an, daß die glatte Schnur tief in Rizzis Fleisch einschnitt. Carlos Körper bäumte sich wie ein Fisch auf dem Trockenen, aber Clemenza ließ nicht locker und zog die Garotte noch fester, bis Carlos Körper zusammensank. Plötzlich erfüllte ein widerlicher Geruch den Wagen. Zur Sicherheit hielt Clemenza die Garotte noch einige Zeit fest, dann löste er sie und steckte sie in die Tasche. Entspannt lehnte er sich in die Sitzpolster zurück, während der tote Carlo gegen die Seitentür sackte. Nach einer Weile kurbelte Clemenza das Fenster herunter, um den Gestank hinauszulassen.

Es war ein Sieg auf der ganzen Linie für die Corleone-Familie. Während dieser vierundzwanzig Stunden hatten Clemenza und Lampone außerdem ihre *regimes* ausgeschickt und alle, die sich unberechtigter Übergriffe auf das Territorium der Corleones schuldig gemacht hatten, unnachsichtig bestraft. Neri erhielt das Oberkommando über das Tessio-*regime*. Barzinis Buchmachern wurde das Handwerk gelegt; zwei der höchsten Geldeintreiber der Barzinis wurden erschossen, während sie friedlich nach einem Essen in einem italienischen Restaurant in der Mulberry Street in ihren Zähnen herumstocherten. Ein Mann, der bekannt dafür war, daß er die Trabrennen durch Bestechung beeinflußte, wurde ebenfalls umgebracht, als er von einem einträglichen Turfabend heimkehrte. Zwei der größten Geldverleiher im Hafen verschwanden; ihre Leichen wurden erst nach Monaten in den New Jersey-Sümpfen entdeckt.

Mit diesem einen brutalen Schlag hatte Michael Corleone seinen Ruf etabliert und der Corleone-Familie ihren ehemaligen Platz an der Spitze der New Yorker Familien zurückerobert. Man respektierte ihn nicht nur wegen seiner brillanten Taktik, sondern auch weil einige der wichtigsten *caporegime* sowohl der Barzinis wie der Tattaglias zu ihm überliefen.

Der Triumph wäre für Michael vollkommen gewesen, hätte seine Schwester Connie nicht so hysterisch reagiert.

Connie war mit ihrer Mutter nach New York zurückgekehrt; die Kinder hatte sie in Las Vegas gelassen. Sie hatte ihren Witwenschmerz unterdrückt, bis die Limousine in die Promenade einbog. Dann jedoch rannte sie, noch ehe die Mutter sie zurückhalten konnte, quer über die Straße auf Michaels Haus zu. Sie stieß die Tür auf und fand im Wohnzimmer Michael und Kay. Kay wollte auf sie zugehen, sie trösten und sie mit schwesterlicher Liebe in die Arme schließen, erstarrte aber, als Connie plötzlich begann, auf ihren Bruder einzuschreien, ihm Flüche und Vorwürfe ins Gesicht zu schleudern. «Du dreckiges Schwein!» kreischte sie. «Du hast meinen Mann umgebracht. Du hast gewartet, bis unser Vater tot war und dich nicht mehr daran hindern konnte, und dann hast du ihn umgebracht. Du hast ihn umgebracht. Du gibst ihm die Schuld an Sonnys Tod, du hast ihm immer die Schuld daran gegeben, jeder hat das getan. Aber an mich hast du nicht gedacht. Ich war dir immer egal. Was soll ich denn jetzt tun? Was soll ich denn jetzt bloß tun?» Sie schluchzte. Zwei der Leibwächter waren hinter sie getreten und erwarteten Michaels Befehle. Aber er stand gelassen da und wartete, bis sich seine Schwester ausgetobt hatte.

Connie wurde ruhiger, doch jetzt spie ihre Stimme tödliches Gift. Sie wandte sich an Kay. «Weshalb, glaubst du denn, war er immer so kalt zu mir? Weshalb, glaubst du, hat er Carlo hier in der Promenade festgehalten? Weil er die ganze Zeit wußte, daß er ihn umbringen würde. Aber er wagte es nicht, solange mein Vater noch lebte. Mein Vater hätte es nicht zugelassen. Das wußte er. Darum hat er einfach gewartet. Und dann ist er Pate von unserem Jungen geworden, um uns in Sicherheit zu wiegen. Dieses eiskalte Schwein. Du glaubst, du kennst deinen Mann? Weißt du, wie viele Männer er mit meinem Carlo zusammen hat umbringen lassen? Lies nur die Zeitung. Barzini, Tattaglia und noch viele andere mehr. Mein Bruder hat sie alle umbringen lassen.»

Sie hatte sich wieder in ihre hysterische Wut hineingesteigert.

«Bringt sie nach Hause und holt einen Arzt», sagte Michael. Sofort ergriffen die beiden Wachen Connies Arme und schleppten sie aus dem Haus.

Kay war noch immer starr vor Entsetzen. Sie sagte zu ihrem Mann: «Warum hat sie nur all das gesagt, Michael? Warum glaubt sie das alles nur?»

Michael zuckte die Achseln. «Sie ist eben hysterisch.»

Kay sah ihm tief in die Augen. «Michael, es ist doch nicht wahr, ja? Bitte sag, daß es nicht wahr ist!»

Müde schüttelte er den Kopf. «Natürlich ist es nicht wahr. Du kannst es mir glauben. Dies einemal lasse ich zu, daß du mir eine Frage über meine geschäftlichen Angelegenheiten stellst, und gebe dir eine Antwort darauf. Nein, es ist nicht wahr.» Nie hatte er überzeugender gesprochen. Er sah ihr mit offenem Blick in die Augen. Um zu erreichen, daß sie ihm glaubte, nutzte er rücksichtslos das Vertrauen aus, das in ihrer Ehe zwischen ihnen erwachsen war. Sie konnte nicht an ihm zweifeln. Reumütig lächelte sie ihn an, kam in seine geöffneten Arme und küßte ihn.

«Jetzt brauchen wir beide wohl einen Drink», stellte sie fest. Während sie in der Küche war, um Eis zu holen, hörte sie die Haustür gehen. Sie steckte den Kopf aus der Tür und sah Clemenza, Neri und Rocco Lampone mit ihren Leibwächtern hereinkommen. Michael stand mit dem Rücken zur Küche, doch Kay trat aus der Tür und stellte sich so, daß sie sein Profil sehen konnte. In diesem Augenblick wandte Clemenza sich mit einem förmlichen Gruß an ihren Mann.

«Don Michael», sagte der alte *caporegime*.

Deutlich sah Kay, daß Michael bereit war, die Huldigung anzunehmen. Er erinnerte sie an die antiken Statuen in Rom, die Statuen jener römischen Kaiser, denen von Gottes Gnaden die Macht über Leben und Tod ihrer Mitmenschen gegeben war. Eine Hand hatte er in die Hüfte gestützt. Sein Profil verriet stolze, kalte Macht. Seine

Haltung war lässig und arrogant. Sein Gewicht ruhte auf einem Fuß, den anderen hatte er leicht vorgestellt. Die *caporegime* standen vor ihm. In diesem Augenblick wußte Kay, daß alle Beschuldigungen, die Connie ihrem Bruder ins Gesicht geschleudert hatte, auf Wahrheit beruhten. Sie ging in die Küche zurück und weinte.

Neuntes Buch

32

Der Sieg der Corleone-Familie aber war erst vollendet, als Michael Corleone sich nach einem Jahr behutsamen politischen Manövrierens den Platz als mächtigster Familienchef der Vereinigten Staaten gesichert hatte. Zwölf Monate lang teilte Michael seine Zeit zwischen seinem Hauptquartier in der Long Beach-Promenade und seinem neuen Heim in Las Vegas. Am Ende dieses Jahres jedoch beschloß er, die Operationen in New York ganz einzustellen und die Promenade samt ihren Häusern zu verkaufen. Zu diesem Zweck kam er mit seiner ganzen Familie zu einem letzten Besuch in den Osten. Einen Monat lang wollten sie bleiben – Michael, um seine Geschäfte abzuwickeln, und Kay, um den gesamten Hausrat zu packen und zu verladen. Außerdem gab es noch tausend Einzelheiten zu regeln.

Die Corleone-Familie war jetzt unangreifbar geworden. Clemenza hatte seine eigene Familie. Rocco Lampone war der *caporegime* der Corleones. Albert Neri war in Nevada der oberste Sicherheitsbeamte aller von der Familie kontrollierten Hotels. Und Hagen gehörte ebenfalls zu Michaels Familie im Westen.

Die Zeit hatte die alten Wunden geheilt. Connie Corleone war wieder mit ihrem Bruder versöhnt. Schon eine Woche nach jenem furchtbaren Auftritt hatte sie sich bei Michael für ihre Worte entschuldigt und Kay versichert, daß nichts von dem, was sie gesagt hatte, der Wahrheit entspreche. Es sei lediglich der hysterische Ausbruch einer soeben verwitweten jungen Frau gewesen.

Connie Corleone fand alsbald einen neuen Ehemann; nicht einmal das Trauerjahr wartete sie ab, bis sie ihr Bett wieder mit einem jungen Mann teilte – einem netten Burschen, der für die Corleone-Familie als Sekretär arbeitete. Er war der Sohn einer soliden italienischen Familie, aber ein Absolvent der besten Hochschule für Wirtschaftswissenschaften von ganz Amerika. Durch diese Ehe mit der Schwester des Don war seine Zukunft natürlich gesichert.

Auch Kay Adams-Corleone hatte die Familie ihres Mannes glücklich gemacht: Sie ließ sich von einem Priester unterrichten und trat zum katholischen Glauben über. Und wie es dem Brauch entsprach, erzog sie natürlich auch ihre beiden Söhne in dieser Religion. Michael selber war nicht allzu erfreut über diese Entwicklung gewesen. Er hätte es vorgezogen, wenn seine Kinder Protestanten geworden wären. Das war amerikanischer.

Zu ihrem eigenen Erstaunen lebte sich Kay in Nevada gut ein. Sie liebte die Landschaft, die Berge und Cañons mit ihren grellroten Felsen, die brennende Wüste, die herrlich erfrischenden Seen; ja sogar die Hitze liebte sie. Ihre Söhne besaßen eigene Pferde. Statt Leibwächtern hatte sie richtiges Hauspersonal. Und Michael führte ein beinahe normales Leben. Er war Eigentümer einer Baufirma geworden; er trat den Klubs der Geschäftsleute bei und arbeitete in mehreren Gemeindeausschüssen: er bekundete ein gesundes Interesse an der Gemeindepolitik, ohne sich jedoch öffentlich zu engagieren. Es war ein gutes Leben. Kay war sehr glücklich darüber, daß sie ihren Haushalt in New York auflösten, um jetzt nur noch in Las Vegas zu wohnen. Sie kam nur ungern nach New York zurück. Darum hatte sie auch bei diesem Besuch mit äußerster Geschicklichkeit und größtem Tempo dafür gesorgt, daß alles verpackt und verladen wurde, und konnte jetzt, am letzten Tag, die Abreise ebensowenig erwarten wie ein Patient die Entlassung aus dem Krankenhaus.

An diesem letzten Tag erwachte Kay Adams-Corleone bereits bei Morgengrauen. Draußen, vor der Promenade, hörte sie das Donnern der Lastwagenmotoren. Die Wagen kamen, um die Möbel aus den Häusern zu holen. Am Nachmittag wollte die Corleone-Familie mitsamt Mama Corleone nach Las Vegas zurückfliegen.

Als Kay aus dem Badezimmer kam, saß Michael in seine Kissen gelehnt und rauchte eine Zigarette. «Warum, zum Teufel, mußt du bloß *jeden* Morgen zur Kirche gehen?» sagte er vorwurfsvoll. «Ich habe ja nichts dagegen, wenn du am Sonntag gehst, aber warum, zum Teufel, auch während der Woche? Du bist genauso schlimm wie meine Mutter.» Im Dunkeln streckte er die Hand aus und knipste die Nachttischlampe an.

Kay setzte sich auf die Bettkante, um ihre Strümpfe anzuziehen. «Du weißt doch, wie konvertierte Katholiken sind», sagte sie. «Sie nehmen alles viel ernster.»

Michael legte ihr die Hand auf den Schenkel, auf ihre warme Haut, dort, wo der Nylonstrumpf endete.

«Nicht», wehrte sie ab. «Ich gehe heute zur Kommunion.»

Als sie aufstand, versuchte er nicht, sie zurückzuhalten, sondern sagte mit leichtem Lächeln: «Wenn du eine so strenge Katholikin bist, warum läßt du dann zu, daß die Kinder so oft die Kirche schwänzen?»

Die Frage paßte ihr nicht. Sie war auf der Hut. Er musterte sie mit einem Blick, den sie insgeheim seine «Don-Augen» nannte. «Die Kinder haben noch eine Menge Zeit», sagte sie. «Wenn wir wieder zu Hause sind, werde ich darauf achten, daß sie regelmäßiger gehen.»

Sie verabschiedete sich von ihm mit einem Kuß. Draußen wurde es schon allmählich warm. Am östlichen Himmel ging rot die Sommersonne auf. Kay ging zu ihrem Wagen, der in der Nähe des großen Tores parkte. Auf dem Beifahrersitz saß Mama Corleone in ihrer schwarzen Witwenkleidung und wartete auf sie. Es war ihnen zur lieben Gewohnheit geworden: Jeden Morgen fuhren sie gemeinsam zur Frühmesse.

Kay küßte die alte Frau auf die runzlige Wange und stieg ein. Mißtrauisch erkundigte sich Mama Corleone: «Hast du gefrühstückt?»

«Nein», beteuerte Kay.

Die Alte nickte beifällig. Kay hatte ein einziges Mal vergessen, daß sie vor einer heiligen Kommunion von Mitternacht an nichts mehr essen durfte. Das war zwar schon lange her, aber seitdem war Mama Corleone auf der Hut und kontrollierte sie jedesmal von neuem. «Fühlst du dich wohl?» fragte die Alte besorgt.

«Ja», antwortete Kay.

Die Kirche lag klein und verlassen im frühen Morgenlicht. Die bunten Glasfenster hielten die Hitze ab, drinnen würde es wunderbar kühl sein und ruhig. Kay half ihrer Schwiegermutter die weißen Steinstufen hinauf und ließ sie dann vorgehen. Die Alte saß gern in einer der vorderen Reihen, ganz dicht am Altar. Kay blieb noch ein wenig auf der Treppe stehen. Immer war es dasselbe: Im letzten Augenblick zögerte sie und hatte sogar fast ein wenig Angst.

Schließlich trat sie dann doch in das kühle Dunkel. Sie benetzte die Fingerspitzen mit Weihwasser, bekreuzigte sich und berührte mit den feuchten Fingerspitzen flüchtig die Lippen. Vor den Heiligenstatuen, vor Christus am Kreuz flackerten rote Kerzen. Kay beugte das Knie, bevor sie in die Bankreihe trat, und wartete dann, auf der harten Holzbank kniend, bis sie zur heiligen Kommunion gerufen wurde. Sie neigte den Kopf, als bete sie, aber sie war noch nicht ganz soweit.

Nur in diesen dämmrigen, hochgewölbten Kirchenräumen gestattete sie es sich, über das andere Leben ihres Mannes nachzudenken. Über jene schreckliche Nacht vor einem Jahr, als er bewußt all ihr Vertrauen und ihre Liebe ausgenutzt hatte, um zu erreichen, daß sie seine Lüge glaubte, er habe den Mann seiner Schwester nicht umgebracht.

Wegen dieser Lüge hatte sie ihn verlassen – nicht wegen seiner Tat. Am nächsten Morgen war sie mit den Kindern zu ihren Eltern nach New Hampshire gefahren. Ohne irgend jemandem ein Wort zu sagen, ohne genau zu wissen, was sie überhaupt wollte. Michael hatte sofort begriffen. Er hatte sie am ersten Tag angerufen und sie von da in Ruhe gelassen. Erst eine Woche später hatte vor dem Haus eine Limousine gehalten, in der Tom Hagen saß.

Sie hatte einen langen, schweren Nachmittag mit Tom Hagen verbracht – den schwersten Nachmittag ihres Lebens. Sie waren weit in die Wälder vor ihrer kleinen Heimatstadt gewandert, und Hagen war nicht sehr sanft mit ihr umgegangen.

Kay hatte einen Fehler gemacht: Sie hatte versucht, hart und schnippisch zu sein, eine Rolle, die ihr nicht lag. «Hat Mike dich geschickt, um mir zu drohen?» fragte sie. «Ich hatte eigentlich erwartet, ein paar von seinen ‹Jungens› aus dem Auto steigen zu sehen, die mich mit Maschinenpistolen zwingen sollten, zu ihm zurückzukehren.»

Zum erstenmal, seit sie ihn kannte, erlebte sie, daß Hagen böse wurde. Barsch sagte er: «Das ist der kindischste Unsinn, den ich jemals gehört habe. Das hätte ich von dir nicht erwartet, Kay.»

Gemeinsam wanderten sie über die grünen Feldwege. Hagen fragte sie ruhig: «Warum bist du davongelaufen?»

«Weil Michael mich belogen hat», sagte Kay. «Weil er mich zum Narren gehalten hat, als er Pate von Connies Sohn wurde. Er hat mich belogen. Einen solchen Mann kann ich nicht lieben. Mit einem solchen Mann kann ich nicht leben. Ich kann ihn nicht als Vater für meine Kinder akzeptieren.»

«Ich weiß nicht, wovon du eigentlich sprichst», sagte Hagen.

Voll Wut fuhr sie zu ihm herum – voll durchaus berechtigter Wut. «Ich spreche davon, daß er den Mann seiner Schwester umgebracht hat. Begreifst du das nicht?» Einen Augenblick hielt sie inne. «Und davon, daß er mich belogen hat.»

Lange wanderten sie schweigend weiter. Schließlich sagte Hagen: «Du kannst doch im Grunde gar nicht wissen, ob das alles stimmt. Aber nehmen wir einmal an, es wäre tatsächlich so. Ich will damit keineswegs sagen, daß es so ist – bitte, vergiß das nicht. Aber was wäre, wenn ich dir Gründe nennen könnte, die seine Tat durchaus rechtfertigen. Oder vielmehr, rechtfertigen könnten?»

Kay sah ihn verächtlich an. «Jetzt kehrst du mir gegenüber zum erstenmal den Rechtsanwalt heraus, Tom. Ich muß sagen, das ist nicht deine beste Masche.»

Hagen grinste. «Okay. Aber hör mich erst an. Was, wenn Carlo Sonny in eine Falle gelockt hat? Was, wenn die Prügel, die Carlo Connie an jenem Tag verabreicht hat, ein wohlüberlegter Trick waren, um Sonny herauszulocken, weil sie genau wußten, daß er den Weg über den Jones Beach Causeway nehmen würde? Was, wenn sie Carlo bezahlt haben, damit er ihnen half, Sonny umzubringen? Was dann?»

Kay antwortete nicht. Hagen fuhr fort. «Und was, wenn der Don, ein wahrhaft großer Mann, es nicht über sich brachte, zu tun, was notwendig war, nämlich den Tod seines Sohnes zu rächen, indem er den Mann seiner Tochter umbrachte? Was, wenn dies schließlich zuviel für ihn wurde und er Michael zu seinem Nachfolger ernannte, weil er wußte, daß Michael ihm diese Last von den Schultern nehmen würde? Daß er diese Schuld auf sich nehmen würde?»

«Aber es war doch alles vorbei!» sagte Kay unter Tränen. «Alle waren glücklich. Warum konnte er Carlo nicht verzeihen? Warum konnte nicht alles so weitergehen? Warum konnten nicht alle einfach vergessen?»

Sie hatte Hagen quer über eine Wiese zu einem Bach unter schattigen Bäumen geführt. Hagen setzte sich ins Gras und seufzte. Er sah sich um, seufzte noch einmal und sagte: «Hier wäre das vielleicht möglich gewesen.»

«Er ist nicht mehr derselbe Mann, den ich geheiratet habe.»

Hagen lachte kurz auf. «Wenn er das wäre, dann wäre er jetzt tot. Und du wärst seine Witwe. Dann hättest du wenigstens keine Probleme mehr.»

Wütend fuhr Kay ihn an: «Was soll das heißen? Nun sei einmal in deinem Leben aufrichtig. Ich weiß, daß Michael es nicht sein kann, aber du bist kein Sizilianer, du kannst einer Frau die Wahrheit sagen, du kannst sie wie einen gleichberechtigten Partner behandeln, wie ein menschliches Wesen!»

Wieder schwieg Hagen lange. Dann schüttelte er den Kopf. «Du hast Mike falsch verstanden. Du bist böse, weil er dich belogen hat. Nun gut, aber er hat dir verboten, ihn nach seinen Geschäften zu fragen. Du bist böse, weil er die Patenstelle an Carlos Jungen übernommen hat. Aber du warst es doch, die ihn dazu gedrängt hat. Und bei Licht besehen war es der einzige richtige Schritt, wenn er etwas gegen Carlo unternehmen wollte. Der klassische taktische Schachzug, um das Opfer in Sicherheit zu wiegen.» Hagen lächelte sie grimmig an. «Ist dir das aufrichtig genug?» Doch Kay hielt den Kopf gesenkt.

Hagen fuhr fort. «Ich werde noch aufrichtiger sein. Als der Don tot war, wollte man Mike in eine Falle locken, um ihn zu töten. Und weißt du, wer dafür verantwortlich war? Tessio. Also mußte Tessio sterben. Und Carlo mußte sterben. Denn Verrat ist unverzeihlich. Michael hätte ihnen verzeihen können, aber die Menschen können sich selber nicht verzeihen, und deshalb hätten sie immer eine Gefahr bedeutet. Michael mochte Tessio gern. Er liebt seine Schwester. Aber er hätte seine Pflicht dir und den Kindern, seiner ganzen Familie, mir und meiner Familie gegenüber versäumt, wenn er geduldet hätte, daß Tessio und Carlo am Leben blieben. Sie wären eine Gefahr für uns alle, für unser aller Leben gewesen.»

Kay hörte ihm zu, und während sie zuhörte, strömten ihr Tränen über die Wangen. «Hat Michael dich hergeschickt, damit du mir das erzählst?»

Hagen starrte sie ehrlich erstaunt an. «Nein», sagte er dann. «Michael hat mich geschickt, damit ich dir sage, du könntest alles von ihm haben, er werde alles für dich tun, solange du gut für die Kinder sorgst.» Hagen lächelte. «Er hat gesagt, ich soll dir ausrichten, daß du sein Don bist. Das sollte natürlich ein Scherz sein.»

Kay legt Hagen die Hand auf den Arm. «Er hat dir also nicht befohlen, mir alle diese Dinge zu erzählen?»

Hagen zögerte einen Augenblick, als kämpfe er mit sich, ob er ihr noch eine letzte Wahrheit mitteilen sollte. «Du begreifst offenbar immer noch nicht», sagte er dann. «Wenn Michael erführe, was ich dir heute gesagt habe, dann wäre ich ein toter Mann.» Wieder machte er eine Pause. «Du und die Kinder, ihr seid die einzigen Menschen der Welt, denen er nichts Böses zufügen würde.»

Fünf Minuten vergingen – eine Ewigkeit –, bis Kay sich endlich vom Boden erhob. Gemeinsam kehrten sie zum Haus zurück. Als sie fast angekommen waren, wandte sich Kay noch einmal an Hagen. «Kannst du mich und die Kinder nach dem Essen mit nach New York nehmen?»

«Deswegen bin ich gekommen», sagte Hagen.

Eine Woche nach ihrer Rückkehr zu Michael ging sie zu einem Priester und nahm Religionsunterricht. Sie wollte zum Katholizismus übertreten.

Im Hintergrund der Kirche läutete eine Glocke zur Buße. Wie man es sie gelehrt hatte, schlug Kay sich zum Zeichen der Reue mit der geballten Faust an die Brust. Wieder läutete die Glocke, und die Kommunikanten begaben sich von ihren Plätzen an das Kommuniongitter vor dem Altar. Kay erhob sich und schloß sich der Reihe an. Vor dem Altar kniete sie nieder, und aus der Tiefe des Kirchenraumes kam wieder der Ton der Glocke. Jetzt stand der Priester vor ihr. Sie legte den Kopf zurück und öffnete den Mund, um die papierdünne Oblate zu empfangen. Dies war immer der schlimmste Moment für sie: bis die Oblate sich auflöste, sie sie schlucken konnte und dann endlich tun konnte, wozu sie hergekommen war.

Gereinigt von Sünde, der Gnade gewiß, neigte sie den Kopf und faltete die Hände auf dem Altargeländer. Sie rutschte hin und her, bis das Gewicht ihres Körpers die Knie nicht mehr so stark belastete.

Sie befreite ihren Geist von allen Gedanken an sich selber, an die Kinder, von allem Zorn, aller Auflehnung, allen Problemen. Und dann betete sie mit dem tiefen, heißen Wunsch, zu glauben, gehört zu werden, wie sie es seit dem Mord an Carlo Rizzi jeden Tag getan hatte – betete für die Seele von Michael Corleone.

Nachwort zum Film

Sie wollten Marlon Brando nicht, sie wollten den Regisseur Francis Coppola nicht, sie wollten das Drehbuch nicht, und auf keinen Fall wollten sie einen Film über die Mafia. Paramounts Führungsriege saß der Schock von Martin Ritts Mafia-Flop «The Brotherhood» («Auftrag Mord», 1967) mit Kirk Douglas und Irene Papas noch in den Knochen, in Marlon Brando sahen sie hochwirksames Kassengift – und Coppola, das war wieder nur eines dieser wichtigtuerischen Talente, dem dringend eine Lektion erteilt werden mußte. Zu «Der Pate» fühlte man sich bei Paramount eher verurteilt, als daß man das Projekt mit Nachdruck betrieb. Noch vor der Pleite mit dem Ritt-Film hatte man für schlappe 12 500 Dollar plus einer Beteiligung von 2,5 Prozent am Einspielergebnis die Option auf die Filmrechte am damals noch nicht abgeschlossenen Roman von Mario Puzo erworben. Der stand nach seinem Erscheinen 67 Wochen auf der Bestsellerliste der «New York Times», worauf das Studio sich eher zähneknirschend als überzeugt ans Werk machte. Für die Rolle des Paten Don Corleone wünschten sich die Bosse – wie nah liegen Selbsterkenntnis und Größenwahn doch beieinander – einen Kollegen als Darsteller wie den einstigen Fellini-Produzenten Dino De Laurentiis oder seinen Kontrahenten, Sophia Lorens Ehemann Carlo Ponti; und als Regisseur dachte man an Richard Brooks («Die Katze auf dem heißen Blechdach», 1958), Peter Yates («Bullitt», 1968) oder Costa-Gavras («Z», 1968). Erst einmal hatte man jedoch kein Geld. «Love Story» von Arthur Hiller, der das Studio kurz darauf vor dem Bankrott retten sollte, war noch nicht im Kino, und so gab man das ungeliebte Projekt dem jungen Produzenten Al Ruddy, von dem kaum mehr bekannt war, als daß er seine Budgets nicht überzog. 2,5 Millionen Dollar wurde bei Paramount für die Puzo-Verfilmung veranschlagt, das mußte reichen.

Von den Problemen der Paramount-Chefetage ahnte Francis Coppola nichts, als er bei seiner sonntäglichen «New York Times»-Lektüre eine Anzeige für Puzos Roman entdeckte. «Aus dem

Buchtitel konnte ich nicht schließen, worum es sich handelte – es sah irgendwie feierlich aus. Ich dachte, daß es sich um die intellektuelle Arbeit eines neuen Autors handeln könnte, und so schnitt ich die Anzeige aus. Gerade als ich mich darüber informieren wollte, kam Peter Bart, ein Freund von mir, mit jemandem vorbei, den ich noch nie vorher getroffen hatte: Al Ruddy.» Auch Ruddy wußte zu diesem Zeitpunkt noch nichts von dem Ratschluß der Paramount-Oberen, als das Telefon klingelte und Marlon Brando sich meldete. Dem wollte Coppola das Drehbuch zu «The Conversation» («Der Dialog», 1973) schicken, den er später mit Gene Hackman drehen sollte. «Es erscheint mir immer noch merkwürdig, daß die verschiedenen Elemente an diesem Tag in meinem Haus zusammenkamen», bekannte Coppola später in einem «Playboy»-Interview. Das schicksalhafte Zusammentreffen hatte keinerlei Einfluß auf die Lektüre des Romans, den er nach fünfzig Seiten aus der Hand legte: «Ich fand, daß es ein populärer, auf Sensationseffekte ausgerichteter Roman war, ziemlich billiges Zeug. (...) Deshalb hörte ich mit dem Lesen auf und sagte: forget it.» Daß er fünf Monate später anders dachte und Al Ruddy, der dem jungen und, wie er vermutete, preiswerten Regisseur den Film angeboten hatte, seine Zusage gab, hatte einen simplen Grund: Coppolas mit Warner-Zuschüssen aufgebaute American Zoetrope-Filmproduktion war in akuter Geldnot. Sein Kompagnon George Lucas, der spätere Regisseur von «Krieg der Sterne»: «Wir waren bankrott und hatten fast eine halbe Million Schulden... Francis versuchte, wieder etwas in Gang zu setzen, aber hinter den Kulissen tuschelte man: Stell diesen Kerl bloß nicht an, der ist verrückt.»

Mehr Geld

Mit seinem Verdikt, nur Marlon Brando könne den Paten spielen, hatte Mario Puzo die Paramount-Leute schon bei Vertragsunterzeichnung schockiert. Coppola gefiel die Idee, und so schickte er Drehbuch und Roman an den von sämtlichen Studios gefürchteten Star, der schwor, noch nie einen Roman zu Ende gelesen zu haben. Puzos «Der Pate» las er – und es gefiel ihm. Diese Rolle wollte Marlon Brando haben, dafür ließ er sich sogar zu Probeaufnahmen herab, ein Ansinnen, das seit «Julius Caesar» von Joseph L. Mankiewicz (1953) niemand mehr an ihn gestellt hatte.

Bei der Sichtung fiel er in der anonymen Reihe der Anwärter für die Hauptrolle auch den Paramount-Bossen auf. «Italienisch sieht er ja aus, aber kann er auch spielen?» wollten die Ahnungslosen wissen – und konnten sich daraufhin kaum länger gegen den Star sperren, der ihnen so vollkommen unbekannt vorkam. Jetzt mußte Coppola ihnen nur noch ein paar Kleinigkeiten abtrotzen: daß der unbekannte Al Pacino die zweite Hauptrolle bekam; daß im Zeitdekor gedreht wurde und die Geschichte nicht wie geplant aus Ersparnisgründen in die Gegenwart verlegt werden mußte; daß die Dreharbeiten in Sizilien stattfanden. Von den 2,5 Millionen Produktionskosten war nicht mehr die Rede; durch die «Love Story»-Millionen milde gestimmt, rang man sich zu einem 6,2-Millionen-Budget durch. Die Nachgiebigkeit bedeutete jedoch noch lange nicht, daß die Studio-Gewaltigen ihrem Regisseur trauten. Weil sie dachten, daß Elia Kazan, der mit Brando «A Streetcar Named Desire» («Endstation Sehnsucht», 1951), «Viva Zapata» (1952) und «On The Waterfront» («Faust im Nacken», 1954) gedreht hatte, der einzige Regisseur sei, der mit dem unberechenbaren Star arbeiten könnte, erkundigte sich Paramount-Boss Robert Evans diskret, ob Kazan zur Zeit frei sei. Dazu Coppola: «Hätte man, während wir filmten, den Stab gefragt, dann hätte der gesagt ‹Der Pate› wird die größte Katastrophe aller Zeiten. Ich konnte nachts nicht schlafen oder hatte Alpträume und sah, wie Elia Kazan am Drehort auf mich zukam und sagte: Ah, Francis, ich bin gebeten worden... Aber Marlon war eine große Hilfe. Als ich die Streitereien erwähnte, sagte er mir, daß er den Film nicht fortsetzen würde, wenn sie mich feuerten.»

Neue Berater

Längst interessierten sich Cosa Nostra und Mafia für das Projekt. Ihre «Italian-American Civil Rights League» sammelte, so «Der Spiegel», 600000 Dollar für Sabotageakte, ließ Senatoren, Richter und Geschäftsleute Protestbriefe schreiben und organisierte eine Protestversammlung im New Yorker Madison Square Garden. Al

Ruddys Auto wurde demoliert, und Frank Sinatra schimpfte Mario Puzo auf einer Dinnerparty im Chasen's einen «Zuhälter», weil er sich in der Figur des Johnny Fontane wiedererkannte, eines Entertainers und Mafia-Protegés, der im Film von Sinatras Kollegen Al Martino verkörpert wird. In Geheimverhandlungen, die selbst schon wieder Stoff für einen Film boten, versprach Ruddy der Mafia, daß weder die Mafia noch die Cosa Nostra im Film namentlich genannt werden würden, daß die Mafia «Berater» stellen könne und daß die Italiener nicht verächtlich gemacht würden. Die Absprache funktionierte, und die erste Szene, die Hochzeit von Corleone-Tochter Connie mit Carlo Rizzi, vereint alle Parteien in einem rauschenden Fest. Unter den Statisten, so will es die Legende, befinden sich Mitglieder aller wichtigen Mafia-Familien.

Nah und fern

Bei der erneuten Beschäftigung mit dem Buch fand Francis Coppola seinen Zugang zu Mario Puzos Bestseller. Zentral war für ihn die Geschichte der Familie, die Beziehung zwischen dem Vater und seinen Söhnen und die Frage seiner Nachfolge. Darauf wollte er den umfangreichen Roman reduzieren. «Ich dachte, daß es eine tolle Geschichte wäre, wenn man all das Zeug streichen könnte.» Gemeinsam mit Mario Puzo entstand das Drehbuch, das ganz andere Schwerpunkte setzte als die Vorlage, zu der es sich verhielt wie die Partitur zu einem Libretto. Die visuelle Musikalität, die den Film prägt, der eigentümliche Rhythmus, der selbst der größten Brutalität noch eine tänzerische Leichtigkeit verleiht, haben hier ihren Ausgangspunkt. Coppolas «Der Pate» ist keine mit Sex and Crime aufgemöbelte Kolportage, sein Film ist eine Studie über organisierte Gewalt, über das Verhältnis von Individuum und Gemeinschaft und über den Zustand der amerikanischen Gesellschaft in der Schlußphase des Vietnamkriegs.

Schon der Auftakt führt ins Zentrum der Geschichte. «I believe in America», der erste Satz ins Kinodunkel gesprochen, kennzeichnet Machtverhältnisse. Der Vater einer mißhandelten Tochter bittet Don Corleone, das Verbrechen an seinem Kind zu rächen, nachdem das Gericht die Täter wieder auf freien Fuß gesetzt hat. Doch eindrucksvoll ist weniger der paradoxe Umstand, daß hier ein Einwanderer, der sich in seiner neuen Heimat nichts zuschulden kommen ließ, nun ausgerechnet von der Hilfe eines einflußreichen Verbrechers Gerechtigkeit erhofft, als vielmehr die Atmosphäre dieser ersten Einstellung: ein in italienisch gefärbtem Englisch radebrechender, bäuerlicher Mann in einem dunklen Büro; eine Kamera, die unendlich langsam von dem schwitzenden Bittsteller zurückfährt, bis an der linken Bildseite der massive Unterkiefer des Zuhörers sichtbar wird. Dann erst folgt der Umschnitt auf Marlon Brando, der mit fleckenloser Hemdbrust und unbeteiligtem Gesicht hinter seinem Schreibtisch sitzt, zuhört und eine Katze streichelt mit Bewegungen, als sei er unschlüssig, ob er das Tier erst würgen oder ihm gleich das Genick brechen soll. In diesen Einstellungen ist alles enthalten, was man über Don Corleone wissen muß: ein Herrscher über Leben und Tod, ein gütiger Patriarch, einer, dessen Wut noch immer fürchterlich sein kann. Dann öffnet Marlon Brando den Mund, und es trifft einen wie ein Schlag: Seine Stimme klingt hell, kratzig, als würde Kreide über eine Tafel schaben. Der allgewaltige *Godfather* scheint verwundbar, ist einer von uns und auch wieder nicht. Das Spiel mit Nähe und Distanz, mit Identifikation und Reflexion wiederholt sich in der Montage. Verschafft die minutenlange Rückwärtsfahrt Distanz zum Geschehen, stößt der Gegenschnitt auf Marlon Brando mitten hinein in die Handlung, zieht uns mit in die Geschichte, immer weiter.

Machtwechsel

Im Jahre 1945 beherrschen fünf Familien New York. Jede hat ihr eigenes Refugium, die eigenen Stadtteile, Geschäftszweige, Einflußgebiete. Don Corleone steht der mächtigsten Familie vor. Auf seiner Gehaltsliste findet sich die größte Zahl einflußreicher Politiker und Polizisten. Während die Hochzeit seiner Tochter in vollem Gang ist, empfängt er in seinem Büro die Ergebenheitsadressen seiner Schützlinge. Nach dem Vater, der Rache für seine Tochter wünscht, erscheint der Sänger Johnny Fontane, dem ein Hollywood-Boss eine Filmrolle vorenthalten will. Und wie Fontane weiß, daß Don Corleone die Macht hat, ihm die Rolle zu besorgen, so wissen auch die anderen um den Einfluß des allmächtigen Patriarchen, der Leben nimmt und Leben schenkt, der genauso aufopfernder Familienvorstand ist wie strategisch planender Konzernherr. Das Ansinnen einer anderen Familie, ihren Einstieg in das Drogengeschäft mit Geld und Protektion zu unterstützen, lehnt er ab, da er die Gefahr erkennt, die das neue Betätigungsfeld der anderen Familie für das Machtgefüge der Clans mit sich brächte. Seine Weigerung löst einen Machtkampf unter den Mafia-Familien aus, dem er schließlich selbst zum Opfer fällt. Einen Anschlag überlebt er lebensgefährlich verletzt. Danach verändert sich Don Corleones Welt von Grund auf. Sein Sohn Michael, für den er ein Leben in Legalität vorgesehen hatte, einschließlich politischer Karriere als Gouverneur und Präsidentschaftskandidat, tritt an die Stelle des siechen Paten. Michael organisiert die Verteidigung der familiären Machtstellung, wird ebenbürtiger Nachfolger seines Vaters und ordnet das Imperium neu. Als der Alte stirbt, treffen sich die Familien bei Don Corleones pompösem Begräbnis. Es ist die letzte friedliche Zusammenkunft mit den Kontrahenten. Während das Enkelkind des verstorbenen Corleone getauft wird und Michael als Taufpate an der Zeremonie teilnimmt, töten die Handlanger der Corleones die Oberhäupter der anderen Familien. Unter ihren Opfern ist auch Michaels Schwager, der Vater seines Patenkindes, der nicht nur ein prügelnder Ehemann, sondern auch der Komplize einer anderen Familie war. Als Michael zu Hause von seiner Frau gefragt wird, ob er diesen Mord in Auftrag gegeben habe, leugnet er die Tat. Kurz darauf kehren die Mordkommandos der Familie zurück und küssen Michael die Hand. Er ist jetzt ihr Pate, er ist Don Corleone.

Die Familie

Die Beschreibung des Inhalts sagt beinahe nichts über den Film, der seine Geschichte aus einer Vielzahl von Episoden entwickelt. So entsteht das Bild einer Welt, in die das Publikum immer wieder hineingezogen wird. Der Machtapparat Don Corleones, die Initiation Michaels in die Unterwelt, der Tod des Paten und Michaels Aufstieg beobachtet der Zuschauer wie ein Mitglied der Familie. Die

Grenze zwischen Recht und Unrecht weicht der Freund-Feind-Einteilung der Corleones. Die Familie verkörpert Sicherheit und Geborgenheit, die dauernd gefährdet wird. Die Bedrohung geht nicht von der Familie aus, sie kommt von außen, von Feinden, von denen kaum mehr als ihre Feindschaft bekannt ist. Und erst in den aberwitzigen Gewaltszenen stellt sich die Distanz wieder ein, die das Publikum verloren hat, solange es sich in der patriarchalen Ordnung eingerichtet hatte. Gemordet wird formvollendet: Dem massigen Luca Brasi wird die Hand mit einem Messer auf die Theke genagelt, ehe man ihn von hinten mit einer Schlinge erdrosselt. Er stirbt einen langen Filmtod mit hervorquellenden Augen und violettem Gesicht; Sollozzo fegt eine Kugel rückwärts vom Stuhl; McCluskey kracht getroffen mit dem Kopf auf die Tischplatte, daß der Tisch zusammenbricht; Sonny stirbt zuckend im Kugelhagel. Ob Freund, ob Feind, der Tod ist sorgsam komponiert, noch im Sterben wird die Hierarchie bewahrt. Don Corleone erleidet eine Herzattacke beim Spiel mit dem Enkel. Er stürzt, mit den Armen hohe Tomatensträucher mitreißend, wie ein riesiger Urwaldbaum, den Lianen und Gestrüpp nicht halten können.

Die Familie mordet nicht wahllos. Mit den Anschlägen sichert sie den Fortbestand ihrer Macht. Die Familie steht über allem, sie zu schützen rechtfertigt Mord und Totschlag. Dies wird im Finale zur Groteske gesteigert. Parallel zum Ablauf der Taufzeremonie in der Kirche machen sich die Kommandos der Corleones auf den Weg, überall im Land die Widersacher der Familie zu töten. So folgt dem Bild von der Vorbereitung zur Taufe eines von der Vorbereitung zum Mord: der segnenden Priesterhand die mordende Hand des Mafioso; dem Weihwasser das Blut; der Sünde die Vergebung. Mafia, Cosa Nostra, organisiertes Verbrechen – längst hat der Film eine andere Geschichte erzählt, von Verlogenheit, Selbstbetrug und ausgehöhlten Idealen. Es geht um die Mythen einer Gesellschaft, deren Träume Erfolgsgeschichten sind, von harten Männern, die im Beruf rücksichtslos ihren Weg gehen und zu Hause liebevolle Väter sind; um Zerrbilder einer heilen Welt. Francis Coppola: «Im Grunde halten sich beide, die Mafia und Amerika, für wohltätige Einrichtungen. Beide, die Mafia und Amerika, haben ihre Hände mit Blut besudelt, um ihre Macht und ihre Interessen zu beschützen. Beide sind aus dem Kapitalismus erwachsen und haben kein anderes Motiv als den Profit. Aber ich glaube, daß Amerika sich nicht um seine Menschen kümmert. Amerika mißbraucht und betrügt die Menschen. Wir sehen in unserem Land unseren Beschützer, doch es hält uns zum Narren und belügt uns. Und ich dachte mir, daß das Buch deshalb so populär war, weil es von einer Organisation handelt, die sich wirklich um ihre Leute kümmert.»

Die erfolgreiche Familie

Neben einer siebenstündigen, chronologisch erzählten Fernsehfassung hat Coppola nach «Der Pate» noch zweimal von der Familie Corleone erzählt: In «Der Pate II» stellt er in einer furiosen Parallelkonstruktion der Geschichte vom Ausbau des Familienimperiums unter Michaels Führung in den fünfziger und sechziger Jahren die Lebensgeschichte seines Vaters gegenüber, der um die Jahrhundertwende als einziger Überlebender einer sizilianischen Vendetta nach Amerika emigriert und hier zum Paten Don Corleone wird. «Der Pate III» beschreibt den Niedergang der Familie Ende der siebziger Jahre und den einsamen Tod Michaels, der sich dank eines großen Geschäfts mit dem Vatikan auf einen Lebensabend als allseits geachteter Großfinanzier eingerichtet hatte.

«Der Pate» gehört zu den legendären Kassenerfolgen Hollywoods. Trotz der kino- und verleihfeindlichen Länge von drei Stunden hatte das Epos schon neun Wochen nach dem Start 53,3 Millionen Dollar eingespielt, mehr als der Paramount-Retter «Love Story». Bis zu 20 Dollar wurden in diesen Tagen in New York auf dem Schwarzmarkt für eine Kinokarte bezahlt, und die Popcorn-Nachfrage in den Premierenkinos stieg auf eine Tonne pro Woche. Der Deutschland-Start fand während der Olympiade in München statt. Unter den 1187 Premieregästen im Mathäser, dem damals drittgrößten Kino der Bundesrepublik, befanden sich Curd Jürgens, die einstige «Reichswasserleiche» Kristina Söderbaum, Senta Berger, Miloš Forman, Kon Ichikawa, Claude Lelouch sowie der damalige Bundesinnenminister Genscher, um diese «körnige Mischung aus ‹Forsyte Saga› und ‹Bluternte›» («Der Spiegel») mitzuerleben. Rund eine Million ließ sich der Verleih die Werbung für den amerikanischen Kassenschlager kosten, 1972 eine Rekordsumme. An einen Erfolg mochte trotzdem niemand glauben. «Kein Theaterbesitzer in Deutschland wird an diesem Film auch nur einen Pfennig verdienen», orakelte der Schachtelkinoerfinder und damalige Branchenführer Heinz Riech (Ufa-Kinos). Zehn Jahre lang sollte «Der Pate» der kommerziell erfolgreichste Film aller Zeiten bleiben, dann wurde er von «E. T.» abgelöst.

Francis Coppola

1939 im Henry Ford Hospital in der Autostadt Detroit geboren, wo sein Vater Carmine als zweiter Dirigent und Arrangeur bei «The Ford Evening Hour», einer täglichen Radio-Show, arbeitete, bekam Francis, der nach seinem Großvater, dem Komponisten Francesco Pennino genannt war, von seinen Eltern noch einen zweiten Namen: Ford. Diesen Namen ließ der Regisseur 1977 aus seinen Papieren streichen. Coppola: «Bitte vergeßt nicht, mein Name ist Francis Coppola. Ich lasse das Ford fallen. Ich habe einmal einen Spruch gehört, der hieß: Traue nie einem Mann, der drei Namen hat.» Nachdem die Familie nach New York übergesiedelt ist, erkrankt Coppola an Polio und muß ein Jahr lang gelähmt zu Hause bleiben. Der Zehnjährige vertreibt sich die Zeit damit, 8-mm-Home-Movies neu zu schneiden und führt sie in der Nachbarschaft vor. Coppola studiert am Hofstra College Drama, arbeitet an einer Studentenzeitung mit, schreibt Kurzgeschichten und gehört als Autor, Regisseur, Schauspieler, Bühnentechniker und Produzent dem College-Theater an. Sein Engagement, bei dem er auch James Caan kennenlernt, der später Sonny in «Der Pate» spielen wird, sieht der angehende Filmregisseur schon damals eher als Fortbildung an. Nach Abschluß seines Studiums geht Coppola nach Los Angeles, wo er an der University of California Film studiert. Neben dem Studium beginnt er Sex- und Horrorclips zu drehen, die er mit vorhandenen Filmen zu Kompilationen mit abstrusen Stories verschneidet. Über Jobs bei Roger Corman beginnt Coppolas Karriere im kommerziellen Film. Für den Trash- und Horrorspezialisten schneidet er sowjetische Sci-Fi-Spektakel für den amerikanischen Markt zurecht und fügt neu gedrehte Szenen hinzu, schreibt Drehbücher, arbeitet in allen möglichen Jobs und inszeniert schließlich seinen ersten Spielfilm – in der Kulisse eines anderen Films, den Corman mit seinem jungen Assistenten Coppola tagsüber dreht. Bei Genre-Fans steht der Erstling «Dementia 13» noch immer hoch im Kurs. Bei den Dreharbeiten in Irland lernt Coppola seine Frau Eleanor Neil kennen.

Besonders als Autor ist Coppola in den sechziger Jahren gefragt, er erhält zahlreiche Auszeichnungen, schreibt und redigiert unzählige Drehbücher, die als Produktionspakete von den Studios gekauft, aber selten realisiert werden. Seine nächsten Filme «You're A Big Boy Now» («Big Boy, jetzt wirst du ein Mann», 1966), das verunglückte Musical «Finian's Rainbow» (1968), mit Fred Astaire und Petula Clark, und «The Rain People» («Liebe niemals einen Fremden», 1969) werden zwar beachtet, sind finanziell jedoch so katastrophal, daß die mit Warner-Geld 1969 gegründete Produktionsfirma American Zoetrope ins Trudeln gerät. Seinen ersten Oscar erhält Coppola 1970 gemeinsam mit Edmund H. North für das Drehbuch zu «Patton» («Patton – Rebell in Uniform», 1969). Drei Oscars folgen 1972 für «Der Pate» und sechs Oscars 1975 für «Der Pate II». Coppola ist in den siebziger Jahren auf dem Höhepunkt seines Erfolgs. Er dreht «The Conversation» («Der Dialog», 1973), der für den Oscar nominiert wird, arbeitet an «Apocalypse Now» (1979), produziert «American Graffiti» (1973), schreibt das Drehbuch zu «The Great Gatsby» («Der große Gatsby», 1973), inszeniert für die Bühne unter anderem Gottfried von Einems Oper «Besuch einer alten Dame», kauft das «City Magazine», San Francisco, den Radiosender «KMPX-FM» und ein eigenes Theater. Steven Spielberg nennt ihn den «Sultan von San Francisco». Coppola, der Atemlose, der gigantische Projekte bewegt, rastlos umherjetet und sich stets für die neueste Technik interessiert, verwirklicht sich den Traum vom eigenen, technisch hochgerüsteten Studio und landet mit dem ersten Film eine Pleite, die seine Firma nicht übersteht. «One From The Heart» («Einer mit Herz», 1981) mit Frederic Forrest, Raul Julia und Nastassja Kinsky revolutioniert mit dem Einsatz von Computern und Video die Filmtechnik, spielte seine Produktionskosten aber nicht ein. Seine Erfahrungen mit dieser Pleite verarbeitete Coppola in seinem verkannten Film «Tucker» (1988), in dem Jeff Bridges die authentische Figur des Erfinders Preston Tucker spielt, der nach dem Krieg ein Auto entwickelt, das technisch den Konstruktionen der Großkonzerne überlegen ist, und der gerade deswegen von der Detroiter Auto-Mafia in den Ruin getrieben wird.

Ohne seine Familie wären Coppolas Filme nicht das, was sie sind, sei es vor oder hinter der Kamera. Vier Coppola-Generationen sind allein an den drei «Paten»-Teilen beteiligt, von Francesco Pennino, dem Vater von Coppolas Mutter, von dem in «Der Pate II» ein Lied seiner Operette «Senza Mama» zu hören ist, über Vater Carmine, der mit Nino Rota die Musik komponierte und als Nebendarsteller auftritt, bis zu seiner Schwester Talia Shire, die Michaels Schwester Connie spielt, und Coppolas Tochter Sofia, die in «Der Pate I» im Alter von drei Wochen getauft wird – als Connies Sohn – und in «Der Pate III» erschossen wird, diesmal als Tochter von Michael.

Neben Woody Allen ist Francis Coppola der einzige amerikanische Regisseur und Autor, der seine Vision vom Kino außerhalb des Studiosystems auch in Filmen ausdrücken konnte.

Marlon Brando

Er selbst hat schon tolle Geschichten über sein Leben erzählt: Sein Vater sei Zoologe gewesen; als Geburtsort nennt er mehrfach Bangkok, aber auch Bombay, Rangoon und Mindanao. Tatsächlich wurde Marlon Brando 1924 in Omaha, Nebraska, geboren. Sein Vater verkaufte Pestizide und chemische Futterzusätze. Brandos Mutter, eine, wie sein Biograph René Jordan formuliert «Bovary des Mittleren Westens, eine Frau von potentieller Brillanz», förderte mit unregelmäßigem Engagement die musischen Interessen ihrer Kinder. Als Amateurschauspielerin hatte sie 1927 mit einem anderen Lokaltalent auf der Bühne gestanden, mit Henry Fonda. Brandos Versuch, seinen Vater als Sportkanone zu begeistern, schlug wegen permanenter Verletzungen des wilden Footballspielers genauso fehl wie sein stürmisches Bongogetrommel Eltern und Nachbarschaft nervte. Die Eltern schoben ihren Sohn nach Faribult, Minnesota, ab, auf die «Shattuck Military Academy», die ihren Schüler 1943 hinauswarf. Sein Vorhaben, Priester zu werden, scheitert genauso wie die Karriere als Soldat: Die Armee stellt den

Freiwilligen wegen einer Knieverletzung gar nicht erst ein. Brando geht nach New York, wo er am Dramatic Workshop der New School Of Social Research teilnimmt. Das Institut ist zu jener Zeit weltberühmt. Hier werden Soziologie, Philosophie und Politik gelehrt, unter den Lehrern sind Erwin Piscator und Stella Adler, deren von Stanislawski beeinflußte Methode den Grundstein legte für eine Schauspielausbildung, der eine Reihe von Hollywood-Stars ihren Erfolg verdanken. Brandos Biograph Gary Carey: «In Stella Adlers Klasse lernte Brando, daß Schauspielen mehr ist als eine Handvoll technischer Tricks (...) Es war ein kreativer Prozeß, in welchem der Schauspieler jede Facette seiner Persönlichkeit, seiner Erfahrungen, Kenntnisse, Beobachtungen dazu benutzte, um den Ideen des Stückeschreibers Form zu verleihen.»

Ende der vierziger Jahre gehörte Brando zu den ersten Schauspielern, die im neugegründeten Actor's Studio unter der Leitung von Lee Strasberg (er spielt in «Der Pate II» den Unterweltboss Hyman Roth) arbeiteten. Zu Brandos frühen Bewunderern zählte neben seinen Lehrern auch Elia Kazan, der am Broadway 1947 das Stück inszenierte, das Brando über Nacht zum Star machen sollte: «Endstation Sehnsucht» von Tennessee Williams. In zwei Jahren spielte Brando 855 mal den Stanley Kowalsky. Von da an war es nur noch ein kurzer Weg nach Hollywood; der Rest ist Legende. Vier Jahre nach seinem Filmdebüt in Fred Zinnemans «The Men» («Die Männer», 1950) erhält er für «On The Waterfront» («Faust im Nacken», 1954) von Elia Kazan seinen ersten Oscar.

Nach zwei Dekaden großer Erfolge und monströser Pleiten will Hollywood sich mit dem gefürchteten Star versöhnen und ehrt ihn für seinen Don Corleone in «Der Pate» mit einem Oscar, den der politisch engagierte Brando mit Hinweis auf das Los der indianischen Ureinwohner in den USA ablehnte. Seine Rollen in «Last Tango in Paris» («Der letzte Tango in Paris», 1973) von Bernardo Bertolucci, «Apokalypse Now» (1977) von Francis Coppola oder die gnadenlosen Selbstparodien in Richard Donners «Superman» (1976) oder Andrew Bergmans «The Freshman» (1990) waren immer für einen Skandal gut. Marlon Brando hat sie alle überlebt: «Das Ende ist nahe. Ich schätze, daß ich noch zwei Kugeln im Magazin habe. Eine davon wird ein Film sein, den ich über Indianer drehen möchte.» Mit diesem Film hat Marlon Brando bislang nicht begonnen.

Al Pacino

Als Michael Corleone wurde Al Pacino zum Weltstar. Filme wie «Bobby Deerfield» (1977) von Sidney Pollack, «Sea of Love» von Harold Becker, Garry Marshalls «Frankie and Johnny» (1991) oder die endlosen Corleone-Variationen in Filmen von Brian De Palmas «Scarface» (1983), über Warren Beattys «Dick Tracy» (1990) bis zu Brian De Palmas «Carlito's Way» (1993) haben ihn zu einem der ganz Großen des Hollywood-Kinos gemacht.

Al Pacino wurde 1940 in der New Yorker Bronx geboren und wuchs bei seinen Großeltern auf. Während seiner Zeit auf der «High School For The Performing Arts» jobbte er als Platzanweiser im Theater, lernte in der Schauspielklasse von Herbert Berghof und später bei Lee Strasberg im Actor's Studio. Die Off-Broadway-Produktionen «The Connection» und «Hello, Out There» gehörten zu seinen ersten Rollen. In seinem zweiten Film «Panic In Needle Parc» («Panik im Needle Park», 1971) von Jerry Schatzberger übernahm er die Rolle eines Drogenabhängigen und wurde fortan als Talent gehandelt. Schon sein nächstes Angebot war die Rolle in «Der Pate». Beim Casting hatten das Nachsehen: Robert Redford (ihn wollte Al Ruddy), Warren Beatty, Rod Steiger (der nur ein Jahr jünger als Brando ist), Ryan O'Neal (nach dem «Love Story»-Erfolg ein Star), James Caan (er bekommt die Rolle des Sonny Corleone), Martin Sheen, Dean Stockwell, Charles Bronson und Jack Nicholson.

Al Pacino, der bereits sechsmal für einen Oscar nominiert war, spielt immer noch regelmäßig Theater. Sein Repertoire reicht von Boulevardstücken nach Art David Mamets bis hin zu Shakespeares «Richard III.» und Brechts «Arturo Ui», die er in Inszenierungen der «Experimental Theatre Company of Boston» spielte. James Foleys Verfilmung von Mamets «Hanglage Meerblick», die als «Glengarry Glen Ross» 1992 mit Jack Lemmon, Alan Arkin und Alec Baldwin ins Kino kam, zeigt diese Seite Al Pacinos. Sein Debüt als Regisseur gab er mit «The Local Stigmatic»; 1990 hatte die Produktion im New Yorker Museum Of Modern Arts Premiere. Für die Rolle des blinden, lebensfrohen Colonel in «Scent of a Woman» von Martin Brest («Der Duft der Frauen», 1992) erhielt Al Pacino 1993 nach sechs vorherigen Nominierungen seinen ersten Oscar.

The Godfather (Der Pate)

USA 1971

Regie:	Francis Coppola
Buch:	Francis Coppola und Mario Puzo nach dem Roman von Mario Puzo
Kamera:	Gordon Willis
Musik:	Nino Rota, Carmine Coppola
Schnitt:	William Reynolds, Peter Zinner
Ausstattung:	Warren Clymer
Kostüm:	Anna Hill Johnstone
Darsteller:	Marlon Brando, Al Pacino, James Caan, Richard Castellano, Robert Duvall, Sterling Hayden, John Marley, Diane Keaton, Al Martino und andere

Deutsche Erstaufführung: 1972

«The Godfather Part II», («Der Pate II») erschien 1975, «The Godfather Part III» («Der Pate III») 1991, für NBC produzierte Coppola aus zum Teil vorher noch nicht verwendetem Material 1979 eine über sieben Stunden lange Fernsehfassung, die das Leben der Corleones chronologisch erzählt. Auch diese Fassung trägt den Titel «Der Pate».